LA GUERRE D'INDOCHINE

Du même auteur

(dir.) *Le Bataillon français de l'ONU en Corée. 1950-1953. Le combat méconnu des volontaires français,* Service historique de la Défense, Établissement de communication et de production audiovisuelle de la Défense, Éditions du Coteau, 2010.

Les Enseignements de la guerre d'Indochine, édition présentée par Ivan Cadeau, Service historique de la Défense, t. 1, 2010 ; t. 2, 2013.

Diên Biên Phu, Tallandier, 2013.

La Guerre de Corée, Perrin, 2013.

Le Génie au combat. Indochine 1945-1956, Service historique de la Défense, 2014.

IVAN CADEAU

LA GUERRE D'INDOCHINE

De l'Indochine française
aux adieux à Saigon
1940-1956

TALLANDIER

Conseiller éditorial : Claude Quétel

2, rue Rotrou – 75006 Paris
www.tallandier.com

Pour Julia

Sommaire

Table des cartes

L'Indochine française

Introduction

> « Mon opinion est maintenant très nette, après une année d'expérience : les hommes des bataillons d'intervention travaillent durement, ceux des postes péniblement ; ceux des bureaux, des états-majors et des services, agréablement. Bien payés, débarrassés de bobonne, profitant de la vie, ne courant aucun danger, ces derniers meublent leur mémoire d'aventures héroïques qu'ils n'ont pas vécues. Quand un soldat la ramène à propos de l'Indochine, il faut toujours se demander où il a été, et combien de temps. »
>
> Albert Merglen, 21 septembre 1952.

Le 10 avril 1956, les rues de Saigon s'animent, pour la dernière fois, du spectacle des forces françaises défilant sur le sol vietnamien. Le général Jacquot, dernier commandant en chef du corps expéditionnaire français d'Extrême-Orient (CEFEO) arrivé douze ans plus tôt, a tenu à célébrer et à honorer son action avant son départ définitif d'Indochine[1]. Une courte cérémonie est organisée dans l'après-midi qui réunit les principaux responsables civils et militaires français ; une petite délégation d'officiels sud-vietnamiens est également présente. Commencée par un dépôt de gerbe au monument aux morts, la manifestation se clôt par un modeste défilé de troupes à pied. Après le passage toujours remarqué de la nouba des tirailleurs, de nombreux drapeaux et étendards appartenant à diverses formations françaises et vietnamiennes sont salués par les autorités. Quatre détachements du corps expéditionnaire, représentant chacun leur armée d'appartenance, accompagnés d'une compagnie de parachutistes vietnamiens ferment la marche[2]. En dépit de l'attitude nettement antifrançaise dont fait montre le gouvernement sud-vietnamien depuis plusieurs mois, les habitants de Saigon se sont rendus en foule à ce dernier adieu, un adieu qui apparaît aux yeux du correspondant du *Monde* qui couvre l'événement comme l'« ultime manifestation[3] » de la présence française en Indochine. Le lendemain soir, 11 avril, Radio Hirondelle, la radio des forces armées en Extrême-Orient, diffuse sa dernière émission[4]. Avec elle s'éteint symboliquement la voix de la France dans ce qui a constitué, près de cent ans durant, l'Indochine française.

En France, ce départ passe largement inaperçu et rares sont les journaux métropolitains à en faire état dans leurs colonnes. Comme le remarque Charles-Robert Ageron, l'hebdomadaire *Paris Match* « naguère sensible à la guerre d'Indochine accordait trente-sept pages au mariage de Grace Kelly et de Rainier de Monaco, mais n'avait pas une brève ni une image sur les adieux à Saigon[5] ». De fait, le désengagement de la France et de son armée en Extrême-Orient ne suscite pas d'émotion particulière au sein de l'opinion publique, une opinion déjà peu intéressée par les événements qui ont secoué la péninsule indochinoise entre 1945 et 1954. En ce printemps 1956, les Français semblent davantage préoccupés par la situation en Algérie où, depuis l'été précédent, le gouvernement Edgar Faure a décidé d'engager le contingent. C'est donc dans l'indifférence de la nation que se tourne la page de l'Indochine française. Un siècle après les débuts de la conquête, l'héritage laissé par la France apparaît bien mince. Malgré les quelques améliorations à caractère sanitaire ou social apportées aux populations des pays de l'Indochine et les tentatives individuelles pour mettre en place une colonisation humanitariste et progressiste, la France a échoué dans son projet colonial. En dépit des promesses faites par ses dirigeants, la IIIe République n'a pas su développer la prospérité ni donner une plus grande égalité de droits aux Cambodgiens, aux Laotiens et aux « Annamites » de son empire. La politique démagogique entreprise par l'administration Decoux envers les autochtones au cours de la Seconde Guerre mondiale n'a, elle non plus, rien changé aux rapports sociaux entre les Français, qui restaient les maîtres, et les populations colonisées. L'impréparation et l'inadaptation de la politique indochinoise du général de Gaulle à partir de 1945 ont également échoué à répondre aux revendications des différents mouvements nationalistes, qu'ils soient ou non d'obédience communiste, et aux aspirations à une plus grande liberté, voire à l'indépendance de leur pays, d'une partie des populations. Enfin, les nombreux gouvernements de la IVe République se sont révélés incapables de déterminer et de conduire une politique cohérente à l'égard de pays devenus en 1949, et dans le cadre de l'Union française, trois États associés à la France.

Au terme de près de dix années de guerre et de centaines de milliers de morts, Paris a donc failli à la décolonisation de l'Indochine. Le Vietnam est désormais divisé en deux États, celui du Nord, livré aux communistes de la République démocratique du Vietnam (RDVN), et celui du Sud, dirigé par le gouvernement autoritaire et contesté du président Diêm. Le Laos est amputé de deux provinces, contrôlées dans les faits par les communistes laotiens soutenus par le Viêt-minh, et seul le royaume du Cambodge, malgré des dissensions internes, se voit à peu près préservé. Contrairement aux clauses des accords de Genève dont la France doit assurer les garanties, cette dernière quitte le Vietnam, laissant le Sud-Vietnam et son allié américain, tous deux non signataires des accords, face au gouvernement du Nord, décidé à obtenir la réunification du pays par la force, les élections prévues au mois de juillet 1956 semblant définitivement compromises. La France abandonne donc l'Indochine, et particulièrement le Vietnam, dans une situation politique et militaire complexe qui porte déjà en elle les germes du prochain conflit, un conflit qui, en quelques années, va s'étendre à l'ensemble de la péninsule.

Pour comprendre les raisons immédiates qui conduisent à cet échec, il convient de remonter à l'effondrement militaire de l'armée française au mois de juin 1940 et à sa conséquence première : la disparition de la France comme grande puissance sur la scène internationale. Les répercussions de cette défaite permettent en effet de faciliter les opérations du Japon alors en guerre contre la Chine et d'assouvir les ambitions impériales de Tokyo sur l'Indochine. L'intrusion japonaise dans le Nord du Vietnam à l'été 1940 puis dans la totalité des possessions extrême-orientales françaises l'année suivante bouleverse l'ordre établi par la colonisation et rend possible l'éclosion des nationalismes locaux. Après une période de quatre années marquées par une coexistence imposée entre les Français d'Indochine et le nouvel occupant japonais, la décapitation de l'administration coloniale et de son armée par les troupes nippones, le 9 mars 1945, favorise l'accession aux indépendances des pays de l'Indochine, indépendances étroitement contrôlées, il est vrai, par les fonctionnaires du Mikado. La capitulation du Japon, au mois d'août suivant, créé un vide politique dont profite un acteur jusque-là resté dans l'ombre : le Viêt-minh. Ce parti révolutionnaire fondé dans la clandestinité quelques années auparavant et dirigé par un militant communiste de la première heure, Hô Chi Minh, s'empare du pouvoir au Vietnam. Au début du mois de septembre 1945, il ne reste plus rien de la « belle colonie » et le retour des Français – car le général de Gaulle comme l'ensemble de la classe politique, y compris les communistes français à l'époque, sont bien décidés à restaurer la souveraineté de la France sur ses territoires d'outre-mer – s'annonce semé d'embûches.

C'est donc dans un contexte difficile, compliqué par la décision prise lors de la conférence de Potsdam de faire désarmer les troupes japonaises stationnées en Indochine par les Chinois au nord du 16e parallèle et par les Britanniques au sud, que la France revient. En mars 1946, au terme de longs mois où les opérations militaires de reconquête alternent avec les discussions politiques, ce retour semble réussi. Pourtant, les questions de fond et principalement celles de l'indépendance et de l'unité du Vietnam n'ont pas trouvé leur résolution et les divergences demeurent. Au cours de l'année 1946, les différentes négociations menées sur place comme en métropole ne débouchent sur aucune avancée significative. Entre une classe politique parisienne soucieuse de rétablir les intérêts, le rang et le *prestige* de la France au lendemain de la Seconde Guerre mondiale et la volonté du Viêt-minh de se défaire de la tutelle française, l'antagonisme des positions respectives est trop fort. Les pourparlers ne font qu'affirmer la totale opposition de vues entre les deux parties. La rupture, qui survient le 19 décembre 1946 lorsque les troupes du Viêt-minh attaquent les garnisons françaises implantées au Tonkin, si elle ne constitue pas une fatalité, sanctionne en définitive l'échec d'un cycle où Français et Vietnamiens communistes sont arrivés à une impasse. Malgré, les mois qui suivent cet événement, quelques timides tentatives pour mettre un terme aux opérations et reprendre le chemin de la négociation, la guerre en Indochine commence. Elle ne s'achève que neuf années plus tard.

Nombreux sont les ouvrages ayant relaté tout ou partie des événements qui conduisent à la guerre et qui en décrivent le contexte politique et diplomatique. Chaque phase du conflit a trouvé son ou ses chroniqueurs, principalement par le biais de travaux universitaires, les seuls véritablement à même de faire progresser la connaissance en utilisant les sources archivistiques françaises et étrangères, et en les confrontant aux témoignages des principaux protagonistes. L'intrusion japonaise et ses conséquences sur l'Indochine comme la politique mise en place par l'administration coloniale de l'amiral Decoux ont notamment été étudiées par des chercheurs français ou francophones tels Eric Jennings, Franck Michelin, Sébastien Verney, mais aussi d'origine japonaise comme

Chizuru Namba ou les membres du collectif ayant proposé le très éclairant opus publié par les presses de l'université Cornell : *Indochina in the 1940s and 1950s*[6]. Le retour de la France en Indochine a lui aussi été traité abondamment, la politique indochinoise du général de Gaulle ayant été analysée par Frédéric Turpin et Pierre Journoud. D'autres chercheurs se sont intéressés aux adversaires des Français, François Guillemot travaillant sur les partis nationalistes vietnamiens quand des Anglo-Saxons à l'instar de David Marr, Christopher Goscha ou le Norvégien Stein Tønnesson, pour n'en citer que quelques-uns, ont placé le Viêt-minh au centre de leurs études. De Georgette Elgey, qui, dès les années 1960, bénéficie de sources exceptionnelles, à Jacques Dalloz, Alain Ruscio, Philippe Devillers, Jean Lacouture ou Jacques Valette, nombreux sont encore les auteurs, de sensibilités politiques diverses, à avoir étudié la politique indochinoise de la IVe République et ses principaux acteurs. Enfin, les implications internationales du conflit n'ont pas été oubliées et les interactions de la politique américaine, chinoise ou soviétique sur la conduite de la guerre et les stratégies mises en place par les belligérants ont fait l'objet d'importantes recherches depuis plus d'un demi-siècle ; l'une des dernières, *Le Problème diplomatique de l'Indochine* de Laurent Cesari, en est un exemple.

L'histoire *militaire* de la guerre d'Indochine, parfois un peu négligée par cette historiographie qui s'attache principalement aux aspects politiques, diplomatiques, voire économiques, s'est longtemps limitée aux souvenirs des combattants français qui racontaient *leur* guerre, mettant en avant les faits d'armes auxquels ils avaient participé ou les conditions si spécifiques de la lutte en Indochine, ce territoire grand comme une fois et demie la France et peuplé d'environ 24 millions d'habitants en 1945. Parmi ces écrits, la surreprésentation des troupes d'élite (parachutistes ou légionnaires) a quelque peu faussé la réalité et la compréhension du corps expéditionnaire, celle de sa diversité et de son originalité. Par ailleurs, le genre littéraire utilisé, proche parfois de l'« histoire-bataille », en sus de ne présenter qu'une vision tactique des opérations, ne reflétait qu'un « côté de la colline », celui du point de vue français. Il faut en convenir, excepté le *Journal d'un combattant viêt-minh* de Ngo Van Chieu, paru dès 1955, les ouvrages vietnamiens en langue française restaient plutôt rares et il a fallu attendre les années 2000 pour que leur nombre s'enrichisse, notamment avec la publication de *Diên Biên Phu vu d'en face* et celle du *Carnet de guerre d'un jeune Viêt-minh à Diên Biên Phu*. Les biographies ou autobiographies des principaux acteurs – et de leurs subordonnés – viennent en partie combler les manques concernant les échelons opératifs ou stratégiques de la guerre[7]. Les Mémoires des généraux Salan, Ely ou Navarre, ceux de Vo Nguyen Giap constituent ainsi d'utiles compléments qu'il convient cependant de lire avec précaution puisqu'ils sont également des plaidoyers *pro domo*.

Des travaux scientifiques sur les aspects militaires de la guerre existent toutefois. La thèse de Pierre Rocolle sur Diên Biên Phu dans les années 1960 est l'une des premières. Depuis une vingtaine d'années, on peut noter un net regain d'intérêt pour le conflit indochinois et plusieurs travaux ont été menés portant sur les différentes armées du corps expéditionnaire (armée de terre, de l'air, marine et gendarmerie) ou sur les *armes* et les services de l'armée de terre (santé, génie, artillerie, etc.). D'autres aspects particuliers de la guerre d'Indochine, abordant des thèmes longtemps méconnus, ont également fait l'objet d'études. C'est le cas des maquis autochtones mis en place à partir de 1951 au Vietnam et au Laos, ou encore du rôle des services secrets. La figure des combattants du CEFEO, leurs origines sociologiques ont aussi bénéficié de recherches approfondies, un domaine dans lequel Michel Bodin a effectué un travail pionnier. À la fin des années 1970, le général Gras, lui-même vétéran du conflit[8], livre le premier travail d'envergure sur cette histoire militaire du conflit, sans pour autant en négliger les autres dimensions. Cette œuvre dense, qui constitue toujours, par sa richesse, une référence, a été revue et augmentée au début des années 1990. Elle est véritablement la seule à mettre en perspective les stratégies militaires françaises mais également viêt-minh et à les critiquer, l'auteur bénéficiant à la fois d'une forte érudition et d'une formation d'officier ayant exercé un commandement opérationnel et en état-major. À ce titre, le général Gras se montre sans concession sur les erreurs du commandement militaire et n'hésite pas à nuancer la portée des victoires du corps expéditionnaire en les replaçant dans leur contexte et en pointant du doigt leurs effets réels dans la guerre. Il est également l'un des premiers à s'intéresser aux différentes campagnes menées par le général Giap qui commande l'armée populaire vietnamienne aidé, à partir de 1949, par les conseillers envoyés par la République populaire de Chine. À ce titre, il rend intelligible la stratégie conduite par le Viêt-minh et permet par là même de comprendre les réponses apportées par le commandement français.

Le présent ouvrage souhaite modestement s'inscrire dans cette filiation. Il se veut une synthèse des faits survenus dans l'Extrême-Orient français entre 1940 et 1956 en mettant l'accent sur les événements militaires et les problèmes propres au commandement confronté à des contraintes, des impératifs et des choix. À travers des batailles comme celles de la zone frontière du Nord-Est, en 1950, de Hoa Binh ou de Na San deux ans plus tard, il entend notamment montrer la perte progressive de l'initiative du corps expéditionnaire et l'impuissance du commandement à enrayer la montée en puissance de l'armée populaire en dépit de l'accroissement de l'aide américaine. Comme *synthèse*, il n'abordera pas en détail l'ensemble des campagnes et combats qui se sont déroulés entre les Français et leurs alliés et leurs homologues du Viêt-minh, mais il s'arrêtera plus longuement sur certains épisodes afin de montrer le caractère de rupture qu'ils présentent. Le cadre spatial retenu est celui des trois pays qui composent la Fédération indochinoise[9] : le Vietnam, le Laos et le Cambodge. Toutefois, à l'instar de la majorité des ouvrages, les opérations qui se déroulent au Nord-Vietnam, champ de bataille principal, occupent une place prépondérante. En effet, c'est au Tonkin que se trouvent les enjeux principaux du conflit, c'est là que se joue, à partir de 1950, la « vraie » guerre, celle qui met aux prises les divisions de l'armée populaire et les forces mobiles du corps expéditionnaire. C'est encore sur le Tonkin que plane, au début des années 1950, la menace d'une intervention chinoise. Pour ces raisons, le Nord-Vietnam bénéficie, au cours de la seconde phase de la guerre d'Indochine, de la priorité des commandants en chef qui y affectent les moyens les plus importants en termes d'effectifs et de matériels. Les théâtres d'opérations secondaires des Centre et Sud-Vietnam, ceux du Cambodge et du Laos – au moins jusqu'en 1953 pour ce dernier – font l'objet d'un traitement plus succinct. Par ailleurs, la zone contrôlée par le Viêt-minh reste en dehors du champ d'études de cet ouvrage. Dès 1945 existe en effet un *pays viêt-minh* qui ne se limite pas aux quelques enclaves du Tonkin et de Cochinchine et il est trop souvent oublié que la vaste région située au nord de Quang Tri et qui court jusqu'à la pointe sud du delta du fleuve Rouge délimite aussi la frontière entre la zone française et la zone viêt-minh. Faute d'effectifs, les Français ne pourront jamais reprendre ce territoire[10].

La conduite des opérations par les commandants en chef successifs et leurs grands subordonnés en Indochine ne peut se concevoir sans la prise en compte des rapports entre militaires et civils au sortir de la Seconde Guerre mondiale, l'ombre permanente du général – puis maréchal – Juin sur les affaires indochinoises, ses refus de servir en Extrême-Orient (trois au total) en témoignent bien. Ces rapports concernent ceux qu'entretiennent les gouvernements français avec leurs généraux mais intéressent également les relations entre le haut-commissaire et son entourage et les officiers généraux en poste en Indochine. Les divergences sur les questions stratégiques et les oppositions de personnes entre le général Valluy et Émile Bollaert ou celles existant entre le général Blaizot et Léon Pignon n'en sont qu'un exemple parmi d'autres. Toutefois, de très fortes inimitiés existent également au sein du haut commandement, et ce, tout au long de la guerre. Celles-ci sont, pour certaines, une conséquence des bouleversements qu'a connus l'armée française entre 1939 et 1945 et sont le fruit des « chapelles » nées de la guerre et des choix de chacun. D'autres sont apparues sur le théâtre indochinois. Loin d'être anodines, rivalités et antipathies entre militaires ont joué un rôle certain dans le cours de la guerre et longue est la liste des tensions entre officiers généraux : que ce soit entre Leclerc et d'Argenlieu, entre Carpentier et Alessandri, entre de Linarès et Cogny, entre Navarre et Cogny ou encore entre Salan et Ely.

L'ouvrage se clôt par un dernier chapitre consacré à la fin de la présence française en Extrême-Orient. La période qui suit la fin des hostilités et qui s'achève par la dissolution du corps expéditionnaire, le 28 avril 1956, s'avère, de fait, féconde en événements. Elle est notamment marquée par la rétraction du dispositif du CEFEO, dont les bataillons quittent le Nord-Vietnam pour s'implanter au sud où la France espère encore jouer un rôle. Dans le même temps, les gouvernements français tentent de maintenir son influence et ses intérêts auprès du gouvernement de la RDVN, une politique vivement contestée par les Sud-Vietnamiens et les Américains. L'année 1955 met progressivement fin aux illusions françaises. Avec Hanoï, les relations sont rapidement dans l'impasse, tant en raison de l'attitude viêt-minh que des tergiversations et incohérences françaises et, avec Saigon, les tensions s'accroissent singulièrement au fil des mois, le gouvernement du président Diêm souhaitant définitivement en terminer avec la tutelle française qu'il considère comme une ingérence dans les affaires intérieures de son pays. À la fin de l'année 1955, les ultimes transferts de souveraineté sont opérés et le Sud-Vietnam quitte l'Union française. La

France cède la place aux Américains. Les derniers contingents français encore présents sont renvoyés en métropole ou dirigés vers l'Afrique du Nord où une nouvelle guerre les attend. L'armée française sort profondément marquée par le combat mené en Indochine, par les méthodes de guerre employées aussi. Mais, au-delà des aspects purement militaires, soldats et officiers européens du corps expéditionnaire ont été meurtris par l'indifférence, la désaffection, le mépris, voire l'opprobre dont ils ont été – ou se sont sentis – victimes de la part de la nation et des gouvernements au nom desquels ils se sont battus. Quand s'engagent les opérations en Algérie, nombreux sont les cadres bien décidés à ne plus revivre l'expérience indochinoise. Un lien fondamental entre le pays et son armée s'est rompu en Indochine.

Chapitre I

L'intermède japonais

> « L'entrée en Allemagne des troupes françaises aux premiers jours de la guerre[1] fut accueillie par tout le monde comme une chose naturelle. On le savait bien. Quels fous, ces Allemands, de s'attaquer à un si grand Empire, soutenu par la puissance britannique... La défaite de 1940 fut si inattendue que certains se refusaient à y croire.
>
> La suite fut incompréhensible : il y avait quelque chose de faussé dans notre esprit. »
>
> Ngo Van Chieu,
> *Journal d'un combattant viêt-minh.*

L'Indochine française : une création coloniale

À la veille de la Seconde Guerre mondiale, la *pax gallica* règne en Indochine. La France est fière de sa « belle colonie » et Saigon comme Hanoï donnent l'impression, avec leurs rues bien tracées et leurs bâtiments imposants d'une réussite coloniale incontestable. De tous les territoires d'outre-mer sur lesquels la France a planté son drapeau, elle est incontestablement la « perle de l'Empire ». Il y a maintenant quatre-vingts ans que les Français ont pris pied dans la péninsule indochinoise, une présence qui débute par une intervention franco-espagnole[2] sur les côtes de l'Annam[3]. Les liens entre la France et le Vietnam sont toutefois antérieurs et remontent véritablement au XVIIe siècle par l'entremise des Jésuites et notamment du plus connu d'entre eux, Alexandre de Rhodes. Tolérés à l'époque, les missionnaires chrétiens déploient une importante activité religieuse qui répand également dans les esprits l'idée de la grandeur de nation française. Les Jésuites, suivis quelque temps après par les membres des Missions étrangères de Paris (MEP), sont à l'origine des premières relations entre la cour de France et celle de l'empire d'Annam. C'est d'ailleurs à l'instigation de Monseigneur Pigneau de Béhaine, des MEP, qu'est signé le premier accord entre les deux pays. En effet, ce dernier est mandaté par Nguyen Anh, dernier survivant de la dynastie des Nguyen, qui, chassé du pouvoir par les Tay Son[4], réclame l'assistance militaire de la France afin de l'aider à retrouver son trône. Pigneau de Béhaine, évêque mais aussi diplomate, intervient en faveur du jeune monarque d'une part parce que les Tay Son apparaissent comme des adversaires acharnés du christianisme et que leur maintien au pouvoir laisse présager un futur sombre pour l'essor de la chrétienté en Extrême-Orient et, de l'autre, parce qu'une intervention armée permettrait d'asseoir la présence de la France dans la région, facilitant d'autant la protection des missionnaires et des populations converties.

Un traité est signé à Versailles le 21 novembre 1787[5] par lequel la France s'engage à fournir des troupes dans la guerre dite de Restauration (1778-1802). La chute de la monarchie et l'avènement de la république, en France, rendent toutefois ce traité caduc. Malgré tout, Pigneau de Béhaine parvient à lever des fonds et à procurer des armes aux partisans des Nguyen, dont certains sont commandés par des officiers européens, français pour la plupart. L'année 1802 voit la victoire définitive de Nguyen Anh sur ses adversaires et celui-ci prend le nom de règne de Gia Long. Une fois au pouvoir, il pratique toutefois une politique ambiguë envers la France, méfiant quant aux visées occidentales sur son pays. La politique isolationniste et xénophobe que le souverain met en œuvre à la fin de son règne est accentuée dans les décennies qui suivent sa disparition (1820) par ses successeurs : Minh Mang, Thieu Tri et Tu Duc. Au cours de cette période, le refus d'autoriser la France à développer son commerce dans le pays comme la répression sanglante à l'encontre des chrétiens sont à l'origine directe de l'intervention française.

Au début des années 1850, Louis-Napoléon Bonaparte, qui est encore président de la République est en effet de plus en plus soumis aux pressions de l'opinion publique et d'un fort parti catholique qui exige une réponse « pour venger le sang français répandu ». Devenu empereur, Napoléon III, malgré son peu de tropisme pour l'Asie, ne peut continuer à rester sourd aux appels du parti catholique qui constitue désormais l'un des soutiens les plus importants du nouveau régime, ni à ceux du clergé, d'autant plus que celui-ci trouve un allié fidèle et prosélyte en la personne de la très fervente impératrice Eugénie. L'action du père Huc – un lazariste qui n'a pourtant pas d'attaches avec la péninsule indochinoise, qu'il ne connaît pas –, et celle de Monseigneur Pellegrin, vicaire apostolique de la Cochinchine[6] septentrionale, auprès du souverain s'avèrent déterminante. Dans une lettre du 30 août 1857, ce dernier met en garde Napoléon III contre l'éradication prochaine du christianisme en Annam en raison de la féroce répression exercée par Tu Duc ; il en profite aussi, de manière quelque peu maladroite, pour faire valoir à l'empereur « les avantages matériels et politiques qui résulteraient pour la France de l'occupation de quelques ports de Cochinchine, sur laquelle la France à ses droits » – en vertu du traité de 1787, pourtant non appliqué. De fait, certains officiers de marine, parmi lesquels l'amiral Cécille, appartenant à la division navale des mers de Chine, considèrent avec intérêt l'idée d'une intervention, arguant du besoin pour leurs bâtiments de disposer de bases nécessaires à la réparation des navires et à leur avitaillement. Mais, au-delà de ces justifications techniques, le poids de « l'impérialisme naval » ne doit pas être négligé dans le processus de décision de l'exécutif : les opérations successives de conquête de l'Indochine, comme celles de Chine à partir des années 1850, favorisent en effet le développement et la modernisation de la flotte française. Dans cette perspective, la prise de possession de ports sur les côtes d'Annam participe du « maillage maritime » qui permettrait le rayonnement de la flotte sur la totalité des mers du globe.

Conjugué aux justifications religieuses et militaires, le motif économique constitue la dernière cause qui pousse Napoléon III à décider d'une expédition en Indochine. Au milieu du XIXe siècle, la rivalité portant sur la quête de nouveaux débouchés pour leurs produits finis et celle de nouvelles terres à exploiter est rude entre les grandes puissances européennes et la question de l'ouverture de la Chine au commerce mondial se trouve au cœur des politiques impériales. Force est de constater qu'en Asie comme ailleurs, la Grande-Bretagne bénéficie déjà d'une avance considérable et les « routes maritimes » que Londres a mis en place dans la première moitié du siècle ont pour conséquence de « verrouiller » l'accès à l'empire du Milieu. À la recherche de voies alternatives qui permettraient d'accéder à l'immense marché que représente la Chine et à ses matières premières qui font défaut aux sociétés françaises, la route de la Cochinchine s'impose naturellement. À l'époque existe en effet la conviction que, à partir de la mer de Chine méridionale, la remontée du cours du Mékong constitue le chemin le plus direct pour atteindre le Yunnan et, de là, le reste de la Chine. Les expéditions conduites par les explorateurs et scientifiques français dans la deuxième moitié du XIXe siècle montrent par la suite qu'il n'en est rien et qu'une grande partie du fleuve reste impropre à la navigation commerciale. En France, plusieurs entrepreneurs et groupes financiers œuvrent pour la mise en place d'une telle politique, ainsi les industriels de la soie à Lyon, qui voient leur activité fortement concurrencée par les Britanniques et dont les exploitations séricicoles sont menacées à compter de 1857 par la pébrine, la maladie du vers à soie, qui s'attaque à la production française. Ainsi, même si ces intérêts ne sont pas partagés par l'ensemble des milieux d'affaires métropolitains, l'existence d'un « lobby colonial » est une réalité, tout comme son action sur le pouvoir politique de l'époque.

À la fin du mois de juillet 1857, profitant de la conjoncture internationale qui lui est favorable et des bonnes relatons qu'il entretient avec Londres, Napoléon III, après avoir mûrement réfléchi, arrête sa décision. Les instructions données par l'empereur au mois de novembre suivant au chef de l'expédition française, l'amiral Rigault de Genouilly, sont simples : faire cesser les persécutions des chrétiens d'Extrême-Orient et faire accepter à la cour d'Annam l'instauration d'un régime de tolérance religieuse. Le ministre des Affaires étrangères, le comte Walewski, se montre quant à lui plus précis dans les directives qu'il remet à son homologue de la Marine. Écartant, dans un premier temps, toute idée de négociations qu'il pense vouées à l'échec, il enjoint à Rigault de Genouilly d'occuper la baie de Tourane comme gage puis, dans un second temps, de tenter de nouer des relations diplomatiques et économiques avec les autorités autochtones, des relations pouvant prendre le cas échéant la forme d'un protectorat. Une grande liberté d'action est donc laissée à l'amiral. Forte d'une quinzaine de bâtiments de guerre et d'environ 3 000 soldats, l'expédition franco-espagnole ne commence véritablement les opérations actives que six mois plus tard. Tourane (Da Nang pour les Vietnamiens[7]) tombe le 31 août 1858, mais cet événement n'entraîne aucune volonté de négocier de la part de l'empereur Tu Duc. Aussi, Rigault de Genouilly prend de lui-même la décision de s'emparer de Saigon – le « grenier à riz » du sud –, accessible à la flotte en remontant la rivière éponyme, ce qui est chose faite le 17 février 1859 : l'élan est donné, la conquête de l'Indochine commence. Si un débat sur l'existence ou non d'un État préexistant à la colonisation française en Algérie peut se concevoir, dans le cas de l'Indochine la situation ne souffre pas d'équivoque : la France impériale de Napoléon III intervient dans un pays aux frontières relativement bien définies et dirigé, depuis 1802, par la dynastie des Nguyen, qui a su asseoir son autorité sur la majeure partie des territoires qu'elle contrôle.

Avançant par étapes, usant alternativement de la négociation et de la coercition, les dirigeants du Second Empire puis, après lui, de la IIIe République, procèdent dans les décennies qui suivent au démantèlement du royaume d'Annam et à l'intégration de ses différentes régions dans la sphère d'influence française. Dès 1862, les provinces orientales de la Cochinchine tombent dans le giron de la France, suivies, l'année d'après, d'une partie des provinces occidentales. La même année, le Vietnam abandonne ses revendications sur le Cambodge qui vient se placer sous protectorat français, protectorat confirmé par un traité signé avec le Siam en 1867 en échange de la cession de trois provinces khmères. Si le Cambodge échappe ainsi aux velléités d'annexion de ses deux puissants voisins, le Siam, lui, est mécontent de voir disparaître son autorité sur un territoire qu'il considère comme lui appartenant[8]. En 1867, également, le reste des provinces occidentales de la Cochinchine est rattaché aux possessions françaises. Après une pause de deux décennies commence, dans un climat parisien marqué par la montée de l'idée coloniale, la seconde phase de la conquête du Vietnam, celle de sa partie centrale – l'Annam des Français –, et nord, appelée Tonkin par les colonisateurs[9]. Achevée en 1885 après des opérations difficiles et coûteuses en vies humaines[10], cette phase débouche deux ans plus tard sur la création de l'Union indochinoise, une entité politique et administrative composée de cinq territoires dirigés plus ou moins directement par la France. Alors que le Laos (qui rejoint l'Union par le traité d'octobre 1893[11]), le Cambodge, le Tonkin et l'Annam sont des protectorats aux statuts différents, la Cochinchine seule accède au rang de colonie[12]. Dans les années qui suivent, Paris parachève le processus de conquête et réduit peu à peu, par la force, les mouvements de résistance à la colonisation.

En effet, la naissance de l'Union indochinoise ne signifie pas le rétablissement de la paix au Vietnam et l'administration française doit faire face, à la fin du XIXe siècle, à un important mouvement de résistance nationale nommé *Can Vuong* ou « Fidélité au roi[13] ». Regroupé autour de la personne royale, le mouvement *Can Vuong* lutte pour le retour de l'ordre ancien et celui des valeurs de la société traditionnelle vietnamienne, menacés par la colonisation. Dirigés par des élites mandarinales, des notables et des fonctionnaires impériaux, il entreprend une intense campagne de guérilla dans le delta du fleuve Rouge ainsi que dans la Haute région tonkinoise. Se réfugiant dans des zones difficiles d'accès, les mêmes qui serviront un demi-siècle plus tard de bases au Viêt-minh, les insurgés représentent une grave menace pour l'administration française et son armée. En septembre 1891, le général Brière, commandant en chef des troupes, rend ainsi compte à Paris que « la plus grande partie des provinces du Tonkin est troublée. Les bandes sont devenues de plus en plus aguerries, mieux organisées, mieux armées ». Pourtant, cette année-là, l'action du *Can Vuong* atteint son point culminant. Isolé, incapable de présenter un projet réaliste qui fasse contrepoids à l'entreprise coloniale, devant faire face à des forces françaises réorganisées, davantage instruites et dont les colonnes sillonnent le territoire à la recherche des « rebelles », il perd progressivement du terrain. Surtout, la mise en place d'une politique de pacification intelligemment dirigée par des hommes comme Lyautey, Gallieni ou Pennequin, politique qui combine opérations militaires, maillage territorial par l'édification de postes et actions économiques, sanitaires et sociales, et qui se révèle particulièrement efficace. Jouant également sur les divisions de la société vietnamienne et de ses différentes ethnies, les Français parviennent à soumettre, tuer ou capturer les principaux chefs. En 1902, le calme revient au Tonkin : la « mise en valeur » de l'Indochine peut commencer.

À partir de 1880, les progrès accomplis, en France, par l'industrialisation permettent à l'administration coloniale de s'orienter vers la réalisation d'une infrastructure routière et ferrée indispensable au développement de l'activité économique. Toutefois, à la fin du XIXe siècle et malgré les efforts réalisés dans ce domaine, celle-ci demeure très pauvre. C'est véritablement Paul Doumer, nommé au poste de gouverneur général en 1897, qui donne l'impulsion. Dès son arrivée, il lance l'Indochine dans un vaste chantier visant à faire entrer les possessions françaises dans une ère nouvelle en créant les infrastructures et les services propres à assurer son essor. Dans le programme en sept points qu'il présente peu après son investiture, le point numéro 3 entend ainsi « donner à l'Indochine le grand outillage économique, chemins de fer, routes, canaux, ports nécessaires à sa mise en valeur ». Pour financer cet « âge du fer et des ponts », comme il le nomme plus tard, le gouverneur Doumer a recours à l'emprunt. Emprunt qui grève certes les finances de l'Indochine, mais qui permet de réaliser son grand projet, notamment dans le domaine des chemins de fer. Des commandes passées au profit de la sidérurgie française[14] naissent un réseau de voies ferrées reposant sur deux axes majeurs. Le premier, orienté sud-nord, relie Saigon à Hanoï puis, de Hanoï, permet d'atteindre la frontière du Kouang Si, avec l'arrière-pensée de favoriser ultérieurement la pénétration de l'influence et du commerce français en Chine. Le second axe, qui suit sensiblement un tracé est-ouest, n'est définitivement achevé qu'en 1906 ; il relie Hanoï à Haiphong et Hanoï à Lao Kay, à la frontière du Yunnan. La ligne Saigon-Hanoï n'est pour sa part achevée définitivement qu'en 1937, soit quarante ans après le début des travaux[15]. Elle est doublée par la route coloniale n° 1 (RC 1), la fameuse « route Mandarine ». Le développement du réseau routier est entrepris, lui, plus tardivement et le programme d'équipement débute à partir de 1911. À la fin de la Première Guerre mondiale, il débouche sur la création d'un ensemble divisé administrativement en routes locales, routes provinciales (RP) et routes coloniales (RC). En 1943, les efforts accomplis permettent à l'Indochine de disposer d'un des meilleurs réseaux routiers d'Asie avec 32 000 kilomètres de routes empierrés et 5 700 asphaltés. Parallèlement à cette entreprise, les travaux publics dotent l'Indochine de nombreux ouvrages d'art dont le plus célèbre, construit antérieurement, reste sans doute le pont Doumer[16]. Enfin, l'administration française montre également le souci de développer l'infrastructure portuaire et notamment celle des deux grands ports de l'Indochine : Haiphong et Saigon, à la fois ports maritimes et fluviaux. L'essor économique des pays de l'Union indochinoise est en effet étroitement dépendant du commerce des marchandises qui transitent par ces deux ports[17]. En l'espace de moins d'un siècle, la présence française transforme donc profondément l'économie et le visage de l'Indochine, notamment ses grandes agglomérations, une réussite célébrée à l'occasion de l'Exposition coloniale internationale qui se tient à Paris au cours de l'année 1931[18].

La « belle colonie » ?

De fait, l'Exposition coloniale met à l'honneur les possessions extrême-orientales de l'Empire. Des millions de visiteurs[19], français comme étrangers, peuvent ainsi admirer pendant huit mois les réalisations et produits des trois pays qui composent l'Indochine française : le Laos, le Cambodge et le Vietnam. Ceux-ci sont visibles sur le site du Bois de Vincennes où neuf hectares leur sont consacrés. La reconstruction d'une partie du temple d'Angkor, qui occupe à elle seule 10 % de la superficie totale de l'exposition, entreprise sous la supervision de l'artiste peintre Georges Groslier, impressionne particulièrement les foules par ses dimensions et son caractère majestueux. Mais, au-delà d'offrir aux Parisiens et aux provinciaux[20] quelques heures d'émerveillement et de détente, l'Exposition coloniale répond à plusieurs fonctions. La première, à l'attention des Français, a une valeur justificative et pédagogique. Comme le déclare Paul Reynaud, alors ministre des Colonies, dans son discours inaugural le 6 mai 1931 : « Le but essentiel de l'exposition est de donner aux Français conscience de leur empire. » « Il faut que chacun d'entre nous, continue-t-il, se sente citoyen de la plus grande France, celle des cinq parties du monde ». Aussi, comme le remarque justement Raoul Girardet, l'événement constitue incontestablement « l'apogée de l'idée coloniale dans l'histoire de la France contemporaine ». Peu nombreuses et peu entendues, en revanche, sont à l'époque les voix de quelques intellectuels et hommes politiques de gauche qui s'élèvent pour dénoncer ce fait colonial[21].

Deuxièmement, l'exposition qui se déroule un peu plus de dix ans après la fin du premier conflit mondial, dans une période marquée par la montée des périls extérieurs, se veut un message de grandeur et de puissance envoyés aux pays étrangers. Il s'agit de témoigner de la vigueur de la France alors que le monde s'enfonce dans une crise économique sans précédent qui favorise la montée des idéologies extrêmes. Enfin, aspect non négligeable, cette manifestation doit être une vitrine invitant les entrepreneurs, les hommes d'affaires et les sociétés commerciales à investir dans les colonies. Dans ce domaine, l'Indochine joue d'ailleurs un rôle particulier. Pour les grands groupes français – et notamment le plus important d'entre eux, celui de la Banque de l'Indochine[22] –, l'Extrême-Orient est « terre de profits », pour reprendre l'expression utilisée par Pierre Brocheux et Daniel Hémery[23]. Ces derniers montrent d'ailleurs combien le « capitalisme colonial » contribue à équilibrer la balance des comptes courants en France, grâce au volume de capitaux rapatriés d'Indochine vers la métropole, avant la crise de 1929. L'Indochine française est donc incontestablement, pour un certain nombre de sociétés de l'époque, une affaire prospère. Quelques économistes déplorent cependant l'absence de véritable stratégie économique, le manque de rationalisation des systèmes de production et de diffusion qui limitent l'essor du commerce. L'un d'eux écrit ainsi au début des années 1930 qu'il « n'y a actuellement en Indochine qu'un produit dont l'exploitation paie véritablement : c'est le riz » ; il estime par ailleurs que la France pourrait générer plus de rentabilité dans certains secteurs, dont ceux de l'exploitation du caoutchouc ou du coton.

Toutefois, cette célébration de l'œuvre accomplie et les progrès obtenus dans certains domaines ne doivent pas cacher que l'Indochine reste bien une création coloniale dont seuls profitent quelques Occidentaux parmi les quelque 30 000 Européens[24] qui y résident alors et une poignée d'élites autochtones. La grande majorité des populations d'Indochine ne bénéficient pas des avantages procurés par le développement économique du pays, développement qui, par ailleurs, reste très localisé et laisse de côté de vastes territoires, pauvrement équipés. Les inégalités sociales qui existent génèrent des frustrations et suscitent des mouvements de contestation contre l'ordre colonial. Certes, les inégalités qui prévalent dans les pays de l'Union indochinoise ne sont pas apparues avec la conquête et avant celle-ci, notamment au Vietnam, les fonctionnaires impériaux et les mandarins occupaient le sommet d'une société très hiérarchisée dont les membres jouissaient de statuts et de droits différents. Mais sous la domination coloniale, les inégalités se sont pour certaines accrues quand d'autres sont nées de l'essor de l'industrialisation et, consécutivement, de l'apparition d'une classe ouvrière. Ainsi, au nord, les conditions de travail dans les mines à ciel ouvert d'Hongay, où des milliers de coolies extraient l'anthracite au profit de la Société des charbonnages du Tonkin, peuvent sans doute être comparées à une forme d'esclavagisme moderne qui voit travailler les enfants et interdire toute rupture de son contrat. De même, l'activité dans les plantations cochinchinoises s'avère extrêmement pénible et la dureté de la tâche comme l'insalubrité entraînent une chute importante de l'espérance de vie des travailleurs.

La période de l'entre-deux-guerres est ainsi marquée par de nombreuses manifestations contre l'administration française mais également contre les élites autochtones, manifestations qui dégénèrent parfois dans la violence. La grève déclenchée dans les plantations Michelin de Phu-Rieng en février 1930 en constitue un exemple parmi d'autres. Les injustices et inégalités vécues et ressenties par une partie des populations inhérentes à toute société se nourrissent en Indochine des résultats de la colonisation. En effet, l'introduction de « l'homme blanc » en Extrême-Orient bouleverse profondément les rapports humains et la logique des relations coloniales débouche sur des inégalités autres que sociales, liées aux origines et à la physionomie des individus. Il est un fait incontestable que peuvent attester les rendus des jugements des tribunaux : les droits du « Blanc » sont, à l'époque, supérieurs à ceux de l'autochtone. Certes, il se trouve parmi les Français de nombreux hommes désintéressés, habités pour certains d'une foi religieuse et humaniste, comme les missionnaires, et qui n'ont pas pour seul objet d'« abrutir » les masses, comme on peut parfois le lire. D'autres également sont animés de sentiments humanitaires sincères tels les médecins qui n'œuvrent pas tous dans l'idée de fortifier les corps des autochtones dans le seul but d'en faire de meilleurs travailleurs. Mais il n'en est pas moins vrai que la somme de ces individualités et de leurs qualités ne saurait faire oublier les fondements mêmes du système colonial, qui restent inégalitaires.

La société européenne en Indochine n'est cependant pas homogène. Elle est composée de militaires, de fonctionnaires, de riches colons, mais également de commerçants ou d'artisans et de « petits Blancs » venus « à la colonie », comme on dit alors, dans l'espoir d'y faire fortune. Malgré tout, les Européens constituent une société repliée sur elle-même dont les membres ne se « mélangent » pas avec leurs homologues et nombreux sont les témoignages relatant les discriminations existantes, même au plus haut niveau de la hiérarchie mandarinale. À cette époque, Français et autochtones cohabitent donc sans vraiment se connaître, sans vraiment se comprendre. Dans un chapitre de son ouvrage *Vietnam, sociologie d'une guerre* consacré à « la route vietnamienne », Paul Mus, spécialiste des cultures et des sociétés traditionnelles de l'Indochine mais aussi observateur attentif des rapports entre colons et colonisés, livre une réflexion qui permet d'appréhender un peu le fossé existant entre les « deux mondes » : « La route, si elle nous réunissait, nous séparait [...] bien davantage. Notre comportement spécifique, nous mettait, en 1934, [...] totalement à part : nous passions, enfoncés à deux ou trois, ou quelques fois seuls, dans des bolides qui ne s'arrêtaient nulle part et qui nous emportaient dans cette triste solitude [...] vers des activités que les paysans ne connaissaient pas "et dont on ne se souciait pas autant que nous l'aurions cru"[25]. » Loin d'être un instrument de rapprochement entre colons et colonisés, la route occidentalisée qui doit permettre la pénétration de l'influence française et l'essor du commerce n'apparaît ici que comme une barrière supplémentaire entre les deux cultures. Les tentatives ou politiques de rapprochement entre Français et autochtones, bien réelles, restent marginales et limitées à des cercles d'intellectuels ou à des associations. Contrairement au discours officiel de la IIIe République, la promotion des élites « indochinoises » ne connaît pas de véritable développement et s'il existe bien des étudiants vietnamiens, laotiens ou cambodgiens dans les universités françaises, leur nombre reste peu important.

Cette différence de droits conjuguée à la violence ou au mépris dont font montre certains Français à l'égard des populations autochtones contribuent à accroître le sentiment d'humiliation des peuples colonisés et à développer la montée des nationalismes locaux. Les révoltes qui éclatent en 1930 au Vietnam témoignent de ce phénomène et rendent bien compte, en sus du mécontentement social aggravé par les effets de la crise économique de 1929, de la vigueur et de l'activisme du sentiment national. Il ne s'agit plus désormais d'un patriotisme monarchique prônant le retour aux valeurs confucéennes d'antan, tel que pouvait le promouvoir et le défendre le *Can Vuong*, mais de mouvements politiques « modernes » dénonçant la présence française et ses injustices et militant, *in fine*, pour l'indépendance. Au mois de février 1930, à l'initiative du *Viêt-Nam Quoc Dan Dang* (VNQDD)[26], l'un de ces partis nationalistes, est lancé un soulèvement qui se veut « général ». Dans la nuit du 9 au 10 février, la garnison annamite de Yen Bay se soulève et massacre une partie de ses cadres européens tandis qu'à Hanoï quelques militants perpètrent des attentats à la bombe, occasionnant des dommages limités. À partir du mois de mai, le Nord-Annam (et notamment la région du Nghe Tinh) devient le théâtre de nombreuses grèves et manifestations, à l'instigation, cette fois, du Parti communiste indochinois, et qui ont pour cible la fiscalité coloniale ou la corruption des fonctionnaires de la cour de Huê. Le 1er mai 1930 sonne le signal du déclenchement de nombreuses manifestations qui se livrent à la destruction des lignes téléphoniques, au saccage de postes de police, à l'attaque de prisons, à la dégradation d'églises catholiques et à l'assassinat de notables.

Aux mois d'août et septembre 1930, l'agitation dans les campagnes s'intensifie. Des soviets sont organisés dans plusieurs villages du Nghe An et l'on assiste à la mise en place de milices armées. Face à ces différents mouvements contestataires, la répression des autorités françaises est brutale. Les unités de l'armée de terre comme de l'aviation, qui n'hésite pas, au besoin, à bombarder et mitrailler la foule, sont mises à contribution et les révoltes sont finalement écrasées dans le sang. Pendant plusieurs mois, meneurs comme manifestants sont pourchassés et arrêtés. Le bilan des expéditions punitives est lourd et, s'il reste difficile à déterminer avec exactitude, le nombre de tués est estimé entre 1 000 et

4 000 personnes tandis que plusieurs milliers d'individus sont emprisonnés. Déclenchés trop tôt, mal organisés, très localisés et, en définitive, manquant d'un véritable soutien populaire, ces mouvements se soldent tous par des échecs. L'efficacité de la Sûreté générale, organisme garant de l'ordre colonial et qui dispose de nombreux agents vietnamiens, permet également de démanteler les différents groupuscules et d'arrêter leurs dirigeants. Lorsqu'ils ne sont pas condamnés à mort, ceux-ci sont envoyés purger leur peine dans le fameux bagne de Poulo Condor, situé sur l'île éponyme au large des côtes de Cochinchine, à plus de 200 kilomètres au sud de Saigon[27]. Les événements de l'année 1930, s'ils sont finalement circonscrits au Vietnam, connaissent toutefois un grand retentissement en France où, dans certains milieux, l'on commence à s'interroger sur les « bienfaits » de la colonisation[28].

Au cours des années 1930, les mouvements de contestation sociaux et l'anticolonialisme débouchent donc sur des revendications nationalistes, marquées pour certaines par l'idéologie marxiste. Une partie de la jeunesse vietnamienne, principalement celle qui a pu bénéficier d'une instruction, se révèle de fait séduite par les thèses communistes qui se présentent, en Extrême-Orient, comme l'une des réponses les plus crédibles à la domination française. Le communisme apparaît de nature à offrir une alternative au système colonial et semble annoncer, croit-on alors, un avenir meilleur et une société plus juste. À la fin des années 1920, plusieurs centaines de ces jeunes rejoignent le *Thanh Nien*, un organisme révolutionnaire qui siège à Canton[29] et dirigé par un certain Hô Chi Minh. Dans la thèse de doctorat qu'elle consacre au communisme vietnamien, Céline Marangé, décrit ainsi leur profil : « Issus de famille hostiles à la colonisation française, ces militants avaient à peine 20 ans. Témoins des turpitudes quotidiennes du système colonial, ils abhorraient les Français et le système colonial, dont ils dénonçaient les brimades, les interdits et les inégalités de droit. Ils exécraient tout particulièrement les atteintes aux libertés fondamentales, les abus de la police et les méthodes des collecteurs d'impôts. » Progressivement, les dirigeants communistes vietnamiens se rapprochent du Komintern dont les conseils et directives encouragent la formation d'un Parti communiste vietnamien, qui voit finalement le jour, toujours à Canton, le 3 février 1930. Toutefois, sur instruction de Moscou et dans le but de créer un mouvement fédérateur commun aux pays de l'Union indochinoise, son nom est changé au mois d'octobre suivant et transformé en Parti communiste indochinois (PCI).

À la fin des années 1930, cependant, les différents mouvements révolutionnaires nationalistes et communistes qui se développent en Indochine même ou hors de ses frontières ne constituent pas encore un réel danger pour l'administration coloniale, qui dispose de la police et de son armée pour faire respecter l'ordre. La métropole, quant à elle, bien qu'elle mette en place une politique – relativement – libérale à la faveur de l'arrivée au pouvoir du Front populaire (1936-1939), demeure davantage préoccupée par les périls qui menacent l'Europe et les bruits de guerre qui viennent d'outre-Rhin. Pourtant, c'est bien l'effondrement de la France comme grande puissance sur la scène européenne qui est l'une des causes principales de son éviction en Extrême-Orient. La défaite de mai-juin 1940 face à l'Allemagne nazie et les conséquences de l'armistice permettent en effet l'introduction d'un nouvel acteur dans le jeu indochinois : le Japon. Ce dernier, dont l'impérialisme n'a cessé de croître depuis une décennie, profite de l'affaiblissement de la France pour sortir de l'attentisme prudent dont il faisait montre jusque-là et faire valoir, par la menace, ses prétentions sur la péninsule indochinoise. Alors que pour les Français d'Indochine une époque prend fin – celle de la « belle colonie » –, chez une partie des peuples colonisés, au contraire, naît l'espoir de voir enfin se réaliser leur rêve d'indépendance. Dans cette perspective, l'intervention armée du Japon au Vietnam, à la fin de l'année 1940, est à l'origine directe de la guerre d'Indochine.

La montée de l'impérialisme japonais en Asie

Durant le premier quart du XXe siècle, la France entretient avec le Japon des rapports cordiaux, sinon amicaux. Certes, pendant la guerre opposant la Russie tsariste au Japon et qui voit la victoire de ce dernier[30], la France apporte son soutien à Nicolas II, mais après la victoire japonaise, les deux pays ont chacun intérêt à voir se normaliser leurs relations. Tout d'abord Paris, prenant acte du nouveau rapport des forces en Extrême-Orient et soucieux de la défense de l'Indochine, cherche à se rapprocher du Japon dont l'alliance passée avec la Grande-Bretagne quelques années plus tôt est toujours source d'inquiétude[31]. Aussi la France se satisferait pleinement d'un accord avec la puissance émergente de la région. Le Japon, de son côté, dont le Trésor a été mis à mal par les opérations contre la Russie, a besoin du concours du marché financier français pour renflouer ses fonds[32]. Enfin, les deux nations ont le souhait de voir désormais se stabiliser la situation en Chine, le Japon étant particulièrement désireux de voir reconnaître par les grandes puissances ses intérêts en Manchourie comme en Corée. Le 10 juin 1907, un traité franco-japonais est finalement signé par lequel la France concède au Japon le droit d'occuper la péninsule coréenne et qui, en retour, engage Tokyo à respecter les droits de Paris sur l'Indochine française.

Malgré la reconnaissance de son statut de puissance régionale et ses liens privilégiés avec les nations occidentales[33], le Japon connaît, à la veille de la Grande Guerre, une crise parlementaire et la participation du pays au conflit aux côtés de l'Entente[34] est considérée comme une occasion de fédérer la population japonaise autour d'une question de politique extérieure, question qui, en définitive, ne la touche pas réellement. Surtout, il s'agit de réaliser une bonne opération politique et de s'emparer à bon compte des possessions allemandes en Chine ainsi que dans le reste de l'Extrême-Orient. Au regard de la disproportion des forces et des moyens entre les garnisons allemandes et les troupes japonaises, les objectifs militaires de ces dernières sont rapidement conquis et les buts de guerre de Tokyo sont atteints dès la fin de l'année 1914 : le comptoir de Kiaou-Tchéou[35] – et sa ville principale, Tsing-Tao – ainsi que différents archipels du Pacifique nord dont les îles Mariannes, Marshall et Carolines sont occupés par les troupes nippones. D'un point de vue économique, la période qui suit correspond à une époque faste pour le Japon, qui profite des difficultés internationales pour se développer en poursuivant son effort de modernisation et en vendant du matériel de guerre aux Alliés. Entre 1914 et 1919, sa production industrielle s'accroît de plus de 70 % et Tokyo rattrape son retard dans de nombreux secteurs dont celui des industries lourdes. Grâce aux revenus générés par cette activité et à l'ouverture de nouveaux marchés (Chine, Inde), une grande partie de la dette contractée dans les premières années du siècle est remboursée et le Japon est désormais détenteur d'une très importante quantité de devises étrangères[36].

Au lendemain de la Première Guerre mondiale et malgré sa faible participation militaire, Tokyo peut donc prendre place aux côtés des vainqueurs et notamment de la France dont les pertes sont sans commune mesure avec les quelque 400 tués de l'armée impériale. Ainsi, en 1919, et pour faire écho à ce qu'a déclaré un intellectuel japonais au début de l'ère Meiji – « Nous avons le choix *entre* être à la table des grands ou faire partie du menu[37] » –, l'empire du Soleil levant est incontestablement assis à « la table des grands ». Toutefois, malgré – ou en raison – de ce nouveau statut qui consolide les mutations et modernisations opérées au début du XXe siècle, le Japon se considère comme une nation frustrée. Si le traité de Versailles lui conserve les territoires allemands que ses troupes ont conquis, le rejet conjoint par les États-Unis et la Grande-Bretagne de la clause sur l'égalité des races que les plénipotentiaires nippons ont tenté de faire accepter à la conférence de Paris (qui prépare le traité de Versailles) est vécu par les Japonais comme une humiliation qui nourrit le ressentiment de la classe politique à l'endroit des Occidentaux. D'une manière peu équivoque, ceux-ci ont fait clairement comprendre à leur allié asiatique que, dans leur esprit, la hiérarchisation des peuples reste un principe intangible, et que celui-ci leur est, en définitive, toujours inférieur.

En 1921, l'annonce par la Grande-Bretagne du non-renouvellement de l'alliance conclue avec le Japon en 1902 – et reconduite par deux fois depuis – contribue davantage à éloigner Tokyo de ses anciens alliés, et en particulier des Anglo-Saxons, les Japonais n'étant pas dupe de la politique de rapprochement opérée entre Britanniques et Américains. Le traité naval de Washington, signé le 6 février 1922, constitue un nouveau motif d'humiliation. Abordées avec une grande méfiance par les plénipotentiaires japonais, les discussions, largement dominées par les représentants américains, confirment leurs craintes initiales. L'accord, dont le but est d'organiser la limitation des armements maritimes des puissances contractantes : États-Unis, Royaume-Uni, France, Italie et Japon, laisse celui-ci fort insatisfait même s'il obtient des avantages (aucune fortification ou base navale nouvelle ne peuvent être établies). Une majorité des officiers de l'état-major de la marine et de celui de l'armée de terre ainsi que les partis nationalistes estiment en effet leur pays floué et désavantagé par les Américains, qui se voient octroyer un tonnage de navires de guerre plus important que celui des Japonais ; ce rapport des forces déséquilibré devient plus alarmant encore pour Tokyo en considérant le cumul des flottes que s'autorisent à construire les États-Unis et la Grande-Bretagne réunis. L'amertume nourrie par la caste des officiers et les hommes politiques, alliée aux changements structurels de la société nippone nés de la modernisation du pays, développe chez nombre de Japonais un conservatisme et un nationalisme qui trouvent un écho favorable auprès de la population, touchée par les effets de la crise de 1929. L'accroissement du chômage, comme c'est le cas en Allemagne à la même époque, favorise la montée de l'extrémisme.

Au début des années 1930, le Japon se retire progressivement des instances internationales dans lesquelles il siège et des traités dont il est signataire, considérés comme une limitation à la politique expansionniste que le gouvernement japonais choisit de suivre à compter de 1931. Le 19 septembre, l'armée japonaise du Kwantung[38], sous un prétexte futile[39], force la main du gouvernement impérial et entame l'invasion de la Mandchourie. Le succès des armes japonaises contre les troupes du Guomindang de Tchang Kaï-chek est total et, au mois de février 1932, est instauré le Mandchoukouo[40], un État censément indépendant qui, dans les faits, est un protectorat contrôlé par le gouvernement japonais. Condamné par la Société des Nations (SDN) pour ce coup de force contre la Chine, le Japon se retire de cet organisme en mars 1933, consacrant un peu plus l'affaiblissement et l'impuissance de la SDN. À la fin de l'année 1934, Tokyo annonce cette fois son intention de ne pas renouveler le traité de limitation des armements navals de Washington qu'il quitte effectivement en 1936. C'est dans cette seconde moitié des années 1930 que l'idéologie coloniale japonaise, dont les promoteurs sont en premier chef les officiers de l'armée du Kwantung, l'état-major de l'armée de terre et celui de la marine, connaît un nouvel essor. C'est là que l'Indochine française croise le chemin du « loup japonais » comme l'avait prophétisé, dès 1904, le géographe Onésime Reclus[41].

La marche vers le sud

Le développement de l'impérialisme japonais en Asie et la menace grandissante au cours des années 1930 qu'il fait planer sur l'Indochine ont pour conséquence le refroidissement des relations entre Paris et Tokyo. En 1937, à la faveur du déclenchement de la guerre sino-japonaise, les sympathies de la France se tournent donc plutôt vers la Chine. Celles-ci se matérialisent concrètement par une aide militaire accordée aux armées chinoises et l'autorisation donnée aux navires ravitaillant les nationalistes chinois de débarquer matériels et munitions à Haiphong puis d'opérer leur transfert *via* la voie ferrée qui relie le port du Tonkin au Yunnan[42]. Dès cette époque, cette politique d'assistance est dénoncée par le Japon, qui, après avoir interdit l'accès aux points clés du littoral sur les côtes des mers de Chine orientale et méridionale, entend compléter l'isolement du corps de bataille adverse des zones à partir desquelles ce dernier pourrait encore recevoir du soutien. Dans cette perspective, le soutien français aux forces chinoises à partir de l'Indochine apparaît insupportable au gouvernement japonais, qui demande la cessation immédiate du transit des exportations en direction de la Chine.

Le gouvernement impérial se fonde, à l'époque, sur l'état de guerre qui existe *de facto* entre son pays et la Chine pour formuler cette exigence. La France, pour sa part, justifie son action par l'absence de déclaration de guerre officielle et donc de belligérants de droit. Dans un souci d'apaisement, cependant, Paris accepte la mise en place d'un embargo sur les seuls armements, à l'exclusion des autres matériels, bien que ne soient pas concernés les armements dont les commandes ont été passées à la veille des hostilités, une mesure qui est loin de satisfaire l'état-major de l'armée du Mikado. Ses officiers multiplient les appels auprès de leurs dirigeants pour réclamer davantage de fermeté. À Shanghai, d'ailleurs, sous la pression japonaise, un accord local est passé le 4 décembre 1937 qui autorise les convois militaires japonais « non armés » à traverser la concession française[43]. Parallèlement, les services secrets impériaux incitent la population chinoise à se soulever contre la présence occidentale, notamment par le biais d'une intense campagne de presse. Au fil des mois, les récriminations se font plus vives et, le 28 octobre 1938, le Japon proteste une nouvelle fois formellement contre l'aide apportée par la France à la Chine et exige désormais la fermeture totale des différentes routes d'approvisionnement et en premier lieu celle utilisant la voie ferrée reliant Haiphong à Kunming[44]. Il réclame également, fait nouveau, l'installation, en Indochine, d'une équipe japonaise chargée de contrôler l'arrêt effectif de ce trafic. La France, toujours considérée comme une puissance de premier ordre par Tokyo, oppose un ferme refus et le Japon, encore divisé à ce moment-là sur sa politique impérialiste, n'insiste pas[45].

En cette fin des années 1930, l'idée d'une intervention en Indochine est loin d'être partagée par l'ensemble des dirigeants japonais. En effet, depuis la fin du XIXe siècle, deux courants de pensée s'affrontent au sein de la classe politique japonaise comme de l'appareil militaire. D'un côté existe un parti favorable à l'expansion vers le nord, qui privilégierait une action à l'encontre de la Corée, de la Chine, voire de la Russie, de l'autre se trouve le parti d'une politique orientée vers l'Asie du Sud, en direction des possessions françaises, britanniques ou néerlandaises en Extrême-Orient. D'une manière schématique, mais schématique seulement car les deux groupes répondent à des logiques complexes et des dissensions existent à l'intérieur de chaque clan, les partisans de la politique « nordiste » sont plutôt incarnés par l'état-major de l'armée de terre impériale et par l'armée du Kwantung ; la plupart des officiers supérieurs de ces organismes, sans être tous des fanatiques, conçoivent volontiers l'exécution de leur politique par les armes. Les adeptes de l'expansion vers le sud, eux, sont davantage groupés autour du personnel diplomatique des Affaires étrangères mais également d'une partie de la marine impériale ; l'action diplomatique ainsi que le développement économique paraissent avoir leur préférence. Au cours des premières décennies du siècle, les premiers semblent avoir gain de cause : en 1910, la Corée devient officiellement une colonie japonaise et, à partir du mois de septembre 1931, les troupes de l'armée du Kwantung envahissent la Mandchourie.

Toutefois, dans les décennies qui suivent, l'idée d'une intervention vers le sud gagne progressivement du terrain et il se voit même quelques « penseurs », tel Tokutomi Soho – journaliste conservateur défendant des positions populistes et démagogiques – pour expliquer cette « nécessité », justifiant cette expansion par une sorte de mandat moral qu'aurait reçu le Japon de libérer les peuples asiatiques du joug occidental. D'ailleurs, sans aller jusqu'à évoquer l'existence d'une cinquième colonne, la Sûreté générale rend compte au milieu des années 1930 de l'activité de plus en plus importante des services secrets japonais en Indochine. À la veille de la Seconde Guerre mondiale, Tokyo favorise de manière discrète certains mouvements antifrançais tels des associations bouddhiques, les sectes politico-religieuses qui existent en Cochinchine[46] – et principalement les Caodaïstes – et autres groupuscules nationalistes. La plupart des sociétés commerciales nippones cachent par ailleurs une officine de renseignement et d'agitation qui agit sur ordre des services secrets de Tokyo. La progression des armées japonaises en Chine accélère le choix d'une orientation de la politique japonaise vers le sud. Au début de l'année 1939, les opérations militaires ont pour effet de porter l'armée impériale jusque dans le Kouang Si et ses troupes occupent désormais l'île de Hainan (où elles débarquent le 9 février 1939[47]). Le mois suivant, Tokyo, intéressé depuis le début des années 1930 par la mainmise sur les îles et îlots français en mer de Chine du Sud[48], n'hésite pas à occuper les îles Paracels[49], pourtant revendiquées par la France au nom du Vietnam.

À l'été 1938, la France a officiellement pris possession de ces îles et y a installé un détachement de la Garde indochinoise. Ces prises de possession, vivement condamnées par le gouvernement chinois (qui revendique également les Paracels[50]), sont en fait dirigées contre le Japon. La crainte que les îlots ne soient saisis par les Japonais et que ces derniers ne s'en servent comme « tremplins » à de futures opérations, notamment en construisant des bases pour hydravions, a motivé cette décision. Le Japon, sûr de sa force, n'est pas plus impressionné que cela puisqu'il fait procéder à l'occupation des Spratleys en mars 1939. La France, ouvertement défiée, n'adresse qu'une simple protestation. Ainsi, au printemps 1939, la stratégie d'encerclement et d'étouffement conduite par l'état-major japonais a pour effet de couper une partie des voies de communication et d'approvisionnement des Chinois vers l'extérieur. Elle entraîne une autre conséquence majeure pour l'Indochine : celle-ci dispose désormais d'une frontière commune avec l'empire du Mikado…

Au cœur des ambitions japonaises : l'Indochine française

La défaite française en Europe et l'incapacité pour la France d'intervenir en faveur de ses possessions asiatiques vont définitivement lier le sort de l'Indochine française à la politique japonaise, les hésitations des dirigeants nippons ayant désormais pris fin. À l'été 1940, le choix de l'expansionnisme vers le sud, c'est-à-dire vers l'Extrême-Orient, est résolument arrêté. Le 21 juillet 1940, le Premier ministre et amiral Mitsumasa Yonai est contraint, sous la pression de l'armée et des partis conservateurs, à la démission. Au moment où, en Europe de l'Ouest, la Wehrmacht a enchaîné les plus brillantes victoires et où Hitler semble en passe de réaliser une partie de ses buts de guerre en mettant les Pays-Bas, la Belgique et la France à genoux, la position de l'homme du rapprochement avec les Anglo-Saxons et du refus de la collaboration avec l'Allemagne nazie n'est plus tenable face aux éléments les plus nationalistes de la nation nippone[51]. Sur ordre de l'empereur Hirohito, il est remplacé le lendemain par Fumimaro Konoe qui occupe là, pour la seconde fois de sa carrière politique, la fonction de Premier ministre. Toutefois, dès le 19 juillet, avant même sa nomination officielle, Konoe a réuni trois de ses futurs ministres parmi les plus importants : Hideki Tojo, ministre de la Guerre, Zengo Yoshida, ministre de la Marine, et Yosuke Matsuoka[52], ministre des Affaires étrangères. C'est lors de cette réunion qu'est officiellement arrêtée la politique qui vise à instaurer un nouvel ordre en Extrême-Orient par la mise en place d'une « sphère de coexistence et de coprospérité de la Grande Asie », qui, dans les années suivantes, sert de prétexte et justification aux agressions japonaises.

En réalité, ce concept n'est pas nouveau. Il a été formulé dès la fin du XIXe siècle et décliné sous diverses formes par des nationalistes ou des poètes tel Okakura Kakuzo[53], qui résume en une phrase dans son livre *Les Idéaux de l'Orient. Le réveil du Japon* la pensée de nombreux idéalistes de l'époque : « L'Asie est une », oubliant toutefois de mentionner le rôle prépondérant que l'empire du Soleil levant doit y jouer. L'expression du mouvement panasiatique au Japon, qui tend à se développer au début du XXe siècle, va de pair avec l'idée d'une mission libératrice que le pays aurait reçue pour délivrer les peuples orientaux de l'oppression occidentale. Les membres du cabinet Konoe reprennent cette thèse en en faisant l'argument majeur de leur politique coloniale et expansionniste. Dans leur esprit, résumé ici d'une manière quelque peu schématique, il s'agit de créer une espèce de « bloc » formé de nations asiatiques qui, sous le *leadership* du Japon, seraient en mesure de s'opposer à l'hégémonie occidentale. Sous l'égide de Tokyo, ce « bloc » développerait le commerce entre ces nations, ce qui permettrait d'atteindre une autosuffisance économique et, par là même, le bonheur des populations. Les premiers pays bénéficiaires de la mise en place de cette politique doivent être Hong Kong, la Birmanie, l'Indochine française, la Thaïlande, la Malaisie, les Indes néerlandaises, les Philippines et la Nouvelle-Guinée. Dans un second temps, l'Inde, l'Australie et la Nouvelle-Zélande viendraient agrandir cette première « sphère ». Le 26 juillet 1940, l'ensemble du gouvernement Konoe adhère au « programme » qui, le lendemain, est également accepté par la conférence de liaison[54]. Le 1er août, enfin, Matsuoka annonce au public, en présence de journalistes, la nouvelle « direction de la politique nationale fondamentale » qui expose la politique étrangère du Japon. Malgré l'habillage propagandiste et démagogique – illustré notamment par le slogan populiste « l'Asie aux Asiatiques » – dont elle se pare, cette politique rappelle par bien des aspects celle du *Lebensraum*[55] allemand. Elle repose sur un projet raciste et xénophobe qui entend chasser les Occidentaux de leurs possessions extrême-orientales mais également instaurer des gouvernements autochtones aux ordres de Tokyo et mettre en coupe réglée les ressources de ces pays au seul profit de l'économie japonaise.

La réalisation de ce projet, qui, en définitive, consacre la victoire des partisans de l'expansion vers le sud, impose plusieurs mesures telle une alliance avec l'Allemagne nazie (effective avec la signature du pacte tripartite[56]) et la normalisation ou, tout au moins, l'apaisement des relations avec l'Union soviétique[57], particulièrement tendues en raison des nombreux accrochages entre unités des deux pays sur le territoire chinois. Toutefois, pour l'état-major impérial, la première urgence est de mettre un terme à la coûteuse campagne de Chine qui mobilise une grande partie des forces terrestres, aériennes et navales. L'aide militaire extérieure que reçoivent nationalistes et communistes chinois, réunis depuis 1937 dans un Front uni[58], représente, estime-t-on à Tokyo, la principale raison de la résistance des Chinois, aussi convient-il, avant toute opération en Asie du Sud-

Est, de clore définitivement l'épisode commencé en 1931. Si la route de Birmanie *(The Burma Road*[59]*)* et le Nord de l'Indochine ne constituent plus que les deux voies d'approvisionnement à cette date, la première reste pour l'heure inaccessible. Une action sur la seconde apparaît être la plus payante en termes militaires comme politiques : d'une part, l'Indochine française est située au cœur des ambitions japonaises, d'autre part, le gouvernement français, soumis à la pression des Allemands et privé de sa liberté de manœuvre, s'avère désormais difficilement capable de résister aux revendications japonaises. Une fois ce choix retenu, reste à définir, dès lors, quel traitement lui réserver : l'absorption par la force ou la neutralisation suivie d'une exploitation pacifique de ses ressources ?

La brèche : l'entrée de l'armée japonaise en Indochine

Dans les faits, les autorités japonaises n'attendent pas la nomination du gouvernement Konoe et la définition de sa nouvelle politique extérieure pour accentuer la pression sur les représentants de la France, à Tokyo comme en Indochine. Ainsi, le 19 juin 1940, sans attendre la fin des opérations en Europe et profitant des revers subis par l'armée française, le gouvernement nippon adresse à l'ambassadeur de France à Tokyo, Charles Arsène-Henry, un ultimatum qui reprend les exigences maintes fois répétées : suppression du transit de la totalité du matériel militaire (munitions, armes, véhicules, essence) passant par le chemin de fer du Yunnan et mise en place d'une commission japonaise chargée de son contrôle. Le jour même, l'ultimatum – qui ne précise d'ailleurs pas les conséquences qu'un refus français pourrait avoir – est envoyé au gouverneur général de l'Indochine, le général Catroux. En poste au Japon depuis 1936 (il le reste jusqu'à sa mort, en 1943), l'ambassadeur Arsène-Henry connaît fort bien le climat et les passions qui agitent les milieux militaires et ceux des Affaires étrangères japonais, aussi, au vu de la détermination dont font montre ses interlocuteurs et conscient du rapport des forces militaires, il conseille vivement d'accepter, ajoutant à l'attention du gouverneur général que « le seul moyen que nous avions d'éviter une attaque dirigée contre l'Indochine était de passer par où en voulaient les Japonais ». Pour Arsène-Henry, une réponse positive aux exigences nippones constitue en effet « la dernière chance et non la certitude » d'empêcher une intervention de l'armée impériale et de sauver, peut-être, l'Indochine de la mainmise nippone[60].

Le 20 juin 1940, le général Catroux, qui quatre jours auparavant, dans un souci d'apaisement, a déjà pris l'initiative d'interdire la fourniture d'essence aux Chinois, se résout à céder aux revendications japonaises et ordonne la fermeture de la frontière sino-tonkinoise aux transports par route et voie ferrée. Il autorise également l'établissement d'une mission de contrôle japonaise au Tonkin pour en vérifier la bonne exécution. Toutefois, dans le télégramme remis aux autorités japonaises, le gouverneur général précise bien qu'une liste des matériels interdits à la Chine devra être fournie par le Japon et que les modalités d'installation de la mission envoyée par Tokyo devront faire l'objet d'un accord détaillé. L'acceptation de l'ultimatum japonais est motivée par deux raisons principales. Premièrement, après la défaite de la France, l'Indochine se retrouve isolée et ne peut désormais compter sur l'aide de la métropole. Du côté des Alliés, par ailleurs, les espoirs d'un secours apparaissent, à cette époque bien maigres. De fait, ce même 20 juin, l'ambassadeur de Saint-Quentin[61] informe Catroux que les Américains ne bougeront pas en cas d'invasion du Tonkin par les Japonais. La position britannique est similaire. Même si ces derniers assurent les Français d'Indochine de leur soutien moral et envoient des messages de sympathie, la situation internationale à laquelle est confrontée la Couronne et la menace que les Japonais font également planer sur leurs possessions orientales les condamnent à l'impuissance[62]. Le deuxième motif qui conduit Catroux à transiger est la situation dans laquelle se trouve l'armée d'Indochine, une situation qui ne lui permet tout simplement pas de protéger l'Indochine en cas d'attaque.

En effet et comme l'a entre autres souligné le vice-amiral Castex dès le début du siècle, les possessions françaises d'Extrême-Orient sont indéfendables. En 1939, pour cette même raison, il recommande d'ailleurs d'accorder l'indépendance aux pays de l'Union indochinoise. Ces considérations stratégiques s'appuient pour partie sur l'éloignement géographique entre l'Indochine et la métropole et la longueur des lignes de communication, pour partie sur la faiblesse de l'armée d'Indochine, incapable de rivaliser avec son homologue japonaise. Avec près de 90 000 hommes au plus fort de la mobilisation, l'armée de terre représente l'essentiel de cette armée. Ses forces sont réparties en trois ensembles principaux qui reprennent sensiblement le découpage de l'Union indochinoise : le groupe Tonkin qui accueille la division du Tonkin (DT), le groupe Annam-Laos avec la brigade Annam-Laos (BAL) et le groupe Cochinchine-Cambodge où stationne la division Cochinchine-Cambodge (DCC). Ces grandes unités sont composées de différents types de régiments, à la valeur inégale. Certains sont constitués d'une majorité de Français, tels les 9e, 10e et 11e régiments d'infanterie coloniaux (9e, 10e et 11e RIC), d'autres d'Européens à l'instar du 5e régiment étranger d'infanterie (5e REI), considéré à l'époque comme la formation la plus solide et qui comprend beaucoup d'Allemands. Enfin une demi-douzaine de régiments de tirailleurs indochinois concourent à la défense du territoire : régiment de tirailleurs tonkinois (RTT), annamites (RTA) ou cambodgiens (RTC). Un certain nombre de formations auxiliaires sont également mises sur pied dans le cadre de la mobilisation. L'artillerie « mobile » est articulée autour de deux régiments : 4e régiment d'artillerie coloniale (4e RAC) au Tonkin et le 5e RAC en Cochinchine.

Tous deux sont dotés de canons de montagne Schneider (65, 75 et 105 mm). L'Indochine étant un théâtre d'opérations secondaire, son armée est équipée d'un armement ancien et insuffisant en nombre, les quelques pièces modernes (canon antiaérien *Oerliken* de 20 mm ou canon antiaérien de 90 modèle 1939) n'existent qu'en très faible quantité.

L'aviation de bombardement et de chasse se limite, elle, à une quarantaine d'appareils, encore que les 17 Morane 406, destinés initialement à la Chine et saisis par le général Catroux au mois de septembre 1939, ont été livrés en pièces détachées et sont incomplets : le canon de 20 mm qui les équipe normalement étant, contrairement aux appareils, bien parvenus en Chine, il ne leur reste, en Indochine, que leurs deux mitrailleuses de 7,5 mm… La marine, enfin, dispose de quelques bâtiments de haute mer et de quatre canonnières fluviales. La 5e division de croiseurs qui constituait la pièce maîtresse des forces navales d'Extrême-Orient avant guerre a été progressivement dépouillée de plusieurs de ces navires en raison du déclenchement de la guerre en Europe ; le croiseur léger *Lamotte-Picquet* reste le seul bâtiment de guerre digne de ce nom. Conscient des faiblesses de l'outil militaire à sa disposition, le général Catroux a lancé, au printemps 1940, un plan de modernisation de ses forces, faisant notamment appel aux matériels américains. L'espoir de recevoir cet armement explique en partie l'acceptation des revendications japonaises par Catroux, qui cherche à gagner du temps. « Si j'atteins mon but pour octobre, déclare-t-il au mois de juin 1940, je serais en mesure de parler fermement aux Japonais. »

Quoi qu'il en soit, une fois connue la réponse à cet ultimatum et ignorant la gravité de situation en Extrême-Orient, le gouvernement français, depuis Bordeaux où il s'est réfugié[63], condamne l'initiative prise localement. Le 21 juin 1940, l'éphémère ministre des Colonies du maréchal Pétain[64], Albert Rivière, fait ainsi savoir au gouverneur général que « les agissements étrangers en territoire français sont inacceptables », désavouant ainsi sa politique. Placé devant l'incompréhension de la métropole face aux dangers qui menacent l'Indochine, le général Catroux se sent alors tenu d'éclairer davantage les autorités françaises. « Je crois, écrit-il le 24 juin, le gouvernement mal informé de l'atmosphère morale et diplomatique de l'Asie ainsi que des réactions qu'y a suscitées la capitulation de la France. » Il ajoute par ailleurs : « J'estime que dans [la] situation actuelle, [le] gouvernement doit me laisser libre de juger et d'agir. Il sera loisible dans l'avenir si [les] intérêts français l'ordonnent de me désavouer. Quant à ma politique avec l'Angleterre, je ne sollicite pas qu'elle soit approuvée. Il suffirait qu'elle soit ignorée. »

Les libertés prises par Catroux, les positions qu'il défend, jugées trop personnelles et anglophiles, déplaisent aux nouveaux dirigeants et l'idée de le remplacer se précise. En attendant, dans la réponse qu'il lui adresse, le même jour, Rivière condamne une fois encore l'action de son subordonné. Ce second désaveu entraîne le 26 juin une vive réplique, devenue célèbre depuis lors : « Je pense que vous apprécierez plus justement la réalité de la menace que le Japon fait peser sur l'Indochine, en considérant qu'une partie de sa flotte est dirigée vers le littoral du Tonkin. […] Vous me dites que j'aurais dû vous consulter et suivre les instructions de votre télégramme précédent. Je réponds que je suis à 4 000 lieues de vous, que vous ne pouvez rien pour moi et qu'enfin, j'étais tenu par un délai. J'ai pris mes responsabilités, je les prendrai encore. » La menace d'une entrée en dissidence, que laisse suggérer cette dernière affirmation, renforce le gouvernement français dans la décision, prise dans les faits la veille, de relever le général Catroux de son commandement. Celui-ci, comme il l'a fait savoir quelques jours auparavant, entendait rester lié à la Grande-Bretagne « car l'adversaire est ici, pour elle comme pour nous, le Japonais ». La deuxième raison de ne pas rompre les liens avec Londres réside dans la maîtrise des mers de la Royal Navy. Les bâtiments anglais sont, pense-t-on alors, les seuls en mesure d'interdire les mers à la navigation française civile comme militaire, à pouvoir interdire également le ravitaillement de l'Indochine (en provenance des Indes ou de l'Australie) et empêcher les exportations et les livraisons d'armes attendues d'Amérique[65]...

Dans l'esprit du général Catroux, l'alliance franco-britannique comme la *realpolitik* imposent donc le maintien des relations avec la Grande-Bretagne. Ces vues apparaissant toutefois à l'opposé de celles qui commencent à être défendues par les nouvelles autorités métropolitaines, Catroux est remplacé par le vice-amiral Decoux, alors chef des forces navales en Extrême-Orient. Cette décision ne parvient cependant officiellement au gouverneur général que le 30 juin, alors même que la radio japonaise en fait état dès le 26 en soirée. Pour des raisons politiques et alors que la mission de contrôle japonaise s'apprête à débarquer en Indochine, il est cependant décidé, conjointement entre Catroux et Decoux (qui à cette date semble partager la même volonté de continuer à s'opposer aux menées japonaises), de surseoir à la passation de commandement[66]. Celle-ci s'effectue finalement le 20 juillet.

La mission Nishihara, du nom du général qui la dirige, arrive de manière échelonnée entre le 29 juin et le 3 juillet 1940. Nishihara est un officier de cavalerie, francophone, qui a effectué l'essentiel de sa carrière dans les états-majors ou comme représentant du Japon au sein d'organismes internationaux[67]. C'est donc un diplomate autant qu'un militaire qui a été choisi par Tokyo. Son équipe se compose d'une trentaine d'officiers et de sous-officiers qu'accompagnent une dizaine de personnels du ministère des Affaires étrangères. Le chef de bataillon Thiébaut, attaché militaire à Tokyo, est également présent[68]. Parmi les officiers japonais, trois appartiennent à « l'armée du Nanning », fait qui revêt une importance particulière pour la suite des événements. Cette armée, aussi dénommée 22e armée, est une structure de commandement de l'armée de Chine du Sud, appelée « armée de

Canton » par les Français[69]. Au mois de juillet 1940, le Grand État-Major impérial prévoit de retirer une partie des formations combattantes de « l'armée du Nanning » – et notamment la 5e division d'infanterie (5e DI) qui forme son ossature –, et de les placer directement sous les ordres de l'état-major de l'armée de terre : celui-ci en a besoin pour préparer la « marche vers le sud ». Quoi qu'il en soit, pour l'heure et selon la convention passée avec les autorités françaises le 1er juillet 1940, les membres de la mission Nishihara doivent occuper une demi-douzaine de postes de contrôle, principalement sur l'axe Haiphong-Kunming. Dès le 2 juillet, en effet, une partie du personnel militaire est répartie entre Haiphong, Ha Giang, Lao Kay, Cao Bang, Lang Son et Tien Yen[70], tandis que la seconde partie, sous les ordres du général Nishihara, s'est installée à Hanoï où elle assure la liaison entre les différents postes et les autorités françaises du Tonkin. En réalité, comme le montre très bien Franck Michelin dans ses travaux[71], cette mission de contrôle n'est qu'un prétexte et, à la date où Nishihara et son équipe se mettent en place, les services de renseignements japonais mesurent déjà très bien l'efficacité de la fermeture de la voie de ravitaillement à partir du Tonkin. En fait, alors qu'au sein du gouvernement japonais la question du rôle de l'Indochine dans la future politique impériale n'est pas encore tranchée et que des dissensions existent au sein de l'appareil d'État quant à une éventuelle action armée, la section des opérations – l'équivalent du 3e bureau français – de l'armée de terre, comme elle l'a déjà pratiquée, entend bien, elle, faire de l'Indochine française et de ses aérodromes une base pour les futures conquêtes.

Dans ce cadre, les nouvelles prétentions japonaises sur l'Indochine ne se font pas attendre. Le 5 juillet 1940, le général Catroux, dans le but d'éloigner la menace et de limiter les demandes, propose toutefois une « alliance » défensive franco-japonaise contre Tchang Kaï-chek en échange du respect de la souveraineté française. Deux jours plus tard, une réponse positive lui parvient de l'état-major impérial mais à la condition expresse d'accepter le stationnement de troupes nippones au Tonkin, condition qui est refusée. Les Japonais désirent en effet faire évacuer les unités de l'armée du Nanning de Chine *via* le port de Haiphong mais également par voie aérienne, aussi réclament-ils l'utilisation des aérodromes du Tonkin. Nishihara précise par ailleurs que ces facilités permettraient de procéder à l'occupation du Yunnan et de mettre un terme à la guerre en Chine. Dans le même temps, conscient que la présence japonaise pourrait être perçue par les autochtones comme une occupation de nature à atteindre le prestige de la France, le colonel Sato, membre de la mission Nishihara et vice-chef d'état-major de l'armée de Chine du Sud, s'emploie à rassurer les autorités locales, réfutant toutes velléités territoriales du Japon sur l'Indochine. Cependant, dès le 10 juillet 1940, le général Nishihara adresse au gouverneur général une liste des nouveaux desiderata nippons. Outre la cession des marchandises autrefois destinées au marché chinois et la possibilité d'accueillir les blessés de l'armée impériale dans les hôpitaux français du Tonkin sont également réclamés celles de ravitailler en armement et munitions les divisions japonaises combattant au Kouang Si, de pouvoir installer des postes de TSF[72] et d'autoriser le transit de ces dernières par la voie ferrée du Yunnan. Le but est ici évident, il s'agit de pouvoir prendre à revers les armées nationalistes chinoises. Si le général Catroux se déclare prêt à examiner les deux premières demandes, il rejette catégoriquement, au nom de la souveraineté française, les autres requêtes. Son successeur, l'amiral Decoux, oppose un refus, pour les mêmes raisons, le 29 juillet. Le 2 août suivant, ce dernier reçoit cette fois la visite du colonel Sato, qui commande par intérim la mission de contrôle[73]. Si les exigences contenues dans le mémorandum qui lui est remis à cette occasion sont en définitive les mêmes que celles émises quelque temps auparavant par Nishihara, le ton, lui, a changé. L'état-major de l'armée impériale a à cette date décidé d'accélérer les choses : la 5e division d'infanterie, quittant sa zone de stationnement dans la région de Nanning[74], s'est mise en route en direction de la frontière tonkinoise avec la ferme intention de la franchir.

La période qui s'ouvre alors, et qui correspond sensiblement au mois d'août 1940, est marquée par deux faits principaux. Premièrement, prenant acte du fait qu'à Vichy le gouvernement du maréchal Pétain a désormais en main les affaires de l'État, le *Gaimusho*[75] entend s'adresser directement aux autorités françaises, à Vichy. Abandonnant les discussions menées localement, les Japonais décident de porter les négociations à l'échelon gouvernemental, espérant obtenir gain de cause à moindres frais. Deuxièmement, parallèlement aux négociations bilatérales qui se poursuivent entre diplomates en France et au Japon, l'armée impériale, elle, développe une intense activité en Indochine. Les militaires japonais de la mission Nisihara, comme le télégraphie l'amiral Decoux le 23 juillet 1940 au nouveau secrétaire d'État aux Colonies, Henry Lémery, passent leur temps « à essayer de recueillir des renseignements de toute nature sur la région où ils se trouvent ». Leurs agissements au Tonkin se font désormais le plus souvent en dehors de toute concertation avec les autorités françaises, ainsi note-t-on que les avions de la mission ne cessent d'atterrir et de repartir sans que l'administration indochinoise n'en soit avertie. Il en va de même dans le domaine du trafic maritime et le transit par Haiphong de ravitaillement et de renforts à destination des troupes japonaises de Chine échappe à tout contrôle français.

Ainsi se passe le mois d'août 1940, ponctué de télégrammes plus ou moins alarmistes échangés entre Vichy, Saigon et Tokyo. Incontestablement, Decoux est alors le tenant de la ligne dure, estimant « que l'Indochine peut et doit être défendue », un avis conforté par les assurances données par le commandant supérieur des troupes, le général Martin. Ce dernier, tout en ayant conscience de la faiblesse et de l'impréparation des forces franco-indochinoises, se révèle paradoxalement optimiste puisqu'il estime pouvoir faire front, au Tonkin, à une attaque menée par un corps de bataille estimé à une trentaine de milliers d'hommes. La confiance affichée par le général Martin repose en grande partie sur les renseignements français, qui, à l'époque, font état d'unités japonaises amoindries et démoralisées, notamment du fait de la défaite qu'elles ont subie quelques mois auparavant dans la passe de Kunlun (Kunlun Guan)[76]. En réalité, si ce revers cause de lourdes pertes aux Japonais et constitue une victoire importante pour les Chinois, la 5e DI s'est reconstituée et représente, fin août, une grande unité forte de 20 000 soldats, bien équipés, aguerris par plusieurs années de combat et faisant montre d'un moral élevé. En face, le secteur de Lang Son ne peut aligner en premier échelon qu'environ 5 000 hommes groupés autour de cinq bataillons appartenant au 9e régiment d'infanterie coloniale (9e RIC) et au 3e régiment de tirailleurs tonkinois (3e RTT). L'appui est fourni par une dizaine de chars démodés FT 17, un groupe de canons de 75 mm (12 pièces) et une batterie de 155 mm Long[77]. Cette surestimation des capacités défensives françaises paraît difficilement compréhensible de la part d'un commandant supérieur censé connaître la valeur de l'armée japonaise et de son état-major, en guerre depuis près de dix ans. Par ailleurs, la confiance placée dans les capacités de résistance des troupes autochtones s'avère également étonnante. Malgré les assertions proclamées, avant guerre, sur la fidélité à la France des tirailleurs indochinois en cas de conflit, celle-ci est loin d'être assurée au fur et à mesure que se concrétise la possibilité d'un affrontement avec l'armée japonaise. Il n'a d'ailleurs pas échappé aux officiers d'encadrement à l'époque – qui ont en rendu compte à leur hiérarchie – que le sentiment qui prédomine chez leurs hommes est la peur, une peur aggravée par le doute quant à la réelle force des Français. L'effondrement de mai-juin 1940 a laissé des traces.

Finalement, Vichy décide de céder aux injonctions japonaises et le 30 août 1940 est signé, à Tokyo, l'accord Arsène-Henry-Matsuoka. Celui-ci stipule qu'en échange de la reconnaissance de la souveraineté française sur l'Indochine et de l'assurance du maintien de son intégrité territoriale, la France accorde aux Japonais toutes facilités militaires dans sa lutte contre la Chine, ce qui implique l'arrivée de forces japonaises sur le sol tonkinois. Malgré l'opposition de Decoux – une opposition « de couverture » qui ne coûtait pas cher diront plus tard peut-être un peu gratuitement certains gaullistes –, il revient à ce dernier de définir les modalités pratiques de la convention. Le 31 août, il câble cependant au ministère des colonies : « J'estime que débarquement prétendu pacifique de ces troupes détruirait la seule chance qui nous reste de sauver la colonie et je persiste à penser que si nous devons courir le risque de perdre l'Indochine, il vaut mieux la perdre en la défendant qu'en la trahissant. » Le 2 septembre suivant, le maréchal Pétain en personne clôt le débat. Tout en comprenant les « appréhensions et angoisse » du gouverneur général, il lui donne l'ordre « d'ouvrir les négociations avec le Japon qui, en évitant un conflit fatal pour l'Indochine, doivent sauvegarder l'essentiel de nos droits ».

Les discussions d'état-major entre l'armée d'Indochine et l'armée impériale s'ouvrent le 3 septembre 1940 et sont immédiatement marquées par l'antagonisme des positions. Alors que du côté français, l'objectif est de gagner du temps et de freiner les prétentions nippones, du côté japonais, il s'agit désormais d'obtenir des résultats dans les délais les plus brefs. Pour manifester l'impatience de l'état-major impérial, des éléments de la 5e DI, stationnés face à Dong Dang, pénètrent en territoire vietnamien dans la nuit du 5 au 6 septembre, menaçant la localité. Si l'incident est finalement circonscrit et que des excuses officielles sont fournies par le commandement japonais, l'avertissement est clair. Suspendues quelques jours par l'amiral Decoux en signe de protestation, les négociations reprennent finalement. Le lieutenant Xhaard du 3e régiment étranger d'infanterie (3e REI), se souvient que ce mois de septembre constitue un « bel exemple de comédie asiatique [*sic*] : comédie montée à l'aide d'ultimatum, de faux-départs, de ruptures de négociations, de départs spectaculaires des ressortissants japonais, de manifestations navales, etc. ». Le 19 septembre, le ministre des Affaires étrangères japonais fait savoir que la patience de son gouvernement est désormais épuisée et que les troupes japonaises rentreraient au Tonkin trois jours après, que les discussions d'état-major aient abouti ou non. Dans ces conditions, résignés, l'amiral Decoux et son équipe acceptent, le 22, la signature de la convention d'application. Celle-ci stipule que trois aérodromes du Tonkin (Gia Lam, Phu Lang Thuong, Tong) sont mis à la disposition du Service aérien de l'armée impériale japonaise[78]. Par ailleurs, le commandement japonais se voit autorisé à entretenir une force de 6 000 combattants au nord du fleuve Rouge, regroupés principalement dans la région de Lang Son. Dans le cadre de la lutte contre les Chinois, il est également accordé la possibilité pour l'armée impériale de faire transiter ses troupes par le Tonkin, les effectifs totaux ne pouvant excéder 25 000 hommes (inclus les 6 000 hommes stationnés au nord du fleuve Rouge). Enfin, la quatrième clause prévoit l'établissement d'une convention particulière qui doit fixer les détails du transfert de la 5e DI jusqu'à Haiphong, en vue de son rembarquement par mer[79].

Le non-respect de cette dernière clause est à l'origine de l'entrée en force de la 5e DI au Tonkin dans la nuit du 22 au 23 septembre 1940 et du premier affrontement meurtrier entre Français et soldats du Mikado. Si l'histoire a longtemps vu dans l'origine de ces combats un problème de communication entre les responsables japonais de la mission Nishihara et ceux de l'état-major de la 5e division d'infanterie japonaise, il n'en est rien en réalité. Parfaitement au courant de l'accord signé dans l'après-midi, le commandement de la 5e DI, agissant sans doute sur ordre direct de la section opérations de l'état-major de l'armée, décide d'en finir avec les atermoiements et les accords divers et passe à l'offensive. Les combats qui se déroulent sur 70 kilomètres de front entre That Khé et Loc Binh témoignent immédiatement de la totale impréparation des forces françaises et de la franche supériorité des Japonais. Dès le 25 septembre au matin, le drapeau blanc est hissé à Lang Son dont la garnison se rend en milieu d'après-midi. La route de Hanoï est désormais ouverte. Sur ordre de l'empereur Hirohito lui-même, les forces japonaises stoppent toutefois leur progression et, le lendemain 26 septembre, « l'incident de Lang Son » comme on l'appelle à l'époque est clôt. Le même jour se termine un autre « incident », celui de Do Son[80], où la marine impériale, décidant là aussi de brusquer les choses, a débarqué des troupes dans la nuit du 25 au 26 septembre. En effet, le 23, l'amiral Decoux a fait savoir au général Nishihara que l'entrée du port de Haiphong resterait interdite aux bâtiments et aux troupes nippones tant que ne serait pas réglée l'affaire de Lang Son. En réponse, les Japonais choisissent de débarquer sur les plages de Do Son et d'investir la localité dont la garnison est elle aussi obligée de se rendre. Les pertes françaises sont relativement faibles avec une quarantaine de tués et autant de blessés ; quant à celles des Japonais, elles nous demeurent inconnues mais n'ont certainement rien à voir avec les centaines de morts qu'annoncent certains rapports français.

L'histoire des événements qui se déroulent au mois de septembre 1940 en Indochine a longtemps voulu opposer l'action de Nishihara à celle des hommes de l'état-major de l'armée de terre, et notamment du colonel Sato. Dans les faits, il n'existe pas de réelles divergences entre ces deux officiers. La vision traditionnelle faisant du premier un modéré, francophile enclin à la discussion, et du second un fanatique, pur produit de la caste militariste japonaise, est largement infondée. Ainsi, le général Nishihara ne se prive pas, au mois d'août 1940, de conseiller à l'état-major de l'armée de terre comme au Grand État-Major impérial un recours à la force. Comme le démontre Franck Michelin, l'opposition construite *a posteriori* entre partisans des négociations et partisans d'une intervention armée est illusoire. D'ailleurs, certains officiers japonais de la 5e DI sanctionnés officiellement pour leur responsabilité dans les combats du 22 au 26 septembre afin de donner satisfaction aux Français sont promus et récompensés l'année suivante. Durant cette période, le général Nishihara sert en fait de paravent pour obtenir un accord avec les autorités françaises en Indochine tandis que le coup de force sur Lang Son est maquillé en incident local, alors qu'il est prémédité.

Conséquences de l'affaiblissement français : les révoltes nationalistes et la guerre franco-thaïe

Cette entrée – violente – des Japonais sur le sol indochinois constitue un événement fondamental dans l'histoire de l'Indochine. Du point de vue politique, la faiblesse des Français les entraîne à accepter l'ingérence d'une nation étrangère sur des territoires où s'exerce la souveraineté de la France. Les responsables français sont conscients que ce premier compromis – qui peut facilement prendre l'aspect d'une abdication bien que l'on tente de l'habiller de tous les parements d'un accord commun librement consenti – en préfigure d'autres. La partie avec le Japon s'annonce donc d'ores et déjà difficile, mais ce dernier a désormais l'avantage. Du point de vue militaire, la présence de troupes japonaises au Tonkin annihile le dispositif de défense prévu de longue date aux frontières sino-tonkinoises. Surtout, ce premier revers, en sus d'être une humiliation qui, là aussi, en préfigure d'autres, porte un coup sévère au prestige de la France et de son armée, une armée qui n'a pas su défendre l'Indochine et dont la cohésion s'est révélée, dans bien des cas, très fragile. En effet, les ouvrages narrant les combats de Lang Son et ne retenant que les faits d'armes dans lesquelles

les troupes françaises se sont illustrées passent souvent sous silence une réalité : celle de la débandade d'une partie des tirailleurs, qui laissent leurs cadres européens seuls face aux bataillons nippons. Comme l'écrit Claude Hesse d'Alzon dans sa thèse sur la présence militaire française en Indochine entre 1940 et 1945, « les bataillons se sont volatilisés sous le choc et les unités employées isolément, à l'exception de quelques-unes, n'ont pas tenu[81] ». Mais, au-delà de ces considérations purement militaires, l'auteur note également avec raison que dans l'ensemble des territoires de l'Union indochinoise, « l'affaire de Lang Son apparaît, dans la mesure où elle est perçue, comme l'échec du Blanc face au Jaune ». Les événements du mois de septembre 1940 et l'affaiblissement consécutif de la position française en Extrême-Orient entraînent deux conséquences pour l'Indochine : une recrudescence de l'activité nationaliste dans le Nord comme dans le Sud du Vietnam et le réveil des prétentions thaïlandaises sur les territoires laotiens et cambodgiens annexés par la France au siècle précédent.

Le cessez-le-feu signé le 26 septembre 1940 ne met pas un terme immédiat à l'occupation nippone du secteur de Lang Son. Celles-ci restent encore près d'un mois en zone frontière, favorisant ou tolérant le regain de l'activité nationaliste. Car si officiellement le gouvernement japonais entend appliquer strictement l'accord passé le 22 septembre et s'en tenir à un *statu quo* qui l'arrange dans les domaines politique, économique et militaire, officieusement, de nombreux services, civils comme militaires, se montrent favorables à la disparition de la souveraineté française et soutiennent la cause des indépendances. Différents groupes nationalistes se développent donc avec leur soutien plus ou moins actif à la faveur de la disparition momentanée de l'administration française. Le plus important et le mieux structuré d'entre eux se réclame de l'Association pour la restauration du Vietnam, le *Viet Nam Quang Phuc Hoi*, fondée en 1912 par le prince Cuong De. Vieux patriote, ce dernier est tombé dans un oubli relatif en raison de la réinstallation de Bao Dai au pouvoir en 1945. Pourtant, ce prétendant au trône d'Annam compte déjà, en 1940, près d'un demi-siècle de lutte contre le colonialisme français[82]. C'est d'ailleurs, Cuong De, fort de son statut de membre de la famille impériale, qui est choisi au début du XXe siècle par les nationalistes réunis autour de Phan Boi Chau[83] pour devenir le champion de l'indépendance du pays. Dès 1905, il quitte l'Indochine pour le Japon, pays où il passe l'essentiel de sa vie[84]. Cuong De admire le modèle japonais et entreprend de rassembler autour de lui la jeunesse vietnamienne en exil dans le but de développer une élite militaire et civil apte à assurer, le moment venu, la direction du Vietnam. À la fin des années 1930, la place prédominante qu'occupe désormais le Japon en Asie l'encourage dans cette voie.

C'est donc en son nom qu'un certain Tran Trung Lap organise au Tonkin un mouvement révolutionnaire qui comprend, outre plusieurs centaines de partisans de Cuong De jusque-là réfugiés en Chine et qui franchissent la frontière, des prisonniers de droit commun libérés par les Japonais et des tirailleurs tonkinois, déserteurs des combats de Lang Son. Ceux-ci, dont le nombre est évalué à un millier, sont, selon les cas, plus ou moins forcés de ce joindre au mouvement. À la fin du mois d'octobre 1940, les effectifs totaux de cette « rébellion » atteignent environ 4 000 individus. Toutefois, c'est à cette même époque que les Japonais rétrocèdent la province à l'administration française. Pour les autorités japonaises, le rôle que doit jouer l'Indochine dans le cadre des opérations futures et le besoin de stabilité dans la péninsule présentent un intérêt bien supérieur à celui de quelques indépendantistes vietnamiens, aussi c'est sans état d'âme que ces derniers sont abandonnés. Privés de leur appui et face à la disproportion des forces envoyées par les Français, ces hommes sont livrés à l'efficace répression du résident Chauvet, qui, après les avoir rejetés dans les montagnes du Tonkin, s'efforce de les détruire, tuant leurs chefs et favorisant les ralliements. Fin novembre 1940, les effectifs « rebelles » ont diminué de moitié et, un mois plus tard, Tran Trung Lap est capturé et abattu. Sa mort signe, au nord, la fin de la révolte armée. Quant à Cuong De, il convient de ne pas exagérer son influence à l'époque, influence qui reste « négligeable auprès de la population annamite » malgré l'accueil favorable de ses idées auprès des caodaïstes, comme en témoigne un rapport du mois d'octobre 1940. De même, le bulletin quotidien en annamite diffusé par radio depuis le Japon ne trouve, pour sa part, qu'un faible écho en Indochine.

Au moment où, au Tonkin, l'agitation nationaliste est en passe d'être écrasée, en Cochinchine, les communistes locaux mais également les éléments trotskistes déclenchent à leur tour un soulèvement qui vise, à terme, à l'installation d'un gouvernement populaire. Depuis la loi du 26 septembre 1939 interdisant le parti communiste et les organisations affiliées, un millier « d'agitateurs » ont été condamnés et les membres du PCI sont restés depuis cette date dans la clandestinité. Un télégramme du 19 novembre 1940 rend compte que le nombre de ceux qui ont pu échapper à la répression judiciaire ou administrative est faible et que les manifestations à caractère communiste se limitent désormais à quelques réunions clandestines et distributions furtives de tracts. Ces activités sont suivies de près par la Sûreté générale et les autorités « qui ne manquent pas de déférer aux tribunaux tous agitateurs contre lesquels preuves susceptibles être produites sont recueillies ». Méconnaissant la réalité de la situation, les communistes cochinchinois déclenchent un mouvement qui a pour principaux objectifs les planteurs isolés, les notables indigènes et les représentants de l'ordre colonial en général. Si les meneurs sont aisément neutralisés à Saigon dans la journée du 22 novembre grâce à des arrestations préventives, les principales agglomérations de Cochinchine : Tan-An, Mytho, Cantho, Soctrang sont le théâtre de multiples attentats et sabotages dans la nuit du

22 au 23. Une semaine après le début des événements, le bilan est toutefois bien maigre pour les insurgés et n'offre aucune perspective d'avenir : une trentaine de postes de la garde indochinoise ont été pris, une soixantaine de vieux fusils ont été saisis, quelques lignes téléphoniques, quelques ponts ont été détruits. Une vingtaine de tués, pour la plupart autochtones, sont à déplorer du côté des Français et des fonctionnaires vietnamiens. Une quinzaine de jours après le début de la révolte, le calme revient en Cochinchine. Au Centre-Vietnam, à l'exception de quelques incidents, le territoire ne connaît pas de mouvements insurrectionnels. Toutefois, la période des arrestations et de la répression, conduite sous l'autorité du résident Henri Rivoal, se poursuit encore pendant plusieurs semaines et, au printemps 1941, vient le temps des cours martiales qui doivent juger les participants de ce soulèvement.

Pour l'amiral Decoux, les troubles qui ont secoué la péninsule indochinoise ont pour origine les mesures de grâce, de libération conditionnelle et d'amnisties prononcées par le Front populaire. La politique menée entre 1936 et 1939, estime-t-il, en privant les autorités locales des moyens d'agir, les à conduites à ne procéder qu'à des répressions timides, encourageant par là les passages à l'acte de la fin d'année 1940. Aussi, pour l'administration coloniale et, en raison du caractère de gravité exceptionnelle et de l'étendue de l'insurrection, il s'agit de faire un exemple et de se montrer ferme. Après l'humiliation subie par les Japonais, le gouvernement général entend par ailleurs faire valoir aux autochtones que la force n'a pas changé de camp. À la date du 22 mars 1941, les cours martiales de Hanoï et de Saigon prononcent 54 condamnations à mort, 64 aux travaux forcés à perpétuité, 331 aux travaux forcés à temps. Parmi les condamnés à la peine capitale, quatre, considérés comme des meneurs, sont exécutés le 28 août 1941 – leur grâce a été refusée par Decoux le 17 mai précédent –, à Hoc Mon, à la sortie nord de Saigon. Il s'agit de récidivistes membres du comité central du PCI : Vo Van Tan, Nguyen Van Cu, Ha Huy Tap, Nguyen Thi Minh Khai, la seule femme du groupe. Toutefois, à l'été 1941, et afin d'éviter que ces condamnés ne deviennent des martyrs aux yeux des populations, le gouvernement recommande de mettre « un terme aux exécutions capitales à caractère politique sauf en ce qui concerne les chefs qui par leur ordre sont responsables de crimes et assassinats », une préconisation qui reste lettre morte puisque plusieurs exécutions ont encore lieu durant l'été 1941. La plupart des individus arrêtés sont dirigés vers le bagne de Poulo Condor où beaucoup trouvent la mort dans les mois qui suivent. Malgré la répression exercée par les autorités françaises, les rapports de la Sûreté générale font état de la poursuite des activités des cellules communistes dans les campagnes…

La deuxième conséquence de l'irruption des Japonais, et qui constitue le second événement marquant de l'automne 1940, est la crise ouverte entre l'Indochine et la Thaïlande, une crise qui dégénère au début de l'année 1941 en conflit armé. Pour Bangkok, le but est de profiter de l'affaiblissement français pour reconquérir ce que les traités de 1863, pour le Cambodge, et de 1893, pour le Laos, lui ont arraché. Au cours des années 1930, suivant en cela le modèle allemand et japonais, la Thaïlande se dote de gouvernements autoritaires prônant une politique pan-thaïe. Si le 24 juin 1932, une révolution pacifique renverse la dynastie régnant depuis la fin du XVIIIe siècle et instaure une monarchie constitutionnelle, l'année suivante, le coup d'État du 20 juin 1933 à Bangkok fait entrer le pays dans une ère nouvelle. Les militaires qui prennent le pouvoir entendent en effet pratiquer une politique nationaliste, expansionniste et démagogique en prétendant rattacher la Thaïlande à l'ensemble des populations de langues thaïes ou apparentées. L'arrivée au sommet de l'État du général – futur maréchal autoproclamé – Plaek Phibunsongkhram en décembre 1938 accélère ce mouvement et ce dernier met en place une politique ultranationaliste dont le changement de nom du pays, le Siam pour celui de Thaïlande – ou *Prathet Thai* (Pays des hommes libres) –, ne constitue qu'un aspect symbolique. Luang Vichit Vadhakarn, écrivain, poète et homme politique, « théorise » ce mouvement pan-thaï en glorifiant le riche héritage culturel de la nation, qui s'étend, selon lui, sur la totalité des populations de langue thaïe du Tibet à la Birmanie et du Yunnan au nord du Tonkin. C'est également lui qui, s'inspirant des méthodes nazies et de leur idéologie raciale, stigmatise les populations sinisantes, allant jusqu'à déclarer lors d'un discours prononcé en juillet 1938 à l'université de Chulalongkorn[85] que « les Chinois étaient les Juifs de l'Orient ».

À la fin des années 1930, le gouvernement thaïlandais se rapproche du Japon qu'il admire et dont la politique peut servir ses desseins de reconquête des territoires perdus, même si Bangkok craint en même temps les velléités impérialistes de Tokyo. Au début de la Seconde Guerre mondiale, cependant, le maréchal Phibunsongkhram – dit Phibun – pratique un jeu prudent à l'égard de la Grande-Bretagne et de la France qui débouche sur la conclusion d'un pacte d'amitié et de non-agression signé le 12 juin 1940 entre la Thaïlande et les deux puissances coloniales. Si le traité qui engage les pays contractant à ne pas commettre d'acte de violence et à respecter les intégrités territoriales respectives est finalement ratifié au nom de la France par le maréchal Pétain, il ne l'est pas, en revanche, du côté thaï. En effet, profitant de la défaite française en Europe, Phibun décide de changer de politique et de subordonner toute ratification à la reconnaissance officielle par la France « des frontières naturelles indispensables au peuple thaï », une formule vague qui cache dans les faits les revendications sur une partie des territoires cambodgiens et laotiens. Après une période d'accalmie, le gouvernement de Bangkok, prenant prétexte de la menace japonaise, accentue sa pression sur les autorités françaises. Le 7 septembre 1940, Decoux en rend compte par télégramme au ministère des Colonies : « Le chef de la mission siamoise [*sic*] qui vient de séjourner en Indochine ne m'a pas caché que l'entrée pacifique des troupes japonaises au Tonkin créerait pour le Siam une situation grave. » Dès cette date, l'armée thaïe commence à concentrer ses troupes et ses blindés le long des frontières cambodgienne et laotienne et ses avions violent régulièrement l'espace aérien de ces deux protectorats. Le 27 septembre, l'avion d'Air France qui assure la liaison entre Saigon et Hanoï est ainsi poursuivi par des avions de chasse thaïs, tandis que le 1er octobre Vientiane est survolée par une trentaine d'appareils. Parallèlement aux incidents de frontière, attaques de postes de gardes indochinois et autres mitraillages de jonques sur le Mékong qui se multiplient, une intense campagne de presse antifrançaise est déclenchée, des tracts sont même largués au-dessus des agglomérations cambodgiennes et laotiennes.

En cas de conflit, le rapport des forces est, une fois encore, défavorable aux forces armées d'Indochine. Sans pouvoir être comparée à son homologue japonaise, l'armée Thaïlandaise possède des atouts certains : ses hommes sont bien instruits et, à défaut de bénéficier tous d'un armement de qualité, commencent à recevoir le matériel moderne acheté au Japon ou aux États-Unis. La flotte, composée de deux garde-côtes cuirassés, de quatre sous-marins et d'une dizaine de torpilleurs d'origine italienne construits dans les années 1930 n'est pas impressionnante mais est capable de rivaliser avec les forces navales d'Extrême-Orient. Surtout, la Thaïlande peut compter sur une aviation relativement importante comparativement à celle d'Indochine : elle aligne environ 250 appareils dont la moitié de fabrication récente (d'origine japonaise ou américaine). Côté français, après la défaite de Lang Son, les unités sont en pleine réorganisation et les troupes du Tonkin sont engagées, quant à elles, dans les opérations contre les groupes nationalistes en Haute région. Le moral des cadres n'est pas excellent et une inconnue plane sur le comportement des tirailleurs en cas d'affrontement. Aussi, face aux demandes de renforts de l'amiral Decoux, le gouvernement de Vichy s'engage à envoyer cinq bataillons de tirailleurs sénégalais à l'effectif de 60 officiers et 650 soldats chacun. Toutefois, la Grande-Bretagne s'oppose à leur envoi et bloque les troupes à Djibouti. Ils n'en bougeront pas. En Indochine, la guerre larvée qui se déroule au sol et les combats aériens qui offrent quelques belles victoires aux aviateurs français[86] en novembre et décembre 1940 dégénérèrent finalement en guerre ouverte au début du mois de janvier 1941. Cette guerre, contrairement à ce qui est rapporté à l'époque, n'est pas le fruit d'une collusion siamo-japonaise mais est bien la conséquence d'une décision souveraine de Bangkok. Le 10, l'armée thaïlandaise passe à l'offensive et les forces françaises au Laos comme au Cambodge sont contraintes à la défensive, se contentant de parer les coups. Les tentatives de contre-attaque se soldent par des échecs. Si, sur terre, les opérations tournent à l'avantage des Thaïlandais, sur mer, le groupement occasionnel formé autour du *Lamotte-Picquet* et commandé par le capitaine de vaisseau Béranger surprend, à proximité de la petite île de Koh Chang, une partie de la flotte adverse le 17 janvier au matin et ouvre le feu. À l'issue de la canonnade, cinq bâtiments de la marine thaïe sont envoyés par le fond, aucune perte française n'est à déplorer. C'est une victoire incontestable et, à son retour à Saigon quelques jours plus tard, l'équipage du *Lamotte-Picquet*[87] est accueilli sous les vivats de la population européenne qui s'est, pour l'occasion, déplacée en nombre.

Vers le 20 janvier 1941, le gouvernement japonais, dont les plans nécessitent le maintien de la stabilité dans la péninsule indochinoise, « propose » sa médiation. L'amiral Decoux est obligé d'accepter le cessez-le-feu, le 28 janvier suivant. L'armée d'Indochine accuse plus de 300 tués dans les opérations, les pertes exactes de l'armée thaïe, inconnues avec exactitude, s'avèrent moins sérieuses. Au terme de difficiles négociations menées à Tokyo à partir du 7 février, la paix est finalement signée le 9 mai 1941. La Thaïlande se voit attribuer la rive droite du Mékong et la province de Battambang, moins toutefois que ce qu'elle exigeait – le Japon faisant montre du souci de ménager la France tout en limitant également les « appétits » thaïs – et l'Union indochinoise se voit amputée de 70 000 km^2. Le Japon est évidemment le grand gagnant de cette guerre puisqu'il obtient des bases navales et aériennes en Thaïlande et impose également à cette occasion à l'Indochine un accord économique et financier (signé le 6 mai) par lequel il est désormais associé à l'exploitation et à l'exportation des richesses minérales et énergétiques des pays de l'Union. En se voyant notamment accorder la clause de la nation la plus favorisée, le Japon obtient d'avantageuses concessions en termes de livraisons de riz. Fort de sa nouvelle position, le gouvernement impérial, dont les troupes ne sont présentes, à cette date, qu'au Tonkin, entend désormais parfaire rapidement son occupation de l'Indochine. Arguant de l'impérieuse nécessité d'assurer la sécurité du Japon, menacé par des « puissances étrangères », l'ambassadeur japonais à Vichy, Sotomatsu Kato, remet le 14 juillet un projet de « coopération de défense commune » qui prévoit l'utilisation par l'armée du Mikado de huit aérodromes et de deux bases navales en Cochinchine, ainsi que la possibilité d'y faire stationner jusqu'à 40 000 hommes. Par ailleurs, en échange du maintien de l'administration française et de ses services (armée, police, etc.), celle-ci doit également pourvoir au logement et à l'approvisionnement en riz des troupes nippones. La situation n'étant plus la même que l'année précédente et pressés par le temps, les Japonais ne s'embarrassent pas de longs palabres : il suffit de quinze jours pour faire plier le gouvernement français, qui signe, le 29 juillet 1941, l'accord dit Darlan-Kato. Les troupes japonaises ont à cette date déjà commencé à débarquer dans la partie sud du Vietnam et prennent bientôt pied au Cambodge.

Il a fallu moins d'un an au Japon pour parvenir à ses fins tout en évitant de longues et coûteuses opérations militaires qui auraient retardé les plans de l'état-major impérial dans ses véritables objectifs. Son armée dispose désormais d'un tremplin en Asie du Sud-Est et d'une excellente base de départ pour la conquête des Indes néerlandaises. Les infrastructures militaires et civiles du sud de l'Indochine ne tardent pas, d'ailleurs, à être utilisées. C'est en effet à partir des bases aériennes de Cochinchine, et notamment de Tan Son Nut, que les avions japonais s'envolent pour détruire les deux croiseurs de bataille britanniques, le *Repulse* et le *Prince of Wales*[88] – les deux seuls navires capables de s'opposer à la marine japonaise après la destruction des bâtiments de la flotte américaine à Pearl Harbor – le 7 décembre 1941. L'Indochine est désormais devenue une zone stratégique indispensable à l'armée japonaise pour sa guerre en Asie. Grâce aux derniers accords franco-japonais passés aux lendemains (9 décembre) de l'attaque sur Pearl Harbor, la neutralité de l'Indochine française se trouve par ailleurs garantie. D'une manière schématique, la défense de l'Indochine du Nord revient à la France, qui y concentre l'essentiel de son « aviation », celle du Sud étant assurée par le Japon. En fait, le système mis en place par les accords Darlan-Kato permet à l'armée impériale d'entretenir ses troupes aux frais du gouvernement général, tandis que le maintien de l'ordre à l'intérieur de l'Union est à charge de la Sûreté générale et de l'armée d'Indochine, ce qui enlève autant de servitudes supplémentaires aux unités nippones. À la fin de l'année 1941, la France ne garde plus qu'un semblant de souveraineté sur ses possessions extrême-orientales et le Japon en est bien le nouveau maître.

À compter de cette date et pendant quatre années, l'Indochine se trouve totalement isolée de la métropole. Il n'entre pas dans le cadre du présent ouvrage de relater cette période, le lecteur pourra se référer à l'ouvrage d'Eric Jeannings, *Vichy sous les tropiques* ou à celui de Chizuru Namba, qui traite de la pénétration de l'influence japonaise dans les cultures et sociétés indochinoises de l'époque. Pendant cette période, l'amiral Decoux importe les thèmes de la Révolution nationale et met en œuvre la nouvelle législation mise en place par Vichy. En application des lois antisémites et antimaçonniques, un certain nombre de fonctionnaires et d'officiers supérieurs sont révoqués. De même la répression à l'encontre des activités de la résistance gaulliste qui se développe à partir de 1942 est menée sans faiblir et les condamnations sont lourdes pour les résistants capturés. Le chef de bataillon Emblanc, commandant le 3e territoire militaire (Laïchau), passé en Chine, est ainsi condamné à mort par contumace et à la dégradation militaire par la cour martiale de Hanoï le 23 décembre 1941. Dans le domaine des relations extérieures, le *statu quo* est maintenu avec les Japonais. Si l'amiral Decoux, dans le plaidoyer *pro domo* que constitue son ouvrage *À la barre de l'Indochine* affirme après guerre « J'ai maintenu ! » et que la collaboration s'est limitée au seul domaine économique, on pourra cependant s'étonner du projet lancé au mois de janvier 1942, et dont il est l'initiateur, de reconquête de la Nouvelle-Calédonie – qui a rejoint la France libre – avec le soutien des Japonais. L'intéressé s'en défendra plus tard, mais restent les télégrammes explicites. L'opération conduite par la marine française nécessiterait, écrit Decoux, une couverture radio japonaise et un appui indirect de son aviation « en cas de réaction de l'Australie »... Vichy se révèle toutefois incapable de fournir les moyens navals demandés pour l'opération et ne cache pas au gouverneur général que l'appel aux Japonais « prendrait le caractère d'une collaboration active franco-japonaise dans le conflit Pacifique qui ne serait pas sans inconvénients politiques d'ordre général ». L'idée est abandonnée le 26 janvier 1942, non sans que l'amiral Decoux, certain de la victoire japonaise, ne refasse une tentative le 3 février suivant. Entre 1942 et 1945, la « belle colonie » vit donc repliée sur elle-même avec l'espoir d'échapper à la guerre qui secoue la planète, même si cette dernière se rappelle régulièrement à elle, notamment par le biais des bombardements américains qui font des milliers de victimes parmi les populations indochinoises et européennes. Pour les nationalistes vietnamiens, sévèrement réprimés lors des révoltes de l'année 1940, pris en étau entre la Sûreté générale et l'armée japonaise, cette période est marquée par l'attente. Le changement de la politique impériale à l'égard de l'Indochine et la suppression de l'administration coloniale au printemps 1945 suscitent, enfin, l'espoir que le « grand jour » est arrivé.

Chapitre II

La perte du mandat céleste

« Pour pénible que dût être localement cet aboutissement [la liquidation de la souveraineté française], je dois dire que, du point de vue de l'intérêt national, j'envisageais volontiers qu'on en vînt aux mains en Indochine. Mesurant l'ébranlement infligé au prestige de la France par la politique de Vichy, sachant quel était dans l'Union l'état d'esprit des populations, prévoyant le déferlement des passions nationalistes en Asie et en Australie, connaissant la malveillance des Alliés, surtout des Américains, à l'égard de notre position en Extrême-Orient, je tenais pour essentiel que le conflit ne s'y achevât pas sans que nous ne fussions, là aussi, devenus des belligérants. [...] Le sang français versé sur le sol de l'Indochine nous serait un titre imposant. »

Charles de Gaulle,
Mémoires de guerre. Le salut 1944-1946.

L'amiral Decoux passe la barre

À la fin de l'année 1944, la situation de la France en Indochine se complique. Les réseaux de résistance mis en place à l'initiative du Comité français de libération nationale (CFLN) à partir de l'été 1943 se sont développés et une organisation clandestine a vu le jour, obéissant aux directives du général de Gaulle, notamment par la voix de son délégué politique, François de Langlade[1]. Au mois de février 1944, le chef de la France libre a, par lettre, confié au général Mordant, alors commandant supérieur des troupes en Indochine, le soin de préparer la lutte contre le Japon dans le cadre d'une participation future de la France à la libération des pays de l'Union indochinoise. Même si Mordant, qui ne reçoit la missive que quatre mois plus tard en raison des difficultés d'acheminement, est atteint par la limite d'âge et remplacé par le général Aymé au mois de juin, il se voit confirmé (fin août) dans ses fonctions de délégué du CFLN et de chef de la résistance[2]. Un Comité d'action de l'Indochine[3] est par ailleurs créé à Paris au mois d'août 1944, chargé de coordonner l'activité des différents services politiques et militaires qui, en France, en Chine, en Inde et en Indochine, préparent le retour de la France. Face aux initiatives locales, aux rivalités et parfois à la cacophonie de la politique gaulliste en Extrême-Orient, le but est de définir une « orientation générale commune ». À l'été 1944 existent donc en Indochine deux structures de commandement : l'une, officielle, dirigée par Decoux et son équipe, la seconde, officieuse, placée sous l'autorité du général Mordant. Au mois de septembre, avec la liquidation du gouvernement de Vichy en métropole, Decoux se place « naturellement » sous les ordres des nouvelles autorités métropolitaines. Il apprend toutefois, au mois de novembre et de la bouche même du général Mordant – et contrairement aux ordres de discrétion que ce dernier a reçus – qu'il n'est qu'un « paravent » devant servir d'interlocuteur aux Japonais jusqu'à ce que le général de Gaulle le relève de ses fonctions. Furieux et ne pensant pas avoir démérité, le gouverneur général s'élève énergiquement contre cet état de fait et dénonce les risques qu'une telle situation est susceptible de faire courir à l'Indochine.

D'une manière schématique, Decoux et son équipe sont partisans d'une politique attentiste qui passe par le maintien de l'ancienne administration aux commandes de l'Indochine et par celui du *statu quo* entre Français et Japonais existant depuis décembre 1941. Ils estiment que les velléités d'une participation française à la guerre contre le Japon en Extrême-Orient tout comme les agissements de la résistance intérieure en Indochine, peu discrets et de fait assez bien connus des services de renseignements du Mikado, vont précipiter une intervention de leur part et faire sombrer la colonie dans le chaos. Le 4 novembre 1944, Claude de Boisanger, le directeur des Affaires politiques extérieures du gouvernement général, s'en ouvre auprès du nouveau ministre des Colonies, René Pleven. Dans le télégramme qu'il lui adresse, télégramme au préalablement approuvé par l'amiral Decoux, il alerte ainsi le gouvernement sur toute « modification prématurée » de la situation, une modification qui serait « sans aucun profit » et même « nuisible » aux intérêts français mais aussi alliés. Le texte, qui stigmatise d'abord l'action du général Mordant, rappelle que le bouleversement de l'ordre établi conduirait à la neutralisation de l'armée et des cadres de l'administration coloniale et placerait ensuite les « indigènes [*sic*], au risque de nous les aliéner, sous la domination japonaise exécrée ». Selon Boisanger, le second problème – conséquence du premier – que soulèverait un changement de politique serait celui du rétablissement ultérieur de l'autorité française en raison de la montée des nationalismes, un problème aggravé par le risque d'une perte du Tonkin face à une possible intervention chinoise. Enfin, la crainte d'une ruine économique de l'Indochine et notamment des stocks de caoutchouc est également avancée. Aussi le gouvernement général propose-t-il, premièrement, que les autorités du gouvernement provisoire de la République française (GPRF)[4], en métropole, ménagent officiellement les Japonais et s'abstiennent de toutes déclarations hostiles. Deuxièmement, il suggère que la gouvernance de la colonie soit laissée à l'équipe mise en place par l'État français qui entend observer « une grande prudence dans ses contacts avec l'extérieur ».

Pour l'amiral Decoux, ces conditions sont les seules à pouvoir prolonger le *statu quo* en vigueur et, concrètement, les seules que les Japonais soient en mesure d'accepter. Cette stratégie attentiste n'est cependant pas partagée par le général de Gaulle, qui estime que la France doit, pour des raisons politiques mais également de prestige vis-à-vis des Alliés comme des populations autochtones, participer militairement à la lutte contre le Japon. L'idée selon laquelle « le sang français versé sur le sol de l'Indochine [...] serait un titre imposant », comme il l'écrit dans ses *Mémoires*, est donc au cœur de sa politique indochinoise même si celle-ci n'apparaît pas encore bien définie à l'époque. Dans son esprit, l'intérêt de faire entrer au plus tôt la France dans la guerre en Extrême-Orient est double : il s'agit de réintroduire l'Indochine française dans le cadre de la stratégie alliée du Pacifique en paralysant la plaque tournante des communications nippones qu'est devenue l'Indochine, essentielle à la continuation de guerre en Asie sud-orientale, et d'y maintenir, en cas d'ouverture des hostilités, une présence armée française aussi importante que possible dans un but politique évident. Ces deux préalables sont, aux yeux du chef du GPRF, nécessaires pour que la France retrouve son rang, en Indochine comme dans le reste de l'Asie.

Le déclenchement d'opérations actives entre Français et Japonais qui répondraient au souhait du général de Gaulle se précise d'ailleurs à la fin de l'année 1944. D'après l'état-major de l'armée d'Indochine, une analyse de la situation conduit à la conclusion que le contrôle absolu de la péninsule par le Mikado, et particulièrement de l'Indochine du Sud, revêt un caractère de nécessité absolue tant pour la poursuite de la guerre que pour la sécurité de ses troupes. Le général Mordant se prépare donc à la mise en défense des pays de l'Union indochinoise. Trois hypothèses sont envisagées. La première, l'hypothèse A, est celle dans laquelle le commandement japonais déciderait de neutraliser les forces françaises avant toute intervention alliée extérieure. L'hypothèse B repose sur un maintien du *statu quo* en Indochine jusqu'au déclenchement d'opérations alliées. Enfin, l'hypothèse C envisage une offensive des troupes françaises d'Indochine sur ordre du gouvernement français. Dans les trois cas, l'appui et le soutien aérien massif de l'aviation américaine, jugés indispensables, sont pris en compte. En fonction des indications reçues depuis Paris et en se concentrant sur l'éventualité la plus plausible – l'hypothèse A –, Mordant et son état-major établissent le 18 septembre 1944 leur plan de défense. Celui-ci prévoit de faire porter l'effort français sur le Tonkin où stationnent les deux tiers de ses forces, soit environ 35 000 hommes. Les missions des autres formations franco-indochinoises disséminées sur le territoire de l'Union – 12 000 en Cochinchine-Cambodge et 9 000 en Annam et au Laos – sont de couvrir indirectement l'opération principale, en s'attaquant aux voies de communication et en harcelant les garnisons japonaises, cela dans le but principal d'éviter la montée de renforts japonais du sud vers le nord.

La seule « bataille préparée », selon la terminologie de l'époque, est celle qui doit se livrer aux abords des garnisons françaises du delta. Toutefois, celle-ci n'est pas suffisamment pensée et ne tient pas compte de la profondeur que peut offrir la Haute région tonkinoise. Par ailleurs, les infrastructures françaises y sont très faibles (pas ou peu de stocks, ni de dépôts, etc.) et ne permettent pas d'alimenter des combats dans la durée. De même, la guérilla ne fait pas l'objet d'un plan approfondi et n'est envisagée que sous la forme d'actions locales plus ou moins isolées les unes des autres. Cette conception de la lutte en bordure du delta du Tonkin résulte en grande partie de l'intention de ménager aux Alliés l'usage des terrains d'aviation qui s'y trouvent, et notamment celui de Tong[5]. Mais, le fait de tenir pour acquis une intervention de l'aviation alliée et une participation de forces aéroportées anglo-américaines constituent l'un des défauts majeurs du plan. Porté à la connaissance du général Blaizot, commandant les forces expéditionnaires d'Extrême-Orient (FEFEO)[6], et de son état-major à la mi-novembre 1944, les erreurs de planification de défense comme les mauvais calculs émanant du commandement local, en Indochine, ne laissent pas d'inquiéter. Pour cette raison, au mois de novembre 1944, le général Blaizot dépêche au Tonkin le lieutenant-colonel Huard[7], porteur de nouvelles instructions, afin de préciser les conditions réelles dans lesquelles les troupes franco-indochinoises auraient à se battre : elles ne bénéficieraient d'aucun renforts aéroportés et l'intervention de la 14e Air Force américaine (parachutage de ravitaillement et appui des troupes au sol), si jamais elle devait avoir lieu, serait faible, faute d'appareils en nombre suffisant. Aussi, pour ces deux raisons principales, et afin de ne pas laisser anéantir les unités en bordure du delta, ce qui ne manquerait pas de se produire au vu de la supériorité japonaise, ordre est donné au général Mordant d'adopter une forme de guerre qui permettrait à ses unités de durer. Cette directive répond parfaitement aux idées du général de Gaulle pour qui le maintien de la présence française en Indochine, si minime soit-il, s'avère indispensable à la place de la France et à la réalisation de sa politique future. Il ne faut à aucun prix se faire chasser militairement du Tonkin et tenir ne serait-ce qu'une parcelle de territoire indochinois apparaît alors comme un impératif politique majeur. Pour ce faire, le poste de commandement avancé des forces expéditionnaires françaises d'Extrême-Orient, basé à Kandy, fournit de la documentation, notamment dans le domaine de la guérilla, et des études particulièrement destinées à favoriser l'équipement de la Haute région en infrastructures de guerre. Il s'agit de pouvoir constituer des zones refuges à partir desquelles les troupes franco-indochinoises pourront vivre tout en servant de bases de départ pour porter des coups sévères à l'adversaire. Le plan de défense de l'Indochine doit donc être modifié au mois de novembre 1944, en fonction de ces directives. À cette date, Langlade, le délégué militaire du Comité d'action de l'Indochine note, sans trop d'illusions mais avec une confiance que démentira la suite des événements : « Force nous est donc de constater qu'aujourd'hui nous ne sommes pas assurés de l'appui indispensable au plein succès de la bataille prévu par le plan de défense. Nous en sommes réduits à nous contenter de préparer une forme de guerre mineure nous permettant de durer tout en portant des coups efficaces. »

La préparation du coup de force japonais

Pendant qu'en cette fin d'année 1944 on se livre du côté français à des spéculations sur la politique à mener en Indochine et que l'on échafaude des plans d'opérations en cas d'ouverture des hostilités – autant de tâches qui mobilisent de nombreux acteurs : membres du GPRF, résistants d'Indochine, équipe Decoux, services spéciaux basés en Inde ou en Chine, officiers des FEFEO, etc. –, les Japonais, eux, réfléchissent à l'opportunité de prendre le contrôle de l'Indochine par la force. Il est, à ce sujet, intéressant de soulever que les différents organismes français, s'ils prennent effectivement en compte les possibles réactions des Japonais face aux diverses hypothèses, sous-estiment continuellement la capacité du gouvernement japonais à conduire sa propre stratégie. Ainsi, il apparaît à la lecture des ouvrages en langue anglaise ou japonaise, et contrairement à ce qu'une partie de l'historiographie française donne à penser, que le sort de l'Indochine ne dépend pas, à l'époque, autant que cela de la politique qui peut être mise en place à Paris (de Gaulle), Saigon (Decoux) ou Hanoï (Mordant). Dans cette perspective, les affirmations des anciens fonctionnaires de l'administration Decoux, qui clament après 1945 que leur politique aurait seule permis de préserver l'Indochine des effets de la guerre et ainsi sauvegarder la souveraineté de la France, constituent une erreur d'analyse. C'est bien à Tokyo que sont arrêtées les décisions qui précipitent la fin de l'Indochine française, indépendamment de celles prises en France, des agissements de la résistance ou de la gestion des affaires indochinoises par l'administration coloniale. Ceux-ci pourront, le moment venu, servir de prétexte au gouvernement japonais pour agir, ils n'en seront jamais qu'une cause secondaire. D'ailleurs, l'idée d'un coup de force sur l'Indochine française est bien antérieure aux revers subis par l'armée impériale et à la dégradation de sa situation militaire.

Au mois de novembre 1941, la conférence de liaison impériale qui approuve le « Plan pour faciliter la conclusion de la guerre [qui n'a pas encore commencé] contre les États-Unis, la Grande-Bretagne, les Indes néerlandaises et la Chine » propose déjà de ne pas attenter, dans un premier temps, à la souveraineté française. Cette décision est confirmée le mois suivant par la signature de la convention du 9 décembre 1941 passée entre Français et Japonais. À l'été 1943, la position du Mikado a toutefois évolué et l'option de la suppression de l'administration française est désormais sérieusement envisagée. Elle l'est par les militaires, pour des considérations principalement opérationnelles, mais également par certains fonctionnaires du ministère des Affaires étrangères, à Tokyo comme en Indochine, qui avancent des raisons idéologiques et raciales, et se prononcent en faveur de l'accession à l'indépendance des pays de l'Union indochinoise. Fin 1944, alors que la décision d'un coup de force n'est pas encore arrêtée, Français comme autochtones notent un changement d'attitude de la part des occupants japonais. Des événements politiques – la disparition du gouvernement de Vichy et l'arrivée du général de Gaulle au pouvoir, le développement de la résistance intérieure comme militaires, la défaite de la bataille du golfe de Leyte et la conquête de l'île par les Américains[8] ainsi que la crainte d'un débarquement sur les côtes orientales du Vietnam – sont à l'origine de cette évolution. Anticipant une éventuelle occupation de la péninsule, les formations du Mikado stationnées en Indochine sont réorganisées et, le 12 novembre 1944, les troupes japonaises, qui forment un conglomérat d'unités disparates en raison des ponctions opérées pour les nécessités de la guerre en Asie du Sud et dans le Pacifique, sont intégrées dans une nouvelle structure de commandement : la 38e armée, placée sous les ordres du général Yuitsu Tsuchihashi. Par ailleurs, au mois de janvier 1945, l'état-major japonais fait savoir au gouverneur général qu'une division venant du Kouang Si va venir occuper un certain nombre de points de passage au Tonkin (Cao Bang, Ha Giang, Laïchau, etc.), « doublant » à chaque fois dans ces localités les garnisons françaises. Le but, évident, n'échappe pas au commandement français : il s'agit de pouvoir, le cas échéant, coiffer et neutraliser les unités françaises. À la fin du mois de janvier, la tension s'accroît davantage entre Français et Japonais quand le gouvernement général notifie son refus de laisser pénétrer ces nouvelles troupes, comme d'assurer leur ravitaillement aux frais du gouvernorat. Ces protestations se révèlent vaines : à cette date, près de 5 000 hommes ont déjà franchi la frontière…

Lors de la tournée d'inspection qu'il effectue pendant trois semaines à travers l'Indochine au cours de ce même mois de janvier 1945, le général Tsuchihashi acquiert la conviction – il l'écrit dans son rapport du 21 janvier – qu'en cas d'attaque américaine, les Français ne participeront pas à la défense commune stipulée par les accords de décembre 1941. À son avis, l'armée d'Indochine représente une menace potentielle pour les forces japonaises : une action militaire constitue donc à ses yeux la seule solution pour écarter le danger. Ainsi, le principe d'un coup de force, discuté depuis plusieurs mois, est finalement validé de manière consensuelle par les autorités impériales le 1er février 1945 ; son déclenchement est prévu entre le 5 et le 10 mars suivant. Les avis s'opposent, en revanche, sur l'opportunité de faire accéder les États de l'Union indochinoise à l'indépendance une fois l'administration française disparue. Le ministère des Affaires étrangères s'y montre favorable, les militaires sont résolument contre, anticipant les répercussions et les troubles politiques qui pourraient découler d'une agitation nationaliste et donc gêner les opérations. Il est finalement décidé que les indépendances accordées ne le seront que sous l'étroit contrôle de l'armée et des administrateurs japonais, Tokyo restant, dans les faits, seul maître de la situation.

Les effectifs japonais présents en Indochine à la veille du coup de force ont été augmentés depuis la fin de l'année 1942, date à laquelle ils représentent moins de 20 000 hommes – 10 500 au Tonkin et 7 900 en Cochinchine. Au début du mois de mars 1945, ils atteignent désormais plus de 65 000 combattants répartis en deux masses principales. La première, implantée au Tonkin, est subdivisée en deux groupes. Au nord du fleuve Rouge stationne la 37e division d'infanterie (37e DI) qui vient de franchir la frontière sino-tonkinoise malgré, on l'a dit, l'opposition de l'amiral Decoux et, au sud du fleuve, la 21e division d'infanterie (21e DI) arrivée au début du mois de décembre 1944. Deux brigades mixtes[9] assurent la présence nippone au Centre-Annam ; en Cochinchine se trouve la seconde masse du corps de bataille nippon, environ 25 000 hommes répartis dans un certain nombre d'unités non endivisionnées dont plusieurs ont appartenu à la 2e division d'infanterie (2e DI), fortement éprouvée dans les opérations de Birmanie l'année précédente. Les combattants de la 38e armée, qui peuvent, au besoin, être renforcés par les divisions japonaises qui se trouvent en Thaïlande et dans le Kouang Si, sont pour la plupart bien entraînés et bien armés. En termes d'effectifs, les forces françaises sont sensiblement équivalentes, mais cet équilibre apparent ne doit pas faire illusion : la puissance de feu, la mobilité et la valeur combative des soldats du Mikado restent bien supérieures à celles des troupes franco-indochinoises, dotées d'un matériel dépassé et manquant de tout. Surtout, les Japonais disposent d'un véritable corps de bataille constitué d'unités mobiles (notamment 37e et 21e DI) alors que les forces françaises, dispersées, sont pour beaucoup immobilisées par des servitudes qui n'existent pas chez leur adversaire. Enfin, les cadres européens sont usés physiquement par plusieurs années passées sous le climat tropical et nombreux sont ceux qui se sentent abandonnés de la métropole. Dans ces conditions, la lutte qui s'annonce apparaît comme singulièrement déséquilibrée.

Opération Clair de lune : le coup de force du 9 mars 1945

Prétextant la signature d'un accord relatif aux livraisons de riz que les autorités françaises doivent fournir au Japon, une réunion à laquelle participent l'amiral Decoux et l'ambassadeur du Japon à Saigon, Shunichi Matsumoto[10], est prévue au soir du 9 mars 1945 au palais du gouverneur général[11]. Ce type de convention est devenu courant depuis la signature de l'accord commercial du 6 mai 1941 dans lequel dominait d'ailleurs la question des approvisionnements en riz indochinois, aussi la séance ne présente-t-elle *a priori* aucun caractère anormal. Mais, alors que le protocole est conclu assez rapidement, les deux hommes entament une conversation que le représentant japonais fait traîner à l'envi. Dans un souci de synchronisation des actions, il faut que la manœuvre « diplomatique » coïncide avec le déclenchement des opérations militaires qui doivent conduire à l'anéantissement ou à l'internement des militaires franco-indochinois. Finalement, à 19 heures, Matsumoto, après avoir évoqué la nécessité d'accentuer la collaboration entre Japonais et Français d'Indochine, remet au gouverneur général un « aide-mémoire » qui, dans les faits et malgré les dénégations du plénipotentiaire japonais, revêt l'aspect d'un véritable ultimatum. Arguant de la dégradation de la situation sur le théâtre d'opérations Pacifique et de la menace que fait planer l'armée américaine sur l'Indochine, susceptible, dit-il, d'être envahie à brève échéance[12], « le gouvernement du Japon décide d'accomplir la défense de l'Indochine conformément à l'esprit de la défense commune ». Il requiert pour cela la « collaboration étroite » du gouvernement général. Le texte propose rien de moins que la subordination totale des forces armées de l'Indochine, de ses matériels, infrastructures, moyens de transport, etc., à l'armée japonaise. Concrètement, il s'agit d'une remise en cause du *statu quo* existant depuis un peu plus de trois ans. L'acceptation ou l'application de cette « requête » signifie l'abandon de la souveraineté française sur ses possessions extrême-orientales et, par là même, la ruine de la politique qu'ont tenté de défendre Decoux et ses collaborateurs.

La réponse à l'aide-mémoire, ajoute une note japonaise, doit parvenir avant 21 heures au quartier général de l'armée impériale et, « pour assurer la sécurité du messager qui portera la réponse, un grand drapeau devra être porté à sa voiture. [...] Par ailleurs, en vue d'éviter tout événement inattendu, l'armée japonaise enverra, devant le gouvernement général, un petit détachement qui stationnera pendant la durée du délai ». Si, sur demande de l'amiral Decoux, le principe de ce détachement de « protection » est retiré, les troupes nippones restent toutefois à bonne distance du palais Norodom, prêtes à intervenir. Disposant d'un court répit, l'amiral, entouré de Claude de Boisanger et de quelques autres conseillers, tentent alors d'utiliser la seule arme dont il croit pouvoir encore disposer : le temps. Afin d'éviter la rupture définitive des relations, pour ne pas opposer aux prétentions japonaises un refus brutal, il suggère une poursuite des discussions bilatérales avec l'ambassadeur et l'intégration à l'« aide-mémoire » qui a été remis l'établissement de conversations entre états-majors militaires respectifs. Mais, à cette date, le temps de l'administration Decoux n'est pas celui des Japonais. Peu avant 21 heures, le capitaine de vaisseau Robin, commissaire général aux relations franco-japonaises, est envoyé à l'office de liaison de l'armée nippone, situé à proximité du palais Norodom, porteur de la proposition française. Arrivé vers 21 h 15, il est reçu par l'ambassadeur Matsumoto qui, à la lecture du texte, s'exclame : « C'est un refus ! L'armée japonaise va prendre les mesures nécessaires. » Dehors, effectivement, une multitude de camions chargées de troupes en armes sillonnent les rues alors que se font entendre les premières explosions : l'opération *Meigo Sakusen*, « Clair de lune », vient de commencer sur l'ensemble de l'Indochine.

Au Tonkin, les signes d'une action imminente sont décelés par certains agents de la Sûreté générale les jours qui précèdent le coup de force. Dans son *Journal d'un combattant Viêt-minh*, Ngo Van Chieu, revenant sur cette période, écrit par ailleurs que « depuis plusieurs jours les Japonais préparaient quelque chose contre les Français. Cela se savait. Tous les Vietnamiens travaillant avec les Nippons avaient eu vent de ce quelque chose ». Le 8 mars, les informations se font plus précises mais, selon les personnalités, certains y accordent crédit, comme le général Sabattier qui commande alors la division du Tonkin et prend des mesures préventives, alors que d'autres, tels les généraux Mordant ou Aymé, paraissent plus sceptiques. Agissant avec un temps de retard, leur souci premier semble à ce moment de ne rien faire qui puisse provoquer les autorités japonaises en prenant des dispositions de sécurité ou en réorganisant le dispositif français. Les événements du 9 mars au soir donnent raison aux indicateurs et l'ensemble des garnisons du Tonkin est assailli. L'imbrication des forces japonaises et françaises est telle que la situation de ces dernières est rapidement désespérée : les troupes franco-indochinoises ne peuvent bien souvent que livrer un combat pour l'honneur. Dans certains endroits, la résistance dure cependant plusieurs jours, ce qui a pour conséquence de décupler la violence des militaires japonais une fois les combats finis. En effet, le coup de force du 9 mars 1945 est également tristement célèbre pour la cruauté dont ont fait montre les soldats de l'armée impériale : à Lang Son, plus de 400 prisonniers sont ainsi, après leur reddition, fusillés, massacrés au sabre, à la baïonnette, voire à coups de pelle et de pioche.

Le cas du soldat Cron, appartenant au 3e RTT et qui participe à la défense du fort de Dong Dang[13], est en ce sens peu commun. Le poste tombe le 12 mars vers 10 heures du matin. Le capitaine Annosse, qui a pris le commandement de la garnison à la mort de son chef, le commandant Soulié, reçoit les félicitations des Japonais avant d'être abattu quelques instants après. Les survivants du fort, neuf militaires européens, une quarantaine de tirailleurs tonkinois, mais également le douanier civil, le receveur des postes et son employé ainsi que deux femmes vietnamiennes dont le tort est d'avoir soigné les blessés, sont désignés pour être exécutés. Dévêtus, les condamnés sont obligés de s'agenouiller au bord d'une tranchée creusée auparavant pour les besoins de la défense. Cron assiste à la décapitation de ses camarades ; quand « mon tour vint, racontera-t-il dans son témoignage en avril 1945, je passai parmi les derniers. En équilibre au bord de la tranchée, je contractais les muscles de ma nuque et accompagnais légèrement le mouvement du sabre qui de ce fait a pénétré de biais, à la base du crâne, sur une longueur de 12 cm et une profondeur de 3 cm. Je tombais alors la tête la première dans la fosse sans toutefois perdre connaissance. Mes jambes furent entravées par le corps de mon camarade qui passant après moi n'avait pu éviter le coup mortel. Je lui demandais : "N'es-tu pas mort ?" "Non, répondit-il, mais je souffre beaucoup." "Tais-toi autrement ils vont te donner des coups de baïonnettes." Mon camarade ne pouvant retenir ses plaintes fut lardé de coups de baïonnettes. Dix longues, très longues minutes se passèrent. N'entendant plus de bruit, je dégageais lentement ma jambe gauche et me levais[14]. »

L'hallali

Les forces françaises du Tonkin sont anéanties en l'espace de trois jours. Seuls échappent à la capture ou à la mort les militaires des unités mises en alerte par le général Sabattier[15].

C'est le cas du groupement du fleuve Rouge, commandé par le général Alessandri, fort de six bataillons d'infanterie, de trois batteries de 75 mm accompagnés de divers éléments dont des personnels de l'armée de l'air. Celui, également, du groupement de la rivière Claire aux ordres du colonel Seguin qui, avec ses trois bataillons et ses trois batteries, est chargé de couvrir la gauche du groupement du fleuve Rouge. D'autres formations parviennent également à s'échapper, notamment celles tenant garnison à proximité de la frontière chinoise. Au cours des semaines suivantes, ces rescapés livrent des combats retardateurs dans des conditions dramatiques contre les Japonais lancés à leur poursuite. Faute de soutien américain en raison de l'opposition des États-Unis au retour de la France dans ses anciennes possessions, les Français ne peuvent bénéficier que d'une aide modeste de la part des Britanniques, à partir de l'Inde. Toutefois, ceux-ci réservent en priorité leurs moyens aux unités françaises du service action (SA)[16] de la direction générale des Études et Recherches (DGER)[17] qui parachute des agents en Indochine depuis l'été 1944. Les soldats de la division du Tonkin n'ont d'autre choix que de se réfugier en Chine, la plus grande partie dans le courant du mois d'avril 1945 et au début du mois de mai. Les derniers éléments franchissent la frontière aux premiers jours de juin. Malgré les ordres donnés par de Gaulle, il s'est révélé impossible au général Sabattier de se maintenir au Tonkin. Comme celui-ci l'écrira dans son ouvrage *Le Destin de l'Indochine* : « On ne monte pas des opérations de guérilla avec des fantômes. » Une fois en Chine, au lieu de recevoir l'accueil chaleureux que certains attendent de la part d'alliés, les survivants français, estimés à 5 700 hommes (dont 3 200 autochtones), se heurtent à l'hostilité des Chinois et des Américains, ceux-ci ne voyant en eux que le bras armé du colonialisme français. Désarmés, ils sont regroupés et logés dans des conditions de quasi-internement.

Les garnisons du Centre-Annam subissent le même sort que leurs homologues tonkinoises et très peu, parmi les hommes qui prennent la brousse, réussissent à atteindre le Laos et à se constituer en maquis. Quant à la partie sud de l'Indochine, la brièveté des combats qui s'y déroulent a pour principale conséquence d'éviter les massacres qui ont été perpétrés au nord. Dans le cadre du plan de défense de la Cochinchine et du Sud-Annam, arrêté le 19 novembre 1944, deux groupements ont en effet été prévus : celui de Cochinchine-Annam qui doit défendre Ban Me Thuot, Kratié et, dans le cas précis du troisième bataillon du régiment de tirailleurs annamites (III/RTA), se réfugier dans la presqu'île de Camau, et le groupement du Cambodge qui a pour mission d'opérer en guérilla mobile avec l'éventualité, en dernier ressort, de créer un réduit dans la région de Kratié. Ces forces, sans aide extérieure, sont à court terme vouées à l'échec. Comme l'indique un rapport postérieur au 9 mars 1945, « la surprise fut si complète, la supériorité des moyens de l'attaque si grande, la désagrégation des forces françaises si rapide qu'en réalité l'exécution de ce plan resta lettre morte ». Il semble qu'en Cochinchine également, toutes les précautions de sécurité n'aient pas été prises et que l'atmosphère générale fût plutôt à l'optimise. De nombreuses rumeurs d'attaque avaient déjà circulé les années précédentes et les autorités françaises ont refusé, comme elles l'ont fait au Tonkin, de prendre des mesures militaires qui puissent mécontenter les Japonais et leur fournir des raisons d'intervenir. Ainsi les cadres et la troupe ne sont nullement consignés et, dans de nombreux cas, les officiers sont arrêtés à leur domicile, à l'instar du chef de corps du 11e RIC, le lieutenant-colonel Moreau. Réveillé vers 21 heures par le bruit des chars japonais et par l'éclatement des obus, il est fait prisonnier dans les minutes qui suivent. Le colonel Bertaux, qui commande le groupement de Cochinchine-Annam, est arrêté dans les mêmes conditions.

Désorganisée d'emblée par la capture des principaux chefs militaires, la résistance aux Japonais s'essouffle rapidement et les tentatives de guérilla menées par quelques groupes d'Européens progressivement abandonnés par leurs hommes sont étouffées dans les semaines qui suivent le 9 mars. Privés de moyens, usés physiquement, les cadres français sont tués ou arrêtés. Au Cambodge, le sort des garnisons françaises est identique, le général Noël, qui commande le groupement du Cambodge, écrira que la surprise y est même « si l'on peut dire plus complète, en ce sens que l'ambiance générale était à l'optimisme et que la conception d'opérations n'était pas considérée comme probable ». Au cours des combats qui embrasent l'Indochine, les tirailleurs autochtones se révèlent dans l'ensemble disciplinés et loyaux. Il s'en trouve cependant qui, par conviction ou par intérêt, vendent les blessés français aux soldats nippons, qui recrutent d'ailleurs des partisans chargés de cette tâche. En revanche, les membres de la garde indochinoise et cochinchinoise[18] font montre au grand jour de leurs sentiments antifrançais et s'attaquent parfois aux Européens dans les jours qui suivent le coup de force.

L'attitude et la combativité de l'armée d'Indochine ont fait l'objet de jugements sévères de la part des militaires français venus plus tard de métropole. Le rapport du lieutenant-colonel Conus, établi vraisemblablement à l'été 1945, dresse ainsi la liste des principales erreurs et des fautes commises aux échelons opératifs et tactiques. Conus met en cause le commandement local « prétendant connaître la situation mieux que quiconque » et accusé d'avoir passé outre la plupart des directives émanant, fin 1944, de l'état-major des FEFEO. Il est reproché, notamment aux généraux Mordant et Aymé, d'avoir accaparé et centralisé à leur niveau l'ensemble des réseaux de renseignements, ce qui a permis en définitive de renseigner au mieux les Japonais sur l'activité de la résistance en raison des multiples indiscrétions. Les officiers de l'armée d'Indochine n'ont pas su, en outre, utiliser de manière appropriée les parachutages d'armes et le manque de discrétion avec lequel les stocks ont été constitués a rendu possible leur rapide saisie par les soldats nippons, bénéficiant d'informations de sources vietnamiennes[19]. À l'échelon tactique, le rapport de Conus dénonce une suite d'abandons de postes sans combats et d'hommes abandonnant leur matériel ; il porte un jugement particulièrement sévère sur les chefs de colonnes, ainsi une partie du groupement Seguin (groupement de la rivière Claire), forte de 1 500 hommes, deux canons de 75 mm et de nombreuses armes lourdes, se serait retiré devant deux sections de Japonais (combat de Bao Lac) avant de laisser tout son matériel, parfois intact, et de passer en Chine. Le cas le plus emblématique est selon lui celui de la colonne Capponi (formée à Tuyen Quang) dont les effectifs sont évalués à 1 500 hommes, dont la moitié d'Européens, et qui « capitule en rase campagne, sans combat à Koc Pai [*sic*][20], le 27 mars à 11 heures du matin, alors qu'elle était encerclée par 300 Japonais et que la frontière de Chine est à 6 heures de marche », soit 10 kilomètres. Le général Sabattier porte un regard différent sur l'épisode : « La colonne harassée, à bout de vivres, sans informations précises, s'enfonce [...] dans la montagne sur des sentiers effroyables en direction de Hoang Su Phi, poursuivie par les Japonais, harcelée par les Méos[21]. Le 27 mars, elle pénètre dans le cirque de Coc Pai dominée par une muraille de calcaire presque à pic. Une véritable souricière. Les hommes sont trop las pour en faire l'escalade ; les Japonais les encerclent [...] ils n'ont plus la force de se défendre. »

Le réquisitoire établi par Conus dans son rapport, et qui illustre le ressentiment et le mépris qu'entretiennent la plupart des cadres de l'armée nouvelle face aux combattants de l'armée d'Indochine, mérite cependant d'être fortement nuancé et recontextualisé. À cette époque, le personnel de cette armée est assimilé au régime sous lequel il a servi – et que certains ont d'ailleurs effectivement activement soutenu – celui de Vichy. Ils sont donc bien souvent considérés avec dureté, et parfois injustice, par les officiers de la France libre qui, quels que soient leurs titres de guerre – et c'est le cas du lieutenant-colonel Conus –, tendent à condamner, parfois de manière hâtive, l'action de ces hommes n'ayant pas voulu ou pas pu suivre la même voie qu'eux. Évoquant la figure du général Leclerc, Sabattier écrira : « Dans son esprit une idée préconçue dominait : les militaires d'Indochine ne se sont pas ralliés à de Gaulle, ils ne se sont pas battus contre les Japonais », et comme tels doivent être considérés comme des traîtres à leur patrie.

Ces idées sont largement partagées par les combattants issus des Forces françaises libres (FFL) lorsqu'ils débarquent en Cochinchine à la fin de l'été 1945. Du côté des soldats de l'armée d'Indochine, il existe une forme de complexe de ne pas avoir pris part aux campagnes de la Seconde Guerre mondiale et certains – des rapports le montrent bien – ont tendance par la suite à exagérer les faits d'armes auxquels ils ont participé, comme les pertes infligées à l'adversaire. Afin de faire valoir leur statut de combattant à part entière, ce qui est le cas pour beaucoup, l'état-major de l'armée reçoit, à la fin de l'année 1945, nombre de demandes de promotions, de récompenses individuelles ainsi que d'homologation d'unités combattantes, indispensables à la reconnaissance de l'action de l'armée d'Indochine. Car, s'il y eu des manquements, comme il en arrive parfois à la guerre, l'armée d'Indochine, notamment au Tonkin, s'est battue avec les moyens dont elle disposait, mais elle s'est battue comme en témoignent ses pertes. Une étude menée à Saigon en 1947 fait état, pour les seuls Européens, de 2 119 militaires tués au combat, chiffre qui ne prend pas en compte les blessés, les hommes morts d'épuisement, etc. Quant aux tirailleurs autochtones, les données manquent pour établir un bilan statistique, toutefois certaines sources avancent des pertes similaires à celles des soldats français. Ainsi, les combats auxquels ont pris part les unités franco-indochinoises de l'armée d'Indochine méritent mieux que l'anonymat dans lequel ils ont été souvent maintenus ou le discrédit dont ils ont fait l'objet.

La fin de l'administration coloniale

À l'issue des opérations qui débouchent sur la décapitation de l'administration française, la loi martiale est proclamée par les autorités japonaises. Un certain nombre de fonctionnaires sont internés tandis que la population civile européenne est, dans un premier temps, regroupée dans huit villes[22]. Quant aux militaires occidentaux, ils sont placés dans des camps d'internement dont le plus célèbre, sans doute, reste celui de Hoa Binh où beaucoup trouvent la mort dans les semaines qui suivent, sous la torture des membres de la *Kempetaï*[23] ou des suites de privations de toute nature (nourriture, soins). La répression touche également ceux des autochtones hostiles aux Japonais. De l'autorité française en Indochine ne restent désormais plus que deux représentants officiels, chargés de gérer ce qui subsiste des intérêts des ressortissants français, l'un à Vientiane, l'autre à Saigon en la personne de Jean Cassaigne, évêque de la ville[24]. Ce dernier met sur pied un organisme, le Comité français d'entraide (CFE), comprenant de 200 à 300 civils bénévoles, dont le rôle est de défendre vis-à-vis des Japonais ce qui peut encore être sauvé des intérêts français et d'aider au mieux les Européens (prisonniers de guerre, Français de Saigon, réfugiés de Cochinchine). Concrètement, il s'agit d'abord de trouver un logement aux Français rapatriés sur Saigon, de fournir des soins et des vêtements à ceux qui ont tout perdu et d'apporter des secours aux militaires internés. Les rapports entre les membres du CFE et ceux de l'office de liaison japonais semblent avoir été corrects, sinon cordiaux. Certains garderont d'ailleurs des relations après la guerre.

Pour l'administration coloniale française en Indochine, le coup de force du 9 mars 1945 constitue l'épilogue de l'intermède japonais, commencé cinq années plus tôt. L'image de la France et, au-delà, de l'homme blanc sort considérablement ternie de cette période. Dans *Le Dragon d'Annam*, ouvrage dans lequel Bao Dai livre ses souvenirs, ce dernier écrit que la défaite de la France face à l'Allemagne nazie au printemps 1940 n'avait pas provoqué le relâchement des liens unissant la métropole et le Vietnam. L'ex-empereur affirme même que le peuple vietnamien « éprouvait une grande compassion à l'égard des malheurs qui frappaient la nation protectrice » et que, peut-être, la population n'avait jamais été plus proche de la communauté française. Pourtant, le sentiment évoqué par l'empereur Bao Dai, qui peut apparaître également comme une reconstruction *a posteriori*, semble loin d'être partagé par de nombreux Vietnamiens. En effet, à partir de l'effondrement militaire de la France et de l'intrusion japonaise sur la scène indochinoise, le regard des autochtones à l'égard des Français change. Ngo Van Chieu se remémore ainsi le comportement de son père, un mandarin de second rang fidèle à la France, face au choc de la défaite de 1940 et à l'arrivée des Japonais : « Seul fonctionnaire de la famille, il avait toujours soutenu et admiré les Français. Leurs défaites successives lui avaient fait, jugeait-il, perdre la face. » Entre 1940 et 1945, dans l'ensemble des pays de l'Union, les populations ont pu observer la soumission des Européens face aux Japonais et, au lendemain du 9 mars, ont assisté à l'arrestation, dans les principales agglomérations, des hommes qui, la veille encore, détenaient le pouvoir. Leur départ en captivité, les mains liées, dans des camions encadrés par des soldats du Mikado sont des images qui marquent fortement les esprits à l'époque. Les enfants de Jean Aurillac, directeur du cabinet civil de l'amiral Decoux, se souviennent de leur côté du trajet que font, en train, les Européens de Dalat emmenés afin d'être regroupés à Saigon dans le quartier réservé aux Blancs : « La rame était composée exclusivement de voitures de 4e classe, sans vitres, avec quatre bancs en longueur. Choix symbolique, la 4e classe n'était jamais empruntée par les Européens, c'était donc aux yeux des Indochinois le signe manifeste du déclassement des Français, de leur humiliation, de la fin définitive de leur pouvoir. » La France et les Français d'Indochine perdent donc, en l'espace d'une nuit, le « mandat céleste » ; les indépendances accordées par les autorités japonaises dans les jours qui suivent le coup de force créent l'espoir parmi les populations autochtones que celui-ci est enfin revenu entre les mains de leurs représentants légitimes.

Bao Dai proclame l'indépendance du Vietnam

Depuis l'été 1940, le discours pan-asiatique proféré à l'envi par la propagande japonaise dans l'ensemble de l'Extrême-Orient repose en grande partie sur le principe d'émancipation des peuples asservis par les Occidentaux. Pour cette raison, il aurait été difficilement intelligible aux populations indochinoises, une fois le pouvoir colonial supprimé, que les Japonais ne répondent pas à leur rêve d'indépendance. Fidèles aux décisions prises en février 1945, les autorités nippones accordent donc, dans les jours qui suivent le 9 mars, cette indépendance aux pays de l'Union et, en premier lieu, au Vietnam. Les différents mouvements nationalistes de tendance républicaine, réunis autour du Parti nationaliste du Grand Vietnam (*Dai Viêt Quoc Dan Dang* communément *Dai Viêt*[25]) après la répression française de l'automne 1940, sont cependant éconduits par les Japonais, qui, toujours dans un souci de stabilité de l'ordre intérieur, se montrent davantage favorables à une restauration du pouvoir impérial. Cette solution, comme le souligne François Guillemot, spécialiste du *Dai Viêt*[26], apparaît comme la plus « pragmatique » ; elle permet en outre de fédérer les populations autour de la personne de l'empereur, plus facile à contrôler, estime-t-on à Tokyo, que la multitude d'activistes nationalistes qui se manifestent désormais ouvertement. Le prince Cuong De, qui est pourtant leur champion depuis des décennies, n'est cependant pas rappelé par les autorités nippones. Sa représentativité reste faible au Vietnam et sa personnalité de vieux révolutionnaire est de nature à compliquer les relations avec les Japonais, aussi ces derniers choisissent-ils Bao Dai dont le règne d'empereur d'Annam a commencé officiellement en 1932. Depuis cette date, toutefois, ce dernier ne joue aucun rôle politique en raison de l'opposition du pouvoir colonial.

Quand survient le coup de force, Bao Dai revient d'une partie de chasse dans ses terres de Quang Tri. Il est immédiatement placé sous la protection de l'armée japonaise et notamment sous celle des hommes du 890e bataillon autonome d'infanterie, une formation spécialisée dans la guerre psychologique. Le discours qui lui est alors tenu est le même que celui diffusé depuis la veille sur les ondes de Radio Saigon – dont les Japonais se sont emparés – et placardé sur les murs des principales agglomérations du pays : le Japon proclame n'avoir aucune revendication territoriale sur l'Indochine et affirme qu'une aide entière sera apportée aux différents pays désireux d'accéder à l'indépendance. Au soir du 10 mars 1945, Masayuki Yokoyama, ambassadeur du Japon, vient officiellement remettre cette « indépendance » à Bao Dai. Dans ses souvenirs, l'empereur d'Annam laisse entendre le dilemme que lui pose cette offre et l'opportunité qu'elle donne à son peuple : « Puis-je donc laisser passer la proposition qui nous est offerte ? L'indépendance, le rêve de tous les Vietnamiens !... En toute connaissance de cause, je prends ma décision : il faut saisir l'occasion tout en essayant de réduire au minimum les exigences japonaises. » En fait cette décision est prise de concert avec les membres du *Comât* – le Conseil des ministres –, unanimes à reconnaître l'impossibilité de s'opposer au Japon et à la nécessité de saisir l'occasion. Ainsi, le 11 mars 1945, près d'un siècle après son démantèlement, une proclamation impériale annonce la restauration et l'indépendance de l'État du Vietnam : « Vu la situation mondiale, et celle de l'Asie en particulier, le Gouvernement du Vietnam proclame publiquement qu'à dater de ce jour, le traité de protectorat avec la France est aboli et que le Pays reprend ses droits à l'indépendance. » Dans quelle mesure Bao Dai et son entourage ont-ils apprécié à leur juste valeur la situation internationale et l'avenir du Japon dans la zone Asie-Pacifique ? Il est difficile de le dire avec certitude, toutefois, il est probable qu'aucun de ces hommes n'ait nourri d'illusions quant à une éventuelle victoire japonaise. Le sentiment général est, à l'époque, qu'il faut profiter de l'occasion fournie par la disparition de la France en créant une situation qui ne permettrait pas, le moment venu, un retour au *statu quo ante*, cela tout en évitant la mainmise totale du Japon sur les affaires intérieures vietnamiennes.

Bao Dai désirant assurer la continuité de son mandat et gouverner effectivement, il reste à trouver l'homme auquel confier la formation du premier cabinet du Vietnam indépendant. Parmi les personnalités politiques susceptibles d'occuper le poste, un nom semble faire alors l'unanimité, celui de Ngô Dinh Diêm. Celui-ci, bien que relativement jeune – il n'a pas 45 ans –, a déjà une longue carrière politique derrière lui et s'est fait connaître par son nationalisme intransigeant. Né en 1901 au sein d'une grande famille de mandarins, de confession catholique[27], Diêm, après de brillantes études, intègre comme son père le corps mandarinal et est nommé chef de province en Annam[28]. Remarqué par Bao Dai peu après son accession au trône, il est nommé ministre de l'Intérieur en 1933. Les quelques mois passés dans cette fonction renforcent sa conviction que le gouvernement vietnamien et l'empereur lui-même ne sont que des instruments utilisés par le pouvoir colonial et accroît son anticolonialisme. De fait, il donne bientôt sa démission et commence à développer une activité nationaliste, militant dès 1942 auprès des représentants japonais pour la reconnaissance de l'indépendance du Vietnam ; son influence reste toutefois limitée. À l'été 1944, le parti de la Restauration nationale de Cuong De se dote d'un « gouvernement provisoire » tout théorique qui accueille des personnalités tel Ngô Dinh Diêm. Cette activité lui vaut d'être dénoncé comme un élément subversif par la Sûreté générale et recherché. Menacé d'expulsion, il trouve refuge dans les locaux du quartier général des forces japonaises, à Saigon, qui vont le protéger jusqu'au déclenchement du coup de force. Fort du passé de l'intéressé, de sa réputation de réformateur et de l'entregent dont il bénéficie auprès des Japonais, Bao Dai sollicite Diêm. Pourtant le message qu'il lui adresse par l'entremise des services nippons ne touche pas son destinataire, ceux-ci l'ayant escamoté. La raison de ce geste est simple, pour les Japonais, il s'agit de faire le « vide » autour de l'empereur et de limiter son autorité auprès des Vietnamiens. Le patriotisme et la personnalité affirmée de Diêm, bien connus des Japonais, vont à l'encontre de cette politique, d'où la volonté d'écarter ce personnage énergique, potentiellement dangereux pour les desseins du Mikado.

Devant l'absence de réponse de Diêm et ignorant la manœuvre japonaise, Bao Dai se tourne alors, le 5 avril 1945, vers Tran Trong Kim. Ce choix est approuvé par Masayuki Yokoyama comme par les militaires. En effet, sans être le personnage falot décrit par l'équipe Decoux et que certains se plaisent à présenter uniquement comme « un inspecteur des écoles primaires à la retraite », ce qu'il est effectivement, Tran Trong Kim est également un intellectuel qui a reçu une solide formation en France. Parallèlement à sa carrière, il mène des travaux à caractère historique relatifs aux liens et influences réciproques du Vietnam avec le bouddhisme et le confucianisme. Ce sont d'ailleurs ces travaux, qui mettent en valeur la culture et le patriotisme vietnamiens, qui le font remarquer par la Sûreté générale mais également par certains services japonais soucieux de nouer des liens avec les élites indochinoises dans le cadre de la politique de la « Grande Asie ». À partir de 1944, ils prennent donc Tran Trong Kim sous leur protection et l'emmènent à Singapour puis à Bangkok. C'est là qu'il se trouve lorsqu'il est appelé auprès de l'empereur Bao Dai. Ce fervent patriote se récuse pourtant dans un premier temps, c'est pourquoi appel est, une fois encore, fait à Diêm. Cette fois, il reçoit l'invitation de l'empereur mais la décline pourtant. Ce refus semble motivé par deux raisons. Premièrement Ngô Dinh Diêm reste toujours fondamentalement hostile à Bao Dai et à ce que ce dernier représente : la soumission au pouvoir colonial français et un régime passéiste. Deuxièmement, en homme averti, il analyse bien l'effondrement du Japon à brève échéance et donc la nécessité de ne pas se compromettre au sein d'un gouvernement qui, quelle que soit en définitive la politique pratiquée, apparaîtrait forcément comme un gouvernement de collaboration.

À nouveau sollicité, Tran Trong Kim accepte finalement et, le 17 avril 1945, est nommé président du Conseil. Le gouvernement qui voit le jour le 8 mai suivant comprend l'essentiel des ministères régaliens traditionnels, excepté celui de la Défense. Il est composé de personnalités modérées, hommes de loi, médecins ou professeurs. L'autorité du cabinet Tran Trong Kim s'étend sur l'Annam et le Tonkin, ce protectorat français étant rattaché à l'empire d'Annam à la fin avril 1945, et un délégué impérial, Phan Ke Toai, y est nommé. Si les premières mesures prises visent à bannir les symboles les plus visibles de la colonisation et ses principaux vecteurs – l'enseignement du français est supprimé dans les écoles primaires –, le nouveau gouvernement vietnamien tente de mettre en place une politique de réformes fiscales et administratives. Lorsqu'ils reprennent pied en Indochine à l'automne 1945, les responsables français, cherchant à relégitimer leur souveraineté perdue, stigmatisent les membres de ce gouvernement et sa politique, leur reprochant – ce qu'avait pressenti Diêm à l'époque – d'avoir collaboré avec les Japonais. Cette accusation se révèle pourtant sans réel fondement et c'est avec sincérité que le nouveau gouvernement se met au travail, tentant de s'affranchir de la tutelle nippone. Toutefois, comme le rapporte Philippe de Devillers, « toute l'action du cabinet Tran Trong Kim, engagée sous le signe de l'enthousiasme, se heurte à deux obstacles principaux : le manque de maturité politique du peuple, et l'hypothèque nippone ». Il remarque par ailleurs qu'à l'époque « bien peu de gens ont compris le sens de l'indépendance, les lourdes responsabilités qu'elle entraîne[29] » et s'attendent à la disparition de « *toute contrainte administrative* », à la suppression des impôts, des réquisitions, etc.

Les Japonais aux commandes

Les élites autochtones, de leur côté, s'aperçoivent rapidement que l'indépendance de leur pays tout comme leur autorité sont, dans les faits, limitées, et leurs actions contrôlées par les conseillers ou représentants japonais dans les différents territoires. Les Japonais, qui ont eu le loisir de voir fonctionner l'administration française et d'en mesurer l'efficacité, n'ont, dans le cadre de leur politique asiatique comme dans la conduite des opérations, aucune envie ni besoin de soutenir les grandes réformes menées à la hâte et susceptibles, de surcroît, de bouleverser les sociétés indochinoises qu'entendent entreprendre Tran Trong Kim et ses ministres. Pour Tokyo, le pragmatisme et la *realpolitik* priment toute autre considération. Le 14 mars 1945, la population vietnamienne apprend ainsi à la radio, par l'agence de presse *Domei*[30], que le système de gouvernance directe mis en place par les Français est maintenu. Il est précisé par ailleurs que l'administration en Indochine sera toujours exercée par un gouverneur général mais que le poste sera occupé par le commandant en chef des forces japonaise en Indochine, le général Tsuchihashi, assisté de Shunichi Matsumoto comme conseiller politique et diplomatique. Masayuki Yokoyama, quant à lui, est nommé conseiller suprême près la cour d'Annam. C'est en en fait, sous un autre nom et au profit d'un autre pays, le rétablissement du résident supérieur mis en place au temps de l'administration coloniale. Les fonctions de maires de Saigon et d'Hanoï, celle d'inspecteur général de la police et les principaux postes clés sont confiés à des Japonais. Dans les provinces du Tonkin autrefois administrées par des résidents français, le manque de cadres japonais fait toutefois que des mandarins se voient confier l'administration de ces régions. Il convient de souligner que seule l'absence de personnels nippons qualifiés est à l'origine de la nomination de Vietnamiens à ces postes, celle-ci ne résulte donc pas d'une politique délibérée de promotion des élites indochinoises. Ces mesures permettent en outre de donner de manière démagogique aux Vietnamiens l'illusion d'un partage du pouvoir.

La réunification des trois provinces du Vietnam – les trois *ky* –, qui doit compléter l'indépendance du Vietnam, est par ailleurs refusée[31]. Si la Cochinchine est, à l'instar du Tonkin, rattachée en droit au trône impérial, dans les faits il n'en est rien. Le poste de gouverneur de Cochinchine est confié à un consul, Yoshio Minoda, et les fonctionnaires français sont remplacés par des fonctionnaires japonais et annamites placés sous son autorité. La suppression de la langue française effective en Annam et au Tonkin n'est cependant pas appliquée partout en Cochinchine et Minoda exige le respect des lois françaises comme le maintien du français comme langue officielle. Ainsi, malgré le discours antifrançais et les propos haineux que distillent les services politiques du Mikado, il apparaît que, chez plusieurs hauts fonctionnaires nippons, les réalisations françaises en Indochine et l'ordre établi par l'administration coloniale sont regardés avec une certaine considération. Devillers cite le cas de l'ambassadeur Masayuki Yokoyama qui, le 25 avril 1945, déclare – pour les besoins de son auditoire : « Nous ne devons pas confondre un système politique avec les qualités inhérentes aux Français. Il y en a beaucoup parmi eux qui ont œuvré pour le bien de l'humanité. »

L'attribution du titre et des fonctions de gouverneur général au commandant suprême des forces armées nippones, l'abaissement de l'ambassadeur japonais au rôle de conseiller de Bao Dai confirment le caractère de dictature militaire que revêt la tutelle japonaise sur l'Indochine et dévoilent le véritable mobile de son action : l'organisation de la défense du territoire, une mission qui impose le maintien de l'ordre public. Pour cette raison, les mouvements populaires qui se déclenchent à la fin du mois de mars sont progressivement réprimés. Le 18 mars 1945, une première manifestation qui rassemble jeunes nationalistes et membres des sectes confessionnelles – entre 3 000 et 50 000 personnes selon les sources – a lieu dans les jardins de la ville de Saigon. On y arbore, pour la première fois semble-t-il, le drapeau jaune à bande rouge du Vietnam[32]. Le 24 mars, suite à une rumeur relayée la veille par haut-parleurs annonçant le massacre, en France, de 8 000 étudiants vietnamiens, des bandes munies d'armes blanches molestent les Français croisés dans la rue. La riposte japonaise est vive et la foule est dispersée sans ménagement, le sang coule. Suite à cette action vigoureuse et à la menace de voir les responsables des troubles – notamment ceux du *Dai Viêt* – sévèrement châtiés, Saigon retrouve un calme qui dure jusqu'à la reddition des troupes japonaises.

Dans les autres pays de l'Union indochinoise, l'accession à l'indépendance devient également effective, du moins dans les apparences. Au Cambodge, Norodom Sihanouk, après avoir dénoncé le protectorat français la veille, proclame le 13 mars l'indépendance du royaume du Kampuchéa. Il donne à l'issue, peut-être contraint et forcé, une grande réception en l'honneur des représentants japonais où il se félicite d'appartenir « à l'ère de coprospérité de la Grande Asie orientale ». Le gouvernement cambodgien du jeune roi subsiste sous le contrôle d'un résident supérieur japonais qui s'appuie en partie, à partir du mois de mai 1945, sur Son Ngoc Thanh, nommé ministre des Affaires étrangères. Ce dernier, après avoir poursuivi des études de droit en France, retourne au Cambodge au début des années 1930 où il devient l'un des plus influents militants de la cause indépendantiste. En 1942, il organise plusieurs manifestations à caractère nationaliste et est étroitement surveillé par la Sûreté générale. Un temps menacé par les Français, il quitte l'Indochine et se réfugie, l'année suivante au Japon. Sihanouk, bientôt suspecté de francophilie par les autorités japonaises, est donc étroitement encadré par Son Ngoc Thanh, qui, dans les faits, dirige les affaires cambodgiennes – il s'autoproclame même Premier ministre quelques jours avant la reddition japonaise d'août 1945 – jusqu'à son arrestation le 15 octobre 1945[33]. Contrairement à la Cochinchine, agitée par des mouvements antifrançais, le Cambodge reste calme durant cette période et « il n'y eut guère de brimades vis-à-vis des Français, peu de troubles, peu de pillages ».

Au Laos[34], le processus d'avènement de l'indépendance s'avère différent. Contrairement aux deux monarques, vietnamien et cambodgien, Sisavang Vong, roi de Luang Prabang, fidèle au protectorat français, refuse d'obéir aux injonctions japonaises. Sans abdiquer formellement, il se décharge des responsabilités royales sur son fils, le prince héritier Savang Vatthana, qui ordonne le 16 mars 1945 le soulèvement général contre l'occupant japonais. Grâce aux ordres donnés, les fonctionnaires laotiens soutiennent du mieux qu'ils le peuvent les troupes françaises dans leur repli. Le prince Bou Oum, seigneur de la région de Champassak[35], fournit ainsi une aide précieuse aux différents maquis qui se constituent au Laos au printemps et à l'été 1945. Toutefois, le 4 avril, les forces japonaises occupent la capitale royale, Luang Prabang, et, sous la contrainte, Sisavang Vong proclame l'indépendance et l'unité du royaume du Laos le 8 avril suivant. Le refus de l'occupation japonaise et la loyauté envers la France, la « nation protectrice », ne font toutefois pas l'unanimité au sein de la classe dirigeante et le Premier ministre Phetsarath Rattanavongsa[36] anticolonialiste – sans être antifrançais – entend s'appuyer sur la présence japonaise pour préparer le pays à l'indépendance effective. Un résident japonais s'installe auprès de la cour de Luang Prabang aux côtés duquel gouvernement et administration laotienne continuent de fonctionner. Les provinces du Bas Laos sont officiellement gérées directement par les Japonais, qui, dans la réalité, n'interviennent que très peu dans les structures administratives ou sociales existantes. Ils se contentent parfois d'arbitrer les conflits. Ainsi, dans les provinces annexées à la Thaïlande en 1941, la population se révèle très mécontente des exactions commises par les fonctionnaires, à tel point que les autorités nippones intercèdent pour limiter le nombre de tournées des gendarmes thaïs. D'une manière générale, un observateur français note que « le Japon attachant peu d'importance au pays ne chercha pas à l'administrer en détail ». Pour cette raison, peut-être, l'influence française demeure plus forte qu'ailleurs, les écoles françaises restent ouvertes et l'enseignement du français continue à être dispensé.

Au Vietnam, en revanche, l'enthousiasme montré au printemps 1945 pour les « libérateurs » fait long feu. Certes, la propagande antifrançaise développée par les services spécialisés japonais et traduite en vietnamien par des auxiliaires recrutés sur place, comme la destruction des symboles de la colonisation rencontrent un écho favorable auprès des populations, mais elles ne font pas oublier le comportement des troupes japonaises à l'égard des autochtones, regardés avec un mépris certain. Les nécessités opérationnelles et le racisme affiché par le nouvel occupant entraînent bientôt la détestation des Japonais, tout comme c'était le cas des Français quelque temps auparavant. En effet, les réquisitions forcées de main-d'œuvre vietnamienne, obligée de participer aux travaux défensifs, la mainmise du Mikado sur les denrées et notamment les stocks de riz provoquent le mécontentement des Vietnamiens et aggravent davantage, au Tonkin principalement, la famine qui existe depuis l'hiver précédent[37]. Cette situation transitoire prend toutefois fin brutalement : les 6 et 9 août 1945, le largage des bombes atomiques américaines sur les villes d'Hiroshima et de Nagasaki précipite la capitulation japonaise, effective le 15 août. La période qui s'ouvre alors au Vietnam est propice à l'entrée en lice d'un nouvel acteur qui attend son heure depuis longtemps : le Viêt-minh. Comme l'écrit à l'époque le major japonais Sei Igawa[38] : « Le Vietnam ne doit pas laisser passer une aussi bonne occasion pour acquérir l'indépendance. Il n'en retrouvera pas d'aussi bonne avant cent ans. »

La révolution d'août 1945, un nouvel acteur : le Viêt-minh

Les événements qui voient la montée en puissance du Viêt-minh puis sa prise du pouvoir à Hanoï dans la seconde quinzaine du mois d'août 1945 ont fait l'objet d'une abondante littérature, en langue française mais aussi anglaise. Les chercheurs américains, notamment, après le traumatisme de la guerre du Vietnam, ont tenté de comprendre les origines lointaines de l'échec américain et se sont particulièrement intéressés à la période révolutionnaire. Ces travaux ont nourri une vaste bibliographie, ouvrages et articles qui ont permis le renouvellement et l'enrichissement de l'historiographie relative au conflit indochinois. Parmi les auteurs, David Marr, historien américain, ou Stein Tønnesson, universitaire norvégien, peuvent être cités parmi d'autres. Une équipe de professeurs dépendant de l'université du Québec à Montréal est également à l'origine de travaux novateurs sur la question. Christopher Goscha a ainsi étudié la formation de l'État vietnamien, apparu très tôt selon lui, et offert des pistes et réflexions nouvelles sur la nature du Viêt-minh. La plupart de ces publications s'appuient sur de nombreuses sources vietnamiennes (et parfois chinoises) qui apportent un éclairage différent sur l'histoire du Vietnam comme sur celle de la guerre d'Indochine.

Au mois d'août 1945, les hommes qui s'apprêtent à s'emparer du pouvoir à Hanoï, s'ils ne sont pas des inconnus pour les agents japonais qui les traquent en raison de leur idéologie communiste, ni pour les membres de la Sûreté qui les ont longtemps surveillés et parfois internés, restent cependant largement ignorés de la grande masse de la population. Au Tonkin, la représentativité et l'influence du mouvement auquel ils appartiennent, le Viêt-minh, sont incontestablement plus faibles que celles d'autres partis nationalistes tels le VNQDD ou le *Viêt Nam Cach Menh Dong Minh Hoi*[39], couramment appelé *Dong Minh Hoi*. Celui-ci est une création chinoise mise sur pied en 1942 par Tchang Kaï-chek qui est censée fédérer (et donc contrôler) les principaux mouvements vietnamiens, dont celui du Viêt-minh. À partir du mois d'août 1945, le *Dong Minh Hoi* perd progressivement de son influence et se trouve bientôt réduit à n'être qu'un parti inféodé aux intérêts chinois. Le *Viêt Nam Doc Lap Dong Minh Hoi*[40], par contraction Viêt-minh, voit lui officiellement le jour le 19 mai 1941 dans les montagnes de la région de Cao Bang à l'initiative des anciens cadres du Parti communiste indochinois, et notamment du plus influent d'entre eux, Hô Chi Minh. À cette date, ce dernier est déjà fort d'un long passé de révolutionnaire et est bien identifié par les services français, même si certains en métropole semblent un peu se perdre en conjectures sur l'identité du leader communiste. La personnalité et le parcours de l'intéressé ont fait l'objet de plusieurs biographies dont celles de Jean Lacouture ou, plus récemment, de Pierre Brocheux, le lecteur pourra s'y référer.

Issu d'une famille mandarinale[41], Hô Chi Minh, qui s'appelle encore Nguyen That Thanh[42], quitte le Vietnam en 1911 et voyage, les années suivantes, en Angleterre, aux États-Unis ou encore en France[43]. C'est à Paris qu'il commence véritablement à s'intéresser aux thèses de Marx et de Lénine et à développer une activité militante au sein des mouvements socialistes de la Section française de l'Internationale ouvrière (SFIO). En 1919, il fonde l'Association des patriotes annamites qui entend rassembler tous les Vietnamiens exilés et c'est également l'époque où il prend le nom de Nguyen Ai Quoc (Nguyen Le Patriote), nom qu'il conserve jusqu'en 1942. À partir des années 1920, l'anticolonialisme et le patriotisme qui l'animent se nourrissent du communisme, une idéologie qu'il embrasse à la suite du congrès de Tours, en décembre 1920[44]. Ce ralliement a pour cause principale la promotion des peuples asiatiques et la volonté affichée du Komintern, qui, depuis Moscou, déclare vouloir promouvoir la libération et l'indépendance des pays sous domination coloniale. Comme le programme de la SFIO sur ces questions d'émancipation des peuples colonisés s'avère beaucoup trop timide aux yeux d'Hô Chi Minh, ce dernier choisit résolument de s'engager auprès des bolcheviques. Ainsi commence son activité au sein du PCF puis, plus tard, du PCI. Il s'engage alors pleinement dans ce mouvement, lit, publie des articles et prononce de nombreuses conférences pendant cette période[45]. Son activisme est repéré par la police et le jeune communiste vietnamien fait l'objet d'une surveillance serrée de la part des services de police. Plutôt que de risquer d'être arrêté et emprisonné, Hô Chi Minh quitte la France en juin 1923. Les années qui suivent le voient en Union soviétique et en Chine où il parfait son instruction politique et obéit aux instructions du Komintern avant de revenir au Vietnam au début du mois de février 1941, après trente ans d'absence. En juillet 1942, il prend le pseudonyme d'Hô Chi Minh – « Celui qui éclaire[46] », c'est la traduction littérale de son nom – et passe en Chine à la recherche d'appuis, notamment auprès des communistes chinois ; il est toutefois arrêté par les nationalistes et jeté en prison où il passe de longs mois.

Un débat – qui se poursuit encore – naît dès cette époque qui cherche à établir si Hô Chi Minh est un véritable communiste ou, au contraire, un patriote s'appuyant sur l'idéologie qu'il pense être la mieux à même de répondre aux buts qu'il s'est fixés : l'indépendance et l'unité du Vietnam. Nous n'entrerons pas dans la polémique, tout au juste pensons-nous que les deux états ne sont pas exclusifs l'un de l'autre. Proposant une vision nuancée du personnage, Jean Sainteny, qui est sans doute l'un des acteurs occidentaux qui a le mieux connu « l'oncle Hô » écrira que les « théories marxistes, auxquelles il était pourtant totalement gagné et dont il se faisait l'apôtre, ne l'avaient pas marqué au point de lui ôter tout sens critique. Pragmatique avant tout, Hô Chi Minh prit toujours soin d'adapter la doctrine aux réalités ». D'autres, en revanche, le tiennent pour un pur produit du communisme international, appliquant à la lettre l'enseignement et les méthodes appris dans les écoles de Moscou comme la guerre d'Indochine en fournit d'ailleurs maints exemples. Nationaliste, communiste, quelle que soit la nature profonde de l'homme, il n'en reste pas moins que l'approche politique d'Hô Chi Minh diffère de celle d'autres leaders communistes de l'époque, tel Kim Il-sung en Corée, et qu'il a donné au communisme vietnamien un visage qui lui est propre.

La vie mouvementée d'Hô Chi Minh, sa personnalité exceptionnelle et le charisme que tous ceux qui l'ont approché se plaisent à lui reconnaître entraînent l'adhésion d'un noyau de fidèles autour de sa personne, les mêmes qui vont l'accompagner les décennies suivantes : Truong Chinh, Pham Van Dong, Vo Nguyen Giap, etc. Ce sont ces hommes, tous habités de l'idéologie marxiste, qui participent à la création du Viêt-minh. Toutefois, le mouvement se veut à l'époque, en apparence du moins, un parti d'union qui entend rassembler dans un large front national des ouvriers et des paysans comme des grands propriétaires terriens et des bourgeois. Entre 1941 et 1945, le Viêt-minh se prépare à la révolution et Giap met sur pied les premières unités de guérilla. Inquiétés par les Japonais, fortement anticommunistes, et par les agents de la Sûreté, ses membres se cachent, vivant dans des conditions précaires en Chine ou dans la Haute région tonkinoise. Il est difficile de mesurer l'importance numérique du Viêt-minh quand commence l'année 1945. Quelques centaines d'hommes ? Quelques milliers ? Toujours est-il que son influence est modeste comparativement aux autres mouvements nationalistes plus ou moins soutenus par les Japonais. Au lendemain du 9 mars 1945, il est toujours un mouvement paria – du fait de son idéologie –, mais l'absence de ses représentants au sein du régime impérial sert ses intérêts. Anticipant la chute du Japon, il se tient prudemment à l'écart de l'agitation nationaliste qui secoue le Vietnam au printemps et, grâce à une propagande savamment orchestrée, se présente comme le parti de la résistance contre « le fascisme japonais », qu'il désigne alors comme l'ennemi numéro un. C'est là que le chemin du Viêt-minh croise celui des Américains qui deviennent, au moment le plus important peut-être pour le parti, un soutien important, sinon un allié bienveillant.

La place qu'occupe l'Indochine française dans la politique américaine comme les réflexions menées à Washington quant à son rôle futur évoluent au cours de la Seconde Guerre mondiale. Alors que jusqu'à la fin de l'année 1942, la ligne suivie par l'administration démocrate est celle d'une restauration de la souveraineté française sur l'ensemble de ses possessions d'avant guerre, l'idée se fait progressivement jour, dans l'esprit du président Roosevelt, d'une mise sous tutelle des pays de l'Union indochinoise, une fois le Japon vaincu. Cette tutelle, dont la forme n'est pas précisée, écarte dans les faits la France de ses droits. Malgré la vive opposition des Britanniques, qui se sentent également visés par cette politique d'émancipation des peuples colonisés, le principe d'un *trusteeship* sur l'Indochine est mis en place et défendu, à partir de 1943, par Roosevelt et son secrétaire d'État, Cordell Hull. Le 24 janvier 1944, le premier adresse d'ailleurs au second un aide-mémoire qui résume bien la position du président : « L'affaire d'Indochine est parfaitement claire. La France l'a exploitée à fond pendant cent ans. Les peuples d'Indochine ont droit à mieux que cela. » Roosevelt trouve d'ailleurs un écho favorable à ses propositions auprès de Staline et de Tchang Kaï-chek, ce dernier se voyant même « offrir » l'Indochine par les autorités américaines, au moins à deux occasions[47]. L'anticolonialisme de Roosevelt – qui se double d'une forme incontestable de francophobie – et qui n'est pas sans rappeler l'idéalisme affiché par le président Wilson au cours de la Première Guerre mondiale n'est pas exempt cependant d'arrière-pensées, au moins parmi ses proches conseillers, visant des buts moins nobles[48]. Avec l'arrivée de Truman au pouvoir, l'idée de la tutelle est abandonnée, notamment grâce à l'action de Churchill, mais le refus d'un retour au *statu quo ante* en Indochine à l'issue des hostilités semble initialement maintenu. Comme le déclare le nouveau président le jour même de la disparition de son prédécesseur, le 12 avril 1945 : « J'ai toujours été opposé au colonialisme ; quel que soit le prétexte invoqué pour le justifier à un stade quelconque de son évolution, il est odieux aux Américains sous toutes ses formes. » Joignant leurs actes à la parole, les Américains abandonnent les militaires français rescapés du coup de force japonais qui se retrouvent livrés à eux-mêmes dans les montagnes de la Haute région.

La disparition des réseaux de résistance français va finalement servir les intérêts du Viêt-minh, et ses membres se mettent bientôt à la disposition des Américains. À l'époque, ceux-ci interviennent principalement au Tonkin, à partir de la Chine, par le biais de quatre services : le *Joint Army-Navy Intelligence Service* (JANIS) qui est un organisme de renseignements militaire sensiblement équivalent au 2e bureau français, l'*Air-Ground-Air Service* (AGAS), une organisation chargée de récupérer les aviateurs alliés abattus en territoire ennemi, l'*Office of Strategic Services* (OSS), le bureau de renseignements stratégiques, et enfin, le plus important en terme d'effectifs par le nombre de cadres détachés auprès des états-majors des armées chinoises, le *United States Combat Section, Southern Command*. Si le rôle, nuisible pour les Français, de ce dernier office et de son chef, le général Gallagher, se manifeste surtout à partir du mois d'octobre 1945, les rapports entre l'OSS et le Viêt-minh au printemps et à l'été 1945, s'avèrent fondamentaux dans la mise en place et le déroulement de la révolution du mois d'août au Vietnam.

À la fin du mois d'avril précédent, le major Patti, qui dirige à Hanoï la section de l'OSS, rencontre Hô Chi Minh. Les liens qui se tissent à cette occasion entre les officiers américains et le Viêt-minh se confirment dans les mois qui suivent et, en échange de renseignements sur les troupes japonaises, de l'équipement et de l'armement – certes en quantité modeste – sont livrés aux « forces » viêt-minh. La sympathie éprouvée à l'égard d'Hô Chi Minh et de son mouvement par Patti et son équipe comme l'anticolonialisme des Américains ont pour conséquence une posture de passivité, voire parfois d'encouragement, malgré l'obligation de neutralité ordonnée par Truman face aux événements du mois d'août. Pour le Viêt-minh, l'absence de réactions hostiles de la part des Américains et le blanc-seing dont Hô Chi Minh bénéficie *de facto* facilitent grandement son accession au pouvoir. Celle-ci est très rapide et, en l'espace de quinze jours, le Viêt-minh contrôle au Tonkin l'essentiel du territoire. En Cochinchine, en revanche, où l'emprise communiste est plus faible, la situation s'avère plus compliquée pour les partisans viêt-minh.

Renseigné sur l'utilisation de l'arme atomique au-dessus des deux villes japonaises, conscient que la fin de la guerre est proche, Hô Chi Minh lance, le 10 août 1945, un mot d'ordre d'insurrection générale. Cette révolution n'est en rien le bain de sang que certains redoutent, même si des morts et des blessés sont à déplorer dans les jours qui suivent, notamment parmi la population française, qui se voit beaucoup molestée. Ngo Van Chieu est à Nam Dinh quand intervient la cessation des hostilités, il assiste à l'effervescence de la population et au chaos qu'a entraîné la disparition de toute autorité légale : « La ville est à feu et à sang. De tous côtés des hommes et des femmes se précipitent en criant. Les maisons des Français brûlent, et la villa du directeur de la Cotonnière est submergée par une masse de coolies. Soudain une vieille femme est jetée dehors, assommé de coups de bambous » – il s'agit d'une nourrice au service des Français et qui se voit accusée d'être une *« Viêt Gian »* – une traître –, une accusation dont nombre de Vietnamiens seront victimes au cours de la décennie qui va suivre. Hormis ces incidents, la prise du pouvoir se déroule méthodiquement et est facilitée, on l'a dit, par l'attitude des Américains, qui, assistant à de nombreux meetings semblent les cautionner. L'attitude des autorités japonaises, qui n'entravent à aucun moment les menées du Viêt-minh, constitue également un facteur essentiel. Les récents vaincus, oubliant le traitement qu'ils ont réservé jusque-là aux Vietnamiens, se révèlent désormais assez satisfaits de pouvoir promouvoir et appuyer un parti asiatique susceptible de gêner, le cas échéant, le rétablissement de la souveraineté française.

Le noyautage des services administratifs du gouvernement Tran Trong Kim et la propagande orchestrée par le Viêt-minh dans les semaines qui ont précédé favorisent également son arrivée et sa mainmise sur Hanoï. Le 17 août, lors d'une manifestation organisée à l'origine par les autorités de la cour de Huê, le Viêt-minh fait son apparition au grand jour dans la capitale du Nord et le drapeau rouge à étoile d'or commence à fleurir sur les artères de la ville puis, bientôt, sur celles des principales agglomérations du Tonkin. Mais c'est vraiment le lendemain, 18 août, trois jours après la capitulation japonaise, que le Viêt-minh fait étalage de sa force, réussissant souvent à « coiffer » les mouvements nationalistes concurrents. Face à l'élan populaire animé et encadré par les sympathisants du Viêt-minh, les représentants officiels de Bao Dai s'effacent et disparaissent les uns après les autres. Le Tonkin est en pleine effervescence et partout, comme en Corée à la même époque, fleurissent des comités populaires qui prennent en charge les affaires du pays. À Huê même, le Viêt-minh fait pression sur le souverain pour le contraindre à abdiquer. Le 17 août, Bao Dai fait une déclaration dans laquelle il proclame que « l'empereur se déclare toujours prêt à mettre les intérêts de son peuple au-dessus de son trône. Il invite donc les chefs du front du Vietnam à former un nouveau gouvernement ». Le 25 août suivant, à sa demande, il accueille deux représentants du nouveau pouvoir, Tran Huy Lieu et Cu Huy Can, et leur transmet officiellement le pouvoir. Bao Dai retrouve le nom qu'il portait avant son intronisation, Vinh Tuy, et devient comme simple citoyen le « conseiller suprême » du nouveau gouvernement provisoire : le gouvernement de la République démocratique du Vietnam (RDVN). En l'espace de quinze jours, la totalité du Tonkin et de l'Annam est passée sous l'emprise du Viêt-minh avec une facilité déconcertante.

En Cochinchine, en revanche, la puissance des mouvements nationalistes et leur assise populaire sont telles que le Viêt-minh doit composer avec eux. Il doit également faire face dans cette région à une plus grande opposition de la part des Japonais, qui s'appuient davantage sur les partis conservateurs. Après avoir organisé les premières manifestations dans le Sud, les 19 et 20 août, le Viêt-minh se voit obligé d'intégrer un Front national unifié créé quelques jours plus tôt, et qui regroupe les différentes factions nationalistes. C'est en son sein que ses partisans participent à la grande manifestation organisée à Saigon le 21 août 1945. Toutefois, grâce à Tran Van Giau, nommé chef d'un Comité exécutif provisoire, qui anime efficacement la propagande communiste en Cochinchine, le Viêt-minh tend vite à se différencier des autres organisations en axant son discours sur son intégrité, se présentant comme le seul mouvement n'ayant jamais collaboré ni avec les Français, ni avec les Japonais. Les communistes mettent par ailleurs en avant le soutien des Américains dont ils bénéficient au Tonkin. Ce dernier argument constitue l'un des thèmes récurrents de la propagande viêt-minh de l'époque, qui évoque notamment la vente par les États-Unis de centaines d'avions de guerre, de blindés et de navires au nouveau gouvernement. En définitive, au cours de la seconde quinzaine du mois d'août 1945, la parole viêt-minh est entendue et grâce à sa bonne organisation ses sympathisants parviennent à infiltrer le mouvement des Jeunesses d'avant-garde (JAG, en vietnamien *Thanh Nien Thien*

Phong), ce qui permet de grossir numériquement les effectifs de ses troupes. Les JAG sont mises sur pied avec le soutien du gouverneur de Cochinchine, Minoda, au mois d'avril 1945 et sont placées sous le commandement de Pham Ngoc Thach. Il s'agit d'un organisme qui a pour but l'encadrement de la jeunesse vietnamienne ; celle-ci reçoit une instruction politique, mais également sportive et militaire. Le 14 juillet est ainsi inaugurée l'École de la jeunesse d'avant-garde, berceau de l'armée viêt-minh dans le Sud du Vietnam. Toutefois, pour Ngo Van, militant trotskiste[49], il s'agit pour les nationalistes vietnamiens de développer un sorte « d'idéologie patriotarde » qui se situe entre les Komsomols staliniens et les Jeunesses hitlériennes ; d'ailleurs, à l'instar de ceux-ci, les JAG se déclinent par genre et un mouvement des femmes d'avant-garde, chargé de prendre en main la jeunesse féminine, voit bientôt le jour. Le ralliement des JAG et de leur chef, Pham Ngoc Thach, constitue un renfort important pour le Viêt-minh tout comme celui de la Fédération des fonctionnaires ou encore des sectes confessionnelles.

Cette prise de pouvoir par Tran Van Giau, leader énergique, est facilitée par l'élimination physique d'un certain nombre d'opposants aux communistes. Durant cette période, en effet, les « staliniens » du Viêt-minh s'emploient à éliminer la concurrence politique et se livrent à de nombreux assassinats. Ceux-ci visent tout d'abord les trotskistes dont des dizaines sont traqués et abattus, mais également les membres du Parti constitutionnaliste indochinois, dont le chef Bui Quang Chieu est assassiné. Dans l'entre-deux-guerres, ce parti, considéré comme modéré, a privilégié une émancipation progressive des populations indochinoises de la tutelle française. Il a développé une action politique qui entendait promouvoir les élites locales et leur conférer une plus grande représentation dans les instances administratives – principalement en Cochinchine ; Bui Quang Chieu, ingénieur agricole, était lui-même parfaitement intégré à la société coloniale. D'un point de vue économique, il s'agissait d'accorder une plus grande place aux entrepreneurs et hommes d'affaires vietnamiens. Dans cette perspective, le nationalisme économique défendu par ses dirigeants allait de pair avec leur anticommunisme. Même si l'influence du « Constitutionnalisme » reste limitée, le mouvement constitue une menace pour le Viêt-minh. Les adeptes de la secte Hoa Hao, qui ont soutenu les Japonais en leur temps, et jaloux de leur autonomie, sont eux aussi, les victimes de la répression. Par ailleurs, les violences s'exercent également à l'encontre des Français, qui, plus qu'au Tonkin, sont victimes de la fureur populaire. Ainsi, le 2 septembre au matin, commence une importante manifestation comprenant les représentants des services publics mais aussi ceux des différents mouvements de jeunesse. Dans l'après-midi, cependant, la situation se détériore : des coups de feu éclatent, que l'on attribue à des éléments français provocateurs. Ce qui n'aurait pu être qu'un incident localisé dégénère et sonne le signal d'une chasse aux Européens. Le père Tricoire est assassiné sur le parvis de la cathédrale de Saigon et l'on dénombre une dizaine de tués et plusieurs dizaines de blessés. Une centaine de maisons sont pillées, des édifices publics saccagés[50] et des dizaines de Français sont arrêtés arbitrairement et jetés en prison. On doit cependant à l'intervention des prisonniers hollandais et britanniques, libérés dans la journée par les Japonais et qui s'interposent entre Vietnamiens et Français, le fait que le bilan ne s'alourdisse davantage.

Au Tonkin, ce même 2 septembre 1945, le Viêt-minh parachève son processus de prise du pouvoir et Hô Chi Minh, chef du gouvernement provisoire de la RDVN, proclame officiellement, après avoir rappelé les maux de la colonisation et le droit à la liberté des peuples, l'indépendance de son pays. Le reste du mois de septembre est marqué par la consolidation de son pouvoir par le Viêt-minh. Le travail de propagande rudimentaire que ses services entreprennent, conformément aux méthodes d'action psychologique utilisées par les marxistes, contribue à la prise en main des masses populaires. Les histoires les plus invraisemblables circulent qui confortent les Vietnamiens dans la croyance en la valeur et la force du nouveau pouvoir, Jean Sainteny en livre quelques-unes dans son *Histoire d'une paix manquée* : « On apprendra [...] dans les mois d'août et de septembre 1945, que les avions américains qui survolent Hanoï depuis la capitulation japonaise sont les propres appareils de la jeune aviation du Viêt-minh, basée sur des aérodromes secrets de la Haute région. La preuve en est d'ailleurs inscrite sur les ailes de ces avions, puisque la population peut y distinguer l'étoile qui figure sur le nouveau drapeau rouge du Vietnam ! » Si au mois de septembre 1945, le Viêt-minh, sorti de l'ombre quelques semaines auparavant, a réussi à prendre le pouvoir, évinçant ses principaux rivaux, son avenir semble à cette date encore bien fragile et se voit menacé par l'introduction, dans l'imbroglio indochinois, de deux nouveaux acteurs : les Chinois et les Britanniques. Conformément aux accords de Potsdam (17 juillet-2 août 1945)[51], signés quelque temps auparavant, les premiers sont chargés d'assurer le désarmement et l'internement des forces japonaises au nord d'une ligne fixée au 16e parallèle, les second, au sud de cette démarcation[52]. À cette date, c'est toutefois l'arrivée des représentants de la Grande-Bretagne qui inquiète le plus les dirigeants de la RDVN.

Il revient aux forces britanniques du *South East Asia Command* (SEAC)[53] de remplir la mission de désarmer les troupes nippones en deçà du 16e parallèle. Concrètement, les Britanniques se voient confier la responsabilité d'une partie du Laos et de l'Annam et de la totalité du Cambodge et de la Cochinchine. Les premières formations de la 20e division d'infanterie[54], une grande unité relevant de l'armée des Indes et placée sous le commandement du général Douglas Gracey, commencent donc à débarquer à partir du 8 septembre 1945, date à laquelle le Viêt-minh a déjà considérablement affermi sa position dans le Sud. Il ne s'agit cependant que d'éléments précurseurs : une poignée d'hommes chargés de la mise en place de la Commission de contrôle alliée (CCA) et du personnel appartenant au Comité de libération des internés et prisonniers de guerre alliés, le *Recovery of Allied Prisoners of War and Internees* (RAPWI) ; ce qui explique la présence d'une équipe médicale. La lenteur de l'arrivée de la 80e brigade d'infanterie[55] en Cochinchine connaît deux raisons. Tout d'abord l'insuffisance des moyens de transport aériens comme de *shipping* impose l'arrivée progressive des bataillons formés d'Indiens et de Gurkha[56] encadrés par des officiers britanniques. Aussi, jusqu'à la fin du mois de septembre, la 80e brigade, tout juste forte de 1 800 combattants, est seule pour assurer les nombreuses missions qui lui sont confiées[57]. La seconde raison qui explique le retard pris par les Britanniques est l'ordre formel donné par MacArthur, commandant suprême des forces alliées, d'attendre la cérémonie officielle de reddition du 2 septembre avant que les puissances – occidentales pour la plupart – n'interviennent dans les territoires contrôlés par le Japon. D'ici cette date, en vertu de l'ordre général n° 1 établi par le Comité des chefs d'état-major américains (*Joint Chiefs of Staff* – JCS) et approuvé par le président Truman, les troupes japonaises restent responsables de la loi et de l'ordre jusqu'à leur relève par les troupes alliées partout où elles se trouvent. Au Vietnam, cette décision permet aux mouvements nationalistes et communistes de renforcer leur emprise sur la société, encouragés par les services politiques de l'armée japonaise, hostiles aux Occidentaux[58]. Le mois qui sépare la capitulation japonaise de l'arrivée des premières troupes britanniques s'avère donc particulièrement préjudiciable aux intérêts et au bon rétablissement de la France dans le Sud de l'Indochine.

Le 13 septembre 1945, le général Gracey atterrit à Saigon accompagné des premiers officiers de la CCA, organisme qui atteint, au plus fort de son mandat, près de 550 membres. Gracey est en réalité placé à la tête de deux organisations distinctes. Comme chef de la CCA, il est chargé de prendre le commandement du quartier général de l'armée japonaise du Sud et de superviser sa reddition effective, de contrôler les communications japonaises, d'apporter toute l'aide possible aux ex-prisonniers de guerre et internés civils alliés mais également de maintenir la liaison avec les autorités françaises, rendant compte de son action à Lord Mountbatten, chef du commandement suprême des forces alliées dans le Sud-Est asiatique (*South East Asia Command* – SEAC)[59]. Le second commandement du général Gracey concerne ses responsabilités comme chef des forces alliées en Indochine (*Allied Land Forces Indo China* – ALFIC), un organisme de commandement dépendant du commandent des forces alliées de l'Asie du Sud-Est (*Allied Land Forces South East Asia* – ALFSEA)[60], aux ordres du général Slim, officier qui est d'ailleurs à l'origine de la nomination de Gracey en Indochine pour avoir apprécié ses talents à la tête de la 20e division d'infanterie dans la campagne de Birmanie. Dans le cadre de ses fonctions d'ALFIC, Gracey a pour tâche de désarmer et de concentrer les troupes japonaises, de procéder aux rapatriements des prisonniers de guerre et internés, de rétablir l'ordre et la sécurité et de contribuer, enfin, à la mise en place d'une administration civile. Il est soumis, à l'égard des Vietnamiens comme des Français dont l'activité recommence à se manifester en Cochinchine, à une obligation de neutralité. Pourtant, très tôt les initiatives qu'il prend et qui, en définitive, entrent parfaitement dans les vues de la politique extérieure de la Grande-Bretagne en Extrême-Orient favorisent le retour de la France dans sa colonie. Celui-ci est, à cette date, imminent. Depuis la capitulation du Japon, en effet, la donne a considérablement changé en Extrême-Orient : la proclamation de l'indépendance du Vietnam par Hô Chi Minh et l'intervention de deux puissances extérieures dans la péninsule indochinoise appellent une réponse avant que la position de la France ne se trouve définitivement compromise. La seule possibilité pour le général de Gaulle d'espérer restaurer la souveraineté française est donc de reprendre pied en Indochine le plus rapidement possible en suivant, si possible, le conseil donné par MacArthur au général Leclerc le 2 septembre 1945[61] : « *Bring troops, more troops, as many as you can* ».

Chapitre III

Entre négociations et opérations : la guerre larvée

> « S'il faut nous battre, nous nous battrons [...]. Vous nous tuerez dix hommes, mais nous vous en tuerons un, et c'est vous qui finirez par vous lasser. »
>
> Déclaration d'Hô Chi Minh
> le 14 septembre 1946,
> cité par Jean Sainteny,
> *Histoire d'une paix manquée.*

De Gaulle et l'Indochine

La politique indochinoise du général de Gaulle, traitée abondamment par Frédéric Turpin dans son ouvrage[1], est marquée par une double impréparation, politique et militaire. Elle se met progressivement en place à partir de 1943. Le 8 décembre de cette année-là, dans une déclaration gouvernementale relative à l'Indochine, le CFLN livre une première vision des relations que la France entend entretenir, une fois la guerre terminée, avec les pays de l'Union indochinoise. La ligne définie à l'époque est de promouvoir le changement des rapports entre la métropole et ses possessions extrême-orientales. Le sort de l'Indochine et de ses cinq territoires reste abordé de manière assez vague, mais les responsables français se prononcent sans détour pour une évolution du statut politique en vigueur avant 1940. La libéralisation des institutions semble, en outre, envisagée favorablement par le nouveau pouvoir. Les mesures projetées qui intéressent le droit des populations font l'objet d'une avancée certaine comparativement à la situation existant avant guerre ; il est en effet prévu que les autochtones aient désormais « accès à tous les emplois et fonctions de l'État » tandis qu'est reconnue également « la faculté pour tout Annamite d'accéder aux emplois de l'administration indochinoise, sur un pied d'égalité avec les Français ». Lors de la conférence de Brazzaville, qui se tient du 30 janvier au 8 février 1944, et dont le but est de déterminer le rôle et l'avenir des colonies françaises dans leur ensemble – et notamment les colonies africaines –, les déclarations des représentants français s'inscrivent dans ce discours réformateur dont l'application doit permettre à l'empire d'emprunter « la route des temps nouveaux », ainsi que le déclare le général de Gaulle.

En effet, les propositions novatrices qui sont alors rendues publiques reposent sur des transformations importantes dans les domaines économique, administratif, sociétal ou culturel, des propositions qui apparaissent de nature à susciter l'espoir de plus grands changements. Toutefois, la position adoptée par la France n'apparaît pas différente de celle contenue dans la déclaration du 8 décembre 1943 sur l'Indochine : elle ne laisse pas d'avenir à ces colonies et à leurs habitants hors du cadre de la France et de son empire. Le CFLN n'entend pas, en Extrême-Orient comme ailleurs, remettre en cause la question impériale et ni l'indépendance, ni même l'autonomie des peuples colonisés ne constituent une base de départ à d'éventuelles discussions. En ce sens, alors que chez une partie des populations autochtones l'aspiration à l'indépendance, qu'accompagne chez certains l'idée d'un « partenariat privilégié » avec la France, est au cœur des revendications, pour le général de Gaulle et les hommes qui l'entourent, la décolonisation n'est pas à l'ordre du jour. La politique « libérale » qu'entend mettre en place le gouvernement dans certains domaines apparaît donc, durant cette période, davantage dictée par la volonté démagogique de donner des gages aux Américains et, dans une moindre mesure, aux élites locales dont la France aura besoin une fois la libération de ses colonies effective que par celui d'un changement des mentalités, né de considérations humanistes et progressistes.

Au début de l'année 1945, la détérioration de la position militaire des Japonais en Extrême-Orient place l'Indochine au cœur des préoccupations du général de Gaulle. Les départements et protectorats d'Afrique du Nord ont été libérés, la métropole est en passe de l'être, mais, comme le proclame une affiche de propagande de l'époque : « Il manque l'Indochine à l'Empire. » Le 21 février 1945, afin d'assurer la cohérence de la politique indochinoise est créé le Comité interministériel de l'Indochine (Cominindo) – organisme qui succède au Comité d'action pour l'Indochine ; cette décision annonce la volonté gaullienne de suivre de près les questions d'Extrême-Orient. Le chef du CFLN prend lui-même la direction de cette instance – alors qu'il était absent du Comité d'action – qui a pour tâche de préparer la libération des pays de l'Union et la restauration de la souveraineté française. C'est sur ces entrefaites que survient le coup de force japonais du 9 mars. Les espoirs que nourrit le général de Gaulle de voir la résistance française s'ancrer solidement dans certaines régions du Tonkin se trouvent vite déçus, aussi, dans une certaine improvisation et afin de sauver ce qui peut l'être encore, le GPRF fait porter son action dans deux directions : l'une politique, l'autre militaire.

La proclamation de l'indépendance et de l'unité des pays d'Indochine place en effet le gouvernement français dans une situation délicate qui l'oblige à réagir dans l'urgence et à accélérer la publication du texte qui doit régir le statut futur des pays de l'Union et leurs rapports avec la France. Dans les faits, la préparation de ces mesures politiques fait l'objet d'études depuis plusieurs mois déjà ; l'évolution de la situation depuis le 8 décembre 1943 et la défaite à court terme du Japon imposent d'éclairer rapidement les populations d'Indochine sur le programme que la France souhaite mettre en œuvre. La déclaration faite le 24 mars 1945, élaborée par un groupe de Français libres de la première heure[2], constitue donc la réponse du général de Gaulle aux indépendances accordées par les Japonais, et doit être de nature à rassurer les élites indochinoises sur les bonnes dispositions de Paris. Elle débute cependant de manière équivoque : « Le gouvernement de la République a toujours considéré que l'Indochine était appelée à tenir une place particulière dans l'organisation de la communauté française et à y jouir d'une liberté adéquate à son degré d'évolution et à ses capacités », une phrase qui, d'emblée, limite la notion de « liberté » qu'elle entend promouvoir. Le texte, après avoir salué la participation des « peuples de l'Indochine » à la lutte contre le Japon, promet ensuite, au nom de ce combat commun, de redéfinir la *« place »* des pays qui composent l'Indochine française. Une fois celle-ci libérée, la France entend mettre sur pied une Fédération indochinoise qui « formera avec la France et avec les autres parties de la communauté une "Union française" », dont les intérêts à l'extérieur, précise bien la déclaration, seront représentés par la France. « L'Indochine jouira, au sein de cette Union, d'une liberté propre. » D'indépendance, il n'est donc pas question. Une absence qui se veut toutefois compensée par une offre d'égalité de droits pour les ressortissants autochtones. Ces derniers, à la fois citoyens indochinois et citoyens de l'Union française, « sans discrimination de race, de religion ou d'origine et à égalité de mérites [...] auront accès à tous les postes et emplois fédéraux », en Indochine mais aussi dans l'Union. Quant à l'administration des territoires, elle sera assurée par un gouvernement fédéral composé de ministres issus aussi bien des élites indochinoises que des Français d'Indochine. Dans les domaines militaire, économique, social ou encore culturel, autonomie et liberté seront concédées aux pays de la Fédération indochinoise « dans le cadre de l'Union française ».

En réalité, la déclaration du 24 mars 1945 ne satisfait personne. Trop libérale pour les tenants d'un retour à l'administration coloniale d'avant-guerre, elle est mal définie pour les réalistes qui entrevoient déjà les difficultés à venir au moment d'en appliquer les principes. « Que d'ambiguïté !, rappelle par ailleurs le professeur Jacques Valette. On se proposait de maintenir l'ensemble territorial indochinois fragmenté en cinq États autonomes (dont trois de peuples vietnamiens), de conserver l'emprise de la France par une Fédération centralisée autour d'un haut-commissaire animant des services communs, et surtout, d'amarrer le pays à une Union française dont on ignorait tout. » De fait, le projet proposé par la France s'avère bien en deçà de ce qu'attendent les nationalistes vietnamiens dont les deux mots d'ordre restent, quelle que soit leur appartenance politique, l'indépendance et l'unité. « Venant après la proclamation de l'indépendance par Bao Dai, écrira Philippe Devillers, la déclaration du 24 mars devait en tout cas apparaître inévitablement comme un acte dicté avant tout par l'opportunité et de plus, politiquement dépassé. Le retard n'était pas de quelques semaines, il était de quinze ans. » Ainsi, les aspirations à l'indépendance et les espoirs entretenus chez une partie des populations autochtones se trouvent-ils déçus par un texte de principe dans lequel les sociétés traditionnelles cambodgienne, laotienne et vietnamienne ne peuvent s'épanouir hors du double cadre de la Fédération indochinoise et de l'Union française. Malgré tout, c'est bien cette déclaration du 24 mars qui sert de fil conducteur à la politique du général de Gaulle puis, après son départ, à celle de la IVe République.

En définitive, les mesures proposées par l'équipe du Général entérinent toujours le principe de la supériorité de l'homme blanc. Ce sentiment est d'ailleurs largement partagé à l'époque par une partie des Européens et des troupes qui s'apprêtent à combattre en Extrême-Orient. Le point de vue du capitaine Severyns, chef de la section des études des forces expéditionnaires d'Extrême-Orient, est intéressant à ce titre. Il montre, à un autre niveau de responsabilité, une réalité qui fait écho à la déclaration du 24 mars. Dans le rapport qu'il remet à l'été à sa hiérarchie, cet officier tente, après avoir rappelé la situation en Indochine, de dresser un portait-type du « Vietnamien » qui témoigne bien des préjugés raciaux existant à l'époque. L'individu, écrit-il, « est essentiellement orgueilleux et fanfaron. Il est également crâneur, même devant la mort, et cependant timoré. Très égoïste, son intérêt personnel prime toute autre considération : c'est sans doute pour cela qu'il est ingrat et jaloux ». Le reste du texte continue dans une veine similaire : quand les Vietnamiens « se regroupent, il se forme alors une masse ignorante et par suite d'une crédulité démesurée. Elle est impulsive et impressionnable ; craintive, elle suit le chef par terreur mais sans discipline, ni esprit d'équipe ». Le compte rendu est également fortement marqué par la volonté de minimiser la vigueur du sentiment national qui prévaut alors au sein des populations autochtones. Quant aux membres des mouvements subversifs qui ont pris le pouvoir au Vietnam au mois d'août, nationalistes ou communistes, ils sont décrits comme des intellectuels, des ratés, des miséreux, des pillards et des pirates, une analyse curieuse et qui peut susciter quelques interrogations quant à la compétence de cet officier placé à la tête d'un organisme de renseignements.

Quoi qu'il en soit, parallèlement à la proclamation du 24 mars 1945, qui méconnaît ou sous-estime les réalités indochinoises, le gouvernement français persiste à faire valider auprès de son homologue américain l'idée d'une participation de son armée aux opérations menées par les Alliés en Asie. Durant cette période, le général Blaizot confirme à diverses reprises les craintes de Paris, qui redoute que l'arrêt des hostilités en Extrême-Orient et la libération de l'Indochine ne s'accomplissent en dehors des Français, « notre prestige, sinon notre cause, écrit-il, seront irrémédiablement compromis si nous ne sommes pas à pied d'œuvre ». La question d'une collaboration française à l'effort allié dans le Pacifique, en discussion depuis l'année précédente, se heurte en fait à la mauvaise volonté des Américains, sinon à leur franche hostilité. Ces derniers, sans refuser ouvertement la proposition française, retardent leur décision. Au mois de mai 1945, le général Juin, envoyé aux États-Unis, est ainsi avisé que si le concours de quatre divisions françaises est accepté dans son principe par l'administration Truman, celui-ci ne doit avoir lieu que « plus tard ».

Le général Blaizot plaide donc, le 4 juillet 1945, auprès du chef d'état-major de la Défense nationale l'envoi des quatre divisions. Deux seraient mises à disposition des Américains et utilisées sur le théâtre d'opérations de leur choix, les deux autres devant être employées en Indochine. Arguant de la difficulté de réunir les « troupes blanches » nécessaires, il propose de constituer deux grandes unités formées de soldats nord-africains « qui ont déjà fait leurs preuves en Italie auprès des Américains et que ceux-ci, semble-t-il, accueilleraient favorablement ». Les forces destinées à l'Indochine comprendraient, elles, deux divisions mixtes composées de Français et de Sénégalais[3] (*sic*), les Britanniques fournissant deux autres divisions[4]. Au 18 juillet 1945, les Français estiment pouvoir envoyer combattre auprès des Anglo-Américains environ 66 000 hommes[5]. En ce qui concerne les forces navales, outre le *Richelieu* et le croiseur léger *Le Triomphant*, qui opèrent déjà à cette date dans les eaux du Pacifique, la marine est susceptible de rassembler – non sans difficulté – des bâtiments de moindre tonnage, dont certains prêtés par la Grande-Bretagne. Au final, « la participation navale française pourra être considérée comme très satisfaisante ». La situation apparaît moins encourageante cependant dans le domaine des forces aériennes, largement tributaires de la fourniture d'appareils par les Alliés, fourniture faisant toujours l'objet, à l'été 1945, de négociations.

Mais alors qu'à Paris les états-majors se livrent à de savants montages pour tenter de réunir les effectifs nécessaires, le gouvernement apprend, le 19 juillet 1945, que faute de tonnage suffisant pour les transporter, l'introduction de troupes françaises destinées au théâtre d'opérations du Pacifique placées sous commandement américain est désormais remise à une date lointaine, fixée, au plus tôt, au printemps 1946…

Retour à Saigon

La capitulation du Japon, connue à Paris le 14 août grâce à une indiscrétion de l'ambassadeur américain, enterre les derniers espoirs de bénéficier du concours américain pour revenir en Indochine. La fin des hostilités a en effet pour conséquence l'interruption de l'aide militaire américaine, une mesure destinée en partie à éviter que les Français ne se servent du matériel fourni pour leur projet de « reconquête » de l'Indochine[6]. Car comme l'exprime une note émanant du Comité interministériel de l'Indochine à la mi-juillet 1945, « en dépouillant de mot de tout ce qu'il a de péjoratif, c'est bien d'une reconquête qu'il s'agit ». Le capitaine de frégate Barrière, membre de ce même comité, ajoute que « les conditions de notre éviction ont singulièrement amoindri notre prestige [aussi], si nous nous manifestons en force suffisante et avec de sûres intentions, nous pouvons effacer l'impression désastreuse d'un récent passé. Dans le cas contraire, c'est l'aventure ». La France ne peut désormais compter que sur ses seules forces. Il s'agit donc d'envoyer au plus vite des troupes sur place et de nommer des responsables. Le 14 août 1945, l'amiral Georges Thierry d'Argenlieu, fidèle parmi les fidèles du général de Gaulle (c'est d'ailleurs pour cette raison qu'il est appelé), est désigné haut-commissaire de France en Indochine[7]. Thierry d'Argenlieu, en réalité, a accepté le poste le 8 août précédent à la condition de ne pas se voir attribuer le titre de « gouverneur général », symbolisant par trop le régime colonial ancien, alors que celui de haut-commissaire a l'avantage de signifier une relation directe avec le chef du gouvernement. Le 16 août, c'est au tour du général Leclerc, malgré son peu d'enthousiasme initial (il aurait préféré un poste au Maroc), d'être officiellement nommé commandant supérieur des troupes françaises[8]. Pour prévenir tout conflit d'autorité et contrairement à ce que certains ouvrages avancent[9], la fonction de commandant en chef a également été attribuée à l'amiral Thierry d'Argenlieu par le général de Gaulle. Il existe donc une double subordination civile et militaire entre les deux officiers généraux, car, pour pouvoir actionner certains moyens, de la marine de guerre par exemple, Leclerc doit recevoir l'autorisation de l'amiral. Cette situation provoque le mécontentement du premier, qui souffre de voir ses prérogatives limitées par une autorité supérieure. Au début du mois de septembre 1945, il s'en ouvre au haut-commissaire : « Pendant de nombreuses semaines, c'est moi-même qui vais supporter le poids principal des responsabilités. Il est donc indispensable que je dispose de pouvoirs adaptés. »

Disons-le d'emblée, si les deux hommes ont en commun une naissance aristocratique et une même foi, tout, dans leur carrière comme dans leur personnalité, les oppose. Le général Leclerc, né Philippe de Hauteclocque, entre à l'École spéciale militaire en 1922 et choisit à sa sortie l'arme de la cavalerie. Officier brillant, breveté de l'École de guerre, il est capitaine quand commence la campagne de France. Affecté à l'état-major de la 4e division d'infanterie (4e DI) en 1940, il refuse l'armistice et rejoint la France libre ; il prend à cette occasion le pseudonyme sous lequel il devient célèbre. Envoyé par de Gaulle en Afrique-Équatoriale française, il rallie le Cameroun, le Gabon et le Tchad : ces événements marquent le début de son épopée. À l'été 1945, alors général, il se voit confier le commandement de la 2e division blindée (2e DB), c'est avec elle qu'il prend part aux campagnes de la Libération et d'Allemagne. L'amiral d'Argenlieu, lui, est plus âgé que son subordonné. Il entre à l'École navale en 1906 et participe aux opérations de la Première Guerre mondiale. À l'issue, sa vocation religieuse, manifestée officiellement en 1915, se confirme et, à partir de 1920, il entre en religion sous le nom de père Louis de la Trinité. Après avoir suivi des études théologiques, Thierry d'Argenlieu intègre finalement l'ordre des Carmes. Mobilisé en 1939, il fait le choix, lui aussi, de rejoindre la France libre après la défaite et il est nommé en 1941 haut-commissaire de France pour le Pacifique, avant de se voir confier, les années suivantes, différentes fonctions politiques. L'historiographie indochinoise relative à la période 1945-1946 s'est construite en grande partie sur l'opposition de ces deux figures. Alors que le général Leclerc est présenté comme un libéral, plutôt pragmatique et proche de ses soldats, l'amiral, lui, est décrit comme un homme du passé – « L'esprit le plus brillant du XIIe siècle » laisse entendre une boutade qui circule à l'époque. Stein Tønnesson évoque lui « ses manières d'aristocrate, ses discours pompeux, sa rigidité innée [*sic*] ». L'anticléricalisme qui prévaut dans certains milieux politiques et les attaques dont il fait l'objet, notamment de la part des communistes, contribuent à forger cette image. Pour beaucoup, son obstination et ses manœuvres politiques seraient responsables du déclenchement de la guerre d'Indochine tandis que le tandem Leclerc-Sainteny, privilégiant la négociation et la volonté d'apaisement, aurait en revanche tenté de trouver une solution aux divergences de vues entre Français et Viêt-minh.

Ces représentations, largement manichéennes et qui peuvent faciliter éventuellement une écriture partisane de l'histoire, doivent toutefois être nuancées. Le but n'est pas, ici, de réhabiliter l'action du haut-commissaire, mais de replacer son action dans le contexte de l'époque et en regard des responsabilités de chacun. La récente thèse de Thomas Vaisset sur Thierry d'Argenlieu constitue un travail particulièrement novateur sur le sujet[10]. En premier lieu, il s'agit de revenir aux fonctions des deux protagonistes. L'amiral est haut-commissaire et commandant en chef, à ce titre, il lui revient d'appliquer la politique définie par le gouvernement. Il est donc soumis, davantage que le général Leclerc, aux contraintes et impératifs qui sont propres au chef. Cette politique est fixée par le cadre que constitue la déclaration du 24 mars, déclaration qu'il entend mettre en œuvre sous les ordres du général de Gaulle et continue à appliquer après le départ de celui-ci (dans l'espoir de son retour prochain). C'est elle qui guide son action jusqu'à son éviction, au mois de janvier 1947. Il n'existe donc pas de « politique personnelle » du haut-commissaire, celle qu'il mène est conforme à la mission donnée. Certes, certaines initiatives – notamment à l'été 1946 – comme son intransigeance ou encore son aspect « hautain et distant » contribuent à nourrir un procès à charge, mais il reste que la politique conduite par Thierry d'Argenlieu en Indochine, et qu'il se voit reprocher, est celle de la France. Par ailleurs est souvent oubliée l'idée de la « formule nouvelle » qu'il soumet au général de Gaulle dans un mémorandum adressé à la fin du mois de décembre 1945. Celle-ci prendrait en compte le principe de l'indépendance du Vietnam et la mise en place « d'une personnalité annamite » susceptible de rallier les populations. Finalement, le départ du général de Gaulle rend cette proposition caduque. Quant au général Leclerc, malgré ses qualités, au poste qui est le sien, il est lui est beaucoup plus aisé de faire entendre sa liberté de parole et de critiquer son supérieur, dont il n'acceptera jamais vraiment la subordination. Affirmer qu'à la place de Thierry d'Argenlieu, le général Leclerc aurait mené une politique radicalement différente est malaisé puisqu'en définitive il n'existe pas réellement de désaccord entre les deux hommes quant au fond.

À la mi-août 1945, le haut-commissaire et le commandant supérieur des troupes nouvellement nommés sont donc dépêchés en Extrême-Orient. Toutefois, leur arrivée en Indochine est conditionnée à celle du corps expéditionnaire, or, à cette date, faute de *shipping* suffisant d'une part, et d'autre part des ordres formels donnés par MacArthur de ne rien entreprendre jusqu'à la reddition officielle des Japonais, l'envoi des unités est retardé. Pour cette raison, la destination des représentants français est Kandy où le corps expéditionnaire a d'ailleurs installé son état-major. Leclerc atterrit en Inde le 22 août où il prend connaissance des décisions prises à Potsdam de « couper » l'Indochine en deux ; plus que jamais il devient nécessaire de hâter l'arrivée du corps expéditionnaire. Au cours des trois premières semaines passées en Extrême-Orient, Leclerc se démène auprès de Mountbatten pour obtenir de l'aide et, en premier lieu, des navires de transport, une démarche qui ne rencontre pas de réels succès malgré la compréhension, voire la sympathie dont font montre les Britanniques. Il effectue par ailleurs deux déplacements dans le cadre des obligations internationales de la France à l'égard de ses alliés[11]. De son côté, l'amiral Thierry d'Argenlieu parvient en Inde le 8 septembre et séjourne à Kandy avant de gagner Chandernagor[12], terre française – où il reste jusqu'au 30 octobre 1945 –, laissant à Leclerc le soin de mener les premières négociations. Dans le même temps, la DGER s'emploie elle aussi à préparer le retour de la France. À compter du 13 août, elle parachute en Indochine des agents et représentants du gouvernement qui ont pour mission de prendre contact avec les maquis français établis au Laos suite au coup de force. Ils doivent également acquérir le maximum de renseignements sur la situation pour informer au mieux les autorités du GPRF et tenter de rétablir les droits de la France partout où cela sera possible. Pierre Messmer, nommé commissaire de la République au Tonkin et Jean Cédile, nanti des mêmes fonctions en Cochinchine, font partie de ces hommes. Le premier est capturé par le Viêt-minh – comme la plupart des hommes parachutés (quand ils ne sont pas tués) –, et c'est finalement Jean Sainteny[13], chef de la mission militaire française à Kunming (Mission 5), qui le remplace et atterrit à Hanoï le 22 août 1945. Là, pris entre les Chinois, les Américains et le Viêt-minh, il s'essaie difficilement à faire entendre la voix de son gouvernement mais réussi malgré tout à nouer le dialogue avec les représentants viêt-minh dont le futur général Giap, alors membre du Comité de libération. Quant à Cédile, s'il parvient bien à Saigon le 24 août et à rencontrer les délégués du Viêt-minh trois jours plus tard, il reste à l'instar de Sainteny isolé et placé sous surveillance japonaise. L'arrivée des premiers éléments de la 20e DI du général Gracey à partir du 6 septembre lui permet cependant de remettre la France dans le jeu cochinchinois. À Saigon, Cédile trouve une situation troublée où les Japonais toujours en armes ont laissé le Comité exécutif provisoire de Tran Van Giau, l'organe du viêt-minh en Cochinchine, prendre le pouvoir.

Avec les faibles moyens dont Cédile dispose, il met en place un comité d'accueil et de défense des intérêts français[14]. Cet organisme, qui sert de liaison avec la population française et permet de relayer les directives générales et les conseils du commissaire de la république, n'a pourtant qu'un rayonnement limité. Le 12 septembre, un contingent plus important de soldats indiens rejoint les éléments précurseurs de la 20e DI, emmenant avec lui les premières troupes françaises : l'insistance du général Leclerc s'est finalement révélée payante. La compagnie A du 5e RIC, forte de 120 hommes, débarque à l'aérodrome de Tan Son Nhut et est aussitôt envoyée renforcer le périmètre où sont confinées, depuis le 9 mars, les populations européennes, soumises de plus en plus aux vexations, aux brutalités et aux arrestations arbitraires du Comité exécutif provisoire. Pierre Guinet, sous-officier de cette unité élémentaire[15], raconte son arrivée : « Quelques officiers anglais et quelques rescapés de l'équipe Cédile nous attendent en compagnie d'officiers japonais. Armes approvisionnées, nous embarquons dans des camions de l'armée nippone pour gagner Saigon [...]. Des banderoles rédigées en anglais proclament l'indépendance et souhaitent la bienvenue aux Britanniques. Partout une profusion de drapeaux rouges frappés de l'étoile jaune d'où émergent quelques drapeaux alliés. Aucun drapeau français. Aucun Blanc dans les rues. »

Au grand mécontentement du général Gracey, les Japonais ont laissé la situation se dégrader et s'envenimer. Désireux de ne pas froisser les Britanniques – des « alliés » officiels –, Tran Van Giau a en effet ordonné dans un premier temps un retour au calme dans la cité et, en premier lieu, la fin de la « chasse aux Français ». Or, ses adversaires politiques profitent de cette mesure pour dénoncer sa faiblesse et le leader des communistes en Cochinchine se voit contesté par les franges les plus extrêmes du Front national unifié, trotskistes et caodaïstes l'accusant notamment de trahison. Afin de ne pas laisser le pouvoir échapper au Viêt-minh, le chef du Comité exécutif provisoire joue donc la surenchère et durcit sa position à l'encontre des Français. À son initiative, le ravitaillement de la communauté européenne se trouve compromis et la vente de vivres est refusée sous divers prétextes par des commerçants vietnamiens agissant par idéologie ou par peur des représailles. Les locaux de la Sûreté générale et ceux des commissariats de police qui renfermaient des magasins d'armes bien approvisionnés en munitions sont maintenant aux mains du Viêt-minh, qui contrôle désormais l'administration de la capitale du Sud.

C'est à cette période que l'action britannique, et plus particulièrement celle du général Gracey, se révèle déterminante pour la suite des événements. Ce dernier a pour mission unique, rappelons-le, de désarmer les Japonais. Le 21 septembre 1945, toutefois, il fait placarder dans la ville sa « Proclamation n° 1 » qui promet des mesures très sévères pour les révolutionnaires vietnamiens : la loi martiale est décrétée (pouvant aller jusqu'à la peine de mort), le couvre-feu est instauré, les manifestations sont interdites ainsi que les réunions en public, le port d'armes est prohibé. Ces décisions sont importantes car elles outrepassent les pouvoirs conférés au général Gracey. Ce dernier, de son propre chef, s'immisce *de facto* dans les affaires intérieures de la Cochinchine alors que ses ordres sont clairs : « Ne pas se mêler du maintien de l'ordre » au sud du 16e parallèle. Les raisons qui poussent le général Gracey à agir ainsi tiennent en partie à la formation de ce dernier. Le chef de la 20e DI est en effet un officier de l'Empire britannique et comme tel il lui semble dans l'ordre des choses que la France, puissance coloniale, reprenne sa place en Indochine. Le 22 septembre, à la demande de Jean Cédile, Gracey va plus loin et accepte le réarmement des hommes valides du 11e RIC, environ 1 500 hommes[16], prisonniers depuis le 9 mars dans la caserne Martin des Pallières de Saigon. À l'aube du 23, les 1er et 2e bataillons de ce régiment reconstitué, appuyés par la compagnie A du 5e RIC, sont envoyés réoccuper les principaux bâtiments et services administratifs de la ville d'où sont chassées, sans ménagement, les troupes viêt-minh. Le 3e bataillon, lui, a comme objectifs le port de Saigon, les postes de police de la périphérie de la ville et les principaux ponts qui commandent son accès. Le lendemain ont lieu des incidents pénibles. Une foule composée d'Européens et de métis qui depuis un mois subissait les humiliations et brimades des Vietnamiens se venge. Confortée par la présence des militaires français, une partie de ces anciens internés se livre à des bastonnades contre les autochtones rencontrés dans la rue. Si la conséquence directe de ces troubles est le désarmement et la réintégration dans leur caserne des marsouins[17] du 11e RIC[18], elle entraîne de la part du Viêt-minh et de différentes bandes qui lui sont affiliées – répondant à des motifs plus ou moins criminels –, une réaction brutale : dans la nuit du 24 au 25 septembre 1945, 300 Français et métis, de tout âge et de tout sexe, résidant dans le quartier européens de la cité Héraud[19] sont enlevés et pour partie massacrés dans des conditions barbares tandis qu'ailleurs dans la ville des dizaines d'autres sont assassinés. La lecture des procès-verbaux dressés après les faits témoigne du degré de haine raciale atteint lors de cette triste nuit. Le 26 septembre 1945, Français et Britanniques reprennent finalement le contrôle de Saigon mais environ 300 Français et autant de Vietnamiens francophiles ont été tués au cours de ces journées. La ville, elle, est en état de siège. Tran Van Giau ordonne en effet la politique de la terre brûlée : rien de ce qui peut contribuer à la vie des Français et au fonctionnement de leur administration ne doit être laissé intact. La centrale électrique, une usine du service des eaux, le marché, etc., sont détruits à l'explosif ou incendiés. C'est dans ce contexte d'insurrection généralisée qu'arrivent les premières unités du corps expéditionnaire. Leclerc bénéficie désormais de l'outil militaire qui doit lui permettre de se lancer à la reconquête de la Cochinchine et de rétablir la souveraineté de la France au sud du 16e parallèle.

Le corps expéditionnaire français d'Extrême-Orient

Dès 1943, malgré le manque de moyens et la priorité donnée aux théâtres d'opérations nord-africain puis européen, le général de Gaulle a ordonné la constitution d'un corps expéditionnaire français destiné à combattre les Japonais en Extrême-Orient. Au début de l'année 1945, pourtant, force est de constater que les FEFEO, comme on les appelle encore, sont à l'état embryonnaire. À la fin du mois d'avril 1945, alors que son état-major est à Paris et qu'un « échelon léger » basé à Kandy s'efforce d'aider le général Mordant dans ses plans de défense de l'Indochine tout en préparant une éventuelle intervention française contre les forces d'occupation japonaises, les unités du FEFEO sont éparpillées en métropole et sur certains territoires d'outre-mer. Le noyau de cette armée est articulé autour de deux grandes unités dénommées divisions d'infanterie coloniale d'Extrême-Orient (DICEO), qui n'existent encore que sur le papier. La première, à l'effectif théorique de 26 000 hommes doit être constituée sur le modèle de la division de *marines* américains puisqu'elle est destinée en effet à participer à des opérations amphibies. Ces formations sont en cours de regroupement dans la région de Montpellier et de Fréjus. Toutefois, le déficit est important puisqu'au printemps 1945, la 1re DICEO totalise 9 500 Sénégalais, 1 500 Indochinois et 9 000 Français métropolitains. La 2e DICEO, quant à elle, doit compter 25 000 combattants et être organisée sur le schéma des divisions britanniques, comprenant deux brigades[20]. La pénurie des effectifs est encore plus importante pour cette unité : la 1re brigade, stationnée à Sidi Bel Abbes, ne comprend alors qu'un seul bataillon de Légion étrangère « fort » de 600 hommes tandis que la seconde brigade, dite « coloniale » en raison de l'origine de la troupe, se constitue dans la région de Bordeaux et rassemble péniblement, à cette date, 3 000 hommes. En sus de ces deux divisions, un certain nombre de formations non endivisionnés sont prévues : le 5e RIC (ex-CLI) qui compte 600 hommes (484 Européens et 116 Indochinois) et la 1re brigade d'Extrême-Orient (1re BEO) qui, à Madagascar, totalise alors 2 000 Français et 5 000 hommes originaires de la Réunion, des tirailleurs sénégalais (notamment dans l'infanterie), des Malgaches et des Comoriens (principalement dans les services et dans l'artillerie). Par ailleurs, un escadron de reconnaissance se met en en place dans la région de Bordeaux, tout comme un groupe léger des forces antiaériennes (FTA) qui comprend environ 500 hommes. Enfin, il est également prévu d'intégrer une brigade légère marine d'Extrême-Orient (BMEO), qui, en avril 1945, atteint 1 500 marins (basés à Arcachon) sur 3 200 initialement envisagés[21]. Cette troupe est destinée à opérer à terre et doit comprendre notamment un régiment de *Tank Destroyer*[22] et deux groupes d'artillerie de 155 mm. Ces unités combattantes sont accompagnées d'éléments organiques de corps d'armée (EOCA), chargées du soutien et des services du corps expéditionnaire et qui restent à l'époque embryonnaires, la plupart des formations d'active étant encore engagées dans les opérations en Allemagne.

Au mois de juillet 1945, alors que la guerre a pris fin en Europe, l'état-major de l'armée, à Paris, recherche fébrilement des effectifs pour donner une réalité à ce qui est devenu, depuis le mois de juin précédent, le corps expéditionnaire français d'Extrême-Orient (CEFEO) dont le général Leclerc s'est vu confier le commandement. Comme la plupart des grandes unités françaises de l'époque sont formées d'« engagés pour la durée de la guerre », ce qui interdit toute désignation globale et d'office des combattants une fois les hostilités en Europe terminées, une véritable chasse aux volontaires est lancée en France, au sein des troupes d'occupation en Allemagne (TOA) ainsi que dans le reste de l'empire. Jean Ferrandi, sous-lieutenant au 2e bataillon du 23e RIC (II/23e RIC) appartenant à la 9e division d'infanterie coloniale (9e DIC), se souvient des appels au volontariat au sein de la 1re armée française. Comme il s'agit encore à cette date de participer à la guerre contre le Japon, les réactions sont plutôt positives dans la troupe. Le général Valluy, commandant la 9e DIC, se déplace lui-même pour cette campagne de recrutement et effectue en partie le tour des bataillons de sa division. Dans ses souvenirs, Ferrandi raconte les effets de l'allocution prononcée aux marsouins du 23e RIC au mois de juillet 1945 : « Ce jour-là Valluy usa de toute sa séduction. [...] La veille chacun d'entre nous pensait que la guerre était terminée ; à présent chacun pense qu'elle continue. [...] À l'appel du général Valluy nos hommes répondirent dans des proportions inespérées. »

Si les hommes du 23e RIC et ceux de la 9e DIC dans l'ensemble répondent à l'appel, il n'en est pas de même ailleurs et, au début août 1945, le Comité de défense nationale, qui a ramené à 55 000 hommes les effectifs nécessaires du CEFEO, peine à les rassembler. La capitulation japonaise du 15 août 1945 entraîne un tarissement des engagements en métropole qui s'explique par le sentiment que la guerre est finie et le désir de nombreux combattants de retrouver leur foyer. Aussi, en raison des pénuries en cadres et hommes de troupe qui prévalent dans l'armée française de la Libération, la 1re DICEO est finalement remplacée par la 3e division d'infanterie coloniale (3e DIC)[23] tandis que la 2e DICEO ne voit jamais le jour[24]. C'est la 9e division infanterie coloniale, expurgée de ses non-volontaires, qui est désignée à sa place pour l'Indochine. Enfin, un groupement de marche constitué à partir des formations de la 2e DB (GM/2e DB) et placé sous le commandement du lieutenant-colonel Massu est *in extremis* rattaché au corps expéditionnaire. Il représente 2 200 combattants. À ces hommes et aux éléments organiques de corps d'armée (composés de formations du génie, du train, du service de santé, etc.) qui les accompagnent, l'état-major de l'armée prévoit d'inclure, le moment venu, les quelques milliers de soldats toujours présents en Extrême-Orient, reliquat de l'ancienne armée coloniale ayant échappé à l'armée japonaise ou interné par elle, à Hanoï et à Saigon principalement. Le général Salan, lorsqu'il prend le commandement des troupes stationnées en Chine et en Indochine du Nord[25], évalue au début du mois de novembre 1945 à environ 5 000 hommes (dont 4 500 pour la seule garnison de Hanoï) les effectifs français dont il peut disposer au Tonkin. Les unités réfugiées et immobilisées en Chine représentent une force sensiblement équivalente. Malgré le manque de moyens, elles ont été réorganisées et l'instruction s'est poursuivie sous l'autorité du général Sabattier. En sus des 55 000 hommes prévus pour entrer dans la composition du corps expéditionnaire, ce sont donc près de 10 000 soldats français et autochtones qui peuvent être potentiellement « récupérés ».

Toutefois, les difficultés de toute nature ne manquent pas et, le 9 septembre 1945, le général Leclerc fait savoir que, pour des raisons politiques, l'emploi de troupes africaines s'avère inopportun, une décision qui touche particulièrement la 1re BEO de Madagascar dont la composition doit être entièrement refondue. Réduit à son élément « blanc », elle ne représente plus qu'une force de 1 100 hommes au plus et un détachement de 200 Indochinois[26]. Cette opposition s'appuie sur trois arguments. D'une part, le refus est motivé par la volonté d'éviter la xénophobie des Indochinois à l'encontre des « Sénégalais », une xénophobie qui repose sur des différences culturelles et « raciales », pour reprendre le mot de l'époque. D'autre part, le général Leclerc souhaite, à l'époque, ne pas prêter le flanc aux critiques américaines qui dénoncent le colonialisme français et l'utilisation de troupes coloniales et issues de l'armée d'Afrique[27] pour restaurer l'ordre en Extrême-Orient. Enfin, il s'agit également d'empêcher la diffusion d'idées nouvelles et révolutionnaires auprès de cette catégorie de combattants de l'armée française[28]. Dès le début du retour de la France en Extrême-Orient, la mise sur pied du corps expéditionnaire est donc marquée par la pénurie des effectifs. Celle-ci est, durant toute la guerre d'Indochine, le mal endémique du corps expéditionnaire et la quête des effectifs, une tâche sans cesse renouvelée par les officiers de son état-major. L'armée française, confrontée au lendemain de la Seconde Guerre mondiale à la rigueur budgétaire, à ses obligations internationales (maintien de troupes en Allemagne et en Autriche) comme impériales (nécessité de défendre l'Empire et particulièrement l'Afrique du Nord), ne peut donc envoyer que quelques dizaines de milliers d'hommes pour restaurer sa souveraineté sur un territoire grand comme une fois et demi celui de la France et peuplé de 24 millions d'habitants. Ce qui est peu.

La réoccupation de la Cochinchine et du Sud-Annam

Le 5 octobre 1945, plus d'un mois après son arrivée en Extrême-Orient, le général Leclerc atterrit enfin à Tan Son Nhut et gagne Saigon. Les averses diluviennes – la saison des pluies n'est pas encore terminée à cette période – n'empêchent pas la population européenne de venir en foule accueillir son libérateur et de laisser éclater sa joie de voir son calvaire terminé. Malgré la réticence de Thierry d'Argenlieu pour le mot qu'emploie alors Leclerc – il le fait d'ailleurs savoir à ce dernier –, le commandant supérieur des troupes s'attache immédiatement à préparer la « reconquête » de l'Indochine du Sud. L'obsession du général de Gaulle, au mois d'août 1945, est « d'effacer Potsdam », mission ardue s'il en est et qui, pour obtenir le départ des Britanniques comme des Chinois, nécessite une présence militaire française significative qui apparaît finalement possible dans la première quinzaine du mois d'octobre 1945. Tandis que le gros du 5e RIC, qui a débarqué à Saigon le 3 octobre, est employé à sécuriser la ville avec les marsouins du 11e RIC, il est décidé dans l'urgence et dans l'attente de l'arrivée des unités de la 9e DIC[29] d'ouvrir les opérations actives en Cochinchine. Leclerc bénéfice pour ce faire des premiers éléments du GM/2e DB – un millier d'hommes au total[30] –, qui prennent pied sur le sol vietnamien le 16 octobre et d'une force constituée de 500 marins (dont le commando Ponchardier[31]). Les « forces aériennes », si tant est que l'on puisse à cette date utiliser cette expression, sont en cours de constitution, notamment par l'achat d'appareils dans les surplus de l'armée américaine sur le théâtre d'opérations de Chine et du Pacifique. Au 10 novembre 1945, cette « flotte » ne compte ainsi que 4 hydravions Catalina et un groupe de transport de 12 Dakota[32].

Dans l'esprit du général Leclerc, les premières missions confiées aux unités du CEFEO doivent répondre à des impératifs militaires mais également politiques. C'est pourquoi, plutôt que d'adopter une lente stratégie de pacification et de sécurisation de Saigon et de ses environs immédiats, le souhait du commandant supérieur est d'étendre au plus vite la sphère d'influence française. Ainsi est-il décidé, dans la dernière semaine d'octobre, de lancer grâce aux moyens motorisés du GM/2e DB de grands raids afin d'atteindre et de libérer rapidement les principaux centres urbains de Cochinchine. Comme le rappelle le général Gras dans son ouvrage sur la guerre d'Indochine, cette tactique répond au triple objectif de « bousculer » les « rebelles » du Viêt-minh, de montrer la force du corps expéditionnaire aux Vietnamiens et de restaurer la souveraineté française. Le regain de prestige français à l'issue de ces opérations doit faciliter, par la suite, le retour des populations dans le giron de la métropole. Le premier objectif est Mytho, une petite ville située à environ 70 kilomètres au sud-ouest de Saigon. Le commandement français estime que la bourgade sert de refuge au Comité du Nam Bo – l'autre nom du Comité exécutif provisoire –, et l'on pense également que le Viêt-minh dispose dans la région « d'un millier d'hommes armés de fusils et d'armes automatiques livrés par les Japonais ». La manœuvre paraît simple : tandis qu'un détachement de parachutistes de la marine doit opérer par voie fluviale et placer des « bouchons » autour de Mytho, un élément blindé, le sous-groupement du commandant Dronne, reçoit pour mission de rejoindre la localité par la route coloniale 16 (RC 16), qui relie les villes de Can Tho, Vinh Long et Mytho, à Saigon.

Dès le déclenchement de l'opération Moussac – c'est son nom de code –, le 24 octobre 1945, cavaliers et fantassins du groupement Massu comprennent rapidement que l'époque des grandes chevauchées blindées de la Seconde Guerre mondiale est révolue. « Très vite [les] chars [sont] arrêtés par les obstacles que le Viêt-minh [a] accumulés. Sur la route qui [traverse] en remblai des rizières inondées sur les trois quarts du parcours, tous les ponts [sont] détruits, et les paysans [ont] creusé de nombreuses coupures. Il [faut] à chaque instant boucher les trous, réparer la route, refaire les ponts. » La progression se heurte d'emblée aux destructions opérées par l'adversaire et il faut trois jours pour couvrir les 70 kilomètres séparant Saigon de Mytho. Par son aspect général et son déroulement, Moussac, qui vise à la réoccupation des bouches du Mékong, préfigure toutes les opérations de dégagement menées par les Français en Cochinchine. Dans les premières semaines de la guerre, il apparaît par ailleurs que les colonnes liées à la route, dans un terrain bordé par une végétation dense, favorisent les embuscades du Viêt-minh. Comme l'écrit encore le général Gras, « les Français apprenaient à leurs dépens que le Viêt Nam commençait là où les routes s'arrêtaient ». Il convient donc de maintenir ces dernières opérationnelles et de s'assurer de la garde des points sensibles tels que les ouvrages d'art, cibles favorites de l'adversaire. Ces premières actions de nettoyage sont également l'occasion de constater l'emprise du Viêt-minh sur les populations. En effet, celui-ci pratique la réquisition systématique des habitants pour participer à la destruction des voies de communication. Lors de l'opération Moussac, le général Leclerc aurait déclaré devant une brèche particulièrement importante : « De pareilles destructions en une nuit avec des houes et des paniers. Des centaines de saboteurs, hommes et femmes. Combien de volontaires ? Combien de malheureux terrorisés ? Là est la question. » Le paysan cochinchinois utilisé la nuit pour détruire la route est le même qui, le jour, la répare sur ordre des Français.

Au cours des mois de novembre et de décembre 1945, les opérations de nettoyage, comme on commence à les appeler alors, de la Cochinchine se poursuivent avec succès pour les forces du corps expéditionnaire qui enregistrent, durant cette même période, la mort et la disparition de plus de 300 combattants français, légionnaires ou autochtones. Les progrès militaires accomplis par les troupes françaises sont nets et les ralliements se font de plus en plus nombreux, généralement par groupes de 50 à 200 hommes qui se rendent avec leurs armes et équipements. Des villages entiers font également leur soumission quand d'autres, victimes de réquisitions et d'exactions, se placent spontanément sous la protection des forces françaises. La vie économique reprend et les conseils de notables se réunissent à nouveau, signe que l'emprise du Viêt-minh s'est relâchée. Quant aux pertes, elles sont, au début du mois de janvier 1946, devenues « insignifiantes » écrit le général Leclerc, qui, optimiste, affirme qu'« on peut d'ores et déjà estimer que la période militaire sera close d'ici quelques semaines et que ce sera à l'action politique de compléter les résultats acquis par les armes ». À la mi-janvier 1946, le commandement français estime donc terminée la phase de pacification de la Cochinchine. Les principaux centres administratifs et économiques du Sud (Saigon, Mytho, Vinh Long) sont en effet libérés de l'autorité viêt-minh et l'adversaire a été repoussé avec pertes dans les zones inhospitalières de la plaine des Joncs ou du Transbassac[33]. Certes, il continue par quelques embuscades meurtrières à se manifester, mais il n'inquiète plus outre mesure les éléments du CEFEO. Fin janvier, les forces du corps expéditionnaires atteignent 44 417 Français et 1 173 autochtones[34], Vietnamiens pour la moitié, Cambodgiens et Moïs pour la seconde[35]. Dès la fin de l'année 1945, la pénurie de combattants français oblige le commandement à mettre en place la politique de « jaunissement » des effectifs et à intégrer au sein des unités régulières du CEFEO des soldats originaires des pays de l'Union indochinoise. Cette politique va en s'accentuant tout au long du conflit et, en 1952, est même évoqué le « surjaunissement » des formations qui dépassent les 50 % de personnel autochtone. Si ce palliatif permet, ens termes quantitatifs, de résoudre le manque de soldats métropolitains, il affaiblit généralement la valeur des unités concernées, la formation et l'expérience militaires de ces hommes s'avérant en moyenne moins bonnes que celles de leurs homologues européens.

Rassuré sur la situation en Cochinchine et bénéficiant désormais de renforts – les quelque 20 000 hommes de la 9e DIC sont maintenant à pied d'œuvre –, le général Leclerc décide de reporter son action en direction du Sud-Annam où le Viêt-minh est encore solidement implanté, isolant notamment la population européenne de Nha Trang et la petite garnison française qui assure sa protection depuis novembre 1945. L'opération Gaur, la plus importante par son ampleur depuis le début des hostilités, est ainsi déclenchée à la fin du mois de janvier 1946. Elle a pour but la réoccupation du Sud-Annam et comme objectif principal la libération de Nha Trang. Pour ce faire, le général Leclerc constitue deux colonnes motorisées. La première, commandée par le lieutenant-colonel Massu et forte de 1 500 hommes, est formée par des éléments du GM/2DB renforcés par des commandos et un bataillon du 21e régiment d'infanterie coloniale (21e RIC)[36]. Elle doit, à partir de Ban Me Thuot, atteindre Nha Trang par le nord, un périple de 215 kilomètres. La seconde aux ordres du colonel Gufflet, composée d'unités de la 9e DIC, doit, au départ de Saigon, rejoindre Nha Trang en utilisant la route coloniale n° 1 : Saigon-Phan Thiet)-Phan Rang-Nha Trang, soit une distance totale de 408 kilomètres. Dans cet ensemble, le groupement du commandant Lacroix est plus particulièrement chargé de faire porter son action sur Dalat et les plateaux moïs, et d'y rétablir la souveraineté de la France auprès de populations qui lui sont traditionnellement favorables. Le déclenchement de l'opération est prévu le 25 janvier, à 2 heures du matin. Six jours sont nécessaires pour parcourir les 215 kilomètres de trajet, les éléments blindés du groupement Massu arrivant à Nha Trang le 30 janvier 1946 après le franchissement de « 466 mètres de coupures », ils sont rejoints quelques jours après par les éléments de la colonne Gufflet.

Au Cambodge, le retour des Français s'effectue dans le calme, la population s'avérant beaucoup moins hostile au retour de la « nation protectrice ». Au début du mois de septembre, le commandant Gallois, appartenant à la DGER, est parachuté et prend contact avec les fonctionnaires français libérés. Le discours antifrançais du Premier ministre Son Ngoc Thanh, appuyé par quelques vietnamiens nationalistes, n'a eu qu'un faible écho parmi les autochtones. Le futur général Georges Buis, qui reçoit pour mission au mois d'août 1945 de remettre sur pied la Sûreté générale – décapitée par le coup de force japonais puis par la révolution viêt-minh du mois d'août –, se remémore la surprenante restauration de l'autorité française sur le protectorat cambodgien. Le général Leclerc « après m'avoir expliqué combien il jugeait grave la situation à Phnom Penh où Son Ngoc Thanh [...] s'était pratiquement emparé du pouvoir et neutralisait le jeune roi, me dit carrément : "C'est très simple, il suffit de s'emparer de Son Ngoc Thanh" ». De fait, le 15 octobre 1945, accompagné d'une poignée d'officiers et d'hommes de troupe, Leclerc se rend à Phnom Penh où il démet le Premier ministre et le ramène à Saigon[37]. Le mois suivant, même si la convention de protectorat de 1884 est toujours officiellement en vigueur, le haut-commissaire, admettant que les rapports entre la France et le royaume khmer doivent s'établir sur des bases nouvelles, décide d'entreprendre des réformes en liaison avec les autorités locales. À la mi-novembre est ainsi mise en place une commission d'étude franco-khmère chargée de réfléchir à l'avenir des relations entre les deux pays. Ces premiers travaux débouchent sur un *modus vivendi*, signé le 7 janvier 1946 entre le général Alessandri – nommé commissaire de la République au Cambodge – et le prince Sisowath Monireth[38], chef du gouvernement. Le texte, à caractère provisoire, énumère un certain nombre de compétences réservées au gouvernement khmer telles que la santé, l'agriculture, l'enseignement, les beaux-arts, etc. La position française étant assurée au Cambodge et la situation s'étant améliorée au sud du 16e parallèle, il s'agit désormais de reprendre pied au Tonkin et d'y réaffirmer les droits de la France. La présence massive des forces chinoises comme la solide implantation du Viêt-minh rendent cependant l'opération beaucoup plus délicate qu'en Cochinchine. Les nombreux témoignages des responsables français de l'époque, notamment ceux de Jean Sainteny, du général Salan et de l'amiral Thierry d'Argenlieu, évoquent bien la complexité politique et diplomatique d'un enjeu où s'affrontent Français, Viêt-minh et Chinois.

Retour au Tonkin : la relève des troupes chinoises

Conformément aux décisions de Potsdam, les troupes chinoises doivent recevoir, au Tonkin, au Nord-Annam et au Laos, la reddition des forces japonaises, assurer leur désarmement, leur concentration et leur rapatriement. À la fin du mois d'août 1945, les premières unités franchissent la frontière et font leur entrée en territoire indochinois. Fin septembre, le dispositif est en place : la 93e armée[39] chinoise occupe la vallée du fleuve Rouge de Lao Kay à Hanoï, contrôle l'axe Hanoï-Lang Son ainsi que la région de Haiphong et la 60e armée prend à son compte la zone sud du delta du Tonkin ainsi que le Nord-Annam, de Nam Dinh à Tourane ; quelques détachements sont également envoyés prendre possession de certaines localités du Bas Laos, telles Thakhek et Savannakhet. La 93e division indépendante se voit confier quant à elle la responsabilité du Haut et Moyen Laos. Elle arrive à Luang Prabang le 20 septembre, elle est à Vientiane trois jours plus tard[40]. Cette organisation prévaut jusqu'au début de l'année 1946, date à laquelle elle est remaniée : si la 93e division indépendante reste au Laos, la 53e armée arrive du Yunnan et reprend à son compte les missions de la 93e armée tandis que cette dernière se réserve Hanoï et ses environs immédiats ; la 60e armée, pour sa part, se regroupe sur Haiphong et est l'une des premières grandes unités à être rapatriées en Chine au début de l'année 1946.

Ces forces combattantes, évaluées à près de 130 000 hommes, sont accompagnées de divers organismes tant civils que militaires et notamment la délégation du ministère de la Guerre, la plus importante en termes d'effectifs. Celle-ci a dans ses attributions normales le ravitaillement des troupes mais elle est également chargée de la récupération du butin de guerre, une mission interprétée dans son sens le plus large par les Chinois. Le mot « racket » n'est ainsi pas trop fort pour qualifier l'occupation chinoise du Tonkin. Si la voie maritime reste le moyen privilégié d'évacuation de tout le matériel « récupéré », les officiers généraux chinois préfèrent transférer, pour un meilleur contrôle, leur butin individuel en utilisant la combinaison rail-piste en direction de la Chine, plus rarement par voie aérienne. La route Lang Son-Dong Dang en direction de Nanning est particulièrement empruntée par les « convois » des principaux chefs : « C'est par là, rapporte une note française du printemps 1946, que partent les 4 camions lourdement chargés et les 2 superbes autos propriété personnelle du général Tchao Pei-Tchang [appartenant à l'état-major des forces chinoises] venu sept mois plus tôt au Tonkin avec une petite valise. » Les troupes chinoises, lors de leur départ, ne sont pas en reste et emportent tout ce qui peut être emporté : radiateurs, robinets, tuyaux, portes, ustensiles de cuisine, etc.

Les quelque 150 000 Chinois (200 000 selon Jean Sainteny) envoyés au nord du 16e parallèle sont placés sous le commandement du général Lu Han, un Yunnanais. Toutefois, l'autorité exercée par ce dernier reste relative et il existe en effet une très forte autonomie de la part des généraux exerçant le commandement des armées, divisions ou des divers organismes placés sous ses ordres. La manœuvre montée contre Lu Han par Tchang Kaï-chek contribue davantage à fragiliser l'emprise du commandant des troupes d'Indochine sur ses grands subordonnés. En effet, le gouvernement central profite de l'occupation de l'Indochine du Nord pour régler un problème de politique intérieure : il impose dans un premier temps le départ des troupes yunnanaises au Tonkin et au Laos pour les remplacer par des formations entièrement dévouées au généralissime, cela afin d'affaiblir l'autonomie dont jouit le Yunnan. Dans un second temps, les troupes yunnanaises sont transférées en Chine du Nord pour combattre les forces communistes de Mao Zedong et remplacées, en Indochine, pour partie par des formations « centrales » – celles de la 53e armée, dévouées au gouvernement de Tchang Kaï-chek. Pour ces raisons, au cours des négociations qui s'engagent bientôt entre Français et Chinois, les premiers ont face à eux plusieurs interlocuteurs défendant des intérêts contradictoires, et les décisions prises par les uns ne sont pas forcément appliquées par les autres.

Les premières semaines de l'occupation chinoise balaient les dernières illusions françaises quant à la possibilité d'un retour rapide de la France au nord du 16e parallèle. L'absence du drapeau français à la cérémonie de reddition organisée à Hanoï le 28 septembre 1945 comme l'attribution du numéro 114 dans l'ordre de préséance donné au général Alessandri, délégué du haut-commissaire – qui refuse finalement de prendre part aux manifestations – témoignent à eux seuls de la place réservée à la France. Refusant de reconnaître l'autorité de la France sur ses anciennes possessions, les Chinois maintiennent en captivité les internés militaires français et se désintéressent du sort des populations européennes, livrées à la vindicte du Viêt-minh et de la population. Leur refus d'accepter le réarmement – avec des armes aérotransportées de Cochinchine – des milliers de soldats enfermés dans la citadelle de Hanoï afin de protéger ces populations est catégorique et, au Laos, plusieurs maquis français qui ont profité du laps de temps entre la capitulation japonaise et l'arrivée des Chinois pour réinvestir les grandes villes sont désarmés. Pour les autorités chinoises, si l'occupation du Tonkin et du Laos représente une bonne opération commerciale et financière, elle réalise également le vieux rêve du retour de cette région – considérée depuis toujours comme une province chinoise – dans le giron des Célestes. Pour cette raison et afin de diminuer l'influence du gouvernement révolutionnaire annamite (GRA), ainsi appelé par les Français, qui a remplacé à la fin du mois d'août les Comités populaires, les autorités chinoises favorisent divers partis nationalistes qui leur sont inféodés – principalement le VNQDD et le DMH. Ces différentes mouvances politiques ont toutefois un point commun : le rejet de la France et chacune se livre de manière démagogique à une surenchère qui atteint son paroxysme à la fin de l'année 1945. Dans ses souvenirs, Sainteny note ainsi que « les autorités militaires chinoises restent maîtresses des réactions des masses autochtones et les orientent selon leurs besoins, fermant les yeux, s'il y a lieu sur les crimes commis par leurs protégés ».

Comme l'apprécie bien le général Leclerc dans le cadre d'une analyse sur les possibilités d'un retour de la France au Tonkin, « le fond du problème est chinois ». Sans l'accord de ceux-ci, la reconquête du Tonkin et du Laos déboucherait sur des opérations longues et coûteuses sans compter les représailles dont serait certainement victime la population européenne. En revanche, une convention passée avec les Chinois aplanirait en grande partie les difficultés. Plus les jours passent, plus la nécessité d'une présence militaire française se fait urgente. L'influence du VNQDD et du DMH reste en effet limitée à quelques régions – autour de Lang Son notamment –, tandis que l'emprise viêt-minh se renforce. La saison des pluies intervenant au mois de mai, le commandant supérieur se montre favorable à un retour situé au début du printemps 1946. Le 19 décembre 1945, le général Salan, commandant des troupes de Chine et d'Indochine du Nord, se voit donc confier la mission de « se rendre auprès du gouvernement chinois à Tchungking [Chungking] pour y conduire les conversations d'état-major relatives au retrait des forces chinoises et leur relève par les forces françaises ». Il est accompagné du colonel Crépin appartenant à l'état-major du général Leclerc. Les instructions remise à Salan le 20 décembre demandent à ce dernier de ne pas donner de précision quant au volume des forces françaises à venir et surtout de définir en commun le plan approximatif et le rythme de l'évacuation des troupes chinoises. Cette exigence doit cependant tenir compte du fait qu'une évacuation prématurée poserait un problème : les délais d'acheminement nécessaires aux Français risquent de créer un « vide » qui serait profitable au Viêt-minh en cas de retrait précipité. En contrepartie des exigences formulées auprès des Chinois, la

France peut s'engager à remettre intégralement les droits de ses anciennes concessions en territoire chinois nées des « traités inégaux[41] », à rapatrier ses troupes, à céder ses droits sur le chemin de fer du Yunnan ou à accorder des avantages commerciaux aux ressortissants chinois résidant en Indochine.

Malgré l'activité déployée par les représentants français en Chine comme au Tonkin, les négociations avec les Chinois sont placées sous le signe de la lenteur, des volte-face et d'une certaine mauvaise foi lorsque ce ne sont pas les différences culturelles dans l'approche des problèmes qui rendent la communication difficile. Des conversations entretenues entre l'ambassadeur de France en Chine, Jacques Meyrier, le général Salan, le colonel Crépin et leurs différents interlocuteurs chinois au cours du mois de janvier 1946, il ressort cependant quelques points positifs. En premier lieu, un accord de principe d'une relève est retenu par les deux parties. En second lieu, l'évacuation de la 93e armée chinoise occupant le Laos est acquise et sa relève par les troupes françaises stationnées en Chine depuis le printemps 1945 est enfin autorisée le 24 janvier 1946 sur ordre personnel de Tchang Kaï-chek. Ces opérations doivent être achevées au 31 janvier. Le 29, le détachement Le Page, qui a franchi la frontière et pénétré en Indochine, utilisant l'itinéraire Phong To-Laïchau-Diên Biên Phu comme prévu, est toutefois bloqué dans cette localité de la Haute région tonkinoise. En effet, sous prétexte d'éviter d'éventuels heurts entre la 93e division indépendante qui doit « remonter » jusqu'en Chine et les troupes françaises descendantes vers Luang Prabang et Vientiane, les formations chinoises, à l'exception de quelques unités, n'ont pas quitté pas leurs garnisons du Laos. Pour le général Lu, commandant la division, le but est d'attendre le printemps pour faire main basse sur la récole de l'opium. Ainsi, au Laos, malgré les espoirs initiaux, la relève traîne en longueur et toutes les excuses sont bonnes pour maintenir le *statu quo*. Au début du mois de mai 1946, le commandement chinois subordonne encore tout départ à la remise d'une lettre du commandement français garantissant la sécurité des nationaux chinois.

Les atermoiements et les difficultés que rencontrent les Français au Laos ne sont rien par rapport à ceux qui les attendent au Tonkin au mois de février 1946. Ces quelques semaines sont en effet marquées par des négociations qui se déroulent à plusieurs niveaux et de manière simultanée : en Chine, entre Français et Chinois du gouvernement central, et au Tonkin, entre Français et autorités chinoises locales d'une part, et entre Français et représentants du GRA de l'autre. Ces discussions à caractère politique et diplomatique sont, fait fondamental pour appréhender les conditions de l'arrivée du corps expéditionnaire au nord du 16e parallèle, soumises à une contrainte majeure : celle du « temps militaire ». Dans le cadre de la planification de l'opération Bentre qui doit voir le retour de la France au Tonkin, les responsables de la marine à Saigon ont fait savoir au général Leclerc que seule la période des grandes marées pouvait permettre aux bâtiments de guerre à fort tirant d'eau d'emprunter l'embouchure, puis la rivière donnant accès à Haiphong où les troupes pourront débarquer. Or, seuls quelques jours au mois de mars 1946 permettent de remplir cette condition, à défaut l'opération devrait nécessairement être remise à une date lointaine, ce dont il n'est absolument pas question pour le général Leclerc. Dans le courant du mois de février, ce dernier fixe donc au 6 mars le « Jour J ». Cet impératif va conditionner toute l'action des Français dans leurs tractations tant avec les Chinois qu'avec le Viêt-minh. C'est donc avec une très forte contrainte que l'ambassadeur Meyrier et le colonel Crépin négocient à Tchungking et que le général Salan (ce dernier a quitté la Chine au début du mois de février) et Jean Sainteny font de même à Hanoï.

Le 28 février 1946, la signature d'un accord franco-chinois signé à Tchungking entérinant le principe du retour des Français semble soulager le camp français : un débarquement sans le consentement des Chinois aurait certainement conduit à un affrontement avec les forces de Lu Han, affrontement dont les implications internationales auraient pu remettre en question le projet français. Cependant, l'accord, qui stipule que des conversations entre états-majors respectifs, à Hanoï, doivent en régler les modalités, est à plusieurs reprises remis en question. Les délégués chinois, qui sont d'ailleurs divisés, tentent de revenir sur les clauses de la convention. Le 1er mars, les plénipotentiaires français dénoncent l'« introduction dans le texte chinois d'une clause supplémentaire qui précise que la relève des troupes chinoises est subordonnée à l'accord du général MacArthur », une manœuvre qui annule les dispositions précédemment acceptées. Comme le rapporte le colonel Crépin, « la discussion a pris un ton aigu ». Après une journée de nouveaux pourparlers pendant lesquels les représentants chinois campent sur leur position, ils font savoir le 4 mars que la reprise des négociations est subordonnée à la signature de la clause et que la date du débarquement doit désormais être reconsidérée. L'ambassadeur de France est finalement autorisé à signer cette clause et les négociations reprennent, marquées par un nouveau revirement : c'est la totalité des articles de la convention du 28 février qui est remis en cause pour satisfaire à de nouvelles exigences. Afin d'aboutir au plus vite, le colonel Crépin les accepte. Ces palabres n'auront en définitive servi à rien puisque le général Chin, chef de la délégation chinoise, déclare que le débarquement est autorisé même sans un accord signé à Tchungking et qu'il a donné des instructions dans ce sens au général Lu Han...

Alors que le tandem Meyrier-Crépin se heurte, en Chine, à une délégation chinoise dont les membres s'opposent – certains parmi les militaires refusent l'évacuation du Tonkin et se font même menaçants –, le général Salan, à Hanoï, doit faire face à l'intransigeance du général Ma Ying, chef d'état-major des troupes chinoises en Indochine. Ce dernier prétexte dans un premier temps ne pas avoir reçu d'ordre de Tchungking, se retranche ensuite derrière la sécurité des ressortissants chinois avant de conditionner tout débarquement de troupes à une autorisation du GRA. Pendant les quelques jours qui précèdent le 6 mars, les Chinois jouent, en effet, sur les relations tendues entre Français et Viêt-minh pour favoriser leurs propres intérêts. Ainsi, l'accord péniblement obtenu des autorités chinoises dans la nuit du 4 au 5 mars autorisant le débarquement des Français et stipulant que des émissaires chinois partiraient de Hanoï à destination de Haiphong dans la journée pour avertir leurs homologues de l'arrivée des navires français est bafoué dans les heures qui suivent. Le lieutenant-colonel Lecomte, chef du 3e bureau de l'état-major de Leclerc qui accompagne Salan dans les négociations, en avertit le jour même Jean Sainteny, qui, parallèlement, mène les pourparlers avec le Viêt-minh : « À la base de ce changement d'attitude se trouve la crainte qu'ont les Chinois de nous voir engager la bataille avec les Annamites », une situation de nature à nuire aux opérations commerciales auxquelles se livrent encore les Chinois à la veille de leur départ. Lecomte poursuit : « Le seul espoir que nous ayons de modifier l'attitude chinoise est de leur annoncer la signature d'un accord entre nous et le gouvernement annamite » ; le général Leclerc « m'a donné pouvoir de vous [...] dire de faire tout ce qui est en votre pouvoir pour arriver au plus tôt à un accord, fût-ce au prix d'initiatives qui pourraient être désavouées »... À l'aube du 6 mars 1946, la situation des forces françaises approchant des côtes du Tonkin se révèle donc précaire et le débarquement des troupes, loin d'être assuré. Les bateaux sont chargés à plein. Certaines compagnies d'infanterie, faute de place, ont pris cantonnement sur les superstructures des bâtiments et les réserves, d'eau douce comme de ravitaillement, sont limitées : « Il serait impossible, note encore Lecomte, d'alimenter tout ce personnel, même si la flotte devait faire demi-tour pour retourner dans le sud. » Condamnés à débarquer, les Français doivent impérativement conclure un accord dans la journée du 6 mars. Dans le cas contraire, le risque de rupture avec le Viêt-minh et d'entrée en guerre constitue une éventualité bien réelle.

Retour au Tonkin : les accords du 6 mars 1946

Les contacts entre Français et représentants du comité directeur du Viêt-minh (ou bureau politique) – le *Tong Bo* –, auquel obéit le GRA, n'ont pas cessé depuis la fin du mois d'août 1945, date de l'arrivée de Jean Sainteny à Hanoï. Le 28 septembre, le général Alessandri accompagné de l'administrateur Pignon, son conseiller politique, ont une première entrevue avec Hô Chi Minh. Dans le courant du mois d'octobre, les rencontres entre représentants des deux camps se multiplient et, dès cette époque, le Viêt-minh devient l'interlocuteur privilégié, sinon le seul des Français. Non seulement ce dernier a accaparé tous les leviers du pouvoir et intégré un certain nombre de leaders nationalistes dans ses rangs, mais les partis nationalistes refusent de négocier avec les délégués du haut-commissaire. Les discussions menées par le Viêt-minh sont pour le VNQDD et le DMH l'occasion de dénoncer la collusion entre Hô Chi Minh et les Français, une manœuvre qui a pour but de discréditer les communistes, de les éloigner de la population et de faciliter leur remplacement le moment venu. Aussi, dans les mois qui précèdent la signature de l'accord du 6 mars 1946, le Viêt-minh est l'objet d'attaques récurrentes de la part de ses adversaires politiques qui l'accusent de trahir la cause de l'indépendance. Devant les surenchères nationalistes et xénophobes des partis prochinois, Hô Chi Minh et son équipe doivent donc donner des gages de leur fidélité aux engagements pris le 2 septembre 1945.

Pour les autorités chinoises, il n'est cependant pas question d'entreprendre un coup de force contre le Viêt-minh et de le remplacer par des mouvements nationalistes. Une telle action ne manquerait pas de déclencher des troubles qui compliqueraient l'occupation du Tonkin et nuiraient aux « affaires », aussi, il s'agit davantage de faire pression pour que le GRA, où les communistes sont majoritaires à l'été 1945, élargisse sa représentativité. À la fin du mois d'octobre, la tentative d'intégrer des personnalités du DMH échoue toutefois et, malgré la proclamation d'organiser des élections, fixées au 23 décembre, le Viêt-minh voit redoubler les attaques contre ses membres. La position d'Hô Chi Minh devient délicate, d'autant plus que les revers subis par ses troupes en Cochinchine et la reprise en main de la colonie par le corps expéditionnaire affaiblissent le Viêt-minh. Si celui-ci veut durer, il convient donc de faire une pause et de composer avec ses adversaires. Le 11 novembre 1945, décision est donc prise de dissoudre le PCI. Cette mesure, de pure forme puisque le parti continue à fonctionner dans la clandestinité, est avant tout destinée à contrecarrer le discours anticommuniste sur lequel s'appuient les partis nationalistes. Une semaine plus tard, les incidents armés se multipliant – notamment dans la région de Lang Son –, une trêve est imposée par les Chinois entre le Viêt-minh d'une part, le VNQDD et le DMH de l'autre. Mais les nationalistes ne sont pas dupes. Arrivés tardivement à Hanoï, ils savent que le Viêt-minh a eu le temps, depuis le mois d'août, de renforcer son emprise sur les populations : des élections à cette date se solderaient par un échec. Les Chinois se voient donc solliciter pour faire pression sur les représentants viêt-minh afin de repousser la date des élections, finalement renvoyée au 6 janvier 1946[42].

Le 24 décembre 1945, Hô Chi Minh, par calcul politique, procède à un premier remaniement du GRA et accepte que le Viêt-minh ne dispose plus que de quatre sièges sur les dix que compte le cabinet. Ses représentants occupent toutefois les postes clés : Intérieur, Affaires étrangères, Propagande. Le 1er janvier 1946, un gouvernement provisoire d'union nationale (GPUN) dans lequel les ministres DMH et VNQDD sont majoritaires voit donc le jour. Le 24 février, enfin, un ultime remaniement maintient Hô Chi Minh à la tête du GPUN mais place Nguyen Thai Than (DMH) au poste de vice-président et Nguyen Tuong Tam (VNQDD) à celui des Affaires étrangères. Les ministères de l'Intérieur et de la Défense nationale sont confiés à des « neutres », mais, dans les faits, grâce à la création de deux comités[43], les communistes en disposent. Cette réorganisation rassure à la fois les Chinois sur les intérêts de leurs poulains – et donc les leurs – à la veille d'un accord avec les Français, mais permet surtout au Viêt-minh de partager les responsabilités futures de l'accord gouvernemental que la RDVN s'apprête à passer avec les délégués français. Avec habileté, les communistes évitent donc de supporter seuls le poids de la « trahison » que constitue aux yeux de beaucoup de Vietnamiens l'autorisation donnée aux Français de revenir au Tonkin, événement qui semble en totale contradiction avec les discours tenus depuis le mois d'août.

En effet, si les discussions franco-chinoises avaient pour objet la relève des troupes du général Lu Han, les pourparlers entre Français et Viêt-minh portent sur des enjeux plus déterminants pour l'avenir de l'Indochine : celui de l'indépendance du Vietnam et du maintien de la France dans le pays. Pour Hô Chi Minh, ces questions restent subordonnées au départ des Chinois dont la présence empêche la gouvernance effective des affaires du Tonkin et renforce les mouvements nationalistes au nord. Il partage donc le désir de ses homologues français de voir partir au plus tôt les divisions chinoises, départ qui permettrait au Viêt-minh de se débarrasser des factions nationalistes et de se retrouver seul face aux Français. Relater les quelque sept mois de négociations et discussions officieuses entre Hô Chi Minh, Giap et les autres membres du Viêt-minh intéressés et leurs homologues français, Sainteny, Pignon ou le socialiste Caput, responsable SFIO pour le Tonkin dont le rôle est important, serait fastidieux. Il convient de retenir que cette période est marquée d'avancées, de reculades, d'atermoiements et de menaces comme le sont à la même époque les conversations franco-chinoises de Tchungking ou de Hanoï.

« Que de fois nous eûmes l'impression qu'il serait impossible d'aboutir, raconte Sainteny dans ses Mémoires, la sensation décourageante que nous ne parviendrons jamais à parler le même langage ! Hô Chi Minh demandait à réfléchir, à consulter ses amis, ses conseillers, souvent "son conseiller" [Bao Dai]...Pour ma part, je me retranchai fréquemment, avant d'accepter un mot de préférence à un autre, derrière Saigon qu'il me fallait consulter. » En échange de l'acceptation du retour des Français au Tonkin, le Viêt-minh reste, au début, intransigeant sur la question de la reconnaissance de l'indépendance du Vietnam. Dans un premier temps, les représentants français n'ont à offrir en réponse aux exigences viêt-minh que la déclaration du 24 mars 1945, « dépassée depuis longtemps » déclare Hô Chi Minh à Salan lors d'une entrevue entre les deux hommes le 8 février 1946. Finalement, rencontrant à son tour le président de la RDVN, Sainteny obtient de celui-ci le principe d'un « self-government[44] » en contrepartie du maintien du Vietnam dans l'Union française, de son intégration dans la Fédération indochinoise et de divers autres avantages accordés aux intérêts français. Malgré cet accord rien n'est acquis et nombreuses sont les volte-face viêt-minh. Le 27 février, Sainteny envoie un télégramme au haut-commissaire lui rendant compte de la situation : « Au cours entretien de ce jour Hô s'est montré encore plus intransigeant qu'au cours conversations précédentes. Il semble que cette tactique consiste à discuter point par point jusqu'au dernier pouce. » De fait, les discussions achoppent sur la question de l'unité du Vietnam – la réunion des trois *ky* –, une réalité géographique, historique et ethnique défendue par le Viêt-minh que contestent toujours les Français. La réponse de l'amiral Thierry d'Argenlieu qui parvient le 3 mars, si elle ne constitue pas un refus puisque le haut-commissaire déclare que la Cochinchine décidera elle-même de sa position vis-à-vis du Vietnam, laisse peu d'espoir au Viêt-minh car, comme il le rappelle, cette colonie « faisant partie du territoire national, il n'en peut être disposée sans une loi ».

Le 6 mars 1946 est enfin entériné l'accord franco-viêt-minh qui conditionnait, aux yeux des Chinois, le retour de la France au Tonkin. Les heures qui ont précédé la signature du texte ont été pénibles mais, en fin d'après-midi, l'amiral Thierry d'Argenlieu donne finalement son approbation au dernier projet soumis par Sainteny depuis Hanoï par télégramme. Son contenu semble, à première vue, donner satisfaction aux Français. L'article 1 stipule en effet que « le gouvernement français reconnaît la République du Vietnam comme un État libre ayant son gouvernement, son parlement, son armée et ses finances, faisant partie de la Fédération indochinoise et de l'Union française. En ce qui concerne la réunion des trois *ky* le gouvernement français s'engage à entériner les décisions prise par la population consultée par référendum ». Dans l'article 2, « le gouvernement du Vietnam se déclare prêt à accueillir amicalement l'armée française [...] ». En revanche, la convention militaire annexe signée le lendemain 7 mars se révèle beaucoup plus contraignante pour la France et inquiétante pour son avenir au Vietnam. En vertu de celle-ci, si 15 000 soldats français sont autorisés à débarquer et à prendre garnison au Tonkin, le texte prévoit que « ces unités seront relevées par cinquième chaque année par l'armée vietnamienne. Cette relève étant donc effectivement réalisée dans un délai de cinq ans », une clause qui signifie la disparition pure et simple de la présence militaire française en 1950. Cette annexe aux accords du 6 mars suscite le mécontentement de l'amiral Thierry d'Argenlieu, qui la découvre avec stupéfaction le jour même, comme celui du gouvernement français quand il est porté à sa connaissance, le 12 mars suivant. Pour se défendre, Sainteny comme Salan – consulté au dernier moment sur les clauses militaires – arguent de l'urgence de la situation imposée par l'arrivée imminente des bâtiments français, une arrivée permise, se défendent-ils, seulement grâce à cette concession de dernière minute.

La perception de la situation à Paris comme celle des historiens qui abordent cette période des décennies après les faits faussent en partie l'analyse des événements. En effet, les quelques lignes qui précèdent et qui tentent de synthétiser les mois de négociations mettant aux prises les différents acteurs de cet imbroglio tonkinois ne rendent que très imparfaitement compte du climat et des tensions vécues par les délégués français, que ce soit en Chine ou Tonkin. Pressés par la question des délais, devant faire face à des interlocuteurs habiles, bien informés des impératifs chronologiques des Français et sachant en jouer au cours des pourparlers, les négociateurs français ont dû faire au mieux. Ces derniers ont toujours été, il faut le rappeler, couverts par leur hiérarchie. Lors des ultimes conversations franco-viêt-minh, le général Leclerc n'a-t-il pas donné la consigne de « signer à tout prix » ? L'amiral Thierry d'Argenlieu, quant a lui, est informé régulièrement des avancées obtenues comme des difficultés rencontrées, à l'exception importante, il est vrai, de la convention annexe. En définitive, peu importe les réactions positives ou négatives à Paris comme à Saigon qui accueillent l'accord du 6 mars 1946, car il apparaît rapidement que les responsables politiques français n'entendent pas sincèrement les appliquer.

Dans un premier réflexe, Philippe Baudet, secrétaire général du Cominindo et directeur du département Asie-Océanie du Quai d'Orsay, propose même de désavouer les signataires français. Cette solution radicale aurait pu avoir l'avantage, une fois les combattants présents au Tonkin, de reprendre des négociations sans hâte. Certes, le Viêt-minh, se sentant légitimement floué, aurait pu ordonner un soulèvement général et réaliser un front commun avec les autres partis nationalistes pour l'occasion, mais l'ensemble des forces réunies n'aurait pas suffi à rejeter les combattants du corps expéditionnaire à la mer. En jouant sur le temps et les divisions de l'adversaire, cette option avait peut-être quelque chance de succès. Si l'accord du 6 mars est finalement officiellement accepté, moins d'une semaine après sa conclusion, les dirigeants français cherchent déjà les moyens de le torpiller. Le 13 mars, lors d'une séance qui réunit le Cominindo, Marius Moutet, ministre de la France d'outre-mer, commence à envisager la mise en place d'une politique visant à encourager le séparatisme cochinchinois et évoque ainsi le principe de « La Cochinchine aux Cochinchinois » qui devient, dans les semaines suivantes, le slogan officiel des autonomistes sudistes. Il convient, pour clore ce sujet, de s'arrêter sur l'état d'esprit des principaux protagonistes français de cette période. Dans leurs Mémoires, les différents acteurs des négociations, Sainteny à un moindre titre, évoquent régulièrement – avec raison d'ailleurs – la duplicité du Viêt-minh, sa mauvaise foi et son intransigeance, sans plus s'interroger sur l'attitude dont ils ont eux-mêmes fait montre, employant parfois des méthodes identiques à celles qu'ils reprochent à leur adversaire. Surtout, ceux-ci ont beau jeu *a posteriori* de dénoncer l'attitude peu conciliante de la partie adverse alors que la France n'entend pas appliquer avec sincérité un texte que ses représentants ont signé – Moutet affectant même de n'y voir qu'une « convention locale » – et sur lequel le Viêt-minh va désormais s'appuyer.

Quoi qu'il en soit, au soir du 6 mars 1946, la France, six mois après son retour en Indochine et avec des moyens limités, a réussi à reprendre pied au Tonkin. La flotte française qui transporte les combattants du GM/2e DB et ceux de la 9e DIC mouille désormais dans le port de Haiphong, une opération qui ne s'est pas déroulée sans de violents incidents. Au matin du 6 mars, en effet, alors que l'accord n'est pas encore signé et que les tractations continuent à Hanoï, se joue à l'entrée du port de Haiphong une autre partie. L'arrivée des hommes du corps de débarquement se heurte à l'attitude résolument hostile des autorités chinoises locales, peu pressées de voir revenir les Français. Arrivés à environ deux kilomètres du port, les premières embarcations et le croiseur *Le Triomphant* qui les suit commencent à essuyer des coups de feu. Continuant leur route et parvenus devant les quais, les bâtiments font désormais face à des tirs intenses de la part des Chinois de la 130e division (53e armée) qui utilisent armes automatiques et canons. Jean Ferrandi, qui navigue avec son bataillon à bord d'un bateau de la marine marchande réquisitionné pour l'occasion, témoigne : « Les troupes prenaient leurs dispositions en vue du débarquement. Il était prévu que nous serions parmi les tout premiers à mettre pied à terre. Il était dit que nos navires accosteraient purement et simplement. Une fièvre certaine régnait à bord et, pour maintenir un minimum d'ordre et de discipline, les unités se formaient en carré sur les ponts tandis que les officiers chargés du matériel préparaient de leur côté les moyens de déchargement. Soudain une salve d'artillerie, partie de la rive droite en notre direction, jeta la consternation sur l'ensemble de l'armada. Un bateau de débarquement de la marine nationale qui se trouvait à cinquante mètres de nous était touché de plein fouet et brûla presque instantanément. À bord, les hommes surpris par la violence des flammes, brûlaient comme des torches vivantes. En moins de quelques minutes tout était carbonisé sur ce bateau à fond plat[45]. » Après voir attendu une demi-heure pour montrer aux Chinois son désir d'éviter l'affrontement, le général Leclerc autorise finalement *Le Triomphant* à riposter. Immédiatement ses canons de 138 mm font des ravages et embrasent une partie des docks suite à l'explosion de dépôts de munitions[46]. En fin de matinée un accord est toutefois conclu entre les deux parties, et le cessez-le-feu ordonné de part et d'autre. Les Français n'ont cependant pas l'autorisation de débarquer. Le bilan de cet « incident d'Haiphong » reste militairement lourd, puisque du côté du CEFEO 39 soldats et marins sont tués, une centaine blessés. Il faut encore attendre deux nouvelles journées pour que les premières unités françaises soient autorisées à mettre pied à terre.

Les éléments qui ont été rassemblés pour réoccuper le nord du 16e parallèle représentent le « fer de lance » du corps expéditionnaire. Alors que les appuis sont fournis par un groupe d'artillerie et une poignée de chasseurs Spitfire que l'armée de l'air a basés à Nha Trang, l'infanterie, la cavalerie ou encore le génie appartiennent au GM/2e DB et à la 9e DIC. Ces deux formations sont relevées au début du mois de février 1946 par les premiers éléments de la 3e DIC qui, même incomplète – la moitié de ses forces sont encore en France – se voit confier le 16 février le commandement de la zone sud. À cette même date, les forces nécessaires désignées pour le retour au Tonkin sont regroupées, leurs bataillons remis en condition et les hommes peuvent bénéficier exceptionnellement de quelques jours de repos. Elles ont embarqué à bord des navires à la fin du mois et une semaine a été nécessaire pour rallier Haiphong. Le 16 mars 1946, les opérations de débarquement sont terminées et les troupes prennent cantonnement où elles le peuvent : usines désaffectées, bâtiments en ruine, etc. Le général Leclerc peut désormais envisager la seconde phase de sa mission conformément à l'article 2 des accords du 6 mars : la relève des troupes chinoises. Il est évident aux yeux de tous que l'objectif premier est Hanoï où vit, isolée depuis un an, une communauté d'environ 20 000 Européens. Après de nouveaux palabres avec les Chinois et l'intervention directe de Tchang Kaï-chek, le général Leclerc obtient, enfin, de pouvoir gagner la capitale du Nord, accompagné, selon la formule retenue par les Chinois, d'une « petite garde d'honneur ». Celle-ci, forte de 1 200 hommes et composée majoritairement d'unités du groupement de marche de la 2e DB, quitte Haiphong au matin du 18 mars et s'engage sur la route coloniale 5 (RC 5) en direction d'Hanoï. La progression s'effectue sans difficultés majeures et les premières troupes du corps expéditionnaire, Leclerc en tête, font leur entrée triomphale dans la capitale du Tonkin vers 15 heures, acclamées par les vivats d'une foule en liesse. Ngo Van Chieu, alors jeune militant viêt-minh, se souvient : « Ils sont des milliers de Français et Eurasiens mêlés, qui chantent crient, hurlent *La Marseillaise*. Les véhicules français ne peuvent même plus avancer submergés par les grappes humaines. »

Le mot d'ordre de la réoccupation française au Tonkin est « souplesse et fermeté », termes employés à plusieurs reprises par l'amiral Thierry d'Argenlieu dans les directives qu'il adresse au général Leclerc. Le haut-commissaire entend jouer « franc jeu » dans ses rapports avec les Vietnamiens au moins, comme il l'écrit le 2 avril 1946, « jusqu'au jour où les Chinois virtuellement partis, notre situation mieux assise nous serons devenus, dans une large mesure, maîtres de la décision ». Le 3 avril, le général Salan signe avec Giap la convention d'état-major fixant la répartition des effectifs français qui doivent prendre garnisons au Tonkin : 5 000 hommes sont prévus à Hanoï, 1 750 à Haiphong, 1 025 à Hongay, 550 à Haiduong et 825 doivent être répartis entre Huê, Tourane et Diên Biên Phu. Le reste, soit 2 775 hommes, est chargé d'assurer la garde de six postes frontières : Tien Yen, Lang Son, Cao Bang, Ha Giang, Lao Kay et Laïchau. Au fil des semaines, les unités françaises s'implantent dans les villes et localités qui leur sont assignées, mais, hormis les tracasseries habituelles de la part des autorités chinoises[47], et à un moindre titre du Viêt-minh, la réoccupation du Tonkin se déroule sans heurts majeurs. Les Français semblent donc avoir réussi un pari à peine envisageable quelques mois auparavant : leur retour dans l'ensemble du Vietnam. Cependant, rien n'est réglé quant au fond et les questions de l'indépendance, de l'unité et des rapports entre les deux pays demeurent en suspens. Les négociations qui s'ouvrent au printemps et à l'été 1946 ont donc pour objet en France comme en Indochine de tenter de concilier des positions jusqu'ici inconciliables. Dans le même temps, sur le terrain, les militaires des deux camps s'organisent et fourbissent leurs armes, car au fil des mois la tension s'accroît et la possibilité d'une rupture entre Français et Viêt-minh devient une hypothèse de plus en plus plausible.

Concilier l'inconciliable :
les négociations de l'année 1946

L'article 3 de l'accord du 6 mars 1946 stipule « l'ouverture immédiate de négociations amicales et franches » qui doivent porter sur les relations diplomatiques du Vietnam, le statut futur des étrangers ainsi que sur les intérêts économiques et culturels français. Dans l'esprit d'Hô Chi Minh, le lieu de ces négociations ne peut être que Paris, des discussions dans la capitale étant seules à même de lui conférer la dimension et la reconnaissance de chef d'État à part entière à laquelle il aspire. Dans celui du haut-commissaire, au contraire, il s'agit d'éviter que la France ne soit le théâtre de pourparlers qui donneraient au Viêt-minh un rayonnement international. Le 24 mars 1946, les deux hommes se rencontrent en baie d'Along, à bord du croiseur *Émile-Bertin*, afin de définir les modalités pratiques des négociations. Si Hô Chi Minh est accueilli avec les témoignages d'honneur dus à un chef de gouvernement, les témoins présents décrivent une atmosphère assez pesante et empreinte de suspicion de part et d'autre. Au terme de l'entrevue, cependant, trois propositions sont approuvées en commun. Il est décidé en premier lieu qu'une délégation d'une dizaine de députés vietnamiens se rendra en France afin d'y présenter le « salut fraternel » de l'Assemblée nationale de la RDVN à son homologue française. En second lieu, une réunion est fixée à Dalat pour discuter des modalités d'application de l'accord du 6 mars et, enfin, selon le souhait émis par Hô Chi Minh – qui a eu gain de cause –, celui-ci obtient la tenue en France d'une conférence qui doit voir la réalisation d'un accord définitif entre le gouvernement français et celui de la RDVN.

Alors que la mission parlementaire « d'amitié », présidée par Pham Van Dong, s'envole pour la France à la mi-avril 1946, chaque camp prépare activement la première conférence et met en place une délégation chargée de défendre ses intérêts. Du côté « Viêt-minh », elle est dirigée officiellement par Nguyen Tuong Tam, le leader du VNQDD, mais, dans les faits, c'est bien Vo Nguyen Giap qui en est « l'homme fort ». Du côté français, si Max André, un député appartenant au Mouvement républicain populaire (MRP), préside la délégation, le haut-commissaire a placé ses hommes de confiance parmi les divers représentants des ministères : Léon Pignon pour les questions politiques et le général Salan pour les questions d'ordre militaire. Les contemporains des événements comme les historiens se rejoignent sur un point : la conférence préparatoire de Dalat, qui se tient du 17 avril au 11 mai 1946, n'aboutit à rien sinon à révéler, comme l'écrit Jacques Dalloz, « l'ampleur des désaccords ». De fait, une nouvelle fois la pierre d'achoppement est l'union des trois *ky*. La délégation viêt-minh entend négocier au nom d'un Vietnam unifié tandis que son homologue française lui rappelle le statut de colonie de la Cochinchine et le référendum prévu par les accords du 6 mars. Le différend est profond et la conférence s'achève sans résultats, laissant aux discussions qui vont s'ouvrir à Paris le soin de trouver des solutions. La rupture a été évitée, mais c'est bien là le seul point positif.

La conférence de Dalat se déroule dans un climat troublé. D'une part, la guérilla viêt-minh menée par Nguyen Binh – qui remplace Tran Van Giau au début de l'année –, s'intensifie en Cochinchine. Au printemps 1946, les troupes de la 3e DIC du général Nyo doivent ainsi faire face à de nombreuses attaques meurtrières, leur faible nombre empêchant par ailleurs les dizaines d'enlèvements et meurtres de notables ou d'opposants politiques aux communistes. Progressivement, le Viêt-minh reprend donc le contrôle des territoires reconquis par les hommes de Leclerc quelques mois auparavant. D'autre part, l'amiral Thierry d'Argenlieu encourage le séparatisme cochinchinois : le 26 mars, le Comité consultatif de Cochinchine, organe créé à l'automne 1945 et composé de notables et personnalités vietnamiennes sudistes (dont nombre ont la citoyenneté française), proclame la création d'un gouvernement provisoire de Cochinchine. La présidence en est confiée à Nguyen Van Thinh, déjà président du Comité consultatif[48]. La dernière étape du plan français débouche, le 1er juin 1946, sur la proclamation de la République autonome de Cochinchine. Sur ordre de Thierry d'Argenlieu, Salan, qui accompagne Hô Chi Minh en route pour Paris[49], a caché cette manœuvre au président de la RDVN et celui-ci ne l'apprend qu'à l'occasion d'une escale que les deux hommes font au Caire, le 8 juin. Le général Salan a beau assurer que cette république n'est que le pendant de l'institution mise en place par le Viêt-minh au Tonkin (et qui existe également dans les autres États de la Fédération) et que le principe du référendum n'est pas abandonné, Hô Chi Minh goûte peu la surprise. De fait, cette initiative à la veille de négociations décisives n'est pas faite pour rapprocher les points de vue, ni apaiser les craintes du Viêt-minh.

Arrivé en France, une nouvelle surprise attend Hô Chi Minh. Au lieu de se poser à Pau comme prévu avant de gagner Paris, c'est à Biarritz que l'avion atterrit. Le gouvernement Félix Gouin étant à cette date démissionnaire, les autorités françaises préfèrent – c'est la raison officielle qui est donnée – attendre qu'un nouveau gouvernement soit constitué avant d'accueillir le président de la RDVN. L'attente au Pays basque dure près de deux semaines et ce n'est que le 22 juin qu'Hô Chi Minh est autorisé à se rendre à Paris. Il lui faut encore patienter quinze jours avant de voir s'ouvrir la conférence de Paris… qui a lieu finalement à Fontainebleau. Le gouvernement de Georges Bidault, nouvellement nommé, a souhaité en effet limiter la portée des discussions en choisissant une petite ville de la région parisienne plutôt que la capitale. Depuis un mois qu'il est en France, Hô Chi Minh n'est cependant pas resté inactif, visitant ses amis – dont Raymond Aubrac –, multipliant les interviews où apparaissent, entre les témoignages de sympathie pour la France et son peuple, sa volonté de ne rien céder quant aux questions de l'indépendance et de l'unité du Vietnam. Un fait reste certain, « l'oncle Hô » séduit la plupart de ses interlocuteurs. Afin de ne pas ternir l'image qu'il se construit et éviter, en cas d'échec des pourparlers, de se trouver compromis, il choisit de ne pas assister à la conférence et laisse aux très influents Pham Van Dong et Hoang Minh Giam le soin de diriger la délégation de la RDVN. Max André, comme à Dalat, est le chef de la délégation française qui, si elle accueille des hommes politiques de plusieurs formations (PCF, SFIO et MRP), ne compte en revanche aucune personnalité politique de premier plan. Par ailleurs, c'est encore le général Salan qui se voit confier la responsabilité des questions militaires.

Le 6 juillet 1946 s'ouvre donc la conférence de Fontainebleau qui devra résoudre cinq problèmes successifs : l'intégration du Vietnam dans l'Union française et celle de celui-ci dans la Fédération indochinoise, la question de l'unité du pays, l'examen des problèmes économiques (et douaniers) et, enfin, l'établissement d'un projet de traité définitif entre les deux États. D'emblée, il apparaît évident que les délégations ne parlent pas le même langage. Alors que l'intégration du Vietnam dans les structures définies par la déclaration du 24 mars implique une subordination à l'autorité française, le Viêt-minh, lui, les conçoit comme de simples organismes de coopération. Ainsi, pour Pham Van Dong, la RDVN doit avoir l'entière liberté de ses relations diplomatiques, ce qui reste inacceptable pour les représentants français : les relations extérieures du Vietnam ne peuvent exister que dans le double cadre de l'Union et de la Fédération et sont donc, à ce titre, des prérogatives exclusives de la République française.

« L'État libre » stipulé par l'article 1 de l'accord du 6 mars 1946 représente un organisme *indépendant* aux yeux du Viêt-minh mais n'est entendu que comme une structure *autonome* par les Français. Enfin, le rattachement de la Cochinchine au Vietnam est une évidence pour les délégués vietnamiens et le référendum prévu ne doit avoir pour objet que de définir son éventuel statut particulier au sein de la RDVN, un territoire et des populations qui peuvent, par exemple, jouir de droits propres. Les Français ne le conçoivent évidemment pas de la sorte. Aux revendications d'indépendance, de coopération et d'unité qui sont avancées par les délégués du Viêt-minh, leurs homologues français répondent par des propositions d'autonomie, de subordination et de division : sur chacun des sujets abordés l'opposition est complète.

C'est dans cette atmosphère tendue que les deux parties apprennent, le 1er août 1946, une initiative qui peut être légitimement reprochée à l'amiral Thieery d'Argenlieu. Celui-ci a en effet réuni à Dalat une seconde conférence qui se veut « consultative et préparatoire » à la définition du futur statut de la Fédération indochinoise. En accueillant des délégations cambodgiennes, laotiennes et cochinchinoises, elle entend surtout montrer aux Tonkinois du Viêt-minh qu'ils ne sont pas les seuls interlocuteurs de la France. Dans le climat déjà dégradé de Fontainebleau, cette annonce ne fait pas le meilleur effet et « ne facilite pas les négociations » note avec un certain euphémisme Jacques Dalloz. Face à ce qu'il considère comme une rupture des accords du 6 mars, Pham Van Dong n'a d'autre choix que celui de suspendre les discussions. Les contacts officieux entre représentants des deux délégations se poursuivent toutefois les semaines suivantes mais ne donnent aucun résultat et, le 13 septembre, Pham Van Dong et son équipe quittent la France. La conférence de Fontainebleau est-elle un échec ? Pour Philippe Devillers, contemporain de ces événements et historien engagé, la réponse est négative. À Fontainebleau, les pourparlers ont juste été suspendus et il a été convenu que les négociations reprendraient ultérieurement. D'autres, en revanche, estiment que la conférence marque la fin des tentatives de rapprochement entre Français et Viêt-minh et que la rupture est proche. De fait, en Indochine, un regain de tension est nettement perceptible à l'été 1946.

Depuis l'échec de la première conférence de Dalat, Vo Nguyen Giap est de ceux qui considèrent que les antagonismes et les divergences entre les deux adversaires sont trop forts et qu'il convient de se préparer à la lutte armée. Politiquement, il met à profit le départ des troupes chinoises pour se débarrasser - souvent physiquement - des personnalités nationalistes susceptibles de rassembler les masses et, militairement, il s'attache à développer une véritable armée forte d'environ 30 000 hommes appuyés par plusieurs milliers de miliciens *(Tu Vé)* qui apportent un concours précieux dans les grandes agglomérations. Pour l'amiral Thierry d'Argenlieu et le général Valluy - qui remplace le général Leclerc à compter du 18 juillet 1946 -, les actions de la guérilla viêt-minh en Cochinchine et l'attitude de plus en plus hostile de celui-ci au Tonkin justifient une réaction. Le commandement français, contrairement aux conventions passées aux mois de mars et avril précédents, décide dans un premier temps d'élargir les zones dévolues aux troupes françaises d'Indochine du Nord (TFIN)[50]. Les régions côtières et frontalières avec la Chine, fiefs des populations Nungs, traditionnellement hostiles aux Vietnamiens, sont ainsi réoccupées. Ce changement de politique donne lieu à de vives réclamations de la part du gouvernement viêt-minh mais provoque surtout la recrudescence des incidents sanglants à partir du second semestre. Le 3 août 1946, à Bac Ninh, à 30 kilomètres au nord-est de la capitale du Tonkin, un convoi d'une soixantaine de véhicules chargés de ravitailler Lang Son à partir de Hanoï tombe dans une embuscade meurtrière qui constitue peut-être une réponse *politique* du Viêt-minh à la tenue de la seconde conférence de Dalat. Dans un second temps, les autorités françaises locales, confrontées à une situation que seules des négociations politiques ou un conflit ouvert peuvent débloquer, font effort sur la réoccupation du Centre-Vietnam et du Laos, où les Chinois ont fini par partir, afin de permettre le désenclavement de ces régions et d'y restaurer l'influence française.

Malgré l'hypothèse d'un coup de force qu'envisage désormais sérieusement chacun des camps et en dépit des résultats décevants de la conférence de Fontainebleau, les responsables français et viêt-minh, au plus haut niveau, entreprennent un geste pour « marquer un nouveau progrès dans le développement des relations entre la France et le Vietnam en attendant que les circonstances permettent de conclure un accord total et définitif ». Ainsi, au début du mois de septembre 1946, est ébauché un projet d'accord préliminaire qui, plusieurs fois remanié, aboutit à la rédaction d'un *modus vivendi*, signé le 14 septembre entre Marius Moutet et Hô Chi Minh[51]. Sur la forme, les deux parties entendent marquer officiellement leur intention de poursuivre dans la voie du dialogue, « dans un esprit d'amitié et de compréhension mutuelle ». Sur le fond, les clauses du *modus vivendi* constituent véritablement des concessions faites par le président de la RDVN aux intérêts français, que ce soit le statut des biens et entreprises (article 2), les relations culturelles ou scientifiques (article 3) ou les questions économiques et financières (articles 5 et 6). Par ailleurs, il est stipulé (article 4) que la RDVN « fera appel par priorité aux ressortissants français chaque fois qu'[elle] aura besoin de conseillers, de techniciens ou d'experts », un engagement que se refusait à prendre le Viêt-minh quelques mois auparavant. La signature de ce *modus vivendi* par Hô Chi Minh a souvent été expliquée par la volonté de ce dernier de rechercher véritablement une entente avec la France, mais également de ne « pas rentrer les mains vides à Hanoï ». D'autres ont préféré y voir la rouerie du vieux leader communiste, jouant l'apaisement et acceptant le dialogue pendant que, 12 000 kilomètres plus à l'est, en Indochine, ses partisans se préparaient à la lutte armée, comme en témoignent d'ailleurs un certain nombre de messages échangés entre responsables viêt-minh et interceptés par les services de renseignements du haut-commissaire ou du corps expéditionnaire.

Si le *modus vivendi* apparaît comme un ensemble de compromis qu'Hô Chi Minh aurait faits à la France, il est douteux que le Viêt-minh ait eu véritablement l'intention d'en appliquer les clauses. De leur côté, l'amiral Thierry d'Argenlieu comme le général Valluy redoutent les effets de son article 9 et entendent recevoir des assurances avant sa mise en application, ces assurances – demandées au début du mois de novembre – portent notamment sur le désarmement des « bandes rebelles » au sud et le rapatriement de toutes les troupes étrangères à la Cochinchine et au Sud-Annam, c'est-à-dire les forces viêt-minh originaires du Tonkin. Des prétentions inacceptables pour Hanoï. De fait, l'article 9 du *modus vivendi* a été conçu en l'absence d'experts et, une fois encore, sans consulter l'amiral Thierry d'Argenlieu, pourtant chargé de le faire exécuter ; il s'avère parfaitement inapplicable sur le terrain. Non seulement cet article reconnaît fort maladroitement l'absence d'ordre public en Cochinchine et dans le Sud-Annam, mais il entérine implicitement le statut de belligérant du Viêt-minh au sud. L'établissement d'accords *en commun* prévus entre états-majors pour faire respecter la fin des hostilités au sud du 16e parallèle constitue en effet une reconnaissance de la légitimité de celui-ci en Cochinchine, ce qu'ont toujours refusé les autorités locales françaises. De plus, l'article stipule la libération des prisonniers « pour des motifs politiques », ce qui ne signifie rien de moins que la remise en liberté d'insurgés capturés lors d'opérations militaires. Le *modus vivendi* signé le 14 septembre 1946, qui peut apparaître comme louable dans ses intentions, se révèle totalement irréaliste dans ses applications sur le terrain. Il illustre à ce titre le décalage entre le point de vue de Paris et celui de Saigon et témoigne de la méconnaissance des réalités indochinoises. Les négociations de l'année 1946 aboutissent donc à des échecs. Les deux parties ont dévoilé leur jeu et leurs revendications à plusieurs reprises. Chaque négociation s'est heurtée aux mêmes divergences et aux mêmes oppositions de fond. Au début de l'automne, malgré le cessez-le-feu qui entre en vigueur le 30 octobre, Français comme Viêt-minh se préparent à la guerre.

Chapitre IV

Le choix de la guerre et l'échec de la pacification

« Les Franco-Vietnamiens ont misé sur tout ce qui mourait dans ce pays : les traditions, les vieux. Le Viêt-minh utilisait tout ce qui naissait ou grandissait : les désirs, les passions, les jeunes. »

Colonel Jean Némo,
Enseignements des opérations d'Indochine (1945-1954), 11 janvier 1955.

Veillée d'armes au Tonkin

Au sud, la trêve prévue par le *modus vivendi* ne dure véritablement qu'une semaine, semaine au terme de laquelle les attaques des bandes de Nguyen Binh reprennent de plus belle. La République autonome de Cochinchine, privée d'une réelle assise populaire, s'avère totalement impuissante à enrayer les menées du Viêt-minh et, à cette date, le commandement français estime que ce dernier contrôle environ 80 % de la colonie. Au Tonkin, l'accord du 14 septembre n'a lui aussi qu'un effet limité dans le temps. L'action des forces françaises stationnées dans les garnisons définies par les accords du 6 mars 1946 est chaque jour entravée par les tracasseries infligées par les autorités viêt-minh, ce qui accroît le confinement des militaires français. Le port des armes est interdit en dehors du service et les soldats du corps expéditionnaire ne peuvent disposer de terrains de manœuvre et d'exercice qu'avec l'accord du Viêt-minh, ce dernier faisant, selon le commandement français, « preuve de la plus évidente mauvaise volonté dans l'application des accords ». Si, en théorie, la circulation est libre entre les différentes garnisons françaises, dans la pratique, des postes de contrôle sont établis un peu partout par les *Tu Vé*, et tout déplacement d'éléments du CEFEO d'un effectif supérieur à 60 hommes doit faire l'objet d'une convention préalable. La question de la liberté de circulation des unités françaises devient la préoccupation principale du commandement des forces françaises du Tonkin qui assiste, impuissant, à la paralysie progressive de son appareil militaire. Tandis que se poursuivent de vaines discussions quant à l'application du *modus vivendi* et à la mise en place des commissions mixtes prévues par le texte[1], dans la capitale du Nord, la situation se dégrade inexorablement ; la « trêve » militaire profite en définitive au Viêt-minh, qui renforce ses positions sur l'ensemble du Vietnam.

Au début du mois de novembre 1946, la situation est devenue telle que les communications ne sont plus assurées librement que sur la RC 5, entre Haiphong et Hanoï, et entre cette dernière et Lang Son, sur la RC 1. Mais, là encore, les convois français ne peuvent circuler qu'après en avoir informé au préalable les officiers de liaison viêt-minh, dont l'attitude est ressentie comme autant de vexations par les soldats du corps expéditionnaire. Comme le remarque de manière pessimiste mais lucide un officier du génie, les Français « ne sont en fait maîtres d'aucune route » et le Viêt-minh garde partout l'initiative. À la fin du mois de novembre, à Haiphong, un différend portant sur un problème douanier met le feu aux poudres. Il convient de souligner l'importance, parfois négligée, de cette question douanière pour la RDVN, qui, à l'époque, cherche désespérément des subsides pour faire vivre son État et son armée, alors même que les autorités françaises entendent se réserver les droits de taxe. Pour éviter l'asphyxie financière, conserver son autonomie et garder la confiance de la population, la rentrée de devises reste primordiale pour le Viêt-minh. Le 20 novembre 1946, alors qu'ils contrôlent une jonque suspectée de contrebande, des soldats français sont attaqués par des *Tu Vé*. Pris à partie les militaires français ripostent, mais bientôt la situation dégénère et la fusillade qui s'ensuit s'étend à travers toute la ville et se solde par plusieurs tués et blessés du côté français. Ce qui n'aurait pu être qu'un incident réglé localement prend de l'ampleur. Les consignes d'apaisement données par le général Morlière, qui a pris le commandement des Troupes françaises en Indochine du Nord au mois de juin[2], sont désavouées par Valluy et ne sont pas appliquées par le colonel Débès, responsable du secteur de Haiphong. À leur décharge, les arrangements passés par le commandant des TFIN avec ses interlocuteurs viêt-minh semblent difficilement applicables à Haiphong où les combats font rage. « Son extrême bonne volonté politique va le discréditer désormais auprès de ses compatriotes : il tolère, eux ne veulent plus, ne peuvent plus subir », dira Valluy du général Morlière. Les deux jours qui suivent sont marqués par des tentatives de cessez-le-feu, mais les exigences posées par Valluy – évacuation des troupes viêt-minh de Haiphong et liberté totale de circulation donnée aux combattants du CEFEO – sont inacceptables pour l'adversaire. De leur côté, les *Tu Vé* maintiennent la pression et continuent d'ouvrir le feu sur les Français.

Le général Morlière, jugé trop « tiède » et favorable aux solutions négociées, est alors écarté du processus décisionnel et de la conduite des opérations quand le général Valluy s'accorde avec le colonel Débès pour régler le problème. Le successeur de Leclerc souhaite profiter de l'événement pour donner – selon l'expression employée le 22 novembre et devenue célèbre depuis lors – « une dure leçon » au Viêt-minh et « amener le gouvernement et l'armée vietnamienne à résipiscence ». Cette mesure, si elle outrepasse ses fonctions de haut-commissaire par intérim, correspond sensiblement aux vues de l'amiral Thierry d'Argenlieu, absent d'Indochine à cette date. Les paroles de Valluy lui seront beaucoup reprochées dans les années qui suivent et certains, tel Philippe Devillers, y voient la preuve que les responsables français en Indochine n'attendaient qu'un prétexte pour se débarrasser du Viêt-minh et passer à l'action. Vingt ans plus tard, Valluy se justifie pourtant, n'affectant de voir dans le vocabulaire utilisé à l'époque que la marque d'un « style militaire » destiné à galvaniser les troupes. Par ailleurs, le colonel Débès n'est pas exempt de reproches et le général Valluy soulève ses erreurs dans les tentatives de négociations avec la partie adverse au cours des journées des 21 et 22 novembre. Le Viêt-minh refuse les conditions de cessez-le-feu proposées par Valluy, conditions transformées par le colonel Débès en un véritable ultimatum. À compter du 23 au matin, les combats reprennent et gagnent en intensité.

C'est ce jour-là que les Français procèdent au « bombardement de Haiphong » au cours duquel des bâtiments de la marine canonnent le quartier vietnamien de la ville où se sont réfugiées les forces du Viêt-minh. Le bilan de cette action continue aujourd'hui encore à faire débat et oscille, selon les sources, entre quelques centaines et plusieurs milliers de morts. Dans sa thèse, déjà citée, Thomas Vaisset semble faire définitivement justice du bilan des 6 000 tués, un chiffre qui ne repose que sur quelques témoignages et qui sert depuis de référence bien qu'il ne soit étayé par aucune source sérieuse. Son importance, à l'époque, a beaucoup servi la propagande du Viêt-minh comme celle des personnalités qui, en France, cherchent à discréditer l'action du haut-commissaire et des officiers supérieurs qui lui sont subordonnés. Il semble, avance Thomas Vaisset après une enquête rigoureuse, que les pertes humaines sont comprises entre 500 et 1 000 morts, parmi lesquels beaucoup de combattants du Viêt-minh, dont les concentrations ont été repérées par les observateurs de l'artillerie ou de l'aviation. L'intervention des autorités locales des deux parties, si elle ramène le calme de façon provisoire, ne règle rien. Les morts de chaque camp attisent davantage le sentiment de revanche tout comme la volonté d'en finir des troupes.

Cette « affaire de Haiphong » est contemporaine d'un autre événement, l'embuscade de Lang Son. Le 20 novembre, la Commission des crimes de guerre japonais se rend à Van Mieu, dans les environs de Lang Son, afin d'exhumer et de rapatrier les corps de soldats français assassinés après le coup de force du 9 mars 1945. Le lendemain, les éléments chargés de poursuivre la mission tombent dans une embuscade qui fait neuf tués et autant de blessés du côté français tandis que, dans la riposte, les troupes du Viêt-minh perdent une cinquantaine de *Tu Vé*. Dans les jours qui suivent, le groupement du lieutenant-colonel Sizaire poursuit les combats et se rend maître de Lang Son. Pour les Français, la simultanéité des attaques de Haiphong et de Lang Son ne peut s'expliquer que par la préméditation. Quand le général Giap, devenu ministre de la Défense nationale de la RDVN, écrit à Valluy le 21 novembre au soir pour se plaindre des agissements des combattants français, il évoque, également, une « simultanéité troublante ». En 1967, Valluy revient sur cette époque, s'expliquant sur les décisions prises : « On m'objectera : "La négociation n'était pas rompue !?" Certes mais nous n'avions plus confiance dans le principe de la négociation. Nous avions trop de souvenirs de petites ou moyennes négociations sur la nécessité d'une cohabitation et d'une collaboration où on ne discernait en fin de compte que le refus orgueilleux et procédurier du Viêt-minh de reconnaître ses erreurs et d'instaurer une discussion véritable [...]. Les problèmes de sécurité et de sauvegarde étaient devenus pour nous beaucoup plus prioritaires que de vagues questions de prestige. [...] Un réajustement totale de la coexistence s'imposait : rien, si ce n'est la force, ne nous sembla susceptible d'apaiser une population autochtone déchaînée, méconnaissable en quelques heures et prisonnière de son fanatisme. » En définitive, au-delà des responsabilités des uns et des autres, il apparaît que, dans le contexte de tensions extrêmes qui prévaut au Tonkin en cette fin d'année 1946, les événements de Haiphong-Lang Son représentent une ultime étape avant la guerre.

À compter de la fin novembre, l'atmosphère, à Hanoï et dans l'ensemble du Tonkin, s'apparente à une veillée d'armes. « Des barricades, des tranchées, des emplacements de combats s'édifient sans cesse du côté vietnamien [...] nous sommes dans une impasse », conclut le général Morlière. En fait, « c'est tout le problème de notre présence en Indochine qui se pose, souligne-t-il encore dans un rapport du 12 décembre. Un fait qui paraissait évident est désormais acquis, savoir : l'impossibilité du maintien d'une troupe française relevant administrativement et politiquement sans restriction aucune d'un gouvernement autre que le gouvernement français [...]. La présence de troupes françaises dans un Vietnam totalement souverain et indépendant [...] est donc une impossibilité ». Au début du mois de décembre 1946, la ville européenne et le quartier militaire de la citadelle sont désormais totalement isolés. Le témoignage du capitaine Carette, commandant la deuxième compagnie du 71e bataillon du génie (71e BG), témoigne bien du climat particulier qui règne dans la capitale du Nord : « Dans toutes les directions, dans toutes les rues, chaque 10 mètres, un obstacle apparaît, barricades, poteaux supportant fils électriques et téléphoniques sont couchés en travers des avenues, les arbres abattus, rien ne reste debout. Des créneaux à toutes les fenêtres des maisons, des blockhaus légers sur les balcons, les murs percés permettent la liaison entre toutes les maisons [...] déjà il nous est permis de voir les difficultés futures auxquelles nous allons avoir à faire face. »

Isolés à l'intérieur de Hanoï, les Français le sont également de l'extérieur. Depuis le 23 novembre précédent, les liaisons avec Haiphong sont interrompues car le Viêt-minh a décidé d'interdire définitivement la circulation des véhicules du corps expéditionnaire sur la RC 5. Tandis qu'à Paris le gouvernement semble encore nourrir quelques illusions sur la possibilité d'arriver par la négociation à un accord, sur place, les militaires français comme leurs homologues du Viêt-minh se préparent à passer à l'action. Le 6 décembre 1946, l'amiral Thierry d'Argenlieu avertit le gouvernement « du caractère presque fatal de la rupture ». Chacun sent, comme l'écrit Morlière une semaine avant l'attaque viêt-minh, que « la fin du paradoxe qui voit Français et Vietnamiens se combattre en Cochinchine et partager des toasts au Tonkin, est proche ». Selon l'opinion du commandant des TFIN, « un conflit [apparaît] donc à peu près inévitable. La réouverture à laquelle il faudra bien arriver, des communications Haiphong-Hanoï, nous y conduit presque inéluctablement ». Stein Tønnesson juge également qu'il est « extrêmement difficile de croire que la guerre pouvait être évitée. [En effet], au Vietnam se trouvaient cristallisées les deux formes de guerre d'affrontement les plus importantes de l'après-guerre : la décolonisation et la guerre froide[3] ».

Le « clash de Hanoï » et le dégagement des garnisons françaises du Tonkin

Le 19 décembre 1946, à 20 h 04, aussitôt après avoir fait sauter l'usine électrique alimentant Hanoï et plongé la ville dans l'obscurité, les troupes viêt-minh donnent l'assaut aux cantonnements français tandis qu'ailleurs, dans la cité, les civils européens sont pourchassés et plusieurs dizaines assassinés. Le 19 décembre 1946 a été choisi par les historiens pour marquer le début de la guerre d'Indochine. Pourtant, on pourrait tout aussi bien considérer que le conflit commence au moment où le corps expéditionnaire a repris pied en Cochinchine au mois d'octobre 1945. Toutefois, quelle que soit la date retenue pour déterminer le commencement du conflit, l'attaque du 19 décembre constitue bien une *rupture* entre la France et son interlocuteur, le Viêt-minh. Avec la bataille de Hanoï s'ouvre une nouvelle période qui laisse la voix aux armes. Elle va durer neuf ans. Neuf années au terme desquelles les deux adversaires, éprouvés, reprennent le chemin de la négociation.

La responsabilité directe du coup de force du 19 décembre, appelée aussi à l'époque « clash de Hanoï[4] », ne semble plus devoir faire l'objet de débat aujourd'hui. Il résulte clairement des décisions prises par le *Tong Bo* au lendemain de « l'affaire de Haiphong ». Dans le tome premier de ses *Mémoires*, le général Giap reconnaît que l'initiative de son déclenchement en revient bien aux troupes de la RDVN, même s'il donne à l'événement le caractère d'une attaque préventive, anticipant une action française de reconquête du Tonkin jugée certaine par les autorités viêt-minh. Il est cependant douteux qu'en passant à l'offensive le Viêt-minh ait songé parvenir avec ses seules forces (10 000 hommes à Hanoï dont environ 8 000 *Tu Vé* et une vingtaine de milliers d'autres, peut-être, à la périphérie de la ville) à détruire les unités du corps expéditionnaire et les rejeter à la mer. Alors, en prenant l'initiative des hostilités, quel but poursuivent Hô Chi Minh et son parti ou, pour employer la terminologie militaire, quel est « l'effet majeur recherché » ? Depuis sa prise de pouvoir à l'été 1945, le Viêt-minh s'est construit dans la violence et le caractère brutal, voire criminel du mouvement révolutionnaire est constitutif de son avènement et de son développement. Dans cette perspective, le coup de force du 19 décembre, replacé dans son contexte et considéré comme un *moyen*, ne constitue pas une surprise. Cependant, en déclenchant l'attaque – plus ou moins – simultanée[5] des garnisons françaises, le Viêt-minh accepte le principe d'une riposte de grande ampleur et le risque que celle-ci entraîne sa disparition. Les responsables communistes craignaient-ils véritablement une attaque française ? Ont-ils pris les devants afin d'éviter que leurs forces ne soient écrasées ? Jugeaient-ils véritablement la rupture inévitable ? Hô Chi

Minh, comme certains l'ont prétendu par la suite, a-t-il été « débordé » par les éléments les plus extrêmes de son parti ? Ces questions restent en partie en suspens et il demeure toujours, aujourd'hui encore, difficile de discerner les véritables motivations et intentions de cette rupture. Quoi qu'il en soit, le 19 décembre 1946, le Viêt-minh signifie clairement au camp français qu'il ne redoute pas l'affrontement généralisé ni de se lancer dans une guerre longue contre un adversaire doté d'une armée moderne, de combattants mieux instruits et mieux équipés.

Le commandement français a divisé Hanoï en deux secteurs : Nord et Sud, et, pour en assurer la défense, il dispose d'environ 4 500 soldats, regroupés autour des 1er et 3e bataillons du 6e RIC (I/6e RIC et III/6e RIC), du groupement blindé du Tonkin (GBT)[6], du bataillon parachutistes de la demi-brigade SAS[7] ainsi que d'un groupe d'artillerie doté de deux batteries de 105 mm. C'est avec ces hommes que le corps expéditionnaire doit faire face à l'attaque de ses positions. La nuit du 19 au 20 décembre 1946 est marquée par une intense activité : « Il faut être partout », se souvient un officier. De fait, les *Tu Vé*, auxquels le Viêt-minh laisse supporter le choc pour préserver son armée embryonnaire, sont présents en nombre dans chaque quartier et leur action est facilitée tant est grande leur liberté de déplacement. Les jours précédents l'attaque, les murs des maisons ont été percés avec la complicité des habitants, afin de permettre les communications entre rues et quartiers de la ville sans avoir à emprunter les axes routiers. « Serrez les dents, vous en avez vu d'autres » lance le général Valluy à ses troupes. De fait, passé la surprise initiale, les forces françaises se ressaisissent et atteignent l'essentiel de leurs objectifs dans les jours qui suivent ; parmi ceux-ci, l'usine des eaux, la centrale électrique ou encore le pont Doumer qui permet d'accéder à Gia Lam – l'aéroport de Hanoï – sont les plus importants. La puissance de feu et le professionnalisme des troupes françaises font peu à peu la différence et, quartier par quartier, Hanoï est reconquise. Une dizaine de jours après le début des opérations et malgré l'existence de quelques îlots de résistance dans le sud de la ville, défendus « pouce par pouce par un adversaire fanatique et résolu au sacrifice », la situation « commence à devenir nette », écrit le général Morlière. La phase de nettoyage se poursuit toutefois jusqu'au mois de février 1947.

Hanoï n'est pas la seule garnison française assaillie et, le 19 décembre au soir, celles de Phu Lang Thuong (qui permet de relier Hanoï à Lang Son), de Nam Dinh et celle de Haiduong, sur la RC 5, subissent elles aussi l'attaque du Viêt-minh. Après quatre jours de combat, les forces françaises ayant la situation en main à Hanoï, le général Morlière décide de dégager les garnisons isolées. Le premier objectif est Phu Lang Thuong, situé à 50 kilomètres au nord-est de la capitale du Tonkin et à une centaine de kilomètres de Lang Son. Plusieurs postes français, tenus par des coloniaux[8] du III/6e RIC, jalonnent l'itinéraire. L'axe routier Hanoï-Lang Son que doivent emprunter les unités françaises et qui constitue la dernière portion de la RC 1 est interrompu par trois coupures d'importance : le canal des Rapides, la rivière Dap Cau (au nord de Bac Ninh), et la rivière Phu Lang Thuong qui borde la cité. Le 19 décembre, le poste du canal des Rapides résiste bien au choc, malgré un assaut particulièrement violent et, grâce au feu des canons de la compagnie d'appui du III/6e RIC, le pont sur le canal est conservé intact. La colonne blindée qui s'élance à l'aube du 23 décembre aux ordres du chef de bataillon Giraud n'a elle, outre la vingtaine de destructions opérées sur la route, « que » deux rivières à franchir avant d'arriver à Phu Lang Thuong. Cette colonne qui doit replier la garnison de la ville sur celle de Bac Ninh comprend, outre des blindés du GBT, une compagnie de parachutistes SAS, une compagnie de fantassins du 6e RIC et une section d'appui dotée de canons de 75 mm du régiment d'artillerie colonial du Maroc (RACM). Partie à l'aube du 23 décembre, l'avant-garde de la colonne rejoint Bac Ninh peu après minuit le 24. Presque vingt-quatre heures ont été nécessaires pour effectuer les 30 kilomètres. Phu Lang Thuong est finalement atteinte le 27 en fin d'après-midi et, au soir du 30 décembre 1946, l'ensemble du dispositif est repliée sur Bac Ninh.

La seconde étape planifiée par le commandement français est le dégagement et la réouverture de la RC 5, indispensable au ravitaillement de Hanoï. Un bataillon de marche[9] a pour mission de réaliser la jonction avec des unités parties de Haiphong à sa rencontre. La RC 5 qui relie Haiphong à Hanoï est, dès le début des hostilités, l'axe vital des troupes françaises d'Indochine du Nord[10]. C'est par cette voie que transitent toute la logistique et le ravitaillement des unités du corps expéditionnaire. Ce qui est vrai en 1946 l'est également huit ans plus tard en 1954 et la RC 5 subit plus de sabotages que jamais lors du déclenchement de la bataille de Diên Biên Phu. Ainsi la RC 5 est, par son importance, une véritable route stratégique qui alimente la guerre au Tonkin pendant toute la durée du conflit. Le Viêt-minh l'a bien compris puisque, dès « l'affaire de Haiphong », il y interdit toute circulation aux Français. Les combattants du corps expéditionnaire enfermés dans Hanoï sont donc, pendant toute la phase de dégagement, ravitaillées partie par l'armée de l'air, partie par la marine, jusqu'au rétablissement de l'itinéraire terrestre au début de l'année 1947.

À Haiphong, où règne un calme relatif contrastant singulièrement avec les événements de la capitale, le commandement lance ses unités sur la RC 5, unités qui doivent, en chemin, porter secours aux forces bloquées dans Haiduong. La libération de cette localité, qui donne lieu à des combats acharnés et meurtriers, est l'occasion de la mise en œuvre d'une opération terrestre et fluviale qui mobilise notamment le 1er bataillon du 2e REI (I/2e REI), le 23e RIC et des éléments du régiment d'infanterie coloniale du Maroc (RICM). Les bâtiments des groupements fluviaux doivent assurer des débarquements successifs et progresser en même temps que les troupes à terre, dont elles assurent le soutien et l'appui. Enfin, pour compléter le dispositif, un train blindé et un détachement du génie, protégés par des sections d'infanterie, avancent parallèlement au groupement motorisé, réparant la voie ferrée au fur et à mesure de la progression. Cette opération est l'occasion pour le génie du corps expéditionnaire d'acquérir un nouveau savoir-faire et de s'adapter aux méthodes de l'adversaire. Certaines coupures réalisées de nuit par la population sont réparées le jour sans trop d'efforts, un officier du génie relate que « chaque nuit, la population [est] appelée à agrandir les trous [sur la chaussée] au point que certains ont fini par être réunis ce qui, par endroit, neutralise l'effet de la coupure : l'aménagement d'une rampe à chaque extrémité étant suffisant, et le fond de la coupure, quoique un peu moins solide que la route, fait néanmoins chemin de roulement ». Les sapeurs font également connaissance avec les curieux dispositifs que le Viêt-minh place sur la chaussée pour entraver la circulation mais également pour gêner le travail de réparation. Les éléments de tête de colonne sont régulièrement confrontés à des obstacles dépassant souvent deux mètres de haut, réalisés à l'aide d'une terre très compacte et traversée par « des troncs d'arbres de 3 à 4 mètres » de haut. Ces merlons, la plupart du temps piégés, se rencontrent par la suite très fréquemment dans les opérations d'ouverture de route et leur enlèvement nécessite une grande quantité d'explosifs. Le 27 décembre 1946, la liaison est enfin rétablie entre Haiduong et Haiphong et il ne reste plus qu'à réaliser la liaison avec le bataillon de marche parti de Hanoï que dirige le chef de bataillon Langlais[11]. La jonction entre les éléments de reconnaissance de chaque détachement est établie le 7 janvier 1947 au début de l'après-midi, mais il faut toutefois attendre le 11 janvier pour que la circulation sur la RC 5 redevienne à nouveau entièrement praticable aux engins à roues. Cette opération est pour le commandement l'occasion de constater une nouvelle fois, comme à son arrivée en Cochinchine quelques mois auparavant (notamment lors de l'opération Moussac), la supériorité de la vitesse de manœuvre des éléments embarqués par voie fluviale par rapport à celle des éléments terrestres, qui restent, selon l'expression, « collés à la route ».

L'axe stratégique de la RC 5 étant désormais sous le contrôle des Français, le dernier objectif majeur du commandement au Tonkin est de porter secours à la garnison de Nam Dinh. Cette localité, située à 90 kilomètres au sud-est de Hanoï, est un nœud de communication ainsi qu'un centre économique important du delta du fleuve Rouge. Depuis le 19 décembre, 450 hommes du II/6e RIC s'y trouvent dans une situation préoccupante, les pertes sont sévères (une dizaine de tués et une soixantaine de blessés) et les hommes sont retranchés dans un périmètre restreint sans possibilité de manœuvre ni de sortie. Sur le toit de la banque, transformée en point d'appui par les marsouins, un « SOS » écrit à la peinture blanche signale d'ailleurs aux aviateurs la détresse des défenseurs. Les forces ennemies qui encerclent les combattants français sont estimées à 6 000 hommes qui peuvent bénéficier, en outre, de l'aide, volontaire ou non, d'une partie de la population.

Le maintien de Nam Dinh sous autorité française ne fait pas l'unanimité, et une vive polémique s'engage entre l'amiral Thierry d'Argenlieu et le général Morlière, ce dernier déjà fort malmené par ses pairs depuis le mois de novembre précédent, sur la nécessité de conserver la ville. Le haut-commissaire souhaite une évacuation de la garnison comme en témoigne un télégramme envoyé au général Valluy le 2 janvier 1947 : « Les considérations militaires actuelles d'effectifs et de moyens et les buts prochains à poursuivre au Tonkin, à savoir la destruction du gros des forces régulières du Viêt-minh, nous interdisent toute dispersion des efforts – stop – à cet égard les considérations politiques et économiques qui militeraient en faveur du maintien d'une garnison à Nam Dinh sont à mes yeux secondaires – stop – [...] en conséquence vous évacuerez Nam Dinh dans les plus courts délais en procédant au préalable si vous le jugez nécessaire à un renforcement temporaire de la garnison – stop. » Le commandant des TFIN fait quant à lui valoir les conséquences désastreuses d'un retrait français et s'il se montre d'accord avec les arguments politiques et économiques avancés par Thierry d'Argenlieu, il met en avant les perspectives politico-militaire futures : « Nam Dinh abandonné, notre présence dans la partie annamite du Tonkin se limitera à la gaine Haiphong-Hanoï. Nous élargirons peut-être cette gaine, mais cet élargissement se fera par refoulement de la population avec les destructions de villages qui l'accompagnent généralement. Il n'y a aucune illusion à se faire sur ce point : nous continuerons à régner sur un désert. »

Appuyé par le gouvernement, le général Morlière obtient finalement gain de cause. Toutefois, dans un premier temps, la solution transitoire proposée par le haut-commissaire est retenue : le renforcement de la garnison et l'évacuation des blessés et des civils. Comme une opération par la route apparaît longue et coûteuse et qu'elle immobiliserait de surcroît, pour garder les communications, des effectifs que les Français ne possèdent pas, il revient encore à la marine de jouer le premier rôle et d'atteindre Nam Dinh par voie fluviale. Des éléments aéroportés, largués au préalable, doivent cependant réaliser une tête de pont. L'opération Dédale commence le 4 janvier 1947 au matin par le parachutage, dans des conditions difficiles – certains hommes atterrissent dans le dispositif viêt-minh et sont massacrés –, des parachutistes SAS. Ces derniers font face, ensuite, à de très durs combats pour opérer la jonction avec les assiégés. Deux jours plus tard, le 6 janvier, la flottille fluviale arrive à son tour à Nam Dinh. Elle est tout de suite prise à partie par un canon de 75 mm, arme d'origine française ou japonaise. Touché, un *Landing Craft Mechanized* (LCM)[12] est atteint et coule aussitôt, entraînant avec lui le blindé qu'il transporte. Toutefois, en fin de journée, sa mission accomplie, le convoi fluvial peut appareiller, emmenant avec lui les blessés du 6ᵉ RIC.

Il est de retour à Haiphong le lendemain. Nam Dinh reste encore encerclée pendant deux mois jusqu'à ce que les communications terrestres soient définitivement rétablies avec Hanoï et la garnison relevée.

Les derniers combats pour le dégagement des garnisons du Tonkin se poursuivent jusqu'à la fin du mois de février 1947, de même que les opérations (François, Robert, Alpha) qui visent à la libération des centres urbains du Centre-Annam tels Huê, Tourane ou Quang Tri où les troupes du général Bourgund ont eu aussi fort à faire. En Cochinchine, en revanche, l'ordre de soulèvement général du 19 décembre n'a guère d'incidence sur la situation militaire et le commandement ne constate pas de regain de tension. Au prix d'efforts répétés, la situation qui semblait compromise au lendemain du « clash de Hanoï » est partout rétablie à l'avantage des Français. L'expérience, la discipline des combattants, les qualités manœuvrières des états-majors ainsi que la puissance de feu du corps expéditionnaire sont à l'origine de l'ascendant pris sur le Viêt-minh. Il n'y a qu'à Vinh où la garnison, trop peu nombreuse, est obligée de mettre bas les armes. Cette reddition marque, pour certains, le début d'une captivité qui va durer huit ans. Au terme de la bataille du delta, le général Valluy peut constater avec satisfaction qu'au cours de plusieurs semaines d'opérations et de fatigues répétées, toutes les unités ont fait montre d'un bon esprit et d'une grande combativité. « La cessation des palabres et conférences, peut-on lire dans le rapport sur le moral des troupes, les déclarations que maintenant la parole est aux armes correspondent à l'idée que chacun avait de la situation, idée que beaucoup ne croyaient pas partagée, sinon par le commandement en Indochine, du moins par le commandement en France. » Le Viêt-minh, lui, a subi un important revers. Malgré les communiqués de victoire et une intense propagande à l'attention de la population, ses troupes sont partout repoussées. Le général Giap, plutôt que de laisser détruire sa jeune armée, a préféré sacrifier les milices populaires et ce sont elles qui enregistrent le plus de pertes durant cette période, même si celles-ci restent impossibles à chiffrer. Les combats retardateurs qu'elles livrent contre les forces françaises permettent, enfin, l'évacuation de l'appareil politico-militaire du Viêt-minh dans des zones refuges au nord de Hanoï.

Les forces armées du Viêt-minh et la guerre révolutionnaire

Lorsque débute la guerre d'Indochine, la France entretient en Extrême-Orient un corps expéditionnaire de près de 100 000 hommes parmi lesquels 65 000 Français et légionnaires et plus de 31 000 autochtones enrôlés dans les unités régulières. Par ailleurs, environ 11 000 partisans ont été recrutés par les commandements des secteurs et sont rattachés à un territoire[13]. Employés temporairement, ils peuvent être licenciés ou reprendre leur liberté sans préavis et sont généralement employés à des missions statiques de garde (routes, ponts), plus rarement en opérations. Dans le cadre de leurs obligations, les chefs de bataillon des formations du CEFEO sont également autorisés à recruter des supplétifs qui, eux, suivent les unités dans leurs déplacements et peuvent constituer jusqu'à 20 % des effectifs d'une formation. Partisans comme supplétifs reçoivent une solde journalière. Enfin, le commandement peut bénéficier également du concours des forces de la gendarmerie et des unités autochtones placées sous son autorité, quelques dizaines de milliers d'hommes supplémentaires au total. L'armée de l'air et la marine totalisent chacune près de 2 000 Français. Le nombre d'appareils de la première est en augmentation constante mais reste très insuffisant. Leur origine est très variée et l'on compte ainsi du matériel allemand et « franco-allemand[14] » en l'espèce une quinzaine de Toucan (ex-Junker 52) et une trentaine de Morane 500 (ex-Fieseler Storch). Le matériel américain se compose d'une vingtaine de Dakota et autant d'avions de liaison et d'observation de divers types. L'aviation de chasse, une trentaine de Spitfire et autant de Mosquito, est britannique et, à cette date, les aviateurs utilisent toujours une vingtaine d'appareils japonais, notamment pour l'entraînement. Cette diversité pose évidemment un important problème de maintenance. Quant à la marine, en sus de ses bâtiments de haute mer, elle dispose de la BMEO qui met en œuvre à l'époque deux flottilles fluviales, la première au Tonkin, forte de 1 300 hommes et d'une trentaine d'embarcations et en Cochinchine la deuxième flottille fluviale de fusiliers marins qui comprend 900 marins armant une quarantaine d'engins.

Pour faire face aux troupes françaises, le Viêt-minh dispose de plusieurs dizaines de milliers d'hommes d'une valeur inégale. À la fin de l'année 1944, Giap a créé le détachement de propagande de l'armée de libération qui constitue l'embryon de la future armée populaire vietnamienne (APV). Les quelques centaines d'hommes de cet organisme fusionnent, à l'été 1945, avec les troupes pour le salut national du maquis de Bac Son, une zone de la Moyenne région située à équidistance entre Hanoï et Thaï Nguyen. Au moment de la révolution d'août, il apparaît cependant nécessaire au Viêt-minh, tant pour des raisons militaires que politiques, de se doter d'une véritable armée. Aussi, à partir du mois de novembre 1945, il fait appel aux anciens tirailleurs et gardes (cochinchinois et indochinois) qui servaient dans l'armée française d'Indochine, regroupés depuis dans une Association des anciens militaires pour le salut de la patrie qui permet un recensement et une mobilisation rapide. Au début de l'année 1946, la majeure partie des tirailleurs tonkinois qui avaient trouvé refuge en Chine après le 9 mars et qui reviennent en Indochine sont démobilisés et viennent grossir les rangs de la jeune armée. Forts de leur expérience, ils font fonction d'instructeurs ou de spécialistes pour les armes lourdes. Ces effectifs restant insuffisants, une « campagne de recrutement » est lancée au cours de l'année 1946 et, lors du déclenchement des hostilités, le 2e bureau français estime que cette armée – qui n'est, rappelons-le, engagée qu'avec parcimonie après le 19 décembre – représente environ 60 000 hommes. Un de ses problèmes majeurs à l'époque reste toutefois son armement, limité en quantité et de qualité discutable : les armes achetées par le Viêt-minh aux militaires chinois (présents en Indochine ou en Chine même) contre de l'opium, du riz ou de l'or sont médiocres comme l'armement fabriqué localement.

Parallèlement à cette « armée régulière », le Viêt-minh lève au lendemain coup de force japonais une « armée populaire » constituée des tirailleurs indochinois, parmi les plus valides, démobilisés après le coup de force japonais. Elle est complétée de jeunes recrues fortement endoctrinées et encadrées par des guérilleros, compagnons de route d'Hô Chi Minh qui ont connu le maquis au cours de la Seconde Guerre mondiale. Au mois d'août 1945, à la faveur de la capitulation japonaise, plusieurs formations auxiliaires autochtones mises sur pied par l'armée impériale, bien armées et bien instruites, intègrent l'armée populaire. Cette dernière est encadrée par de vieux militants révolutionnaires formés à Moscou ou à l'académie militaire de Whampoa dans les années 1930[15]. Outre ces forces, le Viêt-minh, on l'a vu, peut disposer des quelques milliers de *Tu Vé* qui appartiennent, dans les villes, aux forces d'autodéfense et remplissent des missions de police ou d'organisation du terrain (mise en place de barricades, creusement de tranchées, etc.). Armée régulière, armée et milice populaires sont réparties à l'époque dans dix régions militaires : quatre existent au Tonkin, trois en Annam et autant en Cochinchine. Vo Nguyen Giap a autorité sur l'ensemble de ces formations.

Cependant, conscients de leur infériorité militaire, les cadres du Viêt-minh mettent en place une organisation faite pour *durer* et développent une pensée opérationnelle axée sur la guérilla. Dès son retour au Vietnam au début des années 1940, Hô Chi Minh a rédigé un petit opus intitulé

L'Art de la guérilla. L'expérience des guérilleros chinois. Il traduit également plusieurs passages de Sun Zi *(L'Art de la guerre)*. Dans les années suivantes, Giap mais aussi Truong Chinh – le « doctrinaire » du parti – codifient les méthodes de guerre du Viêt-minh. Truong Chinh, notamment, publie en 1947 un livre, *La résistance vaincra*, qui définit la stratégie militaire de la lutte armée. Il y entérine le primat des facteurs politiques (justesse de la cause, valeur du moral, importance des populations) sur les facteurs purement militaires (organisation, armement) qui sont les atouts du corps expéditionnaire français. Pour le Viêt-minh, il s'agit de livrer une guerre politique, et à partir du niveau de la compagnie des commissaires politiques secondent les cadres militaires. Ce sont eux qui sont chargés de la formation morale et politique de la troupe. Truong Chinh définit les trois étapes de cette « guerre révolutionnaire » : une phase défensive, une phase d'équilibre des forces et une dernière phase de contre-offensive générale. Au cours de celles-ci, il prévoit, en même temps que l'usure des forces du corps expéditionnaire, un développement et un renforcement de l'armée populaire. Au début de l'année 1947, le rapport des forces qui lui est défavorable impose au Viêt-minh de mettre en place la phase défensive. Il s'attache, dans le même temps, à développer la guérilla sur l'ensemble du Vietnam. Pratiquée sous toutes ses formes et à toutes les échelles, la guérilla constitue bien, en effet, l'un des traits marquants du conflit. Plus qu'un simple procédé tactique, son emploi généralisé représente, du point de vue des Occidentaux, une véritable rupture culturelle et doctrinale dans la manière de concevoir la guerre.

À la « guerre frontale » menée par l'armée française au cours des deux conflits mondiaux se substitue, en Indochine, une nouvelle forme de combat à laquelle le nom de « guerre en surface » est bientôt donné. Dans celle-ci, rappelle une note de l'état-major français, « ce sont ce qu'on appelait naguère les arrières qui sont devenus le théâtre de la vraie nouvelle guerre [...] par la disparition de l'auto-sécurité due à l'éloignement du front ». De fait, comme l'écrit Truong Chinh, le front est « inexistant ou mal démarqué. La physionomie des combats se modifie sans cesse. Nos troupes et nos partisans frappent de tous côtés, souvent dans le dos de l'adversaire voire au cœur même de son dispositif ». Cette interpénétration des notions de front et d'arrière déroute considérablement les combattants français, au début du moins. Le contrôle de la population est devenu le premier enjeu des belligérants en même temps que le nouveau *terrain* de la guerre : « La bataille pour la population est une caractéristique majeure de la guerre révolutionnaire » écrit David Galula et Roger Trinquier ne dit pas autre chose en affirmant que « le but visé par la guerre moderne [est] la conquête de la population ». Au printemps 1947, au moment où le Viêt-minh commence à mettre en application à grande échelle sa stratégie militaire, à Paris, le gouvernement est dans l'expectative et s'interroge : doit-il laisser la parole aux armes ou, au contraire, choisir la voix de la négociation ? Et, dans l'affirmative, avec quel(s) interlocuteur(s) ?

Le choix de la guerre

L'ouverture des hostilités a provoqué dans le camp français deux réactions de nature opposée. D'un côté les tenants de la fermeté, une position défendue par le haut-commissariat et le commandement en Indochine. De l'autre, un courant qui privilégie la poursuite du dialogue – même avec Hô Chi Minh et ses partisans – est représenté par Léon Blum[16] puis par son successeur Paul Ramadier[17]. Au lendemain du 19 décembre, l'une des premières mesures prises par Léon Blum est d'envoyer le général Leclerc en mission d'information en Indochine accompagné de Marius Moutet dont le voyage avait été prévu avant les événements. Dans le rapport qu'il remet au gouvernement le 9 janvier 1947, l'ancien commandant supérieur des troupes, après avoir dressé le tableau de la situation militaire, déclare : « Devant une telle situation, la solution complexe, et probablement longue à venir, ne pourra être que politique : en 1947 la France ne jugulera plus par les armes un groupement de 24 millions d'habitants qui prend corps, et dans lequel existe une idée xénophobe et peut-être nationale. Néanmoins, plus l'effort militaire accompagnant notre politique sera puissant, plus cette solution sera possible et rapide. Tout le problème est là. » La recherche d'interlocuteurs autres que ceux du Viêt-minh et d'un accord avec ces derniers semble toutefois avoir sa préférence : « Le problème capital reste, dès maintenant, politique. Il s'agit de composer avec un nationalisme xénophobe qui s'éveille, de le canaliser afin de sauvegarder, au moins en partie, les droits de la France. » Une position qui rejoint, finalement, celle du haut-commissaire.

L'amiral Thierry d'Argenlieu, en effet, fait connaître sa position par voie de presse dès le 2 janvier 1947 : « Il est désormais impossible que nous traitions avec Hô Chi Minh, déclare-t-il dans les colonnes de *France-Soir*. Nous trouverons dans ce pays d'autres personnalités avec qui nous pourrons traiter, qui seront sans doute nationalistes aussi, mais ceux-là [le Viêt-minh] se sont disqualifiés. » Cette déclaration est fort mal accueillie par le gouvernement à qui il appartient de décider avec qui la France doit négocier ou non. Le 14 janvier 1947, dans un mémorandum adressé à Léon Blum et intitulé « Tournant politique en Indochine », l'amiral précise sa pensée et suggère la mise en place d'une politique autre que celle de la négociation avec le Viêt-minh. « Il faut, dit-il, que le gouvernement français fasse connaître officiellement que nous ne traiterons plus avec le gouvernement de Hô Chi Minh », avant de s'interroger faussement : « Nous sommes conduits à nous demander si la force politique capable de jouir, sans discussion possible, de la force privilégiée qu'est la légitimité n'est pas l'institution monarchique traditionnelle. » À la même époque, dans le courant du mois de janvier, le haut-commissaire dépêche, sans en avoir informé Paris, un émissaire officieux chargé de sonder les intentions de l'ex-empereur Bao Dai et de connaître les conditions d'un éventuel retour en Indochine. Après le 19 décembre, Bao Dai s'est exilé à Hong Kong et est toujours, officiellement du moins, le citoyen Vinh Thuy, conseiller suprême du gouvernement Hô Chin Minh. Jacques Cousseau, qui le rencontre, passe pour être l'un des meilleurs connaisseurs de l'Indochine et est en tout cas l'une des « éminences grises » de l'amiral Thierry d'Argenlieu, qui, de concert avec Léon Pignon, est donc à l'origine de la solution Bao Dai. Cousseau, auquel le journaliste Lucien Bodard attribue une « débonnaireté cruelle et maîtresse d'elle », est né et a été élevé au Tonkin, raisons pour lesquelles il connaît très bien la culture et la langue vietnamiennes, qu'il parle couramment. Avant et au cours de la Seconde Guerre mondiale, l'intéressé occupe diverses fonctions dans l'administration coloniale avant de devenir un collaborateur de Jean Sainteny à l'automne 1945 puis, l'année suivante, l'un des proches conseillers de Léon Pignon, qu'il connaît depuis les années 1930. Si Jacques Cousseau apporte de l'argent à l'ex-empereur afin que celui-ci, démuni, puisse subsister[18], il repart de Hong Kong sans résultats probants : Bao Dai s'étant semble-t-il contenter d'écouter sans prendre aucune décision ni aucun engagement. Il est encore trop tôt pour la « solution Bao Dai ».

Cette nouvelle initiative du haut-commissaire, une fois portée à la connaissance du gouvernement, fait grincer les dents chez les ministres socialistes hostiles à la restauration de l'ancien régime. Marius Moutet, notamment, refuse toute restauration du pouvoir impérial, un pouvoir qui s'est, comme ne manquent jamais de le rappeler les opposants à Bao Dai, membres du PCF en tête, largement compromis avec les Japonais au printemps 1945. Aussi, malgré les avis négatifs des ministres MRP du premier gouvernement de la IVe République[19] et principalement celui de Georges Bidault, ministre des Affaires étrangères, c'est la solution du dialogue avec le Viêt-minh qui est retenue par Paul Ramadier.

D'ailleurs, pour bien marquer le désaccord du gouvernement avec Thierry d'Argenlieu, un nouveau haut-commissaire est désigné le 5 mars 1947, une nomination qui sanctionne en définitive la politique de plus en plus individuelle pratiquée par l'amiral et dont le mémorandum du 14 janvier constitue le point culminant.

Le départ de l'amiral Thierry d'Argenlieu ne surprend personne à l'époque et, depuis la fin de l'année 1946, cette éventualité fait débat au sein de la classe dirigeante. L'arrivée de présidents du Conseil socialistes favorise la décision. On reproche au haut-commissaire sa politique devenue trop personnelle qui lui a fait écarter toute idée de négociation avec le Viêt-minh et sa prise de contact avec Bao Dai qui a mis le gouvernement devant le fait accompli. Son anticommunisme virulent n'est pas, en outre, sans poser problème au sein d'un gouvernement comprenant de nombreux membres du PCF, dont le vice-président du Conseil, Maurice Thorez. On lui reproche, enfin et en définitive, d'être « l'homme du passé », mis en place au temps du général de Gaulle et qui a failli à sa mission, échouant à empêcher l'Indochine de basculer dans la guerre. Pour ces raisons, Thierry d'Argenlieu est relevé de son commandement le 4 mars 1947 et remplacé, le lendemain, par Émile Bollaert auquel est confié le soin de mettre en œuvre une nouvelle politique. Ancien combattant de la Première Guerre mondiale, résistant de la Seconde, Bollaert a été arrêté par la Gestapo et interné dans différents camps de concentration ; ce radical-socialiste est choisi – à l'origine pour une mission de six mois – et après que les généraux Leclerc et Juin se furent récusés, parce qu'il représente l'homme du compromis entre les partis de gauche et le MRP. Sa belle carrière parlementaire et sa modération plaident aussi en sa faveur, mais il ne connaît rien à l'Indochine. Bollaert se voit confier deux missions. La première consiste à trouver des interlocuteurs – représentants du Viêt-minh inclus – afin de traiter avec la France et qui accepteraient l'intégration du Vietnam dans l'Union française, ce qui constitue sa deuxième mission, conformément à la Constitution d'octobre 1946.

Il faut cependant attendre le début du mois de mai 1947 pour qu'un contact officiel s'établisse entre l'émissaire français, Paul Mus, alors conseiller du nouveau haut-commissaire, et Hô Chi Minh, qui, depuis la rupture de décembre se déclare favorable à la reprise de négociations, une position dont on ne sait si elle est sincère ou si elle correspond à une posture politique. La rencontre, qui a lieu le 12 mai, est un échec. De fait, les conditions posées par les Français pour une reprise des discussions ont été élaborées par le général Valluy et se révèlent draconiennes : le Viêt-minh doit, sans contrepartie, cesser les opérations, livrer une grande partie de son armement, autoriser la libre circulation à travers tout le Vietnam des forces du corps expéditionnaire et libérer tous les prisonniers qu'il a faits. Ces exigences, ressenties comme une véritable capitulation, sont sans surprise rejetées par le *Tong Bo*. Comme le rappelle Jacques Dalloz, « l'hypothèque Hô Chi Minh » étant désormais levée, rien ne s'oppose plus à la recherche d'autres interlocuteurs, c'est-à-dire à la réintroduction de Bao Dai dans le jeu politique indochinois. Après le renvoi des ministres communistes du gouvernement (5 mai)[20], le climat pour la mise en place de cette solution s'avère favorable en métropole. Toutefois, cette dernière s'annonce longue à mettre en œuvre et, sur le théâtre des opérations, priorité est donnée à l'opérationnel. L'état-major du corps expéditionnaire peut désormais déclencher la manœuvre qui vise à la destruction de l'appareil politico-militaire du Viêt-minh et à la capture de son gouvernement.

Capturer Hô Chi Minh : l'opération Léa

Au mois de février 1947, alors que le dégagement des principales garnisons du Tonkin se poursuit, le commandement français, ayant échoué dans sa tentative d'arrêter les responsables viêt-minh dans Hanoï, décide de monter une opération de grande envergure qui doit conduire à la décapitation du Viêt-minh. Malgré la volonté initiale du haut-commissaire de lancer l'opération au plus tôt, soit au 1er mars 1947[21], la saison des pluies comme la lente mobilisation des moyens français imposent d'attendre le début de l'automne suivant. Si le départ de l'amiral Thierry d'Argenlieu suspend un temps cette opération, l'échec de la rencontre Mus-Hô Chi Minh lui redonne vie. Pour le général Valluy, il s'agit de porter un coup décisif à l'adversaire qui précipiterait la fin des hostilités. Le général Salan, qui a pris la succession du général Morlière, relevé de son commandement suite aux conseils de Leclerc, se voit confier le soin de planifier et de préparer l'opération, baptisée Léa. Mettant en œuvre d'importants moyens des trois armées, près de 12 000 hommes au total (au lieu des 20 000 souhaités[22]), l'objectif est d'« amener une force puissante et mobile » dans le réduit du Viêt-minh pour procéder à l'arrestation de ses instances dirigeantes et à la destruction ou la dispersion de ses forces. Un ensemble de renseignements fournis au cours de l'été 1947 permet d'identifier l'implantation du « réduit principal » dans le triangle formé par les localités de Chiem Hoa, Thaï Nguyen et Bac Kan dont les environs abritent d'importants dépôts d'armes, de munitions, de carburant, de vivres, etc. Fort de ces éléments, le général Salan fixe le déclenchement de l'opération au 7 octobre, jour du « dernier quartier de lune [...] qui donnera un peu de clarté [aux] opérations nocturnes ».

Pour mener à bien la mission, le général Salan conçoit une manœuvre où la surprise constitue l'un des éléments clés. Sur un théâtre comme celui du Tonkin, et fort des expériences acquises au cours du second conflit mondial, la surprise tactique peut jouer à plein grâce à l'emploi de troupes aéroportées parachutées sur l'objectif même ou à proximité. Toutefois, seule la route permet l'acheminement des moyens feu (blindés et artillerie) nécessaires à la réussite de l'opération.

Aussi, au mois de juillet 1947, les grandes lignes du plan sont arrêtées : il s'agit de parachuter un groupement aéroporté sur la localité de Bac Kan où se cache, estime le 2e bureau, le gouvernement viêt-minh, et de fermer ensuite la « nasse » au moyen de deux autres groupements, l'un fluvial lancé sur Chiem Hoa par le fleuve Rouge puis la rivière Claire, et l'autre terrestre, avec Cao Bang comme objectif. L'itinéraire choisi est la RC 4 qui longe la frontière chinoise. Léa permet donc, en plus, de reprendre possession de la zone frontière perdue depuis 1945, d'y installer des postes. Il est donc prévu de rejoindre Cao Bang par la RC 4 à partir de Dong Dang (à 15 kilomètres au nord de Lang Son) puis d'utiliser les RC 3 et RC 3 bis pour faire la jonction entre les éléments motorisés et les parachutistes du 1er bataillon de choc (1er choc) et du troisième bataillon du 1er régiment de chasseurs parachutistes (III/1er RCP), soit un total de 265 kilomètres pour rejoindre Bac Kan ! Comme c'est le cas lors de la précédente opération d'envergure dans le sud (opération Gaur), un an et demi auparavant, de nombreuses reconnaissances aériennes sont entreprises et permettent de dresser un état exact des coupures et destructions effectuées par l'ennemi entre Lang Son et Cao Bang. Quelques jours avant le déclenchement de l'opération, les unités nécessaires aux trois groupements interarmes sont enfin réunies : le groupement Sauvagnac ou « S » désigne les parachutistes, le groupement Communal ou « C », les forces fluviales, tandis que le groupement Beaufre ou « B » comprend l'ensemble des moyens terrestres. C'est ce dernier groupement qui mobilise l'essentiel des moyens de la manœuvre puisqu'il représente une colonne forte de plus de 7 000 hommes, 62 blindés et 700 véhicules.

Léa débute donc, conformément aux directives, le 7 octobre 1947 au matin par le largage des deux bataillons parachutistes, un millier d'hommes au total. Leur objectif est de « s'emparer des points importants de Bac Kan, Cho Don, Cho Moï, de les relier entre eux en s'efforçant d'empêcher la destruction des ouvrages d'art, [et de]commencer le nettoyage de la région [avant de] tendre la main aux éléments venant de Chiem Hoa ». Les groupements B et C entament leur progression le 7 au soir pour la colonne terrestre, le lendemain pour le groupement C. Toutefois, la crue du fleuve Rouge retarde le départ des *Dinassauts*[23] du colonel Communal et c'est avec vingt-quatre heures de retard sur l'horaire initial que les bâtiments de la marine appareillent finalement. La colonne Beaufre et son imposant cortège de véhicules se met en mouvement à 18 heures et se porte, de nuit, jusqu'à Na Cham, ce qui lui permet d'être à pied d'œuvre le 8 au matin. La mission du colonel Beaufre paraît simple, il doit, après avoir occupé au plus tôt Cao Bang, foncer sur Bac Kan sans s'attarder. Il est essentiel pour la réussite de l'opération que la liaison avec le groupement Sauvagnac soit réalisée dans les plus brefs délais. La vitesse est donc bien le facteur déterminant. Grâce au travail qu'effectuent les sapeurs pour rendre à la circulation la RC 4, coupée en plus de cent endroits, parfois par des brèches de plus de 80 mètres de long, la progression des véhicules avance à bon rythme. L'une de ces réparations va bientôt devenir célèbre et entrer dans le vocabulaire de tous les combattants qui vont utiliser la RC 4 les années suivantes : il s'agit du fameux « Boulevard de la 73/2[24] », une portion de route située après le col de Lung Phaï, en direction de Dong Khé.

Plus de cinquante ans après les faits, le général Pierre Lesouef, à l'époque sous-lieutenant, explique l'origine de ce nom : « Un soir [au cours de l'opération Léa], le convoi tomba sur une énorme brèche d'environ 1 km dominée par des falaises calcaires d'environ 200 à 250 mètres – un vrai coupe-gorge. La route avait disparu, le remblai de terre aussi, remplacé par le calcaire naturel inégal qu'il fallut remettre à niveau. Avec les trois sections de la 73/2 et deux autres du 61e bataillon [du génie], aidées de trois compresseurs, le travail se fit à l'explosif, toute la nuit, éclairé par des phares des GMC[25]. Au petit jour, un passage encore précaire était terminé. [...] En allant reprendre nos camions pour continuer la route, nous eûmes la surprise de découvrir sur un des côtés de la route, bien peinte en bleu sur fond blanc, des panneaux provenant de couvercles de rations anglaises, portant la mention "Boulevard de la 73/2". Ces panneaux étaient enfoncés tous les cent mètres[26]. » Ce « boulevard », dominé de part et d'autre par de véritables murailles calcaires, devient le lieu privilégié de nombreuses embuscades entre 1947 et 1950. « En escorte de convoi, écrira plus tard Louis Stien, on ne respirait vraiment qu'après avoir passé ce défilé oppressant. »

Quoi qu'il en soit, les premiers éléments d'infanterie de la colonne Beaufre atteignent Cao Bang au soir du 12 octobre et le 14, en milieu d'après-midi, les premiers véhicules motorisés, davantage gênés par les destructions de la chaussée et celles des ouvrages d'art que par l'action de l'adversaire, font leur entrée dans la ville. Avec l'arrivée de la colonne Beaufre dans Cao Bang s'achève la première phase de l'opération Léa. La seconde phase, qui voit la jonction du groupement B avec les éléments aéroportés et le nettoyage du réduit viêt-minh, commence aussitôt et se poursuit pendant les semaines qui suivent. Au mois de novembre suivant, l'opération Ceinture – en fait l'exploitation de l'opération Léa – est déclenchée. Son but est de parachever la destruction des formations adverses. Elle clôt la campagne d'automne 1947. Si pour le commandement supérieur « Léa » n'atteint pas tous ses objectifs, dont la capture du gouvernement viêt-minh, elle porte néanmoins un coup sérieux à son infrastructure militaire. Reprendre ici, *in extenso*, la liste de l'armement récupéré et détruit serait fastidieux, aussi peut-on simplement signaler, outre les fusils, mitrailleuses et mortiers saisis, la prise de canons de 75 mm (d'origine japonaise) et de leurs obus ainsi que la récupération de matériel électrique et radio. Le parc automobile de l'ennemi, lui, est brûlé. « Une partie de ce matériel seulement a pu être récupéré ; le reste a dû être détruit en raison de son éloignement » des bases françaises, note un officier. Pourtant, au-delà du bilan matériel sur le potentiel ennemi détruit, Léa soulève d'importantes interrogations. En premier lieu, et selon les termes du colonel Beaufre, les résultats de l'opération ne doivent pas faire illusion. Une fois encore, depuis que le CEFEO est arrivé en Extrême-Orient, le commandement constate qu'une « colonne liée à la route et collée à elle n'a aucune capacité d'action latérale [...] avec quelques coupures, la surprise tactique est irréalisable. La colonne se bat alors davantage contre la route que contre l'ennemi, elle laisse derrière elle un long ruban de lignes de communication extrêmement fragiles et coûteuses. [En fin de compte] la puissance qu'elle permet est largement compensée par les charges de toute nature qu'elle entraîne ». Ainsi se trouvent posées dès 1947 les limites de la guerre menée par une armée moderne et motorisée opérant dans un milieu physique tel que celui de l'Indochine.

Léa montre en outre que sur le théâtre d'opérations indochinois, seules les troupes aéroportées sont à même de créer la surprise et qu'une troupe à pied ravitaillée par air peut aller n'importe où. En troisième lieu, en réoccupant la zone frontière et en créant le long de sa colonne vertébrale, la RC 4, des secteurs et sous-secteurs, le commandement français impose de nouvelles servitudes à ses troupes, dont les unités sont déjà affaiblies par des mois de campagne. L'entretien et l'ouverture régulière de ce qui devient bientôt, pour les journalistes du moins, « la route sanglante » absorbent pendant trois ans le travail des compagnies du génie affectées à ce qui devient la zone opérationnelle du Tonkin (ZOT) et celui des garnisons qui occupent la multitude des postes militaires implantés aux lendemains des opérations Léa et Ceinture. Enfin, au-delà des enseignements techniques et militaires, Léa montre la limite de l'action militaire des Français dans leur approche du conflit. En effet, l'opération prouve qu'il est illusoire de « chercher à détruire l'emprise Viêt-minh sans occuper effectivement le pays », et Beaufre de conclure : « On peut dire que la notion moderne et révolutionnaire de la guerre totale est encore étrangère aux réflexes des responsables militaires français. » Aussi, pour « occuper effectivement le pays », l'armée française met en place la politique de pacification qui, par le maillage du territoire, doit permettre le contrôle du terrain et des populations qui s'y trouvent.

L'échec de la pacification

À partir de 1947, le corps expéditionnaire français s'efforce donc de s'appuyer sur les méthodes traditionnelles de pacification dans sa lutte contre l'insurrection viêt-minh. Le commandement français tente de répondre aux méthodes employées par l'adversaire en mettant en œuvre la politique de pacification, un procédé qui n'est pas nouveau dans l'armée française et qui renvoie à son long passé colonial. Dans le vocabulaire militaire, la pacification repose sur une série de mesures qui cherchent à établir – ou rétablir – l'ordre et la sécurité dans des régions où l'autorité française est remise en cause par des groupes de « rebelles » ou « insurgés » contestant la souveraineté de la métropole. La protection armée des populations est, croit-on alors, une réponse à la menace et permet de surcroît un rapprochement avec les autochtones, le contrôle de ceux-ci, facilite l'acquisition de renseignements tout en favorisant leur essor économique et en leur offrant une amélioration sanitaire et sociale. La pacification impose tout d'abord d'assurer la liberté de circulation du CEFEO et donc le maintien des communications essentielles. Le contrôle de ces dernières passe par la mise en place d'un dispositif garantissant la sécurité des axes routiers et fluviaux principaux qui se matérialise en premier chef par l'édification d'un chapelet de tours et de postes le long des itinéraires, puis par des missions d'ouverture de route qui deviennent le quotidien des combattants français puisqu'elles constituent la liaison entre les différentes garnisons.

L'ouverture de route est en effet un aspect majeur – et répétitif – de la guerre d'Indochine qui représente un ensemble d'opérations ayant pour but de permettre pendant un temps déterminé la circulation sur un axe routier. Elle comprend donc l'ouverture de route proprement dite, c'est-à-dire la progression en sûreté des troupes avec réparation – ou non – de la chaussée, la garde de la route, et le repli, toujours en sûreté, du dispositif de garde. Le besoin de se fortifier est né de l'action de la guérilla sur les axes de communication et les cantonnements du corps expéditionnaire. En effet, au fur et à mesure que l'insurrection progresse, le « pourrissement » du pays s'accentue et se traduit par la nécessité d'accroître les protections des points sensibles. En Cochinchine, il revient au général Boyer de Latour, qui a pris le commandement des TFIS, de mettre en place le système de défense des axes routiers. Celui-ci ordonne la construction de tours de guet, espacées d'un kilomètre, et de « tours-mères », distantes entre elles de 5 kilomètres. Chaque tour kilométrique, construite en brique, abrite de six à huit hommes, le plus souvent des partisans simplement armés de fusils d'un modèle ancien, et n'est que très faiblement protégée par un mince réseau de barbelés. Le renforcement progressif de l'armement viêt-minh fait de ces constructions des objectifs faciles à détruire. Aussi, à partir de 1949, un grand nombre de tours sont transformées en maisons fortes, de forme carrée, surmontée d'un mirador en bois avec une dalle bétonnée. Toutefois, ce système de défense s'avère également insatisfaisant. En effet, « l'immobilité des garnisons laisse l'initiative à l'adversaire qui, ouvertement, étend son influence sur les populations ».

Dès 1948 apparaissent donc les premiers postes dont les garnisons comprennent une cinquantaine à une centaine d'hommes sont chargées de rayonner dans les zones placées sous leur responsabilité. Ces postes matérialisent la souveraineté française, et assurent le rôle de centre de renseignements. Malgré tout, la chasse aux « bandes rebelles », selon la terminologie de l'époque, s'avère un échec et les unités françaises astreintes à de multiples missions de sécurisation et de garde ne sont pas assez nombreuses pour faire pièce à un ennemi mobile et insaisissable. Surtout, l'absence de soutien de la population est préjudiciable aux unités du CEFEO ; mal renseignés, les soldats français peinent à localiser les troupes viêt-minh : il se confirme alors que pour réussir la pacification, le contrôle et/ou la protection des autochtones est indispensable. Enfin, il paraît nécessaire de souligner le caractère contradictoire et contraignant de la pacification dans la stratégie opérationnelle du corps expéditionnaire. En effet, la pacification participe de la « guerre en surface ». Or, en voulant conserver l'inviolabilité des lignes de communication, le commandement français se prive dès les débuts des moyens de disposer d'une masse de manœuvre puissante pouvant infliger des coups décisifs à l'adversaire. Libéré de cette lourde servitude, le Viêt-minh parvient à esquiver les coups et à se renforcer. La nécessité du renseignement qu'aurait pu malgré tout justifier la « politique du poste » s'avère un échec faute d'une meilleure coordination entre objectifs militaires et buts politiques. De surcroît, si le commandement se rend bien compte qu'une occupation dense du terrain est indispensable pour assurer le succès de la pacification et interdire aux troupes viêt-minh de se réimplanter dans des régions où les opérations militaires les ont momentanément chassées, l'implantation territoriale nécessite de forts effectifs et des unités solides dont il ne dispose pas. Les meilleures formations sont en effet réservées à la lutte contre les unités régulières du Viêt-minh tandis que les unités affectées à la pacification, faute d'une formation adaptée à leurs missions, n'arrivent que très difficilement à rayonner auprès des populations locales, en dépit de l'activité répétitive menée par la plupart des garnisons en poste.

Par ailleurs, comme le remarque un officier après la guerre, outre l'ignorance de l'environnement politique et social dans lequel les Français combattent, l'absence d'hommes connaissant la langue et le pays est préjudiciable aux opérations. « On a souvent demandé au chef de poste de faire de la propagande. Mais quels sont ses moyens ? Il ne parle pas le vietnamien, ne connaît ni les coutumes ni le pays. Il nous faut, pour ces missions, des stages préparatoires, mais surtout un fort noyau de véritables spécialistes. » L'action que le commandement peut attendre des troupes sur la population est, relate un chef de bataillon opérant au Tonkin, handicapée par la forme même des opérations : « J'ai remarqué, écrit-il, que l'action psychologique et l'action militaire sont étroitement interconnectées. Quand le Viêt enlevait un poste, faisait sauter un train ou un véhicule ou tendait une embuscade, la population n'en ressentait pas le contrecoup, sinon par nos amendes et nos représailles. Quand nous faisions une opération sur un Viêt implanté dans un village la population en ressentait le contrecoup parce que nous la détruisions en même temps que le Viêt. Dans les deux cas le service de propagande viêt-minh trouvait un sujet valable, étayé par des faits, alors qu'obligatoirement nous avons fourni à la masse des motifs de haine. Nous perdions ainsi, au profit de l'ennemi, le recrutement et le renseignement. »

Le colonel Némo et la doctrine sociale de la guerre subversive

C'est dans ce contexte qu'un petit nombre d'officiers – la plupart issus de l'infanterie coloniale – entreprend de comprendre les raisons de l'incapacité politique et militaire des autorités françaises à faire pièce à l'insurrection viêt-minh. Le plus connu, Jean Lacheroy, farouchement anticommuniste, tente d'appréhender et d'analyser le concept de « guerre révolutionnaire ». Ses travaux sur les « hiérarchies parallèles » sont bien reçus à l'époque par un auditoire réceptif à la recherche de solutions. Ces hiérarchies parallèles sont formées d'un ensemble d'organismes mis en place par le Viêt-minh qui visent à l'encadrement et à l'endoctrinement des populations et constituent l'originalité de la guerre révolutionnaire. Le général – à l'époque colonel – Némo[27], beaucoup moins connu de nos jours que Lacheroy, préfère davantage utiliser l'expression, plus classique, de « guerre subversive », car, dit-il, si la formule est « moins frappante qu'une guerre révolutionnaire, elle est plus exacte : elle définit de façon plus précise la nature et la forme de guerre » tout en soulignant qu'il convient de distinguer la subversion – qui est un état d'esprit, un mouvement dirigé contre des autorités légales – de la guerre subversive elle-même, qui est l'un des moyens violents de cette subversion. Analysant les causes de l'insuccès français à combattre l'insurrection, le général Némo explique que l'échec initial de la compréhension du milieu social et son désintérêt au cours des années de guerre expliquent pourquoi la population vietnamienne a basculé dans le camp viêt-minh. La société vietnamienne, en 1945, est le fruit de la transformation apportée aux structures du pays depuis l'époque de la conquête. Schématiquement, avant l'arrivée des Français, le Vietnam est la « civilisation du village ». Le village est un « individu social », chaque village est donc une société propre, hiérarchisée, soumise à un conseil de notables ; la juxtaposition des villages surmontés par un appareil administratif forme le Vietnam. L'intervention française provoque deux conséquences majeures, elle entraîne la destruction des structures mandarinales en même temps qu'elle se traduit par une modernisation ou un équipement du pays qui a pour résultat la création d'une vie urbaine et l'ébranlement de la « civilisation du village ». Dans les villes, différentes classes se développent tandis que dans les campagnes, la structure traditionnelle qui « donnait à la société villageoise une stabilité [...] basée sur le respect indiscuté des traditions ancestrales assurant une discipline totale de la jeunesse envers les anciens[28] » explose.

Pour Némo, le Vietnam « artificiel, intellectuel et instable » des villes comme celui « réel, corporel, stable » mais vidé de sa substance des campagnes sont, en 1945, deux sociétés réceptives et disponibles, prêtes à recevoir une mystique.

Celle-ci lui a été fournie par le Viêt-minh qui était le mouvement nationaliste le mieux structuré et le plus uni. C'est sur ce substrat de la société vietnamienne que ce dernier a pu agir en diffusant sa propagande et en l'encadrant solidement, moyennant quelques ajustements comme la création, dans les campagnes, d'« intervillages » regroupant de trois à six villages et permettant un meilleur contrôle. L'armée devient alors, bien plus qu'un instrument de combat, une école de formation pour la jeunesse, un véhicule de propagande en même temps qu'un moyen de coercition. Ainsi le Viêt-minh bénéficie-t-il de conditions particulièrement favorables à la diffusion de sa propagande et de ses idées. Il n'invente pas la hiérarchisation de la société traditionnelle, déjà existante, mais s'appuie sur ce « terreau réceptif » pour prendre en main les populations. Selon le général Némo, les Français n'ont pratiquement rien opposé à cette méthode, au contraire, ils « ont misé sur tout ce qui mourait dans [le] pays : les traditions, les vieux – le Viêt-minh [a utilisé, lui,] tout ce qui naissait ou grandissait : les désirs, les passions, les jeunes ». « Nous n'avions aucune doctrine sociale à mettre immédiatement en pratique ; notre propagande est restée très extérieure aux préoccupations vitales de la masse urbaine ou paysanne, tout en étant très insuffisante en volume et en procédés ; notre armée, corps expéditionnaire sans lien et sans attache avec le pays, a asséné sa force dans un milieu qui n'en était pas justiciable, dans un domaine qui n'était pas de son ressort. » Dès lors, le Viêt-minh maîtrisant l'infrastructure sociale de la guerre, peu importait la suprématie de la puissance du feu et la plus grande technicité des Français et, pour Némo : « Rien de durable, ni de valable ne se fera, si les problèmes ne sont pas envisagés avant tout sous l'angle de la sociologie et de la psychologie propres au pays et au moment. » Un autre officier note quant à lui : « Il n'est pas possible d'entamer une politique de pacification dans les régions où les habitants ont subi une imprégnation communiste, tant que subsiste l'organisation marxiste. » La pacification suppose donc le démantèlement et l'élimination de l'appareil révolutionnaire viêt-minh comme préalable à une action de contre-propagande qui, malgré les efforts du commandement en ce sens, se solde par un échec.

La guerre se rappelle aux Français : l'affaire du convoi de Dalat

Lucien Bodard qualifie de « guerre heureuse » les années 1947-1948. Celles-ci voient le corps expéditionnaire installé dans la guerre, incapable d'anéantir un adversaire qui, en retour, s'avère trop faible militairement pour causer un revers majeur aux troupes françaises. Du côté français, les postes tombent, les embuscades se succèdent et le Viêt-minh subit en retour les opérations de nettoyage. Cette situation propre au Vietnam existe, à un titre moindre, au Cambodge où les combattants reçoivent souvent les mêmes missions de patrouille et de reconnaissance, rencontrant parfois des « bandes rebelles » agissant pour des motifs plus ou moins politiques. Au Laos, la situation est calme. Quant à la métropole, même si l'opposition à la guerre d'Indochine commence à se manifester et à se matérialiser, parfois par des échauffourées entre syndicalistes communistes et soldats du CEFEO, l'opinion publique dans son ensemble se désintéresse du conflit. La France de l'après-guerre connaît d'autres difficultés et les Français sont davantage préoccupés par leur pouvoir d'achat et leurs conditions de vie que par les opérations qui se déroulent à des milliers de kilomètres et qui ne concernent, de surcroît, que des soldats professionnels[29]. Pourtant, au printemps 1948, un événement va brutalement rappeler au pays que son armée est en guerre en Extrême-Orient et que ses soldats y meurent. Cette année-là, les Français métropolitains représentent 46 000 des 74 000 hommes des forces terrestres d'Extrême-Orient (FTEO), soit 62 %. Depuis l'automne 1945, le corps expéditionnaire a déjà enregistré plus de 6 000 tués et, au cours de l'année 1948, près de 2 000 trouvent encore la mort en Indochine.

Parmi les dizaines d'embuscades dont est victime le corps expéditionnaire, l'une tout particulièrement – l'attaque du convoi de Dalat – connaît, en raison de son ampleur, un grand retentissement en France comme à l'étranger. Il s'agit de la plus importante depuis le début de la guerre ; à ce titre, elle provoque un choc dans une partie de l'opinion en même temps qu'elle représente un avertissement pour les responsables politiques et militaires. Cette « affaire du convoi de Dalat », comme on l'appelle à l'époque, surprend effectivement par ses pertes élevées mais se révèle également riche d'enseignements militaires puisqu'en même temps qu'elle montre les faiblesses et les limites des troupes françaises, elle souligne les qualités nouvelles des unités viêtminh. Le convoi qui, le 1er mars 1948 au matin, s'apprête à quitter Saigon à destination de Dalat est l'un des deux qui effectuent chaque semaine la liaison entre les deux villes et permet d'assurer le ravitaillement de Dalat. Le parcours est d'environ 300 kilomètres et emprunte, à partir de Bien Hoa, un tronçon de route où la densité de la végétation, en même temps qu'elle empêche toute observation aérienne efficace se révèle propice aux embuscades. Contrairement à ce qu'il est parfois écrit, ce convoi n'est pas composé de 200 véhicules, mais d'une cinquantaine, et dispose, pour assurer sa défense, d'un peu moins de 150 hommes parmi lesquels une trentaine d'Européens. Une vingtaine de camions et Jeeps servent au transport de cet échelon de protection qui est doté en outre de deux automitrailleuses, pièces maîtresses du dispositif défensif. Malgré la réputation de relative sûreté dont jouit la route et face à l'importance du convoi, l'état-major des TFIS requiert la présence permanente d'un avion d'observation – un Morane 500 – chargé de reconnaître le trajet ; ce dernier est toutefois rappelé en début d'après-midi pour être affecté à d'autres missions. Deux Spitfire se tiennent cependant prêts, en cas d'alerte, à appuyer les troupes au sol.

La colonne de véhicules quitte Saigon peu après 6 h 30 ; son chef, le lieutenant Combetta, qui appartient au 4e bataillon de dragons portés (4e BDP)[30], a pour objectif d'atteindre le kilomètre 164 avant le crépuscule afin de faire jonction avec le convoi descendant (parti de Dalat), les deux groupements devant passer la nuit ensemble. La file de véhicules arrive au poste de Tuc Trung – kilomètre 89 – à 14 h 15 sans avoir rencontré d'autres obstacles que des abattis sur la route et avoir essuyé quelques tirs de fusils et d'armes automatiques qui font des blessés. Au sortir la bourgade à 15 h 15, l'automitrailleuse de tête tombe en panne, or, il reste près de 70 kilomètres à parcourir jusqu'au kilomètre 164, un trajet sans la moindre présence française hormis le petit poste de La Lagna[31] situé au kilomètre 97. Décision est prise d'y remorquer et d'y laisser le véhicule tandis que le chef de convoi et son scout-car[32] le remplacent ; le convoi reprend sa progression vers 16 heures. Au kilomètre 113 et alors que les derniers détachements motorisés n'ont pas encore quitté le poste de La Lagna, un feu très violent balaie la colonne principale qui s'étire sur près de 7 kilomètres dans un terrain difficile interdisant tout regroupement et toute manœuvre – le côté nord est une paroi presque verticale, le côté sud, une brousse dense. Environ 500 viêt-minh appartenant au *Chi Doï 10*[33] commandé par Huynh Van Nghe[34] viennent d'ouvrir le feu. Il suffit de quelques minutes pour qu'une part importante des véhicules soit la proie des flammes et que la défense se retrouve fractionnée en quatre éléments distincts. Vers 18 h 15, après deux heures de combat, les tirs diminuent d'intensité, notamment en raison de l'intervention des Spitfire, enfin alertés – la radio du convoi ayant été mise hors d'usage dès le début de l'engagement, l'état-major de Saigon n'est averti qu'à 17 h 45. L'action de l'aviation se fait toutefois « à l'aveugle », sur panneautage des troupes au sol, les pilotes n'ayant aucune visibilité en raison du manteau forestier. Vers 20 h 30, les dernières troupes viêt-minh quittent les lieux précédant l'arrivée, une demi-heure plus tard, des premiers renforts français. L'attaque est terminée, le convoi, détruit.

L'embuscade se solde en définitive par la perte de la totalité des véhicules civils et de la moitié des engins militaires, seule une dizaine ayant pu échapper à la destruction. Pis, plus de 100 personnes ont trouvé la mort dont 25 militaires[35]. Parmi ces derniers se trouve le lieutenant-colonel de Sairigné[36], commandant la 13e demi-brigade de la Légion étrangère (13e DBLE), qui se rendait à Dalat afin d'y passer quelques jours de repos. Figure de la Légion étrangère, sa disparition est ressentie avec émotion. Par ailleurs, une trentaine de blessés est également à déplorer et près de 200 civils, commerçants vietnamiens et chinois dans leur majorité, sont emmenés comme otages par les troupes viêt-minh dans leur retraite. La plupart parviennent cependant à recouvrer la liberté grâce à la réaction immédiate du général Boyer de Latour ; celui-ci, refusant de laisser impunie l'embuscade viêt-minh, décide d'engager l'équivalent de cinq bataillons afin d'en intercepter les auteurs. Alors que différentes compagnies d'infanterie sont lancées à la poursuite du *Chi Doï 10* dès le 2 mars, un groupement *ad hoc* composé de parachutistes issus du 2e bataillon colonial de commandos parachutistes (2e BCCP), du 1er choc et de la garde républicaine cochinchinoise (GRC) est largué le lendemain. Finalement, ce sont les Marocains du bataillon de marche du 4e régiment de tirailleurs marocains (4e RTM) qui interceptent, à une cinquantaine de kilomètres du lieu de l'attaque (au confluent du Song Be et du Dong Naï), une partie des troupes viêt-minh, qui perdent là 40 hommes. Cette opération permet la récupération de quelque 170 otages civils et limite d'autant le bilan définitif des pertes.

Dans le compte rendu de l'embuscade qu'il adresse au commandant en chef le 6 mars 1948, le général Boyer de Latour insiste sur la nécessité de ramener l'attaque viêt-minh « à de justes proportions » : « À raison d'un chiffre minimum de 60 voitures par convoi, et de deux convois par semaine, explique-t-il, cela donne 12 000 véhicules passés sans perte [sur une période de deux ans]. La catastrophe de Dalat s'inscrit donc au chapitre des catastrophes dues à la part de risque de toute entreprise humaine. Cette notion de risque, continue le chef des TFIS, qui échappe à l'opinion publique justement impressionnée, est un élément essentiel de la guerre. » Pour recevable que soit l'argument du point de vue du militaire, il ne semble pas être partagé par la presse métropolitaine qui s'empare de l'événement, placé à la une des journaux. Les répercussions politiques ne se font pas attendre et le gouvernement Schuman est la cible des communistes dénonçant sa mauvaise gestion de la politique indochinoise. En fait, et comme l'écrira le général Salan dans le deuxième tome de ses *Mémoires*, « cette affaire est un épisode marquant de [la] guerre d'Indochine : l'embuscade parfaite ».

Un excès de confiance – confiance en partie due à la réputation de sûreté de la région traversée – peut être reproché aux responsables du convoi aux divers échelons. Les sanctions ne tardent pas à tomber et, le 23 mars 1948, Émile Bollaert télégraphie au président du Conseil que le colonel Simon, commandant la zone est, et son subordonné le lieutenant-colonel Priou, commandant le secteur de Bien Hoa, n'ayant pas prêté « toute [l']attention désirable à la surveillance de cet important convoi et [n'ayant] pas réagi avec assez de vigueur », sont relevés de leurs fonctions et renvoyés en France. Outre cette faute du commandement local, l'attaque du convoi Saigon-Dalat témoigne de la montée en puissance du Viêt-minh et notamment de sa capacité à concevoir et exécuter une embuscade de cette taille aux actions coordonnées entre elles. Dès les débuts de l'embuscade, les troupes viêt-minh reliées entre elles par des téléphones de campagne[37] ont su fixer les combattants français, neutraliser leurs moyens de défense et les isoler les uns des autres, en incendiant des camions civils entre chaque véhicule militaire. Enfin, l'incident démontre, une fois encore s'il en était besoin, la vétusté du matériel du corps expéditionnaire. Initialement, le convoi de Dalat devait être protégé par un escadron du 5ᵉ régiment de cuirassiers (5ᵉ cuirs)[38] dont les 8 automitrailleuses Coventry[39] sont spécialement affectées à sa défense. Or, « le 1ᵉʳ mars, rapporte le général de Latour, cet escadron ne disposait pas d'un seul engin en ordre de marcher », principalement en raison du manque de pneus. Obligation est donc faite de prélever deux automitrailleuses sur deux autres escadrons, mais l'une d'entre elles tombe en panne. Avec une certaine ironie, le général commandant les TFIS conclut qu'il « est au moins paradoxal que les unités d'Indochine du Sud, dont une des missions essentielles est de protéger les plantations de caoutchouc, manquent de pneumatiques »...

La tentative d'adaptation du corps expéditionnaire

L'enseignement majeur qui ressort de l'embuscade de Dalat et qui confirme ce que de nombreuses opérations menées par le corps expéditionnaire depuis le début de la guerre ont montré est celui de l'inadaptation du CEFEO, une inadaptation aux formes du combat imposées par l'ennemi comme au milieu physique dans lequel il évolue. Un capitaine d'infanterie note ainsi, faisant écho à de multiples témoignages du même type : « Nous sommes trop lourds, pas assez mobiles et mal adaptés au terrain. » Conscient de cet handicap, le commandement français tente d'adapter son outil militaire aux conditions de la lutte en utilisant des formations spécialisées ou en développant de nouvelles unités au sein des armes ou subdivisions d'armes dont il dispose[40]. Parmi celles-ci, les troupes aéroportées (TAP) françaises jouent un rôle fondamental durant toute la guerre d'Indochine. Elles sont réclamées dès l'arrivée du général Leclerc. Au mois d'octobre 1945, ce dernier demande avec insistance au gouvernement de lui fournir des unités parachutistes dont la présence lui apparaît indispensable pour le théâtre d'opérations indochinois dont les caractéristiques géographiques offrent d'importantes possibilités aux troupes aéroportées : 2 400 zones de saut sont ainsi cataloguées au cours de la campagne, dont 900 pour le seul Tonkin. L'état-major des armées autorise donc la mise sur pied du 1er bataillon SAS, à partir des formations parachutistes existant en métropole. Avant son arrivée, il n'existe jusqu'en mars 1946 qu'un peu moins de 400 parachutistes en Cochinchine, issus pour la plupart de la marine ou des troupes coloniales. Ces derniers sont réunis dans quelques unités devenues célèbres par la suite comme le groupement autonome Ponchardier, environ 150 hommes, ou encore le commando Conus fort de 80 combattants. Ces formations, composées à l'origine d'anciens des services spéciaux ayant une solide expérience puisqu'ils ont déjà opéré en France au cours de la Seconde Guerre mondiale, sont cependant principalement employées comme unités de choc et participent à la libération des principales agglomérations de Cochinchine et du Laos pendant l'hiver 1945-1946[41]. Les opérations aéroportées (OAP) restent toutefois rares à l'époque, les combattants se déplaçant le plus souvent à pied ou utilisant les moyens de la marine ; on peut noter le parachutage entre les 15 et 20 janvier 1946 des 44 hommes du commando Conus, venus renforcer les éléments européens et autochtones autour de Vientiane, la capitale laotienne. L'arrivée à Saigon du 1er bataillon de parachutistes SAS le 27 février 1946 et celle du 2e bataillon au mois de juin marquent véritablement les débuts des troupes aéroportées en Indochine.

Réunis le 1er juillet 1946 au sein de la 1re demi-brigade parachutiste SAS (1re DBSAS) aux ordres du lieutenant-colonel Pâris de Bollardière, les deux unités parachutistes opèrent cette année-là essentiellement au Laos – les forces chinoises étant enfin parties – et au Cambodge où elles luttent contre les bandes armées plus ou moins inféodées au Viêt-minh. La rupture que constitue le 19 décembre 1946 entraîne l'augmentation des unités parachutistes. Le 23 février 1947 est créée au Tonkin la demi-brigade de marche parachutiste (DBMP) constituée des I/1er RCP, III/1er RCP et du 1er bataillon de choc. Ce sont ces trois bataillons qui participent à l'opération Léa. Au cours de l'année 1948, d'importantes décisions sont prises en métropole visant à mieux gérer et organiser les bataillons de TAP qui servent en Indochine, mais à cette date, il n'existe toujours aucune infrastructure particulière et aucun commandement spécialisé. Les bataillons sont ainsi amenés à prélever sur leurs propres effectifs les éléments nécessaires à leur soutien, seul existe le service technique des unités parachutistes (STUP), rattaché à la demi-brigade SAS, qui regroupe notamment les transmissions et un service auto. En ce qui concerne leur emploi, ces unités sont directement actionnées par le commandant en chef ou ses grands subordonnés, une méthode qui ne donne pas entière satisfaction en raison de la spécificité et de la technicité d'une telle troupe. Pour remédier à cette situation qui manque de rationalité et d'efficacité, il est créé le 1er janvier 1949 un commandement des formations aéroportées en Indochine (FAPI) aux ordres du colonel Chavatte. Parallèlement, les deux grands commandements territoriaux sont également modifiés au cours de l'année : la DBMP (qui est devenue, fin 1948, le groupement léger aéroporté – GLAP), au nord, se voit confier la zone opérationnelle du Tonkin et du Nord-Laos, tandis que la 2e demi-brigade coloniale de commandos parachutistes (2e DBCCP, ex-1re DBSAS dont le nom a changé au mois de janvier 1948) continue de prendre à sa charge la Cochinchine et le Sud-Annam. Pour soutenir et administrer ces organismes et fournir aux bataillons parachutistes qui en dépendent les indispensables services techniques, deux bases sont mises sur pied au début de l'année 1949 : une base aéroportée nord (BAPN) au Tonkin et une base aéroportée sud (BAPS) en Cochinchine[42].

Dans l'ensemble des armes du CEFEO, des initiatives sont prises à la même époque pour adapter les unités et les matériels. L'Indochine dispose de peu d'espace libre où déployer ses véhicules et le réseau routier est limité dans son étendue comme dans sa capacité à accueillir des engins lourds, notamment en raison de l'omniprésence de l'élément aquatique et de la nature des sols. Aussi, dans ce milieu hydroterrestre, l'arme blindée et cavalerie (ABC) crée des unités amphibies avec des engins récupérés là encore dans les surplus britanniques et américains ; c'est là sans doute l'une des innovations majeures de l'arme au cours du conflit. En 1949 sont constitués les premiers pelotons de M 29C Crabes[43], puis apparaît le premier groupe d'escadrons amphibies qui, après quelques déboires, révèle toute son utilité dans les opérations de bouclage de zone en opérations. L'année suivante, les puissants *Landing Vehicle Tracked* (LVT) *4 Alligators*[44] font leur apparition et sont, à partir de 1951, regroupés en escadrons. Renforcés en armement et en blindage, ils sont rattachés au 1er régiment étranger de cavalerie (1er REC) et au 1er RCC. Malgré leur poids et leur encombrement, ils donnent toute satisfaction dans le combat en rizières et leur puissance de feu apporte un appui important aux fantassins[45]. Par ailleurs, dans le cadre de ses missions et afin de bénéficier au maximum des possibilités de déplacements existantes, l'ABC développe ses propres unités fluviales. Les embarcations de tous types, blindées ou non, du début s'homogénéisent progressivement et à la fin du conflit les escadrons fluviaux n'arment plus que des vedettes de 8 et 11 mètres[46]. Outre le 1er REC, le 4e RDP et le 5e régiment de spahis (5e RS), qui œuvre au Cambodge, sont dotés de ces bateaux. Leurs équipages reçoivent sur les voies d'eau des missions comparables à celles remplies par les unités terrestres sur les axes routiers : ouvertures, escortes, liaisons, opérations de ravitaillement de postes, bouclages, etc. Le train se dote lui aussi de moyens fluviaux, il acquiert des LCM et développe deux compagnies de transport fluvial, qui ne sont toutefois pleinement opérationnelles qu'en 1951[47]. Le génie met sur pied une compagnie de bateaux blindés et, plus tard, une autre dite d'engins fluviaux. Enfin, des unités d'infanterie, tel le RICM à partir d'août 1950, sont également pourvues de jonques et de vedettes fluviales.

La marine essaie elle aussi de s'adapter au défi tactique et d'utiliser les nombreux cours d'eau – artificiels ou non – du théâtre d'opérations, transposant avec des matériels modernes les méthodes de la conquête du XIXe siècle. Elle réunit ainsi à la fin de l'année 1945 et au début de l'année 1946 des flottilles hétéroclites composées de sampans, de jonques à moteur, d'embarcations japonaises et d'engins de transport cédés par les Britanniques avant leur départ de Cochinchine ou achetés dans les surplus du Sud-Est asiatique. Au 1er janvier 1947, les deux flottilles deviennent les flottilles amphibies d'Indochine Nord (FAIN) et Sud (FAIS). Au mois d'août 1947, ces flottilles sont réorganisées en *Dinassauts*, des groupements opérationnels destinés à opérer sur les fleuves et les canaux des deltas indochinois. Leur composition évoluent au cours du conflit – notamment avec l'arrivée de l'aide américaine – et, à la fin de la guerre, une *Dinassaut* comprend une dizaine de navires de type différent parmi lesquels un bâtiment de commandement et d'appui d'artillerie (*Landing Craft Infantry* – LCI), des engins de débarquements et d'accompagnement, deux LCM capables de transporter un char moyen de 30 tonnes ou une soixantaine de combattants, quatre *Landing Craft Vehicle and Personnel* (LCVP) et enfin un engin de patrouille et de liaison rapide, le plus souvent une vedette de port. Par ailleurs, une compagnie légère d'accompagnement (CLA) est embarquée au sein des *Dinassauts*, des effectifs jugés trop faibles à l'époque. La principale mission des *Dinassauts* est d'assurer le transport et le débarquement d'un effectif d'environ un bataillon avec son matériel et d'appuyer de ses feux l'action des troupes à terre, tout en assurant la maîtrise de la voie fluviale.

L'adaptation du corps expéditionnaire à cette guerre d'un nouveau genre ne se traduit cependant pas uniquement par la création d'unités amphibies, et chaque arme développe ses unités spécialisées en rapport avec leur doctrine d'emploi.

Ainsi, afin de faciliter les ravitaillements dans certaines zones d'accès difficile, le train met sur pied deux compagnies de transport muletier[48]. Si ce type de formation avait donné satisfaction pendant les campagnes d'Italie et de la Libération, il suscite en Extrême-Orient quelques déceptions. En effet, le mulet[49] « s'adapte médiocrement aux pays tropicaux. Il en supporte mal le climat et la nourriture [...] circule difficilement dans la végétation luxuriante [et] il s'enlise dans les rizières ». Il n'y a qu'en moyenne et haute région qu'il donne satisfaction[50]. Dans le Sud-Annam, le 2e REI met en place à partir de 1948 un, puis deux trains blindés dont les missions portent sur la protection des ouvrages d'art et l'escorte de trains de ravitaillement pour parer aux embuscades. Les wagons sont blindés de manière artisanale par les légionnaires : on utilise ainsi les pièces d'un navire japonais échoué sur une plage de Nha Trang pour fournir des plaques de blindage. À l'origine, le train comprend deux locomotives blindées, huit wagons de combat, un wagon de commandement, un wagon infirmerie, deux wagons du génie chargés de tout le matériel de réparation nécessaire en cas de sabotage et, en tête, deux wagons pilotes à destinés déjouer les éventuelles destructions viêt-minh, sans dommage pour le reste.

La montée en puissance
de l'armée populaire vietnamienne

Pendant que le corps expéditionnaire s'adapte et se transforme, le Viêt-minh, lui, se renforce et l'APV s'organise sur le modèle des armées modernes. Deux ans après l'ouverture des hostilités, le temps semble désormais loin où les troupes viêt-minh se limitaient à quelques dizaines de milliers de guérilleros mal armés. Au cours des années 1947 et 1948, l'APV se structure progressivement : les compagnies deviennent bataillons, les bataillons se muent en régiments. Un régiment de l'APV est à cette époque formé d'un état-major, d'un bataillon de marche dit bataillon *chu luc* (« forces principales », c'est-à-dire de l'armée régulière) chargé de mener les opérations comme les attaques de convois, de postes, et dont les soldats sont parmi les meilleurs et les plus endurants. Il existe également cinq ou six compagnies autonomes qui ont pour mission d'assurer la garde des territoires contrôlés par le Viêt-minh et de veiller sur les dépôts. En réalité, ces régiments représentent un volume comparable à celui d'un bataillon renforcé, soit un peu plus d'un millier d'hommes. Les services de renseignements français en identifient une trentaine pour le seul Tonkin[51]. Au total, le 2e bureau estime que le corps de bataille de l'APV est, à cette époque, fort de 85 000 combattants dont 40 000 hommes au Tonkin, contre un peu plus de 20 000 en Annam et 25 000 en Cochinchine. Cependant, malgré l'accroissement quantitatif et qualitatif de l'armée populaire, les unités sont d'inégales valeurs et, à cette date, le fer de lance du corps de bataille adverse est principalement constitué par le « groupement 308 », qui agit en Haute région, et par le « groupement 304 » qui opère dans le Thanh Hoa. Ces « groupements » deviennent des brigades à la fin de l'année 1949, mais la puissance de feu de ces grandes unités est encore faible à cette date. L'armement lourd reste en effet sommaire et sans en connaître le nombre avec exactitude, les services de renseignements français évaluent à une dizaine le nombre de pièces d'artillerie d'un calibre égal ou inférieur à 75 mm utilisées au Tonkin.

C'est également à la même époque que l'APV se dote d'un embryon de nouvelles armes et met sur pied des unités des transmissions ou du génie dont l'existence se trouve confirmée au début du printemps 1949. Les « compagnies de mines », comme elles sont appelées à l'époque, sont principalement chargées du piégeage des itinéraires mais également de la destruction des ouvrages d'art. Elles peuvent également, avec le concours de la population et la réquisition de barges, procéder à des manœuvres de franchissement de cours d'eau. En revanche, l'infanterie viêt-minh, mobile et extrêmement fluide car libérée des servitudes propres à une armée occidentale, est de bonne qualité. Son manque d'armement et la pénurie de munitions, les deux dépendant des récupérations sur les troupes du corps expéditionnaire, des achats à l'étranger sur différentes places d'Asie (la Thaïlande, la Malaisie ou les Philippines) et des fabrications locales, constituent sa principale insuffisance. De même, le recrutement des cadres représente une autre faiblesse préoccupante, que ne pallie pas la mise en place de cours de formation ou la présence d'instructeurs étrangers : Chinois, Japonais ou légionnaires déserteurs, Allemands en majorité.

L'armée populaire, ou *Dân Quân*, constitue toujours un réservoir d'hommes très important même s'il est difficile à évaluer avec précision. De manière schématique, ces troupes se divisent en trois catégories. Tout d'abord les *Dân Quân Thoat Ly* qui agissent de manière indépendante représentent un appoint aux forces régulières tout en menant des actions de sabotage ou de harcèlement des forces françaises dans une zone donnée. Ces troupes bénéficient d'une bonne instruction militaire, ont le sens de la discipline mais également le sens du sacrifice ; en définitive, seules des questions d'armement et d'encadrement, là encore, limitent leur emploi. Les troupes régionales, qui bientôt vont s'organiser en régiments autonomes, seront constituées à partir de ces formations. Immédiatement après ces unités, les *Dân Quân Du Kich* forment de petits groupes de guérilleros, dont au moins la moitié est armée ; ils proviennent souvent d'un même village. Enfin, le *Dân Quân Tu Vé* représente toute la population masculine qui n'entre pas dans les deux précédentes catégories : bien souvent les adolescents ou les hommes âgés de plus de 55 ans. Les *Tu Vé*, comme en 1946, ont la responsabilité des missions de défense passive et assurent des missions de guet et de surveillance, sans être armés la plupart du temps. *Dân Quân Du Kich* et *Dân Quân Tu Ve* sont avant tout des paysans qui ne sont mobilisés que pour des actions ponctuelles sur ordre des comités de résistance.

Deux années après ses débuts, la guerre s'est enlisée au Vietnam et la possibilité d'une victoire par les armes s'est évanouie. En ne donnant pas au corps expéditionnaire les moyens militaires, notamment par l'envoi de renforts conséquents, de porter des coups décisifs aux forces du Viêt-minh, les gouvernements qui se sont succédé à partir 1946 se sont peut-être privés de la seule solution pour mettre fin au conflit. Depuis l'opération Léa, à l'automne 1947, aucune action d'envergure n'a été entreprise et, faute d'effectifs suffisants, le commandement français se contente de définir des objectifs limités et de poursuivre la pacification, malgré des résultats peu encourageants. L'impasse que connaît la situation militaire résulte en grande partie de l'impasse politique même si l'on a fini par comprendre que seule une solution politique était de nature à faire pièce au projet du Viêt-minh. Toutefois, au lieu de réfléchir sur des bases nouvelles, les dirigeants français, s'illusionnant encore, jouent la carte qu'ils pensent être la seule à même de rallier les populations vietnamiennes et régler le problème vietnamien : celle de Bao Dai. La personne de l'empereur constitue pour la France l'unique solution. Au début de l'année 1949, elle est en passe – enfin – d'aboutir.

Chapitre V

La solution Bao Dai et l'arrivée des communistes chinois aux frontières de l'Indochine

« J'estime qu'il n'y a plus désormais de problème militaire en Indochine. Le succès de nos armes est complet. »

Paul Coste-Floret, ministre de la Guerre,
Le Figaro, 14 mai 1947.

La solution Bao Dai

Entre 1947 et 1949, alors que le corps expéditionnaire tente d'arracher une « victoire » militaire qui se fait attendre, la solution Bao Dai a progressé avec beaucoup de difficultés. À la fin de l'été 1947, Bollaert, dont les velléités de cessez-le-feu et de négociations avec le Viêt-minh ont définitivement été enterrées par le gouvernement Ramadier, est chargé de relancer la politique qui vise à remettre l'empereur sur son trône. L'influence des ministres MRP et particulièrement de Georges Bidault, aux Affaires étrangères, s'est révélée déterminante dans ce choix. Pour ces derniers, seul le retour d'une personnalité nationaliste reconnue par l'ensemble des Vietnamiens semble à même de priver Hô Chi Minh du soutien populaire dont il bénéficie et de ramener la paix en Indochine ; il s'agit donc d'une manœuvre qui tend à faire de Bao Dai un « outil » dans le cadre de la guerre contre le Viêt-minh et non du désir sincère de donner son indépendance au Vietnam. La marge de manœuvre du haut-commissaire s'avère toutefois limitée puisque, à Paris, le gouvernement refuse toujours le principe d'indépendance et d'unité du Vietnam. Dans ce contexte, le discours que prononce Bollaert à Hadong, le 10 septembre 1947, et qui, sans le nommer, est un appel à Bao Dai, déçoit forcément les nationalistes vietnamiens : le mot « indépendance » a été remplacé – vraisemblablement à l'instigation de Bidault – par celui de Doc Lap, qui se traduit littéralement par « se tenir seul debout », et renvoie aussi bien à la notion d'indépendance qu'à celles de liberté ou d'autonomie. Finalement, aux termes de négociations secrètes, Bao Dai et Bollaert se rencontrent en baie d'Along le 6 décembre 1947. Si le mot « indépendance » est cette fois prononcé et retranscrit dans un protocole d'accord établi par le ministère de la France d'outre-mer, dirigé depuis la fin du mois de novembre par le MRP Paul Coste-Floret, le terme s'accompagne de telles limitations qu'elles le vident de toute réalité. Désormais méfiant et conscient de n'être qu'un instrument de la politique française, l'ex-empereur choisit une attitude attentiste et tergiverse. Les propositions qui lui sont faites par Bollaert, qui le rencontre à Genève au cours du mois de janvier 1948, sont systématiquement rejetées au nom de la revendication d'une souveraineté pleine et entière. Difficulté supplémentaire, l'ex-empereur doit faire face dans les conversations qu'il mène avec la France aux surenchères de certaines personnalités nationalistes – tel Ngô Dinh Diêm, qui le conseille alors – et dont il est obligé de tenir compte afin d'éviter l'isolement.

L'entrevue qui a lieu, une nouvelle fois en baie d'Along, entre Bao Dai et Bollaert, le 5 juin 1948, malgré une déclaration commune par laquelle « la France reconnaît solennellement l'indépendance du Vietnam, auquel il appartient de réaliser son unité » et qui fait de ce dernier, dans le cadre de l'Union française, un « État associé », reste lettre morte : le protocole annexe, gardé secret, et qui reprend les termes de celui qui a été présenté à la fin de l'année 1947, est rejeté par l'empereur. Le désaccord porte sur l'essentiel des prérogatives régaliennes de l'État : diplomatie, défense, justice, douanes, etc., qui, dans les faits, seraient étroitement encadrées par la France. En dépit du caractère historique du texte, la déclaration de la baie d'Along ne résout rien. Au cours des mois suivants se multiplient les négociations en coulisses, les projets et contre-projets où entrent en jeu le gouvernement français, le haut-commissaire, Bao Dai et son entourage ainsi que les représentants de la République de Cochinchine. En effet, afin de faciliter le retour de l'empereur (qui réside toujours officiellement à Hong Kong), a été alors imaginée la constitution d'un gouvernement central provisoire du Vietnam, présidée par le général Xuan, président de la République de Cochinchine[1]. Cette instance est chargée de préparer le retour de Bao Dai et, le moment venu, de faire « appel » à lui. Le retour de l'empereur apparaîtrait ainsi comme une réponse aux suppliques du peuple plutôt qu'à une convocation des Français. Homme ambitieux, le général Xuan, comme l'écrit Philippe Devillers, « nourrissait "le grand dessein" de ramener la paix au Vietnam et de devenir ainsi "l'homme de la situation" ». De fait, l'intéressé se pose volontiers, à l'époque, en médiateur entre Hô Chi Minh et Bao Dai. Xuan présente son cabinet à Bao Dai à la fin du mois de mai 1948, mais si ce dernier en prend acte et salue la constitution de cet organisme, il refuse toujours de revenir en Indochine tant que la question de l'indépendance et celle de l'unité du pays n'ont pas été acceptées par Paris. Au début de l'automne 1948, Bao Dai est donc toujours à Hong Kong, dans l'attente, tandis que le général Xuan et son « gouvernement » ont perdu tout crédit auprès de leurs concitoyens : la solution Bao Dai est au point mort. Au grand désappointement des services civils du haut-commissariat, l'empereur s'est révélé moins facile à manœuvrer qu'on ne l'attendait. C'est en définitive le remplacement de Bollaert par Léon Pignon, le 21 octobre 1948, qui va dénouer le blocage. Bollaert, en effet, qui n'a jamais vraiment su gagner la confiance de l'empereur, est contesté par les socialistes comme par le MRP et il ne souhaite pas, en outre, prolonger son mandat.

Léon Pignon reprend donc les négociations menées par son prédécesseur et, après de longues tractations, celles-ci aboutissent le 8 mars 1949 à la signature d'accords qui confirment – une énième fois – l'indépendance du Vietnam. La question juridique de la Cochinchine, son rattachement au pays – l'union des trois *Ky* enfin réalisée – a été acceptée par le Parlement français et, localement, une « Assemblée cochinchinoise », hâtivement constituée, vote également ce rattachement au mois d'avril suivant. Bao Dai obtient quelques concessions dans le domaine diplomatique (le Vietnam reçoit notamment l'autorisation d'ouvrir des missions à l'étranger en son nom propre) mais, dans l'ensemble, comme le rapporte le consul américain à Saigon – cité par Jacques de Folin –, « il n'y a pas une seule compétence accordée au Vietnam qui ne nécessite, dans son application, l'approbation de la France ou une consultation avec elle ». Malgré les restrictions de toute nature, Bao Dai a finalement accepté les propositions françaises, sans doute par crainte de laisser passer, à force d'atermoiements, sa chance de revenir au Vietnam et d'y jouer un rôle. Le 24 avril 1949, l'empereur atterrit à Dalat où il s'installe. Si Léon Pignon fait montre d'un réel optimisme – ses nombreuses lettres à Coste-Floret, ministre de la France d'outre-mer, en témoignent –, beaucoup d'observateurs sont plus circonspects. Le journal *Libération*, en date du 9 mars, évoque le retour du « noceur international » que l'on « est allé repêcher dans les tripots de Hong Kong et dans les boîtes de nuit de Cannes ». Quant aux autres organes de presse métropolitains, ils se révèlent également peu enthousiastes : au mieux, l'empereur peut apparaître comme un médiateur, au pire, ce sera l'échec. Il aura fallu deux ans pour faire revenir Bao Dai, deux années perdues pour octroyer à un personnage controversé ce que demandait le Viêt-minh quatre ans plus tôt.

Le 2 juillet 1949, l'État du Vietnam naît officiellement. Au sein du gouvernement français, l'on se réjouit – « Nous sommes enfin sortis du tunnel » proclame, à Saigon, Coste-Floret le 20 du même mois. Une trentaine de conventions sont passées à la fin de l'année 1949 qui officialisent les transferts de souveraineté dans un certain nombre de domaines. Au Laos (convention du 19 juillet 1949) et au Cambodge (traité du 8 novembre 1949), les négociations ont abouti au même processus d'« indépendance » qu'au Vietnam. Le 29 janvier 1950, le Parlement français ratifie les accords passés avec ces trois pays qui deviennent officiellement des « États associés » au sein de l'Union française. Le 11 juillet suivant, un ministère chargé des relations avec les États associés voit le jour et est confié à Jean Letourneau. Sa mission est de mettre en application les accords signés mais surtout de veiller à leur limitation et de faire respecter le cadre que constitue l'Union française[2]. Pour la France, « l'opération » Bao Dai constitue donc un succès, quoique laborieux. Grâce à la création d'une armée nationale vietnamienne, formée et encadrée par des soldats du CEFEO, les chances de venir à bout du Viêt-minh dans des délais raisonnables paraissent réelles. En effet, tel est bien le véritable motif du retour de l'empereur : installer le Vietnam dans la guerre, sous une direction française. Bao Dai et les effectifs qu'il s'apprête à lever doivent contribuer à la conclusion heureuse du conflit, car, sur le terrain, les troupes font défaut et la lutte contre le Viêt-minh n'enregistre pas d'avancées significatives.

L'impasse militaire

Au début de l'année 1949, alors que le corps expéditionnaire est engagé depuis deux ans dans ce qu'il faut bien appeler une guerre, et malgré l'optimisme affiché par Léon Pignon, la situation militaire au Vietnam est dans l'impasse. En Cochinchine, sous l'impulsion du général Boyer de

Latour, la pacification marque bien des progrès et parvient à repousser l'appareil politico-militaire du Viêt-minh dans les régions insalubres de la péninsule, mais les troupes du corps expéditionnaire sont incapables de venir à bout des quelques milliers de viêt-minh qui continuent leur activité de guérilla. En Annam, selon les mots employés à l'époque par le général Alessandri, les Français « durent », la faiblesse des effectifs comme la nature du terrain empêchant d'obtenir de meilleurs résultats. Au Tonkin, le corps expéditionnaire tient, très fragilement, quelques points sur la frontière du Nord-Est et dans les régions du Nord-Ouest, néanmoins c'est dans le delta que la situation reste le plus préoccupante : seules les villes de Hanoï et de Haiphong, la zone côtière (Hongay, Moncay) et la RC 5 sont solidement tenues. La majeure partie du delta du Tonkin échappe au contrôle des Français. En dépit des moyens consentis par le gouvernement français, force est donc de constater que la situation militaire dans le Nord du Vietnam n'est pas bonne. Une note émanant du commandement en chef, le général Blaizot – remplaçant le général Valluy[3] – du 8 février 1949 est sans équivoque : « En fait nous ne maîtrisons aucun territoire et des surfaces importantes nous sont interdites. On peut donc dire que le commandement français ne dispose, en ce qui concerne les forces terrestres, d'aucune zone de sécurité et d'aucune liberté d'action ni de manœuvre. » Quant à la frontière avec la Chine et ses provinces du Yunnan et du Kouang Si, elle est « complètement perméable » et les quelques postes qui y sont implantés n'empêchent pas les trafics qui s'y livrent ni le renforcement du Viêt-minh. L'absence d'une stratégie militaire française cohérente constitue également un handicap. En effet, aucun plan à longue échéance n'a été élaboré, seuls existent des plans « du moment », visant des opérations de détail, soumises par les généraux commandant les différents territoires et examinés par le Conseil de défense de l'Indochine, organisme institué à l'époque de Bollaert en remplacement du Comité militaire permanent[4].

Les réunions de ce Conseil de défense sont par ailleurs l'occasion de voir s'affronter les différentes tendances au sein des échelons responsables, civils comme militaires, de la conduite des affaires indochinoises. Celle du 14 février 1949 témoigne ainsi des désaccords entre « tonkinois » et « cochinchinois ». Alors que Léon Pignon se montre partisan d'un effort militaire en Cochinchine qui permettrait d'obtenir des résultats politiques durables, le général Blaizot souhaite faire porter son action au Tonkin. Cette politique est elle-même contestée par son subordonné, le général Alessandri, qui, revenu en Indochine après deux ans d'absence, commande désormais les forces terrestres d'Extrême-Orient (FTEO)[5]. Si Blaizot entend effectuer des rétractions *a priori* du dispositif français au Tonkin et se concentrer sur le delta, Alessandri rejette avec véhémence toute idée d'abandon de territoires ; il se prononce à la fois pour une occupation progressive de la totalité du delta du Tonkin, mais il veut également entreprendre « l'encerclement » du réduit viêt-minh en consolidant les positions du corps expéditionnaire dans les régions du Nord-Ouest et du Nord-Est. Ce plan ambitieux, qui nécessite des renforts importants, doit permettre, à l'automne 1950, de porter la bataille au cœur du pays viêt-minh en Moyenne et Haute région tonkinoises. Au-delà des différences de conception entre les deux officiers généraux, leur opposition soulève la question de l'organisation du commandement en Indochine. Le commandant des forces terrestres, s'il est bien subordonné aux directives du commandant en chef, bénéficie de prérogatives importantes puisque, à partir du 5 juin 1948, il coordonne également, à l'intérieur des différents territoires, l'action des forces maritimes et aériennes mises à la disposition des commandements de théâtres et se voit attribuer des compétences interarmées. On peut donc affirmer que, dans les faits, l'état-major du chef des FTEO dispose d'un plus grand pouvoir que celui du commandant en chef.

Le rapport Revers

C'est dans ce contexte d'enlisement des opérations mais également d'évolution de la guerre civile en Chine que, le 2 avril 1949, le gouvernement Queuille, à l'initiative de Paul Ramadier alors ministre de la Défense nationale, décide de confier au général Revers une mission d'inspection en Indochine. Depuis 1947, le général Revers est chef d'état-major général des armées et, à ce titre, membre permanent du Conseil supérieur de la guerre. S'il ne bénéficie pas de l'aura de certains généraux du second conflit mondial, il a néanmoins derrière lui une longue carrière militaire. À l'issue de la Grande Guerre au cours de laquelle il a été mobilisé, il a choisi de rester dans l'armée et a assuré différents commandements et postes en corps de troupe ou en état-major. Son attitude après l'armistice de juin 1940 n'est cependant pas appréciée de tous et notamment des gaullistes de la première heure, dont certains lui pardonnent difficilement des fonctions occupées sous Vichy : il a été successivement chef de cabinet de l'amiral Darlan puis chef d'état-major du maréchal Pétain. Dans son *Journal*, Vincent Auriol se fait ainsi l'écho des accusations portées contre lui dans les années qui suivent la Libération : celles de trahison et de dilapidation des fonds de la Résistance, sans que des preuves ne soient d'ailleurs apportées. Le général Revers a, de fait, rejoint la Résistance après l'invasion de la zone libre et, en octobre 1943, il a pris la tête de l'Organisation de résistance de l'armée (ORA) en remplacement du général Verneau, arrêté puis déporté à Buchenwald où il est mort.

Revers quitte Paris le 11 mai 1949 et, au terme de sa mission, il rentre en France le 16 juin suivant. À la fin du même mois, il remet au gouvernement ses *Conclusions de la mission exécutée en Indochine par le général d'armée Revers*, texte plus connu sous le nom de *Rapport Revers*. Pendant les cinq semaines qu'il passe en Extrême-Orient, le général

Revers parcourt l'ensemble des théâtres d'opérations indochinois. La consultation du programme chargé qui le mène de Cochinchine au Tonkin en passant par Dalat le 22 mai, où il s'entretient avec l'empereur Bao Dai, puis du Laos au Cambodge avant de revenir à Saigon, témoigne de son activité. Le voyage est ponctué de séances d'information organisées sur des thèmes variés : « conversations sur la Chine », « renforts et relèves » ou encore « services spéciaux », qui ont pour but de l'éclairer au mieux sur la situation. Il interroge officiers et soldats du corps expéditionnaire, visite les blessés, et rencontre les personnalités civiles françaises comme vietnamiennes les plus représentatives. Le rapport est imprimé par les soins de l'imprimerie des armées, deux gardes républicains veillant à leur reproduction, raconte Georgette Elgey. Le tirage – 50 exemplaires – paraît cependant considérable au vu du caractère secret et polémique du document. En effet, le général Revers dresse un tableau sans concession de la situation qu'il a découverte en Extrême-Orient et ne cache rien des difficultés que rencontrent les autorités françaises sur les plans politique comme militaire : « À la veille de l'installation du gouvernement Bao Dai, le Vietnam est profondément troublé. Nous ne contrôlons qu'une partie du territoire, et moins de la moitié de la population. Dans les territoires que nous tenons, le terrorisme sévit », peut-on lire dans les premiers paragraphes. Sur la forme, le rapport « est divisé en deux parties, la première ayant pour objet l'exposé de la situation actuelle, la seconde cherchant à dégager les mesures à prendre pour améliorer cette situation ». L'ensemble, totalisant vingt-six pages, est complété par 5 appendices[6], 15 annexes et 6 pièces jointes.

Dresser la liste des insuffisances et des carences militaires du corps expéditionnaire relevées par le général Revers serait long et fastidieux. Retenons simplement que le bilan établi par le chef d'état-major général s'avère bien sombre. Les problèmes de maintenance, de renforts et de relève de la troupe se heurtent à l'éternel question de la crise des effectifs et de l'usure des hommes, puisque l'une des conséquences majeures de cette pénurie est le retard des rapatriements entraînant *de facto* une prolongation des séjours, portés à vingt-neuf mois au lieu de vingt-quatre. Les matériels, issus des surplus français, américains ou britanniques et usés par de nombreuses années de campagnes, accusent un taux d'indisponibilité élevé, c'est notamment le cas des blindés dont un tiers est immobilisé faute de pièces de rechange. Dans le cas des munitions, outre des quantités notoirement insuffisantes pour faire face aux besoins opérationnels, la qualité reste médiocre et donne lieu à « des déchets importants. 40 tonnes de munitions ont été ainsi rebutées en 1948 ». Quant à l'aviation en état de voler, elle se limite quotidiennement à quelques dizaines d'appareils à bout de souffle : une vingtaine de Sptifire dotés de canons de 20 mm hors d'usage, une dizaine de Dakotas, le double de Ju-52 et une quinzaine de Morane 500 destinée à l'observation. La « précarité » – le qualificatif revient à de nombreuses reprises dans le rapport – définit donc un corps expéditionnaire qui, s'il connaît déjà des difficultés à mener la lutte contre le Viêt-minh, s'avérerait incapable de stopper une offensive chinoise de grande ampleur. Le danger chinois, qui a motivé pour partie le déplacement du général Revers, occupe une place importante dans ses préoccupations. Revers tente d'évaluer la réalité de la menace que les communistes chinois, dont la victoire se dessine, font peser sur l'Indochine comme les sentiments qu'une telle éventualité peut susciter à Saigon ou à Hanoï. Il souligne les divergences sur le sujet. Certains sont persuadés que Mao Zedong, aux prises avec de grandes difficultés intérieures d'ordre politique et économique, cherchera à consolider son pouvoir, d'autres envisagent le scénario apocalyptique d'une invasion, conforme au vieux rêve d'expansion chinoise sur les pays du Sud-Est asiatique.

Le général Revers s'attache également à évaluer la situation politique qui prévaut en Indochine et principalement au Vietnam. Si les royaumes khmer et laotien sont soumis à une activité des « rebelles » communistes – Lao Issara[7] et Khmers Issaraks[8] –, les deux pays connaissent une relative stabilité en comparaison de leur grand voisin. Du point de vue politique, les élites au pouvoir et les fonctionnaires sont souvent accusés de favoriser leurs intérêts au détriment de ceux de l'ensemble des populations et celles-ci ne nourrissent pas de sentiments antifrançais comme au Vietnam, et même, pour reprendre l'expression de Jean Deuve évoquant la position des soldats laotiens, « ils estiment que les Français doivent encore avoir leur mot à dire ». Au Vietnam, en revanche, non seulement le Viêt-minh se renforce, mais le pays reste divisé politiquement. Prenant acte de la vitalité du sentiment nationaliste et du désir grandissant d'indépendance, Revers insiste sur le peu d'assise politique dont bénéficie le gouvernement Bao Dai en Cochinchine et au Tonkin, mais également de la corruption et du népotisme de son administration. Il préconise un « effacement » de la France dont le rôle d'administrateur pourrait avantageusement se muer en celui de conseiller, un effacement dont la manifestation visible devrait être, entre autres, la diminution du nombre de fonctionnaires métropolitains au profit d'une administration vietnamienne. En effet, avec 15 000 fonctionnaires en 1949, la France, qui mène officiellement une politique de transfert de pouvoirs à l'État vietnamien, entretient trois fois et demi plus d'administrateurs civils qu'au début des années 1930 (4 000 sur un total de 6 000 en Indochine). Le général Revers ne se cache pas les difficultés que peut engendrer une telle politique et met en avant non seulement la résistance des fonctionnaires français soucieux de défendre leur place (et les avantages financiers afférents), mais également le faible nombre de cadres vietnamiens susceptibles de les remplacer avec compétence. Cette constatation témoigne au demeurant de l'échec du système colonial français, qui, avant guerre, n'a pas su ni voulu encourager la mise en place d'une élite indochinoise, malgré les discours officiels. Enfin, le développement de l'armée nationale vietnamienne qu'appelle le général Revers doit apporter un concours substantiel aux unités du corps expéditionnaire, en même temps que participer au renforcement politique de l'État et de l'empereur.

Le dernier point important étudié par le rapport intéresse l'organisation du commandement qui apparaît mal adaptée pour des raisons structurelles, mais également de personnes. En premier lieu, les attributions respectives du haut-commissaire et du commandant en chef ne sont pas marquées par une subordination assez nette du second au premier. En effet, le 12 juin 1948, un décret a élargi les responsabilités du militaire qui, déjà adjoint, peut désormais, à compter de cette date, remplacer le haut-commissaire par intérim le cas échéant, ce qui constitue une nouveauté. Cette place d'adjoint – et non de second – semble permettre, en effet, un certaine « émancipation » du commandant en chef par rapport au pouvoir civil. En second lieu, l'existence de commandants d'armées subordonnés règlementairement au commandant en chef mais dotés, dans les faits, d'une large autonomie (rendant parfois directement compte à leur hiérarchie, en métropole) affaiblit considérablement l'autorité du général Blaizot. Cette constatation est particulièrement vraie dans les relations entretenues par ce dernier et le commandant des FTEO, le général Alessandri, qui a tendance à mener « sa » guerre et semble considérer comme une ingérence les ordres de son supérieur. Comme l'armée de terre représente le contingent principal du corps expéditionnaire, certaines attributions à caractère interarmées ont par ailleurs été données, *de jure* ou *de facto*, au commandant des forces terrestres ; en conséquence, celui-ci entre directement en concurrence avec un commandant en chef qui se sent dépossédé de ses attributions dans le domaine opérationnel. Le 3 octobre 1949, un décret met heureusement fin à cette anomalie en réunissant les deux fonctions dans les mains du nouveau commandant en chef, le général Carpentier (nommé en septembre)[9] . Cette décision, qui a le mérite d'éviter les « chevauchements hasardeux » entre officiers généraux, confirme cependant le primat de l'armée de terre sur l'armée de l'air et la marine, une subordination qui se fait sentir non sans heurts jusqu'à la fin du conflit, l'armée de l'air supportant mal cette situation.

Des oppositions de personnes compliquent un peu plus ces problèmes organisationnels. Léon Pignon, en tant que commissaire de la République au Cambodge puis directeur adjoint des Affaires politiques de la France d'autre-mer, se trouve, au printemps 1948, hiérarchiquement subordonné au général Blaizot – même s'il s'agit d'un lien indirect. Or, avec sa nomination au poste de haut-commissaire, le rapport hiérarchique s'inverse, créant là une situation délicate à gérer à ce niveau de responsabilité. Par ailleurs, la relation qui existe entre Léon Pignon et le général Alessandri est de nature à compliquer encore la chaîne de commandement et à isoler davantage le commandant en chef. Les deux hommes se sont connus à Kunming à l'été 1945 quand Pignon a été nommé adjoint au chef de la mission militaire française en Chine alors qu'Alessandri faisait partie des rescapés du coup de force japonais. De cette époque datent des liens forts et la complicité qui unit le haut-commissaire au commandant des FTEO n'est pas sans conséquences puisque Alessandri adresse régulièrement des correspondances privées à Léon Pignon sur des sujets officiels, au mépris de la voie hiérarchique. Pour ces raisons, le général Revers suggère un changement de l'équipe en place : « Le général Blaizot est un homme intelligent, d'une honnêteté totale, malheureusement il n'a pas su affirmer son autorité et d'autre part certaines divergences entre lui et le haut-commissaire ne rendent pas possible son maintien. ». Quant au général Alessandri, pressenti un temps pour le remplacer, « on ne peut cacher certaines réserves formulées à son égard ». Enfin, tout en reconnaissant « l'admirable dévouement » de Léon Pignon, « il n'en est pas moins vrai que beaucoup d'habitants d'Indochine souhaitent une direction plus autoritaire », et de proposer en conclusion du rapport la désignation, à la place, d'« un chef militaire ayant du prestige et une grande autorité personnelle ». C'est à ce prix et « si elle le veut[10] » que la France pourra rester « matériellement et moralement en Indochine ».

Cette prise de position tranchée en faveur de la nomination d'un officier général à la tête du haut-commissariat, si elle se pare de la volonté émanant « de beaucoup d'habitants d'Indochine » – ce qui est certainement vrai pour une partie des colons et des industriels soucieux de sauvegarder leurs intérêts commerciaux –, dissimule dans la réalité une manœuvre du général Revers. En effet, si dans le rapport celui-ci avance les noms des généraux Magnan et Guillaume comme candidats éventuels, le scandale qui va bientôt éclater autour du rapport montre que le bénéficiaire envisagé n'est autre que le général Mast. L'ancien résident général de France en Tunisie (jusqu'en 1947), à cette date directeur de l'Institut des hautes études de la Défense nationale (IHEDN), est alors ce qu'on appelle dans l'armée un « beau soldat ». Saint-cyrien, blessé et trois fois cité au cours de la Grande Guerre, il termine le conflit avec le grade de capitaine. Diplômé de langues orientales durant l'entre-deux-guerres, Mast devient, dans l'armée de terre, le spécialiste du Japon ; il y est d'ailleurs nommé attaché de défense en 1937 et il est notamment connu pour être l'auteur de plusieurs rapports décrivant la montée de l'impérialisme nippon en Asie du Sud-Est et les menaces qui planent sur l'Indochine. Ralliant la France libre, il est l'un des organisateurs français de la préparation du débarquement anglo-saxon en Afrique du Nord. Approché officieusement dès 1948 par le ministre de la France d'outre-mer, Coste-Floret, pour remplacer Bollaert, le général Mast déclarera au mois de janvier 1950 s'être contenté de « demander l'avis à des hommes politiques ». En fait, les travaux de la commission d'enquête parlementaire mise en place suite au scandale et qui tient sa première séance le 31 janvier 1950 révèle bel et bien la volonté du général Mast d'accéder au poste de haut-commissaire de France en Indochine avec l'aide de son « ami » le général Revers. Peut-être y serait-il parvenu si le rapport Revers, dont les conclusions devaient restées secrètes, n'avait pas été dévoilé au grand jour, donnant lieu à l'« affaire des généraux ».

La « sale guerre »

L'« affaire des généraux » naît au mois d'août 1949 lorsque les services spéciaux français s'aperçoivent que certains passages du rapport sont cités par la radio viêt-minh. Le 18 septembre, une altercation – vraisemblablement un coup monté – entre un ancien soldat du CEFEO et deux ressortissants vietnamiens dégénérèrent : après intervention de la police, des extraits du rapport sont retrouvés sur l'un des Vietnamiens du nom de Do Dai Quoc. Dans un premier temps – et contre l'avis de Vincent Auriol –, le gouvernement[11] tente d'étouffer l'affaire. Il y parvient pendant quelques mois, jusqu'à ce que le *Time* la révèle au grand jour. Dès lors, à partir de janvier 1950, l'« affaire des généraux » est portée en place publique. Elle porte ce nom car le général Revers, à son retour d'Indochine, confie un exemplaire du rapport au général Mast qui, officiellement, n'a pas à en connaître. Ce dernier est affilié à un personnage trouble, Roger Peyré, qui va le transmettre, contre rétribution, à des Vietnamiens proches du gouvernement de Bao Dai... et ainsi du Viêt-minh, la représentation de l'État du Vietnam à Paris étant infiltrée par des agents communistes. Si la trame des événements est connue et les principaux responsables plutôt légèrement sanctionnés[12], cette affaire donne l'occasion à divers organismes politiques et services de police de régler leurs comptes, tout en portant des coups au régime républicain. Comme l'écrit Alain Ruscio : « Il s'agissait sans aucun doute d'un nouvel épisode de la lutte MRP/SFIO, par guerre des polices interposée. »

Quoi qu'il en soit, l'« affaire des généraux », qui constitue le premier scandale du conflit indochinois avant celui du trafic des piastres et de l'affaire des fuites[13], contribue à ternir l'image de la IVe République et à renforcer la campagne contre la « sale guerre » d'Indochine, une campagne qui, dans un contexte de durcissement de la guerre froide, se développe à l'initiative du PCF à partir de 1949. Cette année-là voit le parti communiste se livrer à une offensive médiatique dirigée à la fois contre la politique indochinoise du gouvernement et contre le corps expéditionnaire français dont les soldats sont accusés de mener une guerre injuste, tuant des patriotes qui luttent pour la liberté de leur pays. Dans cette perspective, le corps expéditionnaire est présenté comme un organisme criminel composé d'anciens SS et d'ex-miliciens[14], hier bourreaux au service de l'Allemagne nazie et de ses alliés, accomplissant désormais leurs basses œuvres en Extrême-Orient. Alain Signor, député communiste du Finistère, soulève la question des exactions commises par le CEFEO à l'occasion du débat parlementaire qui se tient à l'Assemblée nationale le 4 novembre 1949. Il évoque, entre autres, une affaire de viol et de crimes perpétrée deux années auparavant et pour lesquels le tribunal militaire d'Hanoï a prononcé, le 11 janvier 1949, la condamnation à mort de trois soldats français (« bretons » précise le texte). Évoquant à nouveau la question le 22 janvier 1950, le député n'hésite pas à dresser un parallèle avec les atrocités perpétrées à Ascq et Oradour au cours de la Seconde Guerre mondiale[15]. Les réponses données par René Pleven – alors ministre de la Défense – restent volontairement vagues et ne sont pas de nature à apaiser les critiques émanant des communistes, d'une partie des socialistes et des chrétiens progressistes[16].

Le débat sur les exactions commises par le corps expéditionnaire est un thème récurrent du parti communiste à l'époque et repris depuis lors. Au début des années 2000, dans un ouvrage-réquisitoire assez improprement intitulé *Vietnam ! La guerre d'Indochine 1945-1954*, Jean-Luc Einaudi, journaliste et militant communiste, se livre, à travers un certain nombre de témoignages, à une véritable charge contre les combattants du CEFEO, utilisant un langage qui n'est pas sans rappeler certains slogans du PCF des années 1950. Nier que des combattants de l'Union française, qu'ils soient français métropolitains, légionnaires, africains ou autochtones, aient commis des exactions serait contraire à la vérité historique. Des documents conservés au Service historique de la Défense en font foi et des témoignages ont été livrés par d'anciens combattants peu susceptibles de sympathies communistes – c'est le cas du général Albert Merglen ou d'Alexis Arette, alors sous-officier. Il reste toutefois difficile de mesurer le phénomène. D'après l'historien Michel Bodin, qui a travaillé sur ces questions, notamment dans le cadre de sa thèse, le *Journal officiel* (JO) du 6 octobre 1954 (p. 4534) recense un total de 10 302 condamnations en vertu des codes de justice militaire (c'est-à-dire hors délits de droit commun) pour les centaines de milliers de combattants qui ont appartenu au CEFEO ou aux armées nationales entre 1945 et 1954. Ces condamnations portent aussi bien sur des délits mineurs, sanctionnés par des peines de prison ou de détention, que sur des crimes passibles des travaux forcés ou de la peine de mort. Il y aurait eu 631 crimes (connus et jugés) au sens juridique, un chiffre qui prend en compte aussi bien des Français métropolitains que des légionnaires, des Africains ou des autochtones. Mais faute d'une consultation des archives judiciaires, soumises à la loi sur la communicabilité et à un examen au cas par cas, toute analyse reste pour l'instant compromise.

Cette question doit être abordée avec rigueur et précaution, son ampleur véritable ayant souvent été faussée par la propagande communiste. Le Viêt-minh, dans le cadre de la guerre psychologique qu'il livre alors, donne en effet pour consigne d'amplifier le nombre des plaintes et même d'en créer de toutes pièces. Il convient également de souligner que les exactions commises par certains soldats de l'Union française, si condamnables qu'elles puissent être, ne relèvent pas d'un mode de fonctionnement employé lui par le Viêt-minh : les éliminations physiques et le terrorisme ayant été choisis comme des moyens de la lutte dès 1945[17]. Michel Bodin rappelle également que l'emploi de soldats autochtones rend le problème plus complexe, car certaines exactions relèvent de règlements de compte à caractère social, ethnique ou religieux. Ce sujet reste sensible pour les anciens combattants, qui, dans leur grande majorité, ont combattu loyalement et sincèrement défendu les populations dont ils avaient la responsabilité. À l'époque, leur combat est mené dans l'indifférence d'une partie de la nation et l'hostilité des autres, hostilité qui s'exprime de la façon odieuse lorsque les blessés ou les cercueils qui débarquent d'Indochine au Bourget ou à Marseille sont accueillis par les insultes et les crachats des syndicalistes d'extrême gauche et des communistes. S'il n'est pas question de réhabiliter les exactions commises par les troupes de l'Union française et qui restent condamnables, il paraît indispensable de recontextualiser les faits et de les mettre en regard des crimes perpétrés par le Viêt-minh dont l'ampleur est sans commune mesure. Or, en termes d'histoire comparée, il apparaît qu'un déséquilibre existe dans cette démarche, chaque extrême défendant avec passion son point de vue. Il reste vrai, toutefois, que pendant neuf années, au nom de l'indépendance du Vietnam, des dizaines de milliers de personnes ont été assassinées : opposants politiques – de gauche comme de droite –, villageois refusant d'épouser la cause viêt-minh, militaires des armées nationales faits prisonniers et massacrés. Le nombre de civils vietnamiens tués au cours de la guerre témoigne également du refus de ces derniers de rallier le Viêt-minh. Ainsi, si Bao Dai et son régime ne sont certes pas la « solution », ces morts discréditent à eux seuls la légitimité, présentée comme unique, des vainqueurs.

À l'été 1949, l'aboutissement de la solution Bao Dai, la mise sur pied des États associés comme les préconisations du rapport Revers tendent à donner une orientation nouvelle à la guerre d'Indochine. L'ensemble des mesures politiques et militaires décidé à Paris ou en Indochine paraît de nature à améliorer la carte de guerre et laisse présager, à terme, une victoire sur le Viêt-minh. Mais un fait nouveau, l'introduction de la Chine communiste dans le conflit indochinois, ruine bientôt les espoirs français. De fait, depuis 1945, la France, dont les buts de guerre, même mal définis, ont évolué – il n'est ainsi plus question de restaurer l'ordre colonial antérieur –, mène des opérations de reconquête contre un adversaire unique afin de préserver ses intérêts en Extrême-Orient. Cependant, à partir de 1949, avec l'écrasement des nationalistes chinois et l'avènement d'un régime communiste en Chine, la guerre change de nature et s'internationalise. Désormais, le conflit indochinois devient un enjeu de la guerre froide que se livrent les deux puissances émergentes du second conflit mondial. Les hésitations et les incohérences de la politique indochinoise menée par les gouvernements successifs de la IVe République se doublent d'implications et de complications diplomatiques dans lesquelles interviennent Washington, Moscou ou Pékin. Du point de vue de la stratégie militaire, le commandement français doit prendre en compte une nouvelle menace : la possibilité d'une intervention des communistes chinois au Tonkin. Ce danger entraîne à la fois un changement de posture, qui se concrétise par une attitude défensive et une rétraction du dispositif, et par un appel croissant aux États-Unis, dont l'aide militaire paraît alors la seule à pouvoir contrebalancer le poids de l'armée populaire de libération (APL).

La victoire des communistes chinois et les réactions françaises

Dès le mois de janvier 1949, les Britanniques considèrent comme sans espoir la situation des troupes nationalistes chinoises et parient sur la victoire, à plus ou moins brève échéance, des forces communistes de l'APL. Les représentants français en Chine, et en premier lieu l'ambassadeur Jacques Meyrier, partagent cette analyse. De fait, depuis la chute de la Mandchourie à l'automne 1948, suivie de la victoire décisive remportée à Xuzhou au début de l'hiver 1949[18], la position des armées du Guomindang se trouve très compromise. À cette date pourtant, la politique chinoise de la France se veut parfaitement neutraliste, la ligne définie est claire : il ne faut en aucun cas être mêlé de près ou de loin à la guerre civile et il convient de faire preuve en toute circonstance d'opportunisme afin de ne pas s'aliéner le futur vainqueur. Une note du ministère des Affaires étrangères du 2 février 1949 résume la pensée française : « Toute position actuellement abandonnée sera une position définitivement perdue. En revanche, toute position conservée, même au prix d'un statut mal défini, risque d'être tolérée pendant une longue durée. » Malgré cette attitude officiellement attentiste, Meyrier prône un rapprochement avec les communistes ; anticipant l'arrivée de Mao au pouvoir, il rédige des fiches adressées au gouvernement dans lesquelles il souligne le rôle majeur que Paris aurait à jouer dans la reconstruction de la Chine, une fois la guerre civile terminée. D'un point de vue économique, la France a des atouts : elle est un important fournisseur de riz et elle importe, en retour, de grandes quantités de thé et de soja. Surtout, estime Jacques Meyrier, contrairement aux Anglais et aux Américains, les Français bénéficient du fait qu'un nombre non négligeable de communistes chinois ont reçu une formation française – à l'instar de Zhou Enlai[19] –, les fameux « retour-de-France[20] ». Pour ces différentes raisons, Meyrier garde une certaine confiance dans la possibilité de « manœuvrer » les communistes chinois afin, comme l'écrit Vincent Auriol dans son *Journal* rapportant les propos de son ambassadeur, « d'émousser chez les nouveaux dirigeants leurs velléités d'intervention en Indochine ». Car, au-delà des positions que la France serait amenée à occuper dans la Chine nouvelle, c'est bien le risque d'une collusion sino-Viêt-minh qui commence à préoccuper Paris en ce début d'année 1949.

La confiance affichée par l'ambassadeur Meyrier quant au futur des intérêts français est remise en question au printemps. Les négociations entre nationalistes et communistes ayant échoué, ces derniers relancent l'offensive le 20 avril. Très vite, face à l'avancée des divisions de l'APL, les débris des forces nationalistes n'opposent plus de résistance sérieuse : Nankin, abandonnée le 23 avril[21], est aussitôt occupée par les forces du général Chen Yi qui investissent la ville de Shanghai quelques semaines après, la ville tombant finalement le 27 mai. Plus à l'ouest, le général Lin Piao s'est emparé de Wuhan dès le 17. Ainsi, au début du mois de juin, les communistes chinois ne sont plus qu'à 1 000 kilomètres de la frontière du Tonkin en même temps que les discours optimistes des Français qui avançaient la possibilité de s'entendre avec Mao se font moins nombreux. Dans son *Journal*, Vincent Auriol se dit d'ailleurs alarmé par les rapports qu'il reçoit, notamment ceux en provenance du Service de documentation extérieure et de contre-espionnage (SDECE) dont Henri Ribière, son directeur, annonce que, soucieuses de « réaliser une grande Fédération asiatique, une fois la Chine du Sud conquise, les forces armées communistes chinoises attaqueront l'Indochine, la Birmanie, etc. ». Dans ce contexte où les membres du gouvernement commencent à débattre de l'opportunité de reconnaître ou non le nouveau pouvoir, le président de la République se prononce nettement en faveur de la première solution, une ligne dont il ne dévie pas les mois suivants. « Je me demande pourquoi nous n'irions pas au-devant [des communistes], note-t-il le 10 juin 1949, puisque maintenant ils sont les maîtres de la Chine. » De toute manière, il semble trop tôt pour sonder les intentions des nouveaux dirigeants, car, à cette date, les délégués du gouvernement de Mao refusent d'entrer en rapport avec les agents diplomatiques français.

En revanche, en raison de leur situation désespérée, les dirigeants du Guomindang font montre de leur volonté de se rapprocher de Paris, une politique qui se précise à l'été 1949. Dès la mi-juillet, le général Lu Han[22], l'ancien commandant des troupes chinoises au Tonkin, cherche à connaître les réactions françaises dans le cas où les nécessités opérationnelles imposeraient le passage du ravitaillement de ses troupes par l'Indochine. Il essaie, de même, de savoir quelle serait l'attitude de Paris si les forces nationalistes étaient forcées de transiter par le Tonkin pour effectuer des mouvements de « rocades » le long des frontières ou même d'embarquer à partir de Haiphong vers d'autres destinations. Comme le rapporte un officier français contemporain des événements, le but du Guomindang « était évident : se sentant perdu, il mettait tout son espoir dans l'extension du conflit et son passage du plan interne au plan international. Tout incident entre troupes françaises et troupes communistes était donc à rechercher, voire à créer ». À la fin du mois d'août 1949, alors que les armées nationalistes sont en pleine déroute et que la fin des opérations n'est plus qu'une question de semaines, Li Zongren[23], président de la République de Chine et grand rival de Tchang Kaï-chek, se rapproche du premier conseiller de l'ambassade de France[24] et accroît la pression sur celui-ci. L'objet des discussions entamées le 21 août et qui ont pour prétexte initial une intensification des échanges économiques entre les deux nations se transforme, une semaine plus tard, en une proposition de collaboration militaire franco-chinoise dans les zones frontières entre la Chine et l'Indochine. L'argument des nationalistes repose sur le fait que les guérillas chinoises du Kouang Si et du Yunnan étant en relations étroites avec le Viêt-minh – ce qui est exact –, les accords de police signés entre la France et la Chine imposent une action commune contre les « rebelles », qu'ils soient originaires de Chine ou du Vietnam. La France, par la voix de son représentant, ne répond pas et l'affaire en reste là : les événements militaires font que les dirigeants nationalistes ont désormais d'autres soucis. Le 1er octobre 1949, Mao Zedong proclame, place Tian'anmen, la naissance de la République populaire de Chine (RPC). La chute de Tchungking, le 1er décembre suivant, celle du dernier bastion nationaliste, Chengdu, le 10, et le départ ce même jour de Tchang Kaï-check pour Formose (Taïwan)[25] marquent la fin du Guomindang en Chine continentale[26].

En France, la question de la reconnaissance de la RPC est désormais au centre des discussions du gouvernement, car l'arrivée des communistes chinois aux frontières de l'Indochine inquiète, d'aucuns se demandant si l'armée populaire, sur sa lancée, n'a pas l'intention d'envahir le Tonkin. Si Vincent Auriol se montre plutôt favorable à une reconnaissance immédiate du nouveau régime, il se heurte à une partie du gouvernement dont le ministre des Affaires étrangères, Robert Schuman, qui préfère aligner la politique française sur celle des Anglo-Saxons. Or, ces derniers sont loin de partager la même posture quant à l'attitude à observer vis-à-vis de la nouvelle Chine. D'un côté, les Britanniques, soucieux de maintenir leurs intérêts commerciaux et surtout leurs possessions en Chine continentale – Hong Kong –, seraient enclins à mettre en place une politique qui déboucherait sur la reconnaissance *de jure* de la RPC. De l'autre, les Américains sont opposés à toute idée de reconnaissance prématurée et souhaitent que les Occidentaux adoptent une position commune sur la question. En fait, la position de Robert Schuman rejoint la thèse défendue par le haut-commissaire de France en Indochine, Léon Pignon, qui s'oppose depuis le printemps 1949 aux positions de l'ambassadeur Meyrier et dont la mission de préservation des intérêts français en Indochine dicte le discours. À l'ambassadeur qui maintient que la reconnaissance officielle de la République populaire de Chine serait le meilleur moyen de garantir l'Indochine contre une plus grande collusion entre Mao et Hô Chi Minh, le haut-commissaire répond qu'aucune gratitude la part de la RPC n'est à attendre pour la reconnaissance qui lui serait accordée par la France. De plus, et au-delà des rapports étroits qu'entretiennent le Viêt-minh et les communistes chinois, « l'effet psychologique serait désastreux pour les populations [vietnamiennes] ralliées et les combattants[27] » du corps expéditionnaire auprès desquels la propagande gouvernementale serine qu'ils constituent un rempart contre le communisme. Ce dernier argument semble davantage convaincre que les assertions optimistes de Meyrier, qui met en avant les divergences doctrinaires entre le Parti communiste chinois et le Viêt-minh[28] et qui affirme, contre toute vraisemblance, que Mao mène une politique néo-démocratique et non communiste… En définitive, la position défendue par Léon Pignon est retenue et, contrairement à la Grande-Bretagne qui détache un chargé d'affaires à Pékin, la France ferme ses dernières représentations en Chine communiste[29].

Le désarmement et l'internement des nationalistes chinois

Tandis qu'à Paris l'avenir des relations entre la France et la Chine de Mao fait l'objet de discussions, en Indochine, l'arrivée des communistes chinois à la frontière tonkinoise se précise en décembre 1949, précédée par quelques dizaines de milliers d'hommes et de femmes, débris des armées nationalistes cherchant à tout prix à échapper à la destruction ou la captivité. Grâce aux agents du 2e bureau des FTVN et de la ZOT ainsi qu'à ceux du SDECE, le commandement français dispose d'une bonne évaluation de la situation en Chine du Sud. Le 12 décembre, une note de renseignements fait état de la menace que font peser les nationalistes sur l'axe Lang Son-Cao Bang : « Sur cette frontière [et] selon les chiffres les plus optimistes c'est-à-dire les plus bas, rapporte le chef de bataillon Vitry, chef du 2e bureau, nous pouvons nous attendre à accueillir 25 000 hommes ; selon les chiffres les plus pessimistes, c'est-à-dire les plus forts, 100 000 hommes peuvent se présenter. » L'entrée de ces réfugiés sur le sol indochinois pose la question de la possible poursuite de ces troupes par les communistes chinois et donc d'une violation des frontières du Tonkin. Afin de se prémunir de toutes actions de l'APL, les gouvernements français et vietnamiens remettent le 10 décembre 1949 une déclaration commune au gouvernement de Mao, déclaration qui constitue une réponse aux menaces proférées par Zhou Enlai le 29 novembre précédent concernant l'accueil ou l'autorisation de passage de nationalistes chinois en armes[30].

Le texte envoyé par les Franco-Vietnamiens se veut rassurant et précise que les « troupes étrangères » se présentant armées à la frontière seront « refoulées ou désarmées et internées » ; une série de tracts et d'affiches rédigés en mandarin sont par ailleurs répandus le long de la frontière tonkinoise, expliquant aux réfugiés les conditions d'un accueil en terre indochinoise : « Si, malgré [les] recommandations, tu continues à circuler avec tes armes sur le territoire du Viêt-Nam, tu seras considéré comme un pirate et poursuivi comme tel. » L'occasion est bientôt donnée aux Français de mettre en application leur directive. Dans la journée du 11 décembre 1949 et alors que depuis plusieurs jours les officiers du 2e bureau de la zone frontière du Nord-Est s'attendent à voir arriver les nationalistes vaincus, un émissaire du général Pei Shung Hsi, commandant de ce qui reste du 1er groupe d'armées de la République de Chine, se présente au petit poste de Chima, situé à une quinzaine de kilomètres au nord-est de Loc Binh. La lettre qu'il détient, adressée au commandant en chef en Indochine – et qui ne lui est évidemment pas remise afin d'éviter toute reconnaissance officielle –, avise les Français qu'une troupe d'environ 40 000 hommes et femmes, principalement originaires du Hunan (une province centrale), est contrainte, suite à la pression exercée par les troupes communistes, de franchir la frontière dans de brefs délais. Le signataire, invoquant un – imaginaire – contact entre les ministères des Affaires étrangères français et chinois, voire des accords signés directement avec Bao Dai, sollicite son transit sur Formose, *via* le port de Haiphong.

Pour ne pas conférer aux discussions qui vont s'engager un caractère diplomatique, le colonel Constans, qui commande alors la zone frontière du Nord-Est, délègue son chef d'état-major, le chef d'escadron Auriol, qui reçoit la double mission de gagner du temps et d'éviter tout incident. En effet, selon les renseignements qui parviennent, le commandement chinois manifesterait une certaine impatience et ne semblerait pas exclure un franchissement de la frontière de vive force. Les troupes, privées de ravitaillement en quantité suffisante, commenceraient en outre à donner des signes d'indiscipline. La place de Loc Binh, où règne une certaine inquiétude, est donc mise en état d'alerte et renforcée par un escadron blindé. À Chima, le commandant Auriol retrouve le révérend père Maillot des Missions étrangères de Paris, qui, réfugié de Chine, participe aux discussions et sert d'interprète[31]. Le 12 décembre au matin, un groupe d'officiers généraux chinois se présente donc au poste de Chima pour renouveler leur demande ; du côté français[32], le but est de limiter la portée de ces échanges à un niveau local et sur des questions de nature purement militaire. À l'issue d'une journée marquée de nombreuses tergiversations, volte-face et menaces à peine voilées, les généraux nationalistes signent une convention régissant le désarmement et l'acheminement des troupes sur des « centres d'accueil » qui restent d'ailleurs à définir comme à créer au Tonkin. Soucieux de ménager la susceptibilité de ces soldats vaincus, les officiers français proposent que les Chinois se présentent par groupes de 500 qui remettraient leurs armes empaquetées au passage de la frontière, une mesure évitant une opération humiliante de désarmement par des soldats étrangers. Il est par ailleurs convenu que le ravitaillement serait assuré par les autorités françaises, les mêmes prenant en charge les communications radio nécessaires aux troupes chinoises. Enfin, malgré les tentatives des nationalistes, les questions relatives à la restitution future de l'armement sont éludées. Si l'application de l'accord doit débuter le lendemain, 13 décembre, les civils chinois qui accompagnent la cohorte de soldats en déroute sont autorisés dès le 12 à traverser la frontière et à se réfugier au Tonkin. Voici la scène que rapporte un officier – sans doute le chef d'escadron Auriol lui-même – décrivant l'arrivée de 400 d'entre eux dans l'après-midi de ce 12 décembre 1949 : « Vers 14 heures on entend, venant du côté chinois, des rumeurs et des cris, puis peu après commence à se dérouler la pittoresque et pitoyable théorie des réfugiés civils pliant sous d'invraisemblables fardeaux balancés aux fléaux de bambous, ils arrivent en files serrées. La proportion des femmes enceintes est surprenante. Les enfants qui sont nombreux ont en général bon aspect. [...] Les familles des "personnalités" se distinguent par leurs vêtements capitonnés et leurs suites de domestiques porteurs de bagages. »

À compter du 13 décembre, le désarmement des soldats nationalistes débute. En lieu et place des 40 000 hommes annoncés, moitié moins se présentent au poste de Chima, aussitôt dirigés par la route, sous commandement chinois et protection française, dans la région de Tien Yen-Campha, finalement désignée comme zone d'internement. Chima n'est toutefois pas le seul point de passage des troupes du Guomindang ; 600 hommes franchissent la frontière à Dong Dang le même jour et 200 autres à Moncay. Une semaine plus tard, c'est une colonne d'un peu plus de 7 000 soldats, dont certains blessés, qui, arrivant de Talung[33], parviennent à Dong Khé avant d'être acheminés, sans être désarmés en raison de l'insécurité que fait peser le Viêt-minh sur cette portion de la RC 4[34], sur That Khé. Ce groupe, majoritairement composé de soldats originaires du Kouang Si et du Kwantung, accueille également des Vietnamiens nationalistes émigrés en Chine et dirigés par Vu Hong Khanh[35], l'un des membres historiques du VNQDD, qui, à la tête d'une force évaluée à 2 000 hommes (vietnamiens mais surtout chinois), prétend garder ses armes et se mettre à la disposition de Bao Dai. Face au refus des Français, le leader nationaliste prend la brousse avec ses combattants. Son aventure tourne court, car pris à partie par l'aviation française qui mitraille la colonne et harcelé par les unités du Viêt-minh dans le Bac Son, Vu Hong Khanh fait sa soumission le 6 janvier 1950 à An Chau, petite localité située à l'ouest de Dinh Lap. Au début de l'année 1950, d'autres franchissements vont enfin avoir lieu, notamment en pays thaï dans la région de Phong To, au nord de Laïchau. En effet, à la suite du ralliement de Lu Han au nouveau pouvoir communiste, les forces nationalistes appartenant au Guomindang qui s'étaient repliées au Yunnan n'ont d'autre alternative que de combattre et être détruites sur place ou de se réfugier en Indochine ou en Birmanie. À la fin du mois de janvier, le 2e bureau estime à environ 5 000 hommes les Chinois désarmés dans ce secteur ; ces derniers rejoignent Diên Biên Phu, puis le delta par la route provinciale 41 (RP 41)[36].

En définitive, l'opération de recueil des nationalistes chinois qui avait tant inquiété les dirigeants parisiens comme les responsables locaux en Indochine s'est déroulée – exception faite de l'épisode Vu Hong Khanh – sans incidents. Toutefois, la question de l'avenir de ces internés militaires se pose. Initialement, le haut-commissaire songe à les évacuer au plus tôt sur Hainan, cela de la manière la plus discrète possible. Le 15 décembre, dans un télégramme adressé au commissaire de la République au Tonkin, il préconise même de faire réaliser, auprès des soldats chinois, des sondages afin d'évaluer le nombre de ceux désirant être renvoyés en zone communiste, ceux préférant un transfert dans les enclaves nationalistes et ceux, enfin, qui acceptent un « réemploi dans des exploitations agricoles ou minières indochinoises [qui] se ferait […] selon les règles de l'inspection du travail et sans que les intéressés acquièrent le statut d'immigrants ». Les initiatives de Léon Pignon quant à l'avenir des troupes nationalistes font long feu et, le 24 décembre 1949, le ministre des Affaires étrangères clarifie la position française : « Aussi bien en raison de la situation actuelle en Indochine que dans l'intérêt même des futures relations franco-chinoises, écrit Robert Schuman, le gouvernement français s'en tient à la décision de ne pas évacuer sur un territoire nationaliste quelconque les troupes qui viennent d'être internées en Indochine. » Le transfert des soldats nationalistes à Formose s'avérant impossible d'un point de vue diplomatique et leur restitution à la République populaire de Chine étant hors de question, la seule option qui s'offre alors aux dirigeants français est le maintien de leur internement en Indochine jusqu'à une date indéterminée. Afin d'éviter tout incident, les troupes chinoises désarmées sont dirigées et regroupées dans différents camps du Sud de l'Indochine. Cam Ranh accueille près de 6 000 personnes[37], arrivées principalement au mois de janvier 1950, tandis que le reste est réparti dans les deux camps de l'île de Phu Quoc[38].

Juridiquement, ces quelque 30 000 Chinois stationnés au Vietnam se divisent en deux catégories : les réfugiés civils, au nombre de 8 000, et les internés militaires, soit 22 000 hommes. Les premiers sont accueillis dans des centres d'hébergement et peuvent quitter le Vietnam sur simple demande de leur part ; les seconds, classés « parmi ceux qui seraient susceptibles d'accroître le potentiel militaire » de la République de Chine, sont, à ce titre, internés. Dans la pratique, cependant, camps d'hébergement et camps d'internement sont confondus puisque les réfugiés civils sont pour la plupart des parents, bien souvent la femme et les enfants, des soldats nationalistes. Dans les années qui suivent leur arrivée en Indochine, le sort de ces réfugiés-internés constitue un sujet de discorde entre Paris et Taipei. Le gouvernement de Tchang Kaï-chek souhaite, pour des raisons de politique intérieure comme extérieure, récupérer ses ressortissants et mène une active propagande à l'intérieur même des camps d'internés. Les agents nationalistes n'hésitent d'ailleurs pas à provoquer des mouvements de mécontentement, dont le plus violent a lieu sur l'île de Phu Quoc au cours des fêtes de Noël 1951. À l'origine de ces « révoltes » se trouve l'incertitude des Chinois quant à la durée de leur internement en Indochine. Finalement, à partir du mois de septembre 1952, commencent les premiers rapatriements qui concernent principalement des femmes, des enfants et des malades. Ils se poursuivent jusqu'au 22 juin 1953, date du départ du dernier convoi d'internés acheminés sur Formose. Sur les 30 000 Célestes rapatriés, environ 200 ont déserté – certains d'entre eux rejoignant le Viêt-minh – et quelques dizaines ont choisi de rester au Vietnam. Il s'agit principalement d'hommes qui avaient accepté de travailler dans les plantations d'hévéa du Sud ou dans les mines de charbon du Nord du pays. Un nombre indéterminés, enfin, part s'installer en Birmanie où il prend progressivement le contrôle les États Shan et par-là même celui de la culture et du trafic de l'opium.

Les combats de Pho Lu et Nghia Do : deux avertissements

L'arrivée des communistes au pouvoir en Chine change radicalement la donne en Indochine et, dans cette perspective, 1949 constitue bien un tournant majeur de la guerre. Le Viêt-minh trouve un allié de poids qui va bientôt permettre à ses troupes de recevoir armement, équipement et instruction. En termes opérationnels, la victoire de Mao entraîne la mise en place d'une stratégie visant à réaliser une frontière commune avec la RPC et, au-delà, avec le reste du monde communiste puisque ce dernier court désormais du Sud de la Chine jusqu'en Europe de l'Est. Tant pour rompre son isolement géographique et donner à son gouvernement une reconnaissance internationale nouvelle, chose faite lorsque le 18 janvier 1950 la RPC reconnaît officiellement la RDVN, que pour bénéficier d'un sanctuaire où les forces du corps

Les offensives viêt-minh de l'année 1950

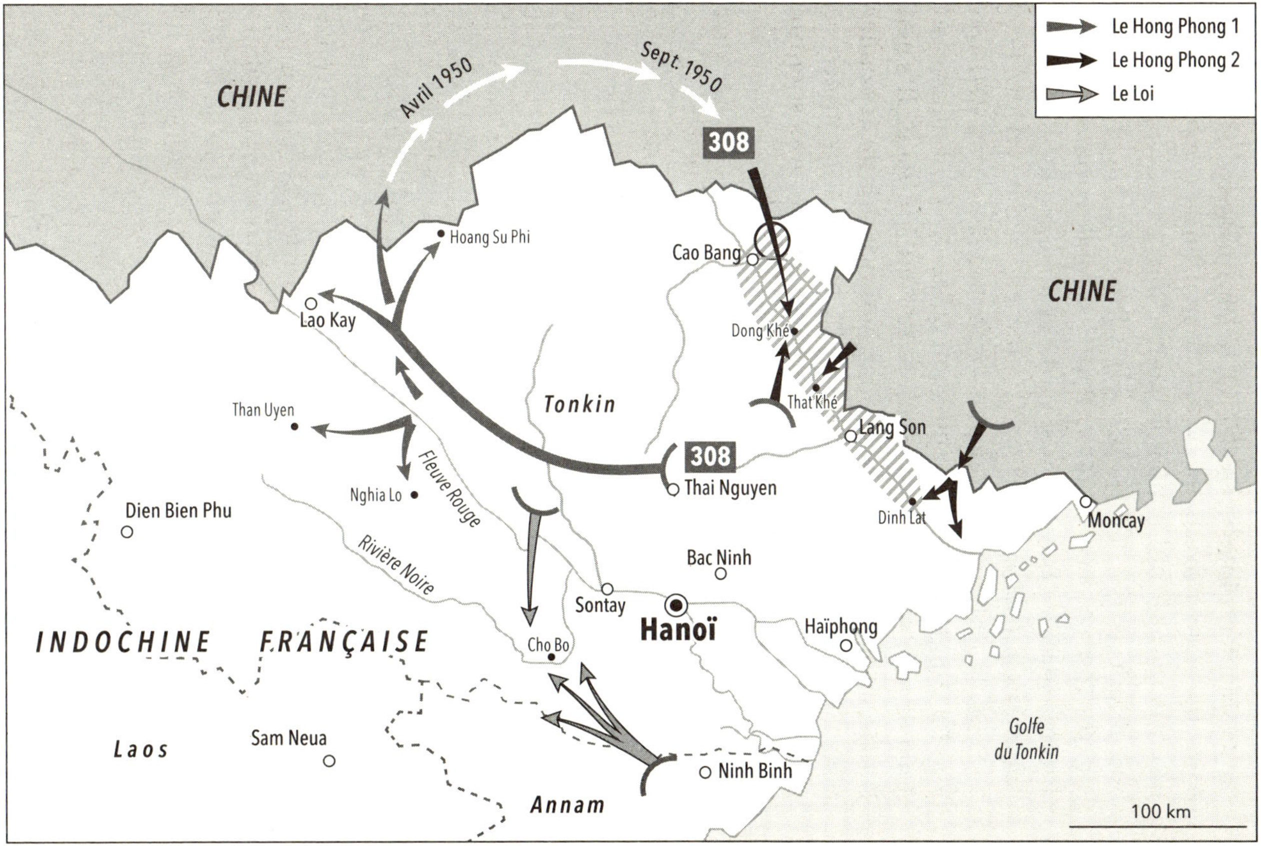

expéditionnaire ne pourront le traquer, le Viêt-minh décide de supprimer toute présence et toute influence françaises dans les provinces frontalières. Ainsi, au début de l'année 1950 est lancée la campagne *Le Hong Phong* qui a pour but de permettre l'accession à la Chine *via* Lao Kay et sa région. Les objectifs fixés à l'APV semblent pouvoir être atteints aisément, ces zones ne bénéficiant que d'une très faible implantation française.

Dans le cadre de l'offensive *Le Hong Phong*[39], la prise de Pho Lu s'impose comme un objectif évident pour le commandement viêt-minh. Implantée sur la rive gauche du fleuve Rouge, la localité est le point d'aboutissement de plusieurs pistes qui permettent de gagner la Chine. La voie ferrée qui relie Hanoï au Yunnan *via* Vietri et Yen Bai et qui n'est plus en service depuis l'ouverture des hostilités passe également à proximité. Pho Lu, qui a déjà fait l'objet de deux attaques[40], constitue un « verrou » qui ouvre la haute vallée du fleuve Rouge. Le poste, de forme carrée, est un exemple de la fortification de campagne de l'époque : murs de terre et rondins. Avec ses défenses en bambous effilés, il évoque davantage les châteaux à motte du Moyen Âge qu'un ouvrage défensif moderne ; il lui revient cependant de barrer l'accès à Lao Kay, bourgade frontalière située à une quarantaine de kilomètres en amont et qui représente également un objectif de la campagne *Le Hong Phong*. Isolé, défendu par moins de 150 soldats thaïs et leur encadrement européen, le poste de Pho Lu apparaît comme une proie facile pour l'armée populaire. Lorsqu'au soir du 8 février 1950, cinq bataillons de la brigade 308 (soit environ 3 000 combattants) attaquent les défenseurs du deuxième bataillon thaï (BT 2)[41], les espoirs de voir le jour se lever apparaissent minces pour la garnison. Pourtant, pendant soixante-douze heures et malgré les effets de l'artillerie viêt-minh (dont trois canons de 75 mm de montagne japonais, bien pourvus en obus), celle-ci oppose une vive résistance. Les échos pathétiques du combat parviennent, par radio, au lieutenant de Fontanges venus ravitailler le poste avec son Ju-52. « Longtemps, je me souviendrai de cette voix anonyme de Pho Lu. Cet homme à qui j'apportais les dernières munitions, qui savait qu'il allait mourir et qui me disait merci. »

Les deux tentatives du général Alessandri pour éviter l'anéantissement de la garnison aboutissent à des échecs et apparaissent rétrospectivement comme une réponse inappropriée face à l'ampleur de l'attaque. *A posteriori*, la faiblesse de la réaction du commandement français résulte d'une déficience du renseignement qui provoque une sous-estimation de l'adversaire, en nombre comme en qualité. Comment imaginer, en effet, que la petite compagnie de tirailleurs marocains (appartenant sans doute au III/4e RTM) envoyée depuis Lao Kay pourrait s'opposer aux effectifs largement supérieurs engagés par le Viêt-minh ? De fait, le 10 février, incapable de forcer les « bouchons » mis en place, celle-ci se replie. De même, comment ne pas juger insuffisant le largage d'un groupement de commandos (GC) parachutistes – le GC 1 –, du 3e GCCP, renforcé par un commando du GC 3, regroupant un total d'un peu moins de 150 hommes[42] appartenant au 3e BCCP ? Largués sur une *Drop Zone*[43] (DZ) éloignée (à 18 kilomètres au sud sur la rive opposée au poste[44]), les parachutistes arrivent à proximité du poste qui lutte encore, mais sont immédiatement victimes d'une embuscade montée par des forces près de dix fois plus importantes. Le chef du GC 1, le capitaine Dubois, compte parmi les premiers tués, aussi, afin d'éviter la destruction du reste du détachement, le lieutenant Planet[45] ordonne le repli sur Lao Kay, heureusement appuyé par les mitrailleuses lourdes du poste. Ce dernier tombe finalement peu de temps après[46]. Il semble que seule une dizaine de survivants aient réussi à échapper à la mort ou à la captivité. De son côté, le général Giap, dans ses *Mémoires*, reconnaît que le prix payé pour la prise Pho Lu est élevé et avance le chiffre d'une centaine d'assaillants tués pour près de 200 blessés.

L'affaire de Pho Lu révèle incontestablement que le commandement français n'a pas pris la mesure des progrès accomplis par l'adversaire et s'obstine à appliquer des schémas valables au début de la guerre lorsqu'une poignée de combattants chevronnés du corps expéditionnaire, forts de l'expérience acquise au cours de la Seconde Guerre mondiale et d'une puissance de feu supérieure, faisaient pièce à des adversaires plus nombreux, mais mal armés et ne sachant pas manœuvrer. Une anecdote témoigne bien de cette incompréhension. Lors de leur retraite sur Lao Kay, les lieutenants Planet et Graziani (affecté lui aussi au GC 1) prennent la décision de s'alléger au maximum afin d'accélérer la marche de la colonne. Le matériel lourd est abandonné et les morts sont sommairement enterrés sur place, des mesures permettant en définitive le brancardage des blessés[47]. La décision prise par les chefs du GC 1 semble découler du bon sens ; elle permet en tout cas au groupement parachutiste de couvrir en bon ordre la trentaine de kilomètres qui le séparent des avant-postes français. Pourtant, ce choix fait immédiatement l'objet de vives critiques. L'abandon du corps du capitaine Dubois, notamment, est durement reproché aux deux lieutenants, qui se voient accusés d'avoir failli à leur devoir. Dans son ouvrage sur les parachutistes, Jean-Pierre Pissardy rapporte ainsi la réaction du colonel Chavatte, alors commandant les troupes aéroportés d'Indochine (TAPI), quelque temps après la chute de Pho Lu. Après avoir prononcé un discours devant l'état-major du 3e BCCP réuni à Hanoï, il aurait déclaré : « Je ne vous serre pas la main parce qu'il y a parmi vous des officiers qui ont démérité. » Comme l'écrira justement le général Gras : « Le drame de Pho Lu accentuait le fossé d'incompréhension qui séparait les grands états-majors des combattants, juste au moment où ceux-ci découvraient sur le terrain les immenses progrès accomplis par les troupes régulières du Viêt-minh. »

Ces progrès, l'armée populaire en apporte bientôt une nouvelle confirmation à la fin du mois de février 1950 dans sa tentative pour s'emparer du poste de Nghia Do. Situé à quelques dizaines de kilomètres au nord-est de Pho Lu, il constitue l'un des maillons de la chaîne qui, en haute région tonkinoise, relie Lao Kay à Ha Giang puis, au-delà, à Cao Bang et permet de contrôler, à l'instar de Pho Lu, les pistes provenant de Chine et débouchant des montagnes. À cette date, toutefois, le poste n'est plus en mesure d'assurer ces fonctions, il est désormais en zone viêt-minh – Ha Giang notamment est aux mains de l'adversaire – et n'est ravitaillé que par voie aérienne. « Tâtée » à deux reprises au cours de la première quinzaine de février, la garnison est violemment attaquée le 23 en fin d'après-midi. Le poste, en feu, résiste à tous les assauts mais commence à manquer de munitions et, au matin du 24, la situation est devenue critique. Les hésitations du haut commandement – l'échec de Pho Lu est évidemment dans les mémoires[48] –, les délais nécessaires à une planification *a minima* mais surtout une météorologie extrêmement défavorable retardent le déclenchement de l'opération aéroportée qui doit secourir la garnison. Finalement, à la faveur d'une amélioration du temps, vers 14 h 30, le feu vert est donné : deux GC du 5ᵉ BCCP et un GC du 3ᵉ BCCP embarquent dans les Ju-52. Largués au centre du dispositif adverse et sous le feu du Viêt-minh – « c'est du tir au lapin à 150 mètres » témoignera le chef de bataillon Romain-Desfossés qui commande le groupement aéroporté –, les parachutistes peuvent compter sur la sortie des hommes encore valides de la garnison thaïe, sortie qui désoriente l'adversaire et permet la jonction des forces françaises : « Le poste est entièrement détruit et brûle encore, des cadavres calcinés gisent au milieu des ruines. » Le lendemain, le combat reprend, mais, le ciel étant dégagé, l'aviation peut désormais intervenir ; le commandement viêt-minh décide de renoncer : il a subi de lourdes pertes, environ 300 morts selon les estimations françaises.

Si l'intervention des parachutistes a permis d'éviter la destruction de la garnison, le poste a entièrement brûlé et

Hanoï décide d'abandonner Nghia Do et de replier hommes et matériels sur Pa Kha[49]. Le 3 mars 1950, un convoi de 84 chevaux et 31 coolies escorté par le GC 1 part pour Nghia Do afin de ramener les parachutes, une servitude qui dure jusqu'en 1953[50]. Le 10 mars, la vallée est évacuée. Le récit de la bataille de Nghia Do est la plupart du temps relaté à partir du rapport du chef de bataillon Romain-Desfossés, une figure des parachutistes. Ce rapport doit cependant être mis en écho avec le compte rendu du capitaine Delcourt qui défendait le poste de Nghia Do à la tête de la 5e compagnie du BT 2. Les deux versions diffèrent par leur interprétation de l'événement, la première faisant la part belle aux parachutistes du 5e BCCP quand la seconde insiste sur l'action déterminante des défenseurs, qui non seulement repoussent tous les assauts de l'adversaire, mais permettent également le largage des parachutistes dans de bonnes conditions, assurant par là la victoire. Le silence qui entoure la résistance menée par la garnison thaïe comme les pertes qu'elle inflige aux fantassins de la brigade 308 et l'accent mis, au contraire, sur les combats livrés par les troupes aéroportées témoignent d'un aspect récurrent de l'écriture de la guerre d'Indochine : celui de la valorisation des parachutistes – et des légionnaires – au détriment des unités des autres armes. Dans le cas particulier des combats de Nghia Do, le rapport comme les récits ultérieurs de la bataille par Romain-Desfossés ignorent la belle conduite des combattants thaïs et suscitent chez ses hommes une certaine amertume. S'il faut bien reconnaître qu'au cours du conflit nombre de formations « implantées », c'est-à-dire en charge de la garde de postes ou de secteurs, n'ont pas montré la valeur des bataillons de réserve générale, beaucoup de bonnes unités d'infanterie ont été oubliées par l'historiographie. Le cas du bataillon de marche indochinois (BMI), composé de Français et de Vietnamiens, peut, entre autres, être cité en exemple.

La surreprésentation des ouvrages consacrés aux bataillons d'élite s'explique d'une part par les qualités propres des hommes qui les composent, et peu nombreux[51] sont en effet les combattants du corps expéditionnaire capables d'accomplir et de supporter physiquement les épreuves vécues dans les opérations en Haute région. Par ailleurs, les officiers parachutistes – parce qu'ils « passent leur temps à intervenir », remarque Romain-Desfossés – ont davantage de compétences opérationnelles que beaucoup de « commandants territoriaux qui, entre les périodes d'alerte durant lesquelles ils tirent la sonnette d'alarme, font preuve dans bien des cas d'un « statisme » (c'est le moins que l'on puisse dire) qui est souvent à l'origine des alertes »... La publicité faite, d'autre part, autour de leurs faits d'armes contribue à fixer l'attention sur eux. En effet, et le phénomène prend un développement particulier avec l'arrivée du général de Lattre, les nombreuses publications qui décrivent la geste des « paras » et des légionnaires contribuent, aux yeux des autorités militaires notamment, à « vendre » la guerre. Les articles de Lucien Bodard illustrent ce fait, et le récit des aventures de ces soldats d'exception qui interviennent sans relâche à travers toute l'Indochine, redressant les situations les plus compromises, ont façonné une certaine image de la guerre d'Indochine. Enfin, la propagande réalisée autour de cette caste de combattants a aussi pour objectif de rassurer l'opinion publique qui a besoin de « victoires » et de héros. Elle suscite, enfin, l'admiration d'une partie des jeunes métropolitains, les décidant parfois à s'engager dans l'armée.

Les deux avertissements que constituent les combats de Pho Lu et de Nghia Do ne sont cependant que le prélude à une offensive de plus grande ampleur qui va se jouer au cours de l'année 1950. Le centre de gravité de la campagne viêt-minh – qui va prendre le nom conventionnel de *Le Hong Phong II* – se déplace, au printemps 1950, en direction de la zone frontière du Nord-Est, c'est-à-dire vers le long cordon que représente la RC 4 reliant Lang Son à Cao Bang. Depuis la réoccupation de la région, en octobre 1947, la situation n'a cessé de se dégrader, les embuscades contre les convois venus ravitailler les postes français comme les attaques subies par ces derniers coûtent chaque mois des dizaines de victimes au corps expéditionnaire. Pour les deux premiers mois de l'année 1949, près de 300 morts sont à déplorer, des dizaines de véhicules perdus. À partir du mois d'août 1949, les opérations de repli du dispositif français – notamment sur la RC 3 –, conformément aux préconisations du général Revers, usent le potentiel militaire et occasionnent de nouvelles pertes en même temps qu'elles créent un profond malaise chez nombre de militaires. Dans ses Mémoires[52], Hélie Denoix de Saint Marc, alors jeune officier de Légion, s'en fait l'écho : « Un jour [...], j'ai vu arriver un convoi à moitié vide accompagné d'une escorte. Le colonel Charton, qui dirigeait en second Cao Bang, descendit du premier véhicule. J'ai cru à une inspection. C'était une opération de repli. La victoire communiste en Chine avait transformé la donne. Il fallait rapatrier toutes les forces éparpillées en Haute-Région sur Cao Bang qui allait être assiégé par le Viêt-minh. En restant nous risquions d'être submergés par le nombre. Il fallait faire vite, très vite pour éviter une embuscade au retour. [...] Sonné, je me suis raccroché aux tâches immédiates. [...] Les partisans rassemblèrent leurs familles pour monter dans les camions. Je suis resté avec quelques légionnaires pour assurer l'arrière-garde en cas d'attaque viêt-minh, et puis nous avons embarqué. C'est là que j'ai vu ceux que je n'avais pas voulu voir, auxquels je n'avais pas voulu penser. Les habitants des villages environnants, prévenus par la rumeur, accouraient pour partir avec nous. Ils avaient accepté notre protection. Certains avaient servis de relais. Ils savaient que, sans nous, la mort était promise. [...] Des hommes et des femmes qui m'avaient fait confiance et que les légionnaires repoussaient sur le sol. Les mains qui s'accrochaient aux ridelles recevaient des coups de crosse jusqu'à tomber dans la poussière. [...] Nos efforts avaient débouché sur la trahison, l'abandon, la parole bafouée. »

À l'automne 1949, l'étau du Viêt-minh se resserre et les nombreuses patrouilles françaises qui évoluent le long de la frontière et de part et d'autre de la RC 4 peuvent mesurer l'importance de l'implantation de l'adversaire. Certaines zones sont interdites aux troupes françaises, qui en sont réduites à capturer le cheptel ou le riz destinés aux approvisionnements des troupes de l'APV. Les accrochages se multiplient et le 3 septembre 1949, le convoi Lang Son-Cao bang est violemment attaqué au col de Lung Phaï. Cette attaque, où une trentaine de camions sont détruits, constitue un tournant. À compter de cette date, en effet, Dong Khé et Cao Bang ainsi que quelques postes de moindre importance qui jalonnent la RC 4 ne sont plus ravitaillés que par voie aérienne[53]. La garnison de Cao Bang reçoit cependant du renfort, notamment les combattants du bataillon de marche du 8e RTM (BM/8e RTM)[54]. La situation du corps expéditionnaire reste donc extrêmement précaire, même si le commandement ne paraît pas apprécier exactement l'ampleur de la menace qui plane sur l'ensemble du dispositif. Au printemps 1950, les opérations de nettoyage du delta du Tonkin, entreprises par le général Alessandri, détournent momentanément l'attention du commandement de la haute région. La première « affaire de Dong Khé » va cependant bientôt le ramener aux réalités de la guerre en Haute région.

Chapitre VI

La bataille de la zone frontière

> « Le secret n'existait pas. […] Sur le terrain d'aviation de Cao Bang, les partisans en se séparant de leurs familles leurs disaient : "À bientôt, dans quinze jours à Lang Son", tandis que les commerçants de Cao Bang vendaient leurs marchandises à bas prix. Pendant les jours précédant l'évacuation, des désertions s'étaient produites chez les partisans et les déserteurs n'avaient pas manqué d'informer les viêt-minh des bruits qui couraient en ville. Le soir, les viêt-minh, des hauteurs dominant Cao Bang, haranguaient les garnisons des postes et les avertissaient de ce qu'elles ne rejoindraient pas vivantes Lang Son. »
>
> Extrait du rapport
> sur l'évacuation de Cao Bang
> du chef d'escadrons de Chergé,
> commandant du 3e tabor, 12 mai 1951.

Les opérations de nettoyage du delta du Tonkin et l'arrivée du premier groupe mobile

Dans ses conclusions, le rapport Revers invitait à l'évacuation des postes de la Haute région tonkinoise devenus inutiles et trop exposés aux coups de l'adversaire. Bac Khan et Nguyen Binh seraient abandonnés en priorité tandis que « Cao Bang serait réduit à une occupation allégée étant entendu que ce poste serait replié devant une menace sérieuse[1] ». À l'été 1949, le Comité de défense national précise que ce repli doit être effectif au plus tard au 15 octobre. Pourtant, l'évolution de la situation en Chine oblige à reporter le projet. L'arrivée à la frontière des troupes de l'APL et l'intrusion probable d'unités nationalistes en déroute au Tonkin imposent de surseoir à cette opération et de maintenir en place le dispositif français existant en zone frontière du Nord-Est. Léon Pignon obtient, au mois de juillet 1949, l'accord de Paris pour retarder l'évacuation de Cao Bang et celle des postes de moindre importance qui assurent le contrôle de la RC 4. En revanche, et répondant en cela aux vœux du général Alessandri, il décide de reporter l'effort militaire sur le delta du fleuve Rouge à l'intérieur duquel l'implantation française reste encore fragile quatre ans après le début des hostilités.

Le plan d'opérations visant à la réoccupation totale du delta est confié au général Alessandri, qui prévoit d'attendre la fin de la saison des pluies. L'arrivée de 11 000 hommes en renforts entre les mois de juin et d'octobre 1949 doit permettre de le mener à bien. Le corps expéditionnaire atteint alors 124 000 hommes, renforcés par 43 000 partisans. Les Français bénéficient en outre de l'appoint des 70 000 combattants des armées des États associés, vietnamiens dans leur grande majorité. Pour la première fois depuis le début de la guerre, le commandement semble disposer d'une masse de manœuvre satisfaisante, quoique toujours insuffisante : sur les 44 bataillons d'infanterie (français et vietnamiens) opérant au Tonkin, Alessandri peut compter sur 25 bataillons de réserves générales. Ces formations, écrit-il, « sont parfaitement entraînées [...], sont animées d'un moral excellent et d'un esprit nettement offensif ».

Le commandement français peut également compter, au titre des renforts de l'été 1949, sur le groupe mobile nord-africain (GMNA[2]) placé sous les ordres du colonel d'Esneval[3]. Le groupe mobile (GM), tel qu'il va être développé en Indochine, n'est autre que l'adaptation française du *Regimental Combat Team* (RCT) mis en place par l'armée américaine à partir de 1943. Pour l'état-major américain, il s'agit à l'époque de disposer d'une unité interarmes qui sorte du cadre un peu « rigide » de la division d'infanterie et qui puisse mener, de manière autonome, des missions aux objectifs tactiques limités. Ainsi, groupées autour d'un régiment d'infanterie sont réunies des formations d'appui (un groupe d'artillerie, parfois un bataillon de chars) et du soutien (compagnie d'intendance, du génie, etc.). En 1949, le concept de RCT est connu de l'armée française puisque certains régiments de la 1re armée française du général de Lattre de Tassigny l'ont déjà expérimenté au cours des campagnes de la Libération et d'Allemagne et que la formule est adaptée après guerre avec la mise sur pied de groupements d'infanterie au sein des divisions. L'arrivée d'une telle unité, qui répond également au renforcement continu de l'armée populaire vietnamienne et notamment aux brigades qu'elle organise à la même époque, rencontre pourtant des résistances au sein du corps expéditionnaire. Les commandants de zones, notamment, craignent en effet de perdre certaines de leurs prérogatives dans les opérations de pacification. Celles-ci comprennent, de manière schématique, trois phases : une première phase de préparation (recherche du renseignement, action politique), une deuxième phase proprement opérationnelle (destruction des unités adverses, occupation du terrain) et une dernière phase d'implantation (construction de postes, rétablissement des itinéraires, recrutement des supplétifs, etc.). Or, il apparaît qu'un groupement permanent disposant de ses moyens organiques[4] est le plus efficace pour mener à bien la deuxième phase des opérations de pacification. Le commandant de zone est d'une part absorbé par ses missions territoriales et il ne dispose pas des moyens suffisants du point de vue du matériel pour faire fonctionner un état-major territorial et un état-major opérationnel. D'autre part, il connaît peu ou mal les bataillons – et donc les chefs – qui, ponctuellement, sont placés sous ses ordres : en définitive, le bilan ne peut être bon tant du point de vue opérationnel que de son commandement territorial. En termes de résultats purement militaires – affaiblissement du potentiel de l'adversaire par la destruction ou la désorganisation de ses unités, de ses équipements et armements –, l'action d'un groupement permanent semble, de fait, à privilégier. La réunion sous les ordres d'un chef permanent, disposant d'un état-étoffé, dont les officiers se connaissent et ont l'habitude de travailler ensemble, de services importants et surtout de formations ayant développé une solide cohésion et des liens de confiance produit en effet une efficacité plus élevée au combat. Comme le rappelle à juste titre le chef de corps du GMNA douze mois après son arrivée : « On ne saurait trop insister sur [l']importance des liens tactiques et en particulier sur la connaissance des chefs entre eux. Cette question est fréquemment perdue de vue en Indochine parce que la pénurie des effectifs eu égard aux dimensions des zones à contrôler oblige le commandement à un balancement constant de ses bataillons de réserve générale. Ceux-ci travaillant successivement au profit de patrons qu'ils ne connaissent pas ont un rendement moindre que s'ils étaient utilisés toujours par le même chef. »

Le GMNA est formé, à son arrivée, de trois bataillons d'infanterie nord-africains ; il s'agit du deuxième bataillon du 6e régiment de tirailleurs marocains (II/6e RTM), du second bataillon du 1er régiment de tirailleurs algériens (II/1er RTA) et du quatrième bataillon du 7e RTA (IV/7e RTA). Les éléments d'artillerie proviennent du 68e régiment d'artillerie d'Afrique (68e RAA), équipé de canons de 75 mm de montagne modèle 1928[5]. Il est formé d'une batterie de commandement de deux batteries portées sur camions et d'une batterie muletière à trois sections, la seule formation muletière du groupe mobile. Une batterie des Forces terrestres antiaériennes (FTA), prévue initialement pour la défense antiaérienne et terrestre du GM, voit toutefois, à son arrivée, ses canons *Bofors* de 40 mm implantés comme DCA autour du terrain d'aviation de Gia Lam, une section – deux pièces – de *Bofors* sur camions blindés est cependant laissée au GMNA. Par ailleurs, outre la 19e compagnie de marche du génie (19e CMG[6]), le GMNA est riche d'une compagnie de réparation – bientôt laissée en base arrière –, d'une compagnie de ravitaillement et d'intendance et d'une compagnie médicale. Enfin, l'élément essentiel du groupe mobile est la compagnie de transmissions qui permet les liaisons entre ses différentes unités mais également entre le GM et les échelons supérieurs : commandement opérationnel, commandement territorial, appui aérien et, enfin, bases arrière. La composition du GMNA, comme celle des autres groupes mobiles, évolue au cours du conflit, mais il effectue l'essentiel de la guerre au nord où il est affecté aux opérations de nettoyage du delta du fleuve Rouge.

À la mi-octobre 1949, le général Alessandri donne son feu vert au déclenchement de l'opération Anthracite qui ouvre la série d'opérations de nettoyage du delta qui s'achève au printemps 1950. À l'issue d'Anthracite, la région des évêchés catholiques du Tonkin, Phat Diem et Bui Chu, est réoccupée par les Français et, fin octobre, c'est au tour de Nam Dinh, évacuée en 1947, de revenir à la France. Le 22 décembre, les FTNV lancent l'opération Diabolo qui vise à la libération des provinces de Hung Yen et de Ninh Giang (au sud-est de Hanoï). Elle s'achève un mois plus tard, en janvier 1950, permettant aux Franco-Vietnamiens de récupérer une zone densément peuplée et de s'assurer du contrôle du fleuve Rouge de Hanoï jusqu'à la mer de Chine. Au début de l'année 1950, Alessandri poursuit son œuvre de réimplantation et, parachutistes et forces mobiles sont soumis à une intense activité : en février, l'opération Tonneau permet la reprise de Thai Binh et, au mois de mars, Danaë chasse le régiment 42 de son réduit dans les environs de Phu Ly entre le fleuve Rouge et la rivière Day, la localité elle-même n'étant reprise que deux mois plus tard. Les semaines qui suivent, les opérations David, Gallia ou encore Parpaing élargissent la superficie « contrôlée » par les troupes franco-vietnamiennes. Enfin, à la fin du mois de mai 1950, l'opération Foudre conclut la phase de reconquête du delta du Tonkin en deçà de la ligne Vietri-Phu Lang Thuong. De là, le dispositif français s'étend jusqu'à Lang Son (et la RC 4) et de Lang Son se poursuit et se termine à Moncay, à l'extrême nord-est du Vietnam. Pendant cette période de nettoyage du delta, l'adversaire a engagé ses unités régionales contre le corps expéditionnaire et préservé son corps de bataille. Il a également porté des coups aux Français (les combats de Pho Lu et Nghia Do en témoignent) et, à la fin de l'année 1949, dans le cadre de la campagne *Le Loï*, qui doit relier les territoires viêt-minh du Thanh Hoa à ceux de la Haute région tonkinoise, il a investi le pays Muong et s'est emparé de plusieurs postes autour de Hoa Binh et de Moc Chau. Au final, l'ensemble des opérations menées par le corps expéditionnaire entre octobre 1949 et mai 1950, n'a pu aboutir à une réoccupation réelle du delta, mais a entraîné une dispersion des forces et l'affaiblissement de la masse de manœuvre dont disposait Alessandri. Celle-ci est désormais dépensée un peu partout au Tonkin, car faute d'effectifs suffisants le commandement a été contraint d'affecter un nombre important de ses unités de réserve à des missions de secteurs. Toutefois, l'aboutissement de cette période qui pouvait laisser espérer au gouvernement français l'amélioration de la situation militaire est terni par un événement qui fait fâcheuse impression : Dong Khé, l'un des postes français parmi les plus importants qui gardent la RC 4, est tombé.

La première « affaire de Dong Khé »

Dong Khé, située à 45 kilomètres au sud de Cao Bang et au centre d'une des rares plaines que traverse la RC 4, n'est alors qu'une bourgade abritant quelques dizaines de paillotes. L'endroit, qui constitue une halte pour tout convoi reliant Cao Bang à Lang Son, est également un carrefour stratégique important. C'est là qu'aboutit la route provinciale 37 (RP 37) qui, en passant par Phuc Hoa, mène à Talung et à la frontière chinoise. La place est défendue par deux compagnies (les 3e et 4e) du BM/8e RTM, soit 294 hommes, renforcées par la 146e compagnie légère de supplétifs militaires (146e CLSM), un type d'unité mis en place à partir de 1947 dans le cadre de la politique du « jaunissement ». Commandées par une poignée de cadres européens, les CLSM sont des formations plutôt statiques, contrairement aux compagnies de supplétifs militaires (CSM), unités mobiles dotées d'un armement et d'un équipement conséquents.

L'appui d'artillerie de la garnison de Dong Khé est fourni par une section (deux pièces) de canons de 105 mm court modèle 1935 appartenant au 69e régiment d'artillerie d'Afrique (69e RAA) ; un canon de 57 mm complète le dispositif. Au total, le capitaine Casanova[7], qui commande les troupes françaises, dispose de près de 400 hommes[8]. Quant à l'organisation défensive, sa pièce maîtresse repose sur la citadelle, un poste fortifié doté de blockhaus d'angle mais qui n'a rien d'une « forteresse imprenable ». Les défenses accessoires de ce qui constitue le point clé du dispositif sont fournies par une dizaine de points d'appui, la plupart fruits d'une fortification de campagne faite de couches de terre et de rondins, utilisés pour les embrasures et les soutènements, et de deux ou trois ouvrages « en dur », construits sur les pitons environnants, qui protègent les voies d'accès à la plaine.

Les raisons qui conduisent à l'attaque et à la prise de Dong Khé par le régiment 174[9], à la fin du mois de mai 1950, restent obscures. À cette date, les unités de l'armée populaire sont engagées dans la campagne *Le Hong Phong* qui vise à la libération de la haute vallée du fleuve Rouge. La zone frontière du Nord-Est ne constituant pas un objectif normal de cette offensive, on peut se demander quel but poursuit le Viêt-minh lorsque, à l'aube du 25 mai, son artillerie s'abat sur la citadelle de Dong Khé qui tombe au bout de deux jours et deux nuits de combat. Dans ses *Mémoires*, le général Giap rappelle que cette action est lancée sans l'approbation de l'état-major de l'APV ; à l'en croire, elle serait le fruit d'une initiative locale, celle du lieutenant-colonel Dang Van Viet, commandant le 174e régiment dont les bataillons constituent le fer de lance de l'assaut. Ce dernier, dans ses *Souvenirs d'un combattant viêt-minh*, admet d'ailleurs avoir reçu un blâme pour cette décision. Il se peut. Toutefois, compte tenu de la discipline qui règne au sein de l'appareil politico-militaire du Viêt-minh, il est difficile d'admettre que cet officier, « simple » chef de corps, ait pris seul la responsabilité de l'attaque de Dong Khé, difficile d'imaginer également que la planification de l'opération ait échappé à l'état-major de l'APV. De fait, il semble étonnant que l'opération, qui mobilise une demi-douzaine de pièces d'artillerie et de nombreux mortiers de 81 mm et qui nécessite, pour la première fois, d'importantes quantités de munitions, ait pu se dérouler sans bénéficier de l'aide des services du ravitaillement et même à leur insu. Enfin, dernier élément curieux, après de simples remontrances et malgré l'échec final de son entreprise, Dang Van Viet est maintenu à son poste les années suivantes[10].

Au sein de l'état-major du 2e bureau des FTNV, une fois la bataille terminée, les officiers français se sont également interrogés sur l'effet recherché par le Viêt-minh en attaquant Dong Khé, et ont tenté de replacer cette action dans la stratégie générale du Viêt-minh sans trop parvenir à une conclusion définitive. Le premier mobile de l'attaque aurait été d'ordre purement militaire, la prise de Dong Khé visant à user le potentiel humain et le matériel des unités françaises de la zone frontière, à tester également la réaction du commandement français. D'autre part, une opération d'une telle importance aurait été l'occasion d'entraîner les troupes et d'en tirer les leçons pour de futures opérations d'envergure. D'un point de vue politique, l'attaque est conçue comme une démonstration de force à l'intention des Chinois – afin de leur montrer la valeur nouvelle des troupes de l'armée populaire. Enfin, la dernière raison serait d'ordre psychologique, l'action étant destinée à impressionner les populations civiles dont les officiers de renseignements français savent, grâce aux documents viêt-minh récupérés, qu'elles traversent alors une grave crise du moral.

Quoi qu'il en soit, à 6 h 45, le 25 mai 1950, alors qu'aucun signe annonciateur et qu'aucun renseignement ne sont parvenus les jours précédents, les défenseurs de la citadelle de Dong Khé sont surpris par le bombardement de mortiers de 81 mm et de pièces d'artillerie, dont cinq ou six sont rapidement identifiées dans les calcaires environnants. Il s'agit de canons de montagne japonais de 75 mm type 41[11] que les communistes chinois ont fourni au Viêt-minh. Les conditions météorologiques favorables de la journée permettent cependant une intervention énergique des P 63 Kingcobra du groupement aérien tactique Nord (GATAC Nord[12]) dont les pilotes, bien guidés par les panneautages du personnel de la citadelle, parviennent à contenir l'attaque. L'action de l'aviation de chasse se révèle d'une grande efficacité et même si vers midi la garnison déplore trois tués – dont le capitaine Casanova – et une vingtaine de blessés, le moral des combattants français, marocains et vietnamiens reste bon. À Hanoï, l'état-major des FTNV et de la ZOT qui suit l'affaire de près, notamment grâce aux comptes rendus des officiers survolant le champ de bataille, a bon espoir de voir l'attaque se solder par un succès défensif. Pourtant, à la tombée de la nuit, les deux canons de 105 mm de la citadelle, l'un des principaux objectifs de l'artillerie adverse, sont neutralisés et quelques brèches ont été ouvertes. L'appui aérien disparaissant à la faveur de la nuit, c'est le moment que choisit Dang Van Viet pour lancer ses troupes à l'assaut. Le 174e régiment d'infanterie, créé l'année précédente, est alors une unité d'élite qui fait partie, avec le régiment 209, des formations de réserve générale à disposition du haut commandement viêt-minh (une donnée qui rend encore plus suspect un emploi de cette unité sur initiative personnelle). Contrairement à ce qui est parfois rapporté, le régiment 174 n'appartient pas à la brigade 308 mais constitue, à cette date, un régiment autonome ; il n'entre dans la composition organique d'une grande unité, la division 316, qu'à la création de cette dernière au printemps 1951[13]. Ses combattants comptent parmi les meilleurs soldats de l'APV, équipés d'armes américaines ou britanniques récupérées en grande partie lors des embuscades déclenchées contre les convois de la RC 4 entre 1948 et 1949. Toutefois, malgré les efforts déployés et l'allant des fantassins, les différentes tentatives d'infiltration pour pénétrer dans le dispositif français échouent au cours de la nuit du 25 au 26 mai 1950.

La physionomie de la journée du 26 apparaît comme sensiblement la même que celle de la veille avec, fait notable cependant, l'apparition d'une nombreuse DCA constituée essentiellement de mitrailleuses de 12,7 mm échelonnées en profondeur sur les hauteurs protégeant l'accès à la plaine. À compter de 19 h 30, les défenseurs de la garnison de Dong Khé notent une recrudescence des tirs d'artillerie, qui annoncent vraisemblablement le déclenchement de l'assaut à brève échéance. Dans les heures qui suivent, le Viêt-minh complète l'investissement de la citadelle, neutralisant un certain nombre de points d'appui. Vers minuit, le combat gagne en intensité et les survivants français rapportent, quelques jours après la fin des combats, les cris et insultes des *bo doïs* (soldats viêt-minh) montant à l'attaque en rangs serrés et décimés par le feu des mitrailleuses. La défense française, mise à mal par les assauts, se fractionne finalement en plusieurs secteurs dans lesquels s'engagent des corps-à-corps sanglants et désordonnés : il paraît clair que Dang Van Viet et son état-major veulent en finir au plus vite, certainement avertis de l'arrivée imminente du 10e tabor[14], qui, stationné à That Khé, a été mis en route dès le 25 mai au soir et ne se trouve plus, à ce moment-là, qu'à une demi-douzaine de kilomètres de Dong Khé. À 2 heures du matin, le 27 mai, le capitaine Brun, qui a pris le commandement de l'ensemble des troupes après la mort du capitaine Casanova, prend la décision de replier la garnison et, par voie de messager, indique aux hommes qui combattent toujours un point de regroupement au sud de Dong Khé, sur la route en direction de That Khé. Du fait de la confusion née des combats, trois groupes distincts se forment alors : deux réussissent avec plus ou moins de bonheur à quitter la vallée[15] tandis qu'un troisième, bloqué par le feu des armes automatiques viêt-minh, prend le parti de rester sur place et de se cacher parmi les rochers et les hautes herbes, dans l'attente de la colonne de secours annoncée. Ainsi, à l'aube du 27 mai, Dong Khé, en proie aux flammes, tombe aux mains des combattants du régiment 174 qui commencent aussitôt à ramasser leur butin et en priorité l'armement. L'armée populaire vient de remporter une belle victoire.

Victoire de courte durée car le général Alessandri est bien décidé, pour des raisons tactiques – la perte de Dong Khé signifierait l'isolement total de Cao Bang –, mais aussi de prestige à reconquérir immédiatement la position perdue. L'idée de manœuvre est simple : un bataillon de parachutistes doit être largué en fin d'après-midi sur Dong Khé et profiter de l'effet de surprise pour reprendre la place avant que l'adversaire ne s'y retranche solidement. Une fois accomplie cette mission, la jonction doit être faite avec les 668 cadres européens et les Marocains appartenant au 10e tabor. En alerte depuis le 26 mai, les trois compagnies de combat – dénommées règlementairement à cette époque « groupements de commandos » – et la compagnie indochinoise de parachutistes (CIP[16]) du 3e bataillon colonial de commandos parachutistes (3e BCCP) sautent donc à partir de 17 h 45 à proximité de la citadelle. Comme prévu, les 469 hommes[17] qui sont parachutés prennent les soldats viêt-minh totalement au dépourvu. Les officiers du régiment 174, qui n'ont pas anticipé une telle réaction du commandement français, cèdent à l'affolement et leurs troupes s'enfuient en désordre, permettant la reprise de la citadelle, réalisée à 18 h 30. Une partie du matériel et de l'armement français abandonné à la hâte peut être récupéré, dont le canon de 57 mm ; les éléments des canons de 105 mm sont retrouvés les jours suivants dans les taillis environnants Dong Khé.

Le pari du général commandant les FTNV de larguer un bataillon au cœur du dispositif adverse est gagné et la reconquête de Dong Khé s'est faite à moindre coût : le 3e BCCP ne déplore que deux tués et quatre blessés. Quant à la garnison de la place, elle compte une vingtaine de tués – c'est le nombre de corps identifiés que retrouvent, alignés, les parachutistes dans la citadelle – et, à la date du 1er juin, seuls 144 combattants ont pu être récupérés. Il s'agit des hommes – une cinquantaine – qui ont emprunté la route de That Khé et sont arrivés sans encombre en l'absence, étonnante, d'embuscade. La colonne emmenée par le capitaine Brun, en revanche, semble avoir été en grande partie interceptée par l'adversaire, comme le diffuse la radio du Viêt-minh dans les jours qui suivent. Les parachutistes du 3e BCCP recueillent de leur côté 102 combattants de la garnison, tel l'adjudant-chef Tomasini, chef de section à la 4e compagnie, qui se dissimule avec une poignée d'autres dans une grotte. Parmi les hommes manquants – plus de 200 – qui n'ont pas pris le chemin de la captivité, il faut envisager la désertion possible d'un certain nombre, notamment parmi les supplétifs de la 146e CLSM. Le Viêt-minh, quant à lui, laisse 300 morts sur le terrain, un chiffre qui mérite certainement d'être réévalué à la hausse puisqu'il ne prend pas en compte les tués du fait des bombardements de l'aviation et de l'artillerie dans les collines entourant Dong Khé.

La rapidité de la chute de Dong Khé interroge cependant le commandement français. La perte d'un poste n'est pas chose nouvelle en Indochine mais l'importance de la garnison, censée pouvoir se défendre par ses seuls moyens, et l'endroit – la zone frontière du Nord-Est – nourrissent les inquiétudes à Hanoï comme à Saigon. Afin de lever toute équivoque, le capitaine Fournier, chef du 3e bureau des FTVN et de la ZOT, est chargé de mener l'enquête au lendemain de la reprise de Dong Khé, le 29 mai 1950. Dans ses conclusions, il dénonce particulièrement l'absence de coordination de la défense, estimant que « dès la mort du capitaine Casanova, il n'y eut plus de chef compétent pour défendre [le] poste », poste par ailleurs bien « loin du spectacle de désolation qu'offre généralement [une position] qui a résisté jusqu'au bout » lorsqu'elle est reprise. Ce jugement sévère porté à l'encontre du capitaine Brun repose principalement sur le fait que ce dernier, responsable avant les combats des différents points d'appui du village fortifié, situé au pied de la citadelle, ne s'est pas replié dans celle-ci à la mort de son chef. Cette erreur aurait rendu impossible une défense cohérente de la place. Ainsi, selon le capitaine Fournier et contrairement aux témoignages des survivants, « la garnison de la citadelle livrée à elle-même pouvait encore résister sur place. [...] avec ses tranchées, ses quelques ouvrages bétonnés encore habitables, son stock de vivres et de munitions intact, sa situation dominante bien défendue par un réseau de défenses accessoires aurait pu résister à l'assaut final au moins pendant la nuit [du 26 au 27 mai] si ce n'est dans la journée du lendemain. Le repli du poste était donc prématuré, d'autant plus que le temps était beau et que l'action aérienne du 26 mai devait laisser supposer à la garnison que même sans l'arrivée d'un colonne de secours terrestre, il était possible de tenir avec l'appui de l'aviation ». L'absence de toute volonté de contre-attaque de la part du capitaine Brun lui est également reprochée. Selon le capitaine Fournier, une contre-attaque aurait permis en outre « de racheter par un fait d'armes les erreurs commises », de retourner la situation ou « du moins de causer des pertes à l'adversaire, permettre de détruire dans le poste ce qui avait été laissé intact ». La garnison était solide conclut le capitaine Fournier et les responsabilités du capitaine Brun demeurent entières, ainsi, « on ne peut conclure de la perte de Dong Khé que Cao Bang soit susceptible de subir le même sort », ce qui est certainement vrai alors. Le rapport s'achève sur une note optimiste inspirée par l'action des parachutistes ; l'utilisation de l'arme aéroportée « tend[ant] à prouver qu'en prenant ce risque, on s'assure un succès immédiat ».

Pourtant, d'autres enseignements peuvent également être tirés de la première affaire de Dong Khé. En premier lieu, l'attaque montre que l'adversaire dispose d'une artillerie, certes modeste comparativement à celle du corps expéditionnaire, mais qui existe et qu'il va falloir prendre en compte. Elle témoigne également du degré des progrès accomplis par les officiers d'état-major de l'APV. En effet, la prise de Dong Khé bénéfice dès le départ d'une planification poussée et d'une bonne coordination des feux, preuve en est les emplacements choisis pour les pièces de 75 mm et la justesse des tirs. Surtout, fait inquiétant pour l'avenir, le Viêt-minh utilise pour la première fois au cours de la guerre d'Indochine une DCA nombreuse et très efficace. Le sergent-chef Schuler, appartenant à la 4e compagnie du BM/8e RTM et détaché temporairement à l'encadrement des supplétifs vietnamiens de la 146e CLSM, rapporte une scène qui a lieu le 26 mai au matin : « Vers 7 h 50, deux chasseurs réussissent à survoler Dong Khé à basse altitude. Les rebelles déclenchent un effroyable tir de DCA. Tous les pitons sur [*sic*] un rayon de 2 à 3 kilomètres tirent avec acharnement sur les appareils. » Au cours de la bataille, plusieurs appareils effectuant des missions de bombardement ou de *straffing*[18] sur les positions du Viêt-minh sont touchés[19]. Le 27 mai, notamment, lors du parachutage du 3e BCCP, la DCA est si dense que sur les 31 avions engagés (29 Ju-52 et deux Dakota), 19 Ju-52 sont atteints plus ou moins sévèrement ainsi qu'un des deux Dakota, trois membres de son équipage ayant été blessés. Enfin, outre ces progrès accomplis dans le domaine tactique, le Viêt-minh a su parfaitement tromper le commandement français quant à ses véritables intentions, les bulletins de renseignements de la ZOT, n'ayant fait état d'aucune menace précise sur le secteur. À son échelon, le lieutenant Brondel, officier de renseignements du quartier de Dong Khé, n'a décelé, lui non plus, aucun signe annonciateur d'une attaque prochaine. Les événements survenus en zone frontière du Nord-Est à la fin du mois de mai 1950 annoncent de manière claire un changement de nature de l'armée viêt-minh, changement qui devient effectif dans les mois qui suivent. À l'automne 1950, à la veille de la bataille des frontières qui se solde par la première catastrophe d'envergure pour le corps expéditionnaire, celui-ci fait désormais face à un nouvel adversaire.

Le corps de bataille viêt-minh : un nouvel adversaire

Au printemps 1950, les autorités civiles et militaires françaises en Indochine sont toujours préoccupées par l'éventualité d'une intervention chinoise dans le conflit. Le général Carpentier, qui, au mois de septembre 1949 a remplacé le général Blaizot à la tête du CEFEO, écrit ainsi qu'« il n'est pas défendu, maintenant, d'envisager dans un avenir plus ou moins lointain une attaque [des communiste chinois] sur le Tonkin ». Si cette « hypothèse Chine » ou « hypothèse Damoclès », comme on la nomme encore, est prise au sérieux à Saigon et à Hanoï, il n'entre pas dans les projets de Mao de participer directement aux opérations qui se déroulent en Indochine. À cette date, la RPC est exsangue économiquement, le parti communiste doit asseoir son nouveau pouvoir et, surtout, la guerre civile n'est pas formellement terminée. La question du Tibet est toujours à régler et il reste à s'emparer du dernier bastion nationaliste, Taïwan, dont l'état-major de l'APL prépare la reconquête[20]. Enfin, une participation militaire de l'armée chinoise en Indochine aurait peut-être provoqué une réaction américaine dont l'administration a effectivement décidé à la même époque de réagir à l'expansionnisme communiste dans le monde en vertu d'une nouvelle politique préconisée dans le NSC 68[21], un document du National Security Council (NSC) remis au président Truman le 14 avril 1950. La réponse des États-Unis à l'agression nord-coréenne, deux mois plus tard, manifeste ce changement. Cependant, Mao accepte volontiers d'apporter une aide militaire au Viêt-minh qui s'avère fondamentale pour l'APV et l'issue de la guerre d'Indochine. À partir du printemps 1950, les provinces chinoises du Yunnan et du Kouang Si accueillent donc les troupes viêt-minh qui y installent des écoles et des centres d'instruction. L'APL fournit, outre l'armement individuel et collectif, du matériel automobile, des médicaments, des vêtements, de la nourriture, etc. Des instructeurs chinois sont également mis à disposition pour former les cadres et la troupe du Viêt-minh. Enfin, un groupe de conseillers, dirigé par le général Chen Geng, est envoyé auprès de l'état-major du général Giap pour aider les officiers viêt-minh à planifier leurs opérations. Leur influence se fait sentir dans la préparation et la conduite de la bataille de la zone frontière du Nord-Est.

Cette montée en puissance de l'armée populaire vietnamienne est un fait connu, tant du haut commandement que des combattants. Le 18 août, le général en chef note que « les Viêt-minh, bénéficiant d'une aide chinoise très importante, ont mis sur pied rapidement un nombre élevé d'unités instruites et bien armées, qui ont rompu sur la frontière, à notre désavantage, l'équilibre entre ses forces et les nôtres ». À la fin de l'été 1950, le 2e bureau fait parvenir au général Alessandri sa dernière synthèse sur l'évolution des effectifs du corps de bataille viêt-minh depuis le mois de janvier précédent, synthèse qui témoigne bien du renforcement de l'adversaire. Au début de l'année, l'APV disposait de 57 bataillons de réguliers et de 17 bataillons régionaux. Neuf mois plus tard, ces forces sont passées, respectivement, à 70 et 33. À ces 103 bataillons, dont une trentaine est jugée de très bonne valeur, il convient d'ajouter une soixantaine de compagnies autonomes totalisant, réunies, l'effectif de quinze bataillons supplémentaires. Ainsi, à la veille de la bataille des frontières, Giap est en mesure d'aligner, en Indochine, 118 bataillons – soit une augmentation de 35 % de ses effectifs par rapport à janvier 1950. Parallèlement, un effort est fait dans le domaine de la standardisation et de l'homogénéisation des bataillons. À l'été 1950, les effectifs du bataillon d'infanterie viêt-minh atteignent plus du double de ce qu'ils étaient l'année précédente. Il est dorénavant formé d'une compagnie de commandement, de 140 hommes, de trois compagnies de fusiliers-voltigeurs (FV)[22], comprenant chacune 170 combattants, et d'une section d'appui regroupant les armes lourdes (mitrailleuses de 7,62 mm et mortiers de 81 mm, essentiellement), servies par 60 soldats, au total plus de 700 hommes, soit l'équivalent des bataillons mis en œuvre par le corps expéditionnaire. L'armement neuf remis par les Chinois est destiné aux troupes régulières, ces dernières reversant aux formations régionales ou aux guérilleros leurs anciens armements. La puissance de feu des bataillons de l'armée populaire a elle aussi considérablement augmenté. Alors qu'en janvier 1950, la majorité des bataillons viêt-minh ne dispose que d'un – voire maximum de deux – fusil-mitrailleur (FM) par compagnie – ceux qui peuvent mettre en œuvre dix FM sont considérés comme privilégiés –, au 1er septembre 1950, la dotation normale d'un bataillon d'infanterie atteint 27 FM grâce à l'aide chinoise. Par ailleurs, on dénombre, outre les 350 fusils destinés aux *bo doïs* des compagnies de combat, 6 mitrailleuses lourdes, 3 bazookas ou SKZ[23], 8 mortiers de 60 mm et 2 ou 3 mortiers de 81 mm. Les bataillons lourds du corps de bataille viêt-minh, dont le nombre est, à cette date, estimé à une demi-douzaine, disposent de 3 bazookas, de 5 ou 6 mortiers de 81 ou 120 mm et de 3 canons de campagne, de 75 mm principalement.

Fort de cette aide et de ce nouvel équipement, l'APV est réorganisée et met sur pied ses deux premières divisions (*Dai Doi* ou DD), la 308 et la 304. La division 308 surnommée « la division d'avant-garde » par le Viêt-minh – et « division de fer » par les Français –, regroupe les régiments 36, 88 et 102, des formations dont les cadres les plus anciens ont participé au soulèvement du 19 décembre 1946. Elle est implantée en haute région tonkinoise. La division 304, surnommée « Nam Dinh », engerbe les régiments 9, 57 et 66 et opère dans la partie sud du delta du Tonkin. Dans les deux années qui vont suivre, le corps de bataille viêt-minh atteint sa forme quasi définitive et, dans la dernière phase de la guerre, Giap pourra disposer de cinq divisions d'infanterie : 304, 308, 312, 316 et 320, chacune étant articulée autour de trois régiments et d'un bataillon « lourd » (doté de mortiers de 120 mm, de mitrailleuses lourdes, de bazookas, et parfois de canons de 75 mm). Une sixième division d'infanterie, numérotée 325, est souvent oubliée dans l'historiographie de la guerre d'Indochine. Formée de trois régiments d'infanterie et d'un régiment d'artillerie, elle opère de manière autonome au Nord-Annam, d'où son surnom de division du Thanh Hoa. Ses compagnies renforcent, en opérations, les autres grandes unités viêt-minh, aussi cette division « implantée » n'est généralement pas considérée comme une pièce de manœuvre du corps de bataille adverse. Enfin, à partir des bataillons d'artillerie et du génie existant en 1950, une division lourde forte de 8 000 hommes, la 351, appelée par le Viêt-minh « division mixte du génie et de l'artillerie », est également mise sur pied au printemps 1951. Cette unité comprendra, lorsqu'elle sera pleinement opérationnelle, deux régiments d'artillerie, un régiment de DCA, un régiment d'armes lourdes et un régiment du génie. Le renforcement de l'artillerie viêt-minh en canons de 105 mm HM2 et en mortiers de 120 mm, ainsi que l'importance accrue de la DCA entraînent nécessairement une augmentation du nombre de camions chargés de tracter ce matériel sur les lieux des combats.

Pour des raisons de politique intérieure comme internationale et, peut-être également, pour des raisons traditionnelles qui tiennent à la méfiance des Vietnamiens face au voisin chinois, l'aide apportée par ce dernier, qu'elle soit matérielle (armement, équipement, etc.) ou humaine (conseillers), fait l'objet d'un traitement paradoxal dans les écrits vietnamiens, à l'époque comme des décennies après la fin des hostilités. D'un côté, cette aide est saluée par des remerciements obligés, contribuant à façonner l'image unie du bloc communiste, de l'autre, les responsables vietnamiens civils et militaires tendent à la minimiser. Deux faits peuvent expliquer cette dernière attitude. Tout d'abord, la représentation d'une armée populaire vietnamienne mal équipée, formée de combattants pauvrement armés mais animés d'un moral et d'une mystique exceptionnels, s'avère essentielle dans la construction de l'État viêt-minh et du mythe qui l'accompagne. Cette représentation, qui repose en partie sur des données objectives, notamment pour la période 1945-1949 où le rapport des forces est incontestablement favorable aux unités du corps expéditionnaire, est progressivement faussée à compter du moment où le corps de bataille de l'APV reçoit une formation dispensée par des instructeurs chinois et du matériel en quantité. Ainsi, au fur et à mesure que s'estompe la figure du guérillero tenant la brousse pour celle du *bo doï*, soldat régulier d'une armée moderne, apparaît la crainte pour les dirigeants viêt-minh de voir s'effacer une part du mérite des troupes de l'armée populaire, remettant en cause la légende des David et Goliath indochinois et diminuant d'autant les qualités de stratège « génial » attribuées au général Giap.

Or, c'est bien l'armement chinois (et à moindre titre soviétique, notamment pour les matériels de DCA) qui permet la montée en puissance de l'armée populaire, ce sont les canons, mortiers, mitrailleuses lourdes et autre armement individuel qui transforment les combattants du Viêt-minh en adversaires redoutables pour leur puissance de feu et plus seulement dignes d'estime pour leur courage. Ce sont bien les officiers formés à l'école chinoise et les postes radio d'origine chinoise (et soviétique) qui rendent désormais possible la coordination des unités entre elles et permettent de remporter des victoires sur les meilleures troupes du corps expéditionnaire. Le discours politique construit sur l'enthousiasme, l'unité de la nation et l'idéologie communiste fédératrice comme éléments clés de la victoire, s'ils méritent toujours d'être pris en compte, se trouvent singulièrement tempérés par la réalité des données militaires classiques. En second lieu, la nature des relations, de plus en plus tendues, entretenues par la RPC et la RDVN à partir des années 1950 et 1960, contribuera plus tard à gêner le discours des autorités politico-militaires du Viêt-minh dans leur écriture de la guerre d'Indochine. La lecture des *Mémoires* du général Giap en témoigne bien par leur caractère ambivalent. Quoi qu'il en soit, à la fin du mois d'août 1950, si l'APV n'a pas pris, encore, sa structure définitive, elle dispose désormais d'un instrument capable de lui permettre d'entreprendre la guerre de mouvement – lui donner le « sens de l'espace » selon les mots d'un officier français – et de porter un coup sévère aux forces du corps expéditionnaire. Rapport après rapport, les responsables français du 2e bureau des FTNV alertent le commandement, qui malgré le renforcement du Viêt-minh et la chute de Dong Khé au printemps précédent ne semble toujours pas avoir pris la mesure des changements opérés. C'est dans ce contexte qu'est décidée de l'évacuation de Cao Bang.

La planification de l'évacuation de Cao Bang

Au début de l'année 1950, on l'a dit, le commandement viêt-minh déclenche la campagne *Le Hong Phong*. À la fin du mois d'avril, lorsque celle-ci est finalement stoppée, les objectifs fixés n'ont pas été atteints et les pertes ont été lourdes pour les troupes viêt-minh, mais des succès incontestables ont été obtenus. Toutefois, alors que l'état-major de l'armée populaire prépare la reprise de l'offensive, prévue pour le courant du mois de juin et qui a pour but de faire tomber les postes secondaires autour de Lao Kay avant que de s'attaquer à cette garnison, une nouvelle orientation est donnée aux opérations, peut-être en conséquence de conseils prodigués par Moscou ou Pékin. Au début du mois de juillet 1950, la campagne du Nord-Ouest est abandonnée au profit d'une action en direction de la zone frontière du Nord-Est, d'où l'autre nom de campagne de *Cao Bac Lang* qui lui fut donnée[24]. Il est difficile de connaître le rôle exact que jouent les conseillers chinois et particulièrement le conseiller suprême, le général Chen Geng, dans la réorientation de la campagne d'automne 1950, mais il doit sans doute être plus important que ne le laisse penser le général Giap dans ses écrits. Quoi qu'il en soit, forte du nouvel armement reçu et de l'instruction dispensée à l'été dans les camps du Yunnan – notamment pour les régiments de la brigade 308 – et du Kouang Si[25], l'APV s'est fixée un premier objectif trop ambitieux : la garnison de Cao Bang. En effet, l'attaque de la place, protégée par une quinzaine de postes secondaires et défendue par des troupes de valeur, dont les légionnaires du troisième bataillon du 3e REI (III/3e REI), exige des effectifs importants et une planification poussée. Surtout, l'assaut sur Cao Bang pose des problèmes tactiques auxquels les troupes viêt-minh ne sont pas habituées. Cao Bang se situant dans la boucle que fait le Song Bang Giang, lui-même rejoint à l'extrémité de cette boucle par la rivière de Cao Bang, son attaque nécessite une ou plusieurs manœuvres de franchissement sous le feu avant d'atteindre les défenses accessoires françaises[26], ce qui causerait, estime l'état-major viêt-minh, des pertes importantes.

L'idée d'une attaque de la place forte est donc abandonnée et l'état-major de l'APV choisit de reporter son effort sur la RC 4 et les postes de moindre importance qui s'y trouvent encore. Les réactions du corps expéditionnaire fourniraient, dans un deuxième temps, l'occasion de détruire ses forces. La réalisation de ce plan se trouve finalement facilitée par la décision française, prise au début du mois de septembre 1950, d'opérer – enfin – le repli de Cao Bang. En février 1950, Léon Pignon et le général Carpentier avaient décidé une nouvelle fois de surseoir à l'évacuation jusqu'à la fin du mois d'août, mais six mois plus tard le rôle joué par le dispositif français sur la RC 4 ne justifie plus son maintien. Les postes français n'empêchent en rien les communications entre l'APV et la Chine et leur rayonnement sur les populations est désormais nul. Isolées en pays viêt-minh, inefficaces du point de vue opérationnel, leurs garnisons constituent des proies faciles. Aussi, malgré l'opposition formelle du général Alessandri, commandant les FTNV, qui aurait souhaité au contraire consolider les positions françaises de Moncay à Cao Bang afin de porter ultérieurement la bataille dans le réduit viêt-minh de la Moyenne et de la Haute région, l'abandon de Cao Bang est entériné.

Le repli ne peut manquer d'avoir des répercussions sur le plan moral, mais surtout politique, des populations vietnamiennes. Dans les zones contrôlées par les forces françaises, ce retrait serait perçu avec inquiétude et incompréhension tandis que dans les territoires sous l'emprise du viêt-minh, l'évacuation de Cao Bang serait synonyme de libération et transformée en grande victoire par les services de propagande. Afin d'atténuer cette dernière impression et de faire de cette rétraction un simple réajustement du dispositif de la zone frontière, le général Carpentier décide de lier la manœuvre de repli à une opération de grande ampleur sur Thai Nguyen, l'un des bastions du Viêt-minh depuis le début des hostilités. Or, non seulement cette attaque nécessite des forces importantes, soit cinq bataillons d'infanterie et un autre de parachutistes, mais la réunion des moyens et la préparation de l'action sur Thai Nguyen conditionnent la date du déclenchement de l'opération Thérèse, nom donné à l'opération d'évacuation de Cao Bang. Le lieutenant-colonel Charton, qui commande sa garnison, devrait donc regrouper ses hommes et prendre la direction de Dong Khé où ils seraient recueillis par des unités amies en même temps que serait lancé l'assaut sur Thai Nguyen, une opération qui ne pourrait débuter avant le 29 septembre 1950.

Pour effectuer le repli, trois solutions sont envisagées : la voie aérienne, la route coloniale 3 (RC 3) ou la RC 4. La première hypothèse, séduisante mais irréalisable, est écartée. Il n'existe pas de moyens aériens en nombre suffisant pour enlever, rapidement et en toute sûreté, les combattants de Cao Bang ainsi que les civils, pour la plupart les familles des partisans et quelques familles de commerçants vietnamiens et chinois – au total quelque 5 000 personnes dont 2 300 femmes et enfants. En effet, les forces aériennes d'Indochine sont incapables de mener cette mission en même temps qu'elles fourniraient l'appui des unités engagées sur Thai Nguyen et l'aérotransport du bataillon parachutiste prévu. Par ailleurs, même si l'on parvenait à réunir les moyens aériens nécessaires, les officiers de l'état-major du général Carpentier, dont son propre sous-chef d'état-major en charge des opérations, le colonel Lennuyeux, craignent que les unités viêt-minh stationnées autour de Cao Bang ne réagissent, ce qui impliquerait de sacrifier un certain nombre de compagnies occupées à sécuriser la piste d'aviation pour permettre l'embarquement du gros des forces.

Le passage par la RC 3, de prime abord, apparaît lui aussi attrayant. D'après les renseignements obtenus et l'analyse des photographies aériennes, la route est en relativement bon état mais, précise un rapport, « cela [s'avère] de peu d'intérêt puisque la garnison de Cao Bang ne [dispose] que de six ou sept camions usagés et de quelques Jeeps ». Plus intéressant, l'implantation des unités viêt-minh dans la zone traversée, quoique imparfaitement connue, semble assez lâche, un fait qui a pu faire dire, *a posteriori*, que c'est le choix qu'il aurait fallu retenir. L'argument se révèle toutefois assez fragile puisque l'état-major estime, à l'époque, que quatre jours sont nécessaires pour couvrir les 100 kilomètres qui séparent Cao Bang de Bac Kan. Ce délai apparaît largement suffisant pour que le commandement viêt-minh alerte et rameute toutes ses unités disponibles, celles-ci étant ensuite à même d'agir sur les 100 derniers kilomètres qui relient Bac Kan à Thai Nguyen. Par ailleurs, si cette option avait été retenue, le dernier tronçon devant s'effectuer en combattant, la colonne du lieutenant-colonel Charton, quittant Cao Bang, n'aurait bénéficié d'aucun appui aérien en raison de l'opération sur Thai Nguyen, un appui rendu plus aléatoire encore par les conditions météorologiques souvent médiocres à cette période de l'année. Le repli par la RC 3 et ses quelque 200 kilomètres en zone viêt-minh n'étant pas retenu, l'hypothèse de l'évacuation par la RC 4 reste la seule possibilité.

En définitive, cette solution apparaît peut-être comme la moins mauvaise puisque, dans le cadre de la manœuvre, il s'agit de porter dans un premier bond les bataillons du groupement Charton à Dong Khé, à 45 kilomètres au sud de Cao Bang. Pour donner le change et tromper l'adversaire sur les véritables intentions françaises, un tabor marocain – le 3e tabor – viendrait renforcer la garnison de Cao Bang peu avant l'évacuation et, au retour, les avions rapatrieraient sur Lang Son les civils, les blessés ainsi que le matériel sensible ; ce qui ne pourrait être emporté (dépôt de munitions, pièces d'artillerie, ravitaillement, etc.) serait détruit ou saboté au dernier moment. À la condition expresse que le mouvement soit réalisé par surprise et avec célérité par des troupes allégées au maximum, trente-six heures sont été jugées un délai raisonnable et suffisant par l'état-major. Cette première étape ne semble donc pas présenter de difficultés majeures. « On savait, écrira après les événements le colonel Lennuyeux, que des unités régulières [de l'APV] de valeur étaient "dans la région" mais elles étaient plutôt localisées autour de That Khé et le calme relatif qui régnait autour de Cao Bang depuis quelques semaines permettait de penser qu'un grave accrochage était improbable entre Cao Bang et Dong Khé. » À Dong Khé, les hommes de Charton seraient réunis aux forces d'une colonne de recueil envoyée depuis Lang Son. Les éléments de la citadelle de Dong Khé intégreraient cet ensemble qui quitterait la zone pour aller se porter sur That Khé, à

25 kilomètres plus au sud. Toutefois, deux facteurs sont, dans cette phase, en mesure de contrarier le plan français. Tout d'abord la colonne aurait à évoluer sur une route en partie détruite par les sabotages et les destructions du Viêt-minh ce qui, sans être un inconvénient majeur – les troupes sont censées évoluer à pied –, pourrait ralentir sa progression. Surtout, de nombreux endroits s'avèrent particulièrement favorables aux embuscades. Les abords du col de Lung Phaï, notamment, mélange de calcaires tranchants et de végétation difficilement pénétrable, sont considérés parmi les points les plus sensibles du secteur, l'attaque du 3 septembre 1949 est toujours dans les mémoires, tout comme les combats livrés au mois de novembre suivant par les goumiers du 3e tabor pour s'emparer des hauteurs dominant le col.

Le 15 septembre 1950, le général Carpentier signe l'ordre particulier n° 1258 qui arrête l'idée de manœuvre et la décision d'occuper Thai Nguyen (opération Phoque). Les deux actions doivent être déclenchées au plus tard le 15 octobre 1950. Mais le 16 septembre, le Viêt-minh lance une nouvelle attaque sur Dong Khé, défendue désormais par deux compagnies de légionnaires du 3e REI qui succombent le 18 au matin après deux jours de combat. Cet événement, pourtant de nature à bouleverser entièrement les projets français, ne suscite pas de réelle inquiétude ; le général Carpentier modifie simplement le plan initial : Dong Khé ayant été choisi comme point de rencontre des colonnes montante (celle de Le Page) et descendante (celle de Charton), la mission de la première est modifiée et la colonne Le Page doit reprendre le poste perdu avant de poursuivre sa progression. Placée sous le signe d'un excès de confiance du commandement, l'opération d'évacuation de Cao Bang, est également marquée par un certain nombre d'erreurs et de retards, notamment dans la transmission des ordres aux officiers concernés. Une mauvaise organisation et des dysfonctionnements dans la chaîne de commandement entre les différents officiers, des mauvaises interprétations et l'ignorance, à certains moments, de la part des deux chefs de groupement qui apprennent leurs objectifs par des ordres reçus en cours d'action, compliquent par ailleurs l'opération et donnent lieu, après la bataille, à une « chasse aux responsables ».

La catastrophe

Au lendemain de la seconde chute de Dong Khé est constitué un groupement opérationnel qui prend le nom de Bayard. C'est à ce dernier qu'est confiée, le 29 septembre 1950, la tâche de mener à bien l'opération Tiznit (le recueil de la colonne Charton). Il est formé de deux tabors (1er et 11e), du BM/8e RTM, du 1er bataillon étranger parachutiste (1er BEP) et de plusieurs sections de partisans, destinés à éclairer la colonne en marche ; le lieutenant-colonel Le Page est désigné pour prendre son commandement. La mission du groupement Bayard est, dans un premier temps, de se porter sur Dong Khé tout en s'étant assuré, entre-temps, des points clés de la RC 4 entre That Khé et Dong Khé, cela afin de faciliter, ultérieurement, le repli du détachement. Dans un second temps, légionnaires, Marocains et partisans vietnamiens doivent se tenir prêts à exécuter d'autres missions qui leur seront communiquées au fur et à mesure. Ainsi, au moment où le lieutenant-colonel Le Page s'apprête à faire mouvement, aucune autorité ne l'a informée du but réel de l'opération Tiznit qui est d'aller « tendre la main » aux hommes de la colonne Charton. L'impératif de rapidité est mis en avant puisqu'il est précisé que l'opération consiste à « porter » le groupement jusqu'à Dong Khé et non à « ouvrir la route », ce qui constitue une suite d'opérations visant à sécuriser un axe et est donc contradictoire avec les notions de vitesse et de surprise.

Quelques jours avant le déclenchement de Tiznit, le général Carpentier se montre confiant, il écrit même à René Pleven, président du Conseil : « Il ne vous échappera pas

La RC4 en 1950

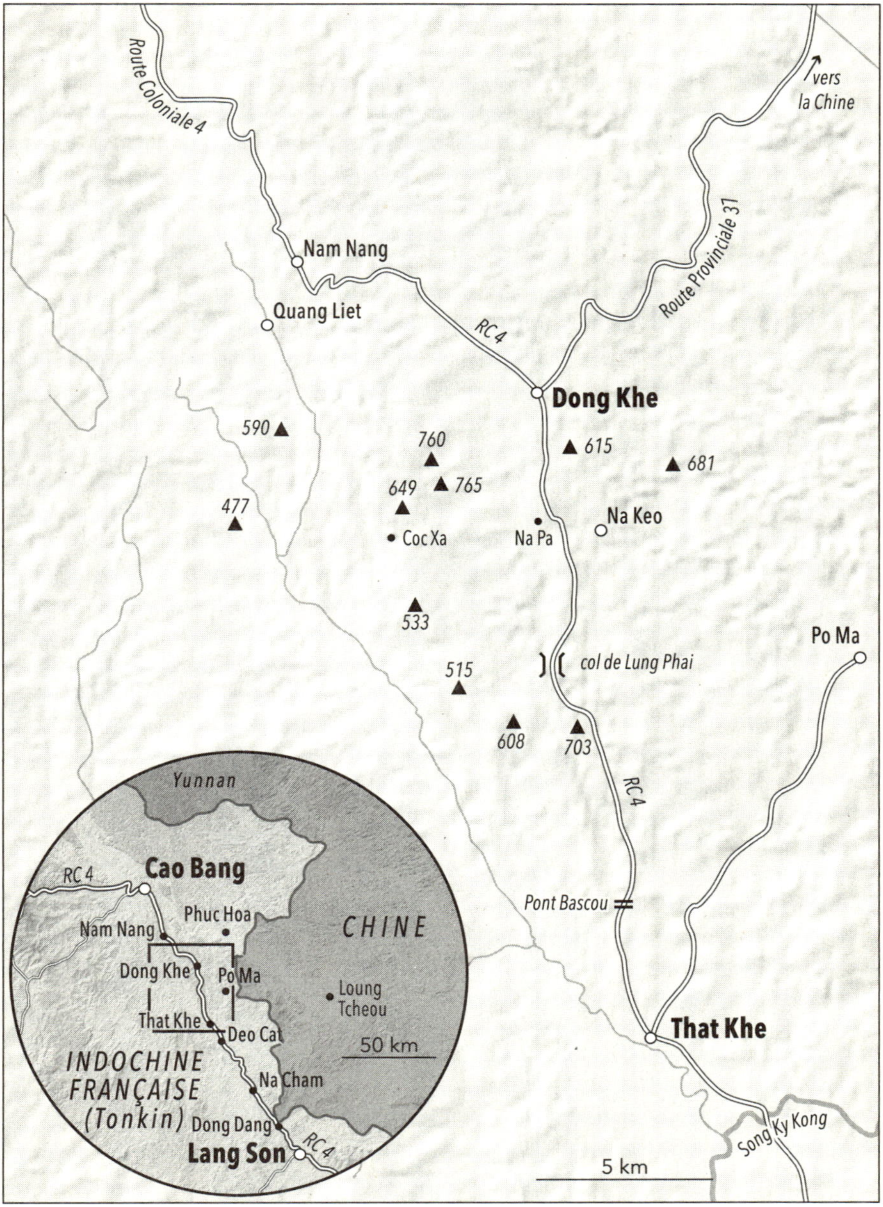

que c'est une opération délicate, cependant j'espère et je suis convaincu que tout se passera bien. » Le 30 septembre 1950, à 13 heures, c'est le 11e tabor du chef de bataillon Delcros qui « débouche[27] » et ouvre la marche de la colonne Le Page. Vers minuit, la cote 703, qui domine le col de Lung Phaï, est atteinte sans incidents notables et, au lever du jour, les calcaires dominant la RC 4 à l'est sont occupés. La pluie, qui est tombée une partie de la nuit, a détrempé le terrain. La progression des goumiers sur les pentes est rendue difficile par la boue, mais la mission est remplie et les hommes du commandant Delcros sont dépassés par ceux du 1er tabor puis du BM/8e RTM dont les combattants s'emparant des « points hauts » principaux protégeant à l'ouest et à l'est, la route coloniale n° 4, permettent au reste de la colonne de s'écouler. En fin de matinée, les tirailleurs marocains sont maîtres des cotes à hauteur de Na Moc. Dans l'après-midi du 1er octobre, le 1er BEP, désormais en tête, est pris à partie à un peu plus d'un kilomètre de Dong Khé par des éléments viêt-minh qui se replient ensuite dans la citadelle. Plutôt que de poursuivre l'action, Le Page ordonne de suspendre et remet l'attaque au lendemain. Par la suite, certains ont estimé que la décision de ne pas engager « à fond » le 1er BEP ce jour-là a constitué une erreur. Selon eux, l'effet de nombre, la détermination et l'allant des légionnaires auraient pu déboucher sur la prise de Dong Khé. Peut-être, effectivement, qu'un chef bénéficiant d'une autre personnalité, d'une culture d'armes ou d'une expérience militaire différentes aurait « senti » l'opportunité qui s'offrait à ses troupes. Peut-être. Toujours est-il que ce choix n'a pas été celui du lieutenant-colonel Le Page, qui organise son dispositif dans l'attente de l'assaut.

Au deuxième jour de l'opération Tiznit, seule une vingtaine de kilomètres ont pu être franchis. L'impératif de sûreté impose la dispersion des forces et « l'éclatement » des bataillons, obligés de détacher leurs compagnies pour couvrir la progression. Toutefois, à l'aube du 2 octobre, le groupement Le Page garde encore toute sa cohésion et s'apprête à se porter sur Dong Khé, son objectif. La manœuvre paraît classique : alors que le BM/8e RTM et le 11e tabor sécurisent les arrières de la colonne et restent sur leurs positions, respectivement le Na Moc et sur le Na Keo, le 1er BEP doit déborder Dong Khé par l'est alors que le 1er tabor fera de même par l'ouest. Mais l'attaque, menée en début d'après-midi, se solde par un échec. C'est pourtant peu après que le lieutenant-colonel Le Page est informé du but réel de sa mission : il doit se porter à une quinzaine de kilomètres au nord de Dong Khé et y attendre la colonne Charton. Dans son ouvrage, le général Gras affirme qu'à ce moment il était encore possible d'annuler toute l'opération, mais le commandement de la ZOT et des FTNV, n'ayant pas une vision claire de la situation, ne fait rien. Le Page, incapable de reprendre Dong Khé avec ses seules forces, déjà bien amoindries en raison des différentes unités détachées à la sécurisation de la RC 4, décide de contourner la plaine par l'ouest avec deux bataillons, et de remplir sa mission. C'est là, entre le 3 et le 6 octobre, dans les calcaires et la jungle des environs de Dong Khé, que ces unités subissent l'assaut des bataillons de l'APV. Après trois jours de combats intenses – ceux du 1er BEP sur le Na Keo en témoignent particulièrement –, les restes de la colonne Le Page se regroupent le 6 octobre au matin dans un cirque calcaire : la « cuvette de Coc Xa ». À l'exception de quelques unités, le groupement, encombré par ses blessés, n'est plus opérationnel. Encerclée par la division 308, la « colonne de recueil doit désormais être recueillie » et son salut ne peut venir que d'une action du lieutenant-colonel Charton et de ses hommes.

Ceux-ci se sont mis en route à l'aube le 3 octobre. Contrairement aux ordres donnés et à ce que certains auteurs ont écrit, l'impératif de légèreté et de rapidité prescrit à Charton n'est pas respecté. Une partie des troupes utilisent des véhicules, pour certains chargés de pierres afin de pouvoir réparer les destructions de la route. « Nous partîmes en camions par la RC 4, se souvient le capitaine Beucler, lieutenant au

3e tabor. Cela avait l'apparence d'un énorme déménagement. Nous partîmes confiants. L'on ne pensait vraiment pas que les viêt-minh puissent nous battre. Les légionnaires avaient entassé d'énormes bardas dans les camions. » En cours de progression, les revers subis par la colonne Le Page commencent cependant à être connus : « Les nouvelles nous parvenaient par radio, continue-t-il. L'on s'étonnait. » Le 4 octobre au matin, le groupement Charton n'a parcouru qu'une vingtaine de kilomètres et la route n'est plus praticable. Constatant ce retard et dans la crainte d'une attaque viêt-minh, le colonel Constans, qui de Lang Son conduit l'ensemble de l'opération, ordonne de quitter la RC 4 et d'emprunter la piste de Quang Liet qui mène aux environs de Lung Phaï. Là, la jonction doit être faite avec les hommes de Le Page. Mais, à cette date, la situation s'est considérablement dégradée pour ces derniers. La progression sur la piste de Quang Liet, qui a été découverte non sans mal, dans un terrain accidenté, envahie par la végétation s'avère extrêmement lente et pénible pour les combattants. Les troupes viêt-minh ne se sont pas manifestées si ce n'est par quelques accrochages destinés à ralentir la marche du groupement.

Le 6 octobre au soir, la colonne Charton arrive enfin dans la région de Dong Khé avec trois jours de retard et ses bataillons viennent prendre position sur des hauteurs situés à quelques kilomètres seulement du cirque de Coc Xa. La liaison radio peut enfin être établie entre Charton et Le Page et le premier apprend à cette occasion l'ampleur de la défaite. Le second lui fait part de son intention de tenter une « sortie » à l'aube du 7 octobre et lui demande de l'attendre sur les cotes 477 et 533 à l'ouest de Coc Xa. Charton ne peut l'aider : ses forces sont elles-mêmes encerclées. La tentative de dégagement de la colonne Le Page se solde par le sacrifice du 1er BEP et celui d'une partie des Marocains, souvent oubliés. En milieu de matinée, les débris du groupement Le Page rejoignent les points d'appui de la colonne Charton où, écrit le général Gras, « leur aspect lamentable de troupe fourbue, vaincue, débandée vint jeter le trouble et la démoralisation dans le groupement [...] encore intact ». Celui-ci ne garde pas longtemps son intégrité. Les deux colonnes enfin regroupées, le Viêt-minh peut lancer la dernière phase de l'opération : celle de la destruction totale des forces adverses. Très rapidement, les combats disloquent le dispositif français et des mouvements de panique contribuent à désorganiser toute défense cohérente. Le 7 au soir, la bataille est terminée. Elle s'achève par une défaite totale pour les unités du corps expéditionnaire. Les quelques centaines de combattants qui ne sont pas tués, blessés ou faits prisonniers, se « jettent » dans la jungle. Le revers majeur que constitue, pour le corps expéditionnaire, la destruction des colonnes Le Page et Charton ne marque cependant pas le terme de l'épisode de la bataille des frontières et celle-ci se clôt par un nouveau désastre, l'anéantissement du 3e BCCP, et par la décision, prise dans la panique, d'abandonner Lang Son.

Ajouter la défaite à la défaite : l'abandon de Lang Son

Le 6 octobre 1950, alors que la situation des deux groupements peine à être appréciée avec exactitude par le commandant de la zone frontière et encore plus par l'état-major de Saigon, il est devenu évident que les opérations de repli de la garnison de Cao Bang ne se déroulent pas conformément au plan prévu. Ordre est donc donné au capitaine Labaume, chef de corps du II/3e REI, de se porter en avant de That Khé avec les deux compagnies dont il dispose – les 7e et 8e –, d'intégrer les deux goums implantés sur la cote 703 et désormais coupés totalement du 11e tabor, et, fort de ce groupement baptisé « Rose », d'aller « tendre la main » aux unités rescapées. Dans un deuxième temps, il est chargé de couvrir la retraite de tous ces éléments en direction de That Khé. Partis au milieu de l'après-midi, les légionnaires font leur jonction le lendemain avec les goumiers. Le 8 octobre, même si les hommes du groupement Rose ne peuvent atteindre leur objectif – la cote 515, solidement occupée par le Viêt-minh –, leur présence permet de recueillir environ 400 survivants, légionnaires et Marocains mélangés. En fin de journée, la pression des *bo doïs* s'accentuant et ne voulant pas offrir une nouvelle proie à l'adversaire, le colonel Constans ordonne au capitaine Labaume de revenir sur That Khé où, sur décision du général Alessandri, un bataillon parachutiste, le 3e GCCP[28], doit être largué afin de couvrir le mouvement.

En termes d'effectifs, le 3e GCCP n'a alors de bataillon que le nom[29]. De fait, l'unité, normalement rapatriable puisqu'elle est arrivée en Indochine au mois de novembre 1948, est exsangue. Au cours du premier semestre 1950, le bataillon a été mis de nombreuses fois à contribution et, au moment où le commandement s'apprête à le lancer dans la bataille de la RC 4, les groupements de commandos qui la composent rentrent tout juste d'un mois d'opérations au Laos. Comme en témoigne ultérieurement le capitaine Mourier, commandant le GC 3, ces opérations, « si elles ne furent pas dures au point de vue combat, demandèrent un effort physique considérable du seul fait des kilomètres à parcourir, de l'ordre de 500 en deux mois pour le GC 3 et de 300 en un mois pour le GC 1 et qui ne furent séparés de l'opération de That Khé que par deux jours de repos pour le GC 3 et un jour pour une partie importante du GC 1 ». Ainsi, le 8 octobre 1950, lorsqu'il est parachuté sur That Khé, le capitaine Cazaux, commandant en second du bataillon[30], ne dispose, en sus de la compagnie de commandement, que de deux groupes de commandos en sous-effectifs, au total 266 parachutistes seulement. Pour étoffer cette unité, le commandement décide d'y adjoindre 130 légionnaires qui arrivent d'Algérie, renforts normaux du 1er BEP et qui, sous le commandement du lieutenant Loth, forment une compagnie de marche. Si ces hommes ne sont pas marqués physiquement comme leurs camarades, ils semblent en revanche manquer d'expérience : en dehors de quelques cadres, la majorité n'a jamais connu le combat. De fait, si leur tenue au feu a fait « l'admiration des combattants les plus chevronnés du 3e GCCP », le capitaine Mourier reproche aux légionnaires une progression trop lente qui a selon lui facilité la mise en place des embuscades du Viêt-minh.

Ce sont donc ces quelque 400 hommes[31] qui sont chargés de couvrir That Khé et ses environs tandis que le groupement Rose facilite le recueil des rescapés des colonnes Charton et Le Page. Afin de faciliter le décrochage du groupement Rose, les parachutistes se portent, dans la nuit du 8 au 9 octobre, à sa rencontre mais trouvent partout sur leur route les unités du Viêt-minh, solidement retranchées sur les points hauts du terrain. Alors que le 3e GCCP manœuvre pour remplir sa mission tout en évitant la confrontation avec l'adversaire, les rescapés des colonnes Le Page et Charton, encadrés par le groupement Rose, marchent dans des conditions très difficiles, « par une nuit très obscure, se rappelle Labaume, à travers un terrain chaotique couvert d'une épaisse végétation. La colonne, alourdie par des blessés [...] progresse très lentement et s'étire de façon démesurée ». Le 9 octobre au matin, la situation se complique singulièrement pour les hommes du groupement dont une partie s'est trompée de direction et s'est égarée. Finalement, après avoir subi de nouvelles embuscades et de nouvelles pertes, la colonne fait sa jonction avec les parachutistes en début d'après-midi et, tandis que ces derniers couvrent le repli des combattants exténués, le groupement Rose atteint That Khé le 10 octobre 1950, vers 15 heures. Les hommes n'ont cependant pas le temps de se reposer : face à la menace d'un encerclement viêt-minh, le général Carpentier a pris, dès le 6, la décision d'évacuer la place, une décision restée secrète jusqu'au dernier moment. D'ailleurs, dans la petite bourgade, l'heure est à l'affolement : réfugiés civils craignant les représailles du Viêt-minh et soldats isolés, survivants de formations défaites, tous sont mélangés. Vers 19 heures, le 10 octobre, les ordres d'évacuation et de marche sont donnés aux unités regroupées dans That Khé[32]. Ce qui peut être détruit doit l'être immédiatement, un détachement retardateur devant se charger du reliquat dans la nuit. À l'instar de ce qui était prévu initialement pour l'évacuation de Cao Bang, la clé du succès réside dans la rapidité d'exécution de la manœuvre et donc dans la mobilité et la légèreté des unités. Comme se le remémore ultérieurement le capitaine Labaume : « L'ordre est de passer coûte que coûte, en abandonnant s'il le faut les blessés pour ne pas alourdir la colonne. »

La retraite vers le sud, en direction du poste de Na Cham, l'objectif, s'annonce semée d'embûches pour les forces françaises. Non seulement au cours des jours précédents un certain nombre de postes ont été enlevés par les bataillons viêt-minh, mais, en outre, la RC 4 a fait l'objet d'importantes destructions et le pont sur le Song Ky Cong que doivent nécessairement emprunter les troupes a été lui aussi détruit. Aussi, l'opération de nuit est compliquée par une manœuvre de franchissement assurée par les sapeurs nord-africains de la 2e section de la 3e compagnie du 73e bataillon du génie. Pour les éléments de tête, tel le II/3e REI, cependant, l'évacuation de That Khé se déroule plutôt favorablement : la progression du bataillon n'est gênée que par quelques tirs de mitrailleuse sans graves conséquences et la traversée du Song Ky Cong sur les embarcations du génie se passe sans incident majeur. Même si la marche, les jours suivants, est pénible pour les hommes qui cheminent dans le noir, par les crêtes et sous une pluie torrentielle, le II/3e REI atteint Na Cham le 12 octobre en début d'après-midi. Les véhicules qui attendent un peu plus loin transportent, enfin, les légionnaires à Lang Son le 13 octobre dans la matinée. Toutes les unités se repliant de That Khé ne vont cependant pas connaître cette chance et le 3e GCCP disparaît lors de cette dernière phase. Les 13 et 14 octobre, les parachutistes sont attaqués par les combattants du régiment 174, et anéantis. Selon le capitaine Mourier, la fatigue des hommes est l'un des facteurs principaux du désastre. Elle est la cause des nombreux fractionnements qui ont lieu dans les colonnes progressant de nuits : « Les hommes s'endormant au moindre arrêt. » À compter du 12 octobre, une grande partie des jeunes parachutistes, totalement exténués, ne sont plus en condition pour faire face aux combats des jours suivants.

Le repli catastrophique de Cao Bang se termine, enfin, par une initiative malheureuse : appréciant mal la situation, surestimant la capacité opérationnelle du Viêt-minh et croyant Lang Son menacée, le colonel Constans obtient l'évacuation de la ville. Cette manœuvre, conçue dans l'urgence quelques jours auparavant, est autorisée – certes après hésitations – par le général Carpentier dans l'après-midi du 17 octobre 1950. Le lendemain, à l'aube, les derniers éléments quittent le dernier « verrou » de la zone frontière qui est donc abandonné sans combat. Facteur aggravant, les unités françaises laissent derrière elles une immense quantité de stocks et de dépôts intacts, que l'aviation ne parvient pas à détruire totalement. L'importance des armements et équipements récupérés par le Viêt-minh fait toujours l'objet de controverses, mais il semble, dans le seul domaine des armes d'infanterie, qu'il ait suffit à équiper les effectifs de la valeur d'une division. Au-delà du bilan matériel, c'est bien toutefois l'importance des pertes humaines, tués, blessés, disparus ou prisonniers, qui fait prendre conscience de l'ampleur de la défaite. Une étude, parmi les plus sérieuses, réalisée en 2004 en dresse un état[33]. Sur les 3 900 hommes de la colonne Le Page, un quart, soit un peu plus de 1 000 combattants, parvient à rejoindre Lang Son avant son évacuation. Des parachutistes du 3e GCCP, inclus dans cet ensemble, seulement 14 rescapés sont dénombrés. La colonne Charton, elle, forte initialement de 3 500 hommes, est réduite à 363 à l'issue de la bataille. Ainsi, au total, sur les quelque 7 400 combattants engagés du 30 septembre au 18 octobre 1950, 6 000 disparaissent. Pour les prisonniers, dont de nombreux blessés, commence une nouvelle épreuve, celle de la captivité, de la découverte des camps viêt-minh, pauvrement équipés et dénués de tout, et des séances d'endoctrinement selon les méthodes éprouvées par les Soviétiques ou les communistes chinois. Les pertes du Viêt-minh demeurent inconnues.

Stupeur en métropole

La nouvelle du désastre qui vient de se produire en zone frontière provoque un véritable choc en métropole, choc ressenti d'autant plus durement par les membres du gouvernement que jusqu'au 10 octobre, les communiqués en provenance d'Indochine ne laissaient en rien percevoir la possibilité d'un tel revers. Une dépêche du 9 octobre relatait même « l'exploit militaire » des troupes françaises. L'une des premières décisions, prises conjointement le 10 octobre 1950 par le président de la République et le président du Conseil, est d'envoyer, dans l'urgence, Jean Letourneau et le général Juin en mission extraordinaire en Indochine. Le but de ce voyage, qui doit par ailleurs « marquer au corps expéditionnaire la sollicitude du gouvernement », est d'informer les ministres intéressés sur les événements qui viennent de se dérouler et sur la situation militaire au Tonkin, d'arrêter les mesures qui s'imposent pour rétablir la confiance mais également de sanctionner, au besoin, les responsables du désastre. Sur ce point, le général de Lattre, toujours prompt à critiquer celui qui est son grand rival, n'hésite pas à affirmer que « Juin est parti en Indochine avec le grand désir de couvrir ses copains », visant ici en premier lieu le général Carpentier, chef d'état-major du corps expéditionnaire français en Italie (CEFI) en 1943-1944 et protégé du général Juin.

De fait, dans le rapport qu'il remet aux membres du gouvernement à son retour[34], le 27 octobre, Juin se montre particulièrement clément envers son ancien subordonné, le dédouanant de toutes fautes graves. En revanche, trois officiers sont désignés comme responsables de la destruction des colonnes Charton et Le Page et de la perte de la zone frontière ; il s'agit du général Alessandri (qui est remplacé par le général Boyer de Latour, pourtant rapatriable[35]), de son adjoint le général Marchand[36] et du colonel Constans. Tous trois sont relevés de leur commandement et renvoyés en métropole. En réponse aux pressions exercées sur le gouvernement par une partie de la classe politique qui exige une sanction contre les « coupables », René Pleven accepte, le 22 novembre 1950, que soit réunie une commission d'enquête. Mise sur pied dans la précipitation et travaillant à partir de matériaux incomplets en l'absence, notamment, d'un nombre important de témoins alors prisonniers dans les camps viêt-minh, la commission rend ses conclusions au mois de juin 1951[37]. Elles condamnent sans appel et de manière fort hâtive l'ancien commandant des FTNV : « Le grand responsable du désastre est le général Alessandri. [Ce dernier] aurait dû avoir le courage de résilier son commandement s'il avait eu du caractère. C'est vraisemblablement à cause lui que l'évacuation prescrite en 1949 a été retardée jusqu'à la catastrophe de 1950. » Et la commission de conclure : « Il ne mérite plus de recevoir un commandement de son grade et ne devra pas retourner en Indochine[38]. » Ce n'est qu'au mois de septembre 1954 que le général Alessandri prendra connaissance de ces conclusions très sévères mettant en cause son honneur de soldat[39].

Le rapport que le général Juin remet au gouvernement à son retour pointe également les carences du corps expéditionnaire et notamment la quasi-absence d'un corps de bataille cohérent à opposer à celui de l'APV. « Ce qui frappe en Indochine, c'est l'immense dispersion des moyens militaires qu'entraînent les tâches de pacification. [...] C'est ainsi que sur 91 bataillons en service en Indochine, il est tout juste possible aujourd'hui d'en trouver 8 ou 9 pour constituer une masse de manœuvre au nord du delta tonkinois et entamer de véritables opérations de guerre. Une autre constatation c'est que dans cet immense éparpillement la notion de grandes unités a complètement disparu, on ne compte plus que par bataillons en sorte que les groupements dits mobiles sont formés au hasard des événements[40] », n'offrant ni la cohésion ni le degré d'instruction qui seraient souhaitables. La recréation d'un corps de bataille, existant en 1945-1946, capable de s'opposer aux divisions viêt-minh, se révèle donc indispensable. Toutefois, au-delà des considérations purement militaires, les événements qui viennent de se dérouler au Tonkin au cours de la première quinzaine d'octobre 1950 rappellent surtout de manière brutale au gouvernement, aux députés, comme à l'opinion publique jusque-là largement indifférente, que la France est en guerre en Indochine et que ses soldats y meurent par milliers.

Débat à l'Assemblée : continuer la guerre ?

Du point de vue politique, la défaite de la RC 4 consacre clairement l'échec des politiques et stratégies françaises mises en place depuis le début des hostilités et, plus particulièrement, celui de la solution Bao Dai qui s'est avérée incapable de susciter une véritable adhésion populaire. La stupeur que provoque la victoire viêt-minh entraîne par conséquence l'interrogation de la classe politique de la IVe République quant au bien-fondé de la continuation de la guerre – ou de son internationalisation – et, au-delà, du maintien de la présence de la France en Extrême-Orient. Le 19 octobre 1950, le débat qui s'ouvre à l'Assemblée nationale sur l'Indochine symbolise cette prise de conscience en même temps qu'il permet aux différents mouvements de livrer leur analyse de la situation et de proposer des solutions pour sortir de la crise. Sans surprise, les communistes et une partie des socialistes se montrent partisans de la seule solution valable à leurs yeux : celle de la négociation franche et directe avec le Viêt-minh et du cessez-le-feu immédiat ; c'est notamment ce que défend le progressiste Paul Rivet à la tribune. Les radicaux-socialistes et une autre partie des socialistes récusent de leur côté toute idée de départ du corps expéditionnaire et, tout en admettant les erreurs commises par la France dans la gestion de sa politique indochinoise – et notamment à l'égard des États associés –, souhaitent poursuivre, comme le déclare Henri Cavaillet, « l'expérience Bao Dai ». Pour les députés de « droite » tel Pierre André, favorables au maintien de la France en Indochine, il s'agit de garder son sang froid et, au moment où le corps expéditionnaire vient de subir un revers majeur, « il est beaucoup moins urgent d'enquêter que de commander ». Pour cet élu du Parti républicain de la liberté (PRL), la priorité doit être à la nomination d'un « chef » qui bénéficie de la confiance du gouvernement, car « pour commander et pour agir, il faut un chef, un chef qui soit investi des pouvoirs civils et militaires », une position qui préfigure la solution de Lattre.

Toutefois, lors de cette séance à l'Assemblée, c'est sans conteste le discours de Pierre Mendès France qui retient l'attention, discours qui constitue la première prise de parole publique de l'intéressé sur la question indochinoise. Mendès France, député de l'Eure depuis le printemps 1946, a été le plus souvent absent de l'hémicycle depuis son élection. En effet, il cumule depuis 1947 d'importantes fonctions au sein de plusieurs instances internationales : gouverneur au Fonds monétaire international (FMI) pour la France, adjoint au gouverneur à la Banque internationale pour la reconstruction et le développement (BIRD) pour la France, représentant permanent de la France au Conseil économique et social de l'ONU. Si ces responsabilités l'ont éloigné de la politique nationale, les principaux problèmes auxquels le pays doit faire face lui sont parfaitement connus. Ainsi, il est particulièrement bien placé pour comprendre à quel point la guerre en Indochine représente un gouffre financier pour le pays ; c'est donc en faisant appel à l'intérêt supérieur de la nation qu'il énonce l'alternative à laquelle fait désormais face la nation en Extrême-Orient, alternative devenue célèbre depuis lors : ou procéder à un effort militaire massif, en termes d'effectifs et de matériels, pour espérer remporter une victoire militaire – victoire à laquelle il ne croit pas –, ou privilégier un accord politique en traitant « évidemment avec ceux qui nous combattent », c'est-à-dire le Viêt-minh. De fait, l'intervention de Mendès France relève du bon sens et traduit une certaine mesure dans les propos : « Il y a, déclare-t-il dans son introduction, des raisons pressantes et angoissantes aussi bien pour nous recommander de persévérer en Indochine que pour nous inciter à nous dégager de cette terrible charge politique, militaire, économique et financière. » Analysant justement la situation, il dénonce la « conception globale » de la politique française menée jusque-là, conception « qui est fausse car elle repose à la fois sur un effort militaire qui est insuffisant pour nous assurer une solution de force et sur une politique insuffisante et impuissante pour nous assurer l'adhésion de la population ».

La négociation avec le Viêt-minh, avec ce qu'elle comporterait « de concessions, de larges concessions », lui paraît la moins mauvaise des solutions pour les intérêts de la France. Si l'exposé de Mendès France fait sensation, sa position est tout de même critiquée, à l'extrême gauche pour sa modération et à droite pour n'être, en définitive, qu'une « adaptation de la thèse communiste ». Mais si certains arguments avancés apparaissent recevables, l'analyse livrée, un peu schématique, laisse de côté plusieurs paramètres. En premier lieu, en ne considérant que les positions respectives de la France et du Viêt-minh, elle fait peu de cas des intérêts des États associés et d'abord de ceux du Vietnam nationaliste ; la question des engagements passés par le gouvernement français et Bao Dai n'est ainsi pas soulevée. En deuxième lieu, la solution négociée prônée par Mendès France et réitérée par ce dernier le 22 novembre dans une autre séance sur l'Indochine[41], représenterait en définitive, notamment aux yeux de René Pleven, une victoire des communistes. Enfin, au moment même où, en Corée, les forces des Nations unies, emmenées par les États-Unis, s'opposent à cette idéologie totalitaire[42], l'idée d'un compromis avec le Viêt-minh en Indochine apparaît impensable pour bon nombre de ministres. Jean Letourneau déclare : « Il faut rester et pour la civilisation et pour la France. On ne peut céder au communisme international. »

L'hypothèse d'une négociation avec Hô Chi Minh écartée, celle, évoquée notamment par le général Juin dans son rapport, « de porter la question sur le plan international, c'est-à-dire à l'ONU » n'ayant pas fait l'objet d'un réel examen, René Pleven, en accord avec les ministres concernés, choisit une troisième voie : redonner vie à la solution Bao Dai. Pour les membres du gouvernement, en effet, cette solution n'est pas totalement discréditée, il convient « simplement » de procéder à un changement de politique qui permette de susciter réellement un sentiment national vietnamien capable de s'opposer aux thèses développées par le Viêt-minh. Pour cela, la France doit donner sa chance à l'expérience nationaliste et asseoir le pouvoir de Bao Dai en lieu et place du « gouvernement fantoche soutenu à bout de bras » – selon les propres mots de Juin – qui a prévalu jusqu'alors, et favoriser la construction d'une armée vietnamienne. La défaite de Cao Bang sanctionnant, en définitive, le tandem Pignon-Carpentier, le gouvernement Pleven s'interroge sur l'opportunité de maintenir l'équipe en place et entame également une réflexion sur l'éventualité de réformer les structures de commandement qui existent en Indochine, structures complexes qui ont contribué à la faillite des politiques françaises et de leur exécution. Si depuis la nomination, trois ans auparavant, d'Émile Bollaert au poste de haut-commissaire et celle, un an plus tard, du général Blaizot comme commandant en chef, les attributions respectives des deux plus hautes autorités de la France en Indochine apparaissent comme bien définies, certains organismes ont incontestablement jeté le trouble dans la direction des affaires indochinoises, compliquant encore davantage les querelles de personnes. Depuis le rapport Revers, un certain nombre d'anomalies ont été corrigées, mais il faut attendre le mois d'octobre 1949 pour qu'un décret fixe que les fonctions de commandant en chef et de commandant des forces terrestres seront désormais assurées par le même officier général, mettant fin au conflit qui prévalait depuis le début de la guerre entre le commandant en chef et son grand subordonné, le général commandant les forces terrestres. Le Conseil de défense constitue également un organisme qui nourrit les dissensions, même s'il perd un peu de son pouvoir à l'automne 1949. C'est en son sein que sont ainsi débattus les plans de défense et les stratégies opérationnelles contre le Viêt-minh. Or, cet organisme constitue, entre 1949 et 1950, le lieu d'opposition et de crispation entre les conceptions de Pignon, de Carpentier et d'Alessandri. En résumé, la conduite de la guerre en Indochine souffre d'incohérences et d'une mauvaise organisation qui remettent en question l'un des principes fondateurs chers aux armées : l'unicité du commandement. Le conflit étant une guerre politico-militaire, cette unicité apparaît alors seule à même de pouvoir réaliser l'unité d'action, qu'elle soit politique, diplomatique ou militaire, qui donnerait une « souffle nouveau » à l'action de la France en Indochine.

La difficile accession au trône du « Roi Jean » en Indochine

Le rapport que le général Juin transmet au gouvernement à l'issue de sa mission d'inspection aborde lui aussi la question du commandement en Indochine. Il ne le remet pas en cause fondamentalement et se prononce pour le maintien de la séparation des pouvoirs civils et militaires. Le ministre des Relations avec les États associés, pour sa part, est partisan d'un changement radical des structures comme des hommes. Pour Jean Letourneau, il faut impérativement relever de leur fonction Léon Pignon – même si celui-ci n'a pas démérité – et le général Carpentier envers lequel le ministre se montre particulièrement sévère, contrairement au général Juin pour qui le limogeage du commandant en chef équivaudrait à une sanction contre laquelle il s'élève personnellement. Le 1er novembre 1950, dans une lettre qu'il adresse à René Pleven, Letourneau se prononce donc pour le remplacement de l'équipe dirigeante et suggère de confier au général Juin l'ensemble des pouvoirs pour une durée de six mois. Cette durée permettrait de redresser la situation militaire, de mettre un terme au vent de panique qui souffle au sein de certains états-majors du corps expéditionnaire, mais également de rassurer les États associés quant à la volonté de la France de continuer la lutte. Le général Juin, accaparé par les affaires marocaines[43] et faisant montre de peu d'enthousiasme à l'idée d'assurer un commandement en Indochine – théâtre d'opérations qu'il n'aime pas –, décline la proposition qui lui est faite. C'est la seconde fois qu'il refuse[44]. Dans ce contexte, le 8 novembre 1950, Vincent Auriol propose au président du Conseil le nom d'un autre officier, le grand rival de Juin : le général Jean de Lattre de Tassigny.

C'est peu dire que les deux hommes ne s'apprécient guère. Après la mort du général de Lattre, au mois de janvier 1952, l'heure sera au discours consensuel et réconciliateur ; Bernard Pujo, ancien aide de camp du maréchal Juin, écrira même que « si parfois leurs deux tempéraments s'étaient affrontés, ce qui les unissait était bien plus fort que ce qui pouvait, dans les mouvements d'humeur, les opposer ». À la vérité, une réelle inimitié existe entre les deux hommes. Pour comprendre l'origine du conflit, il faut remonter à la Seconde Guerre mondiale et plus précisément à la fin de l'année 1942 quand de Lattre, refusant l'occupation de la zone libre par les Allemands, donne l'ordre à ses troupes de résister avant d'être arrêté et emprisonné par les autorités de Vichy[45]. Il est à l'époque le seul général d'active à faire ce choix et reproche plus tard à Juin de ne pas avoir suivi son exemple, pis même, il l'accuse d'avoir fait le jeu des

Allemands pendant la guerre[46], de s'être compromis avec l'occupant – notamment en se rendant à Berlin[47] – ou encore d'avoir fait tirer sur les Américains au moment du débarquement en Afrique du Nord. De Lattre, jalousant certainement les victoires remportées par Juin à la tête du CEFI, laisse entendre à cette époque que, pour se dédouaner, le général Juin « lave » sa conduite passée en Italie avec « le sang de ses soldats ». Excédé par les accusations lancées contre lui et auxquelles il souhaite mettre un terme, Juin envoie le chef de bataillon Gandoët[48] à Alger auprès du général de Lattre où ce dernier met sur pied l'armée B dans le cadre des futures opérations de libération de la France[49].

Au moment où il est pressenti par le gouvernement pour assurer les plus hautes fonctions en Indochine, de Lattre occupe, dans le cadre du traité de Bruxelles[50] et sous les ordres du *Field Marshal* Montgomery, les fonctions de commandant en chef des forces terrestres de l'Europe occidentale. Ce poste étant toutefois appelé à disparaître avec la création du commandement suprême des forces alliées en Europe[51], il doit se retrouver disponible dans les mois à venir. Toutefois, la proposition du président de la République suscite une réaction négative de Pleven pour qui, en cas de nomination du général, « la moitié des officiers [présents en Indochine] s'en iront car il a la réputation d'un tueur d'hommes ». Cette affirmation – qui, au demeurant, prête au corps des officiers une liberté qu'ils n'ont pas : à savoir la possibilité de changer d'affectation quand leur supérieur hiérarchique leur déplaît – renvoie aux polémiques nées au cours de la Seconde Guerre mondiale quant au commandement du général de Lattre, et notamment aux opérations que ce dernier conduit à l'automne 1944. En effet, la difficile campagne des Vosges (septembre-octobre) puis celle de la Haute-Alsace (novembre) contre les troupes allemandes suscitent à l'époque de très nombreuses critiques. La première offensive, livrée dans un milieu forestier particulièrement difficile face à un adversaire qui durcit sa résistance à l'approche du territoire du Reich, se solde par un échec sanglant[52], échec qu'avait d'ailleurs annoncé avant l'attaque son subordonné, le général Béthouart[53]. La seconde, déclenchée à la mi-novembre 1944 dans des conditions plus dramatiques encore – neige, pluie, vent violent, froid –, enregistre certes des succès mais au prix de lourdes pertes. La réduction de la « poche de Colmar » à la fin du mois de janvier 1945, enfin, entreprise là encore dans des conditions climatiques difficiles, aggrave les griefs que de nombreux officiers, notamment issus de la France libre, nourrissent à l'encontre du général de Lattre.

Ainsi, les pertes subies par la 1re armée française ont contribué à forger l'image d'un général peu économe de la vie des hommes et à renforcer un peu plus l'opposition entre ce dernier et des généraux jugés plus proches de leurs soldats, plus soucieux, aussi, de leurs conditions de vie, à l'instar d'un général Juin, mais surtout d'un général Leclerc. Celui-ci apparaît à l'époque comme un officier « nouvelle formule », proche des combattants, compréhensif et censé privilégier autant que faire se peut les manœuvres susceptibles d'être les moins coûteuses en vies humaines. L'entourage de Leclerc et le général lui-même dénoncent plus d'une fois « les méthodes de commandement et les ordres » de la 1re armée visant, sans le nommer, le général de Lattre de Tassigny. En réalité, il apparaît peu opportun de retenir le qualificatif de « tueur d'hommes » pour désigner ce dernier ; certes, ses offensives sont coûteuses, mais il convient de rappeler que le volume de forces qu'il commande est infiniment plus élevé que celui d'un officier tel que Leclerc – la 2e DB n'aligne à l'époque qu'une quinzaine de milliers d'hommes – et que le théâtre d'opérations qui échoit à de Lattre se révèle très difficile pour une armée française en pleine reconstruction et manquant de moyens. Par ailleurs, les offensives menées par la 1re armée à la fin de l'année 1944 et au début de l'hiver 1945 se heurtent à une Wehrmacht qui après une longue retraite consécutive au débarquement de Provence fait désormais face pour interdire l'entrée du territoire allemand. Enfin, les accusations lancées contre de Lattre au cours de la guerre doivent être replacées dans le contexte du contentieux qui l'oppose au général Leclerc[54], un conflit attisé par leurs états-majors respectifs. La publicité – estimée disproportionnée – donnée aux actions de la 2e DB agace en effet les hommes de De Lattre, tandis que les partisans de Leclerc reprochent – en caricaturant quelque peu – aux soldats de la 1re armée d'avoir servi le régime de Vichy et de s'être compromis. Quoi qu'il en soit, en répondant comme il le fait à la proposition de Vincent Auriol, René Pleven enterre l'hypothèse de Lattre.

À la recherche d'un autre chef prestigieux susceptible de renverser la situation en Indochine, le gouvernement sollicite successivement les généraux Guillaume et Koenig. Le premier, dont le nom est avancé par le général Juin, commande à cette date les forces françaises en Allemagne (FFA) ; il se récuse. Augustin Guillaume, en effet, a réalisé une grande partie de sa carrière en Afrique du Nord et principalement au Maroc et il est, à ce titre, ce qu'on appelle alors dans l'armée un « Marocain », peu intéressé par les affaires orientales. Surtout, il escompte bien prendre la succession du général Juin comme résident général de France au Maroc, ce qui est bien le cas puisqu'il est nommé à ce poste – une fois encore après une très vive implication du général Juin – le 28 août 1951. Quant au général Koenig, inspecteur des forces terrestres, maritimes et aériennes d'Afrique du Nord, il refuse également. Après avoir sollicité l'avis du général de Gaulle, il pose deux conditions à son acceptation : l'allongement du service militaire – qui devrait être porté à vingt-quatre mois[55] – et l'envoi du contingent en Indochine. Ces deux exigences sont bien évidemment rejetées par le gouvernement, un rejet dont se doutait bien le général Koenig et qui lui permet de refuser la proposition sous un prétexte commode. Juin, Guillaume et Koenig ayant décliné et de Lattre restant le seul officier général – qui plus est volontaire – dont la stature puisse permettre l'exécution de la politique indochinoise du gouvernement, sa nomination est réexaminée. À ce stade, peut-être l'action de Gaston Le Provost de Launay auprès de René Pleven s'est-elle révélée déterminante. Le Provost de Launay, ancien député de la Charente-Inférieure[56] et ancien conseiller puis président du conseil municipal de Paris, s'est lié d'amitié avec le général de Lattre de Tassigny dans les années 1920 et a progressivement introduit ce dernier dans les cercles politiques parisiens. À la fin du mois de novembre 1950, il milite activement pour la nomination de son « protégé » en Indochine ; il convient de souligner que de Launay a également des intérêts économiques en Indochine. Gendre d'Alfred Bérenger, fondateur de la Société cotonnière du Tonkin basée à Nam Dinh, il est également président des administrateurs de cette même entreprise ; ainsi, en sus des liens qui unissent les deux hommes, la présence d'un chef prestigieux en Indochine serait de nature à rassurer les entrepreneurs français, inquiets de la panique qui a gagné le Tonkin et des bruits d'abandon qui y courent depuis l'évacuation de Lang Son.

L'homme et son équipe

Le président du Conseil se rallie finalement au choix du général de Lattre, qui accepte le poste en contrepartie de la réunion, entre ses mains, des pouvoirs civils et militaires, ce qui lui est accordé en Conseil des ministres le 6 décembre 1950, date de sa nomination. « Nous avons une chance avec de Lattre, déclare même Letourneau à Vincent Auriol. C'est un homme qui est capable de séduire Bao Dai et de bien le faire travailler. » De Lattre pose comme seconde condition la possibilité de constituer librement son « équipe », ce qui lui est également concédé. À la veille de son départ pour l'Indochine, il rappelle une partie des « anciens » de la 1re armée qui l'ont servi, et notamment le général Salan – pour sa connaissance du théâtre d'opérations –, qui devient bientôt son adjoint militaire. Le colonel – puis général –

Allard se voit aussi sollicité ; connu pour ses remarquables talents d'organisateur, Allard est nommé chef de son état-major rebaptisé, le 29 décembre 1950, état-major interarmées et des forces terrestres (EMIFT). Le colonel Beaufre est nommé d'abord chef du 3e bureau (opérations) avant de prendre le commandement de la 2e division de marche du Tonkin (2e DMT[57]) alors que le colonel Baillif prend celui de la 1re DMT. Dans les semaines qui suivent l'installation du nouveau haut-commissaire et commandant en chef, d'autres officiers – ses « maréchaux » comme les surnomme la presse de l'époque et en premier lieu le journaliste Lucien Bodard – rejoignent l'Extrême-Orient : il s'agit des colonels ou lieutenants-colonels de Linarès, Redon, Dodelier, Quinche, Lecoq, Clément, etc., qui se voient confier des responsabilités territoriales ou opérationnelles, tel le commandement de groupes mobiles au Tonkin. Au regard du parcours et de la personnalité de ces hommes, on peut affirmer que de Lattre s'entoure de quelques-uns parmi les meilleurs officiers supérieurs que compte l'armée française au début des années 1950.

La constitution de l'équipe civile du nouveau haut-commissaire suscite plus de réserves. En effet, de Lattre décide de s'adjoindre d'anciens membres du gouvernorat de l'amiral Decoux, Georges Gautier et Jean Aurillac. Le premier, ancien secrétaire général du gouvernement général de l'Indochine, a été révoqué par l'administration gaulliste peu après son rapatriement en métropole à la fin de l'année 1945, une mesure finalement cassée par le Conseil d'État en 1948. Le second, ancien directeur civil du cabinet de l'amiral Decoux, sans connaître la disgrâce du précédent, est malgré tout blâmé et envoyé en Afrique-Occidentale française à la fin des années1940. De Lattre leur fait retrouver ces fonctions : Georges Gautier est officiellement nommé le 3 janvier 1951 secrétaire général du haut-commissariat de France en Indochine tandis que Jean Aurillac est promu directeur de son cabinet civil. Vincent Auriol attire l'attention du général sur le risque politique pris à s'entourer de ces deux personnages – « C'est tout de même l'équipe de l'administration directe » lui dit-il – qui pourraient susciter les critiques des membres du gouvernement Bao Dai comme l'opposition d'une partie de la gauche française. Le président de la République reconnaît cependant que « c'est la meilleure [équipe] qui soit ». Gautier et Aurillac, du fait des postes qu'ils ont occupés et de l'expérience qu'ils ont accumulée entre 1940 et 1945, ont, de fait, une très bonne connaissance des trois États de la péninsule indochinoise ; il est vrai qu'ils ne comptent sans doute pas parmi les hauts fonctionnaires français les plus réformateurs et qu'ils sont marqués par la période coloniale.

En acceptant d'aller en Indochine, où, aurait-il déclaré, « il a tout à perdre », de Lattre se voit confier une mission qui peut ajouter beaucoup à son prestige comme à la légende qu'il s'est toujours efforcé de construire de son vivant. En effet, tout en faisant montre d'une parfaite obéissance au gouvernement de la République – contrairement au général Juin qui s'est permis de refuser des nominations à plusieurs reprises[58] –, le « Roi Jean » dispose désormais d'une grande liberté d'action. À ce poste de « proconsul », il se taille un rôle à sa mesure, qui va lui permettre de déployer ses talents de séducteur et de chef. À 61 ans, le nouveau haut-commissaire a un riche parcours derrière lui. Né en 1889, il entre à Saint-Cyr en 1909 (promotion « Mauritanie ») et choisit, à l'issue, la cavalerie et plus précisément les dragons. Plusieurs fois blessé entre 1914 et 1918, il termine la guerre avec le grade de capitaine et, titulaire de huit citations, il est fait officier de la Légion d'honneur. Affecté au Maroc au début des années 1920, il participe à la campagne du Rif où il est à nouveau blessé ; en 1927, il réussit le concours d'entrée à l'École de guerre dont il sort major deux ans plus tard. Dans les années 1930, de Lattre occupe diverses fonctions au sein de l'état-major – dont celui du général Weygand – avant de recevoir le commandement du 151e régiment d'infanterie

(Metz). Promu général de brigade en 1939 – c'est alors le plus jeune des officiers généraux de l'armée de terre –, il s'illustre l'année suivante au cours de la campagne de France à la tête de la 14e division d'infanterie. Resté fidèle, après l'armistice, au gouvernement du maréchal Pétain, de Lattre choisit la désobéissance après l'invasion de la zone libre. Arrêté, jugé et incarcéré, il s'évade pour rejoindre le général de Gaulle à l'automne 1943. Après l'avoir nommé général d'armée en novembre 1943, le chef du Comité français de libération nationale (CFLN) lui confie l'année suivante le commandement et la formation de la future 1re armée française avec laquelle il débarque en Provence puis remonte la vallée du Rhône, libère l'Alsace et pénètre en Allemagne.

En 1945, le général de Lattre est incontestablement devenu une figure de l'armée française au même titre que Leclerc ou Juin. Admiré ou détesté pour ses frasques, son goût de la mise en scène et ses sorties théâtrales – les gens de la maison Juin ne disent-ils pas de lui qu'il est un « Sacha Guitry en uniforme » ? –, de Lattre ne laisse pas indifférent. Sachant manier l'art de la séduction avec ses interlocuteurs il est également réputé pour ses violents éclats, le plus souvent subis par son entourage. Il se dit ainsi, avec un certain humour, que les officiers de son état-major ont quelque peu modifié la devise qu'il s'est choisie – « Ne pas subir » – pour une autre : « Savoir subir »... Plus nuancé est l'avis du général Dulac[59] qui écrit dans ses Souvenirs que « les formidables caprices dont une certaine littérature a fait en quelque sorte la règle du comportement du "Roi Jean" ne se manifestaient qu'exceptionnellement dans nos travaux, ou au cours de nos fameux briefings quotidiens. Il y avait bousculade, boutades, algarades et parfois l'escalade conduisait à la dégringolade d'un "client". [...] Mais quel sérieux dans l'analyse des données d'un problème tactique, quelle reconnaissance ». Ainsi, quels que soient ses défauts, le général de Lattre est incontestablement un chef. Un chef dont la stature doit permettre de se faire obéir de tous et dont l'autorité ne doit pas être contestée. Dans le climat d'abandon et d'incertitude qui règne en Indochine à la fin de l'année 1950, le gouvernement, fidèle en cela à une certaine tradition républicaine française dans les moments de crise, s'est donc doté d'un joker. Il accepte de confier à un officier général de renom, placé certes sous la hiérarchie du ministre Jean Letourneau, les pouvoirs civils et militaires en espérant qu'il mènera à bien la triple mission qui lui est confiée : rétablir la confiance, mettre sur pied une armée nationale vietnamienne – et donc « réanimer » la solution Bao Dai –, et accélérer l'aide américaine.

Chapitre VII

L'année de Lattre : de l'espoir… à la désillusion

> « Il peut survenir une catastrophe en Indochine, il ne peut pas y surgir de miracle. »
>
> Général de Lattre de Tassigny, septembre 1951.

L'arrivée en Indochine : « Nous ne cèderons plus un pouce de terrain »

Si la carrière du général de Lattre ne l'a jamais conduit en Extrême-Orient, l'homme qui s'envole d'Orly le 15 décembre 1950 après que plusieurs centaines de vétérans de la 1re armée française sont venus lui rendre hommage, est parfaitement informé de la situation. Il est d'abord renseigné par les combattants qui le tiennent au courant de « l'ambiance de la guerre » et en premier lieu son fils, Bernard, avec lequel il entretient une correspondance régulière[1]. Dans les lettres que celui-ci adresse à son père, il décrit les conditions de la lutte du corps expéditionnaire, la pauvreté des moyens, l'incompétence, aussi, du haut commandement : « Sans vouloir – et pouvoir – faire de critiques je crois que nous sommes commandés par des cons » écrit-il le 21 octobre 1950. D'autres jeunes officiers font également parvenir des comptes rendus ; son propre aide de camp, le lieutenant de Royer, est arrivé au Tonkin au mois de juin précédent et affecté – comme son fils – au 1er RCC. Le 26 novembre 1950, il adresse au général de Lattre une longue missive. Pour redresser la situation, il faudrait « un chef qui commande, un peu de bon matériel, des renforts en infanterie, beaucoup d'avions et de bombes au napalm qui fonctionnent, des états-majors qui ne soient pas grotesques d'incapacité et il doit y en avoir assez pour que tout ne soit pas perdu dans ce pays dont la santé économique est tout de même si solide que sans le concours des banques le commerce marche encore comme il y a un mois ». Outre les informations qui lui parviennent au travers de ces échanges épistolaires, le général de Lattre tient, dans les jours qui ont précédé et suivi sa nomination, à recueillir les avis et les conseils sur le théâtre d'opérations qu'il s'apprête à rejoindre : il rencontre Albert Sarraut, l'amiral Decoux et, le 14 décembre, la veille de son départ, il va saluer le général de Gaulle.

La prise de commandement du « Roi Jean » en Indochine a fait l'objet d'un grand nombre de publications à caractère plus ou moins hagiographique. Son arrivée à Saigon, notamment, où il soigne particulièrement ses effets : il prend ses distances avec son prédécesseur civil, Pignon, et ignore délibérément le général Carpentier venu l'accueillir sur le tarmac de l'aéroport de Tan Son Nhut[2]. C'est l'occasion des premières « scènes » aussi, dirigée contre le major de garnison, qui, respectant justement le protocole, n'a pas fait jouer *La Marseillaise* pour le nouveau haut-commissaire. Si de Lattre aime le faste et les démonstrations, il croit beaucoup en la valeur des symboles et c'est précisément par des symboles qu'il souhaite marquer son entrée sur la scène indochinoise. Le défilé grandiose qu'il ordonne au soir de son arrivée à Hanoï, le 19 décembre, où près de 5 000 hommes défilent à la nuit tombante, témoigne encore de cette volonté de marquer les esprits. Toutefois, c'est bien le discours qu'il prononce à l'issue du défilé que ses contemporains retiennent : « Je suis venu pour les lieutenants et les capitaines » déclare-t-il avec une certaine démagogie, phrase qu'il répète à l'envi les semaines suivantes devant des auditoires différents. Il annonce également à cette occasion que l'ère des replis et des rétractions de dispositif est révolue et que « nous ne cèderons plus un pouce de terrain », montrant sa détermination à sauver le Tonkin. L'entrée du général de Lattre étant réussie, il peut désormais s'attacher à sa mission. Quant au Viêt-minh, même s'il a suivi avec attention les décisions du gouvernement Pleven et qu'il a noté la détermination française, exprimée par la nomination d'un chef charismatique, il compte bien poursuivre sa dynamique de victoire.

La campagne Tran Hung Dao

La bataille de Vinh Yen, qui marque bientôt le premier succès du général de Lattre, s'inscrit dans le cadre plus large de la campagne *Tran Hung Dao*[3] du nom d'un général vietnamien qui, au XIIIe siècle, a sauvé le pays en repoussant la troisième invasion mongole. Cette offensive, qui a pour théâtre le front nord du delta, est déclenchée à la fin du mois de décembre 1950. Contrairement à une idée répandue à l'époque, la prise de Hanoï ne constitue à aucun moment l'objectif du Viêt-minh. Comme l'explique un commissaire politique lors d'une séance d'autocritique des combattants de la division 308 au lendemain des combats, « "À Hanoï pour le Têt[4] !" n'était qu'une mesure de diversion destinée à jeter le désarroi dans le camp ennemi. » Au regard des capacités militaires du corps de bataille de l'armée populaire[5] mais également du volume des forces engagées dans l'offensive, il apparaît que le Viêt-minh ne disposait tout simplement pas des moyens de s'emparer de la capitale du Tonkin. En fait, le slogan utilisé par les cadres politiques de l'APV pour galvaniser les *bo doïs*, ignorants des véritables enjeux, sert également la propagande française. Son orchestration permet au général de Lattre de donner plus d'éclat à sa riposte et de se poser, aux yeux des Vietnamiens comme de l'opinion internationale, en sauveur de la ville. Nombreux sont les auteurs qui ont repris depuis les communiqués fournis par les services d'information du haut-commissariat, sans en critiquer le contenu.

Après les victoires du mois d'octobre 1950, le comité directeur du parti viêt-minh, en accord avec les hautes instances militaires de l'APV, se montre favorable à une exploitation rapide des succès obtenus. Dans un rapport sur les enseignements tirés de la campagne d'Indochine, publié à l'été 1955, un officier français dit de la pacification qu'elle est une mise de fonds nécessaire qui ne règle en rien la question de fond : la destruction du corps de bataille viêt-minh, traduit à l'époque par l'expression « casser du Viêt ». La campagne *Tran Hung Dao* semble faire écho à cette ambition. Pour le Viêt-minh, la guérilla constitue également une sorte de « mise de fonds nécessaire », mais elle se révèle insuffisante pour gagner la guerre. Conscients de ce fait, les dirigeants communistes ont, dès les débuts de la guerre, eu à cœur de construire une armée capable « d'anéantir la puissance de l'ennemi » comme l'écrit Giap, qui cherche constamment, au cours de la guerre, à attirer les forces françaises pour les détruire. Cette volonté de destruction du potentiel militaire du corps expéditionnaire qui reprend davantage les idées clausewitziennes d'extermination des forces adverses que celles, révolutionnaires, de Mao équivaut à « casser du Français ». Et c'est bien le but véritable de la campagne qui s'ouvre.

Au mois de novembre 1950, le moment pour atteindre cet objectif paraît idéal puisqu'il s'agit de profiter de la démoralisation d'une partie des forces françaises et notamment de celle d'officiers qui, au sein de l'état-major du commandant en chef, à Saigon, comme dans celui du général commandant les FTNV, à Hanoï, apprécient mal la situation exacte et redoutent le pire. Dans certains milieux, civils et militaires, l'heure est donc au pessimisme et l'on juge l'élan de l'adversaire irrésistible : ordre est même donné d'évacuer les familles françaises de Hanoï. Pourtant, les autorités viêt-minh ont pris note de la volonté du gouvernement Pleven de poursuivre la lutte avec détermination et sont persuadées d'une reprise en main à brève échéance du corps expéditionnaire. Il leur faut donc porter des coups décisifs aux unités françaises avant ce changement. Faute de sources, il reste difficile d'apprécier avec exactitude la façon dont les dirigeants communistes perçoivent l'arrivée du général de Lattre, ni même si la personnalité de celui-ci a influé ou non sur le plan de la campagne viêt-minh.

Afin d'user le potentiel militaire français et en particulier ses forces mobiles, le terrain retenu pour les nouvelles opérations est celui de la Moyenne région, aux lisières nord du delta. Dans une première phase, la tactique vise à désorganiser le système défensif français en s'attaquant au chapelet de postes situés aux confins nord-est de la zone française, afin d'élargir la zone d'influence viêt-minh – et notamment la superficie rizicole – et d'attirer les réserves françaises pour les détruire. Dans une seconde phase, le point d'application principal de l'offensive doit être déplacé sur l'axe Vinh Yen-Phuc Yen[6] situé sur la route nationale 2 (RN 2, ex-RC 2). Il s'agit d'un point névralgique qui ouvre le delta aux forces régulières viêt-minh et en particulier la route de Hanoï, une centaine de kilomètres séparant la capitale de Phuc Yen. La conquête de cette zone permettrait également d'isoler les forces françaises regroupées à Vietri et à Sontay qui défendent l'accès au delta par le nord-ouest. Toutefois, et fidèle en cela à sa tactique, l'état-major de l'APV a choisi des axes secondaires d'attaque sur le pourtour du delta, de façon à laisser le commandement français dans l'incertitude le plus longtemps possible quant à l'objectif réel.

Dès le 18 décembre 1950, avant même le déclenchement de l'offensive, et par mesure de sécurité, le général Boyer de Latour fait replier la garnison de Dinh Lap. Le poste de Dinh Lap, en pointe du dispositif français, est en effet dangereusement exposé depuis l'évacuation de Lang Son. Cette décision déclenche l'ire du général de Lattre pour qui chaque officier doit être pénétré de l'idée de ne plus procéder à aucune rétraction, mais il maintient toutefois le général commandant les FTNV à son poste. Le 25 décembre s'ouvre véritablement la campagne *Tran Hung Dao*. L'offensive viêt-minh ne constitue pas une surprise pour les services de renseignements français, qui, les semaines précédentes, ont décelé la mise en place des unités de l'adversaire. Elle met en œuvre des forces relativement considérables, une trentaine de milliers d'hommes au total, dont deux divisions, les 308 et 312[7], ainsi que plusieurs régiments autonomes de qualité appartenant alors aux réserves générales de l'APV tels les régiments 98 et 174[8]. C'est la région située à proximité des côtes orientales du Vietnam qui constitue le premier objectif, en raison de la faiblesse de l'implantation française. Le poste de Binh Lieu (au nord de Tien Yen) est pris dans l'après-midi du 26 décembre avant d'être réoccupé le lendemain. Face au développement des opérations dans ce secteur, le général Boyer de Latour, se fondant sur des instructions antérieures du général Carpentier et jugeant la région trop exposée, prépare l'évacuation de Tien Yen et de la zone côtière.

De Lattre charge alors le colonel Beaufre de prendre la bataille à son compte et le renforce du groupement de tabors marocains (GTM) à la tête duquel est placé le colonel de Castries. Par ailleurs, il fait aérotransporter dans l'urgence des bataillons relevant des FTSV ou des FTCVP[9] pour contrer la menace viêt-minh. Le 30 décembre, le 6e GCCP est largué à Moncay en renfort de la garnison Nung qui défend le secteur. Cette action, destinée à protéger une ville située à l'extrême nord-est du dispositif français, à quelques kilomètres de la frontière sino-tonkinoise, montre à l'état-major viêt-minh la détermination du nouveau haut-commissaire à relever le gant. Enfin, des bâtiments de la marine sont poussés au plus près des côtes avec la mission d'appuyer les postes attaqués. Ainsi, dans la nuit du 30 au 31 décembre 1950, les pièces de 155 mm du croiseur léger *Duguay-Trouin* brisent les assauts viêt-minh contre le petit poste de Don Ngu, construit à une dizaine de kilomètres à l'est de Tien Yen. Fort de ces moyens, le colonel Beaufre parvient à stabiliser la situation en zone côtière à la fin du mois de décembre. Mais, à cette date, le commandement français a déjà compris que ce secteur ne constituait pas l'objectif principal de la campagne : depuis quelques jours, son attention s'est déplacée aux extrémités ouest du delta.

En effet, c'est là que, du 26 au 28 décembre, une demi-douzaine de postes situés autour de Vinh Yen font l'objet de violentes attaques, certains rapidement tombés, d'autres opposant une résistance acharnée. Il en est ainsi du poste de Da Phuc, construit sur l'ancienne RC 3, et rendu très vulnérable en raison de son implantation à l'extérieur du dispositif français[10]. Assailli dans la nuit du 26 au 27 décembre, la combativité de ses défenseurs permet sa conservation au prix de 40 tués et de 80 blessés. Les survivants sont secourus à l'aube du 27 par des éléments du groupe mobile n° 1 (GM 1)[11]. Le groupe mobile constitue, avant même les conclusions du rapport Juin, l'une des réponses apportées par le commandement à l'insuffisance de « masse de manœuvre » du corps expéditionnaire. Contrairement à une idée répandue, ce n'est pas le général de Lattre qui crée les GM, il contribue seulement à les développer. La paternité en revient au général Boyer de Latour, qui, dans son instruction du 25 novembre 1950, ordonne la mise sur pied immédiate, par les commandants de zones, de groupements interarmes soudés et cohérents pouvant intervenir isolément ou réunis. « L'essentiel est qu'ils soient constitués tels quels, au plus vite, alors même qu'ils seraient incomplets. Ce qui importe avant tout est qu'ils soient. » La création des GM à cette époque s'avère risquée d'un point de vue opérationnel, car « le prélèvement de plusieurs bataillons sur l'ensemble du système de sécurité territoriale, laisse pratiquement la sécurité [des] arrières aux seules troupes supplétives, aux milices provinciales et à l'auto-défense[12] ». Cinq GM sont initialement prévus[13].

Le poste de Cho Vang, situé à 10 kilomètres à l'ouest de Vinh Yen, offre également un bel exemple de résistance. Sa garnison, composée d'Africains appartenant au 29e bataillon de marche de tirailleurs sénégalais (29e BMTS) et attaquée à deux reprises par le régiment 209, repousse tous les assauts[14]. Dans ces combats, un vétéran des campagnes de 1940 et de la 1re armée française se distingue particulièrement. Il s'agit du sergent Bourama Diémé qui reçoit, quelques temps après son fait d'armes, la croix de guerre avec palme des mains du général de Lattre[15]. L'accrochage le plus sérieux se produit à une vingtaine de kilomètres au nord-ouest de Vinh Yen, un accrochage non planifié par l'état-major viêt-minh puisqu'il est le fruit d'un combat de rencontre – et non un « coup fourré » comme le dira de Lattre – entre des bataillons du GM 3 du colonel Muller et deux régiments de la division 312 que commande Le Trong Tan[16]. En effet, dans le cadre du « nettoyage » du delta, le général de Latour autorise, le 25 décembre, le déclenchement de l'opération Bécassine, opération qui a pour but de détruire les dépôts et installations de l'APV cachés dans les environs de Lap Thach[17], une petite localité coincée entre la rivière Claire et le massif montagneux du Tam Dao[18]. Dans la journée du 26, la progression du GM se heurte à de vives résistances et les interrogatoires des prisonniers viêt-minh indiquent que d'importantes forces s'apprêtent à attaquer Vinh Yen. La nuit se passe sans autres incidents mais l'opération Bécassine est annulée en raison de la menace qui plane sur le GM 3. Décision est donc prise de rapatrier celui-ci dans Vinh Yen : c'est au cours de la phase de repli, le 27 au matin, que le I/24e RMTS perd près de 50 % de ses effectifs. Le bataillon, qui ne s'est pas suffisamment gardé et qui progresse sans idée de manœuvre, est soudainement assailli par les unités viêt-minh. Au terme de combats confus, il se disloque et seuls 400 hommes parviennent à rejoindre le poste de Da Phuc dont les défenseurs sont eux aussi des rescapés.

Dans son ouvrage, Lucien Bodard relate cet épisode avec le style qui lui est coutumier, dressant un bien sombre tableau des bataillons de ce groupe mobile fraîchement constitué[19], ainsi que des officiers qui le commandent. Ce revers, de Lattre ne le pardonne pas au général Boyer de Latour, même si ce dernier semble pourtant difficile à blâmer. On peut imputer l'origine de cet échec à un défaut du renseignement qui cause la perte du bataillon, mais il s'agit là d'un mal structurel du CEFEO – auquel de Lattre remédie bientôt en partie – dont le commandant des FTNV, nouvellement arrivé sur le théâtre d'opérations tonkinois, ne peut porter la seule responsabilité. Par ailleurs, comme en témoigne Boyer de Latour, « l'engagement du I/24ᵉ RMTS le 27 au matin a été une surprise pour tous. Ce bataillon n'ayant demandé aucun secours pendant le combat, tout laissait supposer que l'opération de repli s'effectuait normalement ». Aussi malheureuse qu'elle soit pour le corps expéditionnaire, l'affaire du GM 3 lève le voile sur les véritables intentions de son adversaire : Vinh Yen et le GM 3 qui vient de s'y réfugier deviennent le point d'application principal de l'offensive viêt-minh. À la fin du mois de décembre 1950 s'achève la première phase de la campagne *Tran Hung Dao*. De son côté, le général de Lattre relève Boyer de Latour de son commandement[20] et ordonne, le 29 décembre, au général Salan d'assurer l'intérim[21].

Le rendez-vous de Vinh Yen

Après avoir réorganisé son dispositif et fait aménager les bases d'attaque de ses unités dans le Tam Dao, le général Giap ordonne le déclenchement de la seconde phase de la campagne *Tran Hung Dao* qui débute au soir du 13 janvier[22] par l'assaut nocturne du poste de Bao Chuc (à une dizaine de kilomètres au nord-ouest de Vinh Yen). Le GM 3[23], désormais commandé par le lieutenant-colonel Vanuxem[24], subit le choc le lendemain. En effet, jugeant – sans doute à raison – trop risqué de lancer, de nuit, l'opération de dégagement du poste, Vanuxem ne lance son infanterie (III/2e RTM, 8e GSAP) qu'au matin du 14 ; les fantassins sont appuyés par les automitrailleuses et l'artillerie du groupe mobile, une puissance de feu que l'on estime alors suffisante. Mais, alors même que Bao Chuc résiste toujours[25] – peut-être le Viêt-minh a-t-il d'ailleurs fait en sorte qu'il ne tombe pas afin de ne pas dissuader le GM 3 de secourir la cinquantaine de défenseurs –, les deux bataillons sont violemment attaqués et aussitôt disloqués par les régiments 141 et 209 de la division 312[26] : « On dirait une fourmilière, écrira Vanuxem après les événements, il en sort de partout, à l'avant, à l'arrière, sur les côtés, au milieu de nos rangs. »

Dans le compte rendu de la bataille de Vinh Yen adressé à Jean Letourneau le 23 janvier suivant, de Lattre évoque avec euphémisme un « décrochage difficile », mais certains contemporains témoignent bien, eux, de la panique qui s'est emparée des combattants nord-africains[27]. Le lieutenant Jambon, qui commande la 3e batterie du GACAOF chargée d'appuyer avec ses pièces les éléments de la contre-attaque assiste au début de l'après-midi au repli des unités bousculées : « Nous voyons apparaître plein nord une foule d'hommes en tenue de combat qui se dirigent droit sur nous. Amis ou ennemis ? Ils sont plusieurs centaines et dans un désordre qui n'évoque aucun dispositif de combat. Arrivés à moins de cent mètres, le doute n'est plus possible, ce sont les nôtres et, apparemment, des Nord-Africains du III/2e RTM. Plusieurs d'entre eux n'ont plus leur arme. Dans une pagaille indescriptible, ils défilent devant le front de batterie et certains crient "Les Viêts arrivent ! Les Viêts arrivent !". Rien de pire pour démoraliser une troupe fraîche. » Le peloton d'automitrailleuses du 1er régiment de chasseurs a vu ses engins détruits par les SKZ de l'adversaire. La retraite générale sur Vinh Yen est ordonnée au milieu de l'après-midi ; là, relate toujours le

La bataille de Vinh Yen

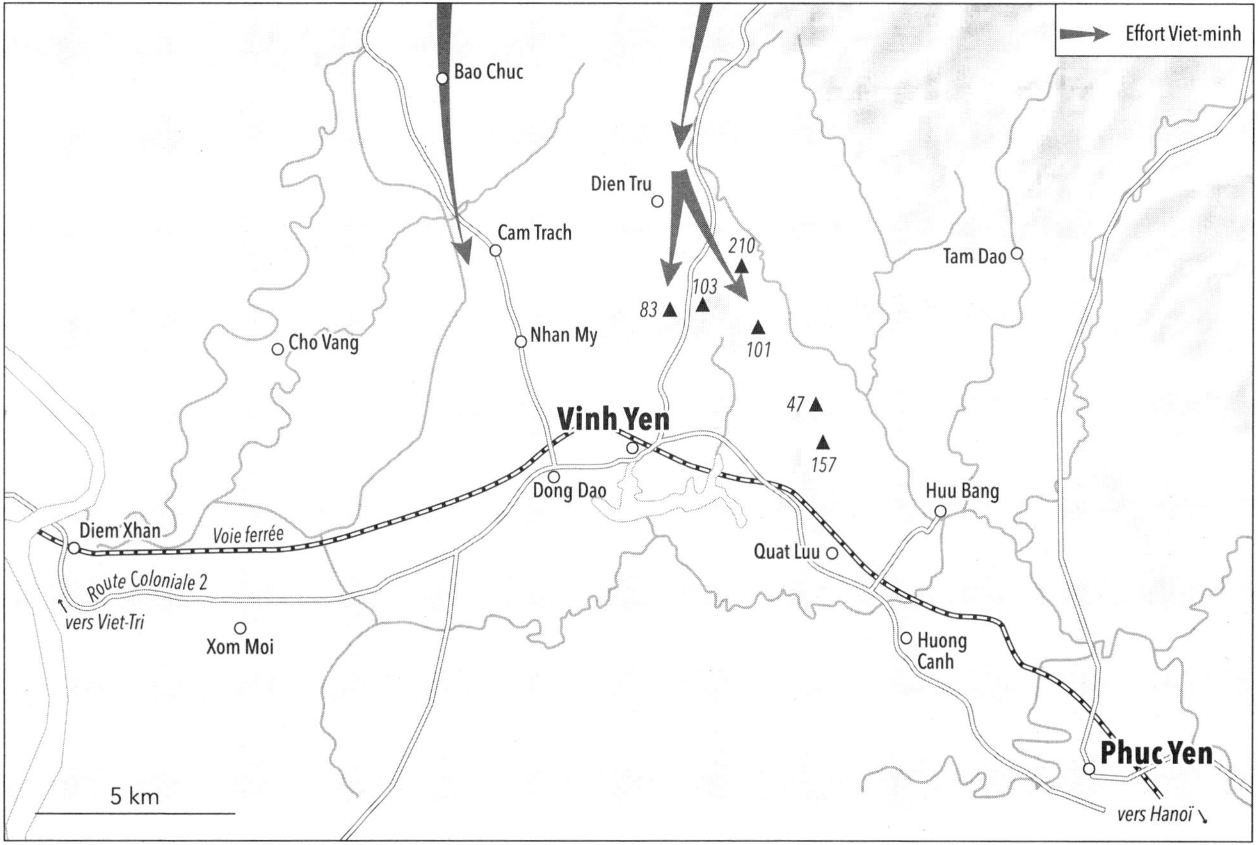

lieutenant Jambon, « arrivé à proximité de la citadelle, c'est un spectacle de désolation qui s'offre à nous : quelques centaines d'hommes rassemblés comme un troupeau de moutons apeurés tournent en rond, sans but précis ».

À l'issue d'une journée éprouvante, le GM 3, dont une partie des troupes n'est plus opérationnelle[28], leur moral fortement éprouvé, est encerclé. Contrairement à sa tactique habituelle, le Viêt-minh ne profite pas de la nuit pour lancer l'assaut et remporter, peut-être, une victoire décisive. Les unités enfermées dans Vinh Yen restant somme toute importantes et disposant d'une artillerie intacte, l'état-major de l'APV a sans doute jugé préférable d'attendre. Plus sûrement, une chute de la place aurait manqué l'effet majeur : détruire le maximum de forces mobiles. En effet, Vinh Yen aux mains du GM 3, c'est l'assurance de voir le commandement français envoyer le lendemain une colonne au secours de la garnison menacée. La destruction des GM puis l'anéantissement de la garnison de Vinh Yen est le but fixé par Giap. De fait, le 15 janvier au matin, le GM 1 du lieutenant-colonel Edon, renforcé du 10e groupement parachutistes de chasseurs à pied (10e GPCP) et de deux bataillons nord-africains, formations dépêchées la veille par de Lattre, commence sa progression pour tendre la main aux hommes de Vanuxem et les ravitailler, notamment en munitions. Dans le même temps, ceux-ci, réorganisés pendant la nuit, contre-attaquent et tentent de « donner de l'air » à leur dispositif ; leur objectif est de s'emparer d'un mouvement de terrain à la sortie nord-est de Vinh Yen – appelé les « Trois-Mamelles » – et qui domine la RC 2 à hauteur du village de Khay Quang. C'est dans ce village que la jonction avec le GM 1 doit s'opérer. La réunion des deux GM ne peut finalement avoir lieu qu'au soir. Le groupement Edon doit en effet livrer toute la journée de violents combats contre la division 308 dont les régiments se sont emparés d'un ensemble de collines (appelé mont Danh) caractérisé par les cotes 210, 101, 17, 47 et 157, et menacent son flanc droit. Cependant, le crachin persistant des jours précédents a disparu et offre la possibilité à la chasse d'intervenir et d'utiliser massivement des bombes au napalm pour déloger les combattants viêt-minh des positions qu'ils occupent. Le lieutenant Jambon raconte la scène au matin du 15 janvier : « C'est alors que surgit un King Cobra. Il pique, au nord de notre position, sur l'un de ces mamelons qui annoncent les premiers contreforts du Tam Dao. Une boule de feu explose au sommet et soudain, c'est tout le mamelon qui est en flammes ! À la jumelle, on distingue des hommes qui courent à la périphérie du brasier. [...] En quelques heures ce sont tous les mamelons, tous les pitons contrôlant au nord, d'une certaine façon, l'accès à Vinh Yen par la RC 2 qui s'embrasent. » Pour faire écho à ce témoignage, Ngo Van Chieu, cadre de la division 308, relate sa découverte du napalm : « Ils piquent, et c'est l'enfer qui s'ouvre devant mes yeux. L'enfer sous la forme d'un gros œuf pataud[29], tombant du premier avion [...] puis du second qui le lâche sur ma droite, près de la route où sont les deux mitrailleuses. Une flamme immense qui se propage sur des centaines de mètres me semble-t-il et qui sème la terreur dans les rangs des combattants. Le napalm. Le feu qui tombe du ciel. [...] Les hommes fuient et je ne peux plus les retenir. »

L'emploi de « la flamme » comme arme de guerre n'est pas chose nouvelle. Les Assyriens puis les Grecs ont développé au cours de l'Antiquité un certain nombre de procédés utilisables à terre aussi bien qu'en mer, avant que les chimistes de Constantinople ne portent à la postérité le feu grégeois. Les Byzantins en font d'ailleurs un large usage, notamment aux VIIe et VIIIe siècles pour repousser les flottes des envahisseurs arabes. Plus tard, au cours des deux guerres mondiales, le lance-flammes fait son apparition sur les champs de bataille. Le combustible utilisé est à base d'essence et d'huile lourde ; la première facilitant l'allumage, la seconde conférant une certaine viscosité au produit, améliorant ainsi sa portée. Toutefois, le lance-flammes – portatif ou monté sur blindé – connaît des limites de capacité et d'efficacité.

Aussi, pour traiter des surfaces importantes par le feu, il fallait trouver une matière incendiaire d'allumage facile et susceptible de gros approvisionnements. Commencées aux États-Unis à l'issue de la Grande Guerre, les études sur un tel produit sont reprises en 1941 par le *Chemical Corps*[30] de l'US Army ; après différents essais infructueux, de bons résultats sont obtenus au cours de l'année 1942 : le mélange obtenu comprend, outre l'essence, élément de base, du naphténate d'aluminium, du savon d'aluminium et, pour les acides gras, de la noix de coco. C'est de cette préparation qu'est né le « napalm », la première syllabe (« nap ») rappelant le naphténate, la seconde (« palm »), la noix de coco. Employé massivement au cours de la campagne du Pacifique puis dans les opérations de Corée, le napalm l'est également en Indochine. Ses effets sur les hommes sont terribles. Jean Arrighi, qui participe à la bataille de Vinh Yen comme officier au sein du 1er BCCP (le bataillon ayant pour mission de renforcer le GM 3 une fois la route ouverte et la jonction opérée avec le GM 1), en livre un témoignage saisissant dans l'ouvrage qu'il consacre à son séjour indochinois[31]. Toutefois, contrairement à une croyance tenace reprise dans la majorité des ouvrages, ce n'est pas à Vinh Yen que l'aviation utilise le napalm pour la première en Extrême-Orient.

On doit sans doute au chercheur britannique Alexander Zervoudakis[32] d'avoir le premier écrit sur le sujet. Pendant les combats de Pho Lu, en février 1950, mais également à quelques occasions dans les embuscades de la RC 4 et lors de la bataille des frontières, l'usage des « bidons spéciaux », appelés alors ainsi dans l'armée française, est avéré. Faute d'aviation de bombardement digne de ce nom à l'époque, les touques de napalm sont lancées à partir de Ju-52, une rampe spécialement aménagée étant sortie par le côté gauche de la carlingue pour les besoins du bombardement. En février 1950, 25 « missions napalm » sont effectuées au Tonkin contre 16 en Cochinchine. Cette utilisation jusque-là limitée s'explique par deux raisons. En premier lieu, et comme le rappelle le général Valin[33] dans son rapport d'inspection en Indochine du 26 mars au 20 avril 1950, le gouvernement vietnamien voit d'un mauvais œil le largage du napalm sur les *bo doïs*, une « arme sale » susceptible de nourrir la propagande adverse. En second lieu, son emploi est contraint par des règles strictes et seul le général commandant un territoire peut l'autoriser, une mesure de nature à compliquer la tâche d'un commandement opérationnel et à lui faire renoncer à cette option. Enfin, il convient également de souligner l'inadaptation des vecteurs à disposition de l'armée de l'air au printemps 1950 – ainsi le Spitfire n'est-il pas du tout pas adapté à ce genre de mission.

À partir de la bataille de Vinh Yen, le général de Lattre lève ces restrictions et laisse le soin aux commandements locaux de l'employer ou non. Pour comprendre cette décision, il convient de se remémorer le contexte de la bataille de Vinh Yen. Contexte local d'abord, qui voit deux divisions de l'APV malmener sérieusement deux GM du corps expéditionnaire et leur infliger des pertes sévères. Contexte international ensuite, que connaît parfaitement le général de Lattre, puisqu'aux mêmes dates les forces des Nations unies en Corée, si elles ont échappé à la destruction depuis l'intervention chinoise quelques semaines auparavant, luttent encore pour leur survie. Aussi les positions « occidentales » en Extrême-Orient sont-elles particulièrement menacées en ce début d'année 1951. Le napalm fait partie des armes à disposition de l'armée française et s'avère militairement efficace contre les concentrations de troupes adverses ; son utilisation étant de nature à renverser une situation compromise ou incertaine – comme c'est le cas à Vinh Yen –, c'est sans hésitation que le général de Lattre autorise son emploi massif. Par ailleurs, concernant d'éventuelles complications politiques ou diplomatiques, ce dernier peut s'appuyer sur les conclusions émises par le général Carpentier au mois d'août précédent. Évoquant alors l'utilisation du napalm par les Américains en Corée, celui-ci écrit : « Aucune réaction notable ne s'étant manifestée contre cette utilisation du liquide incendiaire, cette pratique peut donc se développer sans inconvénient d'ordre international[34]. »

De fait, le napalm, conjugué à la très grande supériorité des forces françaises dans le domaine de la puissance de feu, renverse progressivement la situation. Au soir du 15 janvier 1951, la position des deux GM engagés dans les combats s'est améliorée et le II/6e RTM s'est même emparé de la cote 157. Au début de la matinée du 16, le reste du GM 1 prend position sur les hauteurs occupées la veille par les combattants de la division 308 et dont ces derniers se sont retirés la nuit précédente. De durs combats se déroulent toute la journée, le Viêt-minh essayant de regagner les points d'appui perdus, mais, faute de couverts où se dissimuler, les bataillons de l'APV offrent des cibles exposées aux coups de l'artillerie et de l'aviation : malgré les exhortations des cadres politiques et celles de leurs supérieurs militaires qui relancent les assauts sur les positions françaises, les *bo doïs* se font tailler en pièces. Au cours de la nuit du 16 au 17, le général Giap choisit encore de maintenir la pression sur les unités françaises et les collines du mont Danh deviennent le théâtre de furieux corps-à-corps, illuminés par les fusées éclairantes, la luminosité des explosions (parfois au phosphore) ou les lucioles[35], comme c'est le cas sur la cote 210 où le 10e GPCP repousse toutes les tentatives. La cote 101 change elle par trois fois de main. Cependant, à ce moment, la défaite de l'APV est consommée et, aux premières heures du 17 janvier, le commandement viêt-minh ordonne la retraite de ses unités, très éprouvées. Selon les estimations françaises, les pertes subies par son adversaire s'avèrent très élevées ; si Giap reste très discret sur le sujet dans ses *Mémoires*, du côté français, de Lattre évoque le chiffre de 1 600 tués dénombrés et environ 6 000 blessés, soit, en incluant les prisonniers, un total de 8 000 hommes. Il cite même, recoupant divers témoignages, le chiffre de 6 000 tués. En appliquant le ratio de quatre blessés pour un tué qui est la norme en Indochine, cela signifierait que 24 000 *bo doïs* ont été blessés et que l'ensemble des pertes viêt-minh s'élève à 30 000 hommes, soit la totalité des effectifs engagés dans la bataille de Vinh Yen, ce qui est bien évidemment impossible. Le corps expéditionnaire déplore officiellement un peu moins de 800 hommes hors de combat dont une cinquantaine de tués et environ 400 disparus. Il semblerait toutefois que le nombre de tués ait été sous-estimé à l'époque.

Au-delà des pertes des belligérants, cette première bataille du général de Lattre en Indochine s'avère riche d'enseignements. Au soir du 17 janvier 1951, alors que les régiments diminués des divisions 308 et 312 poursuivent leur repli vers leur base traditionnelle du Tonkin, Vinh Yen apparaît comme une brillante victoire des armes françaises, défensive certes, mais incontestable. En repoussant les assauts de l'infanterie viêt-minh avec des moyens somme toute limités[36] – deux GM renforcés de quatre bataillons, efficacement appuyés par l'aviation[37] et les pièces de deux groupes d'artillerie –, l'effet recherché par le général Giap n'est pas atteint et la campagne *Tran Hung Dao* se solde par un échec. Certes, l'état-major viêt-minh commet un certain nombre d'erreurs dans la *planification* de la bataille comme dans sa *conduite*, erreurs aggravées par les carences de l'APV, notamment dans le domaine des transmissions. Mais ces déficiences apparaissent en définitive comme des maux de jeunesse et les cadres viêt-minh apprennent vite. Plus inquiétant pour l'avenir, « les unités françaises sur le terrain et le haut commandement [note un officier], découvrent avec stupeur la déconcertante réalité des attaques massives à la chinoise, conduites au coude à coude par une véritable marée humaine ». De fait, les unités françaises subissent là, pour la première fois, ce que les Américains et leurs alliés en Corée éprouvent depuis le mois de novembre. Après les combats de la RC 4, ceux livrés à Vinh Yen confirment bien l'évolution des opérations : la guerre d'Indochine a bel et bien changé de nature. Aussi, pour faire face à la puissance de l'APV qui ne peut, avec l'aide chinoise, qu'aller en augmentant, le général de Lattre a besoin du soutien américain et d'un gouvernement nationaliste qui s'engage à ses côtés pour « faire » l'armée vietnamienne. Mais, avant cela, il convient d'orchestrer « sa » victoire et de faire savoir au monde entier que son entrée dans la guerre d'Indochine a débuté par un succès éclatant.

De fait, l'issue heureuse de Vinh Yen est l'occasion pour de Lattre de déclencher une intense campagne de communication, un domaine dans lequel le nouveau haut-commissaire bénéficie déjà d'une longue expérience. De Lattre, en effet, contrairement à d'autres généraux de la même génération, a pleinement intégré l'importance du facteur communication comme de l'intérêt de s'attacher les faveurs des médias. Son tempérament, son désir – son besoin, selon certains – d'être aimé et son goût pour la publicité autour de sa personne ont, il est vrai, largement contribué à développer cet intérêt. Au cours de la Seconde Guerre mondiale, il fait donc étudier avec soin par ses officiers le rôle du 5e bureau tel qu'il existe alors dans les états-majors de l'armée américaine[38], un modèle qu'il transpose finalement au sein de la 1re armée française quand il met sur pied son propre 5e bureau. Il nomme à sa tête – au grand dam de celui-ci d'ailleurs – un officier de renom : le chef de bataillon Gandoët. L'essentiel du travail de ce bureau est de maintenir le lien avec les correspondants de presse et de leur fournir l'information sur les opérations, cela, bien sûr, afin de mieux la contrôler. Dès son arrivée en Indochine, de Lattre se montre mécontent de l'organisation des services d'information et notamment du manque de coopération existant entre ceux qui dépendent du haut-commissariat et ceux du commandant en chef. Parfaitement conscient du caractère politico-militaire du conflit indochinois et de la nécessité d'un rapprochement des services, il procède – comme il le fait depuis son arrivée – à un certain nombre de relèves et de remplacements. Le Service français d'information (SFI), organe rattaché au haut commissariat, évolue donc et regroupe désormais les services civils et militaires d'information : le SFI et le Service presse information (SPI)[39], organisme militaire du commandant en chef. Il place le nouveau SFI sous l'autorité de Jean-Pierre Dannaud, tandis que le SPI est confié au chef de bataillon Frois. Le premier a déjà une expérience militaire et indochinoise quand il se voit confier ce poste. En effet, Dannaud a rejoint Alger en octobre 1943 et s'est engagé ensuite au 22e bataillon de marche nord-africain[40] (22e BMNA) au sein duquel il a fait les campagnes d'Italie et de France. Volontaire pour l'Extrême-Orient, il prend part à la libération du Laos. De retour à la vie civile, en 1946, il réussit l'agrégation de philosophie avant de revenir à Saigon en 1948, où il est attaché culturel[41]. Frois, lui, est un officier de cavalerie qui effectue un parcours « classique » pour l'époque (campagnes de 1940 et de la Seconde Guerre mondiale) avant d'attraper comme il le dit lui-même « le virus de la communication[42] ». Il quitte l'armée en 1957 et entame par la suite une carrière dans le privé.

L'entente entre le civil et le militaire s'avère excellente et permet une répartition efficace des rôles : Jean-Pierre Dannaud se charge de la presse écrite tandis que Michel Frois est responsable de la partie audiovisuelle ; il bénéficie pour cela du concours de la section Indochine du Service cinématographique des armées (SCA) qui fournit les images prises par les photographes et cameramen du corps expéditionnaire, un travail auquel le général de Lattre accorde une attention toute particulière. Ces hommes contribuent, par leurs clichés et leurs films, à représenter la guerre d'Indochine telle qu'elle nous apparaît aujourd'hui. Certains sont devenus célèbres par la suite, tels Pierre Schoendoerffer ou Raoul Coutard, d'autres laissent leur vie au cours des opérations comme Raymond Martinoff ou encore Jean Péraud. Ainsi, les organes de presse à disposition du général de Lattre deviennent de véritables armes de la communication qui vont lui permettre de vendre la guerre à l'opinion française mais aussi internationale : *Indochine Sud-Est asiatique*, le mensuel publié par le SFI, et *Caravelle*, l'hebdomadaire du corps expéditionnaire, connaissent alors une large diffusion. Ces revues répondent au souhait de De Lattre, qui aurait déclaré au journaliste Lucien Bodard[43] avec lequel il entretient des liens étroits : « À quoi bon remporter des victoires si l'univers les ignore »...

La mise sur pied des armées nationales

L'éclatante victoire de Vinh Yen confirme le gouvernement français dans son choix. Elle éloigne le spectre d'une catastrophe au Nord-Vietnam et redonne confiance aux Français en la possibilité d'une issue favorable des opérations contre le Viêt-minh. Pour cela, toutefois, il est nécessaire que le rapport des forces s'inverse définitivement au profit des troupes franco-vietnamiennes. À cette date, l'APV aligne 88 bataillons de réguliers et 24 bataillons de régionaux de bonne valeur contre 59 bataillons d'infanterie pour les troupes franco-vietnamiennes dont seuls 34 sont dits mobiles. Aussi, dès son arrivée le général de Lattre entreprend de mener à bien l'une des principales missions qui lui a été confiée : la mise sur pied et le développement des armées nationales. Jusqu'à l'été 1948, il n'existe en Indochine aucune organisation nationale des forces armées des futurs États associés. Au Cambodge comme au Vietnam, des formations de type militaire sont bien mises sur pied à la faveur du retour des Français, mais elles ne dépendent que d'autorités régionales. À partir du mois de juin 1948, la situation évolue et le gouvernement du Vietnam, notamment, prend sous son contrôle direct un certain nombre d'unités. Le mouvement est désormais lancé : le 1er janvier 1949, l'armée vietnamienne voit officiellement le jour. Elle totalise alors environ 25 000 hommes : 15 000 réguliers et 10 000 supplétifs. Afin d'assurer l'encadrement de ces forces, le corps expéditionnaire détache 1 000 officiers et sous-officiers, tandis que les

Vietnamiens fournissent eux 2 000 officiers et sous-officiers issus dans leur grande majorité du CEFEO. L'accroissement des formations étant amené à se poursuivre, il apparaît indispensable de créer un organisme chargé de développer et d'organiser la liaison entre cette armée naissante et l'état-major du corps expéditionnaire, ce qui est chose faite avec la création, le 8 mars 1949, de la Mission militaire française près du gouvernement vietnamien (MMF/GVN).

La montée en puissance des forces armées vietnamiennes (FAVN) se poursuit en 1950, mais l'incapacité de fournir aux troupes l'équipement et le matériel nécessaires provoque des ralentissements dans le processus de développement des bataillons vietnamiens. Au mois de novembre, la conférence de Dalat qui réunit Bao Dai et le ministre français des Relations avec les États associés pose le principe de la mise sur pied de quatre divisions auxquelles doivent s'ajouter des éléments de réserve générale et des unités de supplétifs non endivisionnés[44]. À cette date cependant, les forces existantes sont essentiellement composées d'infanterie, même si quelques batteries d'artillerie et escadrons de cavalerie existent. Comme le rapporte un officier français en charge des questions d'organisation des armées des États associés, sans appui et sans soutien, l'ensemble n'a encore « nullement la physionomie d'une armée moderne articulée ».

Si les efforts entrepris à la fin des années 1940 permettent au Vietnam de se doter d'un embryon d'armée, c'est véritablement la politique mise en place par le général de Lattre et l'aide militaire que ce dernier obtient des Américains qui accélèrent la création d'unités vietnamiennes nouvelles et leur intégration dans une institution homogène et cohérente. Le 1er janvier 1951, peu de temps après sa prise de commandement, de Lattre manifeste sa volonté de créer un secrétariat permanent à la défense nationale (SPDN) chargé notamment « d'étudier l'organisation de l'Indochine en temps de guerre, la mobilisation des personnes et des ressources ». Ce dernier devient le principal instrument de travail du commandant en chef pour les études d'ordre militaire considérées à l'échelon gouvernemental de l'État du Vietnam. L'action personnelle menée par de Lattre en faveur de la jeunesse vietnamienne[45] et la promesse de l'arrivée rapide du matériel américain portent finalement leurs fruits et, au 1er août 1951, les bataillons d'infanterie entrant dans la composition organique des quatre divisions vietnamiennes prévues par la conférence de Dalat sont une réalité, l'armée nationale vietnamienne (ANVN) prend enfin corps[46]. Au 1er janvier 1952, ses effectifs sont de 128 000 hommes (71 000 réguliers et 57 000 supplétifs) et ne cessent de s'accroître les mois suivants[47]. En effet, si le général de Lattre donne l'impulsion au développement des armées nationales dès le début 1951, les effets de son action conjuguée aux livraisons américaines ne se font pleinement sentir qu'à partir de 1952. Dans le cas de l'armée nationale vietnamienne, on assiste à l'émergence des états-majors (général et de régions militaires), et à l'apparition de certains services, organismes qui visent à accroître l'autonomie de la jeune armée. En 1953, l'ANVN se renforce encore davantage avec la constitution des bataillons légers – les *Tieu Doan Kinh Quan* (TDKQ), totalisant 40 000 combattants supplémentaires. L'objectif de ces TDKQ est de disposer d'unités plus légères, plus rustiques, adaptées au terrain, rompues aux procédés de combat rebelles, et animées d'une « foi » et d'un esprit patriotique plus élevés que la plupart des formations régulières. En juillet 1954, à la veille de la cessation des hostilités, les forces armées vietnamiennes totalisent 272 000 hommes (229 000 réguliers et 45 000 supplétifs) auxquels il convient d'ajouter 5 000 marins et aviateurs.

En ce qui concerne la mise sur pied des armées des deux autres États associés, le processus de croissance est similaire mais limité en raison de la plus faible population en âge de porter les armes. L'armée royale khmère (ARK), forte de 7 300 soldats au 1er janvier 1951, augmente ses effectifs d'un tiers, l'accent étant principalement mis sur la constitution d'unités d'infanterie, le but pour le commandement français étant de disposer d'un maximum de fantassins à opposer au corps de bataille viêt-minh et à ses troupes régionales. En décembre 1951, l'ARK atteint 10 680 hommes. Quant à l'armée nationale laotienne (ANL), elle comprend 4 100 soldats au début de 1951[48] et double en douze mois, avec 9 461 combattants soldés au mois de décembre. Comme c'est le cas pour l'armée vietnamienne, l'ANL et l'ARK ne se développent véritablement qu'à partir de 1953 et, lorsque les accords de Genève sont signés, elles disposent chacune d'environ 20 000 hommes[49].

D'une manière générale, les jugements portés à l'encontre des armées nationales – principalement de l'ANVN – et de leurs soldats sont négatifs. Albert Merglen note en avril 1953 qu'au « point de vue purement militaire il n'y a aucune comparaison entre la troupe et les cadres Viêts et ceux de Bao Dai. Les Viêts ont vraiment le meilleur de la jeunesse : des officiers énergiques, capables, animés d'un très grand patriotisme. Quant au haut commandement viêt, il est remarquable, il n'y a pas d'autre mot ». Pour Michel Bodin, « les anciens du corps expéditionnaire ne gardent pas une bonne impression des troupes nationales ». Robert Guillain, correspondant du *Monde*, se montrera plus dur encore. Trois semaines après la chute de Diên Biên Phu, il écrira : « Nous avons raté l'armée vietnamienne [...]. Dans le gâchis général, il y a, c'est vrai, des exceptions, [mais], à régime pourri, pas d'armée valable[50]. » Les reproches adressés aux forces armées des États associés et à leurs soldats par leurs homologues du corps expéditionnaire sont très nombreux. Tout en louant les qualités individuelles du combattant vietnamien – courage, robustesse, résistance à la fatigue, sens de l'utilisation du terrain, adresse et discipline –, les critiques dénoncent les lacunes de l'ensemble. La faible combativité des troupes, la médiocrité de l'encadrement vietnamien ou encore le peu de foi ou de « mystique » apportées dans le combat contre le Viêt-minh sont pointés du doigt[51]. Certes, les cadres vietnamiens sont en nombre insuffisant, la plupart sont d'origine bourgeoise et citadine, connaissant « mal le peuple de la rizière sous leurs ordres [...]. À l'inverse, l'homme du rang – surtout s'il a été précédemment sous les ordres de cadres français – n'accorde souvent à son jeune officier vietnamien qu'une confiance limitée ». Mais l'armée vietnamienne est une armée jeune qui manque d'expérience et, la valeur de l'armée viêt-minh le montre, le soldat vietnamien nationaliste, s'il manque *a priori* d'instruction militaire, peut faire un excellent combattant. En fait, le niveau de ces forces armées nationales dépend largement du moral de la nation vietnamienne et de son investissement dans le conflit. Or, dans ce domaine, force est de reconnaître le manque d'enthousiasme de la population comme l'attentisme des élites et du gouvernement. Ce problème davantage politique que militaire, le général de Lattre va tenter de le résoudre en impliquant Bao Dai dans la guerre.

L'implication de Bao Dai dans la guerre, un pari réussi ?

Si la défaite de la zone frontière, à l'automne 1950, témoigne de l'échec de la solution Bao Dai telle qu'elle a été conduite par Léon Pignon, le gouvernement français n'a pas renoncé à jouer la carte de l'empereur. La victoire obtenue à Vinh Yen en janvier 1951, celle de Mao Khé au mois de mars, puis, en mai, celle du Day, témoignent de la volonté française de poursuivre la lutte et est de nature à inviter l'empereur et son gouvernement à s'engager pleinement dans le conflit. Au début du printemps 1951, le moment semble propice puisque la situation militaire s'est améliorée et que, comme les informations des services de renseignements français en font foi, une lassitude et une inquiétude certaines se font sentir au sein de l'armée populaire. Le 19 avril 1951, le discours prononcé par le général de Lattre en présence du président du Conseil vietnamien Tran Van Huu, sur le

Principales offensives viêt-minh de l'année 1951

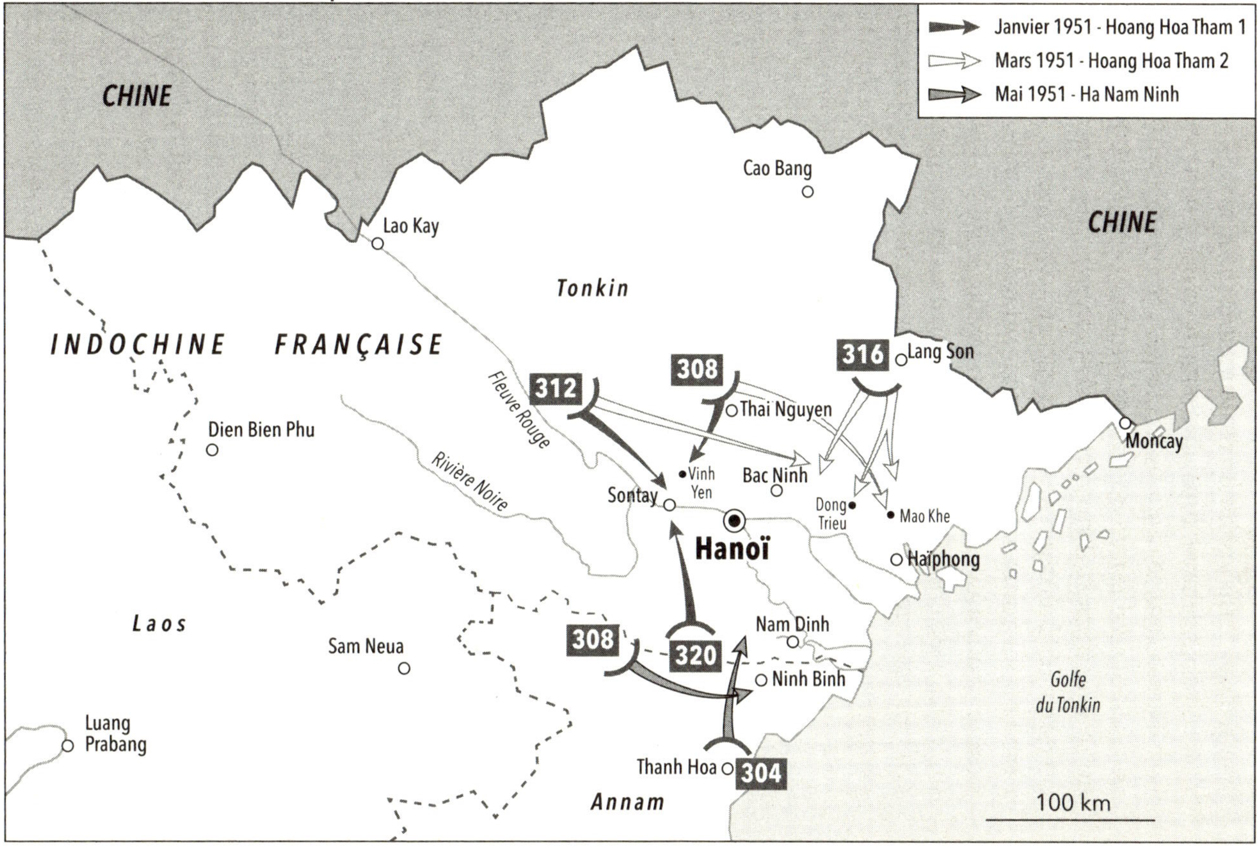

champ de bataille de Vinh Yen, se veut un geste fort en faveur du Vietnam national : « Je suis venu ici pour accomplir votre indépendance, non pour la limiter », déclare le haut-commissaire. Pourtant, malgré les paroles de fermeté prononcées contre le Viêt-minh par Tran Van Huu en retour et les réactions positives de Bao Dai dans les semaines qui suivent, les désillusions s'accumulent. Ainsi, si le 15 juillet 1951 l'empereur décrète bien une « mobilisation générale », la mesure n'a dans les faits qu'une portée limitée : des milliers d'appelés ne se présentent pas aux bureaux de recrutement et les passe-droits dont peuvent bénéficier les fils de notables ou de fonctionnaires la discréditent totalement.

L'autorité de Bao Dai apparaît bien faible, tout comme l'est celle du gouvernement Huu sur les zones censées être contrôlées par les Vietnamiens. Les crises ministérielles à répétition et les divisions qui secouent le cabinet Huu, miné par les intrigues de pouvoir, limitent la possibilité de l'impliquer plus avant dans la guerre. Le 16 novembre 1951, dans une lettre que de Lattre adresse à Letourneau, il se montre sans illusion. Évoquant Tran Van Huu, il écrit : « Concentration entre les mains présidentielles de tous les portefeuilles à fonds spéciaux, mainmise sur le Sud-Vietnam par personne interposée, absence d'une politique financière véritable et ajournement d'un budget, méfiance à l'égard de toute représentation populaire et de tout organisme de contrôle, tendances rétrogrades en matière sociale, inertie dans le domaine de la propagande, incapacité totale à mettre sur pied une administration à peu près honnête et efficace [...]. » Ce tableau contraste singulièrement avec la politique pratiquée par le Viêt-minh, qui, de son côté, mène une guerre et mobilise la totalité de ses moyens dans le seul but qu'il s'est fixé.

À la fin de l'année 1951, le bilan des efforts déployés par le général de Lattre pour engager le Vietnam national dans la guerre est un échec. Le gouvernement Huu bloque toute possibilité d'évolution, certains partis nationalistes hésitent toujours à s'impliquer aux côtés de la France par crainte d'être accusés de collusion – l'anticolonialisme reste vivace –, quand d'autres hommes de valeur sont écartés du pouvoir et se réfugient dans l'attentisme. « La prise de position sans équivoque à l'égard du Viêt-minh » qu'appelait de ses vœux de Lattre est restée lettre morte et ce que le haut-commissaire écrivait au début de l'année – « Nous nous battons pour le roi de Prusse » – s'avère toujours exact. Le président Auriol et avec lui une partie de la classe politique de la IVe République se sentent – de bonne foi – trahis par l'attitude de Bao Dai et celle des dirigeants vietnamiens. Dans leur esprit, la France a sincèrement accordé l'indépendance à l'État du Vietnam, qui fait montre d'immobilisme dans la lutte commune contre le Viêt-minh. En retour, l'empereur et les nationalistes vietnamiens souhaitent l'effacement complet de la France dans le domaine politique, ce qui, disent-ils, permettrait de rallier les populations à leur cause, seule la contribution du corps expéditionnaire à des fins militaires étant tolérée. Entre Français et Vietnamiens, le dialogue de sourds se poursuivra avec plus ou moins de tensions dans les années qui suivent. Dans tous les cas, l'année de Lattre sanctionne définitivement la solution Bao Dai, une politique menée depuis 1947 et qui n'a conduit qu'à des déboires. C'est dans le domaine militaire que de Lattre obtient donc ses plus grands succès, en gagnant des batailles importantes au début de l'année 1951, réussissant la mise en défense du delta du fleuve Rouge contre une possible offensive chinoise et obtenant l'accroissement de l'aide américaine.

Bétonner et réaliser un réseau de manœuvre : les grands travaux du delta du Tonkin

« Le danger chinois est destiné à durer, déclarait peu avant sa relève le général Boyer de Latour. Il demeure le fait essentiel de la situation militaire au Tonkin. C'est donc en fonction de lui que, désormais, devra être conçue et conduite notre politique militaire. » Ce principe stratégique est repris par le général de Lattre. Après avoir brisé l'offensive de Giap sur Vinh Yen et momentanément écarté la menace viêt-minh, ce dernier précise en effet ses priorités opérationnelles, clairement conçues contre la menace chinoise, une menace qui est bien réelle pour les troupes des Nations unies alors en pleine retraite. « L'idée directrice, déclare-t-il le 15 février 1951, est de créer, sur le front nord du delta, une ligne fortifiée d'une telle valeur défensive que son attaque par un adversaire dépourvu de moyens très puissants ne soit pas pensable. Le but poursuivi est de mettre le dispositif du Tonkin à l'abri d'une attaque de la Chine communiste disposant d'une grosse supériorité quantitative d'effectifs car c'est là qu'est le péril. [...] Le temps presse [!] Il faut donc que les travaux de fortification [...] soient entrepris sans tarder et poussés avec la plus grande rapidité. Il ne peut donc s'agir de quelque chose de parfait mais d'un système suffisamment résistant pour faire échec aux moyens actuels de l'adversaire chinois. » La fortification du delta commence en réalité dès la fin de l'année 1950 et à cette époque sont entrepris les premiers travaux qui répondent à un triple objectif : organiser le réduit défensif de Haiphong, mettre en défense la proche périphérie de Hanoï et les principaux points sensibles de la RC 5. En février 1951, une centaine d'ouvrages est déjà achevée et armée. Toutefois, le programme voulu par le commandant en chef est plus ambitieux puisqu'il s'agit de construire une ceinture fortifiée protégeant l'intégralité du delta ainsi que plusieurs lignes successives de repli. Le plan prévoit donc une ligne extérieure, une ceinture protégeant Hanoï, une autre protégeant Haiphong, un couloir reliant les deux villes couvrant au nord et au sud la RC 5 et la voie ferrée qui la double, ainsi que plusieurs positions avancées et de repli.

La décision du 28 avril 1951 établit à environ 700 le nombre d'ouvrages à réaliser en première urgence, mais, et le fait est souvent oublié, les travaux de la ligne de Lattre se poursuivent jusqu'au printemps 1954. À cette date, plus de 1 500 blockhaus sont opérationnels. Le système de fortification qui prévaut au nord comme au sud jusqu'en 1950 est celui du poste isolé qui assure la protection, le contrôle et la surveillance d'un point de passage obligé (pont, carrefour, itinéraire important) d'une zone sensible (dépôt, terrain d'aviation) ou d'un compartiment de terrain particulier (en limite de zone contrôlée, au débouché d'une vallée, etc.). Aussi, le poste édifié pendant cette période est généralement doté d'une superstructure élevée (pour observer dans la profondeur) et de défenses accessoires très rapprochées. Or, la nature de la nouvelle menace – un « déferlement » des divisions chinoises – pouvant surgir de toutes les directions entraîne l'abandon de ce genre de constructions, trop exposées aux coups, et l'adoption du système du point d'appui fermé. Le point d'appui (PA) du delta tonkinois est formé d'un ensemble composé de plusieurs blocs bétonnés. Autour d'un (plus rarement deux) ouvrage central abritant les organes de transmission et coordonnant la défense du PA se trouvent quatre ou cinq ouvrages périphériques pour certains dotés de tourelles de chars récupérés sur des engins français ou britanniques de la Seconde Guerre mondiale.

Après la mort du général de Lattre, les critiques adressées à l'encontre de son programme de fortification, jugé coûteux et surtout inutile, seront nombreuses. « Toute l'ingéniosité, toute la sueur et tout le budget consacrés à la construction de ces ouvrages n'empêchent malheureusement pas le Viêt-minh de passer entre les mailles de la fortification », peut-on notamment lire dans l'ouvrage de Pierre Ferrari et Jacques Vernet, *Indochine une guerre sans fin*. Ces auteurs se font l'écho du plus vif reproche adressé à l'encontre du système fortifié par de Lattre : la perméabilité de l'ensemble défensif face à un ennemi fluide. Or, ce système n'est pas conçu pour empêcher les infiltrations des troupes viêt-minh, mais bien pour protéger le delta d'une intervention massive des forces chinoises communistes et, seulement plus tard, du corps de bataille de l'APV. Certes, le delta n'est pas attaqué par l'armée populaire chinoise au cours de la guerre, mais les responsabilités et les contraintes du haut-commissaire et commandant en chef lui imposent de mettre en garde les États associés contre toute menace. L'organisation défensive du Tonkin répond par ailleurs au devoir de protection de la souveraineté et des intérêts français, c'est même le premier devoir de toute autorité responsable en Indochine, civile ou militaire. Ainsi la prise de mesures défensives est une nécessité et, dans ce domaine, sauf à disposer d'une énorme supériorité numérique, la fortification, sous quelque forme qu'elle soit est depuis toujours un moyen économe et efficace de se protéger de ses ennemis. Quant à se demander quelle aurait été l'issue en cas de déferlement massif des forces communistes chinoises, cela demeure dans une large mesure assez vain tant les répercussions internationales eussent été importantes, entraînant un processus de réaction des grandes puissances impossible à connaître aujourd'hui.

Protéger le delta par des centaines de blockhaus n'est cependant qu'un des aspects des dispositions prises face à la menace chinoise. La seconde, importante, est la création d'un réseau de manœuvre de qualité qui permette d'envoyer les groupes mobiles d'un point à l'autre du delta – de faire « jouer les lignes intérieures », pour reprendre la terminologie militaire. Le réseau routier comme les ouvrages d'art du Nord-Vietnam font donc l'objet d'importants travaux de renforcement. En effet, la question se pose dès l'arrivée du RBCEO en Indochine (novembre 1950). Le colonel Gazin, chef du génie du corps expéditionnaire, se montre sans équivoque quant aux possibilités de circulation des chars moyens : la force portante de tous les ponts à la sortie du port de Haiphong étant inférieure à 30 tonnes, « les chars ne sortiront pas de la ville ». À partir de 1951, fort des matériels livrés par les Américains, les principaux axes routiers sont donc portés aux classes[52] 18 ou 30 tonnes, pouvant accueillir les engins les plus lourds. La protection du delta et la réalisation d'une infrastructure routière moderne restent cependant des mesures défensives. Or, pour répondre à la menace chinoise comme au nouveau corps de bataille du Viêt-minh, le corps expéditionnaire ne peut compter sur les matériels que la France lui envoie de métropole. Seule une aide accrue de l'allié américain permettrait de faire face au double danger qui pèse sur les États associés. L'obtention massive de l'aide américaine constitue, après la création de l'armée vietnamienne et l'implication de Bao Dai dans la guerre, la dernière tâche que doit mener à bien de Lattre.

L'aide américaine

Amorcée timidement au début de 1950, le soutien militaire américain connaît un véritable élan grâce à l'action entreprise par le général de Lattre lors de son voyage aux États-Unis au mois de septembre 1951[53]. Hostiles, en 1945, au rétablissement de la souveraineté française en Indochine, les États-Unis modifient progressivement leur attitude en raison des progrès enregistrés par le communisme en Asie du Sud-Est. Avant juin 1950, leur assistance militaire revêt deux aspects, le premier se matérialise par le versement direct de devises au titre de *l'Economic Cooperation Agency* (ECA), organisme du plan Marshall, devises qui permettent d'acheter en dollars des matériels aux États-Unis. Le second aspect concerne la livraison gratuite d'armes dans le cadre du traité de l'Atlantique nord. Mais, comme le rappelle Jacques Dalloz dans son ouvrage sur la guerre d'Indochine, « le matériel fourni [à ce titre] ne peut-être utilisé hors d'Europe sans autorisation américaine ». La victoire des communistes chinois en 1949 entraîne les premières discussions d'états-majors qui aboutissent, au mois de février 1950, aux premières élaborations de listes d'équipements nécessaires au CEFEO. Toutefois, les délais de livraison se révèlent très longs et les premiers arrivages ne surviennent que six mois plus tard. En outre, il existe souvent, à cette date, « de très grosses différences entre ce qui a été demandé et ce qui est accordé », rapporte un officier, cela parce qu'il est difficile d'obtenir des Américains le volume des crédits prévus pour l'aide à l'Indochine. Il est difficile également de connaître le prix des matériels, leur disponibilité ou encore leur délai de fabrication. Quoi qu'il en soit, au cours du premier semestre 1950, le gouvernement français obtient l'assurance d'une augmentation de l'effort militaire américain à destination du théâtre indochinois.

C'est le déclenchement de la guerre de Corée, le 25 juin 1950, qui provoque définitivement le revirement de la politique américaine. Certes, les États-Unis font pression pour que les États associés acquièrent une indépendance effective, mais il s'agit dorénavant de contrer la menace communiste sur l'Asie du Sud-Est – « L'Indochine devient la clé de la stratégie américaine » en Extrême-Orient – et d'accroître son soutien à la France. Fait significatif, quelques jours après l'invasion de la Corée du Sud par l'armée nord-coréenne, le président des États-Unis, Harry Truman, annonce son intention d'accélérer l'aide à destination de l'Indochine française, une décision qui se manifeste dès le 29 juin 1950 par la réception, à Tan Son Nhut, de huit C-47 Dakota. Au mois d'août suivant, le premier navire chargé d'une importante quantité de matériel de guerre arrive en Indochine : la transformation du corps expéditionnaire commence. L'aide militaire gratuite des États-Unis s'inscrit désormais dans le cadre du *Mutual Defense Assistance Program* (MDAP), en français Programme d'assistance militaire (PAM). C'est ce programme qui fournit à compter du deuxième semestre 1951 l'essentiel des besoins du corps expéditionnaire français[54]. Le MDAP est administré à Saigon par le *Military Assistance Advisory Group* (MAAG). Mis en place au mois de septembre 1950 pour gérer et contrôler l'arrivée des livraisons américaines en Indochine, il est chargé de régler localement l'application de l'aide reçue. Comme le souligne avec raison Bernard Fall, le MAAG conserve « un important droit de regard au sujet du matériel livré, y compris [...] celui d'évacuer ce matériel hors du pays auquel il a été alloué ». En fait, le contrôle exercé par les autorités américaines apparaît progressivement de « plus en plus serré [...]. Il s'exerce d'abord sur pièce (ordre de bataille détaillé jusqu'à l'échelon compagnie et escadron de toutes les unités de l'armée française et des États associés), [...] puis sur le terrain par des visites fréquentes aux unités », ce qui n'est pas sans poser des problèmes d'ingérence. L'augmentation du personnel américain en Indochine et son immixtion de plus en plus grande dans les rapports entre la France et les États associés entraîne des frictions entre Paris et Washington, les Américains profitant de leur statut de « payeur » pour développer progressivement leur propre politique indochinoise. Selon eux, seule une réelle indépendance de ces États est de nature à créer un « front » efficace contre le communisme, la tutelle française constituant, dans cette perspective, un frein. Ce point de vue est contesté par les gouvernements français successifs dont les responsables estiment que la force politique et militaire que représente le Viêt-minh rend prématurée toute indépendance effective, ce qui, d'un point de vue opérationnel, semble se justifier.

Au moment où de Lattre est nommé, l'aide américaine allouée au corps expéditionnaire reste donc insuffisante et il lui faut obtenir un accroissement substantiel de celle-ci. Le voyage qu'il entreprend aux États-Unis à la mi-septembre 1951 constitue ainsi une opération communication où, usant de sa séduction, le « Roi Jean » va tâcher de « vendre la guerre d'Indochine » aux Américains, le thème du combat commun contre le communisme étant son argument majeur. Le programme télévisé *Meet the Press*, dans lequel il intervient le 16 septembre 1951, est le prélude d'une tournée d'une quinzaine de jours qui voit de Lattre répéter inlassablement le même discours. Agitant la menace d'une intervention chinoise en Indochine et celle de la perte de l'Asie du Sud-Est tout entière, il réclame, partout où il est reçu, du matériel et des armements américains pour équiper les forces du CEFEO comme celles des armées des États associés.

Malgré les réserves américaines sur la politique française pratiquée en Indochine et ses « relents coloniaux », les États-Unis acceptent ses demandes. Dès le mois d'octobre 1951, une amélioration est d'ailleurs sensible sur le théâtre des opérations et la fin de l'année est marquée par des arrivages massifs : l'infanterie reçoit 400 canons de 57 mm sans recul, l'artillerie 30 canons de 105 mm HM2, et l'arme blindée et cavalerie plus de 100 automitrailleuses M8, quarante M 29C Crabe, etc. Les forces terrestres se transforment progressivement : les transmissions reçoivent de nouveaux émetteurs-récepteurs, le service du matériel perçoit enfin des lots de pièces de rechange nécessaires à la maintenance et, le génie des engins de terrassement en quantité satisfaisante. L'artillerie reçoit des canons de 155 mm HM1, mais surtout l'arme blindée et cavalerie se dote de chars moyens Sherman en vue d'une éventuelle bataille contre les Chinois dans le delta du Tonkin. De fait, en novembre 1950 est mis sur pied, en métropole, le régiment blindé colonial d'Extrême-Orient (RBCEO) qui débarque à Haiphong début janvier 1951 avec ses chars Sherman, des engins de 30 tonnes[55]. La cavalerie se dote également de matériels amphibies, dont les célèbres LVT 4 *Alligator* qui offrent une nouvelle mobilité tactique et opérative pour les escadrons qui en sont pourvus, tels ceux du 1er REC. Cette année-là, l'armée de l'air bénéficie également des libéralités américaines et une centaine d'appareils vient compléter ou remplacer les anciens modèles. L'armée de l'air dispose d'une flotte de transport, certes modeste, mais rééquipée et plus nombreuse, et les Américains fournissent également des nouveaux avions de bombardement, de chasse ou de reconnaissance (B 26, *Bearcat* F8F, etc.).

Fort du renforcement du potentiel militaire et du développement des armées des États associés, le gouvernement français espère une amélioration sensible de la solution militaire et le désengagement, à terme, de son armée. Au mois d'octobre 1951, d'ailleurs, l'APV « *plafonne* » selon le propre mot du général de Lattre, ses servitudes sont lourdes et ses perspectives d'offensive se trouvent contrariées par le renforcement du potentiel franco-vietnamien comme par la présence de la ligne de Lattre. Mais pendant que le CEFEO est investi, une fois de plus, dans d'importantes opérations – auxquelles des noms de fruits ont été donnés : Citron, Mandarine et Amande – et qui visent au démantèlement d'importantes bases viêt-minh à l'intérieur du delta, le Viêt-minh choisit « d'aller frapper à la porte du pays thaï ». Pour l'état-major de l'APV, la stratégie indirecte est à même de déboucher sur des résultats importants, ce que lui interdit pour l'heure une offensive sur le delta du fleuve Rouge.

Le Viêt-minh « frappe à la porte du pays thaï » : les premiers combats de Nghia Lo

La bourgade de Nghia Lo se situe dans une petite vallée large d'environ 4 kilomètres et longue d'une dizaine. Elle est reliée à Yen Bai par route tandis qu'une mauvaise piste permet d'atteindre Tu Le, plus au nord. La garnison se compose d'une compagnie de réguliers thaïs et de deux compagnies de supplétifs qui se partagent l'occupation des deux postes : Nghia Lo-haut et Nghia Lo-bas. D'autres compagnies, au nombre de six, formées de réguliers et de supplétifs concourent à la protection de la zone autonome du Nord-Ouest et à la défense de Nghia Lo dans un rayon d'une trentaine de kilomètres autour de cette dernière. Vers la fin du mois de septembre 1951, les mouvements de la division 312 se précisent : il s'agit de prendre Nghia Lao, pivot de la défense française dans la région. Les premiers avant-postes tombent dès le 1er octobre. Face à la menace, le général Salan, qui commande en l'absence du général de Lattre[56], fait procéder au parachutage du 8e BPC sur Gia

Hoï. Cette mesure a pour conséquence de disperser les forces de l'adversaire : alors que le régiment 165 investi Son Buc à l'est de Nghia Lo, et que le régiment 209 couvre l'action principale face au nord et aux parachutistes coloniaux, le régiment 141 accélère les préparatifs d'attaque contre les postes haut et bas. L'assaut est lancé le 3 octobre contre le poste bas mais échoue. Le lendemain, le 2e BEP est à son tour largué sur Gia Hoï et vient renforcer le 8e BPC. Le 5 octobre, le Viêt-minh renouvelle ses tentatives contre le poste bas mais est encore repoussé, notamment grâce aux appuis efficaces fournis par les défenseurs du poste haut et à ses deux canons de 75 mm. Jugeant le moment venu de contre-attaquer, le commandement français fait larguer le 10e BPCP[57] sur Nghia Lo. Prenant acte de l'échec de sa manœuvre, l'état-major de l'APV ordonne le repli des forces engagées.

De cette première bataille de Nghia Lo, plusieurs enseignements peuvent être tirés. Du côté français, l'action des bataillons parachutistes s'est avérée déterminante, sans elle il est possible d'avancer raisonnablement que les postes de Nghia Lo seraient tombés. Toutefois, conçue dans l'urgence, la réponse française a été marquée par de nombreuses erreurs. Ainsi le 8e BPC a-t-il été consommé par des combats qui auraient pu lui être évités avec une meilleure planification et qui ont failli causer sa perte. En effet, un an après les faits, le chef de corps du 8e BPC admet qu'il « faut avoir le courage de reconnaître que l'anéantissement des parachutistes a été évité grâce à une série de coups de chances joints à des erreurs de manœuvre » du Viêt-minh. Le 3 octobre, montant se mettre en place pour occuper les hauteurs dominant le village de Nam Muoi, une compagnie du 8e BPC tombe sur deux bataillons du régiment 209 qui ont reçu une mission identique, il en résulte que les *bo doïs* « raccompagnent la compagnie très éprouvée » sans heureusement pousser leur avantage. Le 6 octobre, le 8e BPC, qui a de nouveau reçu l'ordre de se porter sur Nam Muoi, tombe dans une importante embuscade et « n'a qu'une compagnie détruite… parce qu'une panne de radio a scindé en deux le bataillon ». D'autres erreurs les jours suivants montrent que « engagées de cette façon, les parachutistes devaient être détruits ». Fort heureusement pour ces derniers, la manœuvre en tenaille des régiments de la division 312 est elle aussi entachée d'erreurs et de dysfonctionnements. La trop grande dispersion de ses unités, son acharnement à attaquer Nghia Lo-bas sans que le poste haut ne soit neutralisé comme son entêtement à vouloir s'emparer du petit poste de Son Buc qui pouvait facilement être masqué et qui a immobilisé un régiment au complet sont les principaux. Si la division 312 sort affaiblie de l'affrontement, le repli de ses unités s'effectue néanmoins en bon ordre. À l'image de chaque engagement, celui de l'offensive sur Nghia Lo est analysé et critiqué, ses leçons retenues. La seconde attaque de Nghia Lo, au mois d'octobre 1952 en fera l'éclatante démonstration.

Une victoire avant le vote du budget…

À la fin de l'année 1951, la stratégie opérationnelle du général de Lattre marque le pas. Après les victoires remportées sur le corps de bataille viêt-minh au premier semestre, l'action du commandant en chef s'est davantage centrée sur les domaines politique et organisationnel : relance de la solution Bao Dai, mise sur pied et développement de l'armée vietnamienne, accroissement de l'aide américaine. Son voyage aux États-Unis est un succès, mais il doit désormais porter ses fruits. Ainsi, l'élan victorieux des débuts semble retombé et ce ne sont pas les opérations de « nettoyage » du delta du fleuve Rouge qui peuvent porter un coup décisif à l'adversaire. Malgré les résultats certains obtenus dans la pacification à l'automne 1951, ces opérations n'entament en rien le potentiel du corps de bataille adverse et ne présentent rien de spectaculaire d'un point de vue stratégique comme médiatique. Or, pour défendre sa politique indochinoise, le gouvernement Pleven[58], attaqué par l'opposition, a besoin que le général redonne un souffle nouveau à son action et, pour cela, qu'il reprenne l'offensive. Une victoire redonnerait tout d'abord foi à une partie de l'opinion publique qui commence à douter du succès français en Extrême-Orient et pour qui l'idée d'une possible négociation commence à s'imposer. De fait, « l'opinion française ne comprendrait pas un immobilisme prolongé » peut-on lire dans une note émanant de l'état-major du commandant en chef[59].

Comme le suggère le général Dulac : « Il se disait dans les couloirs que François Valentin avait fait savoir [au général de Lattre] que l'opinion publique, le Parlement et le Gouvernement trouvaient l'attitude du corps expéditionnaire trop défensive et qu'il fallait attaquer hors du Delta[60]. » Salan, confirme ces dires et rapporte que le général de Lattre lui aurait fait lire un courrier au soir du 4 novembre 1951 : « "Tenez, Salan, prenez connaissance." Je parcours la lettre, la lui rend. Il me dit alors : "Il n'y comprennent rien à Paris ! Ils me trouvent statiques et sans esprit d'offensive. Ils ne se rendent pas compte que j'ai encore besoin de quelques semaines pour en terminer avec le béton et fabriquer une armée vietnamienne aussi nombreuse que celle de Giap. Ils veulent que j'attaque, que j'en termine ! Pour eux je lanterne, et ce conflit n'en finit plus. Bien, je vais attaquer ! ..." »

La seconde raison qui justifie une reprise de l'initiative française – en partie liée à la précédente – est d'ordre budgétaire. À la veille du vote du budget des crédits militaires à l'Assemblée nationale (décembre 1951), des résultats militaires heureux seraient de bon augure et contribueraient, pense-t-on parmi les membres du gouvernement Pleven, à influer favorablement sur les débats qui vont s'engager. Ceux-ci se déroulent dans un contexte particulièrement tendu : dès l'été 1951, Roger Goetze, le directeur du Budget, lance cet avertissement : « Pour sérieux qu'il soit, le problème du budget 1951 apparaît en vérité comme mineur à l'égard de celui que pose celui de 1952. » En 1951, de fait, 9,5 % des dépenses budgétaires sont consacrés à l'Indochine, ce qui représente environ 3 % du PIB. L'effort financier que supporte le pays, alors même que Washington assume la même année, toutes formes d'aide confondues, près du quart du coût de la guerre et que la croissance du pays marque des signes de ralentissement, préoccupent les spécialistes du budget. Ceux-ci craignent que les dépenses de la guerre d'Indochine et celles liées à l'effort de réarmement entrepris par la France ne déstabilisent l'économie du pays. Comme le montre bien Hugues Tertrais dans son ouvrage consacré aux aspects financiers du conflit indochinois[61], « l'année de Lattre » coûte cher. Le pays, qui a déboursé 182 milliards de francs en 1950 pour financer la guerre, en a dépensé 322,3 milliards l'année suivante. Cette augmentation (plus de 40 %) est notamment due aux frais engendrés par la construction de la ceinture fortifiée du delta ou encore les améliorations des conditions de vie du combattant. Tout en rendant hommage à son action et aux résultats obtenus, René Pleven attire toutefois l'attention du haut-commissaire sur la nécessité de réduire les dépenses en 1952.

Le dernier argument qui peut expliquer l'offensive sur Hoa Binh intéresse l'allié américain. Au lendemain du voyage du général de Lattre aux États-Unis, une victoire montrerait à l'administration Truman la volonté française de continuer le combat, sinon celle de « gagner la guerre », et permettrait une accélération de l'aide américaine en Indochine. Au moment où les Américains se battent durement en Corée[62], une opération d'envergure en Indochine donnerait tout son sens à l'argument d'une lutte commune contre le communisme défendu par le général de Lattre. Pourtant, malgré ces raisons objectives, l'offensive projetée et dont il reste encore à déterminer le but et les objectifs ne s'inscrit dans aucune stratégie opérationnelle à long terme, dans aucun plan d'ensemble ; ainsi le sentiment qui prévaut à l'époque chez nombre d'officiers de l'EMIFT et de fonctionnaires du haut-commissariat est, comme l'écrit d'ailleurs l'un d'eux, « qu'il faut faire quelque chose »...

Le choix de Hoa Binh

À son retour en Indochine, le 19 octobre 1951, le général de Lattre confie au général Salan et à ses officiers des 2e et 3e bureaux la tâche de préciser justement ce « quelque chose ». Leurs conclusions tirées des études effectuées sont rendues une dizaine de jours après, le 30 octobre. Dans le cadre d'une action offensive, les auteurs du document excluent d'emblée toute conquête et occupation du terrain, mettant en avant les inconvénients militaires qui en découleraient. Fort de leur expérience, les officiers du bureau opérations pensent en effet que face à la poussée d'unités nombreuses et plus puissantes, le Viêt-minh refuserait le combat, se retirerait, obligeant ensuite le commandement français à maintenir des formations prélevées sur ses troupes d'intervention. Celles-ci se trouveraient donc affaiblies et leurs moyens diminués alors que dans le même temps les formations de l'APV auraient conservé l'intégralité de leur potentiel militaire. « Il faut donc rechercher avant tout la destruction des forces régulières adverses, amener le Viêt-minh à accepter le combat mais en lui laissant croire qu'il s'agit de sa propre initiative », recommande le rapport. Le plan prévoit donc l'occupation par les forces franco-vietnamiennes d'une région jugée vitale pour le Viêt-minh, c'est-à-dire d'une zone où se recoupent ses communications essentielles, celles qui permettent le ravitaillement en vivres, en armes et en munitions de ses unités. Lors de la riposte que ne manquerait pas de déclencher l'état-major viêt-minh pour des raisons à la fois opérationnelles et de prestige, des coups sévères seraient portés à son corps de bataille. Ce scénario est effectivement celui que retient le général de Lattre, reste désormais à arrêter le point d'effort de l'offensive française, celui qui permettra d'obtenir l'effet recherché : la destruction du plus grand nombre de forces possible.

À cette époque, l'armée populaire reçoit ses équipements, son armement et ses munitions de Chine tandis que le riz nécessaire à ses unités provient essentiellement des récoltes du Nord-Annam. La totalité de la logistique et du trafic viêt-minh emprunte donc des routes et des pistes qui relient la frontière chinoise au Nord-Annam et qui mettent également en relation les deux masses de manœuvre du corps de bataille viêt-minh au Tonkin : au nord les divisions 308, 312 et 316 ; au sud, les divisions 304 et 320. Or, et cela est depuis longtemps connu des services de renseignements français, toutes ces voies passent par le goulot d'étranglement situé entre le pays thaï et le delta. Considérant cela, quatre options se présentent au commandement français. D'abord une opération visant le Thanh Hoa, et plus particulièrement les débouchés des vallées descendant des montagnes et ouvrant sur le delta, mais l'hypothèse est vite abandonnée car elle nécessite des moyens trop importants. Deuxièmement, une action sur l'axe Vu Ban-Phu No Quan, qui barre l'accès à l'entrée de la province du Thanh Hoa, mais, si elle requiert des moyens plus limités, cette deuxième éventualité est également écartée car l'objectif de la destruction des forces adverses ne serait pas atteint : des routes de substitution existent, qu'utiliserait le Viêt-minh. Par ailleurs, sans véritablement gêner les liaisons de ce dernier, le secteur d'opérations lui permettrait de harceler les éléments français puis de se réfugier dans la chaîne montagneuse située à proximité.

La troisième solution envisagée par l'état-major du commandent en chef concerne Hoa Binh et sa région. Ce choix est repoussé car « l'opération Hoa Binh nous amènerait à entretenir le long de la RC 6, en terrain montagneux très difficile, un dispositif linéaire rappelant fâcheusement celui de la RC 4. Il faudrait également tenir la vallée inférieure de la rivière Noire. [Ainsi] l'absence de terrain à découvert propre à la bataille en masse condamnera l'ennemi à une riposte qui se présentera sous forme d'embuscades et d'actions isolées contre nos postes et garnisons. Le but à atteindre, la bataille de destruction, ne sera donc pas atteint ». Enfin, la dernière opération projetée, et qui a la faveur des officiers du 3e bureau de l'EMIFT, vise Phu Tho, une localité située sur les rives du fleuve Rouge à 90 kilomètres au nord-ouest d'Hanoï et qui constitue une véritable plaque tournante des communications entre le nord, l'ouest et le sud. La zone, profonde de 60 kilomètres et large de 20 – soit une superficie de 1 200 km² – coupe l'ensemble des axes en provenance du nord vers le fleuve Rouge et se dirigeant vers le sud. « Le Viêt-minh ne peut la laisser entre nos mains sans être asphyxié et paralysé [...]. Il sera donc obligé de la reconquérir et cette reconquête exigera une bataille en rase campagne » sur un terrain de Moyenne région – similaire à celui de Vinh Yen – qui se prête bien aux appuis de l'artillerie, des blindés et de l'aviation.

De Lattre juge pourtant l'hypothèse Hoa Binh comme la mieux à même d'atteindre le but qu'il s'est fixé. La proximité du champ de bataille – Hoa Binh est située seulement à environ 80 kilomètres à l'ouest d'Hanoï – comme la présence de populations Muong favorables à la France jouent un rôle important dans sa décision. Par ailleurs, d'un point de vue psychologique, la reprise d'un territoire abandonné en 1950 suite à la bataille de la zone frontière doit marquer les esprits et porter un coup au prestige de l'adversaire[63]. Enfin, le général préfère sans doute renoncer à occuper Phu To, en plein pays viêt-minh, en raison de la vigueur de la réponse que pourrait lui opposer le général Giap, le but n'étant surtout pas de se laisser entraîner dans une bataille d'usure. Le 4 novembre 1951, il informe donc Salan, « ahuri », pour ne pas dire « consterné[64] » comme ce dernier le rapporte dans ses *Mémoires*, de sa décision, en même temps qu'il lui confie le soin de planifier et de diriger l'opération à laquelle le nom conventionnel de Lotus est attribué. Salan, à l'instar du général de Linarès, qui commande les forces terrestres du Nord-Vietnam (FTNV), n'est pas favorable à une telle action et craint de s'engager dans une entreprise coûteuse et difficile, sans bénéfices directs pour le delta – bien au contraire même. Il tente, en vain, de dissuader son chef. Le général Salan, fidèle à une stratégie qu'il appliquera une fois nommé commandant en chef, aurait préféré attendre l'offensive du Viêt-minh avant de lui faire pièce. Contrairement à une certaine légende, l'opération Lotus n'est donc pas le fruit d'une idée née spontanément dans l'esprit du général de Lattre, mais une décision prise par ce dernier à partir d'études menées par son état-major, dont c'est d'ailleurs le rôle.

La réoccupation de Hoa Binh : l'opération Lotus

Le 10 novembre 1951, la phase préparatoire à la réoccupation de Hoa Binh est finalement déclenchée. Il s'agit de l'opération Tulipe dont l'objectif est de se saisir de la trouée de Cho Ben, une zone dont la situation[65] est propice aux infiltrations des unités de la division 320 dans le delta[66]. Sa sécurisation est apparue nécessaire au commandement pour couvrir l'opération principale : « Cho Ben [aux mains du Viêt-minh], dira de Lattre aux journalistes, c'était un poignard pointé sur mon flanc gauche. » Dans la matinée du 10, les parachutistes du 1er BEP s'emparent sans difficulté de la zone, rejoints bientôt par les différents groupements terrestres ; des forces territoriales commencent aussitôt à mettre en défense le secteur et à y construire des blockhaus[67]. Le succès étant complet, notamment en raison de la faible riposte du Viêt-minh, feu vert est donné au lancement de l'opération principale. Les moyens réunis par le commandement sont impressionnants : le général Salan dispose pour l'occasion de 15 bataillons d'infanterie, dont trois de parachutistes (1er, 2e et 7e BPC) et d'une artillerie imposante forte de 7 groupes (six groupes de canons de 105 mm HM2 et un de 155 mm HM1). Par ailleurs, la marine engage une *Dinassaut* qui comprend une vingtaine de bâtiments de types différents (LCM, engins d'assaut – EA, chalands, etc.). Les missions de la marine sont d'assurer la libre circulation de la rivière Noire, de son confluent avec le fleuve Rouge au nord jusqu'à Hoa Binh au sud, et de permettre également le ravitaillement des troupes retranchées dans la localité, une fois celle-ci conquise. En effet, si le trajet par la rivière Noire est trois fois plus long que celui par la RC 6, il reste relativement plus sûr, croit-on initialement, que par cette dernière.

La phase aéroportée de l'opération, aux ordres du lieutenant-colonel de Rocquigny, est un succès et, le 14 novembre en fin d'après-midi, les trois bataillons parachutistes sont maîtres de la « ville », entièrement détruite et dont il ne subsiste en fait que des ruines. La progression du groupement motorisé qui s'est mis en route dès le 13 au soir est elle rendue plus difficile par la nature du terrain et le mauvais état de la RC 6 que les sapeurs doivent rétablir sans délai. Les caractéristiques géographiques du champ de bataille rendent en effet particulièrement difficile la circulation des véhicules et engins blindés. Voici la description qu'en fait le colonel Dulac dans ses Souvenirs : « De Hanoï à Xuan Mai [soit 28 kilomètres], la route coloniale n° 6 est une route de rizière, bien plate et dégagée. Mais après Xuan Mai, elle pénètre dans un massif au relief tourmenté. La végétation y est très dense, et les légions de Vanuxem [qui commande le GM 3], en fonçant vers Hoa Binh, ont dû procéder au débroussaillage sommaire et indispensable de la chaussée proprement dite. Mais déjà sur les bas-côtés c'est la brousse, touffue, inhospitalière, inquiétante. Une quinzaine de kilomètres plus loin, on débouche brusquement dans une cuvette [Ao Trach] en forme d'ellipse, orientée sensiblement est-ouest, d'une largeur de quatre cents mètres environ et d'une profondeur, dans le sens de la RC 6, de trois cent cinquante mètres. Elle est encadrée de tous côtés par des collines assez

Le champ de bataille de Hoa Binh

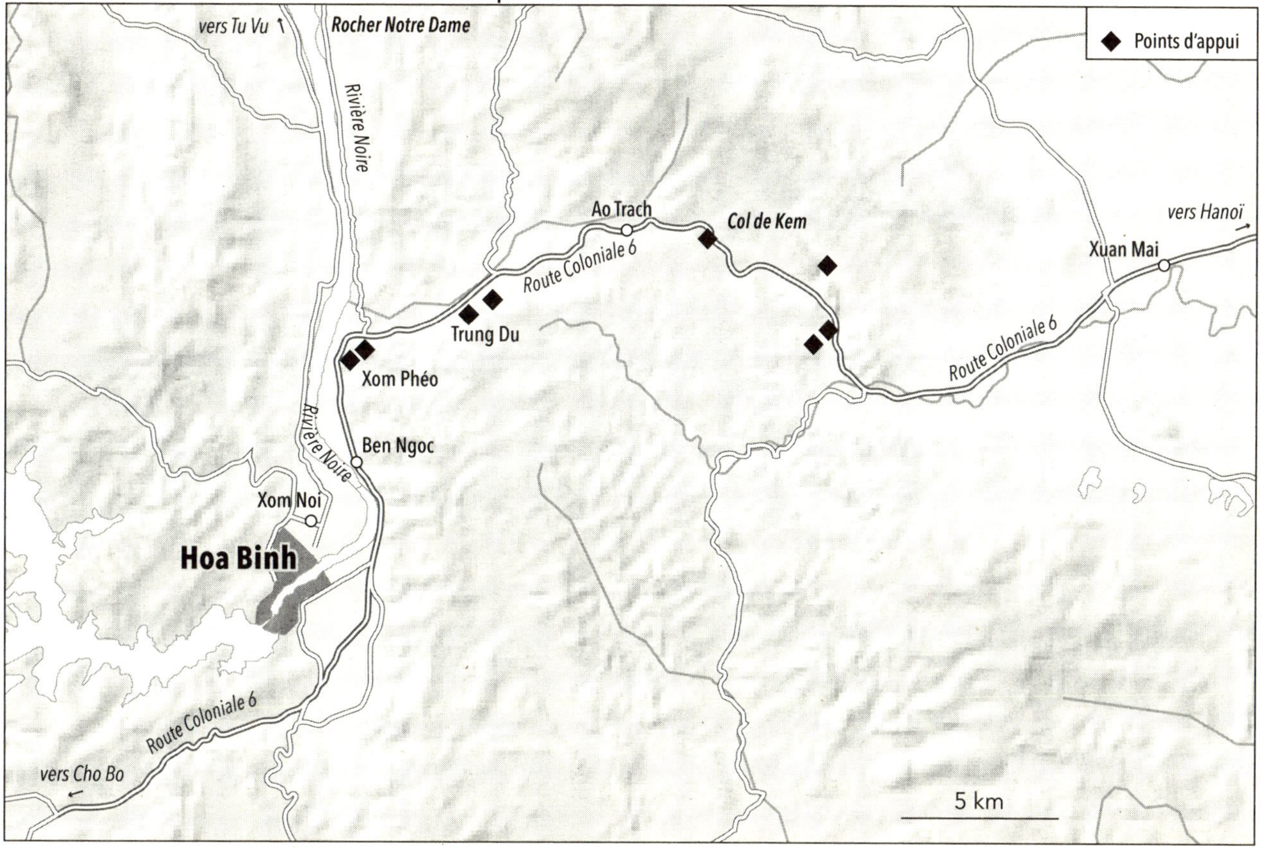

abruptes, à l'est et au nord, en pente plus douce vers le sud et le sud-ouest. Puis, après sept à huit kilomètres, on atteint Xom Pheo, où l'on tourne à gauche pour longer la rivière Noire et la franchir à hauteur de Hoa Binh par le bac de Ben Gnoc. Tout au long de ce trajet, des hauteurs dominent la route assez souvent de très près. C'est enfin Hoa Binh : un important élargissement de la vallée de deux à trois kilomètres de diamètre, bordé à l'ouest et au nord-ouest par de sérieuses hauteurs (plus de 150 mètres d'altitude) au sud et à l'est de la rivière Noire. » Il revient au 61e bataillon du génie d'ouvrir la route à la colonne terrestre et de remettre en état la vingtaine d'ouvrages d'art détruits par le Viêt-minh. Le rétablissement de l'itinéraire est une mission éreintante ; comme l'écrit le colonel Gazin, chef du génie d'Extrême-Orient, « dans cette végétation, une route abandonnée est dévorée en deux saisons et tout est à refaire ». De fait, depuis le départ des Français un an auparavant, la route a été laissée à l'abandon.

Grâce au travail des sapeurs, les éléments de tête du GM 3 sont donc en mesure de faire leur jonction avec les parachutistes retranchés autour de Hoa Binh le 14 en fin de journée. Trois groupements ont été constitués pour l'occasion : un groupement sud – auquel sont rattachés le GM 3 et les parachutistes – commandé par le colonel Pâris de Bollardière, un groupement centre placé sous les ordres du colonel Clément comprenant le GM 2 qui a pour mission d'atteindre la rivière Noire puis de rejoindre Hoa Binh, dont il constituera ensuite une partie de la garnison et, enfin, un groupement nord du colonel Dodelier qui doit installer un dispositif défensif sur la rivière Noire afin de sécuriser le secteur et d'en garantir la navigabilité. La reconquête de Hoa Binh est savamment orchestrée par les services de presse du haut-commissaire et la « victoire » des Franco-Vietnamiens s'étale bientôt en caractère gras dans les journaux d'Indochine et de métropole. Le général de Lattre lui-même expose avec pédagogie lors d'une conférence de presse donnée à Saigon les raisons politiques et militaires qui l'ont poussé à agir. Si l'opération de communication semble réussie vis-à-vis des journalistes et de l'opinion publique, elle est reçue de manière plus sceptique parmi les officiers et les combattants. Ainsi, pour Albert Merglen, officier au 2e BEP[68] qui tient un journal de son séjour en Extrême-Orient : « Nos troupes ont donné un coup de poing et l'ennemi s'est volatilisé : voilà le fait. » Après la lecture d'un article du *Monde* relatant l'offensive, il écrit : « C'est faux. C'est du bluff. Que ne va-t-on raconter alors, après la prise de Hoa Binh ? Ce village de paillottes va devenir au moins une capitale. J'imagine le Français moyen lisant ces communiqués de victoire aux accents glorieux. Il doit revoir les batailles de Verdun, de la Marne, que sais-je ? Alors qu'il s'agit tout simplement d'une grande manœuvre bien organisée. »

Hoa Binh est réoccupée sans trop de difficultés mais le général Salan ne se fait pas d'illusions, il en est sûr, Giap et son état-major ne peuvent laisser l'initiative aux Français. Afin de bénéficier de délais supplémentaires à la mise en défense du centre de résistance de Hoa Binh, il profite des actions que mène au même moment le 3e bataillon thaï (BT 3) contre les bases politico-militaires viêt-minh des environs de Moc Chau (à environ 200 kilomètres à l'ouest d'Hanoï). Le commandant Vaudrey reçoit l'ordre de mener avec son bataillon une action sur les arrières du corps de bataille adverse, le but étant de laisser celui-ci dans l'incertitude quant au développement ultérieur de la manœuvre française et de l'amener, également, à disperser ses forces. Cette diversion réussit puisque Giap détache le régiment 165 et une partie du régiment 141 appartenant tous deux à la division 312, ce qui retarde d'autant l'entrée de celle-ci sur le champ de bataille de Hoa Binh. Comme l'a prévu et souhaité le général de Lattre : Giap relève le gant[69].

Giap contre-attaque

L'opération Lotus a pris le Viêt-minh au dépourvu : « Nous jugions une attaque sur Hoa Binh peu probable à cause de la configuration de son terrain peu favorable », reconnaît le général Giap dans ses *Mémoires*, ajoutant que l'état-major de l'APV avait plutôt anticipé une action en direction de Thai Nguyen ou une reprise de Lang Son. Du côté viêt-minh, s'il faut là encore croire le général Giap faute de sources primaires, il semble que la campagne d'hiver 1951-1952 ait fait l'objet d'âpres discussions, au cours desquelles un désaccord a pu naître entre les communistes vietnamiens et leurs conseillers chinois que critique Giap : « Lorsque les choix à faire étaient importants, les conseillers chinois ne s'exprimaient qu'après s'être concertés entre eux », écrit-il. En raison de l'échec subis par les *bo doïs* devant Nghia Lo et des difficultés que soulève une attaque en force dans le delta désormais fortifié, il est décidé de renoncer à une offensive de grande ampleur forcément coûteuse en hommes et d'intensifier la guérilla. Par ailleurs, face au succès remportés par les Franco-Vietnamiens à la fin de l'année 1951 dans la politique de pacification, il apparaît urgent de renforcer la mainmise politico-militaire au sein de la IIIe interzone – qui représente l'essentiel du delta du fleuve Rouge dans l'organisation viêt-minh. Pour ce faire, il est prévu que les divisions 304 et 320 s'infiltrent progressivement à l'intérieur du delta et implantent de solides bases. L'opération sur Hoa Binh rend caduque ce projet et, contre, semble-t-il, l'avis des conseillers chinois, les responsables viêt-minh décident de répondre au défi du commandant en chef : « De Lattre nous offrait une occasion en or de décimer ses forces vives. » Comme l'écrit le général Gras, il se peut que le Viêt-minh « vit dans l'initiative française l'occasion de renouveler, sur un terrain analogue, la manœuvre qui lui avait si bien réussi à Cao Bang ». Hoa Binh devient le front d'attaque principal et les trois meilleures divisions d'infanterie de l'APV (304ᵉ, 308ᵉ et 312ᵉ), renforcées par des éléments de la division 351, commencent à se mettre en place dès le 17 novembre. La réponse viêt-minh va se faire en deux temps. Dans une première phase, du 2 au 27 décembre 1951, son effort se porte sur la rivière Noire tandis que dans la seconde, du 29 décembre 1951 au 21 février 1952, les régiments du corps de bataille viêt-minh tentent de couper la RC 6 et d'isoler Hoa Binh.

Au début du mois de décembre, au moment où le Viêt-minh s'apprête à engager la bataille de la rivière Noire qui doit couper le ravitaillement de Hoa Binh par voie fluviale, les troupes du corps expéditionnaire ont disposé de quinze jours pour fortifier leurs positions. Salan aligne quelque 15 000 hommes dont environ 4 000 combattants à Hoa Binh même. Le secteur est devenu un centre de résistance comprenant plusieurs points d'appui solidement défendus, bien protégés par les mines et les barbelés, et appuyés par l'artillerie. Le jour, l'aviation de chasse et de bombardement peut également, si le temps le permet, apporter un concours précieux aux forces terrestres et peut aussi assurer des missions de ravitaillement par parachutage dans les moments de crise. Le 2ᵉ bureau, de son côté, est parfaitement informé du dispositif adverse comme de ses intentions, notamment par le biais du décryptement de ses radio-télécommunications et par la saisie d'importants documents. Ainsi, l'attaque du centre de résistance de Tu Vu-Rocher Notre Dame[70] établis sur la rivière Noire pour en contrôler le cours ne constitue pas une surprise pour le commandement français lorsqu'elle est déclenchée : la présence des éléments de la division 312 qui ont franchi la rivière Noire (avec la complicité de la population et les barques des pêcheurs) et se sont enfoncés dans le massif forestier du Ba Vi[71] est connue. Toutefois, plutôt que d'attendre le choc violent de la contre-offensive viêt-minh, le général Salan décide de prendre les devants et monte une opération (Jasmin) qui doit perturber le dispositif d'attaque viêt-minh. Le 10 décembre 1951, le contact est pris entre le groupe mobile n° 4 du colonel Thomazo[72], renforcé par les parachutistes du 7e BPC, couverts par le 1er BPC au nord et le 8e BPC au sud, et le régiment 209 de la division 312.

Les combats qui s'ensuivent sont particulièrement acharnés et le Viêt-minh déplore plusieurs centaines de *bo doïs* mis hors de combat – parmi lesquels 400 cents tués, environ le tiers de ses effectifs, contre 150 du côté français. C'est le 1er BPC, sévèrement malmené dans la vallée de Xom Sui (au pied du mont Ba Vi) avec 15 tués et près de 100 disparus – soit la valeur d'une compagnie –, qui subit les pertes les plus lourdes. En déclenchant Jasmin et en neutralisant le régiment 209, le général Salan empêche toutefois la prise à revers du point d'appui du Rocher Notre-Dame. Ainsi, dans la soirée du 10 décembre, Tu Vu devient le seul objectif du Viêt-minh, qui y concentre toute sa puissance de feu. Les combats de Tu Vu menés par le régiment 88, qui durent toute la nuit et déciment littéralement celui-ci, atteignent, selon le compte rendu qui en est fait après coup, « un degré d'intensité et de violence encore inconnu en Indochine. [...] Avec une indifférence inhumaine devant leurs pertes, relate le document, les unités viêt-minh se lançaient, vague après vague, sur nos champs de mines et nos barbelés. Vers 4 heures, les derniers survivants réussissaient à pénétrer à l'intérieur de nos points d'appui. Mais, épuisés, ils devaient aussitôt se replier, incapables d'emporter avec eux les morts que les coolies n'avaient pu évacuer. 400 cadavres viêt-minh [en fait 250] étaient dénombrés le lendemain. » Indéniablement, au cours de cet engagement, les Français portent des coups sévères au corps de bataille adverse, pourtant, contrairement à ce que peut laisser penser le rapport précédent, le poste de Tu Vu tombe bien dans la nuit du 10 au 11 décembre 1951, les assiégés n'ayant pu s'opposer aux « vagues » viêt-minh que leur commandement a lancé à l'assaut sans aucun souci des pertes. Grâce, notamment, au sacrifice des cavaliers du peloton du 1er régiment de chasseurs (équipés de chars M5

Stuart), des défenseurs du poste parviennent à s'échapper et gagnent à l'aube une petite île située au milieu de la rivière Noire, où ils attendent le jour. Ce n'est qu'au matin que les survivants français réoccupent le point d'appui détruit, et comme l'écrit un témoin, « le champ de bataille de Tu Vu, pour la première fois en Indochine, évoque une vision de la guerre de 1914, avec son terrain creusé serré de trous et de tranchées, uniformément ravagé sur une grande surface par les impacts de mortiers et d'artillerie ».

La bataille de la route : combats sur la RC 6

Après ce premier avertissement qui annonce la dureté des combats à venir, le général Giap décide prendre pour cible les bâtiments de la marine. Le 22 décembre, un convoi en provenance de Hoa Binh tombe dans une embuscade, « en douze minutes, 1 LCM et 3 vedettes FOM [France d'outre-mer] sont perdus » précise le rapport d'opération. En réalité, ce sont trois LCM qui sont touchés et qui vont s'échouer sur les berges de la rivière Noire. Même si l'ensemble des embarcations peut toutefois être renfloué et réparé ultérieurement, le commandement décide de renoncer à l'utilisation de la voie fluviale, devenue trop dangereuse. Les postes qui jalonnent le dispositif de la rivière Noire, dont celui de Tu Vu, sont évacués (opération Violette) les 7 et 8 janvier 1952. Le centre de gravité de la bataille de Hoa Binh se reporte à compter de cette date sur la RC 6. Laissant peu de répit à ses troupes dont certaines sont déjà fort éprouvées, le général Giap décide d'engager la « bataille de la route » dans la dernière semaine de décembre 1951 : la RC 6 et les postes qui en assurent la liberté de circulation deviennent l'enjeu d'âpres combats.

Au cours de cette période, le commandement français décide de procéder à une nouvelle tactique d'ouverture de route : « Pour profiter au maximum de la puissance de nos feux d'artillerie et d'aviation, il fut prescrit à nos unités de ne pas s'engager à fond et de n'envoyer que des reconnaissances légères ayant pour mission de déceler les résistances ennemies. Aussitôt repérées, celles-ci devaient être prises à partie par nos concentrations d'artillerie et par nos bombardements d'aviation. » Là encore, dans les actions menées contre les convois et les points d'appui du corps expéditionnaire, le Viêt-minh subit des pertes importantes. Ainsi, dans la nuit du 7 au 8 janvier 1952, après l'attaque infructueuse du poste de Xom Pheo défendu par les légionnaires du 2e bataillon de la 13e DBLE, les bulldozers du génie doivent procéder à l'enfouissement des cadavres de 800 *bo doïs* tombés devant ou dans les barbelés de la défense. Les trois semaines suivant l'attaque de Xom Phéo sont marquées par des combats incessants où chaque adversaire tente d'imposer sa volonté à l'autre. La RC 6, régulièrement coupée, oblige à ravitailler Hoa Binh par parachutage mais, à partir de la fin de la première semaine de janvier, la garnison, totalement assiégée, se trouve sous le feu de l'artillerie adverse ; trois Ju-52, restés sur la piste d'aviation, sont mêmes détruits au sol[73]. Comme le note un officier français, « l'impression n'est pas excellente ». De fait, Hoa Binh est devenu un camp retranché, le premier depuis le début des hostilités, bien avant l'édification de ceux de Na San ou de Diên Biên Phu.

Si la bataille d'usure semble tourner à l'avantage du corps expéditionnaire, la liaison avec Hoa Binh est devenue impossible et immobilise des forces importantes. Dans la lettre qu'il adresse le 19 janvier 1952 au général Salan, le général de Linarès, qui, depuis le 15, est désormais en charge des secteurs d'opérations de la rivière Noire, de Hoa Binh et de la RC 6, adresse une mise en garde très claire au commandant en chef par intérim[74]. À la date du 18 janvier, écrit-il, la défense du centre de résistance de Hoa Binh nécessite cinq bataillons d'infanterie appuyés par quatre batteries d'artillerie ; par ailleurs, la libre disposition de la RC 6 entre 10 heures et 16 heures accapare quotidiennement onze bataillons d'infanterie, sept batteries d'artillerie plus un sous-groupement blindé. Ainsi, afin d'assurer la viabilité de la garnison franco-vietnamienne, garnison qui n'a aucune possibilité de rayonner en raison de la faiblesse de ses effectifs et n'est desservie par une route « ouverte » – quand elle peut l'être – que six heures par jour, tout au plus, le commandement français est amené à consommer seize bataillons d'infanterie, onze batteries d'artillerie, sans compter les éléments de soutien et les services. Le général de Linarès admet pouvoir réduire son dispositif et le ramener à une dizaine de bataillons en « périodes calmes », c'est-à-dire si le Viêt-minh décide d'alléger le corps de bataille qu'il entretient, mais la bataille pour la conservation de Hoa Binh constitue néanmoins une charge écrasante pour les forces terrestres du Nord-Vietnam. En effet, dans le même temps, le général de Linarès ne peut bénéficier que d'une demi-douzaine de bataillons pour assurer la sécurité du delta, un chiffre nettement insuffisant en comparaison des troupes que le Viêt-minh est en train d'y infiltrer massivement et méthodiquement à la même époque. Dans ce contexte, le retour des forces françaises à l'intérieur du delta s'impose et incite le général Salan à mettre un terme à l'occupation de Hoa Binh : « Hoa Binh a joué son rôle et aucune considération stratégique ne m'oblige à conserver cette position. »

Victoire sans lendemain

Le 6 février 1952, le lieutenant-colonel Ducournau, qui a pris quatre jours plus tôt le commandement du secteur de Hoa Binh, reçoit l'ordre de préparer l'évacuation de la garnison. Il revient au colonel Gilles d'exécuter cette opération. Tous les observateurs sont unanimes à reconnaître qu'elle est menée de main de maître. Arc-en-ciel, c'est le nom qui lui est donné, commence dans le plus grand secret au soir du 22 février lorsque est lancée la phase blanche[75] :

la totalité de la garnison de Hoa Binh est ramenée sur la rive est de la rivière Noire et entame son retrait le long de la RC 6. Trois mille huit cents combattants, 700 prisonniers et internés militaires (PIM[76]) et un millier de civils sont ainsi repliés. En effet, comme le relate Ducournau dans son compte rendu d'opérations, « la population civile du village de Thinh Lang [situé à 3 kilomètres au nord de Hoa Binh], s'apercevant du mouvement de repli général que nous opérons sans qu'elle ait été avertie et prévue se rassemble spontanément à proximité des embarcadères. Les chefs de village sollicitent l'autorisation d'accompagner les troupes franco-vietnamiennes dans leur repli. Cette autorisation accordée, les civils abandonnent le bétail sur la rive ouest, profitent d'une disponibilité temporaire des moyens de franchissement pour traverser la rivière Noire et atteindre Ben Ngoc[77] ». Au matin du 23, toutes les forces qui tenaient Hoa Binh sont sur la rive est. Commencent alors les phases rouge, bleue, jaune et verte pendant lesquelles l'ensemble du dispositif de la RC 6 est démonté, les unités décrochant les unes après les autres, l'artillerie et l'aviation encageant la colonne grossissant au fur et à mesure du repli. Le 25 février, la colonne, qui s'est renforcée au fur et à mesure des éléments des postes repliés – au total 22 000 hommes –, est de retour dans le delta, à l'abri de la ligne de Lattre. L'opération est un succès éclatant, le Viêt-minh, surpris, n'a pu s'y opposer malgré quelques tentatives, les pertes françaises sont faibles, moins d'une quarantaine de tués. Comme Giap le reconnaît par la suite, « le retrait de Salan de Hoa Binh, comparé à celui de Carpentier à Cao Bang [en octobre 1950], avait été un succès. [...] Nous nous attentions à une victoire beaucoup plus importante ».

En définitive, le but recherché par le général de Lattre, « casser le corps de bataille ennemi », semble atteint et les divisions viêt-minh sortent effectivement affaiblies des combats : près de 3 500 tués sont dénombrés, 7 000 blessés et environ 300 prisonniers sont comptabilisés du 15 novembre

1951 au 22 février 1952. Mais, comme le mentionne une étude faite par l'état-major des FTNV à la fin de la bataille, « d'une façon générale le chiffre des tués dénombrés doit être majoré du tiers si l'on veut avoir le chiffre global des pertes compte tenu de l'action de l'aviation et de l'artillerie ». Le chiffre des blessés étant estimé à celui du double des tués, il est évalué à plus de 7 000, dont seulement 50 % « peuvent être considérés comme récupérables ». En appliquant ces principes, conclue la note, Hoa Binh aurait coûté 14 400 hommes au Viêt-minh[78] « dont 4 000 ou 5 000 seulement pourront être récupérés par le commandement, dans un délai de 2 ou 3 mois ». De leur côté, les pertes franco-vietnamiennes sont loin d'être négligeables puisqu'elles comptent 436 tués, 458 disparus et 1 360 blessés[79]. Toutefois, ce total de 2 254 combattants, qui reste certes largement plus faible que celui de l'armée populaire, ne doit pas faire oublier que, dans le delta, les opérations ont continué et ont été coûteuses. Ainsi, du 1er décembre 1951 au 29 février 1952, les pertes pour le seul Tonkin s'élèvent à 3 274 (823 tués, 1 024 disparus et 1 427 blessés) parmi les réguliers, auxquels il convient d'ajouter 266 tués, 1 401 disparus et 486 blessés (soit un total de 2 153) parmi les supplétifs.

La bataille de Hoa Binh interroge la notion même de victoire et, comme le rappelle justement le général Gras, malgré le coup sévère porté aux divisions viêt-minh, « un repli est toujours un repli ». Elle ne règle en rien les questions de fond et considérée sous l'angle de la stratégie indochinoise, « la seule tentative de passer à l'offensive contre le Viêt-minh [aboutit finalement] à une retraite[80] ». Hoa Binh constitue bien un tournant de la guerre d'Indochine : elle est la preuve que le corps expéditionnaire n'est plus en mesure de se maintenir hors du delta de façon durable. À l'automne 1952, l'opération Lorraine le confirme. Par ailleurs, la masse de manœuvre du CEFEO étant engagée à Hoa Binh, le Viêt-minh a repris son lent travail de « pourrissement » du delta : des progrès réalisés à l'automne 1951, il ne reste rien et tout est à refaire. D'un point de vue strictement militaire, des enseignements peuvent être également tirés de la campagne d'hiver 1952 ; l'appui de l'aviation de chasse et de bombardement s'est révélé déterminant à maintes reprises. Ainsi, si le 1er BPC ne subit pas de pertes plus importantes lors de l'affaire de Xom Sui, le 10 décembre, c'est bien parce que l'appui aérien rapproché fourni par les *Bearcat* du GATAC Nord a permis aux parachutistes de se dégager. Face à un adversaire dont l'infanterie est devenue l'une des meilleures du monde, comme s'accordent alors à le dire les vétérans de la Seconde Guerre mondiale, les opérations en Indochine nécessitent une aviation de plus en plus nombreuse[81]. Plus inquiétant pour le commandement français, celle-ci devient la cible de la DCA viêt-minh. Si la première bataille de Dong Khé, au printemps 1950, avait montré une tentative de coordination des tirs de DCA, son utilisation à Hoa Binh témoigne des progrès accomplis par les unités du Viêt-minh en ce domaine. Lors de l'attaque de Xom Phéo, une véritable « embuscade antiaérienne » – pour reprendre les mots d'Alexander Zervoudakis[82] –, est mise en place, causant la perte de trois chasseurs. Deux autres sont abattus pendant les combats au dessus de Hoa Binh et deux autres encore lors de la phase de repli. Avec huit *Bearcat* abattus et un certain nombre de Ju-52 détruits, la facture s'avère élevée pour le GATAC Nord. Incontestablement, les artilleurs antiaériens du régiment 367 de la division 351, tous formés à l'école chinoise, sont désormais une menace à prendre en compte sur les futurs champs de bataille de l'Indochine.

Alors que les combats font rage à Hoa Binh, à Paris s'achève le règne du « Roi Jean ». Souffrant depuis plusieurs mois d'un cancer, le général de Lattre décède le 11 janvier 1952 et est élevé à la dignité de maréchal de France quelques jours plus tard. Il avait été nommé en Indochine non pour « gagner » la guerre, ce qui, chacun en convenait depuis la victoire de Mao, était devenu impossible avec les seules forces du CEFEO, mais pour trois autres raisons : redresser la situation militaire et redonner confiance aux troupes après le désastre de l'automne 1950, impliquer davantage les États-Unis dans le conflit en obtenant un accroissement de l'aide matérielle et financière et « faire » – comme on disait alors – l'armée vietnamienne, à savoir créer une armée nationale capable de s'opposer un jour au corps de bataille viêt-minh. Quand se termine « l'année de Lattre », une partie de la mission semble remplie. Il est parvenu, par sa seule action, à redresser la situation, compromise après les événements de la zone frontière. Il est arrivé également à obtenir l'implication plus grande des États-Unis dans la guerre et a réussi, en outre, à développer l'armée nationale vietnamienne, à défaut d'avoir pu véritablement engager Bao Dai dans la guerre. Cependant, malgré les résultats, aucun succès décisif n'a été obtenu, que ce soit dans le domaine politique ou militaire. Bao Dai et son gouvernement sont soutenus « à bout de bras » par les Occidentaux – Français et Américains – mais n'ont pas de réelle influence auprès des populations. Les responsables politiques vietnamiens sont divisés, se livrent à des querelles intestines, et souvent corrompus. Quant à l'armée nationale, si elle commence à s'étoffer, elle ne peut faire illusion et, à l'exception de quelques unités d'élite, ses formations sont incapables de rivaliser avec les unités régulières ou régionales du Viêt-minh.

Ainsi, malgré les victoires remportées et l'impulsion donnée, la disparition du général de Lattre laisse le « problème indochinois entier » : l'APV a subi des rudes coups, elle est affaiblie mais son potentiel de reconstruction intact peut lui permettre de retrouver rapidement son allant. Les victoires remportées par le corps expéditionnaire comme les erreurs commises par l'APV ont, un temps, affaibli le Viêt-minh qui doit composer avec les tendances les plus nationalistes du mouvement. Ainsi, en 1951 est-il officiellement dissout et fondu dans une association, le *Lien Viêt*, un « Front national » créé au mois de mai 1946 et rassemblant l'ensemble des partis œuvrant pour l'indépendance du Vietnam. Cette dissolution, à caractère technique puisqu'elle ne change rien quant au fond, sert à donner des gages aux non-communistes et à les rallier contre « l'État fantoche » de Bao Dai dont le développement suscite, malgré tout, quelques inquiétudes. Certains thuriféraires du général de Lattre avancent que sa mort a interdit une victoire militaire du corps expéditionnaire. Cette lecture des événements ne résiste pas à une analyse un peu poussée mais peut-être peut-on admettre que sa conduite des opérations aurait permis de négocier autrement la fin de la guerre si son action avait pu perdurer. Quoi qu'il en soit, à l'aube de l'année 1952, ce qu'il écrivait au mois de septembre 1951 dans un rapport aux membres du gouvernement reste vrai : « Il peut survenir une catastrophe en Indochine, il ne peut pas y surgir de miracle. »

Chapitre VIII

La guerre du pays thaï : la perte définitive de l'initiative

> « Un jour, la catastrophe s'abattra sur nous. Alors, on pleurera. On cherchera des responsabilités... Je ne suis pas défaitiste, je ne crois pas être un crétin : je regarde le problème lucidement. J'ai été dans le Delta et ai vu les villages abandonnés aux Viêts, où l'on n'accède que bataillon déployé, avec avion et artillerie. [...] J'ai été sur la route coloniale n° 6 et ai vu que nous ne pouvions rester en zone viêt, malgré avions et artillerie. Alors qu'on ne me raconte pas qu'on battra les Viêts comme cela sans effort autre que celui qui a déjà été fait. [...] Nous n'avons aucune chance de remporter la victoire dans les conditions actuelles. »
>
> Chef de bataillon Albert Merglen, 5 avril 1952.

Sisyphe en Extrême-Orient

Au lendemain de Hoa Binh, ce que redoutaient avant le déclenchement de l'opération les responsables militaires des FTNV et, au premier chef, le général de Linarès s'est produit. En l'absence de la quasi-totalité des groupes mobiles et des bataillons parachutistes franco-vietnamiens, le Viêt-minh est revenu en force dans le delta. Lucide, un fonctionnaire du haut-commissariat peut écrire : « Les petits postes sont enlevés en série, les notables assassinés, les villages terrorisés, les bases ennemies renforcées et développées. À peu de chose près, le Viêt-minh a bientôt rétabli sur la rizière le contrôle politique qu'il exerçait en 1946 », ruinant l'ensemble des efforts accomplis par les Français et les Vietnamiens. La situation semble pire que jamais et, des résultats obtenus à l'été 1951, il ne reste rien. En réalité, les vrais enseignements de Hoa Binh sont bien ceux-là : alors que Salan livre bataille aux corps de bataille de l'APV sur la RC 6, le commandement viêt-minh en profite pour mener des infiltrations de grande ampleur. La division 320 intervient en zone sud, notamment dans la zone des évêchés (Phat Diem, Bui Chu), tandis qu'une partie de la 316 porte son action en zone nord – à l'intérieur du delta du fleuve Rouge. En l'espace de quelques semaines, de solides bases se constituent et sont organisées défensivement : les villages fortifiés se multiplient contre lesquels il est très difficile d'intervenir. La crainte, un temps nourrie par l'état-major viêt-minh, d'une difficulté à recruter des hommes s'est dissipée de même que celle de se voir privé d'une partie des récoltes de riz du delta. Les services de renseignements français le remarquent bien : la situation dans le delta après Hoa Binh permet désormais à l'adversaire de recruter à l'intérieur même du dispositif franco-vietnamien et de poursuivre son ravitaillement.

À partir de février 1952, alors que dans le Sud-Vietnam le général Bondis[1] poursuit lentement et avec des moyens limités la réduction de l'implantation viêt-minh, au nord, tel Sisyphe condamné à rouler éternellement son rocher, le commandement reprend les opérations de nettoyage visant à l'assainissement du delta du Tonkin. Le général de Linarès commence par lancer, le 19 février, l'opération Crachin qui a pour but de rejeter les régiments 48 et 52 (division 320) de la zone sud, notamment de la région de Ninh Giang[2], puis de les détruire. Menée par les GM 4 et 7, la manœuvre française n'atteint pas ses objectifs : les bataillons viêt-minh refusent le combat et se contentent de se déplacer. Le 29 février, de Linarès met fin à l'opération, qui s'achève sans résultats notables. L'opération Ouragan, qui est déclenchée au début du mois de mars avec les mêmes unités et contre les mêmes objectifs, ne fait que repousser la division 320. En revanche, l'opération Mercure (fin mars), qui engage des forces plus importantes (dont cinq GM et trois bataillons parachutistes), porte des coups à cette grande unité viêt-minh, qui, désorganisée mais peu affaiblie, quitte finalement le delta. L'ensemble de ces actions, sans réelles conséquences sur le potentiel militaire de l'APV au regard des moyens déployés par le corps expéditionnaire, témoigne de la faiblesse de l'emprise française et, davantage encore, de celle, civile et militaire, de l'État vietnamien. Les soldats français commencent à juger sévèrement leurs homologues de l'armée nationale auxquels ils reprochent leur piètre combativité et ne peuvent s'empêcher de faire la comparaison avec l'allant et l'agressivité des *bo doïs*.

Le 15 mars 1952, Albert Merglen note ainsi dans son journal : « On ne voit pas de Bao Daistes [*sic*] se ruer à l'assaut avec grand courage, mais les Viêts le font reconnaissons-le. Nous sommes un vernis sur une population hostile, ou, mieux, passive. Seuls sont avec nous les profiteurs. Nous sommes vraiment en occupation comme les Allemands l'étaient en France. [...] Je ne sais pas si les Français réalisent que l'Indochine, c'est au moins 9/10 du territoire aux mains des Viêts et le reste infesté par eux. » Dix jours plus tard, sans illusion, il écrit encore : « À vingt ou trente kilomètres de Hanoï, on ne quitte la route que compagnies déployées, l'arme à la main, après préparation d'artillerie ou mitraillages : c'est la preuve patente que derrière la devanture, il n'y a que du vide, du bluff, de l'incapacité. » La lassitude semble gagner nombre d'officiers dont Merglen se fait l'écho : même « si nous gagnons cette guerre, nous devrons quitter l'Indochine ». À la même époque, le chef de bataillon de Mecquenem, qui, deux ans plus tard, se verra confier le commandement du centre de résistance *Gabrielle* à Diên Biên Phu à la tête du 5e bataillon du 7e régiment de tirailleurs algériens (V/7e RTA), déclare dans une fiche : « Nous

(Européens) sommes haïs par le Vietnamien d'une haine universelle. [...] Les seuls éléments qui ne nous haïssent pas activement ou bien sont corrompus ou ont divorcé d'avec le peuple. Ils sont haïs par le peuple encore plus que nous et la collaboration que nous entretenons avec eux est un leurre et une source majeure de nos échecs. [...] Nous sommes toujours battus, tout simplement parce que l'ennemi est plus fort que nous dans certains domaines clés (moral – politique – et sûrement conception et énergie dans l'action). » Et de conclure : « Nous avons d'autres lieux à animer de notre présence. »

La situation dans la zone sud du delta reste donc, au terme de ces opérations, toujours précaire. Le général Cogny, qui commande la zone nord, obtient cependant des résultats plus heureux au mois d'avril 1952 en lançant les opérations Porto, Polo et Turco, dans un rayon d'une trentaine de kilomètres à l'est de Hanoï. Là, dans la nuit du 19 au 20 avril, le régiment 98 (division 316) perd environ 900 tués et plus de 1 000 prisonniers, un exemple unique dans l'histoire de la guerre d'Indochine. Les opérations de nettoyage des zones nord et sud du delta du Tonkin se poursuivent durant l'été mais échouent dans leur tentative de destruction des forces adverses. L'ensemble de ces actions, si elles ne se révèlent pas trop meurtrières pour les unités du corps expéditionnaire, occasionnent pourtant quelques tués et blessés, usent les matériels, fatiguent les hommes physiquement et moralement. Surtout, elles témoignent, une fois encore, du caractère vain de toute entreprise de nettoyage qui ne s'accompagne pas d'une occupation effective du terrain : les bouclages menés par les GM se referment la plupart du temps dans le vide et à peine les forces mobiles se sont-elles retirées que l'appareil politico-militaire du Viêt-minh refait son apparition et reprend le contrôle des régions d'où il a été momentanément chassé. Au printemps 1952, le général de Linarès se propose de mettre – enfin – en place une meilleure coordination entre l'action militaire du corps expéditionnaire et l'action civile vietnamienne. Il s'agit, par de nouvelles méthodes, d'obtenir un contrôle politique absolu du delta du Tonkin en l'espace de dix-huit mois. Ce plan repose en grande partie sur un nouvel organisme : le groupement administratif mobile opérationnel (GAMO).

Une tentative originale de pacification : les GAMO

La nécessité de créer un tel organisme se fait jour au début de l'année 1952 lorsqu'apparait l'impossibilité pour les chefs de districts et de cantons vietnamiens[3] de se rendre librement et sans escorte armée dans les villages de leur circonscription. C'est dans la province de Thai Binh, située au sud de Haiphong, lors de l'opération Mercure, qu'un GAMO est utilisé pour la première fois. À l'été 1952, il en existe cinq pour l'ensemble du Nord-Vietnam. Le GAMO, comme l'explique le colonel Riner, chef du bureau de liaison pour la pacification de la zone nord, est un organisme administratif, c'est-à-dire qu'il n'est pas voué à la guerre, mobile car il se déplace de village en village et opérationnel dans le sens où il s'installe à la suite de l'action des groupes mobiles et autres troupes opérationnelles. C'est une structure civile envoyée par le gouverneur[4] dans une province qui fait l'objet d'une opération de nettoyage. Son commandement est normalement assuré par un fonctionnaire civil qui a autorité sur une dizaine d'infirmiers et autant d'assistants sociaux et d'agents de propagande. Il dispose, pour la sécurité de son organisme, de 100 à 140 personnels relevant du *Bao Chin Doan* (corps de défense de l'État) et d'une trentaine d'agents de la Sûreté nationale vietnamienne chargés du renseignement.

Dans la phase opérationnelle, les quelque 200 membres d'un GAMO ont pour mission de fouiller les villages libérés et de participer au tri des prisonniers en liaison avec les officiers de renseignements des groupes mobiles ou des secteurs. Dans le même temps se met en place l'assistance aux personnes déplacées, la distribution de nourriture mais, surtout, l'action de contre-propagande auprès des populations : il s'agit de réfuter les slogans communistes, de promouvoir les victoires de l'armée nationale et les succès du gouvernement de Bao Dai par le biais de harangues, d'affiches ou de tracts. Dans une deuxième phase, le GAMO procède au recensement de la population, à l'établissement de cartes d'identité, à l'arrestation des agents du Viêt-minh ou au recrutement d'informateurs, et il participe également à la réinstallation de l'administration (conseils des notables) ou de différents services (sanitaires, sociaux ou éducatifs).

« De l'aveu de tous ceux qui se sont intéressés à la question, commandants de zone et de groupe mobile [notamment], les GAMO se sont révélés indispensables. Certains ont même écrit qu'ils représentaient le seul procédé efficace pour reprendre en main la population. » De fait, la mise sur pied des GAMO inquiète le Viêt-minh. Dans une circulaire du 9 octobre 1952, le comité exécutif du Parti ouvrier vietnamien du district de Dong Trieu rapporte que « le GAMO constitue une forme politique très efficace créée par les fantoches pour servir la pacification menée par les pirates français et tromper les pacifistes, les mécontents, etc. ». Le colonel Riner avance que l'adversaire « s'intéresse aux GAMO et les étudie. Il les a reconnus efficaces et veut les détruire » soit de l'extérieur en envoyant contre eux des unités régionales, soit de l'intérieur en les noyautant. Pourtant, les principales difficultés auxquelles se heurtent les GAMO ne viennent pas du Viêt-minh mais des GAMO eux-mêmes. En l'absence de cadres de qualité, ils souffrent d'un recrutement médiocre et, malgré la présence d'éléments de valeur, « beaucoup de personnes incompétentes » ont été intégrées dans ces organismes.

Les problèmes de soldes qui ne sont pas versées constituent, souvent du fait de la concussion, un autre frein au développement. Au début du mois d'octobre 1952, le général Cogny peut écrire que « le GAMO 2, en fait, n'existe plus.

Son chef, ses deux sous-chefs, les officiers du BCD sont à Hanoï [...] pour quémander de l'argent ». Par ailleurs, « des incidents graves se sont produits entre [la] 12e compagnie BCD et [les] civils. Le commandant de cette compagnie [...] a fait encercler par ses BCD un groupe civil du GAMO pour gifler un fonctionnaire qui lui avait déplu ». Les relations entre civils et militaires constituent l'une des plus grosses difficultés, les seconds acceptant mal la primauté des premiers. Chez les militaires, par ailleurs, le favoritisme, les rivalités et le népotisme sont d'autres handicaps qui nuisent au bon fonctionnement des GAMO[5]. D'autres reproches leur sont adressés car certains membres se livrent à des trafics sur le riz. Par ailleurs, les harangues contre le Viêt-minh se transforment trop souvent, rapporte le commandement français, en meeting politique en faveur de tel ou tel parti politique, comme le VNQDD par exemple, où les auteurs se livrent à la critique du gouvernement dont ils sont censés promouvoir l'action. L'ensemble des « affaires » qui secouent les GAMO affaiblissent donc leur l'efficacité : « Intrigues et carences vietnamiennes mettent en réel danger l'œuvre de la pacification », affirme le général Cogny en octobre 1952. Le principe de cet organisme n'est toutefois pas remis en cause et, après une refonte de l'organisation du commandement à la fin de l'année 1952, les GAMO continuent à se développer. À la fin des hostilités, on en compte une quinzaine, la plupart au Nord-Vietnam, et quelques-uns au Centre du pays. La mise sur pied des GAMO représente une solution originale pour faire pièce au Viêt-minh dans le delta du fleuve Rouge, et témoigne également du fossé qui existe entre la façon dont le Vietnam nationaliste mène la guerre en comparaison du Viêt-minh.

À la fin de la saison des pluies 1952, alors que va débuter la campagne d'automne, les perspectives politiques et militaires paraissent peu brillantes pour les Français et leurs alliés. L'emprise du Viêt-minh dans le delta s'avère plus considérable que le commandement français ne le suppose. « Au rythme des premières opérations [impliquant les GAMO, écrit un conseiller du haut-commissaire,] ce ne sont plus dix-huit mois, mais plusieurs années qui seraient nécessaires pour mener à bien le plan de Linarès, et des effectifs qui n'existent pas. » Pourtant, le Viêt-minh n'est pas encore suffisamment assez fort dans le delta pour emporter la décision dans cette zone aussi, décide-t-il d'une stratégie périphérique. Six mois après sa « défaite » de Hoa Binh, le corps de bataille de l'APV est à nouveau en mesure d'entreprendre une manœuvre d'envergure. Ses divisions ont subi des pertes et leurs effectifs sont passés de 12 000 au début de l'année à environ 9 500, mais cette réduction, qui traduit aussi une certaine souplesse d'adaptation, n'a pas fondamentalement entamé leur potentiel. Au début du mois de septembre 1952, les services français décèlent d'importants préparatifs d'une prochaine offensive viêt-minh. Même si son point d'application reste inconnu, il demeure, écrit le même conseiller, qu'« avant même le début de la campagne, nous avons perdu l'initiative ».

Le choix du pays thaï

À partir de l'automne 1952, le centre de gravité des opérations en Indochine se déplace définitivement en pays thaï. Depuis l'année précédente, en effet, et notamment depuis sa tentative infructueuse sur Nghia Lo, l'état-major de l'APV a compris l'intérêt de s'emparer de ces vastes zones où les populations locales sont, dans leur majorité, fidèles à la France. Du point de vue viêt-minh, un tel objectif présente plusieurs avantages. Tout d'abord, la faiblesse de l'implantation française, relativement aux forces stationnées dans le delta du Tonkin (et à l'abri de la ligne de Lattre), peut laisser espérer des succès faciles à obtenir. L'attaque des postes français en pays thaï permettrait également d'attirer les réserves du corps expéditionnaire et de les détruire sur

Les campagnes d'automne 1952 et printemps 1953

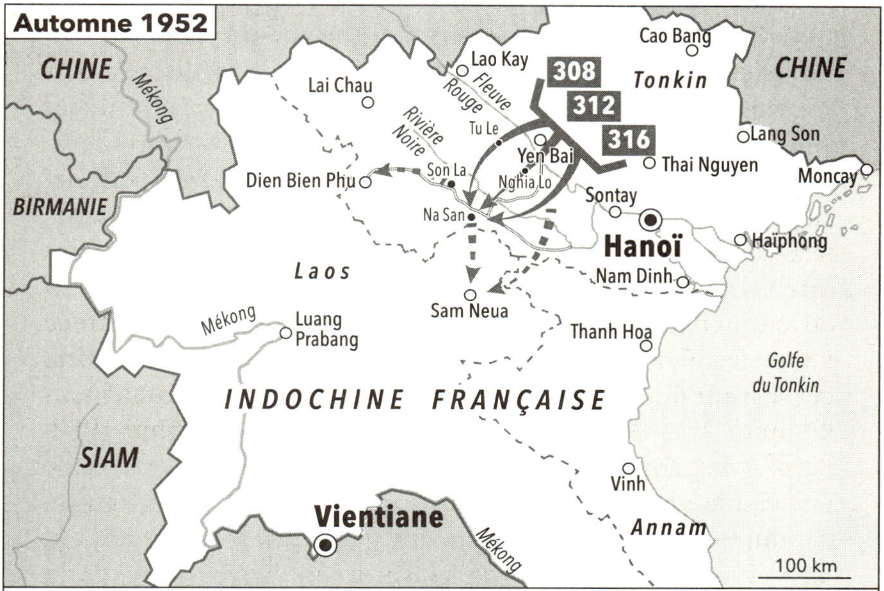

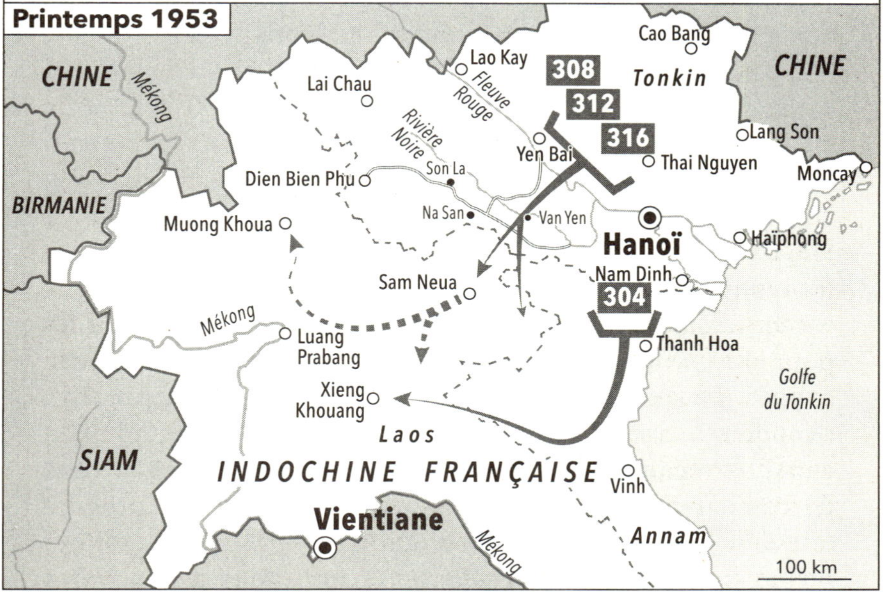

un terrain favorable aux troupes viêt-minh. Dans ces régions montagneuses et difficiles d'accès, l'action de l'aviation se trouve réduite par le milieu physique accidenté et le manteau forestier très dense, sans compter la présence régulière d'une couverture nuageuse qui interdit fréquemment toute intervention par les airs. Par ailleurs, la fluidité de l'infanterie viêt-minh lui permet d'acquérir une certaine supériorité sur la plupart des unités françaises, peu entraînées ni équipées pour combattre et progresser dans un environnement semblable. La dispersion des forces provoquée par la réaction du commandement français, que le Viêt-minh estime avec justesse inévitable, aurait aussi pour conséquence un affaiblissement du potentiel militaire dans le delta, qui faciliterait d'autant la poursuite de la guérilla et donc le « pourrissement » des zones franco-vietnamiennes. Enfin, du point de vue politique, une offensive en pays thaï et l'élimination de toute présence française dans certaines provinces du Nord-Ouest porteraient un coup sévère au prestige de la France en Indochine en même temps qu'elles permettraient de « tendre la main » aux populations laotiennes.

Pour l'historien Jacques Valette, qui a étudié en détail cette campagne de l'automne 1952 et de l'hiver 1953 comme la stratégie mise en place par le général Salan pour la contrer, le Nord-Laos et, de manière plus symbolique, le Mékong constituent l'un des deux véritables objectifs de Giap. Compte tenu des forces engagées – environ 30 000 hommes – et des difficultés logistiques qu'aurait engendrées cette offensive, il est toutefois permis de s'interroger sur les possibilités réelles pour l'armée populaire, telle qu'elle est à l'époque, d'atteindre ce but. La seconde raison qu'avance Jacques Valette pour expliquer le choix viêt-minh – et que ce dernier se serait bien gardé de reconnaître officiellement –, réside dans sa volonté de s'emparer des régions productrices de pavot et de prendre le contrôle du commerce de l'opium. Quoi qu'il en soit, et même si les *Mémoires* du général Giap restent peu loquaces en ce qui concerne les différentes phases de l'offensive qu'il avait prévues, ne les justifiant qu'après coup, la campagne du Nord-Ouest, qu'elle se fixât des objectifs limités comme la conquête de la rive gauche du fleuve Rouge ou plus ambitieux comme l'invasion du Nord-Laos, imposait une planification rigoureuse. La décision de l'entreprendre étant prise dès avril 1952, selon Giap, le Viêt-minh bénéficie de cinq mois pour recevoir l'armement nécessaire (et notamment les mortiers qui seront utilisés en nombre), reprendre l'instruction de la troupe et constituer les dépôts qui jalonneront la progression des divisions de son corps de bataille. « La plus grande difficulté, témoignera en effet Giap, résidait dans le ravitaillement en vivres et en munitions. » Pour atteindre ne serait-ce que Nghia Lo, les deux lignes de ravitaillement existantes, l'une partant de la région de Thaï Nguyen (armement et munitions), l'autre du Thanh Hoa (riz), nécessitaient un trajet de 200 à 300 kilomètres à travers des pistes que des milliers de coolies et de soldats devaient remettre en état.

Du côté français, cette première campagne en pays thaï a été racontée dans maints ouvrages consacrés à la guerre d'Indochine et qui se focalisent sur les principaux combats dont elle a fait l'objet : ceux de Nghia Lo, le repli de Tu Le, l'opération Lorraine ou encore la bataille de Na San. Toutefois, peu d'entre eux se sont interrogés sur l'opportunité ou l'efficacité de la stratégie adoptée par le général Salan, la victoire défensive de Na San, notamment, ayant peut-être un peu trop attiré l'attention des narrateurs. Les réponses apportées par le commandant en chef pour défendre une aussi vaste superficie (environ 50 000 km^2) avec seulement quelques milliers de combattants méritent pourtant d'être débattues. Si Jacques Valette rend hommage au sens de la manœuvre de Salan et à sa capacité à utiliser ses réserves générales, faisant aérotransporter ou parachuter ici ou là ses bataillons d'intervention au gré des objectifs du Viêt-minh et des secteurs menacés, d'autres voix, plus rares, se sont élevées pour condamner cette « guerre du pays thaï ». Dans un document qui constitue ses « souvenirs indochinois », le général Delteil critique vivement les choix opérés à l'époque et dénonce la « stupide mystique des Moyennes et Hautes régions du Tonkin, et des soi-disant verrous sur la Chine », qualifiée également de « vaste fumisterie », et dont le commandant en chef aurait été le promoteur et l'ardent défenseur.

« La stupide mystique des Moyennes et Hautes régions du Tonkin... » ?

Même si le général Delteil semble régler de vieux comptes avec le général Salan, qu'il connaît de longue date, il n'en reste pas moins que l'avis de cet officier aux compétences et à la sûreté de jugement reconnues – n'est-il pas choisi au mois de mai 1954 pour diriger le groupe de conseillers militaires chargés d'assister la délégation française à la conférence de Genève ? – mérite d'être entendu. Selon lui, l'attachement qu'éprouve le général Salan à l'égard du pays thaï, et dont l'origine remonte sans doute au premier séjour qu'il y fit dans les années 1930, comme l'acharnement à le défendre, conduit le corps expéditionnaire à occuper Diên Biên Phu l'année suivante, et à y livrer bataille. Ainsi, le « facteur sentimental », bien plus qu'une stratégie politique et militaire fondée, aurait motivé les actions du commandant en chef, entraînant une dispersion des moyens avec, pour seule contrepartie militaire, l'intégration d'une poignée de bataillons thaïs et de quelques compagnies de partisans au sein des forces franco-vietnamiennes. Et le général Delteil de citer un passage du tome deux des *Mémoires* de Salan à l'appui de son argumentation : « Cette population nous aime, nous a fait confiance nous n'avons pas le droit de l'abandonner », écrit Salan, promettant par ailleurs aux Laotiens de « tout mettre en œuvre pour protéger les centres vitaux du Laos ». De l'avis du général Delteil, le Viêt-minh, qui connaissait les sentiments du général Salan et sa volonté de tout mettre en œuvre pour sauver ces territoires, aurait déclenché la campagne en pays thaï, certain de voir le commandant en chef tomber dans le piège.

L'argument mérite d'être retenu, mais il est regrettable que, suite à ses critiques, le général Delteil n'ait pas proposé sa propre vision stratégique. On peut raisonnablement conclure de ce silence que la seule alternative à la défense du pays thaï résidait à l'époque, dans un repli du corps expéditionnaire à l'intérieur du « delta utile », qui, une fois les unités mises à l'abri de la ligne fortifiée, serait devenu un réduit inexpugnable. Le maréchal Juin ne dit pas autre chose lors de la mission d'inspection qu'il effectue en Indochine au début de l'année 1953. Il préconise de « porter l'effort sur le delta tonkinois où le Viêt-minh trouve l'essentiel de son ravitaillement en riz, où il tient ses quartiers dans les intervalles de nos postes. Il convient donc, dans un premier temps, de purger le delta ». Cette conception rejoint celle prônée par l'amiral Castex en décembre 1955, à l'achèvement du conflit, dans un numéro de la *Revue de la Défense nationale*. Selon cet éminent stratégiste, le choix du delta aurait conduit l'APV à attaquer le dispositif français sur un terrain qui lui était défavorable et où la mobilité et la supériorité de la puissance de feu du CEFEO pouvaient jouer au mieux. Mais, en mars 1956, dans une réponse adressée dans les colonnes de la même revue, le général Navarre, ancien commandant en chef, démontra avec justesse l'erreur d'analyse commise par Castex, qui témoignait d'une certaine méconnaissance de la nature particulière de la guerre en Indochine, comme des méthodes du Viêt-minh.

En effet, à partir du début des années 1950, la stratégie militaire mise en place par les commandants en chef successifs vise à répondre à deux impératifs : l'un, immédiat, est la protection des intérêts français et celle de la souveraineté des trois États associés, l'autre, plus lointain, s'inscrit dans le cadre de la politique de *Containment*[6] mise en place par les États-Unis, et entend faire des pays d'Indochine un rempart contre le communisme en Extrême-Orient. Dans cette perspective, le Tonkin et le Nord-Laos doivent « barrer » l'accès au bassin du Mékong qui débouche sur la Birmanie, la Malaisie, ouvrant la voie vers l'Inde. Or, une rétraction du corps expéditionnaire sur le delta du fleuve Rouge, voire sur le réduit d'Haiphong, n'aurait permis de remplir aucun de ces deux objectifs. Pis encore, le Viêt-minh, concentrant l'essentiel de son corps de bataille et bénéficiant de l'aide des unités infiltrées et d'une grande partie de la population, aurait pu infliger encore plus tôt de lourds revers aux forces françaises qu'il aurait contraintes à l'évacuation du Nord-Vietnam. Enfin, l'armée populaire aurait pu « masquer » le delta et procéder, sans résistance notable, à l'invasion du Laos.

Ainsi, cette campagne du pays thaï reflète bien le dilemme de la stratégie militaire française en Indochine, une stratégie qui se heurte, en bien des circonstances, à des nécessités d'ordre politique. La défense du Laos et la protection des minorités ethniques favorables à la France ne pouvaient être « abandonnées » aux mains de l'adversaire pour des motifs militaires sans que la parole comme le prestige de Paris ne soient durablement atteints, en Extrême-Orient comme dans le reste du monde. Le général Salan fait donc le choix de combattre le Viêt-minh sur le terrain que ce dernier lui impose – le Nord-Ouest du Vietnam –, un choix qui reste sans doute le moins mauvais à l'époque au vu des circonstances. Cette offensive en pays thaï, à l'automne 1952, consacre définitivement la perte d'initiative du corps expéditionnaire en Indochine. Elle commence par une défaite, celle de la chute du centre de résistance de Nghia Lo, pivot de la défense française dans la région.

La chute de Nghia Lo

Le nouveau théâtre d'opérations choisi par le Viêt-minh est clairement délimité à l'est par la longue transversale que constitue le fleuve Rouge et, à l'ouest, par la frontière cambodgienne. Alors qu'au nord la frontière chinoise ferme le quadrilatère, au sud, c'est le delta du Tonkin. Ce vaste ensemble comprend quatre provinces : celles de Yen Bai et de Lao Kay en majorité sous contrôle du Viêt-minh et traversées par la route provinciale 13 (RP 13), et celles de Son La et de Laïchau, séparées des précédentes par la rivière Noire et reliées entre elles par la RP 41. L'influence française y reste largement prédominante. La RP 13 comme la RP 41 sont deux axes majeurs qui, une fois aux mains des troupes de l'APV, leur permettraient d'atteindre le Yunnan près de Phong To (à l'ouest de Lao Kay) ainsi que le Nord-Laos *via* Diên Biên Phu. Les provinces de Laïchau et de Son La sont majoritairement peuplées de membres de l'ethnie thaïe, divisée en deux groupes principaux : les Thaïs blancs (au nombre de 35 000), implantés plutôt au nord (région de Laïchau), et les Thaïs noirs (environ 100 000), occupant une vaste zone allant de Diên Biên Phu jusqu'au bassin de Nghia Lo. Regroupées au sein d'une Fédération thaïe, ces populations, jalouses de leur autonomie et de leur culture, se révèlent de farouches opposantes aux viêt-minh, considérés comme des envahisseurs bousculant la société traditionnelle thaïe. Les Vietnamiens communistes se montrent d'ailleurs particulièrement violents envers les Thaïs dans les zones conquises – et non « libérées » selon la terminologie usitée par le Viêt-minh.

Sept régiments d'infanterie appartenant aux divisions 308, 312 et 316 constituent le fer de lance de l'offensive. Leur premier objectif est le centre de résistance de Nghia Lo devant lequel l'APV a échoué l'année précédente. Par ailleurs, anticipant le déroulement futur de la campagne, le bataillon 910 du régiment 148[7] est envoyé en pays thaï afin de commencer la prise en main des populations et leur endoctrinement politique. D'autres unités sont mobilisées, tel le régiment 176, dédiées principalement aux missions de garde des dépôts et à la couverture de l'action principale. La mise en route du corps de bataille viêt-minh commence au milieu du mois de septembre et, le 7 octobre 1952, le fleuve Rouge est franchi à hauteur de Yen Bai. Les services de renseignements français, pris au dépourvu, ont du mal à évaluer l'ampleur de l'offensive, notamment en raison du changement du code du ravitaillement opéré par l'APV au mois de juin précédent. En effet, au cours de la guerre d'Indochine, c'est en grande partie grâce au décryptement de ce code et aux écoutes que les Français parviennent à avoir une bonne connaissance des intentions du corps de bataille viêt-minh : l'emplacement et l'importance des dépôts indiquant à la fois les effectifs engagés comme l'axe de marche des unités, ils définissent la plupart du temps les objectifs militaires de l'adversaire. Le code « opérationnel » mis en place par l'APV, beaucoup plus complexe, reste inaccessible au commandement du corps expéditionnaire.

Le rapport des forces est tel que les avant-postes défendant l'accès à Nghia Lo tombent dès le 14 octobre. Sentant la menace se préciser sur le centre de résistance, qui a été renforcé depuis l'année précédente et qui totalise 700 combattants (d'inégale valeur), le général de Linarès ordonne, le 16, le largage du 6e BPC à Tu Le, à une dizaine de kilomètres de Gia Hoï, espérant sans doute rééditer la manœuvre de l'année précédente. De Saigon, où il se trouve alors et face aux renseignements qui lui parviennent, le général Salan prend progressivement la mesure de l'offensive qui est en train d'emporter tout le dispositif français au nord de la rivière Noire. Sa connaissance du Viêt-minh comme la capacité de ce dernier à tirer les enseignements de ses échecs le conduisent à la conclusion que l'intervention d'un bataillon de parachutistes dans ces conditions ne saurait être la solution, pis même, celui-ci risquerait d'être anéanti. La destruction d'une formation d'élite du corps expéditionnaire constituerait un coup d'éclat pour le Viêt-minh, dont la propagande saurait tirer profit. Salan décide d'annuler l'opération aéroportée, mais le contrordre arrive cependant trop tard et le 6e BPC est largué.

Dans l'après-midi du 17 octobre, le centre de résistance de Nghia Lo est investi par la division 308 et attaqué à 17 heures. Même si la garnison est plus forte qu'en 1951, elle n'est pas de taille à lutter contre les régiments aguerris qui lui sont opposés. L'état-major de l'APV ne compte pas renouveler ses erreurs de l'année précédente et, cette fois, la concentration de ses forces et de ses feux lui donne un avantage décisif. Surtout, il a compris que la neutralisation de Nghia Lo-haut et de ses canons constitue un préalable indispensable à la victoire. Aussi, en fin d'après-midi, les deux postes, haut et bas, sont écrasés par les obus de mortier et les projectiles des canons sans recul ; dès 21 heures le premier tombe alors qu'il avait pour fonction d'appuyer le second. Une fois celui-ci aux mains de l'adversaire, la survie du poste bas n'est plus qu'une question d'heures. Toute la nuit durant, l'ensemble de l'aviation de chasse et de bombardement du GATAC Nord intervient au profit de la garnison, l'aviation de transport éclairant le champ de bataille grâce à ses *Luciole*. Malgré l'appui aérien et la résistance acharnée des défenseurs, Nghia Lo-bas est emporté à l'aube du 18 octobre.

La chute de Nghia Lo, outre la stupeur qu'elle crée au sein du commandement français, fait naître l'inquiétude de voir le 6e BPC – dont la mission de secours est désormais sans objet – subir le même sort. Isolés, les quelque 680 parachutistes du chef de bataillon Bigeard semblent devenus une proie facile face à un adversaire largement supérieur en nombre. La réaction du général Salan est immédiate : il ordonne aux postes implantés sur la rive droite (ou nord, c'est selon) de la rivière Noire et au 6e BPC de rejoindre Na

San dans les délais les plus brefs. Le 20 octobre 1952, après avoir attendu la garnison de Gia Hoï, qui arrive encombrée de civils, les parachutistes français entament leur repli. C'est le début d'une marche harassante, ponctuée de violents combats au terme desquels le 6e BPC et son chef vont rentrer dans la « légende » des troupes aéroportées. Entre les 20 et 22 octobre, une trentaine d'appareils de chasse ainsi qu'une vingtaine de B 26 sont entièrement dédiés à l'appui de la colonne. Leur action ainsi que le sacrifice des supplétifs de la 284e CLSM de l'adjudant Peyrol, qui commande le poste de Muong Chen, permettent aux parachutistes, épuisés, d'atteindre les « lignes » françaises le 23. Le 6e BPC déplore une centaine de tués et de disparus[8]. Ce même jour, la mésopotamie située entre le fleuve Rouge et la rivière Noire est désormais entièrement aux mains des troupes de l'armée populaire, qui s'apprêtent à franchir la rivière pour poursuivre la campagne, jusque-là victorieuse. Les pertes, la nécessité de réorganiser les unités éprouvées, mais aussi l'allongement des lignes de communication imposent toutefois au commandement de l'APV de stopper son offensive. Les dépôts doivent être recomplétés, les blessés évacués et le dispositif d'attaque réarticulé avant d'entamer la seconde phase dont les objectifs restent toujours, à cette date, la conquête des provinces de Son La et Laïchau en détruisant le maximum de forces françaises.

L'opération Lorraine

Si les nouveaux objectifs de l'APV n'apparaissent pas clairement au commandement français, il semble probable à ce dernier que l'état-major viêt-minh est décidé à continuer sa progression sur la rive sud de la rivière Noire. Le général Salan, identifiant le danger, a décidé, plutôt que d'assister à la destruction les unes après les autres des garnisons françaises, leur regroupement dans la plaine de Na San qui se trouve à une vingtaine de kilomètres au sud-est de Son La. Le site, une fois puissamment fortifié, doit devenir un brise-lames sur lequel doivent s'échouer les assauts de l'adversaire. Le 20 octobre 1952 est ainsi mis sur pied le groupement opérationnel de la moyenne rivière Noire (GOMRN)[9] qui doit prendre à son compte les combats en pays thaï ; le commandement en est confié au général Gilles, adjoint du général de Linarès. Toutefois, l'idée de créer un camp retranché dans la petite vallée de Na San – longue de 5 kilomètres et large de 2 –, située au carrefour de la RP 41 et de la route de Mai-Son[10], suppose des délais d'organisation du terrain. Afin d'obtenir le temps nécessaire à la mise en défense des hauteurs qui entourent Na San et protègent sa piste d'aviation, Salan conçoit, à la fin du mois d'octobre, une manœuvre retardatrice dont le but est d'amener le général Giap à détourner du pays thaï une partie de ses forces en menaçant les voies de ravitaillement de ses unités, et en détruisant leurs dépôts. Pour que cette diversion réussisse pleinement, il faut que l'objectif retenu ne se situât pas trop loin du front de la rivière Noire – afin que le Viêt-minh puisse avoir la possibilité d'envoyer rapidement des forces au secours de la zone menacée – et présente un intérêt important aux yeux de l'état-major. Or, à la même période, le 2e bureau des FTNV identifie la présence aux alentours de Phu Doan, entre Phu To et Yen Bai et à une centaine de kilomètres « seulement » des derniers blockhaus de la ligne de Lattre, d'un important stock de matériels, d'armements et de munitions chargé d'alimenter l'offensive viêt-minh en pays thaï. Porter un coup dans ce secteur essentiel pour la campagne du Nord-Ouest obligerait l'adversaire à réagir. Une opération sur Phu Doan, conçu comme un « va-et-vient », selon la terminologie militaire, où la vitesse d'exécution des bataillons franco-vietnamiens constitue un élément clé, est planifiée dans l'urgence par l'état-major des FTNV.

S'il est difficile de connaître la date exacte à laquelle Salan arrête sa décision, dès le 27 octobre, une action de diversion est lancée pour laisser croire à un nouveau raid sur Hoa Binh. Lorraine, c'est le nom qui est donné à l'opération principale sur Phu Doan, commence dans la nuit du 28 au 29 octobre 1952. Avec près de 30 000 hommes mobilisés du côté français, c'est l'une des plus importantes, en termes d'effectifs, de toute la guerre d'Indochine. Le colonel Dodelier qui la dirige commande la zone ouest et la 1re DMT. Il dispose d'une force de frappe puissante constituée notamment de quatre groupes mobiles (GM 1, 3, 4 et 5), d'un groupement parachutiste de 2 350 hommes et de deux sous-groupements blindés renforcés d'un escadron de marche de *Tank Destroyer*. « Tout le déroulement de l'opération "Lorraine" [étant] dominé par des problèmes de franchissement », le rôle du génie apparaît primordial dans l'opération qui absorbe la quasi-totalité des unités de sapeurs du Tonkin. De fait, la manœuvre qui prévoit la jonction d'un groupe mobile avec un groupement parachutiste lâché sur Phu Doan nécessite plusieurs franchissements d'importance : celui de la rivière Noire à Trung Ha, celui du fleuve Rouge à Phu To et de la rivière Claire à Vietri. Par ailleurs, les deux axes de manœuvre qui doivent être empruntés par les groupes mobiles sont détruits sur des dizaines de kilomètres, la RN 2 (anciennement RC 2), qui va devenir bientôt l'axe principal et n'est plus entretenue depuis des mois, est en l'état impraticable. La zone d'action de Lorraine se présente comme un triangle inversé dont la pointe se situe à Vietri et la base formée par une ligne reliant Phu Doan au fleuve Rouge, ce dernier et la rivière Claire représentant les côtés.

La première phase de Lorraine vise à l'occupation de Phu To, occupation réalisée par le 2e bataillon Muong (GM 3) dès le 3 novembre 1952, mais rendue compliquée en raison du double franchissement de la rivière Noire et du fleuve Rouge. Dès le lendemain, alors que les bataillons d'infanterie des groupes mobiles traversent à leur tour le fleuve Rouge à hauteur de Hung Ha où le génie a jeté un pont de bateaux, le GM 3 poursuit sa progression. Il est bientôt rejoint par le

GM 4 qui emprunte la RN 2 dont les sapeurs rétablissent progressivement la chaussée. Les difficultés rencontrées durant ces premiers jours sont causées davantage par les destructions et les pluies qui transforment les routes en bourbiers que par la réaction du Viêt-minh. Mais à partir du 5 novembre, les unités régionales chargées d'interdire l'approche de la zone des dépôts durcissent leur résistance et les hommes des GM doivent livrer de durs combats pour s'assurer la maîtrise des collines dominant la RN 2. Le 9 novembre, trois bataillons parachutistes (1er et 2e BEP, 3e BPC) sont enfin largués sur Phu Doan. De manière classique, la manœuvre prévoit qu'un groupement terrestre composé des GM 1 et 4 et des deux sous-groupements blindés fasse sa jonction avec les troupes aéroportées. La colonne motorisée, après s'être heurtée à la vive résistance du régiment 176, atteint finalement Phu Doan le 9 en milieu d'après-midi. Fantassins et parachutistes commencent alors la fouille des environs. C'est au cours de cette journée, raconte Jean Ferrandi, qui effectue son second séjour en Indochine[11] comme officier au 2e bureau des FTNV, « que des stocks d'une importance et d'une conception inattendue tombèrent sous les yeux de nos troupes. Les véhicules de fabrication soviétique, les fameux "Molotova" furent découverts, soigneusement camouflés, dans les branchages épais de la forêt ; des quantités surprenantes de munitions et d'armement de toutes provenances, comme nos troupes n'avaient jamais eu l'occasion d'en découvrir. [...] Je dois avouer que tout cela dépassait de très loin les prévisions les plus optimistes du 2e bureau. »

Les stocks découverts sont allotis et camouflés sous forme de petits paquets dispersés sur de vastes superficies et peu vulnérables aux bombardements de l'aviation. Dans les jours qui suivent, les fouilles continuent, parvenant à un bilan impressionnant. Dresser l'inventaire, comme le fait le compte rendu de l'opération Lorraine, du matériel récupéré serait fastidieux tant celui-ci est considérable. Retenons que trois camions *Molotova*[12], sans doute surpris par le déclenchement de l'opération et cachés au moment du déclenchement de Lorraine, sont retrouvés. Par ailleurs, les combattants français récupèrent 3 canons sans recul, 2 mortiers de 120 mm, 14 mortiers de 81 mm, 40 mortiers de 60 mm, une vingtaine de mitrailleuses lourdes, une trentaine de fusils-mitrailleurs, une centaine de pistolets-mitrailleurs et 23 bazookas. Une partie de cet armement est distribuée au sein des unités pour compléter les dotations réglementaires. Les munitions, très nombreuses[13] et difficilement transportables, ainsi que plusieurs centaines de fusils et un important équipement d'infanterie (pelles, pioches, etc.) sont détruits sur place. Pour des raisons de propagande, une partie du matériel récupéré est ramenée vers l'arrière pour être exposée à Saigon ou à Hanoï, dans le but de dénoncer la collusion entre le Viêt-minh et le bloc communiste. Un officier du génie racontera plus tard comment, au cours de l'opération, il reçoit l'ordre « de Paris, *via* Saigon » de détruire tout le matériel d'origine française[14] dont la présence aurait été, en effet, de nature à susciter quelques interrogations et polémiques en France…

Le 14 novembre 1952, le commandement français, dont les unités blindées ont poussé jusqu'au carrefour de Phu Hien Binh[15] pour couper le ravitaillement direct entre Tuyen Quang et Yen Bai, prend la décision de mettre un terme à l'opération. L'ordre est motivé par le fait que les objectifs de Lorraine sont considérés comme atteints tandis que le renforcement de l'adversaire dans la région s'accroit dangereusement[16], et que les unités viêt-minh font à nouveau planer une menace sur le delta, vidé de troupes franco-vietnamiennes. Le Viêt-minh a profité de l'absence des réserves générales françaises pour pénétrer profondément dans la zone sud et y déclencher des attaques en force. Ainsi, dans la nuit du 13 au 14 novembre, 3 000 hommes appartenant à la division 320 tentent de s'emparer des postes interdisant l'accès à Phat Diem, sans succès toutefois. Le retour des groupes mobiles à l'abri de la ligne de Lattre s'effectue sans incidents majeurs à l'exception de l'arrière-garde du GM 4[17] qui, le

17 novembre, empruntant le défilé de Chan Mong[18], tombe dans une gigantesque embuscade tendue par le régiment 36 (division 308). Ce régiment, la seule des formations engagées sur le front de la rivière Noire qui ait été distraite de sa mission pour renforcer les forces du secteur de Phu Doan, est arrivé sur les lieux quelques jours auparavant.

Dans son ouvrage *Street without Joy*, l'historien Bernard Fall est l'un des rares à avoir narré cet épisode qui donne lieu à des scènes d'une violence inouïe. Vers 10 heures du matin, après une brève préparation d'artillerie, les *bo doïs* du régiment 36 donnent l'assaut à la colonne française étirée sur la route ; immédiatement les forces des deux camps se retrouvent étroitement imbriquées, une situation qui débouche sur de sanglants corps-à-corps. Les survivants français se rappelleront longtemps la vision des « grappes » de combattants viêt-minh juchés sur les chars français pour les détruire, obligeant ces derniers à se tirer dessus à la mitrailleuse, pour se dégager. Après un moment d'accalmie, la bataille reprend en fin d'après-midi, obligeant les Vietnamiens du bataillon de marche indochinois à une contre-attaque à la baïonnette ; finalement, les combattants du régiment 36 sont chassés des hauteurs qu'ils occupent et rompent le contact. Vers 22 h 30, ce qui reste de l'arrière-garde du GM atteint, fort éprouvé, le petit village Ngoc Thap, au nord de Phu To. L'embuscade de Chan Mong coûte 56 tués, 133 disparus et 125 blessés. Onze véhicules et un tank sont également détruits ce 17 novembre 1952. Dès le lendemain, le commandement français poursuit la rétraction de son dispositif au nord du fleuve Rouge ; le 24 novembre, après une attaque meurtrière la nuit précédente du régiment 36 sur des positions tenues par le bataillon Muong, l'évacuation totale de la tête de pont est décidée.

Le repli des forces engagées dans l'opération Lorraine ne peut être comparé à celui, quelques mois auparavant, de Hoa Binh et être assimilé à un échec. Les objectifs de Lorraine étaient limités et ont atteint leur but : la désorganisation de la chaîne de ravitaillement de l'adversaire. La destruction des dépôts de la région de Phu Doan porte un coup certain au Viêt-minh, même si le bilan aurait été plus important encore si les Français avaient pu atteindre et détruire ceux de Yen Bai ; il aurait toutefois fallu pour cela consacrer plus de troupes et affaiblir plus longtemps le delta. Le corps de bataille de l'APV engagé sur le front de la rivière Noire n'a pas été sensiblement allégé par cette action, mais la manœuvre retardatrice imaginée par le général Salan a permis néanmoins de gagner quelques précieuses semaines. Ignorant les véritables intentions de son adversaire, Giap ne pouvait en effet consentir à poursuivre son offensive en pays thaï avec une telle menace sur ses arrières. En définitive, la destruction des dépôts viêt-minh tout autant que les difficultés logistiques propres à l'APV fournissent aux Français le répit indispensable à leur installation. En conséquence, les divisions viêt-minh mettent cinq semaines pour franchir les 70 kilomètres séparant Nghia Lo de Na San. Comme l'avait souhaité Salan, la réussite de Lorraine permet d'envisager avec confiance la bataille de Na San.

Na San, « un rattrapage improvisé [...] parfaitement réussi »

Le 17 novembre, le jour même où est déclenchée l'embuscade de Chan Mong contre des éléments du GM 4, Giap, désormais rassuré quant à la sécurité de sa logistique, ordonne la reprise des opérations en pays thaï : ses unités franchissent la rivière Noire. Rapidement, l'offensive se développe et, comme un mois plus tôt, les postes français sont enlevés les uns après les autres. La prise de Moc Chau, notamment, ouvre la voie à un nouvel axe de ravitaillement par la RC 6 et la RP 41. Le 25 novembre, la seconde phase de l'offensive est achevée. L'armée populaire est aux portes de Na San devenu entre-temps, par le fait même de l'installation des forces françaises, le principal objectif de l'APV. Pour étonnant que cela puisse être, il semble toutefois que l'effort d'organisation du terrain comme la puissance du camp retranché aient partiellement échappé au commandement viêt-minh, qui sous-estime alors la valeur défensive de l'ensemble. Na San, qui signifie « petite rizière » en langue thaïe, n'est au moment où s'ouvre la campagne d'automne 1952 qu'un petit village d'une centaine de paillotes entouré de pitons. Le choix du lieu répond aux possibilités offertes par le terrain d'aviation, une piste de latérite longue de 1 200 mètres[19], mais également à l'importance attachée au contrôle de la RP 41 qui, en longeant la rivière Noire, mène à Laïchau en passant par Diên Biên Phu. La défense de Na San et de son terrain d'aviation est assurée jusque-là par un poste de partisans de type ancien, situé au nord-ouest de la piste. Comme ce type de construction est incapable de résister à l'armement viêt-minh, le commandement décide au début de l'année 1952 de renforcer la position par la création d'un point d'appui bétonné sur le modèle de ce qui existe dans le delta. Ainsi, au nord-est de la piste, plusieurs ouvrages sont en voie d'achèvement.

Aucun des ouvrages généraux traitant de la question du camp retranché ne mentionnent l'existence de cette fortification « en dur » qui, à notre connaissance, ne joue pas de rôle particulier au cours des quelques journées (ou nuits) de combat. Comme l'écrit justement le général Gras, « ce que Na San devait devenir, personne n'en avait au début une idée précise ». Il est juste précisé le 18 octobre au chef de bataillon Vaudrey qui doit conduire les premiers travaux défensifs que Na San doit permettre de réaliser « le point d'amarrage de la défense de Son La ». De fait, l'intention du général Salan se précise au fur et à mesure que le Viêt-minh dévoile sa manœuvre et l'idée de faire de Na San une base ou un môle aéroterrestre ne s'impose donc pas d'emblée comme en témoigne l'établissement des trois plans de défense successifs du centre de résistance.

Avant même la chute du poste de Nghia Lo et dans le but d'alimenter la bataille qui vient de commencer sur la rivière Noire, le général Salan décide la mise en défense du seul terrain d'aviation à proximité de la zone des combats et susceptible d'accueillir des Dakota, celui de Na San[20]. Le 16 octobre 1952, au soir, le colonel Playe, commandant le génie d'Extrême-Orient, reçoit l'ordre de désigner deux de ses officiers avec pour mission de se rendre à Na San et d'y prendre toutes mesures utiles pour mettre le terrain à l'abri d'un coup de main viêt-minh ; ils ont une semaine pour mener à bien cette tâche. Le lendemain, les deux sapeurs arrivent à Na San. Le chef de bataillon Casso, qui dirige le détachement, est nommé trois jours plus tard commandant le génie et conseiller technique du général commandant le GOMRN. Après avoir consacré la journée à examiner la position et son environnement proche, ils établissent les premiers schémas d'organisation du terrain, esquissent un calendrier de travail et dressent un rapide inventaire des ressources locales, en main-d'œuvre comme en matériaux, notamment en bois d'œuvre nécessaire à la consolidation des abris. À cette date, deux inconnues demeurent : les effectifs définitifs du centre de résistance et la date à laquelle les unités viêt-minh pourront arriver au contact. Trois plans de défense successifs sont établis – les 18 et 28 octobre et le 19 novembre – en fonction des renseignements qui parviennent au commandement français et de la nature de la menace. Au final, le camp retranché de Na San et son terrain d'aviation sont désormais appelés à devenir « la base de ravitaillement de la zone », c'est-à-dire l'élément clé du dispositif défensif de la vallée de la rivière Noire.

Il s'agit dorénavant d'accueillir un volume de forces compris entre dix et douze bataillons d'infanterie dont la majeure partie doit prendre position sur une première ligne de points d'appui de campagne édifiée sur les mouvements de terrain entourant directement la piste. Au nord et à l'ouest de celle-ci, ce sont de petites collines boisées tandis qu'à l'est et au sud, les hauteurs sont formées de massifs calcaires pouvant atteindre 600 mètres d'altitude. Une seconde ligne de PA est construite sur des pitons – éloignés parfois de 2 à 3 kilomètres du centre du dispositif – offrant d'excellentes vues, notamment pour les observateurs d'artillerie. Cette ligne des PA extérieurs a pour mission principale de donner de la profondeur au système défensif, de dissocier une attaque en force de l'adversaire avant que celui-ci n'atteigne les PA intérieurs, mais également de mettre le terrain d'aviation à l'abri des tirs ennemis. Le « plan du 19 novembre » complète et précise le projet initial d'organisation défensive en prenant en compte les intentions du général Giap qui sont désormais de s'emparer en force du centre de résistance, il est donc décidé que « Na San doit être en mesure de "tenir" devant plusieurs divisions viêt-minh ». Un effort est donc fait pour renforcer les PA mais également sur l'équipement du périmètre intérieur et les organes de « vie » et de soutien du camp retranché.

En l'espace d'un mois, de simple base logistique, Na San est devenu un môle défensif où doivent venir se briser les régiments viêt-minh pour y être ensuite écrasés par les feux combinés de l'artillerie et de l'aviation. Le rôle de l'aviation de transport s'avère primordial dans cette phase et le pont aérien mis en place, qui atteint jusqu'à 90 rotations par jour, permet l'acheminement des bataillons d'infanterie chargés d'occuper les PA et de les mettre en défense. Un article de la revue *Képi blanc* relate ainsi le témoignage d'un légionnaire du 3e bataillon du 5e régiment étranger d'infanterie (III/5e REI) : « Nous passons tout d'abord trois semaines à organiser et fignoler un beau PA, bien léger, du solide ! C'était magnifique, trop même ! Un beau soir, un ordre bref "On déménage !". Nous devons nous installer sur un piton de première importance. [...] Le lendemain [...] chargés comme des baudets, chacun son rouleau de barbelé [...] la compagnie démarre [...]. Nous sommes le 21 novembre [1952][21]. » Les hauteurs dominant la piste d'aviation se couvrent de réseaux de fil de fer barbelés, de champs de mines[22] et autres pièges telles les charges plates. Cette dernière est une mine antipersonnel à effet dirigé (MIAPED), actionnée manuellement et employée pour couvrir un secteur difficilement accessible au feu des armes automatiques ou interdire un point de passage obligé. À l'époque de Na San, le génie d'Extrême-Orient dispose de la charge plate antipersonnel de 20 kilos (CP AP 20), engin efficace et fiable même s'il se révèle sensible à la foudre comme le révèle l'explosion simultanée de plusieurs CP aux abords d'un PA du delta du Tonkin au printemps 1952. Les défenses accessoires des positions françaises sont également renforcées par la pose de pièges constitués de fûts de 200 litres contenant de l'essence gélifiée au Nagel[23]. Après avoir creusé une fouille et disposé le fût à l'intérieur, l'engin doit être recouvert de terre tassée. Pareillement, le circuit de mise de feu constitué par deux fils conducteurs doit être bien enterré pour éviter d'être coupé lors d'un bombardement.

Na San : la victoire de Salan

Les cinq semaines de délais dont bénéficie le camp retranché permettent l'édification d'une défense solide, à défaut d'être parfaite ; aussi, lorsque le Viêt-minh lance son attaque, Na San semble en mesure de résister à un ennemi fatigué et privé d'une partie de ses forces, occupées à garder ses voies de communication et ses dépôts. Le 23 novembre 1952 à 22 heures, le Viêt-minh, utilisant la ruse, tente de pénétrer dans l'enceinte basse du camp retranché. Se mêlant, à la faveur de la nuit, aux dernières compagnies de supplétifs thaïs appartenant au BT 1 qui refluent sur Na San, un commando du régiment 88 (division 308) se présente aux chicanes du PA 8 qui commande la route de Son La[24]. La prompte réaction des Français comme le cloisonnement des PA, notamment du fait du réseau barbelé, font échouer la tentative. Le Viêt-minh change alors de tactique : il achève l'investissement du camp retranché et décide de porter son effort sur la ceinture extérieure de points d'appui. Dans la nuit du 30 au novembre au 1er décembre, l'état-major de l'APV concentre ses assauts sur le PA 22 bis, occupé par la 8e compagnie du BT 2 renforcée de la 278e CSM, ainsi que sur le PA 24[25]. Au cours de la nuit, les deux points d'appui succombent sous le nombre des assaillants qui ne peuvent se maintenir longtemps sur les positions conquises : ils en sont chassés le jour même par l'action – dévastatrice pour ses troupes – de l'artillerie et de l'aviation, conjuguée aux contre-attaques du 2e BEP (pour le PA 22 bis) et du 3e BPC (pour le PA 24). Le 1er décembre, un sapeur de la section de la 61/3 arrive sur le PA 22 bis et raconte : « Sans arrêt toute la journée, la section déblaie [...] le terrain jonché de débris humains et de matériels et armements de toutes sortes mis en pièce par les bombardements. [...] Elle [neutralise] toutes les munitions dangereuses et [reconstitue] le système de barbelés complètement haché ou écrasé par les assauts viêts et leur "charges-démolitions". »

L'attaque générale du camp retranché de Na San se déclenche véritablement dans la nuit du 1er au 2 décembre. Le premier objectif est le PA 21 bis tenu par une compagnie du III/5e- REI et attaqué par le régiment 209 et le bataillon 141 appartenant à la division 312 ; le second est le PA 26 défendu par une compagnie du III/3e REI. Les hommes des régiments 174 (division 316) et 68 (division 308) se ruent sur des positions françaises qui ont été peu entamées et dont les défenseurs profitent pleinement des appuis de l'artillerie – qui n'est soumise à aucune contre-batterie de la part de l'adversaire – et de l'aviation : une quarantaine de F8 F et une quinzaine de B 26 interviennent au cours de la journée. La supériorité française dans le domaine de l'appui feu joue un rôle fondamental dans la sauvegarde des PA. Quant à la piste d'aviation, elle subit le harcèlement de quelques pièces viêt-minh (canon de 75 sans recul [SR] ou mortiers de 120), notamment les 30 novembre et 2 décembre, qui oblige à suspendre le pont aérien, et ce pour un laps de temps assez court (parfois deux heures). En effet, les canons viêt-minh comme les quelques mitrailleuses de 12,7 mm utilisées sont immédiatement pris à partie par l'artillerie ou l'aviation françaises, et réduits au silence[26]. C'est un nouvel échec pour l'armée populaire, qui, au total, déplore la perte d'environ 3 000 tués et blessés dans les combats de Na San.

« C'est la victoire », écrit de son côté le général Dulac, qui, se remémorant sa rencontre avec Salan le 3 décembre au matin, relate : « Il m'aperçoit et un sourire ample, radieux, plus que rare chez cet homme froid et réservé, éclaire son visage. Si Gilles est victorieux sur le terrain, lui a gagné un terrible pari. Nul n'a pris tant de risques avec autant de clairvoyance et autant de sagesse [...]. » Au-delà de ces souvenirs, décrits avec emphase – ce qui peut aisément s'entendre au vu de l'implication de l'intéressé dans les événements –, il faut s'interroger sur le rôle joué par Na San dans l'offensive du pays thaï. Face aux impératifs opérationnels, le général Salan a joué habilement avec les moyens terrestres et aériens à sa disposition et, dans l'urgence, il a fait pièce aux velléités viêt-minh de s'emparer de la totalité du pays thaï. L'offensive – ultérieure – sur le Laos a été stoppée, même si certains éléments de pointe des divisions 312 et 316 ont poussé de fortes reconnaissances dans les provinces nord du pays, comme à Sam Neua. Incontestablement, le général Salan a donné un coup d'arrêt à l'offensive viêt-minh : le 3 décembre 1952, le général Giap donne l'ordre à ses unités de se replier et, le 10, les instances politiques et militaires viêt-minh annoncent la fin de la campagne du Nord-Ouest, une décision justifiée officiellement par la nécessité de consolider la victoire, d'organiser les territoires conquis et de laisser se reconstituer les unités amoindries par les pertes dues aux combats et aux maladies. Le général Salan, entre les mois d'octobre et de décembre 1952 a enfin montré toutes ses qualités manœuvrières en planification comme en conduite[27]. En 1955, évoquant la bataille, le général Cogny présentera

Na San comme « une séquelle de la campagne qui [avait] vu la dislocation de notre dispositif sur la rivière Noire [, une sorte de] rattrapage improvisé [...] qui [avait] parfaitement réussi ».

Le maréchal Juin est moins enthousiaste, lui, qui dira en mars 1953 : « Si la brillante défense de Na San a incontestablement fait subir de lourdes pertes au Viêt-minh sur le plan tactique, sur le plan stratégique l'organisation de ce camp retranché ne constitue qu'un expédient. » Na San apparaît donc comme un succès du corps expéditionnaire qui arrête bel et bien l'hémorragie provoquée par le corps de bataille viêt-minh, mais des nuances peuvent être apportées. À côté des communiqués victorieux et des félicitations qui de Hanoï à Paris se répandent, des voix plus sceptiques s'élèvent. Si l'on se réfère au témoignage du colonel Féral, ancien chef d'état-major du GOMRN, le général Gilles aurait déclaré peu après la bataille : « Jamais, jamais plus se remettre dans des conditions semblables, à celles de Na San[28]... » L'impression est identique chez une partie des combattants et « le sentiment des défenseurs, au lendemain des combats, [vaut] mieux que tous les rapports établis par la suite : Na San est un succès certain, nécessaire mais à ne jamais recommencer[29] ». Quelques mois plus tard, revenant sur les événements, le maréchal Juin fait écho à ces critiques et déclare lors du Comité de défense du 24 juillet 1953 : « Nous nous en sommes tirés grâce à la valeur de notre commandement et de nos troupes, mais il n'en reste pas moins que les résultats [sont] médiocres. » Il n'hésite d'ailleurs pas à dénoncer dans la même réunion la « mauvaise stratégie des hérissons », tout en reconnaissant que les possibilités offertes au commandant en chef en Indochine sur le théâtre d'opérations indochinois restent fort limitées.

Du point de vue militaire, la « formule » adoptée par Salan – celle du camp retranché ravitaillé et appuyé par voie aérienne – pouvait également conduire à des conclusions erronées quant à l'application systématique d'un tel procédé en Indochine. En effet, la réussite tactique de l'« improvisation » qui conduit à la bataille de Na San débouche sur la mise au point d'une nouvelle stratégie locale, stratégie dont le commandement pense alors qu'elle peut répondre effacement aux offensives viêt-minh hors du delta du Tonkin : celle de la base aéroterrestre. D'une manière schématique, le concept repose sur le contrôle d'une zone favorable à la combinaison des armes, desservie par un terrain d'aviation permettant un ravitaillement régulier des unités combattantes et située à une distance telle des avant-gardes adverses qu'il soit possible de l'aménager avant la bataille. Comme l'écrira après la guerre le général Navarre, la piste d'aviation constituant le cœur du système, l'ensemble des organisations défensives doit être pensé en fonction de la mise hors de portée de cette dernière de l'artillerie ennemie et de sa DCA. Cette tactique implique la réalisation d'un dispositif « en profondeur avec au minimum une ceinture intérieure et une ceinture extérieure. La ceinture intérieure [devant] constituer autour de la piste et des dépôts une ligne de défense inexpugnable ». En effet, ce sont les organes logistiques de la base qui permettent d'alimenter le corps de bataille : véhicules, vivres, munitions, carburant, matériels, renforts, etc. En devenant une zone de ravitaillement et le point de départ d'actions offensives, la base aéroterrestre joue donc le rôle d'un « véritable port » où les forces mobiles viennent s'approvisionner.

C'est bien ce que devient Na San au cours des semaines suivantes. En effet, bien renseigné des intentions du Viêt-minh, le commandement français est averti de l'allègement de son dispositif dès la mi-décembre 1952. Le général Salan décide alors de lancer des sorties offensives à caractère limité, d'abord pour reconquérir une partie des postes perdus. C'est l'objectif assigné au groupement parachutiste dirigé par le lieutenant-colonel Ducournau[30] qui occupe à la fin du mois de décembre Conoï, un important nœud de communication. Par ailleurs, Ducournau reçoit la mission d'obtenir le maximum d'informations par le biais du renseignement de contact, de détruire l'infrastructure politico-militaire et les dépôts viêt-minh et de procéder également au recrutement de nouveaux combattants thaïs. D'un point de vue politique, il s'agit de reconquérir l'influence perdue auprès des populations. Dans cette phase d'aération où les bataillons du CEFEO « rayonnent » autour de Na San, le camp retranché devient véritablement une base aéroterrestre, c'est-à-dire une zone de ravitaillement en même temps qu'une base de départ d'opérations pour les unités du GOMRN. Telle reste sa fonction jusqu'au repli du dispositif au mois d'août 1953 quand Na San aura perdu tout intérêt opératif et stratégique.

La situation en Indochine à la fin de l'année 1952

En cette fin d'année 1952, alors qu'à Paris Antoine Pinay vient de présenter la démission de son gouvernement au président de la République[31] et que ce dernier s'apprête à désigner le prochain – le dix-septième depuis le retour de la France à l'automne 1945 ! –, le bilan en Indochine, après sept ans de guerre, apparaît peu brillant. Le 3 décembre, Vincent Auriol note ainsi dans son *Journal* : « Les événements d'Indochine sont très mauvais et la situation est inquiétante. » Au Sud-Vietnam, la situation s'est pourtant améliorée au cours des deux dernières années sous l'impulsion du général Bondis. Celui-ci, succédant au général Chanson tué dans un attentat le 31 juillet 1951, a appliqué le plan établi par son prédécesseur. Il s'agissait de scinder en deux l'implantation viêt-minh au Nambo, d'isoler la zone est de la zone ouest et d'étouffer la base principale de l'adversaire de la plaine des Joncs[32] dans le Cisbassac[33]. C'est là d'ailleurs un objectif récurrent du commandement français des FTVS au cours de toute la guerre. Les opérations menées en 1951 et 1952 portent des coups sévères à l'organisation politico-administrative viêt-minh dans la plaine des Joncs et causent des pertes très importantes dans ses rangs. Au mois de février 1952, Tourbillon VI affaiblit considérablement le régiment 307, qui, avec 200 tués et de nombreux blessés, se replie dans le Transbassac où il mettra de longs mois à retrouver sa combativité. Au printemps suivant, de nouvelles actions françaises désorganisent encore un peu plus les bases communistes de la plaine des Joncs et écartent la menace d'une offensive de grande ampleur à partir de cette zone. Parallèlement, le général Bondis a maintenu une activité opérationnelle dans le Transbassac où des combats très difficiles se sont déroulés, notamment contre les régiments 308 et 309. Chaque opération s'est accompagnée de la construction de postes et de la prise en main des populations, qui accueillent favorablement les unités franco-vietnamiennes. Dans les régions forestières, en zone est, des opérations de courte durée (deux à trois jours en moyenne) sont conduites par les unités de secteurs qui parviennent à repousser profondément les combattants et les bases viêt-minh dans les massifs boisés. L'opération Jura, déclenchée l'année suivante (25 février-4 avril 1953), qui a pour but la réouverture et l'équipement de la route Long Thanh-Baria, la route coloniale 15 (RC 15), illustre bien cette volonté de refouler les unités viêt-minh et de détruire leurs ateliers de fabrication d'armes[34] et témoigne des progrès accomplis dans la sécurisation du Sud-Vietnam.

Au Centre-Vietnam, la situation paraît moins satisfaisante. La zone – plus ou moins – sous contrôle français est divisée en deux (Sud et Centre-Annam), séparée part une vaste région dans laquelle le Viêt-minh est solidement implanté. Il s'agit du fameux *Lien Khu V* (interzone V) que le général Navarre s'attachera à réduire au début de l'année 1954 par l'opération Atlante. L'APV a notamment implanté, dans le quadrilatère compris entre Huê et Quang Tri limité à l'est par la côte et à l'ouest par la RC 1 que double l'ancienne voie ferrée Saigon-Hanoï, une importante base opérationnelle à partir de laquelle des actions de guérilla sont lancées. Cette région, surnommée la « rue sans joie » par les troupes du corps expéditionnaire en raison des embuscades sanglantes qui s'y déroulent, est la zone d'action du régiment 95 (appartenant à la division 325), une solide unité formée de combattants aguerris, appuyé par plusieurs formations régionales de qualité. Depuis deux ans qu'il occupe le secteur, le Viêt-minh a eu le temps de le mettre en défense par de nombreux villages fortifiés ; ses soldats bénéficient en outre d'importantes caches pour dissimuler leur armement et se faire passer, du jour au lendemain, pour de simples paysans ou des pêcheurs. À la fin du mois de juillet 1953, dans le cadre du plan Navarre, le commandement français lance une opération (baptisée Camargue) pour assainir la zone, qui obtient un succès mitigé[35].

Au Cambodge, le problème est politique : les rivalités entre partis et les discours antifrançais qu'agitent avec démagogie un certain nombre de mouvements constituent davantage un problème que les menées des bandes communistes. De même, au Laos, la menace que fait planer le Pathet Lao[36] reste, pour l'heure, relativement faible. Depuis 1950, l'État laotien s'est progressivement mis en place malgré il est vrai un manque de cadres spécialistes ; la France, conformément aux accords de Pau, a effectué des transferts d'autorité dans de nombreux domaines : justice, finances, transport, travaux publics, etc., et continue d'apporter son concours. La corruption, le népotisme et les privilèges divers nés d'une politique clanique ou du clientélisme existent toujours, mais les fonctionnaires français tentent de maintenir un certain équilibre – fragile – en mettant notamment l'accent sur le développement d'une administration au service de l'intérêt national. Police et gendarmerie, certes dirigées par un Français, luttent efficacement contre la piraterie qui apparaît même en recul dans les zones frontalières de la Thaïlande et de la Chine. L'armée nationale, embryonnaire à la fin de l'année 1950 est, deux ans plus tard, forte de plusieurs bataillons et d'après Jean Deuve, « 17 compagnies et un bataillon sont entièrement commandés et encadrés par des cadres lao[37] ». Ce bilan, qui comporte aussi des ombres, s'avère en définitive plutôt encourageant pour le royaume laotien. Le Pathet Lao[38], formé à l'été 1950[39] et dirigé par le prince Souphanouvong – dit le prince rouge –, s'il ne constitue pas une menace militaire sérieuse à l'époque, oriente son action vers la mise en place dans la clandestinité de nombreuses cellules révolutionnaires et entretient plusieurs foyers insurrectionnels importants, notamment au nord-est de Luang Prabang. Sans le soutien de son allié et homologue viêt-minh, il reste à cette date impuissant.

Le Nord-Vietnam représente évidemment le cœur du problème indochinois pour la France. Schématiquement, au-delà d'une ligne Dong Trieu-Vietri-Lao Kay, s'étend le pays viêt-minh. Celui-ci y règne en maître incontesté, exception faite des opérations menées par quelques équipes du Groupe de commandos mixtes aéroportés (GCMA)[40]. Pour le reste, la Haute Région tonkinoise est administrée par le Viêt-minh, qui, depuis 1950, a développé son appareil étatique sur l'ensemble du territoire qu'il contrôle. La situation dans le delta n'est pas bonne, comme en témoigne la « carte vérolée », ainsi nommée de manière imagée par les combattants français et qui matérialise à l'aide de petits points rouges les villages ou secteurs qui échappent à l'influence française. Dans son rapport au début de l'année 1953, le maréchal Juin estime à seulement 12 % le nombre de villages contrôlés de façon permanente par les soldats du CEFEO et leurs alliés vietnamiens. Le général commandant la 2e DMT avoue que, dans sa zone[41], malgré d'incessantes opérations, les progrès sont quasi nuls depuis un an sur le plan politique, notamment. Aussi ce qu'écrit, fin 1953, un officier général resté anonyme est déjà vrai à cette époque : « Ce n'est pas le [Viêt-minh] qui est infiltré dans le delta, mais nous. » Dans le reste du Tonkin, la campagne d'automne 1952 a fait voler en éclats le dispositif français et une grande partie du pays thaï est désormais aux mains de l'adversaire. Après l'évacuation de Diên Biên Phu, en novembre 1952, il ne reste plus que deux places fortes tenues par les Français dans ce territoire : Laïchau et Na San. Si la seconde vient de prouver sa valeur défensive, la première, comme tous les spécialistes s'accordent à le dire à l'époque, est difficilement défendable, notamment du fait de sa position géographique. Libéré des servitudes inhérentes à la conduite de la guérilla dans le delta du fleuve Rouge qui est assurée par des régiments de régionaux appuyés par quelques unités régulières fixant la majorité des moyens du CEFEO, le corps de bataille de l'APV peut se concentrer sur son prochain objectif : le Haut-Laos. Le Viêt-minh continue d'avoir l'initiative et d'imposer sa stratégie.

Guerre au Laos : la stratégie des bases aéroterrestres

Les nouvelles offensives viêt-minh qui ont pour objectif le Laos, au printemps 1953, permettent au commandement français de renouveler l'expérience de Na San. À partir du mois de mars, en effet, le général Giap réitère sa stratégie de l'année précédente : attirer les troupes françaises – cette fois en menaçant le Laos –, disperser leurs forces et s'emparer d'un maximum de territoire. Dans le cas de la nouvelle offensive, il s'agit également d'installer dans les provinces « libérées » un gouvernement pro-Viêt-minh. « Un document tombé entre les mains de l'état-major français [expose] en quelques mots les buts de guerre de la RDV : "Notre but stratégique [est] de reprendre toute l'Indochine, c'est-à-dire le Vietnam, le Laos et le Cambodge, de la porte de Chine à la pointe de Camau, de la côte indochinoise aux rives du Mékong." » Ce petit pays, resté jusqu'alors en retrait des grandes opérations de la guerre d'Indochine, devient un enjeu stratégique majeur. En s'emparant du Laos, le Viêt-minh entend relier ce territoire à l'ensemble des zones alors sous son emprise, ce qui faciliterait d'autant ses communications entre le Nord et le Sud de l'Indochine. Par ailleurs, un succès isolerait encore davantage les régions contrôlées par les forces franco-vietnamiennes et réduirait l'autorité de ces dernières à quelques têtes de pont, enclaves en pays viêt-minh. Enfin, les troupes de l'APV feraient main basse sur les récoltes de l'opium cultivé par les minorités ethniques du pays thaï et du Haut-Laos, ce qui fournirait une manne financière supplémentaire à son économie. À Paris, l'inquiétude est vive dans les cercles politiques et la défense du Laos comme les « événements » d'Indochine redeviennent une priorité. Le Laos doit être défendu, sa perte aurait d'immenses répercussions non seulement en Indochine, mais dans le reste de l'empire français, principalement en Afrique du Nord.

Renseigné sur la manœuvre de son adversaire[42] et la direction de son attaque, le général Salan décide, une fois encore, d'accepter la bataille en constituant, dans la plaine des Jarres[43], une base aéroterrestre (BA) centrée sur le terrain d'aviation de Xieng Khouang, situé à une trentaine de kilomètres de ce village. Le site de la plaine des Jarres est préféré à celui de Sam Neua où il existe, depuis novembre 1952, un centre de résistance (CR) abritant trois bataillons laotiens de faible valeur. Considéré difficile à défendre en cas d'offensive viêt-minh de grande ampleur, ce CR est évacué au début du mois d'avril 1953, sa garnison étant censée se regrouper dans le dispositif nouvellement créé de la plaine des Jarres, à 160 kilomètres de là[44]. « L'intention du général Salan [est] de laisser pénétrer l'ennemi le plus loin possible vers le sud » en direction de Vientiane, afin de laisser le temps aux forces franco-laotiennes d'organiser la défense. La zone opérationnelle du Tran Ninh-Sam Neua (ZOTS) est née ; elle est remplacée par la zone opérationnelle de Xieng Khouang (ZOXK) après l'évacuation de Sam Neua. La ZOXK comprend les plusieurs centres de résistance : celui de Khang Kay, de Ban Ban, de Xieng Khouang, de Tha Thom et, le plus important, le centre de résistance de la plaine des Jarres (CRPJ).

À la fin du mois d'avril 1953, l'attaque sur les camps retranchés de Luang Prabang et de la plaine des Jarres, renforcés grâce aux nombreuses rotations aériennes, s'essouffle.

Mal ravitaillés, fatigués, les combattants de la division 304 et du régiment 138, une formation régionale composée de Viêt-minh et d'une minorité de Laotiens communistes, renoncent à poursuivre une offensive qui paraît promise à un résultat décevant. Sans vraiment avoir attaqué leurs objectifs respectifs, ces formations rebroussent chemin et rejoignent leurs bases de départ. Au mois de mai, les dernières tentatives viêt-minh tournent court et la campagne du printemps dans le Haut-Laos se révèle finalement un échec pour l'APV. Faute d'un armement lourd suffisant et d'une logistique adéquate, ses unités ne réussissent pas à atteindre les différents objectifs (prise du CRPJ, de Luang Prabang). À en croire le général Dulac, « jamais plus qu'en mai 1953, après son extraordinaire succès stratégique du Laos, le corps expéditionnaire ne fut plus près d'avoir rempli son contrat. Si Mendès France avait été investi en juin, [...] il aurait certainement négocié. Mais à la différence de ce qu'il fit de façon si brillante l'année suivante, il aurait eu, en face des hommes du Viêt-minh, une position exceptionnellement forte ». La fin de la guerre en Indochine, justement, est devenue un sujet récurrent à Paris, et il n'est plus la seule préoccupation du parti communiste et d'une partie de socialistes. Le conflit a déjà coûté des dizaines de milliers de victimes aux forces de l'Union française, dont 15 000 Français métropolitains, et, pour de nombreux hommes politiques, il est temps d'en finir.

À la recherche d'« une porte de sortie honorable »

Au printemps 1953, le conflit est entré dans sa huitième année. Les succès obtenus par le général Salan ont permis d'éviter l'invasion du Laos, mais la situation n'a en rien été modifiée et surtout, les opérations qui s'achèvent montrent que les Français ont définitivement perdu l'initiative. Le commandement en Indochine se contente de parer les coups. Au Sud-Vietnam, on enregistre des progrès certains dans la pacification qui permettent de transférer quelques provinces à l'armée nationale vietnamienne ; en revanche, au Centre-Annam, et plus encore au Nord-Vietnam, la menace que fait peser un corps de bataille viêt-minh de plus en plus puissant laisse mal augurer de l'avenir. D'un point de vue militaire, la guerre est donc dans une impasse, et sous l'angle économique, c'est devenu un véritable gouffre financier. En 1952, si la participation des États-Unis représente 40 % de son coût total, les dépenses militaires de la France se sont élevées à 330 milliards de francs, une somme qui représente l'effort maximum que le budget du pays peut supporter. Par ailleurs, au début de l'année 1953, les relations entre la métropole et les trois États associés se sont tendues et ont abouti à des véritables crises diplomatiques, ces derniers exigeant notamment la redéfinition des accords les liant à Paris, et réclamant désormais une indépendance effective. Le souhait « d'en finir » avec la guerre d'Indochine est partagé par de nombreux responsables politiques de la IVe République, d'autant plus que le contexte international semble favorable. Le 5 mars 1953, Staline est mort et, aux États-Unis, l'arrivée au pouvoir de Dwight Eisenhower, dont l'un des thèmes de campagne est de mettre un terme à la guerre de Corée, annonce une possible détente entre les deux blocs. C'est René Mayer, président du Conseil depuis le 8 janvier 1953, qui va se charger de mettre en place une politique nouvelle avec la ferme intention de sortir du guêpier indochinois. Cette volonté de changement se traduit d'abord par le remplacement du général Salan. Ce dernier est l'un des meilleurs connaisseurs de l'Indochine, mais sa stratégie est contestée, particulièrement par les Américains, qui le jugent trop « timide » et pas assez « offensif ». Aussi, afin de porter un regard neuf sur la question indochinoise, René Mayer désigne, le 8 mai 1953, le général Henri Navarre commandant en chef du corps expéditionnaire d'Extrême-Orient. Comme le racontera plus tard l'intéressé, rien dans sa carrière ne le prédisposait à servir en Indochine et cette désignation lui « tomba sur la tête » à sa plus grande stupéfaction.

Le choix du général Navarre, qui officie depuis le mois d'octobre précédent comme chef d'état-major du théâtre Centre-Europe de l'OTAN sous les ordres du général Juin, peut effectivement surprendre. Général de corps d'armée depuis janvier 1952, il ne connaît rien à l'Indochine et, contrairement aux autres généraux qui ont commandé le corps expéditionnaire, il n'est pas précisément une « figure » de la Seconde Guerre mondiale. Affecté à la section allemande du service de renseignements (SR) avant la guerre, il continue dans ce domaine après l'armistice, d'abord de manière officielle puis dans la clandestinité. Ce n'est qu'à la fin du conflit, au mois de janvier 1945, qu'il reçoit le commandement d'un corps de troupe, le 3e régiment de Spahis marocains (3e RSM). À la différence des généraux Leclerc, de Lattre ou Salan, sa carrière opérationnelle semble beaucoup moins riche de faits d'armes, et ses actions n'ont jamais fait la une des journaux. C'est un passé que certains lui reprocheront, assez mesquinement d'ailleurs, après la défaite de Diên Biên Phu. Après 1945, Navarre assure plusieurs fonctions au sein de différents états-majors, notamment en Allemagne, et prend le commandement de la 5e division blindée (5e DB) peu après avoir quitté celui de la division de Constantine en octobre 1949. C'est dans cette ville d'ailleurs qu'il retrouve René Mayer, député de la circonscription. Les deux hommes se connaissent déjà pour s'être fréquentés à la fin de la guerre quand Mayer était commissaire général aux Affaires allemandes et, sans qu'on puisse parler d'amitié, il existe entre eux une certaine estime réciproque.

La description que font de Navarre les hommes qui l'ont côtoyé est partagée, comme souvent lorsqu'il s'agit d'une telle personnalité. Il y a les « pro-Navarre » et les « anti ». Jean Pouget, qui sert sous ses ordres pendant et après la Seconde Guerre mondiale et le suit à nouveau dans son aventure indochinoise comme aide de camp, ne tarit pas d'éloges sur son chef. En revanche, Jean Ferrandi, un intime de Salan[45], dresse un portrait critique du nouveau commandant en chef : « La personnalité physique [de celui-ci] était quelque peu impressionnante. Sous sa couronne de cheveux gris, son visage était constamment impassible et rien ne paraissait devoir le dérider. L'allure et le geste lents, onctueux même, il parlait sur ce ton sec et de commandement si coutumier chez les officiers de ce grade. Un mélange de cynisme et de négligence. Rien ne semblait l'intéresser ni l'émouvoir. Pourtant il se dégageait une noblesse certaine de toutes ses attitudes, qui étaient celles d'un seigneur parfois blasé, ne paraissant attacher aucun prix ni aucun intérêt à toutes ces choses qui l'entouraient. » Le général Gras décrit Navarre en termes plus nuancés : « C'était un cavalier d'allure distinguée, à la fois cordial et hautain. Son abord était glacial, son autorité sèche et distante. Ce n'était pas un chef du genre baroudeur ou entraîneur d'hommes. Il apparaissait plutôt comme un technicien froid d'état-major. Il lui manquait ce rayonnement que seule peut donner une passion intérieure. Mais il possédait d'éminentes qualités intellectuelles, une fermeté de caractère, une culture générale et militaire qui le qualifiaient pour un grand commandement. » De fait, lorsqu'il est question de la personnalité du général Navarre, ce sont ces deux traits de caractère, une attitude froide et hautaine alliée à une extrême intelligence, qui sont le plus souvent évoqués par ses contemporains. Le général Navarre accepte avec réticence sa nouvelle nomination. Il devient ainsi le septième commandant en chef en Indochine. Sa mission ? Le président du Conseil la définit simplement : « Votre connaissance des problèmes politiques occidentaux et votre méconnaissance des choses coloniales vous feront voir la situation avec des yeux neufs. » René Mayer lui donne un mois pour étudier la situation sur place et lui demande de revenir ensuite à Paris proposer au gouvernement un plan d'action qui permettrait de trouver, selon ses propres mots, une « sortie honorable » au conflit. En d'autres termes, le général Navarre doit concevoir un plan qui obligerait le Viêt-minh à prendre conscience qu'il ne peut gagner la guerre et mettrait la France et ses alliés en position de force pour négocier.

Au début du mois de juin 1953, quelques semaines après la nomination de Navarre, le gouvernement décide de se séparer de Jean Letourneau, une personnalité trop liée à la période coloniale. Par ailleurs, afin de marquer le changement d'orientation de la politique française envers les États associés, le poste de haut-commissaire est supprimé et remplacé par celui de commissaire général[46]. En outre, il est décidé, pour la première fois depuis le retour de la France en Indochine, de nommer aux plus hautes responsabilités civiles un diplomate en lieu et place des hommes politiques, hauts fonctionnaires ou officiers généraux qui avaient jusque-là occupé la fonction. Le choix se porte initialement sur Gilbert Grandval[47], à l'époque ambassadeur de France en Sarre, mais celui-ci se récuse. Sur recommandation de Paul Reynaud, c'est Maurice Dejean, ambassadeur à Tokyo, qui est finalement retenu. Dejean a commencé sa carrière diplomatique dans les années 1930 et rejoint la France libre en 1941. À la fin de la guerre, il est promu ambassadeur à Prague puis, en 1952, est désigné pour le Japon avec la réouverture de l'ambassade de France. Alors que le général Navarre est en charge des questions militaires, le nouveau commissaire général a pour mission, écrit Jacques Dalloz, de lutter « contre les surenchères indépendantistes », c'est-à-dire de faire en sorte de maintenir les États associés dans le cadre de l'Union française. Les rapports entre Navarre et Dejean ont été bons et il ne semble pas qu'il y ait eu de désaccords majeurs entre eux, le commissaire général soutenant son commandant en chef avant et pendant la bataille de Diên Biên Phu. Henri Froment-Meurice, conseiller diplomatique de Dejean, rapporte que « pour l'opinion, pour la presse, [...], pour les parlementaires, l'homme qui comptait, c'était Navarre. La preuve en était qu'il avait un plan et que ce plan portait son nom[48] ».

Le « plan Navarre »

Le 19 mai 1953, le général Navarre atterrit à Saigon et, dès son arrivée, il s'attache à remplir la mission qui lui a été confiée : il parcourt les différents territoires où les troupes françaises sont engagées, visite les unités et s'entretient avec un grand nombre de combattants, mais également avec des personnalités politiques françaises et indochinoises. Au terme de cette tournée, il rentre en France le 2 juillet 1953 avec le plan qu'il compte présenter au nouveau gouvernement, René Mayer ayant été remplacé entre-temps par Joseph Laniel. Lucide, Navarre propose un plan qui prend en compte une vietnamisation et une américanisation de la guerre plus accentuées, même si la définition des buts de guerre poursuivis par la France reste floue. S'agit-il de lutter contre le communisme au nom du monde libre ? D'accorder une indépendance totale aux États associés quitte à ce que l'ancienne puissance coloniale soit remplacée par un protecteur plus puissant, les États-Unis ? Ou bien de construire une véritable Union française qui, de tous les points de vue, représenterait une charge écrasante pour le pays ? En somme, et Navarre n'est pas seul à faire ce constat à l'été 1953, la France se bat en Indochine, ses soldats meurent dans les rizières des deltas ou dans la jungle sans trop savoir pourquoi. En fait, le seul but de guerre à peu près identifiable a été exposé par René Mayer lui-même au cours de son mandat : il faut trouver une porte de sortie honorable au conflit. C'est dans cet esprit que le général Navarre établit un plan sur deux ans.

Au cours de la campagne 1953-1954, les forces du corps expéditionnaire devront observer une attitude strictement défensive au Nord-Vietnam et se contenter de défendre le delta s'il est attaqué. Au Sud-Vietnam, la pacification devra être poursuivie et seules des opérations d'envergure pourront être déclenchées pour assainir le Centre-Vietnam, le fameux *Lien Khu V* du Viêt-minh. Parallèlement, le général Navarre s'efforcera de transférer la sécurité des régions les plus sûres à l'armée nationale vietnamienne. Cette politique permettra de récupérer des unités et de reconstruire un corps de bataille digne de ce nom, capable de s'opposer aux divisions du général Giap. La seconde année, 1954-1955, doit être celle de la reprise de l'offensive au Nord-Vietnam et les Français pourraient espérer, grâce aux forces mobiles reconstituées, grâce à l'augmentation des formations vietnamiennes et à l'accroissement de l'aide américaine, infliger de sérieux revers à l'ennemi, ce qui rendrait possible « une solution politique convenable au conflit », selon les mots de Navarre. Ce plan, qui s'inspire des recommandations faites par le général Salan, reste fort théorique et repose sur des postulats fragiles. Pour qu'il ait une chance d'être appliqué, il faudrait que le Viêt-minh ne tentât pas une offensive de grande ampleur en direction du Laos à l'hiver 1953-1954 et qu'il ne bénéficiât d'aucune aide supplémentaire de la part de la Chine communiste. Or, les livraisons de matériel et d'armement à destination des divisions viêt-minh ont considérablement augmenté en l'espace d'une année. Comme le 2e bureau le relève, celles-ci représentent 250 tonnes par mois au début 1952 contre 450 à la fin de l'année ; au premier semestre 1953, elles passent à 900 tonnes par mois pour atteindre 2 000 en juin.

Discuté à Paris au mois de juillet 1953, d'abord au sein du Comité des chefs d'état-major, l'organe qui réunit les chefs d'état-major des armées (terre, air, mer), puis dans des conseils restreints rassemblant les ministres intéressés par les questions indochinoises, le plan Navarre ne suscite aucune objection majeure. Malgré cela, lorsque, le 24 juillet, ses propositions sont soumises au Conseil de défense nationale qui regroupe les personnalités gouvernementales et militaires les plus importantes du pays, aucune décision n'est prise. Si le plan ne fait pas l'objet d'une approbation officielle, le commandant en chef en Indochine ne reçoit pas davantage de directives claires quant à la politique que le gouvernement entend mener. Lorsque Navarre soulève la question de la stratégie qu'il doit mettre en œuvre si le Laos est menacé, il ne reçoit aucune réponse. Certains parmi les chefs d'état-major pensent que la sécurité du corps expéditionnaire prime tout autre impératif tandis que pour une partie des membres du gouvernement, les accords passés avec ce pays et, d'une manière générale, la crédibilité de la France sur la scène internationale imposent de défendre cet allié fidèle. Finalement, et c'est là une aberration, à l'issue de cette réunion où le plan Navarre est tacitement approuvé, les dirigeants politiques laissent à l'appréciation du commandement militaire le choix de la politique à mener en Indochine. Le 1er août 1953, la première phase de sa mission achevée, le général Navarre monte à bord du Constellation qui le ramène en Indochine.

Le rapport des forces à l'été 1953

À l'été 1953, le rapport des forces entre les deux adversaires s'est sensiblement modifié, chacun des belligérants disposant d'atouts et de handicaps propres. Les états-majors français estiment à l'époque que le corps de bataille de l'APV représente un total de près de 125 000 réguliers, renforcés de 75 000 régionaux et d'un « réservoir » d'hommes composé de 150 000 à 200 000 guérilleros. Ces quelques 400 000 combattants, si l'on retient l'hypothèse haute, n'ont jamais été plus forts qu'à la veille de la campagne d'automne : la troupe est aguerrie par plusieurs années de guerre, son armement et son instruction se sont considérablement améliorés, en grande partie grâce à l'aide chinoise, et, pour une fois, son potentiel est quasiment intact car il n'a pas été entamé par une campagne de printemps aussi sanglante que celles des années précédentes. Les divisions d'infanterie, à l'effectif d'environ 12 000 combattants, ont achevé leur mutation, et surtout le Viêt-minh dispose désormais d'une artillerie digne de ce nom grâce au renforcement de la division 351. Celle-ci met en ligne deux régiments d'artillerie, un régiment de DCA et un du génie. Le premier régiment d'artillerie (régiment 45) comprend deux groupes de canons de 105 mm HM2 d'origine américaine. Ces 24 pièces sont des canons fournis par les Chinois, pris sur l'armée nationaliste au cours de la guerre civile contre Tchang Kaï-chek ou sur les forces des Nations unies pendant la guerre de Corée. Le second régiment (régiment 34) est équipé de 24 canons de montagne japonais de 75 mm type 94, un engin qui emprunte aux technologies française et allemande ; un certain nombre de mortiers de 120 mm sont également en dotation. Quant au régiment de DCA (régiment 367), il met en œuvre 16 canons de 37 mm antiaériens et 36 mitrailleuses de 12,7 mm ; il sera renforcé à la veille de la bataille de Diên Biên Phu.

Avec un total de 450 000 hommes, les Français et leurs alliés semblent disposer de l'avantage numérique, les effectifs du corps expéditionnaire seul atteignent 175 000 hommes dont près de la moitié sont des autochtones enrôlés dans l'armée française, le reste se répartissant entre Français métropolitains, soldats nord-africains ou d'Afrique noire et légionnaires. Le CEFEO rétribue par ailleurs 55 000 supplétifs, essentiellement vietnamiens, qui servent d'auxiliaires aux forces du corps expéditionnaire. Cette force, peut-être impressionnante sur le papier, ne doit cependant pas faire illusion, car le corps expéditionnaire n'a rien d'homogène et les troupes qui composent son infanterie sont d'une valeur inégale. Excepté les combattants des bataillons parachutistes et ceux de quelques unités intégrées dans les groupes mobiles, Navarre déplore en effet la mauvaise qualité de ses fantassins. Comme il l'écrit dans son premier ouvrage[49], quand « on faisait sortir notre infanterie, étant donné sa qualité d'alors, du rayon de 10 kilomètres où elle était appuyée par notre artillerie, si elle se heurtait à ce moment là à l'infanterie viêt-minh, elle était battue ». La raison de cette infériorité tient à plusieurs facteurs : mauvaise qualité du recrutement en métropole, formation initiale médiocre, encadrement insuffisant dans les unités, inadaptation au climat indochinois, trop forte proportion d'autochtones dans les unités, etc. Quant aux armées des États associés, leurs effectifs se sont considérablement accrus et représentent, à la fin de l'année 1953, un renfort non négligeable au corps expéditionnaire puisque l'armée vietnamienne atteint 150 000 réguliers, auxquels il convient d'ajouter quelques dizaines de milliers de supplétifs ; les armées royales khmères et laotiennes totalisent, ensemble, environ 25 000 combattants. Toutefois, ces formations sont loin de pouvoir rivaliser avec les régiments viêt-minh et seule une poignée de bataillons vietnamiens peuvent, en opérations, faire bonne figure. Mal encadrées, peu motivées, peu combatives, la plupart de ces troupes laissent toujours à désirer, ce dont le commandement français est pleinement conscient.

L'inquiétude que Navarre peut, à juste titre, nourrir quant à l'équilibre réel des forces terrestres en présence semble pouvoir être compensée dans le domaine du feu et de l'aviation. L'artillerie française en Indochine est incontestablement supérieure à celle du Viêt-minh, par son volume et le calibre de ses pièces. Elle totalise, en 1953, 571 tubes répartis équitablement en artillerie de position (notamment dans les blockhaus de la ligne de Lattre) et d'intervention, c'est à dire mobile, alors que l'ennemi ne peut aligner à la même époque qu'une soixantaine de pièces. Grâce à l'aide américaine, l'artillerie française s'est homogénéisée et renforcée ; depuis 1951, elle bénéficie ainsi de plusieurs groupes de canons de 155 mm. L'aviation est l'autre atout des Français. Si les demandes de renforts adressées par Navarre n'ont pu toutes être satisfaites, le commandant de l'air en Indochine, le général Lauzin, dispose en novembre 1953 de trois groupes de transport[50] comprenant environ 70 Dakota et une demi-douzaine de C 119 *Flying Box Car*, que les Français continuent d'appeler *Packet* par confusion avec le Fairchild C 82 *Packet*, son prédécesseur. L'aviation de chasse et celle de bombardement peuvent aligner une centaine d'appareils susceptibles d'être renforcés par la quarantaine de chasseurs et bombardiers appartenant à l'aéronavale.

Au moment où va s'ouvrir la campagne d'automne, si l'on ne peut à proprement parler d'équilibre des forces, on peut toutefois estimer que la situation semble moins désavantageuse pour les Français qu'elle ne l'était quelques mois plus tôt. L'arrivée de renforts et de matériels en provenance de métropole ou des États-Unis, la reconstitution progressive d'une masse de manœuvre par le général Navarre permettent d'envisager la reprise des opérations avec moins d'inquiétude. Par ailleurs, le moral du corps expéditionnaire semble satisfaisant comme l'indiquent les rapports et Navarre bénéficie d'un préjugé favorable de la part de la presse en Indochine. Le coup de main aéroporté qui vise la destruction de dépôts et cache d'armes aux environs de Lang Son, au mois de juillet 1953, renforce la bonne impression et montre que le commandement français, lui aussi, peut reprendre l'initiative. Cette opération, baptisée Hirondelle, qui a surtout impressionné la presse (une « opération-communiqués » dira plus tard le colonel Langlais), n'a pourtant pas atteint tous ses objectifs, de nombreuses armes n'ayant pu être neutralisées. À la fin du mois d'août, une question se pose dans les états-majors de Saigon et de Hanoï : « Que va faire le Viêt-minh ? »

La campagne d'automne 1953

Malgré la confiance qu'il affiche publiquement quant à la situation militaire en Indochine, le commandant en chef ne se cache pas les difficultés à venir, la prochaine campagne s'annonçant pleine d'incertitudes, la première portant sur les intentions de l'ennemi. L'état-major de Navarre comme celui du général commandant les FTNV s'interrogent sur la stratégie opérationnelle que peut mettre en œuvre le Viêt-minh une fois la saison des pluies terminée, entre la fin du mois de septembre et le début du mois d'octobre 1953. Trois hypothèses sont avancées. La première envisage une offensive généralisée sur le delta du Tonkin, la deuxième une attaque des garnisons contrôlées par les Français en Centre-Annam, dans la région des Plateaux, quant à la dernière, la « *plus ennuyeuse* » comme le reconnait Navarre, elle envisage une action en direction du Nord-Ouest, menaçant le pays thaï et le Laos. À la fin de l'été 1953, les services de renseignements reçoivent beaucoup d'informations qui peuvent paraître parfois contradictoires. D'une part, on décèle des préparatifs importants (construction de routes, mise en place de dépôts) qui semblent confirmer l'attaque en direction du Nord-Ouest, de l'autre, l'écoute des radio-communications ennemies permet de localiser l'essentiel des divisions viêt-minh autour du delta. C'est cette proximité du corps de bataille de l'APV qui fait tenir pour la plus probable la première hypothèse, celle du delta. Dans ses *Mémoires*, le général Giap récuse cette conclusion. Selon lui, le comité directeur du parti a, dès le début d'octobre 1953, écartée l'idée d'une offensive sur le delta tonkinois et fixé comme axe d'effort principal de ses opérations le théâtre du Nord-Ouest, en termes d'objectifs : Laïchau, le Moyen et le Bas-Laos.

Il n'est donc pas question d'une offensive majeure sur le delta à l'automne 1953. En fait, il semble que si l'opportunité d'une campagne sur le Nord-Ouest a bien été débattue au printemps précédent, la décision d'engager la masse principale du corps de bataille viêt-minh dans cette zone a été prise ultérieurement, sans doute vers la fin du mois d'octobre. Les plans opérationnels de cette offensive sont précisés lors d'une importante réunion des cadres de l'armée populaire vietnamienne, le 19 novembre 1953, soit la veille de l'occupation française de Diên Biên Phu. Dans cette perspective, fidèle à la chronologie des événements, la campagne du Nord-Ouest ne constituerait pas une réaction à l'occupation de la vallée de Diên Biên Phu. En d'autres termes, s'il ne semble pas que l'on puisse dire que c'est la décision de Navarre qui a provoqué la montée d'une partie des troupes de l'APV en pays thaï, il est vrai cependant que la constitution d'une base aéroterrestre dans cette zone a été à l'origine d'un « ajustement » des plans du général Giap et de son état-major, Diên Biên Phu offrant au Viêt-minh un objectif tentant.

Au début du mois d'octobre 1953, la menace que fait planer la quasi-totalité du corps de bataille ennemi au nord (divisions 308, 312, 351) et au sud (divisions 304, 320) du delta est considérée comme sérieuse par les Français. Aussi, plutôt que d'attendre le choc des unités régulières ennemies, le général Navarre décide de prendre l'initiative et de désorganiser l'offensive adverse. Il espère également provoquer chez le commandement viêt-minh un « déséquilibre intellectuel en bouleversant ses plans et l'amener à son tour à l'expectative ». L'opération Mouette, confiée au général Gilles, doit s'enfoncer en territoire viêt-minh et obliger à réagir la division 320 qui s'apprête à infiltrer le delta. Le 15 octobre, le jour même où cette grande unité doit commencer son mouvement, deux divisions légères, sous le commandement des colonels Vanuxem et de Castries, se portent à Laï Cac à une trentaine de kilomètres de Phu Nho Quan, ville située au sud-ouest du delta. Pendant trois semaines, les opérations menées par les groupes mobiles franco-vietnamiens et les destructions de dépôts opérées désorganisent totalement le dispositif de la division 320 en même temps qu'elles lui infligent de lourdes pertes : plus de 3 500 hommes, soit le tiers de son effectif. Face à cet échec, et surestimant l'arrivée d'une partie des renforts demandés par Navarre au mois de juillet précédent, le général Giap renonce à poursuivre son action et met un terme aux opérations dans le delta. Dans le camp français, cette nouvelle est accueillie avec soulagement et, comme Navarre en témoigne dans une lettre écrite au général Juin le 14 décembre 1953 : « On ne savait pas très bien ce qui pouvait sortir d'une bagarre menée [contre les divisions régulières viêt-minh] conjuguant leurs efforts avec ceux des 75 000 à 80 000 combattants de toute nature normalement infiltrés dans nos lignes. »

Chapitre IX

Diên Biên Phu

> « Général, vous avez fait concentrer vos 4 meilleures divisions avec un nombre d'armes puissant. Cependant jusqu'à aujourd'hui vos unités ne sont pas encore entrées dans la lutte. [...] Général, vous vous figurez être vainqueur. Est-ce que vous auriez perdu la confiance dans la valeur de vos officiers et dans le courage de vos soldats ? [...] Vous avez fait une promesse il faut la tenir. [...] N'ayez pas peur de perdre la face envers vos soldats. Général, je vous attends. »
>
> Tract signé du colonel de Castries
> et adressé au général Giap,
> largué au-dessus des lignes viêt-minh
> à la veille de la bataille de Diên Biên Phu.

La décision d'occuper Diên Biên Phu

L'objectif du commandement viêt-minh est double. Il s'agit d'une part de s'emparer de Laïchau et, d'autre part, de mettre fin à l'action des maquis pro-français implantés en pays thaï et qui posent de sérieux problèmes aux troupes de l'armée populaire. Ces maquis sont actionnés par le groupement de commandos mixtes aéroportés, créé en avril 1951 à l'initiative du général de Lattre de Tassigny dans le but de porter la guerre sur les arrières viêt-minh afin de menacer son potentiel et ses infrastructures politiques, militaires et économiques. Implantés principalement au Laos et dans le Nord-Ouest du Nord-Vietnam, la poignée d'Européens qui encadrent les quelques milliers de combattants autochtones farouchement opposés au Viêt-minh sont devenus une menace telle que Giap a décidé d'en finir. En effet, toute opération contre Laïchau nécessitant l'emprunt de l'axe logistique majeur que représente la RP 41, la destruction des maquis reste un préalable indispensable au développement des projets viêt-minh. Cette destruction est effective au cours des deux premières semaines du mois de novembre 1953 : sur les 1 800 partisans, en majorité thaïs, les trois quarts sont tués, blessés ou faits prisonniers. Ce sacrifice n'est cependant pas vain puisqu'il permet au Français d'occuper un petit village que les populations thaïes appellent Muong Thanh et qui, sous l'impulsion de l'administration française à la fin du XIXe siècle, change son nom pour celui de Diên Biên Phu[1].

L'éventualité d'une réoccupation de Diên Biên Phu[2] a été envisagée très tôt par les Français. Elle est proposée au général Navarre dès le mois de juin 1953 par le général Cogny, successeur du général de Linarès. La nomination de Cogny a été en quelque sorte imposée par les événements, car, lors du départ de « l'équipe Salan », ce général de brigade est le seul des officiers généraux alors en poste en Indochine à connaître les dossiers et à pouvoir occuper cet important commandement. Aussi, malgré les préventions de Linarès qui s'est souvent opposé à son subordonné, il est désigné en même temps qu'il reçoit sa troisième étoile, celle de divisionnaire. La plupart de ceux qui ont côtoyé Cogny le présentent comme un homme d'action, de commandement et d'autorité. Il est aussi des jugements moins élogieux sur l'intéressé qui dénoncent des qualités plus affectées que bien réelles. Linarès dit de lui qu'il « pose au grand baroudeur [...] alors qu'il ne s'est presque jamais battu. Il passe son temps à soigner sa publicité auprès des journalistes ». C'est donc le général Cogny qui, le premier, le 26 juin 1953, appelle l'attention du général Navarre sur les avantages, en cas de menace sur Laïchau et le Laos, à disposer d'une base aéroterrestre dans la région. En premier lieu, l'évacuation de Na San, le camp retranché qui a si efficacement stoppé l'offensive viêt-minh de l'automne précédent, est fortement recommandée. Le rôle opérationnel de la place a beaucoup diminué depuis que l'ennemi, qui a consacré de très importants efforts à la construction d'une route, la contourne et ravitaille ses forces de Tuan Giao et de Diên Biên Phu par cette voie. Aussi, l'enlèvement des bataillons français immobilisés sans profit permettrait de récupérer des effectifs, jugés plus utiles ailleurs. Cette proposition est retenue et Na San est évacuée entre le 1er et le 12 août 1953. L'opération est un succès : la totalité de la garnison est ramenée sans pertes tandis qu'une partie des matériels et dépôts n'ayant pu être aérotransportés sont détruits.

En second lieu, Cogny évoque la possibilité, qu'il soutient personnellement, de procéder à la création d'une nouvelle base aéroterrestre à Diên Biên Phu, le site représentant, pour défendre le pays thaï et couvrir le Haut-Laos, une meilleure position que celle de Na San, de Laïchau ou même de Luang Prabang, la capitale royale laotienne qui reste difficile à défendre en raison de la configuration du terrain. La vallée de Diên Biên Phu, qui se présente comme une ellipse dont l'axe nord-sud atteint jusqu'à 17 kilomètres et l'axe est-ouest mesure entre 5 et 7 kilomètres, constitue la seule plaine importante de la région et bénéficie d'un bon accès à Laïchau par la piste Pavie[3]. Le terme de « cuvette » est rapidement utilisé pour qualifier l'endroit et sans doute celui-ci présente-t-il l'image forte pour les journalistes et le grand public d'une plaine cernée de toutes parts par les montagnes. Toutefois cette représentation peut être nuancée et l'on peut tout aussi bien concevoir Diên Biên Phu comme une large vallée verdoyante, traversée par la rivière Nam Youn, surplombée par une série de pitons peu élevés qui formeront les futurs centres de résistance français. La vallée est il est vrai encadrée par un environnement montagneux couvert par un manteau forestier et dont les gradins irréguliers s'étagent sur plusieurs kilomètres. Sur la face est, les sommets des pitons situés à 4 kilomètres oscillent entre 500 et 800 mètres pour atteindre 1 200 mètres à 8 kilomètres du village et jusqu'à 1 500 à 10 kilomètres. Quiconque envisage d'envahir le Laos doit contrôler la vallée de Diên Bien Phu : celle-ci offre un accès direct au pays et fournit aux troupes une base de départ et de repli idéale pour leurs opérations, en même temps que les rizières permettent d'alimenter une partie des unités. Le Viêt-minh, qui l'a bien compris, veut en faire sa base opérationnelle dans la campagne du Nord-Ouest.

L'opération Castor :
les parachutistes sautent sur Diên Biên Phu

Le 2 novembre 1953, afin de répondre à l'offensive ennemie qui se développe, le général Navarre prescrit à l'état-major des forces terrestres du Nord-Vietnam d'étudier une éventuelle réoccupation de la vallée qui devrait être effective entre le 15 et le 20 novembre. Le but est d'arriver avant le gros de la division 316, alors aux prises avec les maquis pro-français. L'idée d'une telle opération suscite pourtant des oppositions, notamment au sein de l'état-major du général Cogny dont les officiers, qui ne s'entendent pas avec leurs homologues de Saigon, s'opposent aux conceptions du commandant en chef. Le 4 novembre 1953, dans une fiche devenue célèbre depuis lors, le colonel Bastiani, chef d'état-major des FTNV, met en garde contre le déclenchement de l'opération Castor, le nom qui lui a été donné. En premier lieu, écrit-il, « je ne crois pas que l'occupation de Diên Bien Phu puisse empêcher Laïchau de tomber ». Il dénonce, non sans une certaine justesse, les illusions entretenues par l'état-major du commandant en chef sur le principe d'une opération qui aurait pour but de « barrer » la direction de Luang Prabang et de couvrir le Laos : « Dans ce pays, on ne barre pas une direction. C'est une notion européenne sans valeur ici. Le Viêt passe partout. » D'autres personnalités sont plus circonspectes encore. Outre le général Gilles, pressenti pour diriger Castor et dont l'expérience des combats de Na San lui a laissé quelques craintes, les responsables de l'armée de l'air nourrissent des doutes quant à l'installation d'une base française en pays thaï. Lors une réunion tenue le 11 novembre 1953, ils présentent plusieurs objections. Le général Dechaux, chef du GATAC Nord, soulève ainsi la question de l'éloignement de Diên Biên Phu par rapport aux aérodromes du Tonkin (distants d'environ 350 kilomètres), ce qui limite les possibilités de l'aviation et notamment des appareils de chasse. Les aviateurs évoquent aussi les mauvaises conditions météorologiques au-dessus de la vallée, la nécessité de sécuriser la piste de toute DCA ennemie et l'important besoin en tonnage de la garnison, estimé au début à 80 tonnes par jour[4].

Le 14 novembre 1953, toutefois, Navarre arrête sa décision : Diên Biên Phu doit être réoccupée, une décision motivée par des raisons militaires et politiques. S'il n'a toujours reçu aucune directive, aucun ordre formel émanant de Paris quant à l'obligation de défendre le Laos, sa fonction lui impose de protéger ce petit pays allié de la France et membre, depuis peu, de l'Union française. Le commandant en chef peut appuyer son action sur l'accord qui vient d'être signé, le 28 octobre 1953, entre les gouvernements français et laotien, accord qui engage la France à défendre le Laos en cas d'attaque. Cette position est partagée par le commissaire général Maurice Dejean, pour qui ne pas prêter assistance au Laos est tout simplement « impensable » ; c'est également le sentiment de Marc Jacquet, secrétaire d'État chargé des Relations avec les États associés.

Le plan prévoit le largage de trois bataillons parachutistes sur Diên Biên Phu, qui seraient rejoints par trois autres dans les quarante-huit heures suivantes. Quant à la situation de l'ennemi dans la vallée de Diên Biên Phu, si elle n'est pas connue avec exactitude, l'état-major des FTVN estime – justement – que le Viêt-minh y entretient au moins la valeur d'un bataillon, en l'occurrence le 910e bataillon du 148e régiment autonome. À l'aube du jour J, fixé au 20 novembre 1953, les généraux Gilles, Dechaux et Bodet, l'adjoint du général Navarre, survolent Diên Biên Phu à bord d'un Dakota. Ils doivent décider si, au vu des conditions atmosphériques, l'opération peut avoir lieu ou non. La légère brume qui règne ce matin-là dans la vallée n'est pas suffisante pour l'annuler et, à 7 h 20, le feu vert est donné à Hanoï. Quelques heures plus tard, dans la soirée, 2 650 parachutistes français s'apprêtent à passer leur première nuit dans ce petit village perdu du Nord-Vietnam : la première phase de la bataille de Diên Biên Phu commence. Comme l'écrira le lieutenant-colonel Bigeard à son retour de captivité, au mois de septembre 1954 : « Que n'a-t-il plu ce jour là »...

Castor débute donc le 20 novembre entre 10 h 35 et 10 h 45. Le 6e BPC est le premier bataillon parachuté mais la DZ choisie, *Natacha*, est occupée par de nombreux éléments viêt-minh. Les parachutistes sont immédiatement pris à partie, certains abattus alors qu'ils n'ont pas encore touché le sol. Une fois à terre, le combat s'engage dans des conditions difficiles, les compagnies du 6e BPC étant étroitement imbriquées dans le dispositif adverse. Un peu partout les parachutistes livrent de sanglants corps-à-corps pour desserrer la pression ennemie et permettre aux sections de se regrouper. La situation est plus satisfaisante au sud de Diên Biên Phu où le 2e bataillon du 1er régiment de chasseurs parachutistes (II/1er RCP) prend possession de la DZ *Simone* sans difficultés majeures, la place étant vide. Vers 15 heures, alors que le combat fait encore rage dans la vallée, une quarantaine de Dakota procèdent au largage de la seconde vague qui comprend notamment le 1er BPC et deux batteries de canon de 75 mm sans recul (75 SR) appartenant aux artilleurs du groupement de marche du 35e régiment d'artillerie légère parachutiste (35e RALP). Pour le Viêt-minh, le rapport des forces est par trop déséquilibré et, en fin de journée, il abandonne le terrain aux Français. Au soir du 20 novembre 1953, les pertes au combat peuvent apparaître lourdes du côté français avec 15 tués et une cinquantaine de blessés, mais le Viêt-minh déplore 115 morts relevés sur le terrain et des blessés en nombre inconnu, seuls quatre ayant pu été récupérés.

Diên Biên Phu, base aéroterrestre

Les jours qui suivent l'opération Castor, trois autres bataillons parachutistes (8e BPC, 1er BEP et 5e bataillon de parachutistes vietnamiens – 5e BPVN) viennent renforcer les effectifs de la garnison qui s'élèvent au 22 novembre 1953 à 4 560 combattants. La plupart des formations parachutistes, unités de réserve générale, sont au cours du mois de décembre progressivement retirées de Diên Biên Phu et remplacées par des formations d'infanterie. Le 25 novembre, le terrain d'aviation peut accueillir les premiers Dakota qui commencent à décharger leur ravitaillement et à procéder aux premières rotations des bataillons. Français, Vietnamiens, Thaïs, Africains, Nord-Africains et légionnaires composent donc la garnison de Diên Biên Phu, offrant une physionomie originale mais fidèle à la diversité du corps expéditionnaire tout entier. Ainsi, les « Français », c'est-à-dire les troupes métropolitaines présentes dans la vallée, ne dépasseront jamais 25 % des effectifs totaux.

À l'origine, l'intention du commandant en chef est de créer à Diên Biên Phu une base aéroterrestre centrée sur le terrain d'aviation et défendue par la valeur de cinq ou six bataillons d'infanterie. Outre leurs missions propres (tenir sans esprit de recul la position défensive et assurer la libre disposition du terrain d'aviation), les troupes de Diên Biên Phu doivent rechercher le renseignement en direction de plusieurs axes (notamment jusqu'à Tuan Giao), réaliser si possible la liaison avec les forces du Laos et retarder la mise en place du dispositif viêt-minh par des actions offensives puissantes. Comme l'écrira plus tard le lieutenant-colonel Bigeard, « ces directives… fixant une action dans un triangle de 100 kilomètres sur 60 et 50 peuvent paraître facilement réalisables… sur une carte au 1/400 000… depuis un bureau. [Mais] tenant compte des difficultés du terrain, du ravitaillement, du peu d'unités aptes au combat en montagne [et] du travail défensif à effectuer à DBP, c'était en réalité une vue de l'esprit catastrophique ». Au sein de l'état-major du commandant en chef, on est cependant beaucoup plus confiant sur les capacités de la garnison à remplir la mission qui lui est donnée.

Pour Navarre, celle-ci est claire : il s'agit de faire de Diên Biên Phu une base pour de futures actions politiques et militaires, de rayonner à partir de la vallée et de ne pas s'y laisser enfermer. En ce sens, Diên Bien Phu constitue bien une base aéroterrestre. La fonction qui lui est assignée apparaît donc exactement inverse de celle de Na San qui, dès le départ, a été conçue comme un camp retranché et n'est devenue une base aéroterrestre qu'une fois la menace viêt-minh écartée, au début de l'année 1953. Les défauts dans l'organisation défensive de Diên Biên Phu, qui, ultérieurement, vont être révélés par la violence des combats, proviennent en partie de cette raison. Certes, on peut avancer l'argument d'une sous-estimation de l'adversaire chez certains cadres ou leur méconnaissance de l'importance de l'artillerie adverse avant l'offensive viêt-minh, mais Diên Biên Phu souffre d'abord d'un défaut de conception. Le colonel Langlais en témoigne un an après sa chute : « Au début les paras ont sauté, on a rasé les maisons. […] on a fait des trous et puis, ma foi, on est un peu parti sur ces positions-là. » L'absence d'une réflexion poussée quant à l'organisation défensive de la base conduit à d'importantes erreurs et certains observateurs – notamment américains – relèvent avant la bataille la faiblesse des abris construits par les Franco-Vietnamiens.

Le 7 décembre 1953, l'ensemble des forces rassemblées à Diên Biên Phu est intégré dans un nouvel organisme de commandement : le groupement opérationnel du Nord-Ouest ou GONO. Celui-ci commande désormais la seule place forte française en pays thaï puisque la garnison de Laïchau, trop menacée, est évacuée à cette même période[5]. Le général Gilles, qui a depuis longtemps terminé son temps de commandement et qui est appelé à d'autres responsabilités, est remplacé par le colonel Christian de la Croix de Castries, un officier capable et faisant autorité. La défense de Diên Biên Phu est centrée principalement sur la protection du terrain d'aviation protégé par des collines auxquelles l'état-major des FTNV a attribué des lettres (A, B, C, etc.) sur les cartes et calques de la vallée. La transformation de ces lettres en prénoms féminins, qui bientôt vont rentrer dans l'histoire, constitue toujours aujourd'hui une énigme. Il semble toutefois que ce soit le général Navarre qui ait donné le nom du centre de résistance *Isabelle*, en hommage à sa filleule, fille de son aide de camp, le capitaine Jean Pouget. À la fin du mois de janvier 1954, au moment où le GONO est en passe d'atteindre sa physionomie définitive, trois sous-secteurs (nord[6], centre[7] et sud[8]) ont été créés, chaque sous-secteur étant composé d'un certain nombre de centres de résistance (CR) occupés par un bataillon dont les compagnies défendent des points d'appui (PA), au nombre de trois ou quatre. L'ensemble est appuyé par les tubes des canons de 155 mm HM1 et de 105 mm HM2 et ceux des mortiers de 120 mm. La défense peut également compter sur la présence d'un escadron de 10 chars légers M 24 *Chaffee* aérotransportés en pièces détachées depuis Hanoï, et remontés. Le GONO peut également recevoir l'appui aérien des appareils en provenance du delta. En moyenne, le GATAC Nord affectera quotidiennement au cours des combats 33 chasseurs, une vingtaine de bombardiers B-26 et 4 PB4Y *Privateers* de l'aéronavale.

Au mois de février 1954, les défauts dans l'organisation défensive n'apparaissent pas encore et Diên Biên Phu représente pour tous une forteresse imprenable. Toutes les personnalités politiques et militaires, françaises comme étrangères, qui visitent le lieu repartent avec un fort sentiment de confiance et de sécurité. Voici la relation qu'en fait pour *Le Monde* le journaliste Robert Guillain dans un article intitulé « Week-end à Diên Biên Phu » : « C'est une espèce de piège gigantesque et compliqué, hérissé de pointes, boursouflé d'ouvrages, miné, creusé, compartimenté, labouré sur des kilomètres carrés, et plus habité qu'une fourmilière. [...] À la surface, plus rien ne pousse, sinon la prolifération de ronces de métal : les barbelés. Les barbelés en nappe immenses, en buissons, en haies parallèles, en brise-lames qui rejetteraient les assaillants vers les espaces ouverts, où les museaux pivotants des mitrailleuses enterrées les couvriraient de leur feu au ras du sol. » À l'époque, la confiance est telle que tous pensent que si le « Viêt » passe à l'offensive, c'est certain, il se cassera les dents. Au final, le jour de l'attaque, ce ne sont pas moins de 10 813 combattants qui attendent le choc des divisions de l'APV. Que s'est-il passé pour que le général Navarre, qui pourtant dans son plan initial avait affirmé vouloir adopter une attitude défensive au Nord Vietnam, accepte finalement de livrer bataille au corps de bataille viêt-minh ? Cette occasion, que ses prédécesseurs avaient vainement recherchée pendant toute la guerre, est en fait la conséquence des choix qu'Hô Chi Minh, le général Giap et leurs conseillers chinois ont faits au lendemain de l'opération Castor.

De l'autre côté de la colline

La possibilité d'une action française sur Diên Biên Phu faisait depuis longtemps partie des hypothèses discutées au sein de l'état-major de l'APV et le survol répété de la vallée par l'aviation au cours de la première quinzaine du mois de novembre 1953 n'était pas passé inaperçu. Cependant, les véritables intentions françaises ne semblent pas avoir été éventées. L'annonce de la prise de la localité par les parachutistes surprend donc le Viêt-minh. Conscient que l'opération Castor a pour but de participer à la protection de Laïchau et du Haut-Laos, le Viêt-minh prend deux décisions. Dans un premier temps, il prescrit l'accélération du mouvement de la division 316 sur Laïchau afin de s'emparer de la ville avant que les parachutistes et les bataillons thaïs ne puissent s'y opposer. Dans un second temps, le 6 décembre 1953, une fois assuré que les forces françaises implantées à Diên Biên Phu utiliseront la vallée comme une base pour leurs futures opérations – et donc resteront –, le Viêt-minh arrête sa décision de livrer bataille à la garnison française. L'action des conseillers chinois semble avoir été déterminante. Le front du Nord-Ouest devenant le front principal de la campagne 1953-1954, ordre est donné aux divisions viêt-minh intéressées de quitter la zone du delta et de se mettre en route en direction de la Haute région.

À la mi-décembre 1953, l'APV est désormais solidement implantée autour de la vallée et les différentes sorties effectuées sur la face nord et nord-est du camp retranché montrent que ses troupes ont organisé de puissantes positions défensives, extrêmement bien camouflées. Au cours de cette période, les bataillons parachutistes qui effectuent des sorties autour de Diên Biên Phu atteignent rarement leurs objectifs et, quand ils y parviennent, des contre-attaques les rejettent irrémédiablement vers leurs bases de départ[9]. Diên Biên Phu est désormais encerclée. La certitude d'une victoire, toujours ancrée chez le général Navarre au début du mois de décembre, laisse peu à peu la place au doute au vu des événements et des renseignements qui affluent. Évaluant les chances de succès français, il exprime clairement ses craintes dans une lettre adressée à Marc Jacquet le 1er janvier 1954 : « Il y a deux semaines encore je les estimais à 100 % [...] mais devant l'arrivée de moyens nouveaux que des renseignements nous annoncent depuis deux semaines (DCA de

37 mm, peut-être artillerie lourde et engins motorisés), je ne puis plus – si ces matériels existent réellement en nombre et surtout si l'adversaire réussit à les mettre en action – garantir avec certitude le succès. » La brusque accélération de l'aide chinoise et la mise en œuvre de moyens nouveaux confirment cette inquiétude et bouleverse l'équilibre des forces au profit du Viêt-minh.

Les conséquences de la conférence de Berlin

À ce stade de la campagne, l'état-major viêt-minh, en plein accord avec les conseillers chinois présents, semble favorable à une attaque brusquée sur le camp retranché. Afin que tous se pénètrent de cette idée, le mot d'ordre lancé aux troupes est on ne peut plus clair : « Attaque éclair, victoire rapide. » Le jour de l'offensive est fixé au 25 janvier 1954, à 17 heures. Du côté français, le commandement est parfaitement au courant du plan viêt-minh comme de la date de l'offensive grâce à la capture d'un combattant de la division 312 et au décryptement des écoutes. Dans les deux camps, le moral est au plus haut et la satisfaction est grande de voir s'achever la longue phase d'attente, le sentiment général est qu'enfin le temps est venu de « s'expliquer ». Toutefois, le 26 janvier 1954[10], le général Giap annule brusquement son offensive[11]. Cette décision, qui est « la plus difficile de [sa] vie » comme il le confessera plus tard, est principalement motivée par deux raisons. En premier lieu, il semble que le Viêt-minh a sous-estimé la puissance du camp retranché en même temps qu'il prend conscience des insuffisances et des lacunes dans sa propre préparation de la bataille. Mais, surtout, Giap prend en compte certains aspects politiques internationaux. Il sait que le 25 janvier doit s'ouvrir à Berlin une conférence réunissant la France, les États-Unis, la Grande-Bretagne et l'Union soviétique qui doit définir le statut et la place de la future Allemagne. Il sait également qu'existe en France un fort courant en faveur de la paix en Indochine et qu'à Paris, un certain nombre de dirigeants souhaitent voir abordée à Berlin la question d'un règlement de la question indochinoise.

L'idée d'une conférence internationale réunissant les grandes puissances est le fruit d'une initiative britannique soumise au mois de mai 1953. Profitant de la disparition de Staline[12], les Anglais souhaitent amorcer une amélioration des rapports entre les Occidentaux et le bloc communiste. La fin de la guerre de Corée, au mois de juillet suivant, permet, malgré les réticences des Américains toujours soucieux d'éviter une reconnaissance officielle de la Chine de Mao, de progresser dans cette voie du « dégel ». Quelques jours avant la signature de l'armistice à Panmunjom, une note commune propose donc aux Soviétiques de se réunir pour discuter du sort de l'Allemagne et de l'Autriche. Au mois de novembre 1953, Moscou accepte le principe d'une conférence qui réunirait les ministres des Affaires étrangères des États-Unis, de la Grande-Bretagne, de l'Union soviétique et de la France est retenu. Celle-ci, qui se tient à Berlin en février 1954, est un échec. Toutefois, il est admis qu'une seconde conférence se tiendra à Genève à partir du 26 avril 1954 qui devra aborder la question d'un règlement politique en Corée ainsi que celui du « rétablissement de la paix en Indochine ». Les responsables français, pressés de mettre un terme au conflit depuis l'année précédente, ont réussi à « raccrocher » le problème indochinois aux discussions qui vont s'ouvrir. Pour la Chine communiste, absente à Berlin, c'est un succès : les Soviétiques ont obtenu qu'elle fasse partie des nations participantes.

En Indochine, à la fin du mois de février 1954, Giap est cette fois décidé à déclencher son offensive. Les conclusions de la conférence de Berlin ont levé les dernières hésitations du Viêt-minh et ce dernier entend bien arriver à la table des négociations fort d'un atout majeur : la prise de Diên Biên Phu. Pour des raisons politiques et idéologiques – c'est notamment la position viêt-minh –, certains auteurs refusent de lier ces conclusions au sort de la bataille. Ce point de vue résiste difficilement à une analyse militaire de la situation et aux chiffres fournis par les services de renseignements français. En effet, à compter du mois de février, la Chine ne va plus compter son aide à l'APV et, dès l'annonce de la tenue d'une conférence à Genève, le 2e bureau constate une augmentation considérable du ravitaillement en munitions, en carburant et en équipements divers en provenance de Chine populaire. Pour exemple, de nouvelles unités de DCA équipée de canons antiaériens de 37 mm sont dirigées vers Diên Biên Phu. Ce sont eux qui vont littéralement « étouffer » le camp retranché qu'est devenu Diên Biên Phu. Giap est donc, à cette date, déterminé à remporter la victoire, en sacrifiant si nécessaire une partie de son corps de bataille. Ainsi, quelles que soient les responsabilités et erreurs du général Navarre ou de ses subordonnés dans la préparation de la bataille du Nord-Ouest, il paraît difficilement contestable, du point de vue militaire, que la volonté affichée du gouvernement français d'ouvrir des discussions, voire des négociations quant à l'avenir de l'Indochine, à un moment si crucial de la campagne et sans en avertir, de surcroît, le commandant en chef constitue une faute, sinon une aberration.

Dans le cadre de l'attaque sur Diên Biên Phu, le Viêt-minh cherche à disperser les moyens et les efforts du corps expéditionnaire en ouvrant d'autres fronts, afin d'aggraver l'isolement de la base. Ainsi, Giap a-t-il ordonné une reprise des opérations dans le delta et la division 320, appuyée par d'autres unités régulières et provinciales, déclenche une série d'attaques sur les postes et les voies de communication des garnisons franco-vietnamiennes. Au Moyen-Laos et au Centre-Annam, où les Français ont lancé l'opération Atlante qui doit détruire le *Lien Khu V*, l'ennemi entretient une politique offensive et mène plusieurs raids qui parviennent à détourner les moyens du corps expéditionnaire au détriment du théâtre nord-ouest. Pour amplifier cet effet, Giap ordonne le 27 janvier 1954 à la division 308 de quitter les emplacements que ses unités occupent autour de Diên Biên Phu et de se porter à marche forcée sur le Nord-Laos et sa capitale, Luang Prabang. Comme le précise une directive du 6 février 1954, « il faut isoler Diên Biên Phu, contraindre l'ennemi à dégarnir son camp retranché et à renforcer ses troupes à Luang Prabang ». En réalité, Giap n'a aucune intention de prendre la ville, qui constitue un trop gros morceau, et ne veut absolument pas entamer le potentiel de la 308, la « division de fer », tout au plus cette opération permet de sécuriser définitivement les routes en provenance du Haut-Laos, routes par lesquelles aurait pu transiter un éventuel renforcement de Diên Biên Phu. Devant la réaction française et aux prises avec de grandes difficultés logistiques, le 23 février 1954, la division 308 reçoit l'ordre de stopper son mouvement et de rejoindre Diên Biên Phu, que ses hommes, épuisés par un mois d'opérations à travers un terrain très difficile, atteignent le 28.

À la veille de la bataille, l'armée populaire aligne, face au 12 bataillons du GONO, une masse totale de 28 bataillons d'infanterie : 7 appartenant à la division 316, 3 à la division 304, 9 à la division 308 et autant de la division 312[13]. La division 351 est quant à elle au complet, ses unités solidement retranchées dans les environs de Diên Biên Phu. Les mitrailleuses et canons de DCA du régiment 367 sont placés, pour l'essentiel, à l'est et au nord-est de la vallée, une position qui permettra, le moment venu, de couper l'axe d'approche des appareils voulant atterrir sur le terrain d'aviation. Quant aux 24 canons de 75 mm et aux 16 mortiers de 120 mm du régiment 675, ils sont, avec les 24 obusiers de 105 mm du régiment 45, répartis au nord, dans l'axe de la piste Pavie et à l'est, sur les hauteurs dominant Diên Biên Phu ; parmi celles-ci la fameuse cote 781, un objectif que les Français essaient en vain de conquérir au début du mois de février 1954.

Pour réaliser le transport du matériel lourd et la totalité de l'approvisionnement en provenance de Chine, le général

Giap a fait remettre en état 200 kilomètres de routes tandis que 100 autres kilomètres sont créés. Une masse de plusieurs dizaines de milliers de « travailleurs civiques », estimée à environ 50 000, est réquisitionnée pour mener à bien cette tâche[14]. L'essentiel du ravitaillement part de la frontière de Chine, au niveau de Lang Son, et rejoint Diên Biên Phu après avoir emprunté la RP 13 puis, à partir de Conoï (au sud de Na San), la RP 41. De Conoï, les convois viêt-minh gagnent Tuan Giao qui constitue la base opérationnelle de son corps de bataille, c'est là que l'armée populaire stocke ses principaux dépôts. Camouflé à la vue de l'aviation française grâce à un emploi habile de la végétation, ce réseau routier est très difficile à identifier pour les aviateurs du GATAC Nord, dont la mission est aussi de s'attaquer aux voies de communication ennemies pour interdire le ravitaillement à destination de Diên Biên Phu. L'aviation de chasse et de bombardement a numéroté un certain nombres de cibles (ponts, carrefours, zones de franchissement), mais le nombre d'appareils engagés à chaque sortie n'est pas suffisant[15] pour avoir une influence significative sur l'interruption du trafic et les destructions opérées sont rapidement réparées par une théorie de coolies qui se tiennent prêts en permanence. Au cours de la campagne du Nord-Ouest, jamais l'aviation française ne parviendra à entraver la logistique viêt-minh plus de quelques heures, jamais elle n'empêchera l'artillerie et les canons de DCA, malgré d'immenses difficultés, de parvenir jusqu'à Diên Biên Phu. Le colonel Dechaux le reconnaîtra d'ailleurs : « Nous avons échoué. »

Acte I. La brève résistance de Béatrice et la longue nuit de Gabrielle

Le 12 mars 1954, les renseignements confirment l'imminence de l'attaque et, au soir, de Castries annonce à son état-major : « Messieurs, c'est pour demain. » Au sein de la

Camp retranché de Diên Biên Phu

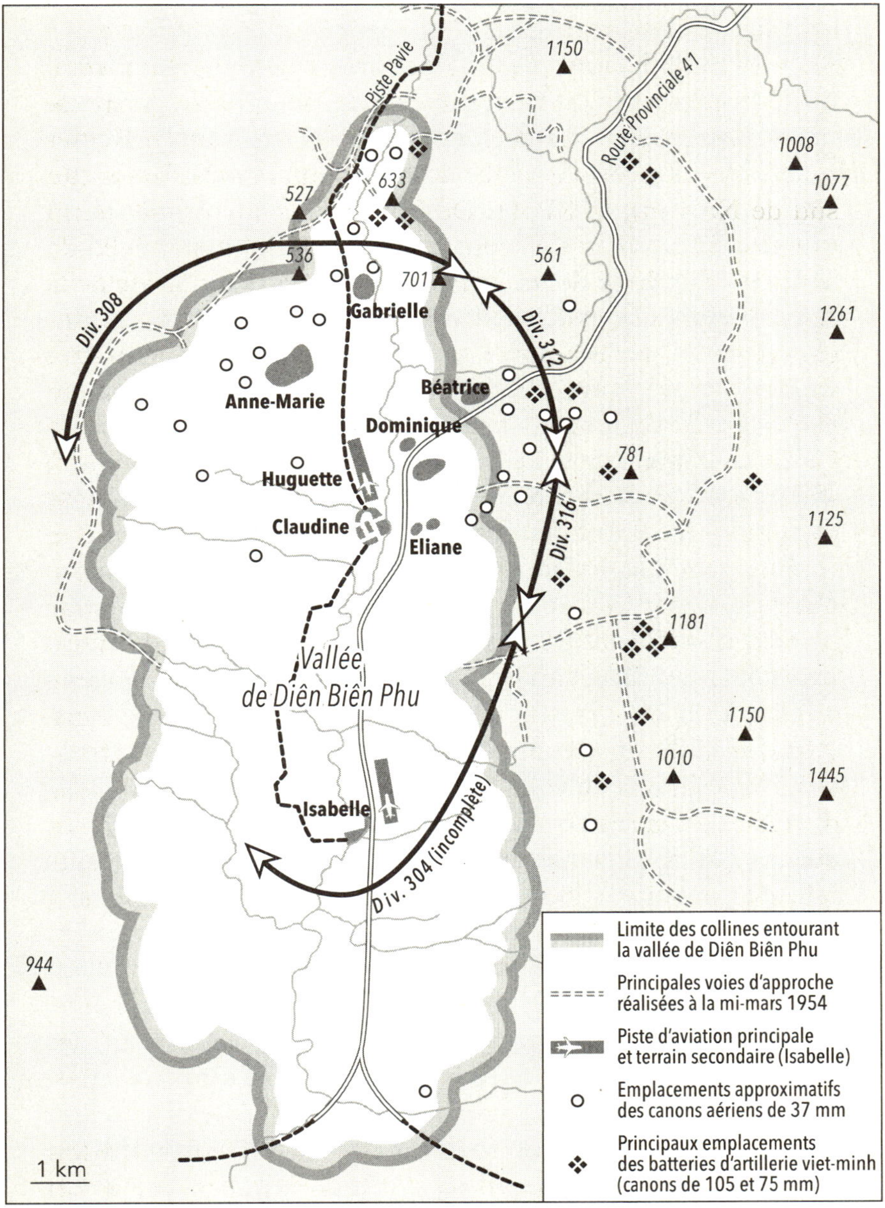

garnison du camp retranché, si la confrontation est toujours souhaitée par certains, on constate que les troupes accusent « un fort sentiment de lassitude ». Les bataillons stationnent à Diên Biên Phu depuis des mois et les travaux d'organisation du terrain comme les pertes dues aux différentes opérations de reconnaissance ou de destruction de positions adverses ont généré une forte fatigue parmi les combattants. Les pertes enregistrées entre le 20 novembre 1953 et le 12 mars 1954 ont été sérieuses et s'élèvent à plus de 1 000 hommes, dont 150 tués. L'arrivée de renforts prélevés sur les unités du delta n'a toutefois que partiellement comblé les vides et, comme le note de Castries, « presque tous les bataillons sont très au-dessous de leurs effectifs théoriques ». Cette situation est particulièrement vraie pour le troisième bataillon de la 13e demi-brigade de la Légion étrangère (III/13e DBLE) qui, à *Béatrice*, s'apprête à recevoir le choc et dont l'effectif n'atteint même pas les 450 hommes[16]...

Il revient à la division 312 de mener l'attaque. Faute d'effectifs, un seul centre de résistance en constitue l'objectif, et c'est *Béatrice*, située à environ 2,5 kilomètres au nord-est de Diên Bien Phu, qui est choisi. Brutalement, le 13 mars 1954, à 17 h 10[17], « ce fut l'apocalypse » sur le centre de résistance. L'artillerie viêt-minh, qui jusque-là avait été avare de ses projectiles, se dévoile et déverse un déluge de feu. Obus de 120, de 105 et de 75 mm arrivent à une cadence élevée sur les positions occupées par les légionnaires. Pendant une heure et demie ces hommes, qui, dans leur grande majorité, n'ont jamais subi l'épreuve d'un tel tir d'artillerie connaissent l'enfer. Sur les points d'appui, morts et blessés s'accumulent et se comptent bientôt par dizaines. À Diên Biên Phu même, l'artillerie du camp retranché, qui cherche vainement des objectifs à contrebattre dans le soir qui tombe est prise à partie par les canons de 105 mm de la division 351 et son action s'en trouve en partie neutralisée. Le but du Viêt-minh est clair : empêcher tout appui au profit de *Béatrice*. Peu avant 18 h 30, heure à laquelle le Viêt-minh s'apprête à lancer son assaut, le chef de bataillon Pégot est tué avec ses adjoints et le chef du détachement de liaison et d'observation (DLO), l'officier d'artillerie chargé de régler les tirs des 105 français aux abords du centre de résistance. Quelques minutes après, un second coup au but viêt-minh détruit les appareils radio du poste de commandement.

S'il reste bien des lieutenants DLO sur les points d'appui qui accomplissent leur mission et dirigent les tirs sur les concentrations de troupes ennemies, toute défense coordonnée de *Béatrice* semble, avant même l'assaut viêt-minh, fortement compromise. À partir du moment où les *bo doïs* prennent pied dans le dispositif français, peu après 18 h 30, toute résistance organisée va rapidement s'écrouler sur les points d'appui. Le lieutenant-colonel Gaucher a subi le même sort que le commandant Pégot : à 19 h 45, pénétrant par une fenêtre d'aération aménagée pourtant au ras du sol, un obus est venu exploser dans l'abri du chef du secteur centre, qui décède peu après. Dès lors, privés de tout commandement, mal appuyés, et livrant des combats isolés sans coordination, les survivants sont incapables de s'opposer à la ruée des milliers de combattants viêt-minh. À minuit et demie, tout est fini sur *Béatrice*. Cet effondrement si rapide de la défense – « On ne l'a pas senti tomber » racontera plus tard le général de Castries – crée la consternation à Diên Biên Phu même et dans les états-majors de Saigon et de Hanoï. *Gabrielle*, comme l'indiquent les préparatifs d'attaque, est le prochain objectif.

Comme la veille, c'est en fin d'après-midi qu'entre en jeu l'artillerie viêt-minh et que commence la longue nuit de *Gabrielle*. Ce premier bombardement de la position dure jusqu'à 2 h 30, sans interruption. Malmenée, bouleversée par les obus, *Gabrielle*, considérée avant la bataille comme le centre de résistance le plus solide de la garnison, tient ferme. Les liaisons avec le PC du GONO sont bonnes et le jour qui n'est plus très loin nourrit l'espoir que les défenseurs du V/7ᵉ RTA sortiront victorieux de l'affrontement.

Vers 4 h 30, cependant, le drame subi la veille sur *Béatrice* semble se répéter : un obus pénètre dans le PC du chef de bataillon de Mecquenem, qui commande les tirailleurs, mettant hors de combat celui-ci, le commandant Kah[18] et d'autres membres de son état-major. Néanmoins, le capitaine Gendre, commandant la 3e compagnie, prend le commandement. Il est d'ailleurs informé, peu de temps après, qu'une contre-attaque appuyée par des chars est prévue. Cette annonce conjuguée au fait que, jusque vers 6 heures, tous les assauts ennemis sont repoussés renforce l'espoir chez les tirailleurs. Hormis le secteur nord-est où les combattants viêt-minh pénètrent à l'intérieur de la position et progressent en direction du centre du dispositif, les fronts des 1re, 2e et 3e compagnies restent intacts.

La situation s'aggrave brusquement à partir de 6 h 45, les combattants du régiment 88 ont pris solidement pied dans le cœur du centre de résistance et commencent un nettoyage systématique des abris et des tranchées. C'est à peu près l'heure à laquelle le chef de bataillon de Mecquenem reprend connaissance : « Je commence à percevoir des bruits [...] le fracas des combats d'abord, puis des sons plus proches, des gémissements, des cris de douleur. [...] Je sors en soulevant la toile de tente qui sert de porte. Il fait encore nuit, l'air est chargé de poussière jaune. Un Dakota lâche des bombes éclairantes les unes après les autres. Les feux amis/ennemis s'entrecroisent : l'artillerie de Diên Biên Phu tire sur le nord de Gabrielle, où je suis. Le spectacle est hallucinant[19]. » Le coup fatal vient cependant du secteur sud-est où est implantée la 3e compagnie : entre 7 heures et 7 h 30, les *bo doïs* réussissent la percée. C'est au même moment que les éléments de contre-attaque, le 5e BPVN et deux compagnies du 1er BEP, appuyés par un peloton de chars *Chaffee*, après s'être frayés un chemin par la force au milieu des viêt-minh, arrivent en contrebas de *Gabrielle*. Mais, en lieu et place d'une reprise du centre de résistance, parachutistes vietnamiens et légionnaires voient accourir vers eux une masse d'hommes plus ou moins bien encadrés et se contentent de les recueillir. À l'origine de cet échec, un malentendu : le capitaine Gendre aurait vu dans la contre-attaque une manœuvre de recueil. Du V/7e RTA, environ 170 tirailleurs valides ont réussi à échapper au Viêt-minh, une centaine d'autres a été tuée et 350 rejoignent leurs camarades de *Béatrice* en captivité[20]. En quarante-huit heures, le camp retranché semble avoir perdu l'initiative, *Béatrice*, *Gabrielle*, les deux centres de résistance qui permettaient aux avions d'atterrir sont tombés avec une rapidité incroyable et le terrain d'aviation lui-même « n'est plus qu'un souvenir » comme l'écrira le chef de bataillon Bigeard.

Au matin du 15 mars 1954, la belle confiance affichée par la plupart des combattants français a cédé la place à la stupeur et à l'incrédulité. Au sein de l'échelon de commandement, certains officiers craquent nerveusement – « C'étaient les malencontreux touristes du 13 mars » dira le lieutenant-colonel Langlais[21]. Le plus atteint reste le lieutenant-colonel Piroth, chef de l'artillerie du GONO, qui, se sentant responsable de la situation et conscient de la faillite de ses vues, répète à l'envi aux officiers qu'il croise que « c'est foutu » et « qu'il faut tout arrêter ». Comme le rapporte en termes assez durs le colonel de Castries, « Piroth, s'accusant d'ailleurs de tout, est devenu une loque[22] ». À Hanoï et à Saigon, les rapports entre Navarre et Cogny commencent à se dégrader. La série noire continue pourtant et le 17 mars en début d'après-midi, quelques tirs de harcèlement viêt-minh sur *Anne-Marie 1* et *2* donnent le signal de la débandade chez les Thaïs. Le médecin-lieutenant Verdaguer, médecin-lieutenant au BT 3, témoin de la scène, raconte : « Je vis des grappes de tirailleurs se bousculant aux chicanes où quelques vieux sous-officiers, totalement désemparés, tentaient mais en vain de les empêcher de s'égailler dans la rizière. En quelques minutes, il ne resta des trois compagnies occupant *Anne-Marie 1* et *2* que quelques groupes de vieux tirailleurs » qui purent se replier avec leurs cadres à la faveur de la nuit. *Anne-Marie 3* et *4* sont finalement rattachées au centre de résistance *Huguette*, dont la mission est de couvrir le flanc ouest du terrain d'aviation, sous les noms respectifs d'*Huguette 6* et *7*, cette dernière étant désormais défendue par une compagnie du 5e BPVN. Les restes du BT 3 sont envoyés en renfort de la garnison d'*Isabelle* où ils retrouvent la compagnie de marche du V/7e RTA, formée des rescapés de *Gabrielle*.

Acte II. La bataille des cinq collines

Dans la seconde quinzaine de mars, l'organisation du camp retranché est remaniée en fonction du nouveau dispositif, les abris renforcés tant que faire se peut et des renforts sont parachutés ou, pour la dernière fois, aérotransportés. En effet, à compter du 26 mars, la piste d'aviation, désormais sous le feu continu des canons du Viêt-minh, n'est plus opérationnelle. Le 28 mars 1954[23], une action du 6e BPC sur un groupe de mitrailleuses de DCA, à l'ouest du camp retranché, s'achève par une issue heureuse. Les combats ont toutefois été très durs, le lieutenant Héry, de la 4e compagnie du 6e BPC, se souvient ainsi que les combattants ont dû s'ouvrir « un chemin au poignard » pour atteindre leur objectif. Ce succès reste sans lendemain, car, dans la nuit du 30 au 31 mars 1954, Giap lance sa seconde offensive sur Diên Biên Phu. Le but est de s'emparer des collines qui protègent la face est du camp retranché et ses organes vitaux, aussi d'importants moyens sont consacrés par l'APV : toute l'artillerie de la division 351. La division 312 est chargée de s'emparer des points d'appui de *Dominique* tandis que deux régiments de la 316 doivent s'efforcer d'occuper les *Éliane*. À l'ouest, un autre bataillon de la 316 et la division 308 ont pour mission d'attaquer *Huguette 6* et *7* pour faire diversion et essayer d'obtenir un flottement dans l'emploi des réserves du GONO. Si ces unités parviennent à s'emparer des cinq collines[24], la bataille est terminée.

Le barrage roulant déclenché à 18 h 30 par les artilleurs viêt-minh s'avère de courte durée mais est extrêmement violent. Comme ce fut le cas lors des bombardements de *Béatrice* et *Gabrielle*, les combattants du secteur central assistent impuissants au matraquage de *Dominique* et d'*Éliane*, qui disparaissent sous la fumée et les explosions. À 18 h 45, les hommes du régiment 209 de la division 312 se lancent à l'assaut de *Dominique 1*, qui succombe bientôt. Sur *Dominique 5* et *2*, les choses se déroulent plus rapidement encore, les combattants thaïs du premier point d'appui sont – comme l'a craint l'état-major du GONO – rapidement submergés ; sur le second, un phénomène de panique saisit, comme sur *Dominique 1*, une partie des combattants nord-africains qui se rendent ou fuient en direction du secteur centre : à 20 heures, tout est fini. Il ne reste désormais que *Dominique 3* pour empêcher la ruée des *bo doïs* jusqu'à la Nam Youn et, de là, sur les PC et les services. De surcroît, si *Dominique 3* tombe, ce sont toutes les *Éliane* qui risquent d'être prises à revers. Ainsi, en quelques heures, le sort du de la garnison de Diên Biên Phu peut être scellé. Le point d'appui qui abrite une batterie du 2e groupe du 4e régiment d'artillerie coloniale (II/4e RAC) se retrouve dorénavant en première ligne. La position paraît facile à prendre pour les *bo doïs* comparativement à l'imposante *Dominique 2* tombée[25], pourtant, en moins de deux heures. Mais le point d'appui est bien défendu et une partie des artilleurs assurent leur propre sécurité rapprochée, aidée par des combattants nord-africains du III/3e RTA qui se sont repliés sur la position. Comme l'écrira plus tard un officier également présent ce jour-là : « Ils se sont montrés dignes de ceux du Belvédère[26]. »

Face aux compagnies de *bo doïs* qui dévalent de *Dominique 2* et traversent la RP 41, le lieutenant Brunbrouck, qui commande les pièces de 105 mm, prend la décision de mettre les tubes de ses pièces à l'horizontale et de « déboucher à zéro », c'est-à-dire de tirer avec un débattement nul. Les hommes de la division 312, qui, enthousiasmés par leurs succès initiaux, ne s'attendent certainement pas à cet accueil se trouvent pris sous le feu croisé des canons de 105 mm, qui tirent sur eux à quelques dizaines de mètres seulement, et de deux mitrailleuses quadruples de 12,7 implantées au sud de la piste d'aviation. C'est leur valeur au cours de la guerre de Corée qui a incité le commandement à vouloir disposer de tels engins et, effectivement, au cours de cette tragique nuit du 30 au 31 mars, « les tirs furent terriblement efficaces » sur les combattants viêt-minh à découvert[27]. Hachés par l'artillerie et les mitrailleuses, désorientés, ils refluent et, pour certains, se jettent dans une tranchée[28], espérant y trouver le salut. En réalité, celle-ci a été piégée par les sapeurs français qui y ont disposé des charges plates[29] ; alors que les fils électriques de la plupart des pièges sont coupés par les bombardements au cours de la bataille, les rendant inopérants, les charges plates de *Dominique 3* fonctionnent : au matin du 31 mars, les défenseurs du point d'appui découvrent le macabre spectacle des corps entassés de dizaines de *bo doïs* qui sont venus mourir là.

Pendant que le lieutenant Brunbrouck et ses artilleurs, aidés d'une section de mitrailleuses quadruples de 12,7 mm et des sections de combattants thaïs et nord-africains défendent *Dominique 3,* qui restera finalement aux mains des Français, une autre partie se joue sur les points d'appui d'*Éliane. Éliane 1* tombe en même temps que *Dominique 1* et, à 20 heures, la position est conquise. Si *Éliane 4*, occupée par les paras de Bigeard, est plus légèrement prise à partie par les unités viêt-minh qui se font matraquer par l'artillerie française, c'est *Éliane 2* qui constitue l'objectif de Giap et c'est bien sur ce centre de résistance que se concentrent les efforts des hommes de la division 316. Au milieu de la nuit, Castries, pensant la position prise, s'apprête à faire donner l'artillerie sur les nouveaux occupants. Fort heureusement, d'*Éliane 4*, Bigeard intercepte le message et fait annuler cette décision : *Éliane 2* tient toujours. Effectivement, les Marocains de Nicolas se battent bien et ils vont être progressivement renforcés au cours de la nuit par les légionnaires du 1er BEP et du I/2e REI qui lancent, au total, cinq sanglantes contre-attaques. Toutes les réserves françaises sont engagées. Sur *Éliane 2*, le spectacle est dantesque : dans la nuit claire, les bombes de l'avion *Luciole*, les feux de l'artillerie et ceux des lance-flammes illuminent le champ de bataille. À 8 heures, le 31 mars, au terme d'une nuit de combat, *Éliane 2* est réoccupée par les Français.

Acte III. L'offensive finale

Pour les combattants, le répit est de courte durée et l'initiative de la relance des combats appartient cette fois au commandement français. Dans les états-majors de Saigon et de Hanoï comme dans celui de Diên Biên Phu, l'idée de reprendre *Éliane 1* n'est pas abandonnée, cela pour deux raisons, l'une d'ordre tactique, l'autre, psychologique. Après l'échec de la contre-attaque du 31 mars, « la vie [sur *Éliane 4*], écrira Bigeard dans son rapport, devient intenable, tout homme découvert ou semi-enterré est tiré au fusil d'*Éliane 1* [...]. Nous agissons de même, mais lui [le Viêt-minh] effectue des relèves fréquentes. » Aussi, pour mettre fin à cette menace permanente et parce que, désormais, il s'agit « d'entretenir la bataille » selon les mots du général Navarre, une nouvelle contre-attaque sur *Éliane 1* est décidée[30] qui a également pour but de maintenir la pression sur l'ennemi et d'entretenir le doute chez ses cadres comme chez les combattants : « Il faut bluffer le Viêt, racontera encore Bigeard, ne pas lui laisser d'initiatives. » L'attaque débouche à l'aube du 10 avril et l'affrontement prend tout de suite l'allure de furieux corps-à-corps qui vont durer plusieurs heures. Les lance-flammes utilisés par les légionnaires font des ravages sur les nids d'armes automatiques ennemis. Les effectifs viêt-minh qui défendent *Éliane 1* sont estimés à trois compagnies qui ont reçu l'ordre de tenir coûte que coûte le point d'appui : « Malgré la casse subie du fait de la préparation [d'artillerie, elles reçoivent], l'ordre de ne pas reculer. »

Vers 16 heures la position est reprise. Au regard de la faiblesse des moyens engagés par les Français, on comprend la surprise du commandement viêt-minh devant la réussite de l'opération. Comme il l'a déjà fait depuis le début de la bataille, Giap relève des officiers, coupables de n'avoir pas su conserver la position. Du côté français, les unités éprouvées sont relevées par les parachutistes métropolitains du chef de bataillon Bréchignac, commandant le II/1er RCP. Ceux-ci vont devoir faire face toute la nuit aux contre-attaques lancées par les hommes du régiment 174, renforcés par des éléments d'un autre régiment de la division 316, le 98. Au final, *Éliane 1* reste française jusqu'au 1er mai 1954, et si l'artillerie viêt-minh continue à harceler le point d'appui, ses défenseurs ne subiront plus, jusqu'à cette date, d'assauts majeurs. Si les combattants de la garnison de Diên Biên Phu sont fatigués, les troupes du Viêt-minh accusent elles aussi une baisse du moral. Les succès du Viêt-minh commencent en effet à lui coûter fort cher et les services de renseignements français rendent compte des doutes et de la lassitude qui naissent dans ses formations, un phénomène qualifié de « tendances droitières » par le général Giap…

Le Viêt-minh a cependant la faculté de recompléter rapidement ses effectifs, ce que ne peuvent faire les Français, même si les renforts de parachutistes continuent à être largués dont plusieurs n'ont jamais sauté. Ainsi, sur les 4 277 hommes qui viennent renforcer la garnison entre le 13 mars et le 7 mai 1954, environ 700 (sur un total de 1 800 candidats) sont des volontaires non brevetés. Après la chute de Diên Biên Phu, le reproche sera fait au général Navarre de s'être obstiné à alimenter la bataille. En réalité, cet « acharnement à prolonger la résistance », comme il le qualifie, lui apparaît nécessaire à plusieurs titres : l'honneur militaire le commande, la possibilité d'un retournement de la situation n'est pas à exclure jusqu'au dernier moment et l'éventualité d'un cessez-le-feu avant l'ouverture des pourparlers sur l'Indochine à Genève l'interdit. Si le commandement continue d'afficher un optimisme de façade, il semble que l'on ne nourrisse plus d'illusions sur le sort des combattants de Diên Biên Phu. Le 27 avril 1954, le général Juin, dont Navarre est resté proche, écrit : « Je doute qu'on arrive maintenant à sauver Castries et ses valeureux compagnons. » Le ravitaillement est devenu très précaire en raison de l'efficacité de plus en plus grande de la DCA ennemie et l'espoir d'une intervention américaine (opération Vautour), née d'une demande française au début du mois, est désormais enterré. Washington comme Londres ne bougeront pas. Le seul secours que peut espérer la garnison française est celui de la colonne qui, venue du Laos, doit apporter quelque soulagement aux défenseurs ; l'action de ces hommes, incapables de faire face aux unités régulières de l'APV, ne peut, cependant, être que limitée[31].

À l'issue de la bataille des cinq collines, la situation des effectifs du camp retranché s'est considérablement dégradée Au 15 avril 1954, le nombre de blessés français à évacuer s'élève désormais à 691[32] dont 286 sont des blessés graves couchés et 405, assis. Quant aux valides et aux blessés légers, l'état-major des FTNV estime qu'ils représentent 9 212 hommes. Toutefois, ce chiffre ne doit pas faire illusion, car il comprend environ un tiers de soldats qui ne sont pas comptabilisés comme combattants (appartenant aux unités du service et du soutien). Aussi, à cette date, Hanoï avance que seuls 6 000 parachutistes, fantassins et cavaliers sont en mesure de s'opposer aux divisions viêt-minh, ce qui paraît cependant encore loin de la réalité du terrain. Dans la seconde quinzaine d'avril, le Viêt-minh, par un système de boyaux et de tranchées, continue de resserrer son étau autour de Diên Biên Phu, dont le ravitaillement est désormais devenu critique.

Alors que la conférence de Genève est commencée depuis le 26 avril 1954 et que la période approche où vont s'ouvrir les discussions sur l'Indochine, les *bo doïs* sont partout au contact des positions françaises. Dans les montagnes qui abritent le PC de Giap, autour de Diên Biên Phu, la décision est prise d'en terminer et de lancer l'offensive finale. Une victoire bouleversait la physionomie des négociations entre les belligérants et leurs alliés respectifs, le Viêt-minh pourrait alors aborder les pourparlers en position de force. Pour ce dernier assaut, l'armée populaire a bénéficié d'importants renforts et dispose d'une masse d'environ 14 000 fantassins. Ses stocks de munitions ont également été recomplétés grâce à l'aide chinoise mais aussi grâce aux obus de 120 et de 105 que les avions français ont parachutés sur le camp retranché et qui sont tombés dans les lignes viêt-minh. Par ailleurs, la division 351 peut compter sur un nouvel armement livré par les Chinois, armement dont la présence est détectée dès le début du mois d'avril par le service de renseignements français. Connu sous l'appellation générique d'« orgue de Staline » en référence aux lance-fusées multitubes employés par les Soviétiques à la fin de la Seconde Guerre mondiale, cet armement se compose en fait de lance-fusées sextuples d'origine chinoise (de calibre 85 ou 90 mm)[33] qui ressemblent davantage au petit *Nebelwerfer* allemand qu'aux orgues de Staline connues de l'opinion publique grâce aux actualités cinématographiques. Spectaculaires et sinistres, ces engins, utilisés à partir du 5 mai, se révèlent cependant beaucoup moins efficaces que l'artillerie mise en œuvre jusque-là. En face, au début du mois de mai, les Français ne peuvent plus opposer que 2 000 à 3 000 combattants épuisés.

L'offensive finale débute le 1er mai et se développe rapidement. La superficie encore contrôlée par les Français se réduit d'heure en heure. Le 2 mai, sur la face est, ne subsistent désormais qu'*Éliane 4*, une partie d'*Éliane 2* et quelques points d'appuis secondaires, *Éliane 3*, *10* et *11*, collées à la rive de la Nam You et qui constituent le dernier obstacle avant le secteur central. À l'ouest, avec la prise d'*Huguette 5*, les *bo doïs* ne sont désormais plus qu'à un kilomètre du PC du général de Castries. Dans la nuit du 2 au 3 mai 1954, *Huguette 4* subit l'assaut d'un régiment de la division 308 et tombe vers 4 heures du matin. Dans le même temps, pour immobiliser les réserves - dont en fait ne dispose plus le général de Castries], *Éliane 2* est « tâtée fortement toute la nuit ». En revanche, les 4 et 5 mai 1954 sont des journées assez « calmes » à Diên Biên Phu. Elles sont mises à profit par les Français pour réorganiser ce qui peut encore l'être, tandis que le Viêt-minh prépare son dispositif d'attaque pour le lendemain. Il installe notamment sur *Éliane 1* et *Dominique 3* des bases de feu pour appuyer au mieux son action. Pendant ce temps, au PC du GONO, les officiers étudient l'éventualité d'une sortie de la garnison (environ un millier d'hommes seulement sont concernés) pour tenter d'échapper à la capture, le nom de code Albatros est donnée à l'opération. Une telle possibilité a été envisagée dès les débuts de la bataille et s'était soldée par des conclusions négatives[34]. Désormais, il s'agit de constituer trois groupements empruntant des directions différentes mais dont le but commun serait d'atteindre la région de Muong Khoua, au Laos. Les parachutistes aux ordres du colonel Langlais doivent percer à l'est puis obliquer en direction du sud-est, un autre groupement commandé par le lieutenant-colonel Lemeunier (qui a remplacé le lieutenant-colonel Gaucher après le 13 mars), formé principalement de légionnaires et de tirailleurs algériens, doit lui foncer plein est, quant au troisième groupement, il est constitué des forces combattantes qui, sur *Isabelle*, sont en mesure d'effectuer la sortie. Le colonel Lalande, qui commande ce centre de résistance, prendrait leur tête et se dirigerait vers l'ouest d'abord, puis vers le sud. Il est décidé que les blessés, les troupes inaptes à l'opération et quelques éléments de protection resteront, avec le général de Castries, à Diên Biên Phu. Enfin, il est convenu que le général Cogny donnera son feu vert au déclenchement d'Albatros.

Le 6 mai 1954, les préparatifs viêt-minh d'attaque s'accélèrent. Les tirs de harcèlement qui commencent vers 16 heures cèdent la place, deux heures plus tard, à une véritable préparation d'artillerie. Vers 20 heures, l'attaque générale se déclenche et se concentre sur la face est de Diên Biên Phu, la division 316 est à l'honneur : le régiment 174 a pour objectif *Éliane 2* tandis que le 98 doit s'emparer d'*Éliane 4*[35]. Toutefois, le régiment 209 de la 312 est également engagé et doit neutraliser *Éliane 10* et, sur la face ouest, un régiment de la 308 a pour mission d'occuper *Claudine 5*, le plus avancé des points d'appui défendant le secteur central. Commencés à la tombée de la nuit, les combats atteignent immédiatement « un caractère d'acharnement particulier », rarement égalé dans la bataille. Les télégrammes envoyés à Hanoï depuis le PC du GONO rendent compte de la situation désespérée dans laquelle se trouvent les troupes de la garnison. Celui de 22 h 15 rapporte un « violent matraquage sur l'ensemble de la position et en particulier sur les Éliane et la zone artillerie-PC par 105 et 75 et tous calibres mortiers [...] Viêt-minh au contact sur toute la face est ». Sur *Éliane 2*, les viêt-minh, qui ont depuis la mi-avril entrepris de creuser une sape afin de faire s'écrouler une partie de la colline, s'apprêtent à faire sauter la charge. La compagnie spéciale 83 du régiment 151 (génie) de la division 351 a été chargée de mener à bien cette tâche. Du 20 avril au 6 mai, cette unité a creusé une galerie d'une quarantaine de mètres et vers 20 h 30 ce jour là, la mine est déclenchée. Toutefois, le but recherché n'est pas atteint, la sape n'étant pas assez profonde pour parvenir au-dessous des ouvrages défensifs situés au sommet d'*Éliane 2* et qui devaient être neutralisés. Quoi qu'il en soit, les parachutistes coloniaux du capitaine Pouget[36] ne sont pas assez nombreux et, à 4 heures du matin, la colline qui a coûté tant de morts aux deux belligérants tombe aux mains des *bo doïs*. *Éliane 4*, elle, après avoir résisté toute la nuit bien appuyée par l'artillerie du GONO encore en état de tirer, est finalement submergée en début de matinée, tout comme *Éliane 10*. *Claudine 5* quant à elle a été évacuée devant la pression ennemie vers 2 heures. Le télégramme envoyé à Hanoï le 7 mai 1954 à minuit se passe de commentaires : « Situation critique. Munitions 120 pratiquement épuisées. Reste moins de 500 coups. 1 pièce de 105 en état à Isabelle. 7 à Diên Biên Phu. » Ce ne sont pas, par ailleurs, les 133 hommes encore parachutés au cours de la nuit qui vont pouvoir changer le sort de la bataille.

Au matin du 7 mai, seuls tiennent encore *Éliane 3*, *11* et *12* mais leurs heures sont comptées. Vers midi, les chefs de bataillon parachutistes se réunissent autour du colonel Langlais et tous s'accordent à juger irréalisable une percée du dispositif adverse, en raison de l'épuisement des troupes et face au bouclage hermétique maintenu par le Viêt-minh. Le déclenchement de l'opération Albatros est donc abandonné pour le secteur central et il est décidé que la garnison d'*Isabelle* tentera sa chance dans la nuit[37]. Le 7 mai 1954, à 17 h 30, après avoir reçu l'autorisation de Hanoï, Castries donne l'ordre de cessez-le-feu. Après cinquante-six jours de combats, le silence se fait à Diên Biên Phu. Tous les témoins de la bataille se souviennent de cette atmosphère irréelle qui succédait soudainement au fracas des armes, à la fatigue, aux espoirs déçus. C'était fini. Progressivement, les *bo doïs* se répandent dans le secteur central et commencent à regrouper les prisonniers. Pour ces derniers, un nouveau calvaire commence, celui de la « longue marche » et des camps, d'où un grand nombre ne reviendra pas

Pourquoi Diên Biên Phu ?

Au lendemain de la chute du camp retranché, l'heure est au bilan. Comme souvent lorsqu'il est question de chiffrer les pertes, les données divergent selon les sources et il est difficile d'obtenir une estimation précise. Toutefois, pour le corps expéditionnaire qui a engagé 17 de ses meilleurs bataillons, le calcul s'avère moins compliqué, même si, en raison de l'intensité des combats et de la confusion, « les pertes du 5 au 7 mai ne sont pas connues ». On sait, à la date du 5 mai 1954, que 1 142 combattants sont déclarés morts et 1 606 portés disparus ; par ailleurs, 4 436 ont été blessés plus ou moins grièvement et le nombre de déserteurs, nous l'avons dit, représente environ 1 161 hommes. À ce total, il convient d'ajouter les pertes des deux derniers jours de combat, évaluées entre 700 et 1 000 hommes par Pierre Rocolle[38]. Au total, le Viêt-minh capture donc un peu plus de 10 000 hommes, 60 % de ceux-ci mourront dans les camps de malnutrition, de maladies, de misère physiologique[39]. Quant aux pertes subies par l'armée populaire, les incertitudes portant sur les chiffres sont encore plus grandes. « Tous les blessés [français libérés] signalent qu'à leurs avis ces pertes étaient énormes. Le terrain avoisinant le camp retranché, surtout à l'est était un véritable charnier [ou régnait une] odeur pestilentielle. » Si les chiffres de 25 000 tués et 12 000 blessés avancés par certains services semblent ne pas devoir être retenus, celui de 22 000 victimes, tués et blessés confondus, paraît proche des estimations faites par le 2e bureau du corps expéditionnaire et confirmées, officieusement, par certains officiels viêt-minh. Cependant, l'Institut d'histoire militaire du Vietnam, qui dépend du gouvernement vietnamien, ne reconnaît toujours aujourd'hui que 4 020 tués, 792 disparus et 9 118 blessés.

Au-delà du recueillement et de la stupeur que provoque, en métropole, la défaite, l'heure est à la recherche des coupables. Alors que la mission du général Navarre était, politiquement, de trouver une porte de « sortie honorable » au conflit, la défaite, à la veille des discussions sur l'Indochine à Genève, place le gouvernement en position de faiblesse. Comme le dira Georges Bidault, ministre des Affaires étrangère du gouvernement de Joseph Laniel, la France entame les négociations avec « *un deux de trèfles et un trois de carreaux* ». Dès le 8 mai 1954, le général Navarre assume ses responsabilités en même temps qu'il justifie l'occupation et la bataille de Diên Biên Phu. Celle-ci a sauvé le Laos, le corps de bataille ennemi a été saigné et les bataillons français ont fixé au total 33 bataillons viêt-minh loin du delta, sauvant peut-être celui-ci d'un désastre. Dans son esprit, Diên Biên Phu constituerait certes une défaite sur le plan tactique, mais n'en aurait pas moins atteint les buts stratégiques qui lui avaient été fixés. Ce point de vue se défend et les arguments avancés par Navarre apparaissent pertinents, même si ce dernier peut faire l'objet de reproches[40]. Toutefois, la chute du camp retranché, quelles que soient les raisons objectives de la défaite – augmentation de la puissance de feu nouvelle de l'armée viêt-minh grâce à l'aide chinoise, conséquences de l'annonce de la conférence de Genève, faiblesse de l'aviation française, erreurs dans la conduite de la bataille à l'échelon des généraux Cogny et Castries –, représente une défaite psychologique majeure qui accélère la fin de la guerre d'Indochine. Comme l'écrit, lucide, Raymond Aron, elle aida la France dont « les gouvernements étaient trop faibles pour en prendre la décision sans une excuse » à sortir du « guêpier indochinois ».

La situation militaire au lendemain de Diên Biên Phu

Malgré la confiance que le gouvernement affirme renouveler au général Navarre, ce dernier est relevé de son commandement le 4 juin 1954 en même temps que le commissaire général Dejean. Navarre, un officier qui mérite certainement mieux que le discrédit dont il sera victime, devient officieusement le seul « bouc émissaire » de la défaite puisque son ancien subordonné, le général Cogny, responsable de la conduite de la bataille, n'est pas sanctionné et est maintenu à son poste[41]. Le maréchal Juin s'étant – pour la troisième fois – récusé, le ministre de la Défense nationale du gouvernement de Joseph Laniel, René Pleven, nomme, pour remplacer Navarre et Dejean, le général Ely, alors chef d'état-major des forces armées. L'intéressé ne s'est pas spécialement montré enthousiaste pour occuper ces fonctions. Il accepte cependant. Le général Gras écrit qu'il accueillit cette nouvelle comme la « plus grande tuile de sa carrière ». La mission confiée au général Ely apparaît, il est vrai, compliquée.

Au lendemain de la défaite de Diên Biên Phu, deux thèses s'affrontent quant à l'analyse de la situation militaire en Indochine et plus particulièrement au Tonkin, où est regroupé l'essentiel du corps de bataille viêt-minh. Les tenants de la première soutiennent que les divisions viêt-minh, durement touchées par la bataille qui vient de s'achever, auront besoin de plusieurs semaines avant de pouvoir à nouveau être opérationnelles. Par ailleurs, ils partent du postulat que la carte de guerre à l'intérieur du delta n'est pas si défavorable que certains, à Paris, veulent bien le dire, et que des rétractions *a priori* ne s'imposent pas. Les partisans de la seconde thèse, plus pessimistes, et que défendent les généraux Ely et Salan, envoyés par le Comité de défense nationale en Indochine du 18 au 25 mai 1954 dans le cadre d'une mission d'information, émettent l'idée que le potentiel militaire viêt-minh est susceptible de jouer à plein dans des délais très courts et qu'« un coup dur » dans le delta est possible à brève échéance. Il convient dans cette perspective de resserrer le dispositif militaire du corps expéditionnaire et, par conséquent, de procéder à l'abandon, au Nord-Vietnam, de secteurs entiers jugés particulièrement exposés à des attaques viêt-minh. La première analyse, résolument optimiste, est défendue par le général Navarre. Certes, ce dernier a peut-être un intérêt personnel après l'échec de Diên Biên Phu à minimiser la portée de la défaite, mais il avance à l'appui de ses affirmations des arguments d'ordre militaire qui méritent d'être pris en considération.

Le tableau présenté à la mi-mai 1954 par celui qui, pour quelques jours encore, commande le corps expéditionnaire n'a rien de catastrophique ni d'alarmiste. Au Laos, déclare-t-il, le 2e bureau rapporte dans tous les secteurs (Sud-Laos, Moyen-Laos et Nord-Laos) un allègement du dispositif viêt-minh ; la menace que ce dernier faisait peser sur le pays tend à diminuer. Au Cambodge, les unités de l'APV cantonnées dans le Nord du pays restent largement passives et leur nombre est même réduit. Au Nord-Vietnam, les divisions engagées à Diên Biên Phu, en même temps qu'elles continuent le regroupement entamé dès le 8 mai, commencent leur repli vers le delta en direction de leur base habituelle : les divisions 308, 312 et 351 dans les régions de Yen Bay, Phu Tho et Thai Nguyen ; les divisions 316 et les régiments de la 304 qui ont participé à la bataille du Bord-Ouest dans le Thanh Hoa. Malgré les pluies qui rendent difficilement praticables les routes utilisées par les convois viêt-minh et l'action de l'aviation de bombardement du GATAC Nord, les renseignements français estiment – avec justesse – que l'arrivée du corps de bataille viêt-minh s'étalera entre les 10 et 20 juin et qu'à partir de cette dernière date l'état-major de l'APV sera en mesure de déclencher une attaque en force sur le delta. Pour le général Navarre, celle-ci peut être envisagée « avec confiance » en raison de la puissance de feu et de la mobilité des groupes mobiles et de la supériorité de l'artillerie et de l'aviation françaises. « Le point noir, écrit le commandant en chef, est le moral de la population et de la troupe vietnamienne. » Quant aux autres troupes de l'Union française, leur moral paraît bon, mais s'il a été ébranlé par le chute du camp retranché, la volonté de « montrer ce qu'elles valent » et de prendre leur revanche après Diên Biên Phu semblent prévaloir, une réaction souvent observée chez la troupe après une défaite. En fait, la seule région où l'adversaire manifeste une certaine activité reste à cette date le Centre-Annam où les positions françaises autour de Tourane et de Dong Hoï sont malmenées et où la zone des Plateaux est l'objet d'une activité accrue des régiments du *Lien Khu V*. La décision de remanier le dispositif prise par le général Ely et le général Salan, ce dernier revenu en Indochine comme adjoint militaire à la demande du général Ely, va conduire cependant à un dernier revers d'envergure et entraîner la destruction d'un groupe mobile : le GM 100.

Un ultime revers : la fin du GM 100

À sa mise sur pied, au milieu du mois de novembre 1953, le groupe mobile 100 (GM 100) est une belle unité. Il est constitué du régiment de Corée[42] divisé en 1er et 2e bataillon de Corée (I/Corée, II/Corée), du BM/43e RIC, d'un escadron du 5e cuirs, rattaché ultérieurement, et du deuxième groupe du 10e régiment d'artillerie coloniale (II/10e RAC). Les quelque 3 500 hommes de cette formation sont bien instruits, bien équipés, leur moral est élevé. Le GM 100 doit rejoindre la zone des Plateaux montagnards du Sud (PMS) et former l'ossature de la défense de la région formée par le triangle Kontum-Pleiku-Ankhé. En raison des nombreuses ponctions d'unités du Centre-Vietnam envoyées dans le delta du Tonkin pour renforcer le dispositif français les mois précédents, le commandement manque de formations aguerries pour s'opposer aux régiments autonomes de l'APV qui sont de bonne qualité et se font de plus en plus actifs. Le GM 11, nouvellement créé lui aussi et formé de Vietnamiens comme le GM 42 constitué de combattants moïs et qui opèrent dans la même zone, n'ont en effet rien de comparables avec les groupes mobiles franco-vietnamien du Nord-Vietnam et sont incapables de tenir la comparaison avec leurs homologues du Viêt-minh. Aussi le commandement espère-t-il, grâce au GM 100, rétablir la situation. Les PMS constituent un objectif important de l'APV qui permettrait, une fois atteint, de faciliter la conquête du Sud-Laos et de lui ouvrir la voie du Cambodge.

Entre les mois de décembre 1953 et de juin 1954, le GM 100 est engagé dans de nombreuses missions d'ouvertures de route et use progressivement son potentiel. Il subit de lourdes pertes dans des attaques de postes défendus par son personnel, notamment à Dak-Doa dans la nuit du 17 au 18 février 1954, ou dans des embuscades d'envergure, comme celle qui a lieu dans la nuit du 22 au 23 mars 1954. À cette époque, Kontum a déjà été évacuée (au début du mois de février) et le GM 100 est regroupé dans le camp retranché d'Ankhé. Celui-ci constitue une position clé puisque, à partir des côtes d'Annam, il permet un accès aux Hauts Plateaux. L'intense activité déployée par les régiments de l'APV dans la zone comme la paralysie progressive du GM 100 obligent le nouveau commissaire général à prendre une décision. L'alternative qui s'offre à Ely est simple : où maintenir le GM 100 en place en prenant le risque d'une attaque du Viêt-minh sur la place forte qu'il occupe, ou l'évacuer en prenant le risque, cette fois, de voir le groupe mobile tomber dans une embuscade. Au lendemain de la chute de Diên Biên Phu, le spectre d'un nouveau siège fait écarter la première solution et le général Salan choisit le repli par la RC 19 qui mène à Pleiku[43]. Il en informe le 19 juin 1954 le colonel Barrou, commandant le GM 100. Dans ses *Mémoires*, Salan laissera entendre que le camp retranché était menacé et que seule l'évacuation du GM 100, pressé par les unités viêt-minh régionales, pouvait éviter une catastrophe. Pourtant, les quelques milliers de *bo doïs* opérant dans la région n'étaient pas en nombre suffisant et ne disposaient pas d'un armement lourd susceptible de s'attaquer à un groupement mobile organisé en position défensive. « La sécurité ?, écrira un chef de bataillon après les événements, elle n'a jamais été sérieusement menacée à Ankhé et il était parfaitement possible de conserver jusqu'au dernier moment deux bataillons solidement implantés, tenant le terrain d'aviation, ces deux derniers nécessitant, pour leur départ 52 [Dakota], chose parfaitement faisable en une journée, au nez et à la barbe des rebelles. » Le général Navarre, avant son départ, s'était aussi opposé à une telle opération de rétraction et le colonel Barrou se montrait assez inquiet des renseignements qui affluaient sur la possibilité d'une embuscade menée par le régiment 803, auquel quatre bataillons pouvaient être rattachés, un adversaire qui avait déjà porté des coups sévères à sa formation les mois précédents. Le colonel Buffin, commandant les PMS, désigné pour conduire l'opération, sous-estimait pour sa part la force du Viêt-minh, l'évaluant seulement à un bataillon renforcé par trois compagnies régionales.

Le 23 juin 1954, un télégramme du colonel Buffin précisant cependant que le Viêt-minh est en mesure de concentrer plusieurs bataillons à compter du 25 au soir ordonne de déclencher la manœuvre de repli à l'aube du 24 juin. Celle-ci doit se faire en deux temps. Un premier bond portera les éléments du GM progressant isolément en sûreté jusqu'au point kilométrique 11 (PK 11) où il se regroupera. Un second portera l'ensemble du GM au poste du PK 22 où il sera recueilli par les hommes du GM 42, les blindés du III/5e cuirs et les parachutistes du groupement aéroporté n° 1 (GAP 1) du lieutenant-colonel Romain-Desfossés rappelé du Tonkin pour l'occasion. Ce scénario n'est pas sans rappeler les opérations de repli survenus en zone frontière du Nord-Est à l'automne 1950. Le 24 juin, à 2 h 30 du matin, l'opération Églantine commence : les quelque 3 200 combattants du GM 100, renforcés par un bataillon vietnamien, le 520e TDKQ, quittent Ankhé. Si la progression doit s'effectuer à pied, une rame de 234 véhicules et engins lourds, dont 24 du génie, les accompagne. À 8 heures, le BM/43e RIC atteint PK 11 et sécurise la zone, le reste du convoi arrivant dans la matinée. Vers 12 h 30, le colonel Barrou ordonne de reprendre la marche. Cette fois le I/ Corée et le II/ Corée ouvrent la route tandis que le BM/43e RIC, le 520e TDKQ et la 5e batterie du II/10e RAC forment l'arrière-garde. En tête de celle-ci ont été placés tous les véhicules lourds du génie : bulldozers, niveleuses, grues, compresseurs, remorques de

20 tonnes, etc. Vers 14 h 20, le Viêt-minh déclenche son embuscade. Le combat dure une heure et demie. L'imbrication des combattants est telle qu'elle rend difficile l'appui de l'aviation. En fin d'après-midi, les survivants du groupe mobile parviennent à se dégager, qui par la route, qui par la brousse, et à rallier PK 22. Le regroupement des unités est l'occasion de dresser un premier bilan : 90 % des véhicules ont été détruits et 1 000 hommes manquent à l'appel, tués, blessés ou disparus. L'épreuve du GM 100 n'est pourtant pas terminée, car il lui reste encore à quitter le PK 22 et à rejoindre Pleiku. Le 27 juin, renforcé par le GM 42 – tandis que le GAP 1 se place en recueil –, la colonne étirée tombe dans une nouvelle embuscade. Fort éprouvées, les unités survivantes atteignent Pleiku le 30 juin : l'opération Églantine se solde par un désastre. Le général Gras pourra écrire avec raison : « Pour éviter un hypothétique Diên Biên Phu, on avait provoqué un très réel Cao Bang. » Après la cessation des hostilités, lorsque les unités de l'APV implantées en-deçà du 17ᵉ parallèle se regroupent pour rejoindre le Nord-Vietnam conformément à ce qui a été décidé à Genève et, en Indochine, par la commission militaire, les cadres français chargés de faire appliquer les accords se rappellent le spectacle de ces canons emmenés par le Viêt-minh lors de leur évacuation. « Quand les Viêts ont rembarqué sur nos [sic] bateaux[44] pour évacuer cette zone, écrit l'un deux plus tard au général Navarre, nous avons vu, hélas, charger 15 obusiers de 105 mm. C'était les 12 pièces du GM 100 et 3 autres prises l'année précédente ! »

Une fois de plus au cours de la guerre d'Indochine, une décision malheureuse prise par le commandement a été payée du sang des combattants du corps expéditionnaire. Non seulement l'évacuation d'Ankhé ne s'imposait pas, la place pouvant tenir jusqu'à l'issue des discussions qui se menaient à Genève, mais la conduite de l'opération a été entachée d'erreurs, les forces de l'adversaire et son intelligence gravement sous-estimées. Le Viêt-minh connaissait de longue date l'intention du commandement français. Le chef de bataillon Muller, commandant le BM/43e RIC, note dans son rapport que « l'évacuation d'Ankhé était connue de tous depuis longtemps. Des renseignements colportés depuis Nha Trang en faisaient état bien avant le 20 juin. La date du 24 n'était un secret que pour les exécutants. Enfin, l'important pont aérien [mis en place pour évacuer ce qui pouvait l'être[45]] et les mesures préparatoires prises depuis le 19 ne laissaient aucun doute. L'ennemi ne pouvait hésiter, ni sur la direction que prendrait le GM, ni sur l'itinéraire ». Dans son ouvrage *Street without Joy*, Bernard Fall intitule le chapitre consacré cet épisode « Mort d'un groupe mobile ». De fait, au 30 juin 1954, « le GM 100 était devenu inutilisable en tant qu'unité mobile, d'une part en raison de la perte de tous ses véhicules, et de l'autre parce que ses unités décimées [chacune ayant perdu 50 % de ses effectifs[46]] étaient composées d'hommes épuisés et démoralisés ». Pourtant, ce sont à ces hommes que va être confiée, au mois de juillet 1954, la mission de défendre les Hauts Plateaux montagnards, mission dans laquelle disparaîtront définitivement les restes du GM et, avec lui, le régiment de Corée arrivé huit mois plus tôt. Survenues dans le contexte des pourparlers à Genève et de la fin de guerre, l'évacuation d'Ankhé et la destruction du groupe mobile 100 qui en est la conséquence sont plus ou moins passées sous silence en France.

La bataille du delta. L'opération Auvergne

Au début du mois de mai 1954, alors que la position du corps expéditionnaire se dégrade au Centre-Vietnam, c'est bien la situation de son dispositif à l'intérieur du delta du fleuve Rouge qui préoccupe le commandement français. Elle semble si précaire aux généraux Ely et Salan qu'ils souhaitent développer et regrouper leur corps de bataille afin de faire face à toute menace éventuelle sur le delta. À cette date, la défense du corps expéditionnaire s'appuie toujours sur un système statique conçu pour protéger le delta utile et sur une implantation lâche qui voit l'ensemble des unités franco-vietnamiennes dispersées sur de vastes territoires. Sur les 70 bataillons dont peut disposer le général Cogny, 42 sont dépensés à la protection de l'infrastructure défensive et seuls 28 sont considérés comme mobiles ; la qualité de ceux-ci est variable, car une partie des unités d'élite (parachutistes, GM 6 et GM 9[47]) a été détruite à Diên Biên Phu. Pour Cogny, il s'agit donc de reconstituer, dans l'urgence, une masse d'unités d'intervention pour faire face à une attaque en force du Viêt-minh. Dans la première quinzaine de juin 1954, il ordonne la mise sur pied de groupes mobiles légers (GML) qui sont formés à partir des troupes de secteurs, relevées de leur mission de pacification. Durant cette même période, le commandement français bouleverse également sa façon de concevoir la lutte dans le delta et décide d'adopter une attitude plus offensive en se libérant de la servitude imposée jusque-là par la pacification. Le poste, principal outil du maillage territorial, devient désormais un appui à la mobilité. En résumé, la « manœuvre des postes » comme elle fut appelée, « reposait sur un gardiennage minimum de postes moins nombreux et une nomadisation d'un poste à l'autre en fonction de la manœuvre des GML et des divisions de marche du Tonkin ».

La récupération d'un certain nombre d'unités et l'arrivée de renforts permettent au FTNV de disposer de 51 bataillons à la fin du mois de juin. Cette augmentation des effectifs du corps expéditionnaire compense en partie l'important phénomène de désertion qui touche les formations de l'armée nationale vietnamienne et les quelque 46 000 « combattants » des BCD et autres milices paramilitaires soldés par le gouvernement vietnamien, autant d'hommes soucieux de se « racheter » une conduite avant l'arrivée – alors plausible – du nouveau maître. En face, lorsque Diên Biên Phu tombe, le Viêt-minh dispose, dans le delta, de 40 bataillons de valeur.

Contrairement à une idée répandue, il ne bénéficie pas encore d'une supériorité écrasante en termes d'effectifs et le nombre de bataillons qu'il met en œuvre fin juin est sensiblement équivalent à celui des forces françaises. L'ossature de l'APV est constituée par les divisions 320 et 325 renforcées par des régiments autonomes dont les combattants sont galvanisés par la victoire remportée en pays thaï. Les divisions qui ont participé à la bataille de Diên Biên Phu sont au repos et pansent leurs plaies tandis que les centres d'instruction de l'APV tournent à plein pour recompléter les pertes. Le général Ely, surestimant sans doute les capacités de l'APV dans le delta, décide de réorganiser le dispositif français, l'évacuation de la zone sud constituant l'effet principal.

À la fin de son commandement, le général Navarre estimait qu'une évacuation de cette zone accentuerait la menace d'une insurrection généralisée tandis que l'opération serait susceptible d'entraîner le revirement ou la désintégration de nombreuses unités de l'ANVN. Le général Cogny partage les vues de Navarre et les deux hommes s'efforcent de faire entendre raison aux envoyés du gouvernement : « Nous pensions, écrira Navarre, qu'il était beaucoup moins dangereux pour nous de tenir sur nos positions actuelles que d'effectuer des replis qui, à peu près certainement, inciteraient l'ennemi, dès qu'il en aurait eu vent, à déclencher une attaque générale dont il s'abstiendrait sans cela. » L'ensemble des conclusions du général Navarre sur la situation dans le delta sont envoyées à Paris dans un télégramme du 30 mai 1954, qu'il conclut ainsi : « Il semble que la décision d'attaquer ou non n'ait pas encore été prise par le commandement viêt-minh et dépende pour beaucoup de l'idée qu'il se fera de notre détermination. » Cependant, pour le général Ely, répondant en cela aux directives gouvernementales qu'il a reçues, la sauvegarde du corps expéditionnaire prime toute autre considération et la crainte d'une action sur le delta est sa préoccupation majeure. Les discussions en cours à Genève imposent également d'éviter un nouveau revers susceptible d'affaiblir la position des négociateurs français et de conduire à l'amélioration de la carte de guerre de l'adversaire. Pour ces raisons, le général Ely, dans sa directive du 12 juin 1954, prescrit de se préparer à une manœuvre de rétraction du dispositif français de grande ampleur et de regrouper l'ensemble de forces franco-vietnamiennes : les opérations d'évacuation de la zone sud du delta – nom de code Auvergne – doivent commencer le 20 juin, une date reportée, après intervention du général Cogny, au 30.

Au lendemain de la bataille de Diên Biên Phu, « l'épine dorsale » de la défense française dans le delta repose alors sur la zone nord qui comprend le réduit d'Haiphong et ce qui est devenu dans les faits le « camp retranché de Hanoï ». Si cette zone peut faire l'objet d'attaques sur ses flancs, c'est bien son centre, la « gaine » formée par la RN 5 et la voie ferrée, qui constitue le point sensible du dispositif. La zone côtière, en revanche, excentrique « et habitée de Nungs fidèles et solides, est pratiquement à l'abri des coups de l'adversaire ». L'inquiétude du commandement français porte véritablement sur la zone sud dont de larges portions ont été placées sous la responsabilité de l'armée vietnamienne et à l'intérieur de laquelle un officier français note aux mois de mai et juin 1954 : « Nous perdons en moyenne la valeur d'un bataillon et de trois postes par semaine. » La zone sud présente un caractère particulier puisqu'elle n'est reliée à la partie nord du delta que par un seul axe routier majeur, la RN 1 (ex-RC 1). Cette voie de communication est de plus en plus vulnérable, notamment à hauteur de Phu Ly où elle est parallèle à la rivière Day qui forme le « front » avec la zone contrôlée par le Viêt-minh. Le fleuve Rouge peut également servir d'axe de pénétration à partir de Hanoï, mais il est de moins en moins sûr et chaque convoi fluvial nécessite d'importants moyens. Enfin, la zone sud peut être abordée par voie maritime, mais cela reste peu pratique. La région des deux évêchés, Phat Diem et Bui Chu, à l'extrême sud du dispositif, est particulièrement exposée aux coups du Viêt-minh.

Préparée dans le plus grand secret – seuls deux ou trois officiers étant au courant et aucun ordre général n'a été diffusé –, chose rare au cours de la guerre d'Indochine, l'opération Auvergne est déclenchée le 28 juin à l'aube, deux jours avant la date prévue. En effet, malgré la mise place d'un plan de déception[48] et les précautions prises à partir du 20, le Viêt-minh commence à se rendre compte qu'il se passe quelque chose et il est décidé à agir. Le commandement français le prend de court : Ninh Binh est évacuée les 29 et 30 juin, ainsi que les garnisons de Phat Diem et les populations civiles. Les jours suivants, les postes des provinces de Thai Binh et de Bui Chu sont enlevés grâce aux moyens de la marine (2 *Dinasauts* et 43 bâtiments divers) qui embarquent les militaires, les civils et le maximum de matériel. Les réactions de l'adversaire sont violemment contrebattues par les bombardements de l'aviation conjugués au feu des blindés et de l'artillerie. Le 3 juillet, cependant, le régiment 95 (division 325) mène une attaque contre Phu Ly ; la soudaineté de la riposte des forces de Vanuxem, commandant désormais la zone sud, lui inflige de lourdes pertes. Le 4 juillet, l'opération Auvergne s'achève. Comme le rapporte un officier, « la dernière bataille du delta [...] ne mérite pas d'être appelée victoire. Mais ce fut pour nos armes un ultime succès. La mission a été remplie et au-delà ». Soixante-huit mille personnes et 11 000 tonnes de matériels sont récupérées pendant cette phase où les Franco-Vietnamiens déplorent 65 tués tandis que les pertes du Viêt-minh s'élèvent à plus de 500 morts.

Les quinze jours qui séparent la rétraction de la zone sud du cessez-le-feu pour le Nord-Vietnam – fixés au 27 juillet – sont marqués par une intense activité opérationnelle à l'ouest (région de Sontay), au nord (à Vinh Yen et dans le saillant de Luc Nam) et au sud (dans les environs de Hung Yen). Dans cette période, le réseau de manœuvre construit à partir de 1951 à l'initiative du général de Lattre se révèle particulièrement utile. Il permet aux groupes mobiles et aux sous-groupements blindés de jouer « les lignes intérieures » et de mener des contre-attaques rapides d'un point à l'autre du delta menacé. Dans cette guerre où les états-majors du corps expéditionnaire maîtrisent parfaitement les principes d'économie des moyens et de concentration des efforts chers à la pensée militaire française, les velléités offensives du Viêt-minh se heurtent à chaque fois à la réponse des forces mobiles, efficacement appuyées par l'action de l'aviation et de la marine, qui, en raison de la brièveté des lignes de communication, peuvent jouer à plein. Cette bataille du delta consacre donc la supériorité militaire française dans le domaine de la guerre « classique » et peut diminuer d'autant l'image d'« invincibilité » du Viêt-minh, comme celle qui a fait du général Giap le « Napoléon de l'Extrême-Orient ». On peut ainsi s'étonner de la stratégie poursuivie par le Viêt-minh au lendemain de sa victoire à Diên Biên Phu, dont les responsables n'ont pas su ou voulu exploiter la situation dans le delta avant la réorganisation du dispositif français et l'arrivée de renforts, ni profiter de l'effet moral provoqué chez les Franco-Vietnamiens par leur succès. L'annonce de la signature des accords de Genève sème cependant le trouble dans les rangs des formations vietnamiennes et ces dernières, afin d'endiguer les désertions massives – 4 000 sont enregistrée du 22 au 30 juillet –, sont retirées de la ligne de contact la semaine précédant la suspension d'armes. Dans cette ultime phase de la guerre et comme cela avait été le cas au début du conflit, le corps expéditionnaire se retrouve seul à combattre son adversaire.

Chapitre X

Derniers feux en Extrême-Orient

> « Beaucoup de nos tentatives pour régler l'angoissant problème vietnamien ont échoué parce que nos intentions n'étaient pas limpides. Trop souvent dans ce pays nous avons essayé de reprendre d'une main ce que nous donnions de l'autre. [...] Or à nouveau nos intentions ne paraissent pas très claires aux yeux de nos adversaires d'hier. Je dois à la vérité avouer qu'elles ne le sont pas plus à mes propres yeux. »
>
> Jean Sainteny, 21 octobre 1954.

Les négociations de Genève

Alors que la période qui suit la chute de Diên Biên Phu est marquée par les rétractions du dispositif français en Annam comme au Tonkin, à Genève, les discussions se poursuivent. La conférence est placée sous la co-présidence de la Grande-Bretagne, représentée par Anthony Eden, et de l'Union soviétique, qui a dépêché Viatcheslav Molotov. Du côté occidental participent également les États-Unis, dont le porte-parole est, après le départ de John Foster Dulles, le général Bedell Smith, et la France, dont la délégation est présidée par le ministre des Affaires étrangères, Georges Bidault. Ce dernier est assisté de l'ambassadeur de France à Berne, Jean Chauvel, et d'une équipe de hauts fonctionnaires parmi lesquels Raymond Offroy, ambassadeur de France à Bangkok, le gouverneur de la France d'outre-mer,

Jean Risterruci, le ministre plénipotentiaire Jacques Roux, directeur du Département « Asie » aux Affaires étrangères. Claude Cheysson, secrétaire d'ambassade, est également présent. Le groupe d'experts militaires est formé, quant à lui, du colonel de Brébisson, chef du cabinet militaire du ministre chargé des Relations avec les États associés, du colonel Guillermaz, spécialiste de la Chine, et du colonel Fleurant, plus particulièrement chargé de traiter des questions relatives au Cambodge. Ces officiers supérieurs sont placés sous l'autorité du général Delteil au début du mois de juin 1954[1]. Une délégation du gouvernement Bao Dai, menée par Nguyen Quoc Dinh[2], accompagne celle de la France mais son influence restera limitée. Laos et Cambodge ont également leur représentation. Dans le camp communiste, les représentants de la Chine, qui, pour la première fois, participe officiellement à une conférence internationale, sont emmenés par Zhou Enlai et c'est Pham Van dong, vice-Premier ministre et ministre des Affaires étrangères de la RDVN qui dirige la délégation du Viêt-minh. Il est assisté d'un certain nombre de conseillers politiques et militaires dont Ta Quang Buu, vice-ministre de la Défense, et le colonel Ha Van Lau.

Deux semaines après l'ouverture des pourparlers, le 26 avril 1954, et au lendemain de la chute de Diên Biên Phu, s'ouvrent les négociations sur l'Indochine. Dès le 10 juin, les positions de la France et du Viêt-minh sont connues et, comme il était à prévoir, les désaccords sont profonds. Les pourparlers sont rendus difficiles, notamment en raison de l'intransigeance de Pham Van Dong qui veut faire reconnaitre le Pathet Lao et le mouvement Khmer Issarak comme gouvernements légitimes des royaumes du Laos et du Cambodge. Ces divergences entre adversaires sont aggravées par les dissensions entre alliés, les Occidentaux ne présentant pas un front commun contre les communistes. Français et Américains sont désunis et entretiennent alors des rapports complexes, Paris réclamant de son allié un soutien sans restriction et la menace d'une intervention en Indochine tandis que Washington, tout en encourageant les Français à une grande fermeté, n'entend pas se compromettre militairement en Asie du Sud-Est. Les échanges entre les deux capitales se déroulent, en outre, sur fond de ratification du traité de la Communauté européenne de défense (CED), une question qui est, depuis le début des années 1950, au cœur des relations entre les deux pays et qui constitue un facteur fondamental pour comprendre la politique indochinoise des États-Unis. Enfin, Américains et Britanniques ne partagent pas les mêmes vues quant à la conférence de Genève, les premiers ne croyant pas réellement aux résultats qui pourraient résulter de ses travaux quand les seconds se voient volontiers en champion de la paix. Maints ouvrages ont relaté le jeu des grandes puissances dans les négociations de Genève, l'un des derniers, celui de Laurent Cesari, en est une bonne synthèse[3] et peut être utilement consulté.

Soucieux de ne pas voir échouer les discussions relatives à l'Indochine alors que celles concernant le règlement de la question coréenne n'ont pas abouti à un accord[4], Zhou Enlai fait pression sur ses homologues viêt-minh afin qu'ils abandonnent leurs prétentions relatives aux « partis frères » du Laos et du Cambodge. Le ministre des Affaires étrangères chinois est parfaitement conscient du peu de représentativité de ces mouvements révolutionnaires dans leurs pays respectifs. D'un point de vue militaire, leurs effectifs sont également faibles : le Pathet Lao n'est en mesure d'aligner que 2 000 combattants, et 3 000 pour les Khmer Issarak, aussi l'APV entretient à cette époque 19 000 soldats en territoire laotien et 9 000 au Cambodge. Le 20 mai 1954, malgré le mécontentement des délégués du Viêt-minh, Zhou Enlai fait accepter à Pham Van Dong le principe d'une différence de traitement entre les trois États d'Indochine, mais il faut attendre le 16 juin pour que ce dernier soit officiellement retenu.

Cette concession majeure du camp communiste constitue un pas certain vers le déblocage de la situation. Toutefois, c'est véritablement par le biais des conversations entre les conseillers chargés d'étudier les questions militaires que la conférence de Genève connaît une avancée significative. Une fois encore, l'action de Zhou Enlai se révèle déterminante. Le 15 mai, en effet, Georges Bidault propose à la délégation vietnamienne la tenue de réunions entre les militaires des délégations française et viêt-minh afin de discuter du regroupement des unités sur le théâtre des opérations. Faute de réponse, Anthony Eden fait un nouvel appel en ce sens dix jours plus tard. Cette fois, Pham Van Dong, s'il se montre favorable à l'initiative, exige en retour que de telles discussions s'ouvrent également en Indochine. Pour les Français, il s'agit d'une manœuvre qui a pour but d'affecter le moral du corps expéditionnaire et de diminuer sa valeur combative tout en favorisant la désertion des soldats vietnamiens de l'ANVN. L'ouverture de négociations locales déboucherait, pense-t-on, sur une période de « fausse paix » qui entraverait les opérations en cours et profiterait, en définitive, au Viêt-minh. Le projet de Pham Van Dong est rejeté[5]. C'est à la fin du mois de mai, sur proposition de Zhou Enlai, que Bidault et Pham Van Dong acceptent finalement que se réunissent les délégués des commandements de l'APV et du CEFEO. Pour cette raison, le général Delteil, nommé représentant du général Navarre, est dépêché en Suisse dans l'urgence.

La mission principale des délégations militaires consiste jusque-là à délimiter des zones de regroupement en fonction de la carte de guerre. Or, en raison de l'imbrication des unités, cette carte est extrêmement morcelée du nord au sud de l'Indochine, aussi les ébauches faites par les deux adversaires prennent-elles l'aspect de ce que les délégués militaires français nomment la « peau de léopard » et qui, dira le général Delteil, « ne rime à rien ». Par ailleurs, les discussions soulèvent de nombreux problèmes : quelles unités doivent faire l'objet de cette mesure, comment se définit une formation régulière, qu'est-ce qui caractérise une zone contrôlée, etc. ?

Sur l'ensemble des sujets abordés, l'opposition des adversaires est totale. Zhou Enlai émet donc l'idée d'un rassemblement des forces dans de vastes zones homogènes. Non sans mal, la délégation viêt-minh se range à cette idée qui porte implicitement en germe la partition du Vietnam, même si le mot n'est pas encore prononcé.

Le 29 mai, un comité chargé d'étudier spécialement la question du regroupement est donc mis en place. Le 2 juin, la première réunion de travail se révèle pourtant un échec. Alors que les délégués viêt-minh défendent des « principes », les Français, eux, proposent de définir des applications concrètes. Ce dialogue de sourds n'est pas sans rappeler les interminables et stériles discussions qui se sont tenues à Panmunjom de 1951 à 1953 entre les Américains et les Sino-Coréens. Pendant une semaine, les séances se succèdent tandis que les positions respectives n'évoluent pas et que les négociateurs s'opposent sur la carte de guerre. Le général Delteil en livre un témoignage dans ses Souvenirs : « Mon interlocuteur prétend qu'à part les grands centres, notre occupation en Indochine est pratiquement nulle, et la pacification une vue de l'esprit. C'est le Viêt-minh qui tient l'ensemble du pays. Je reconnais que, parfois, la nuit dans la brousse le Viêt-minh, par la terreur arrive à se faire accepter dans quelques villages. Mais, quelle que soit ma connaissance de ce que nous appelons "la carte vérolée de l'Indochine", je soutiens mordicus que nous contrôlons la majeure partie de l'Indochine, dont presque la totalité des zones utiles. L'un et l'autre, moi plus que Ta Quang Buu, nous n'hésitons pas sur cette question à aller jusqu'à l'invraisemblable. Notre mauvaise foi est réciproque, la mienne autant que celle des autres. » Finalement, avec l'assentiment des Chinois, les délégués du Viêt-minh proposent aux Français la tenue de réunions secrètes. Le 10 juin, 1954, à l'insu des représentants de Bao Dai, Ta Quang Buu et le colonel de Brébisson (puis, ultérieurement, le général Delteil) se rencontrent dans une villa isolée des environs de Genève.

Grâce à ces discussions militaires, les travaux de la conférence progressent. Ils sont accélérés à partir du 12 juin par la chute du gouvernement Laniel et le départ de Georges Bidault. L'arrivée de Mendès France, partisan d'une négociation avec le Viêt-minh dès 1950, va faciliter la conclusion de l'accord. Certains ont voulu faire du nouveau président du Conseil le « bradeur de l'Empire », un « capitulard ». Pourtant, si l'intéressé est effectivement favorable à la conclusion d'un accord, il fait preuve, au cours des négociations, de fermeté à l'encontre de l'adversaire et laisse planer la menace d'une éventuelle poursuite du conflit par l'envoi du contingent. Nommé président du Conseil dans la nuit du 17 au 18 juin 1954, il lance quelques jours plus tard son fameux pari : si, au 20 juillet 1954, aucun accord n'est conclu à Genève, il démissionnera. À compter du 20 juin, le principe d'une partition du Vietnam est désormais accepté par les deux parties. Seuls les représentants du gouvernement Bao Dai y sont farouchement opposés et quittent la conférence. Fin juin, le plan de cessez-le-feu élaboré par le général Delteil et ses homologues viêt-minh est prêt. Le retrait des Français du Nord-Vietnam se ferait en trois étapes : après l'évacuation de Hanoï, le corps expéditionnaire se replierait sur Haiduong puis sur Haiphong dont la tête de pont serait évacuée en dernier. Au début des discussions, le Viêt-minh entend faire réaliser l'évacuation totale des troupes franco-vietnamiennes du Nord-Vietnam dans une période de soixante à quatre-vingts jours, un délai beaucoup trop court pour permettre le regroupement des unités, le démontage du matériel et leur transport. Ce sont les Chinois qui parviennent à convaincre leur allié d'accorder davantage de temps. Mais, malgré les progrès accomplis, les discussions se heurtent régulièrement aux désaccords des négociateurs. Ainsi, la délimitation de la zone de démarcation donne lieu à d'âpres négociations, les Français souhaitant qu'elle soit fixée au 19e parallèle à hauteur de la porte d'Annam, le Viêt-minh préférant le 13e dans la région de Thuy Hoa et Cap Varella.

Au terme d'un mois de pourparlers, les accords de Genève sont enfin signés. Afin de respecter le « pari » de Mendès France, les aiguilles des horloges du Pavillon des Nations qui accueille les différentes délégations internationales sont bloquées à minuit, les accords n'étant réellement signés qu'à 3 h 20 le 21 juillet 1954. Pour donner le temps aux formations de l'APV, qui ne bénéficient pas toutes des moyens de transmissions modernes, d'être informées, la date du cessez-le-feu diffère selon les territoires. Elle est fixée au 27 juillet au Nord-Vietnam, au 1er août au Centre-Vietnam, au 6 au Laos, le lendemain au Cambodge et, enfin, au 11 août au Sud-Vietnam. Le pari que Pierre Mendès France a lancé un mois auparavant est tenu, la guerre d'Indochine, commencée dix années plus tôt, est officiellement terminée.

Jusqu'à l'entrée en vigueur du cessez-le-feu, le Viêt-minh poursuit les hostilités sur l'ensemble du Vietnam : au nord, la RN 5 est sabotée, des postes – généralement ceux tenus par des Vietnamiens – sont attaqués et pris, au Centre-Annam également, dans la région de Tourane et de Dong Hoï, plusieurs postes tombent et, au Sud-Vietnam, cinq ponts situés sur l'itinéraire Saigon-Nha Trang sont détruits au début du mois d'août 1954. Le commandement français riposte avec force à ces actions, employant notamment son artillerie et son aviation pour calmer les velléités offensives du Viêt-minh. En répondant ainsi, les Français se voient à chaque fois accusés de violer les accords qui viennent d'être signés et offrent de belles occasions pour la propagande communiste. Quelques attaques locales sont encore signalées après la suspension des armes, mais, dans l'ensemble, les belligérants respectent leurs engagements. Une des raisons qui explique la bonne application des accords de Genève par le Viêt-minh semble être la crainte d'une destruction des infrastructures et des usines françaises nécessaires à la reconstruction économique du Nord-Vietnam.

Les clauses des accords et les réactions au lendemain de Genève

Les accords de Genève consacrent la partition du Vietnam en deux entités à hauteur du 17e parallèle, la ligne de démarcation se situant près de l'embouchure de la rivière Ben Haï, à environ 60 kilomètres au sud de la « taille de guêpe », c'est-à-dire l'endroit le moins large du pays. Si cette clause oblige les Français à l'abandon d'une centaine de kilomètres de plaines côtières et à l'évacuation de Dong Hoï, elle préserve l'essentiel : l'axe Quang Tri-Dong Ha qui permet d'accéder à Tchépone, Savannakhet, au Laos. Une zone démilitarisée d'une largeur de 5 kilomètres est créée de part et d'autres afin de servir de « zone tampon » et afin d'éviter « tout incident qui pourraient amener la reprise des hostilités ». Trois cents jours[6] sont concédés aux Français pour quitter la République démocratique du Vietnam, le retrait définitif des Français du Nord-Vietnam étant fixé au 19 mai 1955, une date symbolique puisqu'il s'agit du jour anniversaire d'Hô Chi Minh[7]. Genève n'entérine cependant pas la division définitive du Vietnam puisqu'il est prévu la tenue d'élections au mois de juillet 1956 afin de « permettre la libre expression de la volonté nationale ». Ces élections seront précédées de consultations entre représentants des deux zones à partir du 20 juillet 1955. Les applications concrètes des clauses militaires doivent être réglées par la commission franco-viêt-minh qui siège à Trung Gia[8]. C'est cet organisme qui, notamment, doit assurer les modalités de restitution des prisonniers de guerre détenus par les deux camps[9]. À l'instar des clauses de l'armistice coréen un an plus tôt, une commission internationale de contrôle (CIC) formée de représentants de nations « neutres[10] » est chargée de surveiller le respect du cessez-le-feu et d'en dénoncer les violations éventuelles.

Au Laos, l'implantation, si faible soit-elle, du Pathet Lao étant une réalité, principalement au nord, le parti se voit reconnaître le contrôle de deux des dix provinces que compte le pays depuis son indépendance[11], celle de Phong Saly et celle de Sam Neua. En échange, la RDVN reconnaît officiellement le gouvernement officiel du royaume. Si les troupes de l'APV quittent le pays au mois d'octobre 1954, dans les faits la RDVN n'a aucune intention d'appliquer les clauses de Genève, son objectif étant de maintenir sa présence et de poursuivre son soutien aux communistes laotiens. D'ailleurs, avant même la signature des accords, Giap autorise, le 16 juillet, la création du Groupe 100, une formation composée de conseillers viêt-minh emmenés par le général Chu Huy Man, qui fut un temps commissaire politique de la division 316. Le but du Groupe 100 est de continuer l'instruction politique et l'entraînement militaire des hommes du Pathet Lao afin de créer l'embryon d'une armée en attendant le moment favorable à une prise du pouvoir. Au Cambodge, la RDVN, sous la pression, cette fois, de l'Union soviétique, reconnaît également la souveraineté du royaume et doit rapatrier la totalité de ses troupes au Nord-Vietnam, comme doit le faire la France.

« La raison et la paix l'ont emporté », déclare Pierre Mendès France dans une allocution radiodiffusée peu après la signature des accords. Ce sentiment est celui qui semble prévaloir parmi une large partie de l'opinion. Raymond Aron, pourtant sceptique sur le principe du pari lancé par Mendès, écrit dans *Le Figaro* du 22 juillet : « Honnêtement, on ne pouvait exiger davantage. » Si l'heure est à la satisfaction, elle n'est pourtant pas à la célébration et, pour beaucoup, l'issue de la conférence de Genève solde, sans enthousiasme, les conséquences d'une situation militaire et politique devenue inextricable pour la France à moins que celle-ci ne réalise un effort militaire financier et militaire conséquent ou ne s'engage dans la voie d'une internationalisation de la guerre, ce que ne souhaitent ni les États-Unis ni la Chine. « Personne en

France ne parlera de pavoiser, peut-on lire dans les colonnes de *L'Aurore*. Il s'agit de la liquidation douloureuse mais inéluctable d'une situation qui était devenue sans issue. » Quant à *L'Express* du 24 juillet, l'organe de presse mendésiste ne se montre pas davantage emphatique : « Personne ne songerait en France, à fêter comme un triomphe un accord de compromis qui, aussi inespéré qu'il soit, ne peut pas effacer les conséquences des années d'erreurs et d'hésitations. » Seul *L'Humanité* laisse éclater son contentement : « La France a le sourire » (22 juillet). L'hebdomadaire colonial *Climats* est de son côté plus critique : « Si le cessez-le-feu devait aboutir à un abandon à terme de l'Indochine, il ne serait qu'une capitulation camouflée et à échéance relativement proche. La solution du partage est pleine de dangers. Intellectuellement c'est le Tonkin qui est le moteur du Vietnam. C'est la tête du pays que nous livrons à l'adversaire qui en fera un tremplin magnifique. »

Du point de vue militaire et de l'avis de l'ambassadeur Chauvel, les accords de Genève sont favorables à la France. « La situation [...] existant au 20 juillet était des plus précaires. Nous étions hors d'état de tenir Hanoï », écrit-t-il ainsi dix jours après la cessation des hostilités. « Le commandement [entendre ici le général Ely] nous a fait savoir précisément que l'envoi même de deux divisions du contingent[12] n'eût pas permis de conserver la capitale du Tonkin [...] il est donc permis de penser que la séparation au 13e parallèle serrait la réalité de plus près. » Le regroupement des forces françaises en deçà du 17e parallèle, conséquence des accords signés, aurait donc, dans cette perspective, sauvé le corps expéditionnaire d'un désastre si les opérations s'étaient poursuivies. Ce « scénario-catastrophe », s'il répond politiquement aux vues des partisans de la paix, mérite cependant d'être nuancé. À cette date, le renforcement du Viêt-minh à l'intérieur du delta est une réalité et la liberté de circulation sur la route nationale 5 reliant Hanoï à Haiphong toujours menacée, il n'est pourtant pas certain que les troupes françaises auraient subi un échec majeur en cas d'offensive. Que la situation fût devenue critique, sans doute, mais affirmer que le repli dans la tête de pont d'Haiphong même eût été hasardeux relève du domaine de l'hypothèse plus que du factuel. En effet, après la chute de Diên Biên Phu et les différentes réarticulations du dispositif français menées par l'état-major des FTNV, le corps expéditionnaire cesse de disperser ses forces et conserve finalement quelques atouts de poids : les groupes mobiles, l'artillerie ou encore l'aviation peuvent désormais intervenir dans de courts délais avec efficacité. Le général Ely présente de son côté une vision plus réaliste de la situation tout en reconnaissant bien le danger que fait peser l'armée populaire, qui peut opposer, à la fin du mois de juillet 1954, 60 bataillons contre une trentaine pour le corps expéditionnaire, unités implantées exclues. S'enquérant auprès du général Cogny des possibilités de résistance en cas d'attaque, ce dernier lui répond que « l'affaire [est] jouable ». De fait, en dépit des doutes et de la fatigue des combattants du corps expéditionnaire et malgré la faible valeur opérationnelle des unités vietnamiennes soumises à des désertions massives, la « bataille de Hanoï » ou celle du réduit d'Haiphong – deux villes bien protégées par des centaines d'ouvrages bétonnés – ne se serait pas nécessairement conclue par une défaite.

Aussi, le sombre tableau que dresse Jean Chauvel de la situation militaire – et qui, en tout état de cause, peut faire l'objet d'un débat – apparaît dans une certaine mesure comme une justification des choix opérés par la France, ceux de la négociation et de la suspension des armes. Cette vision exagérément pessimiste semble quelque peu superflue puisque les raisons qui expliquent la volonté française de mettre un terme à la guerre sont davantage politiques et n'ont nul besoin d'être renforcées par la description d'une réalité du terrain et d'un rapport des forces qui paraît devoir être tempérée. Les spéculations auxquelles se livre à la même époque Jean Chauvel lorsqu'il envisage la rupture du cessez-le-feu et la reprise des opérations dans la péninsule indochinoise laissent également songeur : l'attaque d'Hanoï par les divisions du Viêt-minh aurait, selon lui, entraîné une réaction immédiate des États-Unis et consécutivement l'intervention de la Chine dans le conflit. La guerre de Corée, terminée depuis l'année précédente, aurait repris et mobilisé une grande partie des forces américaines. France comme Grande-Bretagne se seraient révélées incapables de faire pièce aux forces sino-viêt-minh en Asie du Sud-Est, l'ensemble débouchant finalement sur « un de ces vastes replis stratégiques [...] qui eût pu nous mener assez rapidement jusqu'aux environs de l'Isthme de Kra », c'est-à-dire jusqu'à l'extrême pointe sud de la Thaïlande. Anticiper, prévoir ou développer des hypothèses relèvent, dans les domaines politique et diplomatique, comme militaire, d'une démarche inhérente au métier mais la vision de l'ambassadeur Chauvel, sur ce point précis, semble participer d'une certaine « politique-fiction ». Dans la réalité, il s'avère difficilement possible d'apprécier le déroulement des événements si les hostilités avaient dû reprendre en Indochine, ni quelle aurait été, également, l'issue finale de la confrontation armée.

Le retour des prisonniers

Au sein du corps expéditionnaire, la cessation des hostilités est également accueillie « sans joie [...], mais avec un immense soulagement ». Ce jugement, qui émane du rapport sur le moral du 7e bataillon de parachutistes coloniaux (7e BPC), semble en effet largement partagé. Parmi les officiers du bataillon, qui effectuent pour la plupart un deuxième séjour, le cessez-le-feu est reçu avec tristesse mais réalisme et le retrait de l'armée française d'Extrême-Orient paraît, dès cette époque, être envisagé favorablement. Pour beaucoup, il s'agit de « sortir de cette ambiance malsaine d'Indochine et d'aller faire ailleurs quelque chose de constructif ». Toutefois, le départ du CEFEO n'est pas encore d'actualité en cet été 1954 et les priorités du commandement français sont pour l'heure centrées sur le retour des prisonniers de l'Union française, et plus particulièrement des disparus français, une question rendue difficile. En effet, un militaire absent de son unité est qualifié soit de prisonnier de guerre, soit de déserteur[13]. Lorsqu'il n'est pas possible de déterminer avec certitude les motifs de son absence, il est qualifié de « disparu ». Par la suite, un militaire classé dans cette position peut se révéler, suivant les renseignements obtenus, soit prisonnier de guerre, soit déserteur, soit décédé[14].

Or, la question des prisonniers du CEFEO s'avère délicate en raison des méthodes de guerre employées pendant le conflit comme de la nature du terrain qui ont rendu complexe la délimitation des différentes catégories. En outre, jusqu'en 1950, le sort des prisonniers de l'Union française est difficile à établir. À partir de cette année-là et avec l'arrivée des milliers de prisonniers de la bataille de la zone frontière, le Viêt-minh, soucieux d'être reconnu comme un belligérant « respectable », commence à prendre en compte sérieusement les prisonniers. Les premiers camps sont mis sur pied cette année-là. En principe, un camp possède un numéro d'identification et la règle – pas toujours respectée – veut qu'au Tonkin, il soit désigné par un numéro à trois chiffres (région de Cao Bang et de Tuyen Quang), dans les *Lhien Khu III* et *IV* (Nord-Annam) par un numéro à deux chiffres et, dans *le Lien Khu V*, par un numéro à un chiffre. Il en existe de moindre importance au sud, dans la pointe de Camau. Le Viêt-minh ne reconnaissant pas la Croix-Rouge internationale et n'admettant pas l'ingérence de cet organisme dans les camps de prisonniers, il n'a pas été possible de dresser un relevé exact de l'occupation des camps où, généralement, les prisonniers sont regroupés par grade ou par nationalités, ce qui permet de délivrer une propagande adaptée.

Pratiquement, les opérations d'échange des prisonniers sont réglées par la commission militaire de Trung Gia, mais l'attitude de la délégation viêt-minh retarde la conclusion d'une convention sur les modalités d'échange, et les deux parties n'arrivent à un compromis que le 14 août 1954[15], les premières libérations n'intervenant que le 18 et se poursuivant jusqu'à la fin du mois de septembre. Au terme des opérations de retour, 65 000 prisonniers de l'APV sont remis aux autorités viêt-minh par les Franco-Vietnamiens[16], le Viêt-minh dénonçant le manque de plusieurs milliers de prisonniers dont les autorités françaises ne peuvent justifier l'absence. Du côté de l'Union française, seuls 11 000 combattants des 37 000 manquants sont rendus. En octobre 1954, un document fait état de la grande confusion et des interrogations soulevées par cette question des prisonniers et disparus, « confusion vraisemblablement voulue par une certaine presse [qui] fait croire à des gens de bonne foi que le chiffre total des pertes du corps expéditionnaire est celui des prisonniers, ou même celui des absents. Quoi qu'il en soit, ajoute le document, les chiffres souvent avancés de 30 000 ou même 40 000 de nos combattants non récupérés sont absolument faux ». En fait, une partie des prisonniers est décédée en captivité, quant aux disparus, certains n'ont jamais connu les camps viêt-minh, vraisemblablement morts dans l'anonymat au cours des combats, voire ralliés au Viêt-minh. Au 16 octobre 1954, le chiffre total des absents du corps expéditionnaire depuis 1945 s'élève exactement à 21 567 combattants dont plus de la moitié (13 439) sont des autochtones. Le nombre des Français métropolitains manquant est de 3 037, celui des légionnaires de 2 983. Il est de 2 044 pour les Nord-Africains contre 279 pour les soldats de l'Afrique noire.

Afin de régler la question des disparus non restitués, le commandement français met sur pied le 28 août 1954 une commission de recherche et de renseignements des prisonniers de guerre qui s'appuie en grande partie sur les déclarations des officiers et soldats libérés depuis 1950. Au mois de septembre, au lendemain des échanges de prisonniers, est créé le Bureau des prisonniers de guerre et des internés (BDPGI), un organisme centralisateur qui absorbe progressivement les différents services en charge du problème, dont l'Office du prisonnier[17] au mois de mars 1955. Le BDPGI a pour mission de centraliser la documentation nécessaire en vue de régler les questions soulevées par les deux parties dans l'application des accords de Genève. Pour le commandement français, il s'agit d'abord de rechercher et, si possible, de récupérer les prisonniers ou les disparus – y compris déserteurs. Après douze mois de travaux, les recherches se sont affinées, notamment grâce aux témoignages et aux jugements de décès fournis par les Nord-Vietnamiens : le nombre de présumés prisonniers du CEFEO non rendus s'avère être proche de 6 450. À cette date, l'espoir de retrouver des survivants s'amenuisant, les disparus sont peu à peu considérés comme probablement morts ou déserteurs.

En effet, comme le précise un courrier du 21 juillet 1955, nombre de ces prisonniers non restitués par l'APV se révèle être des déserteurs, ralliés[18] ou non au Viêt-minh, et dont certains ont déjà regagné leur pays d'origine (le plus souvent des pays d'Europe de l'Est), *via* la Chine et l'URSS. Ainsi, parmi les 1 234 légionnaires présumés prisonniers recensés à la date du 21 février 1955[19], plusieurs centaines ne se trouvent déjà plus au Vietnam au moment du cessez-le-feu. Le total de ces légionnaires ayant déserté au cours des neuf années de guerre est estimé à environ 2 000[20]. Au mois d'avril 1956, un agent bien informé signale aux services spéciaux qu'il ne reste plus au « Tonkin qu'une trentaine de déserteurs du corps expéditionnaire français en Indochine. La majorité de ces ex-militaires qui avaient pris des noms vietnamiens ne jouissaient [d'ailleurs] pour la plupart d'aucune considération de la part des autorités civiles et militaires » du Viêt-minh. En outre, à cette date, le gouvernement de la RDVN refuse désormais de délivrer aux déserteurs « des visas de sortie pour les pays d'obédience communiste, arguant que si un déserteur veut quitter la république démocratique, c'est en France qu'il doit rentrer pour y faire de la propagande ».

À en croire certains témoignages, tous les prisonniers n'auraient pas été rendus. Des sources proches du Service de documentation extérieure et de contre-espionnage rendent compte à diverses reprises de la présence de détenus européens, non déserteurs et non ralliés, au Nord-Vietnam deux ans après la fin de la guerre. Ainsi, un informateur qualifié de « sûr » signale notamment qu'à la « fin septembre 1956, cinquante prisonniers européens travaillaient à des travaux de remblaiement sur la RP 6 [route provinciale n° 6 (sic)] dans la région de Hoa Binh. Leur état physique était lamentable. Ils étaient sous la garde de militaires VM ». Au cours de plusieurs autres déplacements, la même source signale avoir aperçu plusieurs dizaines d'autres prisonniers de guerre encadrés et gardés. « Avertis par téléphone, les responsables [viêt-minh] camouflent ces Européens lorsque des membres de la Commission internationale de contrôle se déplacent » sur les routes. Ces cas, s'ils ont effectivement existé, concerneraient les combattants des commandos français, chargés pendant la guerre des actions de renseignements et de sabotage sur les arrières ennemis, ainsi que les cadres du GCMA. Le Viêt-minh considérait ces soldats, aux méthodes non conventionnelles, comme des criminels de guerre et leur réservait à ce titre un sort parfois différent de celui des autres prisonniers.

Les trois cents derniers jours du Tonkin

Alors que se déroulent l'accueil et la prise en charge de milliers de prisonniers, marqués physiquement et psychologiquement par des mois ou des années de captivité dans des conditions très dures, le corps expéditionnaire se prépare à évacuer le Nord-Vietnam. Conformément aux accords, le CEFEO dispose de trois cents jours pour quitter la zone située au nord du 17e parallèle, dont quatre-vingts pour évacuer Hanoï. À la veille de la passation d'Hanoï au Viêt-minh, il ne subsiste plus grand-chose de l'administration franco-vietnamienne dans la capitale du Nord, les résidents français ayant déjà quitté la ville en masse, à l'instar d'environ 100 000 Vietnamiens du Nord. Le nombre de ces civils évacués dépasse les prévisions puisque les études menées dès le mois de mai 1954 avaient estimé à environ 30 000 le nombre de Français et d'autochtones à rapatrier en cas d'évacuation précipitée. C'est à 7 heures, le 9 octobre 1954, que commence le transfert de Hanoï aux nouvelles autorités. L'opération minutée avec soin se déroule parfaitement, la ville a été divisée en cinq secteurs et le retrait des troupes françaises est immédiatement suivi de l'occupation effective des rues et des édifices par les combattants de l'APV. À 17 h 30, les forces du corps expéditionnaire ne tiennent plus qu'un secteur, qu'elles quittent dès le lendemain au matin ; c'est le moment que choisit le Viêt-minh pour faire pénétrer le reste des unités destinées à occuper leur nouvelle capitale. Selon les observateurs présents, l'entrée de ces hommes ne provoque pas de manifestations d'enthousiasme et de liesse de la part des populations comme la libération de nombreuses villes au cours de la Seconde Guerre mondiale a pu en donner des représentations. Le journaliste Lucien Bodard assiste à cette prise de possession de la ville par l'APV et à sa transformation au contact du communisme ; très rapidement, hormis l'architecture coloniale et les grandes infrastructures à caractère commercial ou industriel, il ne reste plus rien d'une présence française vieille de plus de soixante-dix ans. « L'ordre rouge » se répand rapidement : la circulation automobile est réduite à celle des voitures officielles ; bars, dancings, magasins sont fermés.

Le 30 octobre, c'est au tour d'Haiduong d'être évacuée, le reste des forces du CEFEO se repliant sur la tête de pont d'Haiphong. Mais alors que les opérations d'évacuation se sont jusque-là déroulées sans incidents majeurs, le processus de transfert du périmètre d'Haiphong donne lieu à plusieurs accrochages. Ces événements s'expliquent par le fait que, en sus des services publics communs aux autres villes déjà cédées à la RDVN, Haiphong représente une importante zone industrielle qui accueille également de nombreuses infrastructures et matériels portuaires, dont beaucoup issus de l'aide américaine, que les Nord-Vietnamiens tiennent absolument à conserver. Les accords signés à Genève placent le général Ely dans une situation difficile : d'une part, il a obligation de laisser sur place les machines, outils et usines que la France n'a pas déclaré vouloir récupérer, d'autre part, il se heurte au très vif mécontentement des Américains et des Sud-Vietnamiens pour lesquels la politique de la terre brûlée doit être appliquée. De fait, pour ces derniers, il paraît hors de question de laisser au Viêt-minh un équipement souvent récent et d'origine américaine qui pourrait lui permettre de gagner du temps dans la reconstruction de son économie et de ses services publics. Il revient donc au général Cogny, à la fin du mois de décembre 1954, de dresser un inventaire aussi complet que possible de l'existant et, sous le contrôle de personnel sud-vietnamien et américain, de faire en sorte que l'ensemble du matériel donné par les États-Unis ou financé par eux puisse être rapatrié par voie de mer à destination du Sud-Vietnam. Cette décision suscite immédiatement les protestations de la RDVN auprès de la CIC et, à l'intérieur du réduit d'Haiphong, des mots d'ordre sont lancés pour déclencher des grèves et des manifestations.

Quand débute l'année 1955, la tension reste très vive, une tension entretenue par des agents provocateurs envoyés depuis Hanoï. Les opérations qui se déroulent selon un calendrier et des horaires définis minutieusement avec les nouvelles autorités sont ainsi ponctuées de manifestations « spontanées » visant à s'opposer au démontage et à l'enlèvement des matériels des unités ou des travaux publics. En ce qui concerne les ouvrages d'art, le commandant en chef a prescrit, dans une directive du 4 août 1954 « de laisser sur place les ponts ayant existé avant les hostilités et remplacés par du matériel militaire », mais les autres ponts, mis en place pour les besoins opérationnels, sont relevés malgré les protestations. La consultation des bulletins mensuels d'activité du corps expéditionnaire au cours de cette phase laisse bien apparaître que plus la date de l'évacuation de Haiphong se rapproche, plus les incidents se multiplient entre la « population » et les troupes françaises. Ainsi, le démontage du pont de Ben Do, le 8 avril 1955, provoque un important rassemblement qui se solde par deux blessés du côté des manifestants, dix jours plus tard une nouvelle manifestation a lieu lors du démontage du pont de Kien An et le 25 avril, c'est l'enlèvement des propulseurs du bac de An Thaï qui est l'occasion de mouvements de foule où huit personnes sont blessées. Savamment orchestrées par le Viêt-minh, ces manifestations ne dégénérèrent cependant jamais, le but étant juste de maintenir une pression constante sur les troupes françaises, à l'instar des sabotages de lignes téléphoniques quasi quotidiens visant à contrarier les communications du corps expéditionnaire.

L'hostilité du Viêt-minh est par ailleurs attisée par l'accueil des réfugiés tonkinois qui, souvent par villages entiers, fuient la terre de leurs ancêtres et gagnent la zone française avant d'être transférés vers le sud. En effet, l'article 14 des accords de Genève autorise les civils à choisir librement la zone dans laquelle ils désirent vivre. Rapidement, devant l'exode de certaines catégories de population (principalement de confession catholique), ces civils se transforment en réfugiés qu'il faut aider, héberger, puis transférer vers le Sud. À Hanoï, avant l'évacuation, les Français ont mis sur pied un bureau mixte de transport administré par le corps expéditionnaire. Le gouvernement sud-vietnamien organise de son côté un comité central d'évacuation chargé de recenser et de rassembler les familles candidates au départ vers le Sud, puis de les diriger vers Haiphong où un bureau transport a été mis en place. Dans l'ensemble, le repli des troupes et du matériel français s'effectue donc dans un climat hostile, mais sans heurts majeurs, la population du delta du fleuve Rouge étant sévèrement prise en main et encadrée par les nouvelles autorités.

Commencées le 18 avril, les opérations de transfert du réduit d'Haiphong qui comprend la région des mines et houillères de Campha et Hongay s'achèvent le 16 mai 1955. L'opération Saumon se déroule sous la pression de la foule, excitée par des agitateurs. Les soldats français doivent faire fréquemment usage de grenades lacrymogènes pour la repousser. Le 12 mai, 3 600 réfugiés sont encore embarqués sur les bâtiments français et américains tandis que, vers 12 h 30, le général Cogny, venu de Do Son par hélicoptère, vient passer une dernière fois les troupes franco-vietnamiennes en revue. Une fois celle-ci terminée, les troupes embarquent à bord du *Jules-Verne*[21], qui appareille en milieu d'après-midi. Comme à Hanoï, la population accueille sans enthousiasme mais avec curiosité le nouveau maître. Do Son, dernière tête de pont française au nord du 17e parallèle, est évacuée le 15 mai 1955. Dans son ordre du jour n° 4, le général Ely clôt définitivement le chapitre du Tonkin : « Le dernier soldat français a quitté ce soir le Nord-Vietnam. L'épopée qui conduisit nos drapeaux sur le fleuve rouge et aux frontières de la Chine s'achève. [...] Depuis trois cents jours, les forces du corps expéditionnaire [...] ont tenu la parole de notre pays comme elle doit l'être, avec discipline, avec abnégation, avec fierté, avec une loyauté totale, dans un esprit d'honneur intact. Par leur maintien à Haiphong, elles ont permis à des centaines de milliers d'hommes de choisir librement leur destin. Elles partent aujourd'hui la tête haute, leur tâche menée à bien. »

Maintenir un pied au Nord-Vietnam : la « mission Sainteny »

Malgré le départ des dernières troupes françaises dans ce qui fut pendant plus d'un demi-siècle le Tonkin, la

France tente de maintenir son influence au Nord-Vietnam. Les clauses des accords signés à Genève avec la RDVN ne mettent pas un terme à cette possibilité. Au lendemain du cessez-le-feu, en effet, se pose la question du devenir des relations entre Paris et Hanoï, une question qui a été soulevée dès le mois de juin 1954 lors de la formation du cabinet Mendès France. Dès cette époque, Jean Chauvel attire l'attention du nouveau gouvernement sur l'épineux problème des nationaux et des entreprises désireux de rester au Nord en cas de partition du Vietnam. Toutefois, au-delà de ces aspects particuliers que des accords diplomatiques et juridiques entre les deux États sont, en définitive, à même de régler, c'est bien la politique de la France envers l'adversaire d'hier qui reste à définir. Malgré la prise en compte de cette donnée, il semble qu'à la fin du mois de juillet un certain flou règne dans ce domaine. La politique du gouvernement Mendès France paraît s'orienter vers la voie d'une certaine « symétrie » – pour reprendre le mot employé par le général Ely – de traitement entre les gouvernements du Nord et du Sud-Vietnam. Cette attitude est encouragée par les dirigeants viêt-minh, qui, par l'entremise de Pham Van Dong, font montre du désir de voir se maintenir la présence culturelle de la France et offrent des garanties quant aux libertés des citoyens et des sociétés françaises.

La nature des relations entre le Nord-Vietnam et la France est définie par l'échange de lettres entre Pham Van Dong et Pierre Mendès France du 21 juillet 1954[22]. Le premier s'engage au nom de la RDVN à respecter – sans aucune entrave – les personnes quittant le Nord-Vietnam et promet qu'en cas « de réquisition, d'expropriation et de retrait de concession, les intérêts légitimes des ressortissants français seront pris en considération ». Par ailleurs, la libre continuation de leurs activités antérieures est accordée pour les Français et les entreprises souhaitant rester. Cet échange de lettres devient la base juridique régissant les rapports entre Paris et Hanoï. Dans ce contexte et fort des assurances reçues,

Pierre Mendès France décide, le 24 juillet, de détacher Jean Sainteny à Hanoï pour régler les modalités techniques de ces questions, avec, au-delà, l'espoir de voir préservée l'influence française. Ce choix, officialisé le 6 août 1954 et approuvé par le ministre des Affaires étrangères de la RDVN, s'explique aisément par la personnalité et le passé de l'intéressé comme par le crédit dont il jouit encore auprès des dirigeants viêt-minh rencontrés neuf années auparavant. C'est cependant avec beaucoup de réticences que Sainteny accepte de repartir en Indochine. Le sens du devoir, écrira-t-il, la certitude que « la carte du Nord-Vietnam pouvait comporter des enseignements et des prolongements » internationaux motivent son acceptation.

Sa désignation comme « délégué général du gouvernement de la République française » et la dimension politique qu'elle implique suscitent immédiatement de vives réactions, en premier lieu celle du général Ely. Celui-ci ne croit pas en la possibilité pour la France d'établir un équilibre de relations entre Hanoï et Saigon, un exercice complexe et difficile selon lui qui mettrait nécessairement le gouvernement français en porte-à-faux vis-à-vis des Sud-Vietnamiens comme des Américains. Les dissensions qui naîtraient inévitablement de cette situation feraient, en définitive, le jeu du Viêt-minh. Aussi, inquiet d'une telle orientation politique, Ely se rend à Paris afin de s'opposer à ce qu'il croit être une tentative de rapprochement avec Hanoï. Lors de son entretien avec Mendès France, le 14 août 1954, il se montre extrêmement défavorable à la nomination de Sainteny et l'avoue d'ailleurs franchement à ce dernier quand il le rencontre quelques jours plus tard. « La défense des intérêts économiques et culturels français au Tonkin, estime Ely, justifiait la présence à Hanoï d'un représentant français à condition qu'il n'eût aucune compétence politique. » Un sentiment que partage Jean Chauvel, qui estime pour sa part que la France doit être très attentive, dans ses relations avec le Viêt-minh, « à ne pas contrarier la politique générale de la grande alliance occidentale. Nous ne pouvons faire deux choses à la fois ». Aussi, les arguments du général Ely et les voix qui se font entendre au sein même de son gouvernement incitent Mendès France à limiter les attributions de Jean Sainteny.

Avant même de gagner sa nouvelle affectation, ce dernier est donc l'objet d'une vive opposition de la part des milieux atlantistes comme de ceux qui, à Saigon, essaient de calmer l'agitation antifrançaise grandissante encouragée par les autorités sud-vietnamiennes. Cette hostilité ira en s'accroissant et, au fil des mois, une partie de la presse vietnamienne comme française poursuivra le délégué général de sa vindicte, dénonçant le « traître » accusé de jouer la carte du Viêt-minh. « En ce qui me concerne, écrit Sainteny au début du mois de mars 1955, la situation est devenue proprement intenable. Je suis de plus en plus représenté comme un homme poursuivant ici une politique personnelle qui consiste à faire le jeu du communisme. » De fait, si sa participation aux accords du 6 mars 1946 et sa sympathie pour Hô Chi Minh sont bien mises en cause, Sainteny cristallise sur sa personne les mécontentements suscités par la politique française à l'égard de la RDVN, considérée par beaucoup comme un « double jeu », mais également le ressentiment à l'égard de la France d'une partie de la classe dirigeante sud-vietnamienne.

Le 23 août 1954, quelques jours avant son départ pour l'Indochine, Jean Sainteny reçoit du ministre des Relations avec les États associés les instructions qui doivent le guider dans l'exercice de son mandat. Celles-ci ont été élaborées conjointement par Pierre Mendès France, Guy La Chambre[23] et le général Ely. Rappelant que la mission du délégué général ne saurait se concevoir sur un plan diplomatique puisque la France ne reconnaît pas officiellement la République démocratique du Nord-Vietnam, les directives limitent le rôle de la délégation générale aux seuls domaines consulaires de présence, de maintien des intérêts culturels et économiques et de protection des ressortissants français. La délégation se compose, en sus de son chef, d'une vingtaine de personnes parmi lesquelles différents attachés (économique et financier, consulaire, culturel, de presse et d'information), leurs secrétaires et quelques interprètes chinois et vietnamiens. Bien évidemment, et à l'instar de toute organisme représentatif d'un pays à l'étranger, elle doit permettre d'obtenir et de fournir le maximum de renseignements sur la situation au Nord-Vietnam sur les plans politique, économique et militaire. Avant de gagner Hanoï au début du mois de septembre 1954, Jean Sainteny fait une halte à Saigon où il s'entretient une nouvelle fois avec le général Ely. Si les deux hommes sont d'accord sur la position idéale qu'il serait souhaitable de voir adopter par la France au Vietnam, ce « balcon sur le Pacifique » selon l'expression de Mendès France, leurs conceptions diffèrent quant à la façon dont elle doit se maintenir. Alors que le commissaire général joue dès cette époque la carte du Sud-Vietnam et celle de l'aide américaine, Sainteny s'inscrit davantage dans la fidélité de l'application des accords de Genève et de son article 7 fixant au mois de juillet 1956 la tenue d'élections générales. Par ailleurs, en son for intérieur, il estime déjà – et les mois suivants au Nord-Vietnam le conforteront dans cette opinion – que le Viêt-minh sera maître tôt ou tard du Vietnam. Aussi, « il faut [...], à mon avis, abandonner tout espoir de voir tout ou partie de la Cochinchine[24] se détacher du bloc Vietnam pour constituer une sorte de Corée du Sud transformée en terre d'abondance, puis en base de départ d'une reconquête tout entier ».

Jean Sainteny croit-il sincèrement à la mission qui lui a été confiée ? Espère-t-il réellement normaliser, notamment grâce à ses contacts personnels avec les dirigeants de la RDVN, les deux adversaires d'hier et réaliser ainsi le souhait de Mendès France d'une coopération loyale avec Hanoï qui éviterait que la RDVN ne devienne totalement inféodé au bloc sino-soviétique ? La lecture des différents courriers adressés aux responsables du gouvernement à Paris au cours du dernier trimestre 1954 témoigne en tout cas de sa volonté de s'impliquer sincèrement dans sa mission et de tenter l'expérience, la seule à ses yeux susceptible de maintenir encore une présence française au nord du 17e parallèle. Dans son esprit, il semble certain que cette présence constitue l'un des obstacles les plus efficaces à l'emprise communiste. Les premières semaines confirment cependant rapidement les doutes que certains avaient émis quant à cette mission et les membres de la délégation française se heurtent à d'innombrables difficultés dans leurs échanges avec le nouveau pouvoir. L'ambassadeur Jean Daridan, adjoint civil du général Ely[25], s'interroge dès le 16 septembre sur l'intérêt, pour Sainteny, à poursuivre sa mission et fait part à l'intéressé de sa crainte de voir son action se déliter sans profit notable. Il suggère de le remplacer par un simple chargé d'affaires mais n'est pas écouté.

Le 21 octobre 1954, Sainteny écrit à Christian Pineau, ministre des Affaires étrangères dont il dépend désormais, pour l'informer de la situation. Dans sa lettre, il relate l'entretien qu'il a eu le 18 octobre avec Hô Chi Minh : « Il reste le maître », rapporte-t-il au ministre. S'il persiste « à jouer l'homme simple, solitaire, invisible et mystérieux », « il est également indéniable qu'en dehors de toute considération politique, le peuple le vénère. Il le sait et sera assez sage pour ménager ses effets en se faisant désirer. Il voudrait reprendre le dialogue où nous l'avons laissé en 1946 ». Faute de directives précises reçues de Paris, Sainteny constate que « beaucoup de nos tentatives pour régler l'angoissant problème vietnamien ont échoué parce que nos intentions n'étaient pas limpides. Trop souvent dans ce pays nous avons essayé de reprendre d'une main ce que nous donnions de l'autre. [...] Or à nouveau nos intentions ne paraissent pas très claires aux yeux de nos adversaires d'hier. Je dois à la vérité avouer qu'elles ne le sont pas plus à mes propres yeux ». À l'automne 1954, quelques mois après son arrivée à Hanoï, Sainteny se trouve, selon ses propres mots, « au pied du mur ».

L'échec de la « mission Sainteny »

Les mois passent et les gouvernements de la IVe République aussi, sans avancées significatives pour le délégué général de France. La période est même marquée par une véritable fuite des Français du Nord-Vietnam : des 6 000 nationaux qui résidaient encore à Hanoï au mois de juillet 1954, il n'en subsiste plus que 114 en janvier 1955. « C'est au moment où vous prenez la responsabilité du pouvoir, écrit Sainteny au nouveau président du Conseil[26], Edgar Faure, que je me tourne vers vous pour savoir ce que nous devons faire de tout cela. Les positions que je suis parvenu à maintenir ou à rétablir doivent-elles être exploitées ou abandonnées ? » La suite du texte traduit le désappointement du délégué, qui, à Hanoï, en l'absence d'une politique cohérente, ne peut ni s'engager plus avant sur les intentions de la France auprès de ses homologues nord-vietnamiens, ni promettre de garanties aux citoyens et aux entreprises françaises qui souhaiteraient rester. Concernant ces entreprises, Sainteny le reconnaît, il s'agit d'un prétexte de nature économique qui justifierait en partie le maintien de la présence française et conforterait le développement des activités culturelles. Ainsi, six mois après sa nomination, la politique française à l'égard du Nord-Vietnam ne semble pas avoir beaucoup évolué et Sainteny demande d'urgence et pour la énième fois la clarification des positions du gouvernement tout en militant pour un engagement plus volontaire de Paris. Le 1er mars 1955, il écrit ainsi à Gaston Palewski[27] que « la population du Nord-Vietnam se révèle beaucoup plus réfractaire au communisme que prévu. Notre présence lui donne encore quelque raison d'espérer et secrètement elle souhaite que nous nous maintenions ». Sans doute a-t-il rencontré un certain nombre de Vietnamiens restés attachés à la France et au maintien de sa présence au Nord-Vietnam, mais il est difficile de mesurer la véracité de ce sentiment parmi les masses paysannes ou citadines.

Si les autorités nord-vietnamiennes ont jamais eu l'intention de nouer des relations sincères avec la France, il faut admettre que les hésitations et tergiversations françaises ont progressivement modifié leur. Au mois de décembre 1954, les autorités de la RDVN enregistrent ce qui constitue pour elles une nouvelle vexation et la preuve que Paris n'entend manifestement pas développer plus avant ses liens avec elles. Le 17 décembre 1954, en effet, le mandat de Jean Sainteny est clarifié et celui-ci est officiellement accrédité « délégué général de la République française au Nord-Vietnam », non pas auprès du gouvernement nord-vietnamien, ce qui aurait conféré un caractère politique et diplomatique, mais auprès du « président de la République démocratique du Nord-Vietnam », Ho Chi minh. Le 20 décembre suivant, quand ce dernier fait part de sa volonté d'envoyer à son tour en France un délégué général de la RDVN, cette demande est rejetée et ne sera rendue effective que douze ans plus tard ! Comme le note avec raison un haut fonctionnaire du ministère des Affaires étrangères au mois de septembre 1966, « le retard qu'a mis la France à satisfaire cette requête a été [une des causes], et non des moindres, du peu de succès des efforts de M. Sainteny et du refroidissement rapide et prolongé des relations entre Paris et Hanoï ». De fait, à compter de cette date, le délégué général observe le raidissement des représentants viêt-minh et « l'étau des vexations administrative se resserr[e] » de plus en plus autour des membres de la délégation générale. Si le 9 avril 1955 un protocole d'accord entre le gouvernement de la RDVN et la société des charbonnages du Tonkin et celle des transports en commun de la région de Hanoï et le 19 octobre suivant un accord commercial renouvelable un an sont bien signés, les autres dossiers ne progressent guère. Au cours de l'année 1955, la mauvaise atmosphère politique rend de plus en plus précaire le statut des derniers intérêts français ; l'année suivante, le projet d'établissement, à Paris, d'une représentation économique et culturelle du Nord-Vietnam tourne court[28]. Lassé et quelque peu désabusé, Jean Sainteny quitte le Nord-Vietnam en 1957, il n'y reviendra que neuf années plus tard pour un bref séjour[29]. Les trois années qui suivent confirment le refroidissement opéré : en 1959, les derniers Français résidant au nord du 17e parallèle, des religieuses, sont expulsés et l'Institut Pasteur ferme ses portes.

Avant de clore ce sujet, il convient de s'interroger sur la sincérité de la RDVN quand elle affirme vouloir que se maintienne une présence française et développer des liens avec l'ancienne puissance coloniale. À l'été 1954, le Nord-Vietnam, économiquement exsangue, a besoin d'aide et la France peut contribuer à son redressement. Il reste d'ailleurs à cette date un grand nombre de personnalités francophiles, communistes ou non, dont l'attachement à la France est réel et qui souhaitent établir des rapports sur des bases nouvelles. Pour les autorités de Hanoï, la politique de la « main tendue » à la France et la poursuite des relations présentent plusieurs avantages. Premièrement, l'existence au nord du 17e parallèle d'une délégation française sert la politique intérieure des autorités de Hanoï. Elle semble en effet de nature à rassurer les populations inquiètes des mesures prises par le nouveau régime et à empêcher, également, que ne se renouvelle l'épisode fâcheux de l'exode tonkinois. Par ailleurs, alors que la mainmise communiste sur le pays n'est pas encore effective sur l'ensemble du territoire, la poursuite des relations avec Paris peut constituer un contrepoids certain aux rapports entre la RDVN et la Chine de Mao. C'est en effet, et malgré les difficultés rencontrées, ce que pense Jean Sainteny. Dans une lettre adressée le 1er mars 1955 à Edgar Faure, successeur de Mendès France, il lui signale que les relations établies entre la délégation française et « les nouveaux maîtres du Tonkin » apparaissent comme « inespérées » au vu du contentieux né de neuf années de guerre. Il estime ainsi que même si la Chine et le Nord-Vietnam partagent une idéologie et des intérêts communs, le maintien de la présence française doit permettre au Nord-Vietnam d'échapper à une intégration totale dans le bloc sino-soviétique. Il est toutefois permis de se demander si Sainteny est véritablement sincère avec lui-même ou si les hypothèses présentées au nouveau président du Conseil ne relèvent pas d'un certain *wishful thinking*, dépassé dans les faits à cette date. D'ailleurs, à la même époque, il écrit qu'« il n'est plus permis de conserver un doute quelconque quant à la nature du régime que le Viêt-minh s'efforce d'imposer aux régions déjà sous contrôle ». Au printemps 1955, l'appareil communiste s'est répandu sur l'ensemble du Nord-Vietnam et à tous les niveaux de la société. Les observations faites par les membres de la délégation générale comme les rapports qui lui parviennent font état de la mise en place de tribunaux populaires, de séances publiques d'autocritique, etc. La présence de personnalités non communistes parmi les membres du gouvernement ne signifie pas grand-chose, note de surcroît Sainteny, excepté peut-être la volonté des autorités viêt-minh de donner à celui-ci une étiquette « Union nationale ». La description de la situation au nord du 17e parallèle, qui est celle d'une véritable dictature communiste, laisse ainsi perplexe quant à la possibilité pour la France de pouvoir encore jouer un rôle.

Au cours des derniers mois de l'année 1954 s'effectue un net rapprochement des communistes vietnamiens avec leurs homologues de Chine et d'Union soviétique. Ainsi, le 26 octobre, le premier ambassadeur soviétique est accrédité à Hanoï et des étudiants nord-vietnamiens sont accueillis les mois suivants dans les universités moscovites, mais c'est surtout avec la République populaire de Chine que les liens se resserrent. Des échanges commerciaux se mettent en place et Pékin commence à livrer du riz ou des tissus à la RDVN. Le fait le plus important de cette fin d'année 1954 demeure toutefois la signature, le 24 décembre, d'un accord sino-vietnamien d'assistance technique en matière de transport et de télécommunication qui prévoit notamment la restauration de la voie ferrée reliant Hanoï à Dong Dang et sa prolongation jusqu'à Munankuan, en Chine. Il est convenu que la RPC fournira, en outre, les locomotives, les wagons et l'ensemble des équipements nécessaires à la réfection des voies. De même, la remise en état de la ligne du Yunnan (Hanoï-Kunming *via* Lao Kay) doit être prise en charge en 1955 par la Corporation chinoise des ingénieurs des voies de communication. Les équipements nécessaires à la construction et à la réparation des routes du Nord-Vietnam ainsi que les matières premières pour la fabrication des pneumatiques seront également cédés par la Chine. Dans le domaine des postes et télécommunications (lignes téléphoniques, télégraphes) comme dans ceux des services aériens et météorologiques ou des systèmes d'irrigation, des techniciens chinois doivent apporter leur concours. Il apparaît ainsi que dans l'ensemble des secteurs dont la responsabilité incombait quelques mois auparavant aux Français, les Chinois les remplacent désormais. Peut-être sincères au lendemain de Genève dans les démarches entreprises pour renouer des liens avec la France, les dirigeants viêt-minh se sont progressivement rapprochés des autres démocraties populaires, européennes comme asiatiques. Il est difficile d'établir un lien de cause à effet entre ce phénomène et la méfiance, les atermoiements et les indécisions dont a fait preuve la France envers le Nord-Vietnam depuis juillet 1954. Aussi, il est possible que la « carte de la France » ait été aussi jouée par Hanoï dans le but d'accroître les divisions du clan occidental en attisant la colère des Sud-Vietnamiens et le mécontentement américain contre leur allié français. La mission Sainteny aurait été, dans cette perspective, un instrument de cette politique.

Le repli du corps expéditionnaire au Sud-Vietnam et l'aide aux réfugiés du Nord

L'échec de la mission Sainteny s'explique en grande partie par l'impossibilité politique et diplomatique pour les gouvernements français de préserver des intérêts au Nord tout en soutenant ouvertement le Sud-Vietnam. Pendant la période des trois cents jours, la France a replié son corps expéditionnaire en deçà du 17e parallèle et elle espère bien continuer à exercer son influence. Ses espoirs sont vite déçus par l'attitude du gouvernement Diêm, arrivé au pouvoir en juin 1954 grâce aux Américains qui l'ont « imposé » à Bao Dai. Diêm va parfaire l'indépendance du Sud-Vietnam en s'affranchissant définitivement de la tutelle française, soutenu en cela par les États-Unis qui en font – faute d'autres candidats – leur champion contre le communisme. Entre les mois de septembre 1954 et mai 1955, une quinzaine d'accords et de conventions transfèrent au Sud-Vietnam les dernières compétences que la France conservait encore. Comme l'écrit Jacques de Folin : « L'indépendance est alors totale, les obligations de l'Union française exceptée. » Celles-ci, Diêm allait s'attacher à les rompre dans les mois suivants.

Pour l'heure, il s'agit pour le corps expéditionnaire d'assurer l'accueil et l'hébergement des forces rapatriées du Nord[30] et surtout celui des réfugiés. L'article 14 des accords de Genève autorisait en effet les civils vietnamiens à choisir librement la zone dans laquelle ils désirent vivre. Pour coordonner les futures opérations de transfert des populations est ainsi créé, à Hanoï, un bureau mixte de transport, composé de cadres français et viêt-minh, ainsi qu'un comité central d'évacuation dirigé cette fois par des Vietnamiens nationalistes. Ce dernier organisme est chargé de recenser et de rassembler les familles candidates au départ vers le Sud, puis de les diriger vers Haiphong. Rapidement, devant l'exode, parfois massif, de certaines catégories de population du Nord-Vietnam (principalement de confession catholique), le statut de ces civils se modifie et ceux-ci deviennent des réfugiés. « Cette migration volontaire qui dépasse toutes les prévisions », note un officier français pose d'énormes problèmes de transport du fait de l'obligation de n'utiliser que les seules voies aériennes et maritimes. Deux vagues de réfugiés peuvent être schématiquement distinguées, la première court du cessez-le feu à l'évacuation de Hanoï concerne 330 000 personnes. Durant cette phase, le corps expéditionnaire assure le transport par voie aérienne de 117 000 Vietnamiens contre 103 000 par voie maritime ; la marine des États-Unis, de son côté, participe à l'évacuation de 110 000 autres habitants du delta du fleuve Rouge. En effet, l'insuffisance des capacités de transport françaises nécessite l'aide des Américains et, dans une moindre mesure, celle des Britanniques. Toutefois, contrairement à ce qu'une certaine historiographie laisse penser outre-Atlantique, la part prise par les États-Unis dans le total des évacuations des populations tonkinoises ne dépasse pas le tiers des évacués, soit un peu plus de 300 000 individus. La seconde vague de réfugiés intervient à partir d'octobre 1954 et se poursuit jusqu'au mois de mai 1955[31]. Au total, le nombre de réfugiés vietnamiens ayant fui le Nord-Vietnam est évalué entre 800 000 et un million de personnes – estimation haute.

Comme l'écrit plus tard le général Gras, « le Viêt-minh s'efforça, par tous les moyens, de retenir les réfugiés, par la propagande, par le blocage des routes vers Haiphong, en jalonnant la côte de postes militaires. Il se produisit des incidents sanglants, des insurrections qui furent étouffées par l'armée populaire. De nombreux réfugiés, trompant la surveillance du Viêt-minh, quittaient la côte en bateaux, sur des radeaux pour gagner les navires français. Beaucoup se noyèrent dans la tempête ou sur des embarcations trop fragiles. Par leur acharnement à vouloir l'empêcher et par les méthodes souvent inhumaines qu'ils employèrent, les Viêts donnèrent à cet exode les dimensions d'une tragédie ». En réalité, « cette grande migration va servir les deux Vietnam. [En effet], ce délestage soulage le nord surpeuplé, à demi ruiné, au bord de la famine, et débarrasse son régime d'adversaires potentiels[32] ». Le Sud, peuplé seulement de 6 millions d'habitants, s'accroît lui considérablement d'une population dont la majorité catholique est farouchement anticommuniste et s'apprête à constituer l'une des bases les plus solides du pouvoir sudiste. Enfin, du point de vue occidental, et notamment français, cet exode constitue un véritable « camouflet pour l'adversaire[33] » selon les mots du général Ely. Pour ce dernier, l'évacuation massive des populations et la fuite de centaines de milliers de Vietnamiens devant le nouveau régime semblent à elles seules justifier les raisons de dix années de lutte et de sacrifices consentis par la France.

L'accueil de ces réfugiés que, pour des raisons de propagande, le gouvernement Diêm encourage à quitter le Nord-Vietnam, incombe normalement aux nouvelles autorités sud-vietnamiennes. L'aide du corps expéditionnaire doit se limiter seulement, au début, à faciliter le transport des familles de l'aéroport de Saigon, Tan Son Nhut, ou des ports du Sud vers les centres d'hébergement provisoires. Là, des assistantes sociales du CEFEO prêtent également leur concours aux services vietnamiens. Cependant, le flux de populations est tel que les Sud-Vietnamiens sont très vite pris au dépourvu et rapidement les réfugiés se retrouvent entassés dans des centres qui constituent « un défi à l'ordre, à l'hygiène et à la morale » selon les rapports qui parviennent au général Gambiez, chef d'état-major du CEFEO. « Toutes les surfaces couvertes de la ville de Saigon [sont] mises à contribution : écoles, hôpitaux, théâtres, temps bouddhistes, églises. » Ces mesures restent toutefois insuffisantes et le génie du corps expéditionnaire reçoit l'ordre d'apporter sa contribution à l'installation de camps provisoires dans la périphérie de Saigon. Il s'agit, outre la fourniture de tentes, de réaliser les travaux indispensables, en particulier au point de vue sanitaire : aménagement du sol, adduction d'eau, évacuation des eaux usées, installation de blocs sanitaires, de latrines, adduction et installation de l'électricité, clôtures, etc. Des bateaux servant à la constitution des ponts d'équipage modèle 35 sont même cédés pour servir de réservoirs d'eau.

Cette aide ne constitue cependant qu'un pis-aller et, comme le rapporte un document du mois d'octobre 1954, le problème de fond n'a pas été pris en compte par le gouvernement sud-vietnamien : « Aucun recasement [n'est] étudié dans les provinces, problème assez délicat, non pas tant pour des raisons économiques que politiques. » En effet, les Tonkinois, catholiques, sont assez mal accueillis par les habitants du Sud-Vietnam, principalement en raison des grandes différences culturelles et religieuses qui existent entre ces deux populations. Face à la situation alarmante et devant l'afflux des réfugiés, de plus en plus nombreux, les autorités vietnamiennes qui tiennent pourtant, pour des raisons de prestige, à faire de cet hébergement une question purement nationale sont contraintes de faire appel à l'aide du corps expéditionnaire. Les premières mesures prises par le commandement français visent à « desserrer » la masse de réfugiés regroupés autour de Saigon et du cap Saint-Jacques. Ces mesures sont certes ébauchées par les responsables vietnamiens, qui sont d'abord soucieux de ne pas déplaire aux propriétaires des rizières et aux populations des villages. Ainsi les réfugiés se voient-ils relégués dans des zones forestières, privées d'eau, au sol très pauvre, provoquant un fort mécontentement chez la population tonkinoise, composée majoritairement de riziculteurs. Fort de leur expérience acquise pendant la guerre et grâce aux moyens militaires alloués, les Français, et notamment les commandants de secteurs, mettent sur pied un plan de recasement qui, après une période d'indécision, remporte l'adhésion des réfugiés. Les rizières précédemment occupées par le Viêt-minh sont redistribuées, comme le sont, après défrichement, les terrains propres à la culture. Grâce au soutien du programme de l'aide économique française et aux devises apportées par les États-Unis dans le cadre de la lutte contre le communisme, l'achat de terres, de logements et d'outillages divers peut être entrepris. Par ailleurs, le nombre de terres disponibles n'étant pas en rapport avec le nombre des populations à recaser, beaucoup de paysans doivent changer d'activité et s'orienter vers un nouveau métier : des briqueteries sont ouvertes ainsi que de petites exploitations forestières ou commerciales.

À compter du printemps 1955, l'attitude française à l'égard du gouvernement sud-vietnamien change, d'une part pour des raisons politiques, et d'autre part parce qu'il convient de garder du matériel afin d'assurer l'hébergement des unités du CEFEO rapatriées du Nord. Ce changement se traduit par une évolution de l'aide apportée aux réfugiés. Si, par exemple, l'ossature des baraquements fournis par le génie continue à être offerte gratuitement, et après s'être assuré que les stocks le permettent sans préjudice pour les besoins ultérieurs du corps expéditionnaire, il est interdit désormais de livrer le bardage. Par ailleurs, à partir du mois de mai 1955, la plupart des matériaux sont cédés à titre onéreux à l'instar des planches, du ciment ou encore des réservoirs d'eau ; il est également interdit de donner tout matériel neuf sans l'accord du commandement. Les dissensions politiques entre les alliés de la veille mettent un terme à la mission de l'aide aux réfugiés[34]. En définitive, si l'effort entrepris dans le domaine de l'aide aux populations tonkinoises installées au Sud-Vietnam par le corps expéditionnaire est considérable, le mauvais accueil qui leur a été fait, l'abandon de leurs terres familiales comme la dureté de leurs nouvelles conditions de vie créent parmi elles une vive désillusion. Dans une lettre qu'il adresse au mois de juin 1955 au général Ely, le général Gandoët remarque ainsi que « le problème des réfugiés est un drame et [que] nombreux sont ceux qui regrettent d'avoir quitté le nord pour le sud ».

La détérioration de la position de la France au Sud-Vietnam

Au cours du premier semestre 1955, le corps expéditionnaire remplit donc nombre de missions humanitaires au profit des réfugiés. Toutefois, le CEFEO est d'abord un outil militaire fort de 60 000 hommes au 1er juin 1955[35] la déflation a été plus importante que prévu, à la grande satisfaction du gouvernement et des chefs d'état-major qui ont besoin de troupes pour les opérations en Afrique du Nord. Le corps expéditionnaire doit, tout en assurant sa sécurité et en préservant sa liberté de manœuvre, continuer à développer ses capacités opérationnelles. Si des discussions sont en cours au plus au niveau (présidence du Conseil, comité des chefs d'état-major, commissariat de France en Indochine) quant à son avenir (format, missions), ce dernier va finalement se confondre avec celui de la France au Sud-Vietnam. En effet, à l'origine, la question des bases que la France espère maintenir dans le Sud est indépendante de celle du CEFEO. Après bien des débats, les chefs d'état-major choisissent celle du cap Saint-Jacques pour accueillir la future garnison chargée de défendre les intérêts français en Extrême-Orient, des travaux importants sont même entrepris et poursuivis quasiment jusqu'au départ des dernières troupes. Finalement, face à la détérioration des rapports entre Paris et Saigon, « notre présence permanente au cap Saint-Jacques, même sous une forme d'association avec les forces nationales vietnamiennes, apparut exorbitante au gouvernement vietnamien[36] ».

Au début 1955, la faiblesse des infrastructures du Sud-Vietnam ne permet pas au corps expéditionnaire réorganisé en quatre divisions[37] (deux à la fin de l'année) d'utiliser efficacement ses blindés et ses véhicules modernes et limite donc ses capacités opérationnelles. Le CEFEO se lance dans la réalisation d'un réseau de manœuvre équipé en classe 30, c'est-à-dire capable de supporter le poids de ses chars moyens, les Sherman M4. Un tel travail a déjà été réalisé en Indochine à partir de 1951 où, devant la crainte d'un déferlement massif de l'armée chinoise, le Tonkin avait été fortifié et ses principaux axes routiers renforcés pour permettre la manœuvre des groupes mobiles. La tâche se révèle cependant moins ardue au Sud puisqu'une partie seulement des itinéraires, situés dans la région de Saigon-Bien Hoa-cap Saint-Jacques, fait l'objet d'une modernisation. Ce réseau de manœuvre s'inscrit dans une stratégie de défense de l'Asie du Sud-Est face à la menace chinoise et même dans le cadre d'une hypothétique reprise des hostilités contre le Nord-Vietnam. Mais il constitue également une garantie dans l'éventualité d'une brusque aggravation des tensions qui se développent entre la France et le Sud-Vietnam à partir du mois de mars 1955. En effet, la situation politique au sud est particulièrement complexe. Au début de l'année, le gouvernement sudiste dirigé par Diêm est loin de faire l'unanimité à l'intérieur du pays, et l'armée vietnamienne ne lui est alors guère favorable[38]. Par ailleurs, son autorité est d'autant plus limitée qu'elle est contestée, dans différentes zones, par la présence des sectes : caodaïstes, Hoa Hao et Binh Xuyen, qui, bien que divisées, ont fini par se ranger définitivement au côté du corps expéditionnaire à la fin des années 1940 pour préserver leur autonomie, une autonomie qu'elles entendent garder. Comme l'écrit Ely, ces dernières donnent certes au Vietnam national « une physionomie assez originale et pittoresque » mais compliquent beaucoup la situation. « Avides de gains, de profits et d'aventures aussi, elles se [tournent] vers le pouvoir tantôt unies, tantôt désunies, tantôt amies, tantôt ennemies. » Unies elles représentent plusieurs centaines de milliers de personnes et une menace pour le régime sudiste.

Le 22 février 1955, un pacte signé par les chefs de toutes les fractions des sectes rejette l'offre d'union proposée par l'autorité gouvernementale et constitue pour Diêm un véritable défi politique. À la fin du mois de mars, l'ambiance explosive dans la capitale sudiste dégénère, ce qui se traduit par de violents incidents causant plusieurs dizaines de tués. Les soldats du corps expéditionnaire interviennent et le commandement français obtient une trêve fragile mise à profit par les différentes parties pour fourbir leurs armes[39]. Le président Diêm, soutenu par ses conseillers américains, déclenche une véritable campagne antifrançaise à des fins de politique intérieure, accusant la France – avec quelque raison – d'apporter son soutien aux mouvements sectaires. Au mois d'avril 1955, cette campagne « par émissions radio officielles ou clandestines, par tracts, voitures munies de haut-parleurs, affiches et banderoles atteint une virulence jusque-là inconnue, rejetant sur les colonialistes français [...] la responsabilité de l'effusion de sang et de destructions. [...] Elle vise à réaliser l'union, notamment de l'armée, autour du gouvernement, contre les français ». L'objectif étant triple : destitution de Bao Dai, retrait du corps expéditionnaire, élection d'une assemblée nationale.

Pendant ces semaines où plusieurs officiers et soldats français sont assassinés par des provocateurs cherchant à impliquer davantage le CEFEO dans les événements en vue de le discréditer ou de s'en faire un allié actif, l'ambiance est tendue entre le général Ely et son adjoint le général Salan. Alors que le premier applique la politique de Paris, soutenant Diêm, le second est accusé de faire le jeu des sectes, utilisant parfois les moyens du corps expéditionnaire pour lutter contre la politique antifrançaise du président du Conseil sudiste. Ces soupçons ne sont pas sans fondement comme en témoigne Jean Ferrandi, officier de renseignements au cours de son deuxième séjour indochinois et proche collaborateur de Salan par la suite[40] : « Il est certain qu'avant son départ, Salan aurait encore voulu faire quelque chose pour sauver un peu de cette présence française au Sud-Vietnam. [...] Les intrigues succédaient aux intrigues. Avec les généraux des sectes et les services spéciaux, la résidence du général Salan devenait un peu une maison de complots où on parlait derrière les portes des conditions dans lesquelles on pouvait se débarrasser du nouveau président qui paraissait résolu à consacrer le départ définitif de la France[41]. »

Colons et « ultras » du corps expéditionnaire acceptent en effet difficilement l'éviction de la France et s'en prennent au commissaire général en termes très durs. Le comité des chefs d'état-major, à Paris, est parfaitement renseigné de l'ambiance qui règne à Saigon. Son informateur le plus sûr écrit ainsi, au mois de jui 1955, « qu'il est affligeant de penser que le destin de la France [en Indochine] ait été remis entre des mains aussi débiles, à un moment aussi crucial. Tous ceux qui ont entendu les plaidoyers prononcés, ou plutôt balbutiés par le général Ely, avant son départ, ont ressenti une impression pénible. L'air, le ton, le geste étaient ceux d'un grand malade[42] ». Toutefois, certains ne semblent pas se rendre compte à l'époque que le rôle joué par la France en Extrême-Orient s'achève. En France, l'attention du gouvernement est davantage accaparée par l'insurrection algérienne que par les problèmes indochinois, et sur place, les États-Unis sont progressivement en train de remplacer l'influence française dans les domaines politique et militaire, mais également culturel.

Contrairement à celui de la France, les gouvernements sud-vietnamien et américain ne sont pas signataires des accords de Genève et n'entendent pas honorer les engagements pris par les Français. Ainsi, la tenue d'élections, dont tous les observateurs admettent qu'elles se solderaient par une victoire viêt-minh, se trouve compromise et Diêm refuse les consultations préliminaires prévues avec la RDVN afin de les préparer. Par ailleurs, la neutralité observée par le corps expéditionnaire pendant la « guerre des sectes » a déplu à Diêm comme aux Américains. Pour eux, il est temps que la France cède la place. La pression exercée au printemps sur le CEFEO et les éléments vietnamiens qui lui sont restés fidèles reprend à l'été. Au mois d'août 1955, l'action des services spéciaux américains s'intensifie même et les services spéciaux français rendent compte que « le service de contre-espionnage américain agit [désormais] ouvertement » avec pour mission de faire disparaître tous les agents à leur solde. De nombreux Vietnamiens travaillant pour le service de renseignements français sont arrêtés. Au mois d'octobre 1955, Diêm parfait sa prise du pouvoir : Bao Dai, qui séjourne en France depuis de longs mois, est déchu de son trône par référendum. Le 27 octobre, le ministère chargé des relations avec les États associés est supprimé. L'éviction de « l'homme des Français », privé de soutien populaire, et la suppression de cet organisme conjuguée à la sortie du Sud-Vietnam de l'Union française[43] marquent véritablement la fin d'une époque.

Cette volonté de rompre, sinon de détruire, les derniers liens qui unissent encore le Sud-Vietnam à la France, revêt un caractère particulièrement spectaculaire lorsque, à la fin de l'année 1955, l'armée nationale vietnamienne organise dans une grande mise en scène un autodafé avec les galons d'origine français portés jusque-là par les combattants vietnamiens. Autour de détachements et d'officiers de toutes armes, le général Tran Van Don, chef d'état-major de l'ANV, déclare : « Vous allez voir se consumer sous vos yeux les vestiges d'un régime dépassé », et il ordonne de mettre le feu aux vestiges de l'ancienne puissance coloniale, ces galons ôtés des uniformes quelques instants auparavant et remplacés par des insignes de type américain. On peut relever avec une certaine ironie que Tran Van Don, Français de naissance et saint-cyrien, a fait une grande partie de sa carrière dans l'armée française ; pour des raisons politiques, il a renoncé à sa nationalité d'origine quelques semaines avant cet événement[44]… Tandis que retentissait l'hymne national du Vietnam, « les troupes ont regardé le brasier jusqu'à ce qu'il ne reste qu'un tas de cendres fumantes » témoigne l'envoyé de *Jours de France*[45]. Dans le même esprit, une campagne est lancée au mois d'avril afin de se débarrasser des décorations françaises : « Porter encore ces médailles décernées par les colonialistes, c'est nous avilir, nous humilier, explique un tract distribué le 22 avril, surtout après les actes de bassesse qu'ils ont commis à Genève, à Diên Biên Phu et récemment en pratiquant le jeu "Cacher les mains après avoir lancé la pierre". »

Le départ du corps expéditionnaire français d'Extrême-Orient : la France s'en va

Au mois de janvier 1956[46], l'annonce officielle par le gouvernement vietnamien du désir de voir le CEFEO se retirer du Vietnam met fin aux interrogations françaises (partir ou rester) comme aux manœuvres américaines. Pour les responsables politiques à Paris, il s'agit maintenant de solder définitivement la question indochinoise. Dix ans d'une guerre meurtrière auront été nécessaires au Viêt-minh pour chasser la France du Nord-Vietnam, il en aura fallu moins de deux à ses « alliés » pour l'inviter à quitter le Sud. Paris dispose de six mois pour rapatrier les derniers contingents du corps expéditionnaire, le retrait devant être achevé à la fin juin 1956. Seuls peuvent rester quelques centaines de conseillers et d'instructeurs auprès des FAVN, en attendant leur relève par du personnel américain[47]. Au début de l'année 1956, le CEFEO compte encore 30 000 soldats (auxquels il convient d'ajouter environ 5 000 autochtones). En moyenne jusqu'en avril, 7 000 hommes vont être rapatriés chaque mois vers la métropole ou envoyés en AFN par voie aérienne mais surtout maritime. Ainsi, le *Pasteur*, qui a représenté à lui seul le tiers des transports militaires du corps expéditionnaire assure sa dernière rotation : il appareille de Marseille le 10 février et fait ses adieux à l'Indochine le 15 mars 1956 pour le voyage retour. Le 28 avril 1956, le corps expéditionnaire d'Extrême-Orient, dirigé par son dernier commandant en chef le général Jacquot[48], est officiellement dissout et, à la fin de ce mois, il reste encore 3 000 militaires français chargés de liquider les questions administratives et financières du CEFEO[49]. La présence militaire française ne se limite plus qu'à la garnison de la base aéroterrestre de Seno, au Laos[50]. Grâce au travail des écoutes des radiocommunications dans la région, le groupe de contrôle radioélectrique d'Extrême-Orient (GRCEO) renseigne le pouvoir politique, à Paris, sur les événements de la péninsule indochinoise. La détérioration de la situation dans l'ex-Indochine, les menées américaines au Laos où la présence française est une nouvelle fois contestée amènent la France à renoncer à son activité militaire. Au milieu des années 1960, les derniers soldats français quittent Seno. À cette date, l'Indochine française appartient définitivement au passé.

Le départ du CEFEO d'Extrême-Orient symbolise la perte de l'influence française en Asie du Sud-Est. La France s'en va sans grandeur, dans l'indifférence générale de son opinion publique, un siècle après que les premières troupes eurent posé le pied en Indochine. Elle passe la main aux Américains, alors même que le refus de la présence d'une puissance militaire étrangère au Sud-Vietnam avait été l'argument majeur de Diêm pour exiger le retrait du corps expéditionnaire. Ce départ est ressenti avec lucidité par la majorité des soldats français qui s'interrogeaient depuis plusieurs mois déjà sur le sens de leur présence. « La question que chacun se pose est : "Que faisons-nous encore en Indochine ?" », écrit ainsi un officier parachutiste au début de l'année 1956. Les militaires du CEFEO qui ne sont pas rapatriés en métropole sont dirigés vers l'Afrique du Nord où une autre guerre les attend. Toutefois, fort de plusieurs années en Indochine, leur état d'esprit a profondément été bouleversé par la guerre et la conduite de celle-ci. Comme l'écrivait Albert Merglen dès le 8 juillet 1953 : « Il n'y a pas de doute : les cadres de l'armée active reviendront marqués moralement par cette campagne. Ils y auront acquis un solide mépris du gouvernement français et aussi du peuple français qui, l'un comme l'autre, se foutent pas mal de nos efforts, de nos pertes, de nos charges et de l'angoisse de nos familles. » Ces sentiments seront en partie à l'origine de l'éloignement entre l'armée et la nation qui se fera jour au cours de la guerre d'Algérie et expliquera le choix de certains lors du putsch des généraux en avril 1961.

Le printemps 1956 marque aussi l'arrivée dans le Sud de la France d'une petite communauté indochinoise. C'est là que sont « parqués », plutôt qu'accueillis, quelques centaines d'anciens combattants autochtones et leurs familles (en fait beaucoup de veuves et leurs enfants), chassés du Sud-Vietnam par le gouvernement diémiste parce qu'ils se refusaient à renoncer à leur nationalité française[51]. En avril 1956, deux anciens camps militaires sont en effet réhabilités dans le Lot-et-Garonne, celui de Sainte Livrade, qui reçoit 1 200 Indochinois et Eurasiens, et celui de Bias, qui en accueille 700. D'autre part, dans l'Allier, d'anciens corons sont réouverts à Noyant où viennent s'installer 1 700 rapatriés. Ces centres d'accueil des rapatriés d'Indochine (CARI) – plus tard Centre d'accueil des français d'Indochine (CAFI) – sont assimilés au début à des véritables camps d'internement : « Tous évoquent leur arrivée douloureuse dans ce camp boueux, l'interdiction de parler vietnamien, l'inconfort des logements, les barbelés ceinturant le site, l'interdiction de posséder un vélo ou une voiture… » C'est là tout ce que la France aura à offrir à ces Vietnamiens, « poussières d'Empire » qui s'étaient engagés et « compromis » à ses côtés.

Conclusion

> « […] Si une leçon peut être tirée de l'aventure d'Indochine, c'est bien qu'il n'est pas possible de conduire les événements et de rester maître de leur évolution en se contentant de freiner celle-ci ou de lui opposer obstacle sur obstacle. Il faut se mettre à leur tête et même savoir les devancer. Il vaut mieux être en avance qu'en retard d'une décennie. »
>
> Général Paul Ely,
> *L'Indochine dans la tourmente.*

« Les véritables raisons de la défaite d'Indochine sont politiques. […] Du début à la fin, nos dirigeants n'ont jamais su ce qu'ils voulaient ou, s'ils le savaient, n'ont pas su l'affirmer. Ils n'ont jamais osé dire au Pays qu'il y avait la guerre en Indochine. Ils n'ont jamais su engager la Nation dans la guerre ni faire la paix. » Ces accusations, qui viennent en conclusion du premier ouvrage écrit par le général Navarre en 1956, *Agonie de l'Indochine*, sont à l'époque partagées par la majorité des cadres de l'armée française, au moins par ceux qui ont servi en Extrême-Orient. L'opinion selon laquelle les gouvernements français auraient failli dans la conduite de la guerre est en effet largement répandue dans les années qui suivent la cessation des hostilités. Ce réquisitoire va au-delà des simples questions de personnes et dénonce en réalité le système politique français de la IVe République dans son entier. Navarre le dit aussi : « Les tergiversations, les fautes, les lâchetés accumulées pendant huit ans sont trop nombreuses et trop continues pour n'être imputables qu'aux hommes, et même aux gouvernements, qui se sont succédé au pouvoir. Elles sont le fruit du régime. » De fait, en incluant ceux des première et deuxième assemblée constituante (à la fin de l'année 1945), pas moins de dix-neuf gouvernements ont eu en main, à un moment ou un autre entre 1945 et 1954, la responsabilité des affaires d'Indochine. L'instabilité des institutions de la IVe République et les combinaisons politiques ont contribué au blocage et à l'impuissance des instances parlementaires, et les répercussions s'en sont ressenties dans la politique indochinoise de la France.

À titre individuel, un certain nombre de dirigeants se sont sincèrement impliqués dans la gestion de la guerre, mais, mises en perspective, leurs tentatives se sont heurtées au jeu des partis ou à la méconnaissance des réalités indochinoises. En ce sens, le régime est incontestablement responsable de l'échec puisqu'il n'a pu permettre que très imparfaitement au politique de jouer son rôle : déterminer les buts de guerre et conduire celle-ci. Définis clairement en 1945 – il s'agit alors de restaurer la souveraineté française sur ses possessions asiatiques –, les buts de guerre de la France en Extrême-Orient sont progressivement devenus flous au fur et à mesure qu'apparaissait l'impossibilité de les appliquer, même dans le cadre d'une indépendance concédée aux États de l'Indochine. Entre 1947 et 1949, les hésitations françaises ont conduit à l'impasse politique dont seule la faiblesse du Viêt-minh et de son armée a empêché de tirer un profit immédiat. La mise en place laborieuse de la solution Bao Dai en constitue une bonne illustration. Il a fallu deux ans pour remettre l'empereur sur son trône, deux années au terme desquelles les gouvernements successifs ont continué à pratiquer un jeu ambigu, retenant d'une main ce qu'ils accordaient de l'autre. Certes, le candidat et ses frasques ne représentaient sans doute pas la meilleure option politique, mais celle-ci n'a jamais été menée avec sincérité, les arrière-pensées d'une partie de la classe politique française et l'hostilité de l'autre neutralisant en définitive « l'expérience Bao Dai ». L'incompétence, l'attentisme, le népotisme ou la corruption existant au sein du gouvernement Bao Dai et de son entourage ont encore compliqué la tâche.

À la fin de l'année 1949, la victoire des communistes chinois et ses conséquences mettent cependant un terme à l'illusion de la solution Bao Dai, même si l'événement n'est pas encore bien perçu de tous à l'époque. L'Indochine étant devenue un théâtre d'opérations de la guerre froide, la nouvelle situation aurait nécessité la redéfinition des buts de guerre, mais là encore, les gouvernements ont échoué à mettre en place une stratégie qui établisse, dans le long terme et avec réalisme, la place et le rôle que voulait jouer la France en Asie du Sud-Est au regard de ses capacités. À défaut d'une politique cohérente et stable, c'est dans l'urgence dictée par les opérations et les événements internationaux qu'est conduite la guerre. Subissant le conflit, la France a en effet mené les opérations avec des « plans du moment », ne pouvant et ne souhaitant, dans un contexte marqué par la crise budgétaire et les autres obligations auxquelles elle devait faire face (en Europe de l'Ouest comme en Afrique du Nord), donner à son armée les moyens militaires de l'emporter. Aussi, le corps expéditionnaire, dont la proportion de Français métropolitains n'a jamais dépassé les 53 000 hommes – en 1953 –, ne pouvait que durer, en espérant, un jour, passer le relais aux armées des États associés, une position qui nécessitait du temps. Or, le temps jouait, depuis 1945, en faveur du Viêt-minh.

Face aux atermoiements et volte-face des gouvernements français, le Viêt-minh a tenu bon. Ses responsables politiques comme militaires sont restés peu ou prou les mêmes et leurs buts de guerre inchangés : indépendance, unité et instauration d'un régime communiste. Les coups portés par le corps expéditionnaire au début de la guerre n'ont pas été suffisants pour obtenir son éradication et c'est finalement un événement extérieur – l'arrivée de la République populaire de Chine sur la scène internationale – qui va rendre possible son essor. Ce facteur, déterminant pour la suite de la guerre, aurait dû provoquer une prise de conscience plus aiguë de la part des dirigeants de la IVe République. À compter de 1950, la possibilité d'une victoire du corps expéditionnaire par les armes disparaît, la nomination d'un chef aussi prestigieux que le général de Lattre ne pouvant que reculer l'échéance. Au cours de l'année 1952, le corps expéditionnaire perd définitivement l'initiative, le général Salan l'a bien compris qui tente de parer au mieux les offensives que le général Giap et son état-major lancent, menaçant désormais le Laos. En 1953, la guerre d'Indochine est devenue un gouffre financier et nombreux sont les hommes politiques à prendre position en faveur de la cessation des hostilités. La défaite de Diên Biên Phu facilite politiquement, mais dans les pires conditions, cette opération. La responsabilité que portent les dirigeants de la IVe République dans l'échec de sa politique en Indochine mérite cependant d'être nuancée par deux éléments : la nature particulière du Viêt-minh et de ses méthodes et les erreurs du commandement français. En effet, à la décharge des gouvernements français, ceux-ci sont confrontés à des interlocuteurs qui ont choisi, dès le début, la voie de la violence et de la terreur. Pour s'imposer et arriver à ses fins, le Viêt-minh a donc procédé à l'élimination de ses adversaires politiques puis a mis en place, dans les zones qu'il contrôlait un régime autoritaire qui prend en main et encadre les populations par le biais de différents moyens : propagande, discours démagogique, dénonciation, répression, etc.

Quant à l'armée française, elle est confrontée au lendemain du second conflit mondial à un adversaire qui use de méthodes nouvelles. La pratique généralisée de la guérilla, l'interpénétration des adversaires dans ce qui est appelé la « guerre en surface » ou encore la difficulté à identifier formellement l'ennemi qui se fond au sein des populations, surprennent totalement les militaires français et ceux-ci ne réussissent jamais à trouver de parades efficaces ni à la forme de guerre employée, ni à la propagande du Viêt-minh malgré le développement de l'action et de la guerre psychologiques. Le caractère révolutionnaire du conflit ne doit toutefois pas être surestimé, car, même s'il constitue une réalité et une originalité du conflit, il convient de ne pas oublier que celui-ci est aussi une guerre de libération visant à rejeter un corps étranger – les Français – hors du Vietnam. Si nombre de Vietnamiens combattant dans les rangs du Viêt-minh, ou le soutenant, ne sont alors pas communistes, les centaines de milliers de réfugiés du Nord en font foi en 1954 et 1955, beaucoup identifient sa cause à celle de l'indépendance, les écrits du chef de bataillon Albert Merglen, qui peuvent faire polémiques, en témoignent.

Même si le haut commandement français n'a jamais bénéficié des effectifs (en quantité comme en qualité) ni des matériels qu'il aurait souhaité pour mener la guerre, il ne saurait être dédouané de ses erreurs. Le général Navarre s'en fait également l'écho dans *Agonie de l'Indochine* : « Les chefs militaires qui se sont succédé au commandement [dont lui-même] ont tous plus ou moins sous-estimé l'adversaire. » Ils ont en outre échoué à donner plus tôt une réalité aux armées des États associés, armées dont beaucoup d'officiers se méfiaient avant 1950, préférant intégrer les soldats autochtones au sein des formations du corps expéditionnaire. Prisonniers de schémas doctrinaux occidentaux, et malgré les quelques tentatives d'adaptation faites en ce sens, les chefs militaires « ont trop misé sur la puissance, et pas assez sur la souplesse, la légèreté, la ruse et le renseignement ». Par ailleurs, la politique du poste, vieil héritage colonial, a montré ses limites et, en ne réfléchissant pas davantage à la mise en place de nouveaux procédés qui auraient mis l'accent sur la mobilité, peut-être le commandement s'est-il dès le début privé de conduire les opérations différemment. Il reste que ces remarques, formulées *a posteriori*, ne constituent pas un jugement, toujours facile des décennies après les événements, mais des pistes de réflexion. À certaines occasions, enfin, il était de la responsabilité du chef militaire de faire peser son action de manière plus déterminée sur l'échelon politique, les mois qui précèdent la catastrophe de l'évacuation de Cao Bang en donnent l'exemple. Quant à Diên Biên Phu, la responsabilité du général Navarre est entière par le fait même qu'il était le chef, celui qui avait décidé d'y implanter une base aéroterrestre puis d'y livrer bataille, les « circonstances atténuantes » dont il peut bénéficier n'y changeant rien.

Avec le recul et quelles que soient en définitive les responsabilités individuelles des uns et des autres, acteurs politiques comme militaires, il apparaît difficile, dans le contexte de l'époque – une France exsangue économiquement et confrontée à de nombreux problèmes, dont celui de sa reconstruction –, d'imaginer une issue favorable pour ses intérêts. Si militairement la France n'avait pas les moyens de sa politique, il lui restait à adapter celle-ci aux réalités en s'appuyant sur les éléments autochtones qui lui étaient favorables et en les aidant avec sincérité à gagner leur indépendance. Sa passivité face à l'éradication par les communistes des cadres nationalistes à l'été 1946 a constitué une erreur. À l'époque toutefois, ces vues n'entraient pas dans les mentalités des dirigeants français et les aspirations à la liberté d'une partie des populations d'Indochine n'ont pas été appréhendées correctement. De fait, la vigueur du sentiment national au Vietnam et la volonté du Viêt-minh ont été sous-estimées. « La paix était-elle possible en 1946 ?, se demande le général Ely en 1964. [...] Sans doute aurions-nous pu à ce moment réaliser une sorte de Commonwealth. Mais nous en avons été empêchés par notre nostalgie du passé. »

Deux ans après les accords signés à Genève, la France quitte l'Indochine au terme de neuf années d'une guerre qui a fait des centaines de milliers de morts. Le bilan des pertes reste difficile à établir avec exactitude, du côté français comme du côté viêt-minh. Une évaluation raisonnable peut toutefois être avancée et l'estimation de 100 000 tués et disparus au sein du CEFEO, dont plus de 20 000 Français métropolitains, peut être retenue. Michel Bodin, l'un des spécialistes de la question, propose lui un chiffre compris entre 26 000 et 30 000 morts français. Par ailleurs, 11 000 légionnaires, 15 000 Africains et Nord-Africains trouvent également la mort durant le conflit ainsi que 46 000 réguliers et supplétifs indochinois servant au sein des unités françaises. De leur côté, les armées nationales des trois États associés ont enregistré un peu plus de 17 000 tués, vietnamiens pour la plupart. Quant aux pertes du Viêt-minh, elles sont, faute de sources, encore plus difficiles à évaluer. Les chiffres de 300 000 à 500 000 morts, qui apparaissent le plus souvent, principalement dans l'historiographie anglo-saxonne, regroupent à la fois les militaires de l'armée populaire mais aussi les dizaines de milliers de civils, victimes de la guerre du fait des bombardements ou exécutés comme traîtres *(Viêt Gian)* par le Viêt-minh. Dans ce domaine, comme dans de nombreux autres, une plus grande accessibilité aux archives vietnamiennes serait souhaitable et permettrait d'éviter une lecture trop occidentale des événements.

Depuis la fin de la guerre, les rapports entre la France et le Vietnam se sont normalisés. À la suite de l'effondrement du bloc soviétique, les relations politiques entre les deux pays ont été rythmées par des rencontres régulières à très haut niveau marquées, notamment, par trois visites présidentielles françaises au Vietnam (1993, 1997, 2004) et la venue en France du président de la République socialiste du Vietnam en 2002, celle du secrétaire général du Parti communiste vietnamien en 2005 ou encore celle du Premier ministre Nguyen Tan Dung en octobre 2007. Plus proche de nous, l'année 2013 a vu la célébration du 40e anniversaire de l'établissement des relations diplomatiques entre Paris et Hanoï. À cette occasion, les gouvernements respectifs ont souhaité organiser une « Année France-Vietnam » dont le but était de donner un « nouvel élan » aux relations bilatérales en organisant de nombreuses manifestations dans les domaines économique ou culturel. Ouverte en avril 2013 au Vietnam, elle s'est poursuivie l'année suivante en France et s'est clôt, au mois de décembre 2014, par une cérémonie organisée à l'hôtel de ville de Paris.

Le Vietnam, toujours dirigé par le parti communiste, s'est ouvert au monde même si les libertés politiques comme religieuses font toujours l'objet d'une censure. Il accueille de nos jours près de 300 entreprises françaises sous la forme de sociétés, de bureaux de représentation ou de co-entreprises qui génèrent des dizaines de milliers d'emplois et on estime à environ 6 300 le nombre de nationaux y résidant. La France se classe au 18e rang des fournisseurs et est particulièrement bien placée sur les marchés pharmaceutiques et de l'aéronautique. Toutefois, c'est par le biais des voyages que les Français connaissent le Vietnam et s'enthousiasment pour ses paysages et ses sites touristiques, même si, sur les 7,5 millions de touristes qui s'y rendent chaque année, seuls 6,5 % sont français. Le Laos, où vit une communauté d'environ 2 000 Français, bénéficie également de cette manne et ce sont plus de 50 000 touristes français (sur 3,7 millions) qui ont visité le pays en 2013, le double au Cambodge[1].

Parmi ces visiteurs français, nombre d'anciens du corps expéditionnaire ont fait le déplacement depuis le début des années 1990. Ces vétérans reviennent dans les pays d'Indochine, désormais en paix, et se rendent pour certains sur les lieux où ils ont combattu. Ils rencontrent parfois à cette occasion leurs adversaires d'hier et échangent des souvenirs communs. Au Cambodge, peu marqué par la guerre, et au Laos, les traces du conflit ont progressivement disparu. Au Vietnam, qui comptait environ 90 millions d'habitants en 2014 et dont le visage a profondément changé, des vestiges de la colonisation demeurent encore dans certains centres urbains, notamment à travers les édifices religieux comme en témoignent les cathédrales de Saigon, de Hanoï ou celle de Bui Chu. L'ancien quartier européen de Hanoï, autour du Petit Lac (le lac Hoan Kiem) recèle également nombre de bâtiments européens dont la construction remonte au début du XXe siècle. Le pont Doumer, rouillé et malmené par les ans et par les bombardements américains pendant la guerre du Vietnam, rappelle également la présence française. C'est à la périphérie de la ville, comme à celle du delta du fleuve Rouge, qu'il faut se rendre pour apercevoir les restes les plus visibles de la guerre d'Indochine. Là, au hasard d'une rizière, au bord d'une route ou à l'extrémité d'un pont, on peut voir, inscrits dans le paysage vietnamien, les ouvrages bétonnés de ce qui fut la ligne de Lattre. Ils resteront longtemps encore, bien après que les derniers combattants de la guerre, français comme vietnamiens, auront disparu, les ultimes témoins du conflit.

Notes

Notes de l'introduction, p. 15

1. L'événement est relaté dans les colonnes du *Journal d'Extrême-Orient* du 11 avril 1956. http://saigon-vietnam.fr/adieu-saigon.php, page consultée le 8 septembre 2014.

2. Aux côtés des marins, des aviateurs et des gendarmes, parachutistes et tirailleurs représentent l'armée de terre.

3. *Le Monde*, jeudi 23 avril 1956.

4. Radio France Asie (anciennement Radio Saigon) cesse d'émettre un peu plus tôt, le 26 février 1956.

5. Charles-Robert Ageron, « Les adieux à l'Indo », *Le Monde*, 26 août 1992.

6. Voir références bibliographiques en fin d'ouvrage.

7. Pendant longtemps, seuls ont prévalu dans la conduite des opérations les niveaux stratégiques et tactiques. L'échelon opératif est un échelon intermédiaire entre la réflexion, la planification et la coordination qui relèvent du domaine stratégique et l'engagement tactique en lui-même, limité dans le temps et l'espace. L'échelon, appelé aussi parfois « art » opératif, est celui qui, sur un théâtre d'opérations, traduit la pensée stratégique, conceptuelle par essence, afin d'en réaliser les buts. Dans les faits, il s'agit d'un ensemble d'actions de coordination à caractère interarmées, intégrant différentes dimensions : psychologiques, civilo-militaires, etc. Dans le cadre de la guerre d'Indochine, on peut par exemple distinguer la stratégie du commandant en chef et l'échelon opératif que représente le commandement d'un territoire comme celui des forces terrestres du Nord-Vietnam chargé d'appliquer cette stratégie et dont les bataillons, appuyés par l'aviation et les moyens de la marine, vont, sur le terrain, tenter d'obtenir tactiquement la décision.

8. Le général Gras est commandant d'unité au sein du 7e bataillon de parachutistes coloniaux (7e BPC) entre août 1950 et juillet 1952. Il participe à la guerre d'Algérie et exerce ensuite différentes fonctions en commandement opérationnel ou en état-major. Entre 1974 et 1976, il est attaché militaire à l'ambassade de France à Saigon. Deux ans plus tard, il prend une part active à l'opération aéroportée sur Kolwezi.

9. Ils sont en fait cinq en 1945, le Vietnam n'étant officiellement unifié qu'en 1949.

10. Cette région devient au cours de la guerre le *Lien Khu IV* – l'Interzone IV.

Notes du chapitre premier, p. 27

1. Il s'agit de « l'offensive » en Sarre, une timide action entreprise en territoire allemand dont le but est surtout politique : montrer aux Polonais attaqués que la France honore ses engagements. Elle commence le 9 septembre 1939 et atteint ses objectifs, au-devant de Sarrebruck, le 12 septembre suivant. Les opérations de repli débutent le 4 octobre et s'achèvent le 24, avec le retour des unités engagées sur leurs positions initiales.

2. Une partie des prêtres persécutés et suppliciés au Vietnam sont d'origine espagnole. La décapitation, le 20 juillet 1857, de Monseigneur Diaz, évêque du Tonkin, décide la couronne d'Espagne à participer à l'expédition organisée par la France. Madrid dépêche ainsi, à partir des Philippines, un petit corps expéditionnaire et quelques navires qui viennent se placer sous commandement français.

3. À l'époque de la première domination chinoise entre le VIIe et le Xe siècle, les provinces qui forment l'actuel Vietnam sont regroupées sous une entité appelée Annam. Toutefois, pendant la période coloniale, l'Annam ne représente plus que la partie centrale du pays. L'usage s'est cependant répandu à l'époque de désigner sous le terme d'Annamites les membres de l'ethnie Kinh, l'ethnie majoritaire au Vietnam, qui se répartissent sur l'ensemble du territoire. Comme ces derniers constituent près de 90 % de la population, l'habitude est prise après 1945 de qualifier de « Vietnamiens » la totalité des habitants du Vietnam, qui compte pourtant plus d'une cinquantaine d'ethnies différentes. Pour des commodités de lecture, nous utiliserons ici le terme générique de « Vietnamiens » même pour la période antérieure à la Seconde Guerre mondiale. L'emploi des noms communs d'« Annamites » ou d'« Indochinois », nés de la colonisation, est contesté et dénoncé par une partie du corps universitaire en raison de leur trop grande empreinte idéologique et de leur connotation péjorative. Si le sujet mérite débat, ces mots restent pourtant une réalité historique.

4. La dynastie Tay Son, originaire de la région de Qui Nhon dans le Centre du Vietnam, se révolte au début des années 1770 contre la dynastie des Nguyen et, dans les années qui suivent, procède au massacre de ces derniers.

5. Le traité de Versailles est signé entre Nguyen Phuc Anh, fils de Nguyen Anh, et les représentants de Louis XVI. Il s'agit d'un « petit traité », puisqu'il n'est pas signé par le roi en personne.

6. Dérivé du mot portugais « Cochin », employé pour nommer au XVIe siècle une ville d'Inde – aujourd'hui Kochi –, puis le pays dans son ensemble, le terme de Cochinchine est progressivement utilisé par les navigateurs pour désigner l'ensemble du Vietnam. Avec l'arrivée des Français, la Cochinchine ne représente plus que la partie sud de l'actuel Vietnam. Elle est limitée au sud par le golfe du Siam et par la mer de Chine méridionale à l'est ; la frontière cambodgienne forme sa frontière ouest tandis qu'un axe partant sensiblement du cap Saint-Jacques (Vung Tau) et longeant les contreforts des Plateaux montagnards, en avant de Bien Hoa, représente sa limite nord. Avant 1945, les Vietnamiens nomment la Cochinchine *Nam Ky* ou « Province du Sud » ; après 1945 le Viêt-minh, jugeant cette appellation trop liée au pouvoir mandarinal, lui préfère le terme de *Nam Bo* (Région sud).

7. Du fait des besoins nés de la guerre avec la Chine, Tourane, dont le nom provient de la translittération déformée du nom de l'estuaire de la rivière Han *(Cua Han)*, est finalement abandonnée au mois de mars 1860 avant d'être réoccupée quelques mois plus tard.

8. Cette question est à l'origine de fortes tensions entre la Thaïlande et la France jusqu'au départ de celle-ci en 1956. Toutefois, les problèmes du tracé des frontières entre le Cambodge et la Thaïlande sont, aujourd'hui encore, causes d'incidents frontaliers parfois meurtriers.

9. Tonkin vient de la latinisation des termes chinois *Dong Kinh* signifiant « capitale de l'Est » et qui désigne Hanoï. Par la suite, les Français lui donnent un sens plus large puisque le Tonkin représente la partie nord du Vietnam. Pour des explications similaires à celles relatives à la Cochinchine, l'Annam est appelée *Trung Ky* par les Vietnamiens avant 1945 et *Trung Bo* après. *Bac Ky* et *Bac Bo* sont utilisés pour représenter le Tonkin au cours des deux mêmes périodes.

10. Voir notamment Michel Bodin, *Les Français au Tonkin 1870-1902. Une conquête difficile*, éditions Soteca, coll. « Outre-Mer », 2012.

11. Après une série d'incidents avec le Siam qui exerce jusque-là sa suzeraineté sur le Laos, la France entend faire valoir ses « droits » sur le pays – reprenant, en fait, à son compte les revendications de l'empire d'Annam – et menace Bangkok d'une intervention. Celle-ci cède finalement et, par le traité du 3 octobre 1893, le gouvernement siamois renonce à ses possessions sur la rive gauche du Mékong, le Laos devient un protectorat français.

12. Les décrets des 17 et 20 octobre 1887 (complétés par celui du 9 mai 1889) créent une Union indochinoise, dirigée par un gouverneur général dépendant du ministère des Colonies et qui organise l'administration des territoires colonisés par la France. Toutefois, cette union est loin d'être homogène puisque les pays qui la composent sont administrés différemment. Alors que la Cochinchine est une colonie dirigée par un gouverneur, le Cambodge et l'Annam sont des protectorats placés sous l'autorité de résidents supérieurs. Le Laos est également un protectorat, mais il bénéficie d'un statut particulier puisque le royaume de Luang Prabang dépend d'un résident supérieur tandis que le reste du pays est soumis à l'administration directe de résidents d'un grade inférieur. Quant au Tonkin, c'est encore un protectorat au statut particulier, Hanoï et Haiphong étant des territoires français.

13. *Can Vuong* est traduit par « Loyauté au roi », « Soutien au roi » ou parfois « Retour du roi ».

14. La sidérurgie française est à l'époque dominée par le comité des Forges avec lequel le gouverneur général entretient d'étroites accointances, relations qui lui sont reprochées par la suite.

15. À la veille de la Seconde Guerre mondiale, le réseau ferré indochinois totalise près de 3 000 kilomètres de voies.

16. Construit par la société Daydé et Pillé de Creil, le pont Doumer a pour fonction de relier la capitale du Tonkin avec les régions situées au nord du fleuve Rouge. Mis en chantier en septembre 1898 et achevé en février 1902, ce pont est long de 1 860 mètres. Rebaptisé un temps pont Long Bien en 1945 à la faveur de la disparition de l'administration coloniale, il garde cette appellation à partir de 1954.

17. En 1938, Haiphong assure à l'export 1 147 000 tonnes et à l'import de 493 000 tonnes contre 1 734 000 tonnes à l'export et 892 000 tonnes à l'import pour Saigon. Par ailleurs, les ports minéraliers de Hongay et de Campha exportent pour 1 423 000 tonnes de charbon à la même époque.

18. L'Exposition coloniale internationale – car plusieurs pays étrangers sont également invités à présenter leurs réalisations – se tient du 6 mai au 15 novembre 1931 entre la porte Dorée (Paris, XIIe arrondissement) et le Bois de Vincennes.

19. Plus de 33 millions de billets sont vendus qui concernent les différentes possessions outre-mer de l'Empire français. Au total, 8 millions de visiteurs sont comptabilisés.

20. Sans oublier le million d'étrangers qui visitent l'Exposition.

21. La « contre-exposition » organisée à l'initiative des communistes n'accueillent environ que 5 000 personnes au cours de la même période.

22. Mentionnons également la Société des charbonnages du Tonkin, la Société française financière et coloniale, la Société cotonnière du Tonkin, les Distilleries de l'Indochine, etc.

23. Pierre Brocheux et Daniel Hémery, *Indochine. La colonisation ambiguë. 1858-1954*, Paris, La Découverte, coll. « Texte à l'appui », 1994, p. 162.

24. Sur 12 500 Français établis au Tonkin, près de 6 000 vivent à Hanoï (contre plus de 2 000 à Haiphong). L'agglomération Saigon-Cholon accueille un peu plus de 17 000 Français, le Cambodge, près de 2 000 et le Laos quelques centaines. Ces chiffres ne prennent pas en compte les militaires. Des régions entières du Nord-Vietnam et du Laos sont « vides » d'Européens. Ces chiffres ne sont toutefois que des ordres de grandeur : sur la difficulté d'établir des statistiques démographiques précises, voir Magali Barbieri, « De l'utilité des statistiques démographiques de l'Indochine française (1862-1954) », *Annales de démographie historique*, Belin, 2007/1, n° 113, p. 85-126.

25. Paul Mus, *Viêt-Nam, sociologie d'une guerre*, Paris, Le Seuil, 1952, p. 126.

26. Le VNQDD, fondé en 1927 par Nguyen Thai Hoc, est l'un des plus vigoureux partis nationalistes vietnamiens de la période. Il prend son inspiration dans la lutte menée par les révolutionnaires chinois contre les puissances européennes du début du XXe siècle.

27. Pham Van Dong, compagnon de route d'Hô Chi Minh et futur ministre des Affaires étrangères de la République démocratique du Vietnam (RDVN), y est emprisonné pendant sept ans.

28. Deux enquêtes, notamment, contribuent à leur donner une large audience : *Vietnam, la tragédie indochinoise* de Louis Roubaud (1931), et *Indochine S.O.S.* d'Andrée Viollis (1935).

29. Surveillés et traqués en Indochine par la Sûreté générale, nombre de nationalistes et de révolutionnaires se réfugient en Chine et notamment à Canton qui devient un foyer d'agitation politique.

30. La guerre russo-japonaise (1904-1905) constitue l'un des épisodes marquants de la rivalité que se livrent, en Extrême-Orient, les deux impérialismes depuis le milieu du XIXe siècle, chacun des deux États cherchant à mettre la main sur les richesses de la péninsule coréenne mais surtout de la Mandchourie. Les conséquences géopolitiques de la victoire japonaise sont très importantes et consacrent notamment l'entrée de ce dernier au sein des grandes puissances, une

première pour un pays non occidental. C'est d'ailleurs suite à cette victoire que la légation de la France au Japon est élevée en ambassade et réciproquement.

31. Le 30 janvier 1902 est signée, à Londres, l'alliance anglo-japonaise. Du côté britannique, il s'agit d'appuyer un pays susceptible d'être un contrepoids efficace à la puissance russe en Asie (le traité est signé deux ans avant la guerre russo-japonaise), mais également de garantir les intérêts britanniques en Chine. Pour le Japon, ce traité consacre sa reconnaissance comme puissance mondiale sur laquelle il va falloir compter désormais. Peut-être le gouvernement japonais y voit-il aussi un blanc-seing pour ses futures entreprises en Corée et en Mandchourie. L'alliance est renouvelée en 1905 et en 1911.

32. Le 12 mars 1907, un emprunt de 300 millions de francs émis sur la place de Paris en faveur du Japon rencontre un vif succès en France qui satisfait le gouvernement japonais.

33. Outre les accords passés avec la Grande-Bretagne et la France, le Japon signe un traité avec la Russie (juillet 1907 : reconnaissance mutuelle des zones d'influence respectives, conventions sur les pêcheries et les échanges commerciaux) et avec les États-Unis (novembre 1908 : accord entre l'ambassadeur japonais Takahira et le secrétaire d'État Root qui consacre le *statu quo* dans le Pacifique et se veut un signe d'apaisement entre les deux États aux intérêts rivaux dans la zone).

34. La Triple-Entente est l'alliance militaire constituée par la France, la Russie et la Grande-Bretagne.

35. Située sur le littoral de la mer Jaune dans la péninsule du Shandong (au sud-est de Pékin), le territoire du Kiaou-Tchéou (en chinois Jiaozhou) fait face aux côtes occidentales de la Corée.

36. Ce développement spectaculaire entraîne toutefois une importante inflation à l'origine, dès 1918, de troubles sociaux.

37. Collectif, *Le Japon : Des samouraïs à Fukushima*, Paris, Fayard, coll. « Pluriel », 2011.

38. Après la victoire du Japon sur la Russie, le gouvernement japonais prend possession d'une partie de la presqu'île du Liaodong qui abrite notamment Port-Arthur, l'un des enjeux de la guerre. Le Kwantung (ou Guangdong) est un territoire côtier de cette presqu'île. Il va donner son nom à l'armée japonaise qui va conquérir la Mandchourie, puis à partir de 1937 prendre part aux opérations militaires contre les Chinois. L'armée du Kwantung va jouir d'une grande autonomie militaire par rapport à l'état-major de l'armée, et ses officiers prennent à plusieurs reprises des initiatives qui mettent le gouvernement japonais devant le fait accompli.

39. À Moukden, le 18 septembre 1931, une portion de voie ferrée appartenant à une société japonaise est l'objet d'un attentat à la bombe. Les dégâts matériels sont mineurs et aucune victime n'est à déplorer. Cependant, dès le lendemain, l'armée japonaise passe à l'offensive et occupe en quelques jours la Mandchourie. Cet événement, resté dans l'histoire sous le nom d'« incident de Moukden », est vraisemblablement le fait d'officiers japonais qui, cherchant à justifier l'invasion de la Mandchourie, ont monté cette opération.

40. Le « Grand État Mandchou » est officiellement créé le 18 février 1932, le dernier empereur de la dynastie Qing, Puyi – qui avait été destitué de son trône

en 1912 –, est placé à sa tête au mois de mars 1934. Le Mandchoukouo est, à juste titre, considéré comme un État fantoche, dirigé en fait par les Japonais.

41. Au tout début du XIXe siècle, Onésime Reclus milite pour un recentrage de l'impérialisme français en Afrique et se montre résolument partisan de l'abandon de l'Indochine qu'il juge, comme d'autres, indéfendable. Il expose notamment ses idées dans un livre au titre évocateur : *Lâchons l'Asie, prenons l'Afrique : Où renaître ? Et comment durer ?*, paru en 1904. Il y écrit par exemple : « Le loup japonais manifeste une ambition délirante ; n'osant pas défier ni la Grande-Bretagne ni les États-Unis, il fondra tôt ou tard sur l'Indochine. »

42. Outre la France, la Russie et la Grande-Bretagne fournissent une aide militaire aux Chinois. Il existe donc trois voies différentes de ravitaillement.

43. Depuis le milieu du XIXe siècle, la France y dispose d'une concession. À la veille de la Seconde Guerre mondiale, environ 2 500 Français y vivent aux côtés de 450 000 Chinois.

44. Outre la « route yunnanaise », trois autres axes sont répertoriés : l'axe Lang Son-Longzhou par la voie ferrée de Lang Son, la route Tien Yen-Lang Son-Longzhou via la route coloniale 4 (RC 4) et la route Moncay-Donxing-Longzhou. Longzhou est située à une cinquantaine de kilomètres de la frontière vietnamienne, à équidistance entre Cao Bang et Lang Son. De Longzhou le ravitaillement est acheminé à Nanning. La ville est prise par les Japonais après une sévère résistance des troupes chinoises au début du mois de juillet 1940.

45. Au début de l'année 1940, à la faveur du déclenchement de la guerre en Europe, le gouvernement japonais réitère sa demande.

46. Les trois principales sont le mouvement Binh Xuyen qui est en réalité un groupe mafieux, les Caodaïstes et les Hoa Hao. Le caodaïsme est une « religion » fondée en 1926 et qui emprunte à la fois au bouddhisme, au confucianisme, au christianisme et même à la franc-maçonnerie. Victor Hugo et Jeanne d'Arc sont invoqués. Avec plusieurs centaines de milliers de fidèles implantés en Cochinchine, il jouit d'une certaine autonomie. Les Hoa Hao forment, eux, une secte s'inspirant d'un bouddhisme rénové et purifié et rassemblent quelques dizaines de milliers d'individus. Ces « sectes » jouent un rôle important pendant la guerre d'Indochine, changeant plusieurs fois de camp avant de se rallier définitivement aux Français.

47. Toute résistance organisée cesse dès le 12 février. Des guérillas, principalement d'obédience communiste, continuent à entretenir une résistance dans l'île de Hainan durant toute la durée de la guerre.

48. Face aux revendications japonaises, Paris réagit enfin et se décide à renforcer la division navale d'Extrême-Orient. La France officialise par ailleurs sa souveraine sur les îles Spratleys. Les 7 et 10 avril 1933, les navires *Astrolabe* et *Alerte* sont ainsi envoyés dans la zone. Là, des officiers de marine enfouissent sous une borne en ciment, dans chacun des îlots visités, un procès-verbal de prise de possession au nom de la République française.

49. Les Paracels constituent un groupe d'îlots (environ 130) situé en mer de Chine du Sud, au nord des Philippines.

50. La souveraineté de ces îles fait toujours l'objet de discussions, principalement entre le Vietnam et la Chine, et est à l'origine de tensions récurrentes en mer de Chine méridionale.

51. Le pacte tripartite entre le Japon, l'Allemagne et l'Italie est finalement signé le 27 septembre 1940.

52. Après l'empereur Hirohito, Matsuoka est sans doute le Japonais le plus connu en Occident. Il est notamment à l'origine de la signature du pacte tripartite et du pacte de neutralité avec l'Union soviétique. Au cours des années 1930, il rencontre les principaux dirigeants de la planète : Roosevelt, Staline, Hitler, etc.

53. Également connu sous le nom d'Okakura Tenshin.

54. À la fin de l'année 1937, le Conseil supérieur de la guerre est remplacé par un nouvel organisme, la Conférence de liaison, qui regroupe les plus hauts responsables militaires des états-majors de l'armée et de la marine ainsi que des membres du gouvernement. Il s'agit en fait d'associer et de coordonner plus étroitement buts politiques et objectifs militaires. Les décisions prises lors de ces conférences sont ensuite examinées et approuvées – ou non – lors des Conférences impériales. La Conférence impériale est une entité extraconstitutionnelle mise en place à la fin du XIXe siècle et chargée de discuter les questions importantes intéressant la politique étrangère. Elle rassemble, sous la présidence de l'empereur, un certain nombre de responsables gouvernementaux et les plus hautes autorités militaires du pays.

55. Le *Lebensraum* ou « espace vital » justifie, pour les nazis, la conquête des territoires situés à l'est de l'Allemagne.

56. Le pacte tripartite est signé le 27 septembre 1940 et officialise l'axe Rome-Berlin-Tokyo.

57. C'est chose faite le 13 avril 1941 avec la signature du pacte de neutralité nippo-soviétique par lequel les deux pays s'engagent à respecter leur intégrité territoriale : le Japon acceptait de respecter la République populaire de Mongolie tandis que l'Union soviétique faisait de même avec le Mandchoukouo.

58. Le Front uni constitue une alliance de circonstance entre nationalistes et communistes chinois, une espèce de pause dans la guerre civile que se livrent les deux factions depuis les années 1920.

59. *The Burma Road* est le nom donné à partir de 1938 au réseau routier construit par les Britanniques et les Chinois pour ravitailler les forces armées de ces derniers. La route principale part de Lashio, dans le Nord-Est de la Birmanie, et atteint, après plus 1 000 kilomètres de trajet, Kunming.

60. Le 14 juin 1940, le général Catroux adresse un télégramme au gouvernement français pour rendre compte de la situation intérieure de l'Indochine : « Les indigènes sans soupçonner gravité de la crise, les masses rurales sentent confusément nos difficultés, les évolués bourgeois ont été frappés de stupeur par nos revers mais ont foi dans notre rétablissement. » Tous appréhendent, en revanche, une action japonaise sur l'Indochine.

61. René Doynel de Saint-Quentin est ambassadeur de France à Washington entre mars 1938 et septembre 1940.

62. Le 18 juillet 1940 toutefois, dans un souci d'apaisement, les Britanniques s'engagent également à interrompre pour une durée de trois mois tout trafic empruntant la route de Birmanie.

63. Face à la progression des unités de la Wehrmacht, les membres du gouvernement commencent à quitter Paris en direction de la Touraine. Finalement, ils atteignent Bordeaux le 15 juin, Paris est tombée la veille.

64. 16 juin-11 juillet 1940.

65. Le général Catroux a dépêché une mission à Washington pour demander la livraison d'armements, parmi lesquels 120 avions et du matériel de défense contre avions (DCA).

66. Le 11 juillet 1940, le général Catroux s'en explique par télégramme : « Mon dessein n'est pas de me dérober à un ordre qui émanerait de façon incontestablement du gouvernement, mais il est de mon devoir de vous dire qu'à heure actuelle et du point de vue de nos sécurités intérieure et extérieure un changement de chefs en Indochine serait une mesure hasardeuse. »

67. Au début des années 1930, il est ainsi membre de la mission militaire japonaise auprès de la Société des Nations.

68. En raison de ses prises de position antijaponaises, Thiébaut devient progressivement indésirable au Japon. Au début de l'année 1943, son remplacement est donc décidé et il doit être relevé par le chef de bataillon Fleurant qui commande alors le bataillon de Shanghai. Le *Wingwa*, cargo portugais faisant la liaison Macao-Haiphong et qui emporte Thiébaut vers son nouveau commandement (le 3e régiment de tirailleurs tonkinois – 3e RTT), est coulé (par un navire américain ?) dans la nuit du 2 au 3 juin 1943. L'officier et sa famille, qui l'accompagne, trouvent la mort. Fleurant, quant à lui, joue un rôle important, notamment au Laos pendant la guerre d'Indochine, et fait partie de la délégation française qui négocie, à Genève, la cessation de l'armistice à l'été 1954.

69. Elle n'a donc rien à voir avec l'armée du Kwantung, comme il apparaît parfois. Cette armée a une existence éphémère puisqu'elle est organisée en février 1940 et dissoute au mois de novembre suivant. Elle composée de différentes unités dont la brigade mixte de Taïwan et la 5e division d'infanterie.

70. Le poste de Tien Yen est bientôt remplacé par celui de fort Bayard, le centre administratif du territoire chinois sous administration française de Kouang-Tchéou-Wan, situé sur la côte orientale de la péninsule du Leizhou (à proximité de l'île de Hainan en mer de Chine méridionale). Ce territoire avait été concédé à la France à la fin du XIXe siècle pour une durée de quatre-vingt-dix-neuf ans, son exploitation commerciale s'est rapidement révélée être un échec. Le 22 février 1943, l'armée impériale procède à l'occupation de ce territoire.

71. Franck Michelin, « La rencontre de deux destins. L'expansion vers le sud du Japon et l'Indochine française au mois de juin 1940 », *Ebisu*, n° 30, Maison franco-japonaise, printemps-été 2003, p. 5-31. Au mois de décembre 2014, l'auteur, enseignant à l'université Meiji de Tokyo, a soutenu une thèse de doctorat à l'université Sorbonne-Paris-IV intitulée : « L'Indochine française et l'expansion vers le sud du Japon à l'orée de la guerre du Pacifique : politique étrangère et processus de décision, juin 1940-décembre 1941. »

72. Abréviation de « télégraphie sans fil ». Il s'agit de postes émetteurs utilisant les ondes hertziennes.

73. Le 30 juillet 1940, le général Nishihara s'envole pour Tokyo pour y rendre compte des avancées de sa mission et de la situation en Indochine.

74. Nanning est située à environ 160 kilomètres au nord-est de la frontière vietnamienne.

75. Le ministère des Affaires étrangères japonais.

76. Au nord-est de Nanning, dans une région montagneuse.

77. À l'époque, la batterie d'artillerie est composée de quatre pièces, le groupe d'artillerie, formé à trois batteries, de douze.

78. Le Service aérien de l'armée impériale japonaise dirige les différentes armées de l'air qui agissent sur les différents théâtres d'opérations au cours de la Seconde Guerre mondiale. La marine dispose de sa propre aviation réunie dans le Service aérien de la marine impériale japonaise.

79. Et de prendre part, l'année suivante, à la conquête de la Malaisie.

80. Do Son, aujourd'hui station balnéaire, est situé à une vingtaine de kilomètres de Haiphong.

81. Thèse soutenue en 1980 et publiée cinq ans plus tard par le Service historique de l'armée de terre.

82. Né en 1882, ce dernier est issu de la lignée de l'empereur Gia Long, fondateur de la dynastie des Nguyen. Même s'il n'appartient pas à la branche régnante, comme prince de sang il passe sa prime jeunesse et son adolescence dans la cité impériale de Huê dans un environnement antifrançais marqué par la volonté de restaurer le Vietnam et de lui faire retrouver son indépendance perdue.

83. Né en 1867, Phan Boi Chau est considéré comme le véritable « père » du nationalisme vietnamien moderne. Il rencontre Cuong De en 1903 ; afin de mener leur résistance contre le colonialisme français et de trouver des appuis extérieurs, les deux hommes choisissent l'exil. En 1925, arrêté en Chine par des agents français au cours de l'un de ses voyages, Phan Boi Chau est ramené à Hanoï. Jugé, condamné à l'emprisonnement à perpétuité, il est finalement gracié et placé en résidence surveillée. Il meurt au mois d'octobre 1940.

84. La période 1910-1915 le voit séjourner en Chine et en Europe à la recherche de soutiens politiques et financiers, sans véritablement rencontrer d'écho.

85. L'université de Chulalongkorn, située au cœur de Bangkok, est la plus ancienne et l'une des plus prestigieuses universités de Thaïlande.

86. Trois bombardiers lourds Farman 221 effectuent même une mission de bombardement sur Bangkok.

87. Le *Lamotte-Picquet* est victime de l'important bombardement américain sur Saigon le 12 janvier 1945. Touché à plusieurs reprises, il coule.

88. Les deux navires ont rejoint Singapour le 2 décembre afin de concourir à la défense de la colonie britannique. Alors qu'ils font route pour entraver les débarquements japonais de Songkhla (Thaïlande) et de Kota Bharu (Malaisie), les deux croiseurs de bataille britanniques changent leur plan dans la nuit du 8 au 9 décembre 1941 : ils ont en effet appris la – fausse – nouvelle d'un débarquement des forces japonaises à Kuantan (située à environ 300 kilomètres au nord de Singapour, sur la côte orientale de la Malaisie). La prise de ce port compromettrait gravement la défense de ce pays et interdirait la route de ravitaillement du nord de la péninsule malaise, aussi le commandant de la force navale britannique décide-t-il de son propre chef d'intervenir. En réalité, à l'aube du 10 décembre 1941, devant Kuantan, la situation est calme. Un sous-marin japonais a toutefois pu signaler la position des bâtiments de la Royal Navy. À l'issue d'un raid de bombardiers japonais, partis pour une part d'Indochine du sud, et atteint par plusieurs torpilles, le *Repulse* sombre à 12 h 33, suivi à 13 h 20 par le *Prince of Wales*.

Notes du chapitre II, p. 79

1. François de Langlade est un planteur français installé de longue date en Malaisie britannique quand survient la Seconde Guerre mondiale. Il rejoint la France libre et est intégré à la section Indochine du service de renseignements britannique, à Calcutta. Il est ensuite désigné par le général de Gaulle comme son représentant auprès de la résistance en Indochine, mais également de l'administration Decoux.

2. À ce titre, dès l'ouverture des hostilités contre les Japonais, le général Mordant doit réunir l'ensemble des pouvoirs civils et militaires et centraliser le commandement en lieu et place du gouverneur général.

3. Ce comité, créé le 9 août 1944, regroupe, sous la présidence du ministre des Colonies, les représentants du ministère des Affaires étrangères, de l'état-major de la défense nationale et de la direction des services spéciaux. Il a pour mission de diriger et de coordonner toutes les activités françaises en direction de ses possessions extrême-orientales. Au gouverneur de Langlade, le représentant du Comité d'action auprès de la résistance indochinoise, est dévolu le soin de sonder les dispositions de l'armée, de l'administration et de la population françaises ainsi que celles des autochtones. Il doit également encourager et organiser leur lutte contre l'envahisseur japonais et assurer la liaison avec le Comité d'action.

4. Au début du mois de juin 1944, le GPRF remplace le CFLN.

5. Tong se trouve à l'ouest de Hanoï, dans la région de Sontay.

6. Le général Blaizot est chargé, à partir de 1943, de la mise en place des FEFEO qui doivent participer à la guerre contre le Japon.

7. Le lieutenant-colonel Paul Huard est placé à la tête du corps léger d'intervention (CLI) créé en Algérie et dont les unités de choc doivent mener des actions commandos contre les forces japonaises présentes en Indochine. Comme les initiales de la formation sont les mêmes que celles du *Ceylan Light Infantry* stationné à Celyan où il arrive au printemps 1945, le CLI est rebaptisé 5e régiment d'infanterie coloniale (5e RIC). Le lieutenant-colonel Huard a laissé son témoignage dans un ouvrage qui retrace l'histoire du CLI-5e RIC et constitue également une source précieuse pour comprendre les différentes étapes du retour de la France en Indochine entre 1943 et 1945 : *Le Corps léger d'intervention et l'Indochine. 1943-1946*, à compte d'auteur, 1980.

8. La bataille du golfe de Leyte (octobre 1944) est une importante défaite aéronavale pour le Japon qui perd à cette occasion un nombre important de bâtiments de sa marine, déjà bien amoindrie à l'époque. La prise de l'île de Leyte par les troupes américaines (octobre-décembre 1944) ouvre la voie à la reconquête des Philippines.

9. Au Nord-Annam, la 34e brigade mixte autonome et, au Sud-Annam, la 4e brigade mixte autonome.

10. Shunichi Matsumoto est nommé ambassadeur à Saigon au mois de novembre 1944.

11. Construit entre 1868 et 1873, le palais du gouverneur général, communément appelé palais Norodom, accueille à la fin du XIXe siècle la résidence et les bureaux du gouverneur de Cochinchine. En 1962, il est victime d'un

bombardement aérien qui vise à l'élimination du président Diêm. Ce dernier est indemne mais le bâtiment est gravement endommagé. Le président Diêm ordonne sa démolition et la construction d'un nouvel édifice baptisé, après la victoire nord-vietnamienne, Palais de la réunification.

12. À cette date, le gouvernement japonais sait pourtant que l'Indochine ne constitue pas un objectif militaire des Américains.

13. Dong Dang se trouve à une trentaine de kilomètres au nord-est de Lang Son ; la localité est une ville située à proximité de la frontière sino-tonkinoise.

14. Le soldat Cron est finalement recueilli par des montagnards restés fidèles à la France et réussit à passer en Chine après avoir rallié des éléments français ayant échappé à la capture.

15. En raison de l'internement et de la disqualification du général Mordant, le général Sabattier est nommé délégué général du GPRF le 10 avril 1945. C'est à cet officier que de Gaulle confie le soin de maintenir la présence française en Indochine et de défendre les intérêts de la France, en particulier face aux menées américaines.

16. Même si l'entraînement des premiers agents débute au mois de novembre 1943 et que les premières opérations clandestines sont lancées sur l'Indochine dès le mois de mai 1944, la création officielle du service action (SA) par le Comité de défense nationale n'intervient officiellement que le 5 août 1944.

17. La DGER est le service de renseignements stratégiques français. En 1946, elle est remplacée par le Service de documentation extérieure et de contre-espionnage (SDECE).

18. La garde indochinoise est l'organisme qui assure la force armée autochtone à la disposition de l'autorité civile dans les pays de protectorat (Tonkin, Annam, Cambodge, Laos). En Cochinchine, seule colonie, la troupe qui remplit les mêmes fonctions est la garde civile cochinchinoise, encadrée par des officiers et sous-officiers de la gendarmerie.

19. Jean Orsini, témoin des événements, relate dans ses souvenirs que « certains planteurs de l'intérieur de la Cochinchine [...] étaient tellement persuadés que la suite des événements se passerait bien, alors que les Alliés leur parachutaient armes et munitions, qu'ils n'hésitaient pas à utiliser les coolies [...] pour enterrer de nuit les armes et munitions ainsi parachutées. De sorte que les mêmes coolies, après le 9 mars, amenèrent directement les militaires japonais aux cachettes enfouies ».

20. Coc Pai, située à proximité de la frontière chinoise, se trouve à équidistance entre Lao Kay et Ha Giang. La colonne Capponi se retrouve bloquée dans le cirque de Coc Pai, ses possibilités de manœuvre sont nulles.

21. Certaines ethnies, contre rémunération ou non des Japonais, saisissent l'occasion du coup de force pour se soulever contre les Français.

22. Hanoï, Saigon, Phnom Penh, Vientiane, Huê, Vinh, Nha Trang et Dalat. Les Européens de Dalat sont finalement rapatriés sur Saigon.

23. La gendarmerie japonaise. La *Kempetaï*, à l'image de la Gestapo, est connue pour la violence de ses méthodes.

24. Jean Cassaigne (1895-1973) entre au séminaire des Missions étrangères de Paris (MEP) à la veille du premier conflit mondial. À la déclaration de

guerre, il s'engage et n'est libéré qu'en 1919, date à laquelle il réintègre les MEP. Une fois ordonné prêtre, il rejoint, à sa demande, les Plateaux montagnards du Centre-Vietnam. Surnommé le prêtre lépreux en raison de son action en faveur des autochtones atteints de ce mal, il contracte lui-même la maladie et s'éteint en 1973.

25. Formé surtout d'intellectuels et de bourgeois, le *Dai Viêt* préconise ouvertement à cette date la collaboration avec les Japonais.

26. *Dai Viêt, indépendance et révolution au Viêt-Nam. L'échec de la troisième voie (1938-1955)*, Paris, Les Indes savantes, 2012.

27. Son nom de baptême est Jean-Baptiste.

28. Le père de Ngô Dinh Diêm, Ngô Dinh Kha, sert à la cour de Huê auprès de l'empereur Thanh-Thai jusqu'à ce que ce dernier soit déposé par les Français en 1907.

29. *Histoire du Viêt-Nam de 1940 à 1952*, Paris, Seuil, 1952, p. 128.

30. Fondée au milieu des années 1930, l'agence de presse *Domei* devient progressivement l'agence de presse officielle du gouvernement japonais. Au cours de la Seconde Guerre mondiale, elle devient ainsi un instrument de propagande au service de la politique impériale ; elle est dissoute au mois de novembre 1945.

31. Il faut attendre le 8 août 1945, soit une semaine avant la capitulation japonaise, pour que la Cochinchine soit rétrocédée au reste du Vietnam, consacrant ainsi l'unité du pays.

32. Le *champ* or (qui correspond, en héraldique, au fond jaune) renvoie à la couleur des dynasties régnantes du Vietnam, les trois bandes rouges *(gueules)* désignent les trois régions *(ky)* du pays unifié : le Tonkin, l'Annam et la Cochinchine.

33. Le général Leclerc se déplace en personne pour l'occasion.

34. Rappelons qu'à cette date, le Laos ne forme pas un État centralisé. Il est constitué d'une monarchie, celle de Luang Prabang qui exerce son autorité sur le Haut-Laos, et d'un certain nombre de territoires situés dans le Bas-Laos relevant de féodaux. Le protectorat français, par l'entremise du résident supérieur qui est nommé en 1899, confère une unité à cet ensemble.

35. Champassak, sur la rive ouest du Mékong, est situé à une quarantaine de kilomètres au sud de Paksé.

36. Cinquième dignitaire du royaume, il s'est vu réattribuer le titre et les fonctions de « vice-roi de Luang Prabang » en 1941, titre abandonné une vingtaine d'années auparavant.

37. La famine du Tonkin a pour origine des causes naturelles et humaines. Fin 1944, plusieurs typhons détruisent la récolte du riz tonkinois. Ce désastre est aggravé par la saisie d'une grande partie du riz cochinchinois, traditionnellement utilisé pour subvenir au besoin des populations du Nord en cas de disette, pour ravitailler les armées japonaises. Par ailleurs, la désorganisation des moyens de transport terrestres due aux bombardements aériens américains et à la destruction des bâtiments français et japonais par la marine américaine constitue la troisième raison qui explique cette famine. Le Viêt-minh porte également une part de responsabilité puisqu'il détruit ou capture un tonnage important du riz, distribué ensuite de manière partisane. Les sources estiment à environ un million d'habitants du Tonkin et du Nord-Annam le nombre de morts.

38. Sei Igawa est officier d'état-major à la 34e brigade mixte autonome. Il rejoint le Viêt-minh après la capitulation du Japon et trouve la mort dans ses rangs.

39. Ligue des partis révolutionnaires du Vietnam.

40. Ligue pour l'indépendance du Vietnam.

41. Le père d'Hô Chi Minh est révoqué en 1910. Les circonstances de ce départ demeurent controversées. Pour les uns, son anticolonialisme aurait été à l'origine de cette éviction, pour d'autres, c'est la trop grande brutalité dont il aurait fait preuve au cours d'une affaire qui l'aurait discrédité aux yeux de l'administration coloniale.

42. Né Nguyen Sinh Cung, le futur Hô Chi Minh change de nom à dix ans comme le veut la coutume vietnamienne et prend celui de Nguyen That Thanh.

43. L'emploi d'aide-cuisinier qu'il occupe à ses débuts à bord d'un navire lui permet également de nombreuses escales, en particulier dans plusieurs ports d'Afrique.

44. Ce congrès voit la scission de la SFIO en deux branches, l'une socialiste, l'autre communiste, avec la création de la Section française de l'Internationale communiste (SFIC), qui devient plus tard le Parti communiste français (PCF).

45. En 1924, un an après son départ de France, est publié *Le Procès de la colonisation française*, un ouvrage dont il n'est certainement pas le seul auteur comme le rappelle Pierre Brocheux : Hô Chi Minh connaissant des difficultés en expression écrite en français s'est certainement fait aider pour sa rédaction.

46. Autrement dit « le guide ».

47. Équivalent américain du ministre des Affaires étrangères.

48. Roosevelt se montre ainsi favorable à ce qu'une sorte de tandem sino-américain régisse la stabilité de la zone Asie-Pacifique après la guerre. Par ailleurs, cette même zone représente un immense marché pour les États-Unis et, dans les années 1930, de nombreuses sociétés américaines se heurtent au protectionnisme des entreprises françaises qui ont, en Indochine, un monopole sur certains produits, dont le caoutchouc.

49. Ancien compagnon de route du PCI dans les années 1930, notamment au sein du mouvement révolutionnaire La Lutte, Ngo Van échappe à la répression que le Viêt-minh mène contre les trotskistes à l'été 1945. Il trouve refuge en France où il passe le reste de sa vie.

50. Le siège de l'ancienne Sûreté est mis à sac et les dossiers qui s'y trouvent sont saisis, ce qui va donner lieu à des représailles de la part du Viêt-minh.

51. Lors de la conférence de Potsdam (banlieue de Berlin), qui réunit Staline, Truman (qui a remplacé Roosevelt) et le travailliste Attlee (qui a succédé à Churchill), sont débattus l'avenir de l'Europe de l'après-guerre – et principalement la définition des rapports entre les puissances alliées et l'Allemagne –, mais également le statut des pays qui, en Extrême-Orient, étaient sous la domination japonaise. C'est là aussi qu'est décidée la partition – militaire – de la Corée en deux zones (au nord les Soviétiques, au sud les Américains) pour désarmer les troupes nippones. Le choix du 38e parallèle est, quant à lui, arrêté quelques jours après la fin de la conférence de Potsdam.

52. Les services de renseignements alliés estiment à environ 71 000 le nombre de Japonais présents en Indochine, chiffre incluant 9 000 hommes des services aériens, 5 000 marins et 17 000 administrateurs et fonctionnaires.

53. Commandement du théâtre d'opérations de l'Asie du Sud-Est.

54. La 20ᵉ division d'infanterie a été mise sur pied dans la région de Bangalore (dans le sud des Indes) au mois d'avril 1942. Au cours de la Seconde Guerre mondiale, elle combat en Birmanie.

55. En sus des unités de soutien et du service, la 20ᵉ division d'infanterie est composée de trois brigades (32ᵉ, 80ᵉ et 100ᵉ), chacune formée de trois bataillons. Contrairement aux divisions d'infanterie américaines qui comprennent des régiments, l'échelon retenu dans l'armée britannique est celui de la brigade.

56. Les Gurkhas désignent à l'origine les membres d'un clan appartenant à une ethnie d'origine indienne, implantée depuis le XVIᵉ siècle en territoire népalais. Dès les premiers temps de la conquête des Indes, les Britanniques procèdent au recrutement de mercenaires puis de soldats réguliers parmi les Gurkhas, qui deviennent des combattants d'élite.

57. Il faut attendre la fin du mois d'octobre 1945 pour que la 20ᵉ division soit réunie en totalité au sud du 16ᵉ parallèle.

58. Ce phénomène n'est pas propre à l'Indochine française et, en Corée, les délais pris par les troupes américaines à occuper le 38ᵉ parallèle (les éléments précurseurs de la VIIIᵉ armée américaine n'atterrissent à Kimpo, qui est alors l'aéroport de Séoul, que le 4 septembre 1945). Cette lenteur favorise l'éclosion de dizaines de comités populaires à travers la Corée, rapidement pris en main par les communistes du pays.

59. Lord Louis Mountbatten est chef du SEAC de novembre 1943 à mai 1946.

60. L'*Allied Land Forces South East Asia* est un organisme de commandement créé au mois de novembre 1944 et subordonné au SEAC. Il remplace l'ancien 11ᵉ groupe d'armées qui regroupe l'essentiel des forces britanniques de l'armée des Indes ainsi que des unités chinoises et américaines, ce qui n'est pas sans être à l'origine de nombreux conflits dans la chaîne de commandement jusqu'en octobre 1944, date du limogeage du général américain Joseph Stilwell, chef d'état-major de Chang Kaï-chek puis adjoint au commandant du SEAC, en partie responsable de ces dysfonctionnements.

61. Le 2 septembre 1945, alors qu'est proclamée l'indépendance du Vietnam par Hô Chi Minh, le général Leclerc signe, au nom de la France, l'acte de capitulation du Japon à bord du cuirassé *Missouri*, mouillé en rade de Tokyo.

Notes du chapitre III, p. 125

1. *De Gaulle, les gaullistes et l'Indochine 1940-1956*, Paris, Les Indes savantes, 2005. L'ouvrage est tiré d'une thèse de doctorat.

2. Henri Laurentie et Léon Pignon, notamment.

3. L'emploi du terme « sénégalais » renvoie aux tirailleurs sénégalais, une expression générique qui, au XXᵉ siècle et dans l'armée française, désigne l'ensemble des troupes issues de l'Afrique-Occidentale française (A.-O.F.) et de l'Afrique-Équatoriale française (A.-E.F.). Les tirailleurs sénégalais sont donc originaires du Sénégal, mais aussi du Mali, de la Guinée, du Bénin, du Gabon, du Tchad, etc.

4. Si les Américains sont réticents à utiliser des troupes françaises, Lord Mountbatten, qui commande le SEAC, se montre favorable, lui, à leur emploi en Extrême-Orient. Les plans britanniques prévoyant une offensive sur Singapour à la fin de l'été 1945 suivie, éventuellement, d'un débarquement en Indochine, il donne son accord de principe pour la constitution d'un corps d'armée à quatre divisions (deux britanniques et deux françaises) qui pourrait être placé sous le commandement d'un officier général français.

5. Idéalement, le corps expéditionnaire doit comprendre environ 110 000 hommes en incluant les unités de soutien et du service et être composé de 80 000 Français (ou, éventuellement, de 65 000 Français et de 15 000 Nord-Africains) et de 30 000 Africains.

6. Le colonel Guillebon, chef d'état-major du général Leclerc, s'aperçoit très rapidement du changement de comportement de l'administration américaine à l'égard des Français puisqu'il écrit dès le 7 septembre 1945 : « Il est certain que personne ne nous donnera de matériel. Les Américains se montrent très réticents. »

7. Le même jour sont définies les attributions respectives du haut-commissaire et commandant en chef, et du commandant supérieur. Le haut-commissaire de France en Indochine exerce les pouvoirs de gouverneur général de l'Indochine et ceux de commandant en chef des forces terrestres, navales et aériennes basées en Indochine ou désignées pour s'y rendre. Il a pour première mission de rétablir la souveraineté française dans les territoires de l'Union indochinoise. Le général commandant supérieur des troupes en Extrême-Orient est chargé, sous l'autorité du haut-commissaire, de prendre toutes les mesures militaires tendant au rétablissement de cette souveraineté.

8. Alors que, on l'a dit, le général Blaizot est chargé depuis 1943 de constituer les FEFEO, le général Leclerc est désigné, le 7 juin 1945 pour prendre la tête du corps expéditionnaire destiné à combattre, en Extrême-Orient, contre le Japon. Le général Blaizot est quant à lui nommé commandant en chef en Indochine entre mai 1948 et septembre 1949.

9. Confondant les fonctions de commandant en chef et celles de commandant supérieur des troupes.

10. « L'amiral d'Argenlieu. La mer, la foi, la France », thèse soutenue au mois de décembre 2014 à l'université Paris-Ouest-Nanterre-La Défense.

11. Le 2 septembre 1945, Leclerc est envoyé au Japon où il signe, au nom de la France, l'acte de capitulation du Japon. Il rentre le 6 septembre et repart du 6 au 13 représenter la France à la cérémonie officielle de reddition des forces japonaises du Sud-Est asiatique.

12. Chandernagor fait partie des cinq établissements français des Indes (avec Pondichéry, Karikal, Yanaon et Mahé) mis en place aux XVIe et XVIIe siècles. Alors que ceux-ci sont rétrocédés *de facto* à l'Inde en 1954, Chandernagor l'est dès 1950.

13. De son vrai nom Jean Roger, Sainteny est un homme d'affaires qui connaît l'Indochine pour y avoir séjourné entre 1929 et 1931. Au cours de la Seconde Guerre mondiale, il rejoint la Résistance et, arrêté, est torturé. Il parvient néanmoins à s'échapper. Après le coup de force japonais, il est volontaire pour l'Extrême-Orient et, au mois d'avril 1945, est nommé chef de la Mission militaire française – appelée aussi Mission 5 – à Kunming. Cette antenne de la DGER

a essentiellement pour but d'acquérir du renseignement sur les Japonais mais également sur les différents mouvements nationalistes qui agissent au Tonkin. Elle est dissoute en octobre 1945.

14. Le Comité d'accueil et de défense des intérêts français est composé du chef de la Résistance en Cochinchine, l'inspecteur général de la Banque d'Indochine, du directeur de la Société financière des Caoutchouc et de différentes personnalités issues de l'administration ou de la vie politique (européenne) de Cochinchine.

15. Dans le vocabulaire militaire, une unité élémentaire désigne la plus petite formation autonome d'une formation plus importante. Il s'agit de la composante de base de cette unité : dans l'infanterie, une compagnie, dans la cavalerie, un escadron.

16. Sur un peu plus de 3 000.

17. Traditionnellement, le fantassin d'une unité d'infanterie de marine (qui dépend de l'armée de terre) est appelé « marsouin ». L'artilleur colonial, lui, se voit affublé du surnom de « bigor ».

18. Réarmés, cependant, dès le lendemain.

19. La cité Héraud se situe au nord de Saigon.

20. En fonction des époques et des circonstances, une brigade d'infanterie comprend entre 3 000 et 6 000 fantassins auxquels s'ajoute le personnel des autres armes et du soutien. Dans le cadre de la 2e DICEO, il s'agit d'un effectif proche des 6 000 hommes.

21. À l'été 1945, ses effectifs sont ramenés à 2 400 hommes.

22. Le *Tank Destroyer* M 10 (TD 10) est un chasseur de chars utilisé au cours de la Seconde Guerre mondiale, doté d'un canon de 75 mm. En fait, les *Tank Destroyer* n'arrivent en Indochine que beaucoup plus tard, en 1951, afin de répondre à une éventuelle offensive chinoise.

23. Sous les ordres du général Nyo, la 3e DIC n'arrive en Indochine qu'au mois de février 1946.

24. Le personnel qui aurait dû être intégré dans les unités de la 2e DICEO est réparti dans les différentes formations du CEFEO. Sur la question des effectifs du corps expéditionnaire français d'Extrême-Orient, voir Michel Bodin, *La France et ses soldats, Indochine, 1945-1954*, Paris, L'Harmattan, 1996.

25. Il est nommé à ce poste le 29 octobre 1945.

26. Seuls 70 volontaires sont finalement intégrés à la 1re BEO.

27. Les troupes coloniales sont issues de l'A.-O.F. et de l'A.-E.F. ainsi que des autres territoires de l'empire, dont l'Indochine. L'armée d'afrique désigne, de manière traditionnelle depuis la fin du XIXe siècle, ce qui s'appelle réglementairement le 19e corps d'armée et qui est une subdivision territoriale de l'armée métropolitaine. Le 19e corps d'armée est implanté en Afrique du Nord dans les départements d'Algérie et les protectorats du Maroc et de Tunisie. Les troupes qui y sont stationnées peuvent être européennes (légionnaires, zouaves, chasseurs d'Afrique) ou autochtones (tirailleurs, spahis, goumiers).

28. Pour cette même raison, les premières demandes de renforts adressées fin 1946 aux autorités parisiennes par le général Valluy, successeur de Leclerc au poste de commandant supérieur des troupes, se heurtent à une réponse négative. Cependant, le besoin impérieux de combattants est tel que le gouvernement donne

finalement son aval ; au printemps 1947, les premiers contingents nord-africains débarquent ainsi en Indochine.

29. La 9e DIC arrive à Saigon à partir du 22 novembre.

30. Le reste du GM/2e DB débarque avec les premiers éléments de la 9e DIC.

31. Créé au mois de janvier 1945, le commando parachutiste de l'aéronautique navale est, au mois de septembre suivant, intégré au CLI avant de devenir au début de l'année 1946 une unité formant corps, c'est-à-dire autonome.

32. Au milieu de l'année 1946, l'aviation française en Indochine comprend une vingtaine de Dakota, une quinzaine de Junker-52, une quinzaine de Spitfire agissant en Cochinchine contre une vingtaine au Sud-Annam. Cinq Catalina, quelques Morane 500 et avions japonais récupérés complètent l'ensemble.

33. Le Transbassac désigne les plaines occidentales du delta du Mékong.

34. Ces chiffres ne prennent pas en compte les 7 335 Européens et 8 367 autochtones des troupes de Chine, du Tonkin, du Laos et du Cambodge. Ainsi le total exact des forces à disposition du commandement français est-il de 51 752 hommes plus 10 140 autochtones, soit 61 892 hommes.

35. Le terme de Moïs – qui signifie « sauvages » – désigne les ethnies montagnardes des plateaux du Centre-Vietnam et comprend notamment les Rhadés, les Djaraïs, les Sedangs, etc.

36. Le colonel Delteil est chef de corps du 21e RIC. À partir de juin 1954, il joue un rôle important lors de la conférence de Genève comme chef de la délégation militaire française.

37. Exilé un temps en France, Son Ngoc Thanh revient au Cambodge dans les années 1950. Il prend le maquis en 1952 avant de revenir dans le jeu de la politique cambodgienne à la faveur de l'indépendance effective du pays.

38. Oncle de Norodom Sihanouk.

39. D'une manière schématique, les organismes de commandement de l'armée chinoise correspondent sensiblement à l'organisme de commandement de niveau inférieur qui existe au sein des armées occidentales. Ainsi une « armée de campagne » correspond au groupe d'armées, le groupe d'armées à une armée (réunion de plusieurs corps d'armée) et l'armée chinoise équivaut à un corps d'armée occidental, à savoir un organisme de commandement qui dirige entre une et quatre divisions.

40. Une 19e division indépendante entre également au Tonkin mais elle est rapidement dissoute et ses hommes intégrés dans les 60e et 93e armées.

41. Le croiseur *Émile-Bertin* est envoyé à Shanghai du 24 décembre 1945 au 2 janvier 1946 avec mission de rapatrier les premiers détachements français de Chine à Saigon.

42. Celles-ci, raconte Sainteny, sont précédées « par une propagande qui tenait tout à la fois de la parade de cirque et de la campagne publicitaire, ces élections furent de fait un plébiscite organisé par Hô Chi Minh pour faire approuver par la population sa prise du pouvoir ».

43. Le Comité national de la résistance, présidé par Giap et le Comité national des conseillers, présidé par Bao Dai-Vinh Tuy.

44. Cette expression anglo-saxonne est choisie par Hô Chi Minh lui-même de préférence aux termes de « liberté de gouvernement » et « liberté dans l'Union française ».

45. Il s'agit sans doute du *Landing Craft Infantry* (LCI) 103.

46. Il est établi par la suite que cet armement fait partie du butin de guerre du général Wang commandant la 130e division et représentait une somme importante à la revente. Celui-ci, prétextant ne pas voir reçu l'accord de ses supérieurs d'autoriser les Français à débarquer, a fait ouvrir le feu.

47. Les dernières troupes chinoises quittent le Tonkin à la fin du mois de juillet 1946. Leur départ effectif était initialement fixé au 31 mars.

48. Ce francophile, docteur en médecine, se voit confier une tâche bien difficile. Critiqué – évidemment – par le Viêt-minh, il l'est aussi par les tendances les plus extrêmes du grand colonat et de l'administration française. Découragé, il se suicide le 10 novembre 1946.

49. Les deux hommes quittent l'Indochine à la fin du mois de mai 1946.

50. Au printemps 1946, le CEFEO a connu une réorganisation. Les grandes unités sont « fondues » dans des commandements territoriaux : la 3e DIC est intégrée dans les Troupes françaises d'Indochine du Sud (TFIS) et la 9e DIC dans celui des TFIN. À partir de 1948 et l'accession à l'indépendance des États de la Fédération, ces organismes changent de dénomination. Les TFIS deviennent Troupes françaises du Sud-Vietnam (TFSV) et les TFIN, les Troupes françaises du Nord-Vietnam (TFNV).

51. Hô Chi Minh est resté seul en France, la délégation viêt-minh est partie le 13 septembre 1946.

Notes du chapitre IV, p. 179

1. Celles-ci ne se réuniront jamais.

2. Le général Morlière remplace le général Valluy et se voit en même temps confier les attributions de commissaire de la République au Tonkin.

3. Stein Tønnesson, *1946 : Déclenchement de la guerre d'Indochine, les vêpres tonkinoises du 19 décembre*, Paris, L'Harmattan, 1987, p. 244.

4. L'expression « vêpres tonkinoises », en référence aux Vêpres siciliennes qui voient le massacre des troupes de la Maison d'Anjou par les habitants de Palerme et Corleone à la fin du XIIIe siècle, est aussi utilisée.

5. En théorie, l'ensemble des garnisons françaises doit être assailli à 20 heures le 19 décembre 1946. Dans la pratique, il y aura plusieurs heures de décalage selon les territoires.

6. Le GBT est articulé autour du régiment d'infanterie coloniale du Maroc (RICM) et du 1er régiment de chasseurs à cheval (1er RCC) – qui à cette période a encore son appellation de 1er régiment de chasseurs (1er RCh). Cette unité, appartenant à l'origine à la 3e DIC, est envoyée au Tonkin au mois d'août 1946 pour entrer dans la composition du GBT. Le 1er RCC a à l'époque quatre escadrons de combat et un escadron hors rang (EHR). Ce dernier regroupe les organes de commandement, les moyens du régiment, la logistique, les services et parfois les appuis supplémentaires, l'ensemble destiné aux escadrons de combat.

7. Les bataillons SAS (*Special Air Service* en raison de leur filiation avec les unités britanniques) qui servent alors en Indochine sont issus des trois régiments

parachutistes qui existent alors en métropole, les 1er et 2e régiments de chasseurs parachutistes (1er et 2e RCP) et le 1er régiment d'infanterie de choc aéroporté (1er RICAP) qui regroupe, depuis octobre 1945, toutes les anciennes formations parachutistes de la 1re armée française.

8. Dans le jargon militaire, un « colonial » est un combattant appartenant à une unité de l'infanterie coloniale, aujourd'hui troupes de marine.

9. Un bataillon de marche est un bataillon constitué *ad hoc* d'éléments provenant de diverses unités afin de remplir une mission précise. Sa durée de vie peut être plus ou moins longue. Ainsi, pour les besoins de la guerre en Indochine, des régiments basés en métropole ou en Afrique du Nord forment des bataillons de marche intégrant des hommes provenant de ses différentes compagnies.

10. Longue d'environ 75 kilomètres et doublée sur une vingtaine de kilomètres par la voie ferrée (dont elle ne s'écarte d'ailleurs jamais de plus de 6 kilomètres), la RC 5 traverse sur tout son parcours une zone entièrement composée de rizières, ce qui facilite d'autant les destructions et complique le travail de réparation de la chaussée, les matériaux pierreux devant être acheminés de loin. Par ailleurs, la mise en place de déviation est en maints endroits rendue impossibles car « nulle part l'on ne trouve la plaine d'Europe au sol ferme où les véhicules peuvent contourner les obstacles ».

11. Il s'agit du même officier qui, promu lieutenant-colonel puis colonel, commande les éléments de contre-attaque au cours de la bataille de Diên Biên Phu.

12. Le *Landing Craft Mechanized* est un engin de débarquement capable de transporter un char moyen de 30 tonnes ou une soixantaine de combattants.

13. Au cours de la guerre d'Indochine, le théâtre d'opérations est subdivisé en territoires (correspondant peu ou prou aux cinq États de la Fédération indochinoise), eux-mêmes en zones (commandées par un général ou un colonel), en secteurs (commandés par un lieutenant-colonel ou un chef de bataillon), en sous-secteurs (commandés par un capitaine) et parfois en quartiers.

14. Construit en France à partir de plans allemands.

15. L'académie militaire de Whampoa (Huangpu) est fondée en 1924 par Sun Yat-sen et bénéficie d'abord de l'aide de conseillers russes puis allemands. À compter de la fin des années 1930, cependant, les instructeurs étrangers sont remplacés par des Chinois.

16. 16 janvier 1946-1947. Léon Blum dirige le dernier gouvernement provisoire de la République française. Le 11 novembre 1946, en effet, une nouvelle Assemblée nationale a vu le jour et a élu à sa tête Vincent Auriol qui désigne Blum dans l'attente de l'entrée en vigueur de la nouvelle Constitution de la IVe République. Vincent Auriol est élu président de la République le 16 janvier 1947 et Paul Ramadier est nommé en replacement de Blum.

17. Investi officiellement le 22 janvier 1947.

18. Bao Dai ne fait pas mention de versements d'argent dans ses *Mémoires*.

19. Le 16 janvier 1947, Vincent Auriol devient le premier président de la IVe République. Cette élection entraîne *de facto* la démission du gouvernement Blum et, le 22 janvier suivant, le gouvernement Paul Ramadier se met en place. Il regroupe les centristes du MRP, les socialistes de la SFIO et les communistes du PCF.

20. Les ministres communistes sont renvoyés en raison des divergences qui les opposent aux autres membres du gouvernement sur des questions sociales et économiques.

21. L'opération Léa commence à être pensée dès la mi-février 1947 alors que l'amiral Thierry d'Argenlieu est toujours en fonction.

22. Une partie des renforts, notamment des bataillons de tirailleurs sénégalais demandés par le commandement au semestre précédent, est dirigée sur Madagascar où un soulèvement a eu lieu au printemps.

23. *Dinassauts* : divisions navales d'assaut. Groupement fluvial composé de divers types d'embarcations.

24. 73/2 : 2e compagnie du 73e bataillon nord-africain du génie (73e BNAG).

25. Le GMC désigne le véhicule militaire américain à six roues motrices de chez General Motors Truck Company. Produit à plus de 800 000 exemplaires au cours de la Seconde Guerre mondiale, il est décliné en plusieurs versions (cabine tôlée ou bâchée, avec ou sans treuil, etc.). Utilisé en Indochine dans sa version CCKW (le premier C désigne l'année de fabrication – 1941 –, le second C la cabine conventionnelle, le K renvoie lui à la motricité des six roues et le W aux essieux tandem), c'est le camion à tout faire du corps expéditionnaire. D'un poids de 2,5 tonnes, il transporte aussi bien du matériel que des matériaux, des engins que des fantassins.

26. Le témoignage du général Lesouef, décédé en 2004, est consultable au Service historique de la Défense (SHD) sous la cote 1 KT 1066.

27. Né en 1912, Jean Marius Némo entre à l'École spéciale militaire de Saint-Cyr en 1924 ; il choisit, à sa sortie, l'infanterie coloniale. Dans les années qui précèdent la Seconde Guerre mondiale, il sert par deux fois en Indochine. Au cours de ce conflit, il est affecté au Maroc jusqu'en 1942 puis rejoint la métropole. À la fin de l'année 1944, il rejoint les éléments français destinés à la lutte contre le Japon en Extrême-Orient et, à l'automne 1945, il est à nouveau en Indochine où il effectue, pendant la guerre contre le Viêt-minh, deux séjours. Il quitte définitivement l'Asie au mois de novembre 1954 et est affecté à l'École militaire comme chef des études opérationnelles de l'École supérieure de guerre. C'est au sein de cet organisme d'enseignement militaire supérieur qu'il se fait connaître auprès de toute une génération de stagiaires candidats à l'École de guerre.

28. SHD, GR 2009 PA 7, carton 6, Colonel Némo, *Fiche relative à quelques remarques sur la guerre d'Indochine,* 16 novembre 1954.

29. En réalité plus de 2 000 appelés du contingent – tous volontaires – servent en Indochine entre 1947 et 1954 et quelques dizaines d'entre eux participent à la bataille de Diên Biên Phu après avoir souscrit un engagement de courte durée.

30. Le 4e bataillon de dragons portés est l'héritier du régiment éponyme, dissout en 1940. Recréé en février 1947, le 4e BDP débarque au Tonkin en mars de la même année avant de gagner la Cochinchine l'année suivante. Il est bientôt affecté à la protection des convois ferroviaires – les fameuses *Rafales* (convoi ferroviaire constitué de plusieurs trains) – qui œuvrent dans le Sud du Vietnam au cours de la guerre. Le 4e BDP est dissout au mois de juin 1954.

31. La rivière Lagna ou La Nga, longue d'environ 270 kilomètres, est un affluent majeur de la rivière Dong Naï qu'elle rejoint au niveau du lac Tri An. Un petit poste y est implanté, protégeant le pont qui a été construit à cet endroit dans les années 1930.

32. Le scout-car est un véhicule à roues d'origine américaine dont le gabarit se situe entre celui de la Jeep et celui du half-track (qui le supplante d'ailleurs pendant la Seconde Guerre mondiale). Il est utilisé principalement pour des missions de reconnaissance mais est décliné en différentes versions.

33. *Chi Doï* peut approximativement être traduit par « Groupement de défense », ses effectifs peuvent s'élever jusqu'à 2 000 hommes ; à partir de 1949, ces formations sont progressivement intégrées et structurées dans l'armée régulière qui regroupe les « Forces principales » ou *Chu Luc*.

34. Huynh Van Nghe est un révolutionnaire qui rejoint le parti communiste dans les années 1930. Au cours de la guerre d'Indochine, il occupe différents commandements dans le Sud du Vietnam avant de gagner le Nord en 1953. Il est également célèbre pour ses écrits et ses poèmes.

35. Les pertes du convoi de Dalat diffèrent selon les sources. Déjà, à l'époque, la liste exacte des passagers ne peut être définie avec précision. D'une part, de très nombreux civils ont intégré la colonne sans s'inscrire et, de l'autre, certains inscrits ne l'ont pas pris.

36. Entré à Saint-Cyr en 1933, à l'âge de vingt ans, Gabriel Brunet de Sairigné participe à la campagne de Norvège en 1940 avant de rejoindre la France libre, en Angleterre. Il prend part aux différentes opérations menées par les Forces françaises libres (FFL) en Afrique et combat notamment à Bir Hakeim en juin 1942 avant d'être engagé en Tunisie, en Italie puis en France. Il termine la guerre comme chef d'état-major de la 1re division française libre (1re DFL). En 1946, il rejoint l'Indochine et prend la tête de la 13e DBLE. Gabriel Brunet de Sairigné était Compagnon de la Libération.

37. Développé au cours de la Première Guerre mondiale, le téléphone de campagne s'impose comme moyen de communication des unités de première ligne avant d'être supplanté, pendant le deuxième conflit mondial, par la radio. En effet, le téléphone de campagne portatif requiert, pour fonctionner, la pose de lignes composées de câbles, le plus souvent enroulés sur une bobine.

38. Le 5e régiment de cuirassiers (5e Cuirs) arrive en Indochine au début de l'année 1946. Il perçoit au début des engins laissés sur place par les Britanniques à leur départ. En 1948, il est fort de 1 300 cavaliers dont près de 300 autochtones qui constituent principalement les éléments de protection à pied.

39. L'automitrailleuse Coventry est un engin d'origine britannique. Son équipage est composé de quatre hommes et elle est armée d'un canon de 40 mm et d'une mitrailleuse de 12,7 mm. À la fin de la Seconde Guerre mondiale, la France en reçoit 40 exemplaires dont 35 sont, à la fin de l'année 1947, envoyés en Indochine renforcer le 5e régiment de cuirassiers.

40. Une arme est une composante des forces armées dont le personnel se réunit autour d'une spécialité : infanterie, artillerie, cavalerie, génie, etc., sont des armes. Une subdivision d'arme est une spécialité à l'intérieur d'une arme comme l'infanterie ou l'artillerie parachutiste ou encore le génie parachutiste.

41. Avant de s'en faire chasser par les Chinois dans le cas des troupes ayant pris part à la libération du Laos.

42. Les bases, qui représentent à la fin du conflit un effectif proche de celui d'un bataillon, soit environ 650 hommes, rassemblent les unités de pliage, d'entretien et de conservation des parachutes. C'est là également qu'est stocké tout le matériel parachutable nécessaire aux troupes aéroportées mais également de toutes armes qui combattent en Indochine et qu'il faut ravitailler par air, d'où la création de compagnies de ravitaillement par air (CRA). D'autres formations spécialisées sont également cantonnées dans les bases sud et nord à l'instar des sections du génie parachutiste (SGP) existant en Indochine qui sont chacune rattachée à une base.

43. À l'origine, le « Crabe » est un véhicule chenillé destiné à être utilisé dans les zones polaires ou fortement enneigées, ce n'est que dans un second temps que sont révélées ses qualités aquatiques.

44. Engin dérivé d'un véhicule de sauvetage utilisé dans les régions marécageuses du Mississippi, le LVT 4 est un transport de troupes blindé et chenillé doté d'une grande puissance de feu évoluant en pays de rizières.

45. Le groupement amphibie comprend en 1954 : deux escadrons de « Crabes » qui constituent les éléments d'éclairage, de bouclage et de poursuite, trois escadrons de LVT, qui représentent la masse de choc, et un peloton régimentaire de six LVT obusiers groupés en batterie et appuyant l'ensemble.

46. À la fin de l'année 1949 sont réalisées par l'armée de terre et grâce au concours technique de la marine des vedettes de 8 mètres appelées vedettes « FOM » pour France d'Outre-mer. Rapidement, l'ABC réclame des embarcations plus puissantes, et les vedettes FOM de 11 mètres sont mises en chantier selon les mêmes principes. Si ces embarcations sont rapides et bien armées, leur autonomie est faible.

47. Chaque compagnie est à l'effectif de 80 combattants et divisée chacune en quatre pelotons. Le peloton dispose de 8 LCM.

48. 555ᵉ compagnie muletière, créée en août 1947 et dissoute en octobre 1954, et la 805ᵉ compagnie muletière créée en AFN en juin 1949 et dissoute en novembre 1954.

49. Il s'agit d'animaux importés. Mulets et chevaux de bât existe en Indochine, mais sont relativement rares.

50. Les compagnies muletières sont plus spécialement chargées de ravitailler les postes en région montagneuse mais assurent également des transports opérationnels, comme c'est le cas au cours de l'opération Léa.

51. Six régiments portant les numéros 115, 217, 248, 87, 308 et 112 sont localisés dans les provinces de Phuc Yen, Vinh Yen, Phu To, Tuyen Quang et Cao Bang. Huit (28, 72, 74, 121, 98, 62, 15 et 19) dans les provinces de Bac Giang, Bac Ninh et Thaï Nguyen. Sur la rive droite du fleuve Rouge, onze régiments numérotés 42, 44, 65, 67, 69, 66, 48, 12, 78, 34 et 35. Enfin, dans la zone sud du delta, entre Thanh Hoa et Vinh, cinq régiments (9, 57, 101, 103 et 77).

Notes du chapitre V, p. 229

1. Après le suicide du docteur Thinh, ce dernier est remplacé par le docteur Le Van Hoach, qui, victime des manœuvres du général Xuan, lui cède la place le 29 septembre 1947.

2. La Conférence inter-états qui s'ouvre à Pau à la fin du mois de juin 1950 est chargée de réorganiser les relations entre la France et ses États associés, elle est plus largement centrée sur les questions économiques, la coopération douanière, les questions des services ou encore juridiques, comme le problème de la navigation sur le Mékong, etc. Elle s'achève au mois de novembre suivant par une série d'accords bilatéraux.

3. Le général Blaizot succède au général Valluy au poste de commandant en chef en avril 1948.

4. Ce conseil, formé du haut-commissaire, du commandant en chef, des commandants de l'armée de l'air et de la marine en Extrême-Orient, ainsi que du secrétaire général et du chef d'état-major particulier du haut-commissaire, délibère sur tous les sujets intéressant la défense et la sécurité de l'Indochine. En fonction de l'ordre du jour de la séance du Conseil de défense, des personnalités civiles ou militaires intéressées par certaines questions peuvent se joindre aux membres permanents.

5. Le général Alessandri remplace Salan au mois d'août 1948.

6. L'appendice A intéresse la Chine, le B, la situation intérieure au Vietnam et le C, l'organisation générale. Le D évoque la réorganisation du commandement quand l'appendice E relate la visite faite, à Rome, par le général Revers lors de son trajet retour.

7. Le Lao Issara est un parti nationaliste et indépendantiste créé en 1945, et dirigé par le prince Phetsarath. Avec le retour des Français au mois de mai 1946, ses membres s'enfuient à Bangkok où est fondé le Pathet Lao, un gouvernement qui, progressivement, épouse la cause du communisme sur fond de rivalité avec la famille régnante. À l'été 1949, avec la reconnaissance par la France de l'unité du Laos et son statut d'État associé de l'Union française, une partie du Lao Issara rentre au Laos. Le Pathet Lao, lui, connaît un regain d'activité en 1950 sous l'impulsion du prince Souphanouvong (dit le « prince rouge »), demi-frère de Phetsarath.

8. Apparu à la fin de l'année 1940, soutenu par le gouvernement thaïlandais, le mouvement nationaliste *Khmers Issaraks* (« Cambodge libre ») œuvre pour l'indépendance du Cambodge.

9. Le décret du 3 octobre stipule ainsi que, désormais, « les fonctions de commandant en chef et de commandant des forces terrestres en Indochine sont exercées par le même officier général ». Ce décret est cependant loin de tout régler puisque de forts antagonismes vont naître entre Alessandri – qui devient chef des FTNV – et Carpentier, antagonismes nourris tant par des différences de personne et de carrière que de vision stratégique.

10. Souligné par le général Revers.

11. Principalement Henri Queuille, président du Conseil, Paul Ramadier, ministre de la Défense nationale, et Jules Moch, ministre de l'Intérieur.

12. Le général Revers est relevé de son commandement et « mis à la disposition du président du Conseil » et le général Mast est mis « en congé de trois mois », une mesure sans réel effet puisque l'intéressé atteint à l'issue la limite d'âge et se voit placé d'office en deuxième section.

13. En 1945, le taux de change des transferts de la piastre indochinoise vers le franc français est arbitrairement fixé à 17 francs pour une piastre, alors que sa valeur réelle sur les marchés asiatiques est d'environ 10 francs. Ce rapport faussé entraîne de savants montages qui permettent de multiplier les gains. Les fonctionnaires, les colons comme le Viêt-minh profitent de ce système qui est dénoncé dès le rapport Revers. Le « trafic des piastres » est considérablement réduit après le 11 mai 1953, jour où le gouvernement Mayer décide de ramener le cours de la piastre indochinoise de 17 à 10 francs. « L'affaire des fuites » qui éclate en 1954 se déroule sur fond de rivalités politiques et de déstabilisation du gouvernement Mendès France. Elle commence officiellement quand il apparaît qu'un certain nombre de documents officiels émanant notamment du Conseil de défense nationale et intéressant en partie la guerre d'Indochine et Diên Biên Phu sont en possession du Parti communiste français.

14. Au sortir de la Seconde Guerre mondiale, la Légion étrangère recrute un grand nombre d'Allemands, dont d'anciens SS. Si les Allemands représentent officiellement 40 % des effectifs de la Légion au cours de la guerre, leur pourcentage réel est certainement plus élevé : de 50 à 60 %, voire davantage selon les années. Le nombre de miliciens français est en revanche très faible et constitue un argument de propagande communiste. Sur la question des Allemands engagés dans la Légion étrangère, voir notamment Pierre Thoumelin, *L'Ennemi utile. 1946-1954. Des vétérans de la Wehrmacht et de la Waffen SS dans les rangs de la Légion étrangère en Indochine*, Schneider Text, 2013.

15. Le 10 juin 1944, la population civile du village d'Oradour-sur-Glane (Haute-Vienne), composée en grande partie de femmes, de vieillards et d'enfants, est massacrée par des SS appartenant au 1er bataillon du 4e régiment de *Panzergrenadier Der Führer* appartenant à la *Panzerdivision Das Reich*. Le nombre de tués est arrêté à 642 personnes. Moins connu que le précédent, le massacre d'Ascq faite référence à l'exécution de 86 hommes dans la nuit du 1er au 2 avril 1944 en représailles au sabotage d'une ligne de chemin de fer qui ne fait à l'époque aucune victime parmi les soldats allemands et ne cause que de très légers dégâts matériels.

16. « En ce qui concerne le nombre, la nature et la durée des peines prononcées à l'encontre des militaires de tous grades de l'armée française en Indochine, coupables de crimes au préjudice des populations locales, ses services ne possèdent pas les éléments d'information leur permettant de donner dans l'immédiat des renseignements d'ordre statistique ; toutes précisions utiles ont en conséquence été demandées aux autorités d'Indochine » déclare Jules Moch.

17. Du côté français, les sectes Hoa Hao et caodaïste semblent toutefois employer des méthodes similaires à celles du Viêt-minh pour préserver l'intégrité de leurs fiefs.

18. Entre novembre 1948 et janvier 1949, les meilleures troupes nationalistes, bien équipées et bien armées sont écrasées par les communistes en défendant le secteur de Xuzhou (connue alors sous son nom de Hsuchow) dont la ville

éponyme est située à environ 500 kilomètres au nord-ouest de Shanghai dont elle défend l'accès ainsi que celui de Nankin. Une fois ce point stratégique saisi, plus rien ne s'oppose au franchissement du Yang Zi par les communistes et à la poursuite de l'offensive vers le Sud de la Chine.

19. Militant historique du Parti communiste chinois, Zhou Enlai devient, à la proclamation de la République populaire de Chine, Premier ministre et ministre des Affaires étrangères.

20. Se dit des communistes chinois qui ont étudié en France avant de revenir en Chine.

21. Le gouvernement du Guomindang se replie alors à Canton. Lorsque la ville tombe à son tour le 15 octobre 1949, les dirigeants nationalistes trouvent refuge à Chongqing jusqu'au 25 novembre – la ville est prise le 1er décembre –, date à laquelle ils se replient à Chengdu pour gagner finalement Taïwan le 10 décembre.

22. Quelques mois plus tard, le général Lu Han se rallie finalement aux communistes.

23. Li Zongren (ou Li Chung Jean dans les archives françaises de l'époque), originaire du Kouang Si, rejoint le Guomindang au début des années 1920. À la fin de cette décennie, la rivalité qui s'est progressivement développée entre lui et Tchang Kaï-chek dégénère un temps en conflit armé. L'agression japonaise puis la reprise de la guerre civile entraînent cependant le rapprochement des deux hommes. Lorsque Tchang Kaï-chek est élu à la présidence de la République en avril 1948, Li Zongren devient son vice-président. Toutefois, en raison des défaites subies face aux communistes, Tchang Kaï-chek est contraint de démissionner le 21 janvier 1949 et Li Zongren le remplace à la tête de l'État jusqu'au 1er mars 1950, date à laquelle Tchang reprend les rênes du pouvoir. Quatre ans plus tard, Li Zongren, démis de toutes ses fonctions politiques, rejoint la Chine continentale et se rallie aux communistes.

24. Il s'agit de Jacques Roux. Au printemps 1949, face à l'avancée des troupes communistes, le gouvernement français fait le choix, pour des raisons politiques et diplomatiques, de maintenir son ambassadeur à Nankin, ville qui tombe finalement sans combat le 24 avril 1949. S'il n'est pas juridiquement prisonnier, ce dernier ne peut quitter la cité librement. À la fin du mois d'août, Paris décide finalement de rappeler son ambassadeur « pour consultation », mais Jacques Meyrier ne peut quitter Nankin que le 9 octobre. À compter de la fin août, c'est donc Jacques Roux, en résidence à Canton, qui assure par intérim la direction de « l'ambassade ». Lorsque Canton est évacuée, celle-ci est déplacée à Hong Kong.

25. Formose *(Formosa)* est le nom que les marins portugais attribuèrent à l'île lors de sa découverte au milieu du XVIIe siècle. Les Européens lui gardent ce nom avant que l'usage de Taïwan ne le supplante à partir du moment où l'île accueille la République de Chine à la fin du mois de décembre 1949.

26. Dans la nuit du 16 au 17 avril 1950, Lin Piao lance une force de quelque 20 000 hommes sur Hainan. Malgré une bonne résistance initiale des troupes nationalistes, la défense de ces derniers s'écroule à partir du 22 avril, date à laquelle la majeure partie des forces fidèles à Tchang Kaï-chek s'embarque pour Formose. L'île est entièrement aux mains des communistes à la fin du même

mois. Formose (Taïwan) reste donc le dernier bastion du Guomindang. Son invasion – qui clôturerait également l'épisode de la guerre civile chinoise – est finalement reportée avec le déclenchement de la guerre de Corée et l'implication de la République populaire dans le conflit, puis annulée par la sanctuarisation de l'île en raison du déploiement de la VIIe flotte américaine.

27. Thierry Robin, « Faut-il reconnaître la Chine rouge ? L'attitude de la France et de ses alliés anglais et américain (janvier 1949-janvier 1950 », *Histoire@Politique. Politique, Culture, Société*, n° 19, janvier-avril 2013, www.histoire-politique.fr.

28. Selon l'ambassadeur de France, les communistes chinois se seraient notamment montrés « choqués » par la dissolution du Parti communiste indochinois en 1945.

29. Il faut attendre le 27 janvier 1964 pour que, à l'initiative du général de Gaulle, la France reconnaisse officiellement la Chine communiste et renoue des relations diplomatiques avec ce pays.

30. Le chef de la diplomate de la République populaire de Chine déclare notamment ceci : « [...] je déclare solennellement au gouvernement français et aux gouvernements limitrophes de la Chine que l'anéantissement total des forces armées Guomindang reste la politique inébranlable de notre gouvernement. Quel que soit l'endroit où se réfugieraient les troupes battues des réactionnaires Guomindang, le gouvernement populaire de la République chinoise se réserve le droit de tenir compte des faits ; les gouvernements quels qu'ils soient qui toléreraient les forces réactionnaires Guomindang (sur leur territoire) porteront nécessairement la responsabilité de cet état de choses avec toutes les conséquences qui en résulteraient. »

31. Ordonné prêtre en 1929, Élie Maillot gagne la même année le Kouang Si où il fonde notamment une léproserie. Obligé de quitter la Chine en 1949, il rejoint le Vietnam qu'il quitte définitivement en 1967.

32. Le lieutenant-colonel Charton, commandant le secteur de Cao Bang, participe à une partie des discussions.

33. Talung est un village situé à la frontière sino-tonkinoise, à quelques kilomètres au nord-est de Dong Khé.

34. À cette date, les routes coloniales ont été renommées « routes nationales ». Nous choisissons de garder, dans ce cas précis, l'ancienne appellation.

35. Après avoir suivi les cours de l'École normale de Hanoï, Vu Hong Khanh rejoint le VNQDD en 1929 avant de fuir en Chine après le soulèvement de la garnison de Yen Bay. Il apprend le chinois et entre à l'académie militaire de Nankin ; il participe ensuite à la guerre sino-japonaise avant de regagner le Vietnam fin 1945. Il intègre à contrecœur le gouvernement de la République démocratique et est cosignataire des accords du 6 mars. Avec le déclenchement de la guerre, il trouve une nouvelle fois refuge en Chine mais se brouille avec les autres dirigeants du parti, pour cette raison il rejoint les forces nationalistes chinoises à la fin de 1949.

36. Dans les mois qui suivent, de petits groupes (quelques dizaines d'hommes) parviennent encore à franchir la frontière, il s'agit de combattants qui avaient tenté de mener des guérillas nationalistes ou de mécontents du régime, souvent des frontaliers, notamment à partir de juin 1950 où est mise en œuvre la réforme

agraire. Ceux-ci sont dirigés sur Cam Ranh au fur et à mesure de leur entrée au Vietnam.

37. Au début de l'année 1952, les internés du camp de Cam Ranh sont regroupés avec ceux de Phu Quoc.

38. Située à l'ouest de la ville de Rach Gia, à l'extrême sud du Vietnam et à proximité des côtes cambodgiennes, Phu Quoc est la plus grande île du pays.

39. Le Hong Phong, de son vrai nom Le Van Duc, est un révolutionnaire vietnamien, secrétaire général du Parti communiste indochinois entre 1935 et 1936. Arrêté par les Français et condamné à cinq années de bagne, il meurt en captivité à Poulo Condor en 1942.

40. En février 1949, le poste de Pho Lu défendu par des partisans est une première fois conquis par le Viêt-minh avant d'être réoccupé par les Français quelques semaines plus tard. Au mois de décembre 1949, dans le cadre de la campagne *Lê Loï*, Pho Lu est de nouveau attaqué mais, cette fois-ci, le Viêt-minh subit un échec.

41. Michel David, Louis-Marie Regnier, *Les Bataillons thaïs en Indochine*, Le Pays de Dinan, 2010.

42. Un « commando » est fort d'environ 50 parachutistes. Réunis par trois, ils forment un « groupement de commandos » à l'effectif de près de 150 hommes. Toutefois, en raison des pertes au combat, des convalescents et des absents (stages divers), les bataillons parachutistes connaissent les mêmes problèmes d'effectifs que ceux de l'ensemble des unités du corps expéditionnaire. L'exemple du 6ᵉ BCCP au début de l'année 1950 est à ce titre particulièrement frappant. Fort de 621 parachutistes (trois groupements de commandos à 144 hommes plus une compagnie de commandement à 208) à son arrivée en Indochine le 5 août 1949, le bataillon voit fondre ses effectifs après six mois d'opérations. Au 1ᵉʳ février 1950, la disponibilité du personnel européen a chuté de manière alarmante. Si le GC n° 1 compte encore 132 combattants, 93 sont en réalité présents : 13 sont à l'hôpital, 11 à l'infirmerie et 15 indisponibles (stages, détachés auprès d'une autre unité, etc.). Le déficit atteint donc 35 % de l'effectif initial.

43. La *Drop Zone* (*Dropping Zone* s'utilise également) désigne la zone de saut des unités aéroportées.

44. La manœuvre des parachutistes impose donc un franchissement du fleuve Rouge à un endroit où celui-ci est guéable.

45. Il est alors officier adjoint et prend le commandement à la mort de son chef.

46. Les parachutistes du 3ᵉ BCCP atteignent Lao Kay le 16 février au prix d'une marche épuisante.

47. À la guerre, quelles que soient les époques, le transport des blessés en opérations a toujours constitué une lourde charge pour les combattants, diminuant encore davantage les capacités opérationnelles des unités touchées. En Indochine, en raison du milieu physique spécifique et de la nature du combat, cette servitude prend un aspect particulièrement contraignant. « A-t-on jamais considéré ce que représente l'évacuation d'un blessé sur des sentiers de forêt où l'on risque l'embuscade à chaque instant, où la nature du terrain ne permet pas de brancarder plus d'une demi-heure sans changer de porteurs ? » interroge le chef de bataillon Romain-Desfossés dans l'un de ses rapports. Au vu de l'expérience

qui est la sienne en Extrême-Orient – il a participé au combat contre les Japonais en 1945 avant de rejoindre la DGER puis le corps expéditionnaire –, il estime que, faute de coolies dans une unité, le portage nécessite douze combattants : quatre qui portent, quatre qui relaient et quatre qui, en sus de leur chargement, portent celui de l'équipe qui brancarde. Par ailleurs, évaluant à l'effectif d'un commando la protection de ces éléments, Romain-Desfossés assure « qu'avec quatre blessés, une compagnie est liquidée au point de vue potentiel offensif tant qu'elle n'est pas débarrassée ».

48. Les informations en provenance de Nghia Do sont par ailleurs lacunaires et, à diverses reprises, l'état-major de Hanoï pense le poste tombé.

49. Pa Kha est à son tour évacuée à la fin du mois de septembre 1950 face à la pression des unités viêt-minh.

50. Le transport des parachutes en opérations constitue pendant presque toute la guerre une lourde servitude pour les troupes aéroportées. Jusqu'à l'été 1953, les parachutes, matériel précieux, doivent en effet être récupérés, ce qui constitue un lourd handicap pour les unités. De fait, la phase de récupération absorbe habituellement au cours de la première demi-journée d'opérations un tiers de la troupe, tandis que, par la suite, le transport ralentit considérablement la progression des hommes. Au mois de juillet 1953, les parachutistes peuvent enfin lire avec satisfaction dans l'ordre d'opération de l'OAP *Hirondelle* « que les parachutes des unités ayant sauté à Lang Son seront détruits sur place ».

51. Relativement aux centaines de milliers d'hommes du corps expéditionnaire et des États associés.

52. *Mémoires. Les champs de braise*s, Paris, Perrin, coll. « Tempus », 2002.

53. Une nouveau terrain d'aviation est construit et rendu opérationnel le 14 janvier 1950.

54. En raison du repli du dispositif, le secteur de Cao Bang cesse d'exister le 28 octobre 1949 et est remplacé par un sous-secteur placé sous la responsabilité du chef de bataillon Arnaud commandant le BM/8e RTM.

Notes du chapitre VI, p. 269

1. Rapport Revers, annexe VI « Opérations ».

2. Le GMNA est créé le 26 juillet 1949 et ses premiers éléments arrivent en Indochine le 25 août suivant. Dans le cadre de la réorganisation de la masse de manœuvre du corps expéditionnaire, il change de dénomination et devient le groupe mobile n° 1 (GM 1).

3. Le colonel d'Esneval est également connu sous le pseudonyme de Jacques Dinfreville, nom qu'il prend lorsqu'il rejoint la France libre en 1943. À la tête du GMNA, il a pour second le chef de bataillon Charton, frère du lieutenant-colonel Charton, l'un des principaux protagonistes de la bataille des frontières en octobre 1950 et commandant la colonne éponyme évacuant Cao Bang.

4. Dans le vocabulaire militaire, une unité disposant de moyens organiques est une formation qui dispose de moyens propres de façon permanente qui lui permettent de remplir ses missions. Elle se différencie ainsi d'une unité qui se

voit adapter des moyens supplémentaires, de façon temporaire, le temps d'une opération par exemple. Or, jusqu'en 1949-1950, les opérations conduites par le commandement français font appel à des unités de réserves générales et parfois de secteurs, auxquels on adapte à chaque fois des moyens, des états-majors et des chefs différents.

5. Il s'agit du canon de 75 mm de montagne modèle 1928 produits par la firme Schneider. Cet engin est démontable en sept fardeaux et transportable sur mulet avec un bât adapté.

6. La 19ᵉ CMG est issue du 19ᵉ régiment du génie d'Hussein-Dey en Algérie.

7. Le capitaine Casanova est le commandant d'unité de la 4ᵉ compagnie du BM/8ᵉ RTM.

8. État-major du quartier de Dong Khé : neuf ; 3ᵉ compagnie du BM/8ᵉ RTM : 149 ; 4ᵉ compagnie du BM/8ᵉ RTM : 145 ; 146ᵉ CLSM : 80 ; artilleurs : huit. Effectif total : 391.

9. D'autres formations sont engagées, mais les services de renseignements, qui récupèrent à la fin des combats l'ordre d'attaque adverse, ne parviennent pas à les identifier en raison du camouflage des numéros d'unités.

10. Si la carrière de l'intéressé subit finalement quelques préjudices après la guerre, malgré ses titres glorieux, la raison en est, sans doute, davantage à rechercher dans ses origines aristocratiques. En 1955, son père est victime de la réforme agraire et passe devant le Tribunal des paysans, ce qui lui vaut d'être ostracisé.

11. Type 41 signifie que le modèle est adopté par l'armée impériale la 41ᵉ année du règne de l'empereur Meiji – grand-père d'Hirohito –, ce qui correspond à l'année 1909 dans le calendrier grégorgien. Ce canon emprunte aux technologies françaises et allemandes et a notamment été construit au Japon sous licence du *7.5 cm Gebirgskanone M 1908* (canon de montagne de 75 mm modèle 1908) fabriqué par Krupp.

12. Les groupements aériens tactiques (GATAC) sont le fruit de la réorganisation du commandement de l'armée de l'air en Indochine intervenue au printemps 1950. Ce changement vise à répondre de la manière la mieux adaptée à la nouvelle forme de guerre née du renforcement du potentiel militaire viêt-minh. Il existe, au Vietnam, trois GATAC – Nord, Centre et Sud –, composé chacun d'un (deux pour le GATAC/Nord) groupe de chasse (P 63 Kingcobra ou Spitfire), d'un (deux pour le GATAC/Nord) groupe de transport (Ju-52) et de différentes escadrilles de liaisons aériennes ou d'observation. La subordination des GATAC aux états-majors où règne la primauté de l'armée de terre et le peu d'autonomie qui leur est laissé est très mal vécue par le personnel de l'armée de l'air au cours de la guerre d'Indochine.

13. La division 316, surnommée « Bien Hoa », est créée le 1ᵉʳ mai 1951 et composée des régiments 98, 174 et 176. Elle est commandée par le général Le Quang Ba.

14. Un tabor est une formation marocaine spécialisée dans le combat en montagne. Il représente l'effectif d'un bataillon et est formé de plusieurs compagnies (goums).

15. Un groupe sous les ordres du lieutenant Brondel, officier de renseignements responsable des transmissions du quartier de Dong Khé, emprunte la route

de That Khé tandis que le groupe emmené par le capitaine Brun suit la ligne de crêtes au sud-est de Dong Khé.

16. Les CIP sont formés initialement de volontaires autochtones issus des régiments d'infanterie coloniaux (RIC) ou des régiments d'artillerie coloniaux (RAC) brevetés parachutistes en Indochine en raison de la crise des effectifs européens et du besoin en troupes aéroportées. Les CIP se recrutent sur le territoire où elles doivent être employées, ainsi, si un bataillon parachutiste est rapatrié ou change de territoire, sa CIP est affectée au bataillon qui le relève et prend son numéro à cette occasion.

17. État-major de la BAPN : six, état-major de la ZOT : un, parachutistes du 3e BCCP : 430 ; section du génie de la BAPN : 16 ; section d'entretien et de pliage des parachutes : 16.

18. Mitraillage.

19. Les Ju-52, spécialement aménagés pour ce nouvel emploi par les forces aériennes d'Extrême-Orient, sont utilisés comme « bombardiers » et les Kingcobras comme avion d'attaque au sol.

20. La guerre de Corée, déclenchée le 25 juin 1950, et l'intervention des « volontaires » chinois à la fin du mois de novembre suivant ont pour conséquence la « sanctuarisation » de Taïwan par la VIIe flotte américaine et éloigne ainsi le projet de Mao d'invasion de l'île.

21. Après avoir analysé et comparé les capacités économiques et militaires des États-Unis et de l'Union soviétique et s'être également intéressé aux idéologies et projets sociétaux défendus par les deux puissances, le document préconise un durcissement de la politique américaine contre le communisme, parallèlement à un accroissement substantiel de son potentiel militaire.

22. Le fusilier-voltigeur est, jusqu'à la première moitié du XXe siècle, l'élément mobile du groupe de combat des armées modernes contrairement, par exemple, au servant d'une arme collective telle la mitrailleuse lourde. Après la Seconde Guerre mondiale, il est progressivement remplacé par le grenadier-voltigeur. Pendant la guerre d'Indochine, le bataillon de FV – ou bataillon d'infanterie –, qu'il appartienne à l'armée populaire ou au corps expéditionnaire, est généralement constitué de trois compagnies de FV en sus de la compagnie de commandement. La compagnie d'accompagnement, qui est une unité organique des bataillons français, est également présente à partir de 1951 dans les bataillons où elle remplace la section d'armes lourdes.

23. Le *Sung Khong Giât* (SKZ) signifie « canon sans recul ». Il existe environ une demi-douzaine de versions de cette arme, conçue et fabriquée par le Viêt-minh au cours de la guerre.

24. La zone frontière du Nord-Est s'étendait sur les trois provinces de Cao Bang, Bac Kan et Lang Son. Du côté viêt-minh, la campagne militaire de l'automne 1950 est aussi appelée *Le Hong Phong II*.

25. Notamment pour les unités de la division 312 qui voit le jour à la fin du mois d'octobre 1950.

26. Les défenses accessoires sont celles placées en amont d'une position défensive : barbelés, fossés, mines, etc.

27. Déboucher, dans la terminologie militaire, signifie « ouvrir », « commencer » une manœuvre.

28. Le 1er octobre 1950, le 3e bataillon colonial de commandos parachutistes change d'appellation et prend celle de 3e groupement colonial de commandos parachutistes (3e GCCP). Dans la plupart des ouvrages, cependant, son ancienne dénomination continue à être utilisée.

29. Le 3e GCCP est alors composé, outre de la compagnie de commandement, de trois compagnies de combats : GC 1, GC 3 et la 3e CIP. Faute d'effectifs européens suffisants, le GC 2 a été dissout le 1er août 1950.

30. Le chef de bataillon Decorse commande normalement le 3e GCCP, mais il ne participe pas à l'opération ; c'est son second le capitaine Cazaux qui dirige le bataillon. Celui-ci connaît bien l'Indochine pour y avoir effectué une grande partie de sa carrière avant et pendant la Seconde Guerre mondiale.

31. Aux 396 parachutistes, coloniaux ou légionnaires, il convient d'ajouter un officier DLO accompagné d'un artilleur du régiment d'artillerie coloniale du Maroc (RACM) et, sur place, la garnison de That Khé détache un guide-interprète et douze coolies affectés au transport du poste radio du bataillon et à la section d'armes lourdes de la CCB.

32. Ordre de marche des forces évacuant Thaht Ké : section de parachutiste Tho, II/3e REI, 3e GCCP, Ggroupement de Chergé constitué des 3e et 8e goums du 11e tabor et des rescapés des colonnes Charton et Le Page, 4e compagnie du 3e REI, les compagnies de supplétifs de Thaht Khé, un détachement du régiment d'artillerie coloniale du Maroc et un autre du 1er régiment de chasseurs. Ce sont ces deux derniers éléments qui sont chargés d'opérer les dernières destructions et de fermer la marche de la colonne dans la nuit.

33. Georges Longeret, Jacques Laurent, Cyril Bondroit, *Les Combats de la RC 4. Face au Viêt-minh et à la Chine. Cao BangLang Son. 1947-1950*, Indo Éditions, 2004.

34. Le « rapport Juin », remis le 1er novembre 1950 au gouvernement, se divise en trois volets. La première partie relate les événements de la zone frontière, la deuxième s'intéresse aux structures de commandement civils et militaires en Indochine et une dernière partie se propose d'évaluer les perspectives militaires tout en insistant sur la nécessité de développer et de moderniser l'aviation du corps expéditionnaire et surtout de créer une véritable armée nationale vietnamienne « animée d'une foi et d'une volonté de guerre ».

35. Le général de Latour, dont la politique de pacification menée en Cochinchine obtient de bons résultats entre 1947 et 1949, accepte à contrecœur ce commandement. En effet, fervent défenseur d'une stratégie purement défensive du Tonkin, dont seule une partie du delta mérite d'être défendue, le général Boyer de Latour souhaite faire porter l'essentiel de l'effort de guerre sur le Sud-Vietnam. Reçu par Vincent Auriol le 9 novembre 1950, il accepte la mission qui lui est confiée de reprendre en main la situation au Nord-Vietnam, bien qu'il n'ait jamais aimé ce théâtre d'opérations et qu'il juge la « cause perdue ».

36. Ne pas confondre avec le général Marchand, ancien commandant supérieur des troupes en Indochine au cours de la Seconde Guerre mondiale.

37. La commission d'enquête chargée d'étudier les événements qui se sont déroulés dans la zone de la frontière Nord-Est du Tonkin en septembre et octobre 1950 – c'est son nom complet – est placée sous la présidence du général d'armée de réserve Buisson et comprend deux membres, les généraux de corps

d'armée Magnan et Dromard, appartenant tous deux au Conseil supérieur de la guerre. La première réunion se tient le 8 février 1951 et elle clôt ses travaux le 26 juin 1951. Le rapport de la commission est divisé en trois parties ; la première rappelle le contexte général de la guerre depuis le milieu de l'année 1949 et évoque l'organisation du commandement. La deuxième concerne l'évacuation de la zone frontière du 2 septembre au 11 octobre 1950, et la troisième traite des conditions de décision et de réalisation de l'évacuation de Lang Son. L'ensemble représente une trentaine de pages.

38. En réalité, Alessandri revient au Vietnam à la fin de l'année 1952 et jusqu'à son placement dans le cadre de réserve en juin 1955, il exerce des fonctions de conseiller politique et militaire auprès du gouvernement vietnamien qu'il aide dans l'organisation et l'instruction de son armée nationale.

39. Alors qu'est discutée l'éventualité de la création d'une commission d'enquête sur Diên Biên Phu, le général Alessandri tente, en vain, de voir son cas réhabilité. Instances politiques comme militaires, souhaitant à tout prix éviter que ne se fasse, en place publique, un « procès de la guerre d'Indochine », transmettent une fin de non-recevoir à l'intéressé. Le 5 mars 1955 le général Alessandri réitère sa demande auprès du ministre de la Défense nationale et des Forces armées, le général Koenig : « Dans le cas où ma requête relative à l'exercice de mon droit de défense devant un conseil d'enquête vous paraîtrait devoir être écartée [...], je vous demanderais de vouloir bien prendre en considération l'autorisation que je sollicite d'être entendu par la commission d'enquête chargée d'étudier les événements de Diên Biên Phu. Ces événements ne peuvent, en effet, que se rattacher à ceux survenus sur l'ensemble du territoire du Tonkin depuis septembre-octobre 1950, époque à laquelle ont été décidés l'évacuation de Cao-Bang et l'abandon de la partie la plus importante de la frontière sino-tonkinoise du Nord-Est. » Cette demande, comme la première, reçoit une réponse négative.

40. Maréchal Juin, *Mémoires,* Paris, Fayard, coll. « Les grandes études contemporaines », t. II, 1960, p. 356-357.

41. À la suite de la séance du 19 octobre, l'Assemblée nationale consacre une seconde journée de débats à la politique indochinoise de la France. Pierre Mendès France intervient à nouveau et reprend les thèses qu'il a déjà développées, insistant sur la charge écrasante que représentent les dépenses militaires pour le pays.

42. Les rapports de certaines sources américaines – notamment de la CIA – qui font état, depuis le mois d'octobre 1950, de la présence de soldats réguliers chinois combattant en Corée aux côtés des Nord-Coréens se trouvent brutalement confirmés : dans la nuit du 25 au 26 novembre 1950, 300 000 « volontaires » passent à l'offensive et attaquent les positions onusiennes. La guerre de Corée change de nature.

43. Au Maroc, où il est résident général depuis le mois de mai 1947, le général Juin doit faire face aux revendications indépendantistes du sultan Mohammed ben Youssef qui s'est progressivement érigé en leader des nationalistes (regroupés au sein de l'Istiqlal) et qui souhaite réviser les traités qui lient la France et son pays. À la fin de l'année 1950, si les tensions se sont un peu apaisées entre le sultan, qui a risqué d'être déposé (il l'est finalement en août 1953), et le général Juin, la situation reste préoccupante au Maroc pour les intérêts français.

44. Au mois de février 1947, Paul Ramadier, président du Conseil, sollicite le général Juin pour remplacer l'amiral Thierry d'Argenlieu. Il refuse, arguant notamment de sa méconnaissance totale de l'Indochine.

45. Condamné à dix ans de prison, le général de Lattre parvient à s'échapper le 3 septembre 1943 de la maison d'arrêt de Riom grâce à la complicité de son épouse et de son fils puis à rejoindre Alger.

46. La libération du général Juin de la forteresse de Königstein le 15 juin 1941 est même mise en cause par de Lattre. En réalité, Juin n'y est pour rien, c'est le maréchal Pétain et le général Weygand qui ont demandé sa remise en liberté.

47. Convoqué le 20 décembre 1941 à Berlin par Göring qui souhaite obtenir de la France une utilisation de la base de Bizerte en Tunisie et des facilités en Afrique du Nord dans le cadre de la lutte de l'Afrikakorps contre les Britanniques, le général Juin ne s'engage sur rien. Les accusations du général de Lattre sont donc sans fondement.

48. Le chef de bataillon Gandoët est l'une des figures marquantes de la bataille du Belvédère (3 kilomètres au nord de Cassino) qui se déroule à la fin du mois de janvier et au début du mois de février 1944. Il commande alors le 3e bataillon du 4e régiment de tirailleurs tunisiens (4e RTT), sévèrement éprouvé dans les combats, au cours desquels il est lui-même blessé. Fort de son expérience à la tête de l'École d'application de l'infanterie (EAI) – alors à Saint-Maixent-l'École –, il est choisi au début de l'année 1954 pour rejoindre l'Indochine où, conseiller auprès du gouvernement vietnamien, il a pour mission de diriger, conjointement avec les Américains, l'instruction de l'armée nationale. À en croire le général Douceret dans l'ouvrage qu'il consacre à Gandoët, une fois que celui-ci a délivré son message, le général de Lattre, imperturbable, aurait répliqué : « Il n'empêche qu'il a fait tirer sur des Américains et non sur des Allemands, et que maintenant il lave cela dans le sang de ses soldats »...

49. L'armée A, placée sous les ordres du général Juin, est finalement rebaptisée à l'initiative de son chef corps expéditionnaire français en Italie. L'armée B, elle, qui s'organise au cours du premier semestre 1944 en Afrique du Nord et débarque en Provence au mois d'août suivant, prend officiellement le nom de 1re armée française le 25 septembre 1944.

50. Le 17 mars 1948 est signé le traité de Bruxelles entre la France, la Grande-Bretagne, les Pays-Bas, la Belgique et le Luxembourg. Il s'agit d'un traité de coopération économique, sociale et culturelle mais également de défense collective dont le poste de commandement est situé à Fontainebleau. Il préfigure l'Union de l'Europe occidentale (UEO) qui apparaît en octobre 1954 et voit l'intégration de l'Allemagne fédérale et de l'Italie.

51. Le 4 avril 1949 est créé, à Washington, l'Organisation du traité de l'Atlantique nord (OTAN). Cette instance politique et militaire devient l'ossature de la défense occidentale face au bloc soviétique. Le commandement militaire est confié au commandant suprême des forces alliées en Europe (*Supreme Allied Commander Europe* – SACEUR), responsable devant le Comité militaire, l'instance militaire suprême de l'Alliance atlantique. Le premier de ses commandants est le général Dwight Eisenhower, nommé le 2 avril 1951.

52. Ainsi, le seul 1er régiment de chasseurs parachutistes compte 468 tués et blessés et 315 malades évacués sur un effectif total de 1 395 combattants !

Dans son carnet de route, Henry Deloupy, médecin-lieutenant au 2e régiment de cuirassiers, note : « Les pertes humaines sont terribles. Et surtout la bête humaine n'en veut plus. Les parachutistes descendent du bois. Il faut voir ces malheureux se traîner, bras et jambes à moitié paralysés par la fatigue et le gel, les yeux creux, une barbe de quinze jours. Ils marchent comme des automates pour s'écrouler et ne plus se relever. La plupart ont la fièvre », cité dans Paul Gaujac, *L'Armée de la victoire. De la Provence à l'Alsace. 1944*, Paris, Lavauzelle, t. III, 1985, p. 182.

53. Le général Béthouart (1889-1982), célèbre pour s'être illustré à la tête du corps expéditionnaire français de Scandinavie (CEFS) et avoir remporté plusieurs combats en Norvège entre février et juin 1940, commande depuis le 8 août 1944 le 1er corps d'armée (1er CA) de la 1re armée française, le 2e corps d'armée (2e CA) est lui dirigé successivement par les généraux de Larminat (août-octobre 1944) et de Goislard de Monsabert (octobre 1944-juillet 1945).

54. Subordonné un temps (début décembre 1944 puis fin janvier 1945) au général de Lattre, le général Leclerc n'a de cesse de vouloir soustraire sa division à cette encombrante hiérarchie ; non seulement le rattachement de la 2e DB à la 1re armée française plonge les hommes de Leclerc dans « l'anonymat » – terme utilisé à l'époque – et soulève une opposition tactique de Leclerc quant à l'emploi de ses blindés, mais elle met en relation deux chefs dont la personnalité, le style et la méthode de commandement diffèrent radicalement. Le général Leclerc, se plaignant auprès du général de Gaulle, obtient finalement gain de cause et la 2e DB est définitivement détachée de la 1re armée française à la fin février 1945. Elle est toutefois dirigée sur le front de l'Atlantique afin d'y réduire les poches allemandes qui s'y trouvent encore, à la grande fureur de Leclerc qui y voit un front secondaire.

55. Le 27 octobre 1950, en raison du déclenchement de la guerre de Corée le 25 juin précédent et de l'accroissement des tensions entre le bloc soviétique et le bloc occidental, l'Assemblée nationale porte la durée du service militaire à dix-huit mois.

56. Le 4 septembre 1941, la Charente-Inférieure, dont le nom est connoté négativement, prend le nom de Charente-Maritime.

57. En prévision des futures opérations mettant en jeu plusieurs GM, il apparaît nécessaire de disposer d'un échelon intermédiaire entre ces derniers et le commandant de l'opération : la DMT a ainsi pour rôle de coordonner l'action des GM sur un front d'attaque. En conséquence, le général de Lattre est amené à créer, début janvier 1951, deux divisions de marche du Tonkin (DMT). Chacune des DMT est adaptée à une zone territoriale et reçoit une mission bien définie : la 1re DMT se situe en zone Ouest, la seconde, en zone Nord. Les années suivantes, avec le développement des forces franco-vietnamiennes, deux autres DMT voient le jour, la 3e (zone Sud) et la 4e (zone de Haiphong).

58. Le général Juin refuse par deux fois un commandement en Indochine et également celui de commandant en chef des forces terrestres de l'Europe, poste proposé ensuite et finalement accepté par de Lattre.

59. Après avoir un temps commandé le groupe mobile nord-africain (GMNA), André Dulac, alors colonel, est nommé chef d'état-major des FTNV commandées par le général de Linarès.

Notes du chapitre VII, p. 321

1. Depuis juillet 1949, le lieutenant Bernard de Lattre est affecté en Indochine au 1er RCC. Il trouve la mort sur le rocher de Ninh Binh lors de la bataille du Day en mai 1951.

2. Lors de la cérémonie de passation de pouvoirs qui s'ensuit, de Lattre adresse une brève phrase de remerciement à l'attention de Léon Pignon. En revanche, il n'a pas un mot pour le général Carpentier.

3. Le général Tran Hung Dao, de la dynastie des Tran, est célèbre au Vietnam pour avoir détruit la flotte des Yuan-Mongols en 1288. Grâce à une bonne préparation du champ de bataille et à l'installation de pieux sur la rivière Bach Dang (située au nord de Haiphong), il inflige une défaite totale aux envahisseurs. Les dizaines de petites embarcations vietnamiennes de l'époque qui se ruent sur les volumineux bâtiments de guerre mongols ne sont pas sans rappeler le combat de David contre Goliath et, évidemment, celui que mènent les forces populaires du Viêt-minh contre le corps expéditionnaire français.

4. En 1951, le Nouvel An vietnamien a lieu le 6 février.

5. À cette date, l'APV n'a pas achevé son organisation définitive et plusieurs grandes unités, à l'exemple des divisions 316 et 320, restent à mettre sur pied.

6. Les deux villes sont distantes d'une soixantaine de kilomètres.

7. Cette dernière voit officiellement le jour à la fin du mois d'octobre 1950.

8. La division 316, à laquelle les régiments 98 et 174 sont bientôt rattachés, n'est pas encore créée à cette date.

9. Forces terrestres du Centre-Vietnam et des Plateaux.

10. Le poste de Da Phuc est créé à la fin du mois de septembre 1950 quand est déclenchée l'opération Phoque, dans l'éventualité d'une extension ultérieure du dispositif français dans la province de Thai Nguyen. Du fait de l'évacuation de la zone frontière, une telle hypothèse est évidemment abandonnée.

11. Le GMNA est rebaptisé GM 1 à cette époque.

12. SHD, 10H899. Lettre du général Boyer de Latour, *doc. cit.*

13. Au 1er mars 1954, le corps de bataille franco-vietnamien totalise 18 GM : 12 sont intégrés au FTEO (dont le GM 51, composé de Cambodgiens) et 6 dépendent des forces armées vietnamiennes (dont deux GM « moïs » au Centre-Vietnam : les GM 41 et 42).

14. La garnison est toutefois obligée de se replier le 14 janvier 1951 alors que vient de commencer la bataille de Vinh Yen.

15. Bourama Diémé effectue un second séjour en Indochine (1951-1953) au cours duquel il est décoré de la médaille militaire. Il participe ensuite à la guerre d'Algérie et à l'expédition de Suez puis, au moment des indépendances des États africains, est transféré à l'armée sénégalaise. Parrain de la 225e promotion de l'École nationale des sous-officiers d'active (ENSOA), l'adjudant Diémé, décédé en 1999, est une figure des tirailleurs sénégalais.

16. Le Trong Tan est l'ancien chef de corps du régiment 209, il prend le commandement de la division 312 à sa création.

17. Située à une vingtaine de kilomètres au nord-ouest de Vinh Yen.

18. Le massif du Tam Dao est une chaîne montagneuse située à la périphérie du delta, au nord de Vinh Yen, et dont le point culminant atteint 1 000 mètres. À l'époque de la « belle colonie », les Français y construisent une station d'altitude et l'endroit se voit affublé du surnom d'« Alpes tonkinoises ». En 2015, il restait quelques vestiges de cette époque.

19. À cette date, le GM 3 comprend organiquement le bataillon Muong, le 1er bataillon du 24e régiment de marche de tirailleurs sénégalais (I/24e RMTS), un peloton du 1er RCC, une batterie de 105 HM2 du RACM. Dans le cadre de Bécassine, le GM 3 est également renforcé du 10e GPCP, d'une section de canons de 155 HM1 et d'une batterie muletière de 75.

20. Mécontent du traitement dont il a été l'objet, Boyer de Latour écrit peu après au général de Lattre pour lui faire part de son sentiment. Ce dernier lui répond dans une lettre du 24 février : « Il est absolument exact que vous avez stoppé l'offensive viêt-minh du 25 décembre contre Hanoï [*sic*]. Si certains journalistes ont pu confondre [un article de l'hebdomadaire *Point de Vue* qui a été, pense Boyer de Latour, inspiré par de Lattre, est à l'origine du courrier de celui-ci], comme vous le dites, l'affaire du 25 décembre avec celle du 12 janvier, je n'ai pour ma part jamais fait cette confusion, ni pensé à vous en enlever le mérite. » De Lattre lui reproche de ne pas avoir eu « pleine confiance dans le succès de la manœuvre » à laquelle il était attaché, mais excuse néanmoins cette conduite par l'usure physique et morale de celui-ci, une usure à l'origine officielle de sa relève. Par ailleurs, les ordres donnés par Boyer de Latour avant l'arrivée du général de Lattre et concernant l'évacuation des familles françaises du delta du Tonkin allaient à l'opposé du souffle que voulait insuffler ce dernier. Dans son ouvrage, *De l'Indochine à l'Algérie. Le martyre de l'armée française*, le général Boyer de Latour présente une version quelque peu édulcorée de son départ, ne faisant mention que de sa maladie – certes bien réelle – pour l'expliquer.

21. Le général Boyer de Latour est officiellement relevé de son commandement le 6 janvier et remplacé – après l'intérim de Salan –, par le général de Linarès.

22. La veille, une action de diversion est lancée dans la région de Luc Nam, à l'est de Phu Lang Thuong. Elle est contenue par l'intervention du GM 4 du lieutenant-colonel Erulin, tué quelques semaines plus tard, son véhicule ayant sauté sur une mine.

23. La composition du GM 3 a évolué depuis le mois de décembre précédent. Il se compose toujours du peloton du 1er RCC et du bataillon Muong mais comprend désormais le 3e bataillon du 2e régiment de tirailleurs marocains (III/2e RTM), le 8e groupement de spahis à pied (8e GSAP) et le groupe d'artillerie coloniale de l'Afrique-Occidentale française (GACAOF). Le nom originel du 8e GSAP semble avoir été celui de 8e groupement de spahis algériens portés, déformé par la suite.

24. Conséquence de l'opération Bécassine, le colonel Muller est relevé de son commandement et remplacé par le lieutenant-colonel Vanuxem qui occupe à ce moment-là un commandement dans le Sud du Vietnam.

25. Le poste ne tombe aux mains du Viêt-minh qu'en début d'après-midi.

26. Dans ses *Mémoires*, le général Giap attribue cette embuscade aux régiments 36 et 88 de la division 308 ; sans doute se trompe-t-il car ces unités,

débouchant du Tam Dao, ne sont engagées que le lendemain sur le flanc est des Français, prenant notamment à partie le GM 1 et les parachutistes du 10e GPCP.

27. Dans le même temps, le bataillon Muong est victime d'une embuscade tendue par les *bo doïs* du régiment 209. Il arrive toutefois à se replier sans pertes trop sévères.

28. Les effectifs cumulés des III/2e RTM et 8e GSAP rassemblent alors un peu plus de 500 combattants.

29. Les bombes au napalm se présentent comme des enveloppes en tôle de la forme classique rappelant les réservoirs de carburant placés sous les ailes des avions. Il existe plusieurs types de ces réservoirs, le plus communément utilisé étant celui de 100 litres, mis au point par les Américains pendant la Seconde Guerre mondiale sous le nom de M 47.

30. Le *Chemical Warfare Service* (CWS), ancêtre du *Chemical Corps* (CC), est créé à l'été 1918 principalement pour étudier les effets des gaz de combat et fournir aux armées les matériels nécessaires à leur utilisation mais également à leur prévention. Dans les décennies qui suivent, en sus de ses compétences dans le domaine des armes chimiques, le CC voit son champ de responsabilités s'élargir aux armes biologiques, radiologiques et nucléaires.

31. « Tandis que les rangs désorganisés tentent de trouver dans le moindre repli de terrain, un abri illusoire, l'enfer brusquement surgit devant eux en immenses rideaux de feu, alors qu'un deuxième appareil, puis un troisième largue leurs flammes, les encerclant. La perception de cette haleine brûlante et terrifiante sur les unités visées, atteintes et pétrifiées, est sans doute pour ces guerriers immolés, leur dernière impression de vivants, avant d'être transformés horriblement en torches animées, et instantanément, en tas de chairs grillées. Ce brasier anéantit tout sur son passage ; il transforme en cimetière incandescent tous les lieux de vie qu'il atteint », Jean Arrighi, *Les Combats oubliés*, Paris, L'Harmattan, 1992, p. 119.

32. Alexander Zervoudakis, « Vinh Yen », *Revue historique des armées*, n° 194, mars 1994, p. 54-65.

33. Vétéran de la Grande Guerre, Martial Valin change d'arme au cours de l'entre-deux-guerres et choisit l'aviation. Il intègre l'armée de l'air à sa création en 1933. En 1940, il se rallie à la France libre. En 1947, il est nommé inspecteur général de l'armée de l'air, un poste qu'il occupe une dizaine d'années avant de prendre sa retraite.

34. Cité *in* Philippe Gras, *L'Armée de l'air en Indochine (1945-1954). L'impossible mission*, Paris, L'Harmattan, 2001, p. 354.

35. Au cours de la Seconde Guerre mondiale, l'éclairage du champ de bataille, de nuit, a pris une grande importance ; en Indochine, il est principalement assuré par le largage de bombes *Luciole* par un Ju-52, puis par Dakota. L'avion qui le largue prend alors, en opérations, le nom de *Dakota Luciole* et peut emporter de 60 à 100 bombes. Le temps d'éclairage d'une *Luciole* varie entre trois et cinq minutes et la visibilité au sol procurée par cet engin peut se comparer à celle d'une nuit claire. Les obus, explosifs ou au phosphore, tirés par l'artillerie contribuent également à l'éclairage du champ de bataille.

36. Malgré la grande publicité faite sur les renforts amenés du Sud et du Centre-Annam par l'aviation civile réquisitionnée, ceux-ci ne sont pas engagés dans la bataille même.

37. Du 14 au 17 janvier 1951, l'aviation de bombardement – principalement les B 26 – effectue 250 missions d'appui aérien. Les Ju-52 et C-47 assurent 40 missions de ravitaillement d'armes et de munitions.

38. *Civil Affairs/Military Government* ou G-5 (*General Staff*-5). Le *General Staff* est alors l'équivalent du « bureau » en usage dans l'armée française, ainsi, le *General Staff*-2 (G-2) correspond-il au 2e bureau en charge du renseignement. Ce 5e bureau diffère donc un peu par ses missions du 5e bureau qui est créé en Indochine au printemps 1953 et dédié à la guerre psychologique.

39. Le SPI est l'ancien nom du Service militaire d'information (SMI) qu'il remplace au mois de juin 1950.

40. Le 22e BMNA est une unité organique de la 1re division française libre (1re DFL).

41. Jean-Pierre Dannaud occupe par la suite différents postes dans la fonction publique et est nommé conseiller d'État en 1966.

42. Michel Frois, *La Révélation de Casablanca. Mémoires d'un officier de cavalerie atteint par le virus de la communication*, Atlantica, 1999.

43. Lucien Bodard couvre la guerre d'Indochine pour *France-Soir* ; pour cette raison, car sachant le journal très populaire à l'époque, il bénéficie d'un traitement privilégié de la part du général de Lattre. Les écrits de Bodard proposent une vision de la guerre d'Indochine qui, si elle n'est pas toujours exacte et est émaillée de partialité et d'erreurs, en restitue néanmoins l'ambiance. Les détracteurs de Bodard, tel le général Navarre, l'affubleront du sobriquet, un peu convenu, de Lucien « Bobard ».

44. Le général de Lattre de Tassigny procède ultérieurement à plusieurs modifications de ce programme de Dalat. Le nombre et la composition des divisions vietnamiennes évoluent.

45. Action symbolisée par son appel à la jeunesse du Vietnam dans son long discours prononcé au lycée Chasseloup-Laubat de Saigon, le 11 juillet 1951 : « Soyez des hommes, c'est-à-dire : si vous êtes communistes, rejoignez le Viêt-minh, il y a là-bas des individus qui se battent bien pour une cause mauvaise. Mais si vous êtes des patriotes, combattez pour votre patrie, car cette guerre est la vôtre [...]. Jeunes hommes de l'élite vietnamienne [...] le moment est venu pour vous de défendre votre pays. »

46. À cette date, le concept de division, grande unité tactique, est abandonné, il ne représente plus qu'une entité logistique pratique pour traiter les problèmes d'équipement et de matériel avec les États-Unis. La 1re division est implantée au Sud-Vietnam, la 2e au Centre-Vietnam, la 3e au Nord-Vietnam, et la 4e division est celle des Pays montagnards du Sud (PMS). Le concept divisionnaire est par ailleurs remplacé par celui du groupe mobile, plus adapté à la forme de combat en Indochine.

47. Au 1er janvier 1953, l'ANV compte 150 000 hommes dont 95 000 réguliers.

48. Deux bataillons d'infanterie (1 400), treize compagnies autonomes (2 200) et trois compagnies de commandos (500).

49. En ce qui concerne l'ANL et l'ARK, la fin de la guerre d'Indochine se traduit par une accélération des transferts d'unités et de livraisons du matériel du CEFEO vers les armées nationales Ainsi, l'ARK double quasiment de volume en moins de six mois, le nombre de Cambodgiens sous les armes étant de 36 172 soldats au 31 décembre 1954.

50. Robert Guillain, « L'échec de l'armée vietnamienne », *Diên Biên Phu, la fin des illusions. Février-juillet 1954*, Paris, Arléa, 2004, p. 170-177.

51. Au premier trimestre 1954, une étude sur l'armée vietnamienne indique que sur les 171 bataillons d'infanterie, 29 sont en formation et que sur les 142 restant, 21 (14 %) sont jugés très bons, 64 (45 %) bons, 43 (31 %) assez bons et 14 (10 %) passables, la quantité de cadres français n'affectant pas le résultat puisque équivalant approximativement au tiers de l'encadrement dans chacune des unités.

52. La « classe » détermine la force portante d'un ouvrage d'art.

53. Avant cette date, il faut en moyenne un an pour qu'une demande de matériel soit satisfaite : les Américains exigeant de connaître les principales orientations stratégiques des plans militaires des deux années à venir, les ordres de bataille, mais également la nature de tous les matériels que la France est censée livrer d'ici cette échéance… ce qui se traduit par un véritable casse-tête pour les responsables militaires français. Nous l'avons dit, par la suite, les choses s'améliorent, d'une part les Français prennent en considérations les desiderata et le mode de fonctionnement américains, d'autre part ceux-ci assouplissent leurs procédures et accélèrent les processus de livraison.

54. À partir de 1952, les États-Unis réorganisent et rationalisent le système de soutien à leurs alliés et le MDAP devient désormais strictement limité au matériel militaire.

55. Des *Tank destroyers* M36 (TD M36) livrés par les États-Unis plus tardivement sont stockés dans des hangars à Haiphong dans le cadre de l'hypothèse « Damoclès ». À partir d'octobre 1953, ces derniers remplacent les Sherman, usés, notamment du fait d'un emploi intensif et inadéquat.

56. Après son voyage aux États-Unis, le général de Lattre séjourne en France (et à Rome) une quinzaine de jours et rentre à Saigon fin octobre.

57. Le 10e GPCP est devenu 10e BPCP.

58. Le premier gouvernement Pleven dure du 12 juillet 1950 au 10 mars 1951. Le président du Conseil est remplacé par Henri Queuille du 10 mars au 11 août 1951, date à laquelle René Pleven est à nouveau nommé à ce poste qu'il occupe jusqu'au 20 janvier 1952.

59. En réalité, une autre partie de l'opinion publique, de beaucoup la plus importante, fait montre, à la même époque, d'une méconnaissance et d'un désintérêt total pour le conflit comme l'indiquent les sondages réalisés.

60. Fervent catholique, avocat et homme politique, François Valentin est un fidèle du général de Lattre. Élu à 26 ans seulement député de Meurthe-et-Moselle en 1936, il vote les pleins pouvoirs au maréchal Pétain le 10 juillet 1940 puis prend progressivement ses distances avec le régime de Vichy ; il défend de Lattre au procès de ce dernier avant de passer dans la clandestinité et de rejoindre la Résistance. Engagé en 1944 dans la 1re armée française (3e régiment de tirailleurs algériens), il devient, en 1948, secrétaire général de l'association Rhin et

Danube, association regroupant les anciens combattants de la 1re armée. Ami et confident du général de Lattre, celui-ci en fait son représentant personnel à Paris lorsqu'il est désigné haut-commissaire de France en Indochine : François Valentin l'informe régulièrement de la vie politique parisienne et assure la liaison avec les personnalités importantes du régime. Pour cela, il bénéficie de l'entière confiance du haut-commissaire, très attentif aux comptes rendus qu'il reçoit de Paris.

61. Hugues Tertrais, *La Piastre et le fusil. Le coût de la guerre d'Indochine, 1945-1954*, Paris, CHEFF, 2002, p. 114.

62. Les négociations de Kaesong, débutées le 10 juillet 1951, sont un échec et, à la fin du mois d'août, les combats reprennent sur la ligne de front situé un peu au nord du 38e parallèle. En septembre et octobre, les batailles de Bloody Ridge et Heartbreak Ridge (bataille de Crèvecœur pour les Français) se révèlent extrêmement coûteuses pour les Américains et leurs alliés, notamment les combattants du bataillon français de l'ONU.

63. Le pays Muong forme une ellipse large d'une cinquantaine de kilomètres pour une longueur d'environ 180 kilomètres. Une moitié de cette ellipse occupe une partie de la mésopotamie située entre le fleuve Rouge et la rivière Noire tandis que l'autre se prolonge en direction du delta, Hoa Binh étant placée sensiblement en son centre. Avant la Seconde Guerre mondiale, la population Muong est estimée à un peu plus de 150 000 âmes. L'évacuation de Hoa Binh est une conséquence des abandons consécutifs à la défaite de la zone frontière. Débutée le 30 octobre 1950 au matin, l'opération d'évacuation de Hoa Binh et des différents postes qui jalonnent la RC 6 s'achève sans incident le 6 novembre suivant en fin d'après-midi. Une partie de la population muong suit à cette occasion les troupes du corps expéditionnaire.

64. Raoul Salan, *Mémoires. Fin d'un d'empire. Le Viêt-minh mon adversaire octobre 1946-octobre 1954*, Paris, Presses de la Cité, t. II, 1971, p. 262-263.

65. La « trouée » de Cho Ben est située entre Hoa Binh et Phu Ly, elle permet aux unités viêt-minh d'atteindre le Day et, ce dernier franchit, de pénétrer dans le delta du fleuve Rouge.

66. La division 320, formée au début de l'année 1951, est exclusivement formée de combattants natifs du delta, le delta où elle est exclusivement engagée jusqu'à la cessation des hostilités. La « division du Delta » est d'ailleurs son surnom.

67. La zone est finalement abandonnée au mois de janvier 1954, dans le cadre d'une rétraction du dispositif et les ouvrages défensifs, détruits.

68. Il prend, pour quelques mois, le commandement du bataillon au cours de l'année 1953.

69. L'action retardatrice du chef de bataillon Vaudrey coûte cependant cher au BT 3 qui, sévèrement accroché à la fin du mois de novembre, perd 40 tués et une soixantaine de disparus et ne doit son salut qu'à une belle résistance des Thaïs et l'intervention des parachutistes du 7e BPC avec lequel la jonction est faite le 30 novembre 1951. Pour l'anecdote, c'est lors de cette opération et afin d'induire l'adversaire en erreur que le général Salan ordonne le 25 novembre le largage de mannequins, créant ainsi l'illusion d'une intervention des parachutistes sur les arrières du Viêt-minh, dispersant, un temps, une partie des forces de ce dernier.

70. Tu Vu est situé sur la rive ouest, le rocher Notre-Dame sur la rive est de la rivière Noire qui s'écoule en direction du nord avant de se jeter dans le fleuve Rouge au niveau de Trung Ha, en amont de Sontay (localité distante d'une quarantaine de kilomètres de Hanoï).

71. Situé au nord de Hoa Binh et au sud de Sontay, le Ba Vi est un petit massif montagneux à la végétation très dense, il borde la rivière Noire sur son flanc ouest. Le mont Ba Vi culmine à près de 1 300 mètres d'altitude.

72. Jean-Robert Thomazo est un officier français célèbre dans l'armée française de l'après-guerre en raison du bandeau de cuir qui lui cache le nez dont une partie a été emporté par un éclat d'obus lors de la campagne d'Italie et qui lui vaut le sobriquet de « nez de cuir ». Entré en politique à la fin des années 1950, il milite activement pour la cause de l'Algérie française. Deux de ses fils, des jumeaux, également officiers, sont morts au combat, l'un en Indochine, l'autre en Algérie.

73. À partir de la bataille de Hoa Binh, les Ju-52 restants en Indochine sont remplacés par des Dakotas.

74. Le 1er janvier 1952, le général Salan est nommé commandant en chef par intérim en raison de la maladie du général de Lattre. Il faut attendre le 9 avril pour que Salan soit nommé officiellement commandant en chef.

75. Chaque phase de l'opération Arc-en-ciel a pour nom de code une couleur.

76. Les PIM constituent au Tonkin une masse d'environ 40 000 individus à cette époque. La situation des prisonniers et internés militaires fait l'objet d'une attention tardive et il faut véritablement attendre l'instruction du 2 octobre 1951 pour que le commandement apporte toutes les précisions nécessaires dans le tri et la gestion des PIM. Ces derniers se voient classés en différentes catégories, numérotées par un chiffre arabe, différenciation étant faite entre prisonniers de guerre (catégorie 1) et internés militaires (catégories 2, 3 et 4) ; les internés sont par ailleurs divisés en internés ordinaires et internés dangereux, classification qui perdure jusqu'à la fin du conflit.

77. C'est dans cette dernière localité, en effet, que la RC 6 vient border la rivière et que se trouve le bac qui mène jusqu'à Hoa Binh.

78. Tués : 4 700 ; blessés : 9 400 ; prisonniers : 300.

79. Il s'agit ici des forces régulières, les supplétifs comptant 18 tués, 16 disparus et 38 blessés.

80. Général Gras, *op. cit.*, p. 455.

81. Il en est de même pour l'artillerie. Pour faire pièce aux attaques viêt-minh, le commandement français doit assurer un ravitaillement constant de ses pièces. Pendant l'attaque du point d'appui de Tu Vu, 5 000 coups sont dépensés. Entre le 10 janvier et le 22 février 1951, 40 000 obus de 105 mm HM2 sont tirés ainsi que 3 650 de 105 mm long modèle 1936 et 2 500 de 155 mm HM1. Au cours des trois jours de l'opération Arc-en-ciel, ce ne sont pas moins de 18 000 obus de tout type qui appuient le repli des forces franco-vietnamiennes.

82. Alexander Zervoudakis, « L'armée de l'air et Hoa Binh », *Revue historique des armées*, n° 1, 1995, p. 89-97.

Notes du chapitre VIII, p. 379

1. Le général Chanson, dont l'efficacité dans la politique de pacification a donné des résultats certains, est assassiné lors d'un attentat.

2. Localité située à environ 80 kilomètres au sud-est de Hanoï.

3. Les grandes provinces de l'État du Vietnam sont subdivisées en districts et cantons.

4. Le gouvernement vietnamien dispose d'un gouverneur au Nord-Vietnam chargé d'appliquer sa politique.

5. Une affaire, déclenchée au mois d'octobre 1952, illustre bien ce fait lorsqu'un sergent d'un BCD, décrit comme « indiscipliné et couard », mécontent de son affectation, s'adresse directement « au colonel Thu, dont il est parent, et [accuse] son chef d'avoir favorisé l'entrée [...] de 10 sacs de sel (environ 500 kilos) appartenant à sa mère et non munis d'une autorisation de transport ». Ces accusations provoquent la relève du chef du BCD, un lieutenant francophile et compétent.

6. Le *Containment* ou « endiguement » représente l'ensemble des mesures politiques, diplomatiques, économiques et militaires mises en place par l'administration Truman aux lendemains immédiats de la Seconde Guerre mondiale pour contenir l'expansionnisme soviétique dans le monde. George Kennan, qui est à la fin de l'année 1945 adjoint au chef de la mission américaine auprès de l'ambassadeur des États-Unis à Moscou, est l'un des pères de cette doctrine. On lui doit notamment le « Long Télégramme », envoyé de Moscou le 22 février 1946 à l'attention de l'administration Truman, dans lequel il analyse en 8 000 mots la politique menée par Staline et le caractère paranoïaque du régime soviétique et se montre favorable à une attitude plus ferme des États-Unis vis-à-vis de la menace communiste. Ces idées sont reprises et développées en juin 1947 dans un article – publié anonymement – de la revue *Foreign Affairs* où il se prononce pour « un long, patient, ferme et vigilant endiguement des tendances expansionnistes russes ». Le *Containment* précède la politique de *Rollback* – « refoulement » – défendue à partir de 1954 par le président Eisenhower et son secrétaire d'État, John Foster Dulles, qui vise à combattre le communisme et non plus simplement à contenir sa progression.

7. Le régiment 148, composé des bataillons 910, 920 et 930, est un régiment autonome qui opère en haute région tonkinoise. À l'issue de la campagne d'automne 1952 et de l'évacuation par les troupes franco-laotiennes de Diên Biên Phu, conquis par le régiment 165, le bataillon 910 s'installe, avec son PC, dans la localité. Lors du déclenchement de l'opération Castor le 20 novembre 1953, ce sont les combattants de ce bataillon qu'affrontent les parachutistes français pour s'assurer le contrôle de la vallée.

8. Afin de récompenser ce fait d'armes mais également dans un but de propagande, le commandement français organise à Hanoï le 28 octobre 1952 une imposante cérémonie de remise de décorations pour les parachutistes du 6e BPC. Le caractère de cette manifestation où un nombre imposant de médailles sont distribuées aux combattants n'est pas sans susciter des polémiques au sein du corps

expéditionnaire. Elle contribue à alimenter une partie de la jalousie et du ressenti qu'éprouvent certains officiers à l'endroit du chef de bataillon Bigeard.

9. Le GOMRN groupe l'ensemble des moyens engagés dans la bataille de Na San, soit, à la fin de novembre 1952, une dizaine de bataillons d'infanterie plus les éléments d'appui et des services, environ 12 000 hommes, plus que la garnison de Diên Biên Phu à ses débuts. Son poste de commandement est basé à Na San même.

10. La route de Mai Son descend vers le sud en direction de Sam Neua, en territoire laotien.

11. Le temps de « séjour » en Indochine est en théorie de vingt-quatre mois. En raison de la pénurie des effectifs, il est pourtant souvent prolongé « illégalement » de plusieurs semaines ou plusieurs mois pouvant atteindre trente mois ou plus.

12. Deux sont ramenés à Hanoï, le troisième est détruit sur place.

13. 150 000 tonnes de munitions d'infanterie et d'explosifs comprenant : 25 000 grenades, 1 200 coups de 120 mm, 4 200 coups de 81 mm, 1 800 coups de 60 mm, 1 500 coups de canons de 57 mm sans recul, 800 coups de 75 mm, 1 500 mines de type divers et 500 000 cartouches.

14. Il semble que cet ordre n'ait pas été exécuté, les combattants ayant emporté ce qui pouvait l'être.

15. Le carrefour de Phu Hien Binh se situe à 65 kilomètres au nord-ouest de Phu Doan et à une vingtaine à l'est de Yen Bai.

16. Outre quelques unités régionales, ce dernier dispose désormais dans la région de Phu Doan de cinq bataillons de réguliers : deux appartenant au régiment 176 et trois au régiment 36 qui vient d'arriver sur les lieux.

17. Il s'agit d'éléments du II/2e REI, du IV/7e RTA et d'artilleurs du 64e régiment d'artillerie (64e RA).

18. Chan Mong se situe à une vingtaine de kilomètres au nord de Phu Tho, sur la RN 2.

19. Cette piste est améliorée par les Japonais au cours de la Seconde Guerre mondiale et, moyennant quelques travaux, est en mesure d'accueillir rapidement des C-47 Dakota en toute saison. Situé à moins de 200 kilomètres de Hanoï (soit quarante minutes par voie aérienne), le terrain de Na San échappe aux vues de l'ennemi si les collines qui l'entourent sont occupées par des unités du CEFEO.

20. Le terrain d'aviation de Laïchau est également un temps envisagé mais rapidement écarté, car un peu trop éloigné du champ de bataille et, par ailleurs, difficile à défendre.

21. « Nuits blanches au pays thaï noir (Insomnies au 3/5) », *Képi blanc*, février 1953, p. 9.

22. La pose d'un champ de mines en avant d'une position répond à un plan précis établi de manière rationnelle. Un champ de mines est constitué de sections (numérotées en chiffres arabes) d'une dimension moyenne de 15 mètres de long sur 3 ou 4 de large et placées dans les barbelés ou en avant de ceux-ci. En fonction de la nature de la défense, de la menace et des caractéristiques du terrain, les sections sont composées d'une densité de variable de mines (12 faible densité, 24 forte densité). Les sections sont regroupées en « panneaux » identifiés par des lettres. Le plan est normalement reporté sur une carte où sont indiqués le nombre

de panneaux, de sections, les lignes de repères pour éventuellement procéder au déminage, etc. Ainsi il faut éviter la pose anarchique des mines qui, si elles sont dangereuses pour l'attaquant, peuvent l'être également pour le défenseur.

23. L'essence peut aussi être gélifiée au napalm ou au latex. « Le principe de fonctionnement est celui des "fougasses". Le contenu du fût d'essence gélifiée est projeté au moyen de deux pétards de TNT excités électriquement et l'inflammation est provoquée par une grenade fumigène américaine. »

24. Le PA 8 est tenu par la 11e compagnie du III/5e REI.

25. Le PA 24 est défendu par une compagnie du BT 3 et une section du II/6e RTM.

26. En décembre 1952, deux appareils sont détruits sur la piste, un Dakota et un Morane 500, et un autre Dakota endommagé.

27. D'une manière synthétique, la *planification* d'une opération est l'ensemble des études menées quant au but à atteindre fixé par l'échelon de décision. Elle prend ainsi en compte les moyens à disposition, ceux de l'adversaire, anticipe ses possibles réactions, analyse le milieu physique, les conditions météorologiques, etc. Pour un état-major, il s'agit, en diminuant les risques, d'aider le chef dans la décision qu'il a prise en lui proposant des solutions. La conduite, en elle-même, consiste, une fois les objectifs connus de tous, à mettre en œuvre les actions pour parvenir aux résultats définis par la planification. En fonction des événements, la planification est plus ou moins poussée ; de même certaines situations (une initiative de l'adversaire, par exemple) interdisent la planification et privilégient la conduite. Dans le cadre de la campagne du Nord-Ouest, le général Salan conduit sa manœuvre notamment lorsqu'il dirige le repli sur Na San en pleine offensive viêt-minh et ordonne le repli sur le camp retranché, mais planifie également comme en témoigne la conception de l'opération Lorraine ou la préparation de la bataille de Na San.

28. Colonel Féral, « De Na San à Diên Biên Phu », *Indochine 1953-1954, Revue historique des armées,* n° 1, 1994, p. 67.

29. Jacques Favreau, Nicolas Dufour, *Na San. La victoire oubliée (1952-1953). Base aéroterrestre au Tonkin*, Paris, Economica, 1999, p. 192.

30. Ce groupement comprend le 2e BEP, les 3e et 5e BPC et divers éléments d'appui dont une section de canons sans recul appartenant à la base aéroportée Nord.

31. Antoine Pinay, issu de la droite libérale est, depuis l'automne 1952 la cible d'attaques conduites notamment par le RPF. Critiqué par la gauche en raison des réformes sociales qu'il veut entreprendre mais également par une partie de la droite (petits commerçants, artisans regroupés pour partie autour de Pierre Poujade), lâché par le groupe MRP, Pinay, malgré le redressement qu'il a opéré dans les domaines financier et économique, démissionne.

32. Celle-ci, parsemée de canaux naturels ou artificiels, est délimitée par les eaux du Mékong au sud et par celles du Vaïco occidental au nord.

33. Le Bassac est un exutoire du Mékong appelé Hau Giang par les Vietnamiens (littéralement « deuxième fleuve ») situé entre la rive droite de celui-ci et le golfe du Siam. Sur la rive gauche du Bassac, nommée Cisbassac, se trouve la plaine des Joncs. Le Transbassac est lui situé sur la rive droite et abrite la ville de Can Tho et, plus au sud, la pointe de Camau.

34. Quarante-deux kilomètres séparent Long Thanh de Baria, 42 kilomètres de route coupée, hachée, enlevée, interrompue par quinze ponts détruits représentant une longueur totale de 216 mètres d'ouvrages d'art à relever. Au-delà du volet purement militaire de l'opération et de la réoccupation de la région, Jura illustre la bonne coopération entre les unités du CEFEO et les travaux publics vietnamiens, une situation que l'insécurité ne permet pas de retrouver au Nord-Vietnam.

35. Camargue est déclenchée le 28 juillet 1953 et s'achève le 4 août suivant. Cette opération combinée met en œuvre d'importants moyens parmi lesquels la marine fournit trois avisos, sept LCT et un LCT, l'aviation une trentaine d'avions de transport et la chasse décollant de la base opérationnelle de Tourane chargée d'appuyer les forces terrestres. Celles-ci sont réparties dans quatre groupements, totalisant une dizaine de bataillons d'infanterie, trois escadrons amphibies dotés de Crabes et d'Alligators (1er REC), deux groupes d'artillerie et deux bataillons parachutistes, placés en réserve. Ces quelque 10 000 hommes ne suffisent pourtant pas à venir à bout de leurs homologues de l'APV. Si le bouclage de la zone est réalisé sans coup férir dès le 28 juillet, la phase de nettoyage systématique se heurte – encore une fois au cours de la guerre d'Indochine – au manque d'effectifs. Le dispositif, trop lâche et comportant de nombreuses failles, permet au régiment 95 de s'exfiltrer sans trop de pertes. Au final, le bilan de l'opération s'avère décevant : le Viêt-minh accuse environ 200 tués et près de 400 prisonniers ; le corps expéditionnaire compte lui une vingtaine de tués et cinq fois plus de blessés. Certes, des postes sont construits et l'armée vietnamienne peut s'implanter dans certains endroits, mais quelques mois plus tard, au début de l'année 1954, le régiment 95 réapparaît...

36. Pathet Lao peut se traduire par la « Patrie » ou « Nation laotienne ».

37. Le terme « lao » est, à l'époque, conjointement employé avec celui de « laotien » pour désigner la population du pays. De nos jours, seul le second est utilisé pour éviter toute confusion avec le groupe ethnique Lao qui ne constitue qu'une partie des Laotiens.

38. Aussi appelé *Neo Lao Issara.*

39. Lors d'un « Congrès du peuple » qui se tient le 13 août 1950 au Tonkin où les révolutionnaires laotiens se sont réfugiés.

40. Le groupe de commandos mixtes aéroportés développé à l'époque de De Lattre (1951) est chargé, en s'appuyant sur des maquis composés d'ethnies farouchement opposées au Viêt-minh, de mettre en place une contre-guérilla destinée à détruire le potentiel militaire, politique, psychologique, social et économique de l'ennemi. Efficace, le GCMA renseigne le commandement français et crée l'insécurité sur les arrières et les voies de communication viêt-minh. En décembre 1953, en raison d'un scandale lié au trafic de l'opium, le GCMA est rebaptisé groupement mixte d'intervention (GMI).

41. Secteur de Haiphong et zone côtière.

42. Le général Salan prend l'habitude au cours de la guerre de lire presque chaque jour le Bulletin de renseignement quotidien (BRQ) et de faire lui-même l'analyse des éléments que ses subordonnés lui fournissent.

43. Situé sur le plateau du Tran Ninh à une altitude moyenne de 1 200 mètres, la plaine des Jarres s'étend sur une superficie totale d'environ 1 000 km^2. Elle

doit son nom à la présence de centaines de jarres en granit ou en grès pesant parfois jusqu'à 6 tonnes construites entre 5 000 av. J.-C. et 800 apr. J.-C. La communauté scientifique s'interroge toujours sur la fonction de ces sculptures.

44. Mal exécuté, le repli de la garnison tourne à la catastrophe. Les 13 et 14 avril 1953, les bataillons laotiens et leurs cadres français ne résistent pas aux assauts des réguliers viêt-minh, la colonne en retraite se volatilise.

45. Jean Ferrandi est à nouveau aux côtés de Salan en Algérie et intègre avec lui l'Organisation de l'armée secrète (OAS). Condamné à mort par contumace après le putsch manqué des généraux, il est finalement arrêté en même temps que le général Salan et voit sa peine commuée en détention. Il est gracié en 1966.

46. Trois hauts-commissaires sont cependant désignés et nommés dans chacun des États associés.

47. De son vrai nom Gilbert Hirsch-Ollendorff. Grandval est le nom qu'il se choisit dans la Résistance à partir de 1943.

48. Henri Froment-Meurice, *Vu du Quai. Mémoires 1945-1983*, Paris, Fayard, 1998, p. 97.

49. Henri Navarre, *Le Temps des vérités*, Paris, Plon, 1979, 461 pages.

50. À la fin de l'année 1953, un quatrième groupe de transport rejoint l'Indochine et, grâce à l'arrivée de nouveaux C 47 et C 119, l'objectif des 100 avions de transport est atteint à la fin janvier 1954.

Notes du chapitre IX, p. 431

1. Muong Thanh signifie en langue thaïe « la ville du ciel ». *Diên* désigne littéralement l'« administration », *Biên* un « espace frontalier » et *Phu*, un « district », ce qui en français peut se traduire par « chef-lieu de l'administration frontalière ».

2. Diên Biên Phu est évacuée par les Franco-Laotiens le 30 novembre 1952 alors même que commence la bataille de Na San.

3. Du nom de l'explorateur qui emprunta ce chemin au XIXe siècle.

4. La charge utile moyenne d'un C 47 est de 2,5 tonnes contre 6 tonnes pour le C 119 qui présente, en outre, l'avantage de pouvoir larguer la totalité de son fret en une seule passe.

5. Si la garnison peut être enlevée par voie aérienne sans encombre, il n'en est pas de même de la vingtaine de compagnies thaïes recrutées et organisées par les maquis, au total environ 2 000 partisans, attaqués dans leur repli et dont seulement 200 hommes accompagnés de leurs cadres européens peuvent rallier Diên Biên Phu.

6. *Anne-Marie* et *Gabrielle*.

7. *Béatrice, Dominique, Éliane, Claudine* et *Huguette*.

8. *Isabelle*.

9. Entre le 21 novembre 1953 et le 12 mars 1954, avant que ne s'engage la bataille, la garnison de Diên Biên Phu déplore 151 tués, 88 disparus et 798 blessés soit un total de 1 037.

10. La date de l'offensive a finalement été reportée d'un jour.

11. Si l'histoire de Diên Biên Phu a retenu cette date, il semble que la décision d'annuler l'attaque ait été prise une semaine plus tôt, le 18 janvier.

12. Mort le 5 mars 1953.

13. Au cours de la bataille, le Viêt-minh sera en mesure de recompléter ses effectifs en puisant parmi les 10 000 recrues de ses centres d'instruction ou ses dépôts, et enverra également trois bataillons supplémentaires combattre dans la vallée.

14. Ce chiffre, comme celui des combattants viêt-minh, est fourni par le décryptage du code du ravitaillement ennemi. Celui-ci indique le nombre de rationnaires ou le tonnage global en riz qui permet, par un simple calcul, de l'obtenir.

15. Entre novembre 1953 et mai 1954, le nombre d'appareils employés simultanément aux missions de bombardement ne dépasse pas cinq, la moyenne se situant autour de deux.

16. Sur les 517 légionnaires que compte le III/13e DBLE ce 13 mars 1954, environ 80 combattants sont présents dans le secteur central : blessés, suivant un stage de spécialisation ou employés à diverses servitudes. Il paraît étonnant que, l'heure d'attaque étant connue, les valides n'aient pas été envoyés sur *Béatrice* reprendre leurs postes de combat.

17. Prévue à 17 h 30, Giap a avancé l'horaire de l'attaque.

18. Le commandant Kah doit assurer la relève de Mecquenem, arrivé en fin de temps de commandement. Blessé, il est fait prisonnier après la chute de *Gabrielle* mais décède de ses blessures peu de temps après.

19. Essayant d'échapper aux viêt-minh qui investissent la position, le chef de bataillon de Mecquenem est fait prisonnier vers 7 heures.

20. L'addition de ces chiffres contredit ceux des ouvrages affirmant que l'effectif total du V/7e RTA présent sur *Gabrielle* s'élève à 877 au soir du 14 mars.

21. Le lieutenant-colonel Langlais commande l'ensemble des éléments de contre-attaque à Diên Biên Phu.

22. Confronté à son incapacité à museler l'artillerie ennemie, engagement qu'il avait donné à tous ses interlocuteurs avant la bataille, parfois de manière un peu suffisante, le lieutenant-colonel Piroth se suicide dans la nuit du 14 au 15 mars 1954.

23. Plusieurs sources évoquent la date du 26 mars pour cette action. Les archives consultées confirment bien, quant à elles, celle du 28.

24. *Dominique 1, 2* et 5, *Éliane 1* et *2*.

25. *Dominique 2*, avec ses 500 mètres d'altitude, est la plus haute des collines qui entourent le camp retranché.

26. Le Belvédère est un ensemble de collines escarpées situées à environ 3 kilomètres à l'est du Monte Cassino, en Italie. Les tirailleurs algériens et tunisiens de la 3e division d'infanterie algérienne (3e DIA) s'en emparèrent au prix de très lourdes pertes en janvier-février 1944.

27. Du 30 mars au 1er avril 1954, les quatre mitrailleuses quadruples de la batterie de marche du groupe antiaérien d'artillerie coloniale d'Extrême-Orient (GAACEO) consomment 68 000 cartouches de 12,7 mm.

28. Il s'agit en fait d'un drain creusé par les Japonais au cours de la Seconde Guerre mondiale.

29. La charge plate est une mine antipersonnel à effet dirigé qui renferme plusieurs centaines de projectiles.

30. Elle est désormais rendue possible grâce à l'arrivée de renforts : le II/1er RCP est largué entre le 1er et le 5 avril et le 2e BEP le sera entre le 10 et le 12 du même mois.

31. La mission des forces venues du Laos évolue début mai, il s'agit désormais de recueillir les isolés qui ont pu échapper au Viêt-minh.

32. À Diên Biên Phu même, il y a 569 blessés (221 couchés et 348 assis) et 122 à *Isabelle* (65 couchés et 57 assis).

33. Certains de ces lance-fusées sont exposés au « musée » de Diên Biên Phu, à proximité de l'ancien point d'appui *Éliane 2*, dénommé colline *A 1* par les Vietnamiens.

34. Le 23 mars 1954, une étude a déjà été entreprise sur la faisabilité d'une sortie de la garnison du camp retranché. Le colonel Bastiani concluait à l'impossibilité de cette action, d'accord en cela avec son adjoint qui soulignait : « Je crois que ce serait une aventure où nous risquerions de perdre notre GAP [groupement aéroporté], car il faut s'attendre à une poursuite viêt-minh très vigoureuse. »

35. Et non l'inverse comme l'on trouve parfois écrit dans certains ouvrages.

36. Le capitaine Pouget, ancien aide de camp du général Navarre qui a ensuite intégré le 1er BPC, saute avec la 3e compagnie dans la nuit du 3 au 4 mai et est envoyé immédiatement à l'est de la Nam Youn peu de temps sur *Éliane 3* avant de gagner *Éliane 2* où ses hommes doivent relever les restes du I/13e DBLE : « Trois cents blessés occupent toutes les places des abris d'*Éliane 3*. Les moins invalides sont allongés près des meurtrières [...] et servent des armes automatiques. De temps en temps, un médecin ou un infirmier vient changer les pansements qui sentent trop mauvais. Debout dans les tranchées, mes hommes regardent les parachutages tomber chez les Viêts. [Arrivé sur Éliane 2], je fais lentement le tour du point d'appui. Les tranchées et les ouvrages défensifs sont délabrés comme de vieilles ruines où logent des clochards terreux et faméliques. »

37. C'est un échec et *Isabelle* tombe le 8 mai 1954 à 1 h 50.

38. Ancien combattant d'Indochine, Pierre Rocolle est, par la suite, l'auteur d'une thèse remarquée sur la bataille de Diên Biên Phu à partir de laquelle il rédige l'un des meilleurs ouvrages sur le sujet : *Pourquoi Diên Biên Phu ?*, Paris, Flammarion, coll. « L'Histoire », 1968.

39. 858 blessés graves sont toutefois restitués par le Viêt-minh.

40. On lui reproche notamment d'avoir mené, en même temps que Diên Biên Phu, l'opération Atlante, déclenchée en janvier 1954 au Centre-Vietnam et qui aurait immobilisé des forces terrestres et aériennes susceptibles d'être utilisées au profit du camp retranché. Un examen approfondi de la question ne permet pas de donner objectivement raison à cette critique.

41. Après force démarches, et en butte à de nombreuses oppositions, le général Navarre obtient finalement la constitution d'une commission d'enquête sur Diên Biên Phu. Celle-ci commence ses travaux en mars 1955 et les achève en décembre. Pour Navarre, au-delà d'établir les responsabilités exactes des uns et des autres au cours de son commandement en Indochine, il s'agit de laver son honneur qu'il estime avoir été mis en cause.

42. En novembre 1953, le bataillon français de l'ONU (BF/ONU) envoyé par la France à partir du mois d'octobre 1950 pour participer à la coalition

onusienne chargée d'aider la Corée du Sud à recouvrer sa souveraineté est rapatrié en Indochine où il retrouve une partie des éléments de ses renforts, qui, du fait de la cessation des hostilités dans la péninsule coréenne, ont eux aussi été redirigés vers l'Extrême-Orient pour intégrer le CEFEO. Le BF/ONU est transformé en régiment de Corée et divisé en deux bataillons (renforcés par le commando Bergerol, du nom de son premier chef tué en septembre 1947) et deux compagnies vietnamiennes.

43. Le général Salan, inspecteur général de la défense en surface du territoire métropolitain depuis juin 1953, fait partie de la mission d'information dirigée par le général Ely envoyée, du 15 au 25 mai 1954, en Indochine après la chute de Diên Biên Phu. Le 8 juin 1954, il est nommé adjoint militaire du nouveau commissaire général et commandant en chef.

44. Il s'agit sans doute de bâtiments soviétiques, Moscou prenant à sa charge la plus grande partie des rapatriements des troupes régulières viêt-minh du Sud vers le Nord.

45. Du 20 au 23 juin 1954 ont été évacués 553 tonnes de matériel et 1 100 civils.

46. Sur les 3 200 hommes du GM 100 qui quittent Ankhé le 24 juin 1954, 1 600 sont comptés tués, blessés ou disparus une semaine plus tard.

47. Ces deux groupes mobiles sont reconstitués dans le courant du mois de juin 1954.

48. La manœuvre de déception vise à tromper un adversaire sur les intentions réelles du commandement. Dans la phase de préparation de l'opération Auvergne, diverses mesures sont prises pour éviter que le Viêt-minh ne se doute de l'évacuation : « Partout, racontera le général Fonde qui participe à l'opération, les préparatifs de la fête du 14 juillet et les travaux défensifs sont ostensiblement poursuivis [...]. L'annonce de la [vente de la] cotonnière de Nam Dinh à une société hindoue [*sic*] masque le départ des familles et des cadres français et l'évacuation d'une partie des stocks. Enfin, la presse révèle "qu'une haute personnalité militaire vietnamienne aurait été désignée pour assurer un commandement important en zone sud" »... Général Fonde, « Opération Auvergne. Rétraction de la zone sud du delta tonkinois. 18 juin-4 juillet 1954 », *Revue historique des armées*, n° 2, 1980, p. 224-250.

Notes du chapitre X, p. 477

1. À la fin mai 1954, le général Delteil s'apprête à remplacer le général Gardet à la tête des FTSV lorsqu'il est désigné par le général Navarre pour le représenter aux pourparlers de paix. D'après son témoignage, c'est sans aucune directive du commandant en chef qu'il se rend à Genève, seul le commissaire général Dejean lui transmet verbalement la consigne de ne pas céder les évêchés de Bui Chu et de Phat Diem.

2. Avec la nomination de Diêm à la présidence du Conseil, ce dernier est remplacé par Tran Van Do le 18 juin 1954.

3. Laurent Cesari, *Le Problème diplomatique de l'Indochine, 1945-1957*, Paris, Les Indes savantes, 2013.

4. Les discussions sur la Corée s'achèvent officiellement le 15 juin sans qu'aucune déclaration commune n'engage les participants des différentes nations intéressées.

5. Le 29 juin, finalement, des officiers viêt-minh et français se réunissent à Trung Gia. La première rencontre est un échec. Une nouvelle entrevue, le 4 juillet, donne naissance à la Commission militaire de Trung Gia (CMTG) ; les travaux entrepris entre les deux parties restent techniques : relevés des zones de minages, question du démontage des ponts militaires (pont Bailey, notamment), etc. La CMTG cède place à la Commission mixte franco-viêt-minh au milieu en août 1954.

6. Hanoï doit être évacuée dans un délai de quatre-vingts jours après le cessez-le-feu, Haiduong doit l'être cent jours après et un total de trois cents jours est accordé pour effectuer l'évacuation de la tête de pont de Haiphong.

7. Des accords communs passés ultérieurement fixent la date butoir au 16 mai 1955. Le départ du dernier navire français a lieu le 15 mai 1955.

8. Trung Gia est située sur l'ancienne RC 3 (qui relie Hanoï à Cao Bang) à 40 kilomètres au nord de la capitale tonkinoise, une zone neutre d'un rayon de 7 kilomètres a été instituée.

9. En réalité, à partir de 1950 et en vertu de la « politique de clémence du président Hô Chin Minh » – pour reprendre la terminologie viêt-minh –, le Viêt-minh a déjà procédé à des libérations.

10. La commission internationale de contrôle est formée des représentants du Canada, de l'Inde et de la Pologne et est présidée par le représentant indien.

11. Après avoir transféré au Laos les dernières compétences que la France détenait encore au mois de septembre 1953, les deux pays signent, le 22 octobre, un traité d'amitié et d'association. Le royaume du Laos, enfin unifié, affirme son appartenance à l'Union française.

12. La menace d'un envoi du contingent en Indochine est employée par Mendès France en cas d'échec des négociations.

13. Au cours du conflit, les pertes (tués, blessés, disparus, déserteurs) depuis le début de la guerre sont fournis par rapport décadaire.

14. La position de « déserteur » entraîne pour la famille de l'absent un préjudice moral considérable et des conséquences matérielles graves puisqu'elle prévoit une suspension de la délégation de solde. Celle de « disparu » entraîne, elle, une forte réduction de la délégation de solde. Le statut de « disparu présumé prisonnier » permet le versement intégral à la famille de la délégation.

15. Dès le début des discussions (27 juillet 1954), les délégués de l'APV font en sorte de retarder par tous les moyens la date du début des échanges. Sous prétexte d'organiser méthodiquement les remises, de nouvelles exigences se font jour quotidiennement.

Ainsi, le retard accumulé ne permet pas de respecter les délais où, au Nord-Vietnam notamment, la date limite de la fin des échanges est normalement fixée au 26 août 1954.

16. Au cours de la guerre, la France et le Vietnam ont interné un total de près de 250 000 prisonniers.

17. Le commandement français met tardivement en place un organisme chargé de s'occuper de la question des prisonniers du CEFEO ; il faut attendre le 22 janvier 1952 avec la création de l'Office du prisonnier.

18. Au moment du cessez-le-feu, le nombre de ralliés au Viêt-minh est estimé entre 1 400 et 1 500, il est d'environ 480 un an plus tard. De manière schématique, seul 10 % des ralliés sont des Français, contre 60 % de légionnaires, 25 % de Nord-africains et 5 % d'Africains. Les tentatives d'intégration des ralliés nord-africains dans la société viêt-minh sont un échec et le gouvernement de Hanoï cherchera à se débarrasser de ces hommes qui, en leur temps, ont constitué un efficace instrument de propagande.

19. Parmi eux, 1 009 Allemands, 80 Polonais, 58 Hongrois et 49 Tchécoslovaques.

20. Jacques Dalloz, *Dictionnaire de la guerre d'Indochine. 1945-1954*, Paris, Armand Colin, 2 006, p. 78. Par ailleurs, 400 Français métropolitains auraient également déserté, autant de Nord-Africains ainsi qu'une centaine d'Africains.

21. Le *Jules-Verne* est un ravitailleur de sous-marins.

22. La lettre de Pham Van Dong est très courte, la réponse de Mendès France encore davantage, celui-ci se contentant de prendre acte des décisions prises.

23. Guy La Chambre est ministre chargé des relations avec les États associés.

24. Entendre ici le Sud-Vietnam.

25. Jean Daridan est commissaire général adjoint de France en Indochine entre août 1954 et avril 1955.

26. Le gouvernement Edgar Faure est formé au début du mois de février 1955.

27. Gaston Palewski est ministre délégué à la présidence du Conseil.

28. En définitive, en février 1958, le projet de création d'une représentation commerciale à Paris est accepté. Celle-ci voit le jour en 1961 et est dirigé par Mai Van Bo, futur ambassadeur de la RDVN en France.

29. Du 4 au 8 juillet 1966, Jean Sainteny, nommé émissaire du général de Gaulle, se rend à Hanoï.

30. Quand une autre partie est dirigée vers la France ou l'Afrique du Nord.

31. Au mois d'avril 1955, 3 292 réfugiés sont encore accueillis dans la tête de pont de Haiphong puis il devient de plus en plus difficile aux candidats à l'exode d'atteindre le périmètre tenu par le corps expéditionnaire. Ainsi, seules 303 personnes peuvent se réfugier dans la zone française au cours de la première quinzaine de mai.

32. Jacques Dalloz, *La Guerre d'Indochine 1945-1954*, *op. cit.*, p. 257.

33. Général Paul Ely, *Mémoires. L'Indochine dans la tourmente*, Paris, Plon, t. I, 1964, p. 221. Après la chute de Diên Biên Phu, le général Ely remplace le général Navarre et cumule les fonctions de commissaire général de France et commandant en chef en Indochine (juin 1954 – juin 1955).

34. À la fin de l'année 1955, le plan français est loin d'être réalisé, mais le dynamisme de la population tonkinoise et le soutien financier occidental permettent le développement économique des zones où se sont installés les réfugiés. Quelques années plus tard, l'occupation et l'assainissement de zones situées dans la plaine des Joncs et sur les Plateaux montagnards règlent presque définitivement l'intégration de ces populations.

35. La déflation du CEFEO s'opère en plusieurs temps. À l'automne 1954, les effectifs théoriques sont fixés à 75 000 hommes dans le cadre du corps expéditionnaire regroupé dans le Sud. Ensuite, la déflation s'effectue par tranche

de 5 000 hommes sur décision gouvernementale en accord avec le comité des chefs d'état-major.

36. Général Paul Ely, *Mémoires…, op. cit.*, p. 285

37. En octobre 1954 est constitué un corps de bataille fort de quatre divisions d'infanterie placé sous l'autorité d'un organisme de commandement, le groupe de divisions Sud. Deux de ces divisions sont formées d'éléments nord-africains et légionnaires qui, pour cette raison, sont dénommées « divisions nord-africaines d'Extrême-Orient » (DINAEO). Les formations des DINAEO proviennent des anciennes divisions de marche du Tonkin. Le départ des contingents nord-africains conduit, le 1er janvier 1955, à une nouvelle réorganisation : la 1re DINAEO devient 4e division d'infanterie d'Extrême-Orient (4e DIEO) et la 2e DINAEO, qui tient garnison dans la région de Cholon, devient 2e DIEO. Ces grandes unités sont dissoutes en février et mars 1955. Les deux autres divisions qui intègrent, aux côtés des DINAEO, la nouvelle structure du corps expéditionnaire au Sud-Vietnam sont appelées « divisions infanterie coloniales d'Extrême-Orient » (DICEO). Au 1er janvier 1955, ces divisions perdent leur appellation « coloniale » et deviennent, elles aussi, des « divisions d'infanterie d'Extrême-Orient ». Elles disparaissent au printemps 1956, avec le départ du corps expéditionnaire d'Extrême-Orient.

38. Bao Dai est toujours officiellement chef de l'État. C'est à la suite des événements du printemps 1955 qu'il est destitué, au mois d'avril (avant d'être déchu de son trône à l'automne suivant) et que Diêm renforce son autorité.

39. De nouveaux affrontements ont lieu au cours des mois d'avril et mai 1955.

40. Comme aide de camp, il le suivra même dans sa rébellion au pouvoir français lors du putsch des généraux en avril 1961, et sera encore à ses côtés, compagnon de cellule à la prison de Tulle.

41. Jean Ferrandi, *Les Officiers français face au Viêt-minh. 1945-1954*, Paris, Fayard, 1966, p. 259.

42. Il est reproché au général Ely de ne pas être un officier charismatique et opérationnel. Son aspect émacié est l'objet de moqueries de la part de ses détracteurs. En fait, on lui reproche surtout d'appliquer la politique du gouvernement et de « solder » l'Indochine.

43. Le Vietnam quitte l'Union française le 9 décembre 1955 alors que le Cambodge s'en était déjà retiré le 25 septembre. Le Laos, lui, attendra le 11 mai 1957 pour faire une démarche similaire.

44. Dans la décennie qui suit, Tran Van Son est impliqué dans les événements qui agitent la capitale du Sud-Vietnam, notamment dans le coup d'État qui renverse Ngô Dinh Diêm. Il gagne les États-Unis après l'entrée des communistes dans Saigon en avril 1975.

45. Numéro du 21 au 26 janvier 1956.

46. Le 26 janvier 1956, « le gouvernement vietnamien fait connaître […] qu'il souhaite voir réalisé dans les meilleurs délais le retrait des troupes françaises ».

47. Les derniers conseillers, qui servaient dans la marine et l'armée de l'air, partent en 1957.

48. À compter du 2 juin 1955, le général Jacquot remplace le général Ely. Le poste de commissaire général de France est occupé à partir du mois de juillet par l'ambassadeur Henri Hoppenot.

49. À la fin du mois de juin 1956, la plupart de ces militaires ont été rapatriés, un dernier contingent quitte Saigon au mois de septembre de la même année.

50. Seno se situe à l'intersection de deux axes stratégiques majeurs (Saigon-Vientiane et Savannakhet-Dong Ha). Implantée au kilomètre 35 de la route venant de Savannakhet, la base (créée fin 1952) fut appelée Seno en considération de l'orientation générale des deux pistes d'aviation : sud-est/nord-ouest.

51. « Lot et Garonne. Les harkis d'Indochine », *Le Télégramme*, 25 juin 2008. Bias fermé, il ne reste plus désormais que les deux CAFI de Sainte-Livrade et de Noyant.

Note de la conclusion, p. 521

1. La communauté française au Cambodge est d'environ 4 000 personnes.

Table des sigles et abréviations

A

ABC	Arme blindée et cavalerie
A.-E.F.	Afrique-Équatoriale française
AFN	Afrique du Nord
AGAS	*Air-Ground-Air Service*
ALFIC	*Allied Land Forces Indo China*
ALFSEA	*Allied Land Forces South East Asia*
AM	Automitrailleuse
ANVN	Armée nationale vietnamienne
ANL	Armée nationale laotienne
A.-O.F.	Afrique-Occidentale française
AP	Antipersonnel
APL	Armée populaire de libération
APV	Armée populaire vietnamienne
ARK	Armée royale khmère
ARL	Armée royale laotienne

B

BA	Base aéroterrestre
BAL	Brigade Annam-Laos
BAPN	Base aéroportée Nord
BAPS	Base aéroportée Sud
BCD	*Bao Chinh Doan* (corps de défense de l'État)
BCL	Bataillon de chasseurs laotiens
BDPGI	Bureau des prisonniers de guerre et des internés
BEO	Brigade d'Extrême-Orient
BG	Bataillon du génie
BIRD	Banque internationale pour la reconstruction et le développement

BM	Bataillon de marche
BMEO	Brigade marine d'Extrême-Orient
BMI	Bataillon de marche indochinois
BMNA	Bataillon de marche nord-africain
BMTS	Bataillon de marche de tirailleurs sénégalais
BNAG	Bataillon nord-africain du génie
BOTK	Base opérationnelle du Tonkin
BRQ	Bulletin de renseignements quotidien
BT	Bataillon thaï

C

CA	Corps d'armée
CAEO	Commandement de l'air en Extrême-Orient
CCA	Commission de contrôle alliée
CED	Communauté européenne de défense
CEFEO	Corps expéditionnaire français d'Extrême-Orient
CEFI	Corps expéditionnaire français en Italie
CEFS	Corps expéditionnaire français de Scandinavie
CFE	Comité français d'entraide
CFLN	Comité français de libération nationale
CIC	Commission internationale de contrôle
CLI	Corps léger d'intervention
CLSM	Compagnie légère de supplétifs militaires
CP	Charge plate
CR	Camp retranché
CR	Centre de résistance
CRA	Compagnie de ravitaillement par air
CRPJ	Centre de résistance de la plaine des Jarres
CSM	Compagnie de supplétifs militaires

D

DB	Division blindée
DBCCP	Demi-brigade coloniale de commandos parachutistes
DBMP	Demi-brigade de marche parachutiste
DCA	Défense contre avion
DCC	Division Cochinchine-Cambodge
DFL	Division française libre

DGER	Direction générale des Études et Recherches
DI	Division d'infanterie
DIC	Division d'infanterie coloniale
DICEO	Division d'infanterie coloniale d'Extrême-Orient
DIEO	Division d'infanterie d'Extrême-Orient
DLO	Détachement de liaison et d'observation
DMH	*Dong Minh Hoï*
DMT	Division de marche territoriale
DNAEO	Division nord-africaine d'Extrême-Orient
DT	Division du Tonkin
DZ	*Dropping Zone*

E

EA	Engin d'assaut
ECA	*Economic Cooperation Agency*
EDL	Éléments de division légère
EMIFT	État-major interarmées et des forces terrestres
EOCA	Éléments organiques de corps d'armée

F

FAEO	Forces armées d'Extrême-Orient
FAPI	Formations aéroportées en Indochine
FAVN	Forces armées vietnamiennes
FEFEO	Forces expéditionnaires d'Extrême-Orient
FFA	Forces françaises en Allemagne
FFL	Forces françaises libres
FM	Fusil-mitrailleur
FMI	Fond monétaire international
FOM	France d'Outre-mer
FT	Forces terrestres
FTCVP	Forces terrestres du Centre-Vietnam et des Plateaux
FTEO	Forces terrestres d'Extrême-Orient
FTNV	Forces terrestres du Nord-Vietnam
FTSV	Forces terrestres du Sud-Vietnam
FY	*Fiscal* -ou *Financial-Year*

G

GACAOF	Groupe d'artillerie coloniale de l'Afrique-Occidentale française
GAMO	Groupement administratif mobile opérationnel
GATAC	Groupement aérien tactique
GBT	Groupement blindé du Tonkin
GCMA	Groupement de commandos mixtes aéroportés
GLAP	Groupement léger aéroporté
GM	Groupe (ou groupement) mobile
GML	Groupe mobile léger
GMC	*General Motors Truck Compagny*
GMI	Groupement mixte d'intervention
GMNA	Groupe mobile nord-africain
GM/2e DB	Groupement de marche de la 2e division blindée
GONO	Groupement opérationnel du Nord-Ouest (Diên Biên Phu)
GOMRN	Groupement opérationnel de la moyenne rivière Noire (Na San)
GPCP	Groupement parachutiste de chasseurs à pied
GPRF	Gouvernement provisoire de la République française
GPUN	Gouvernement provisoire d'union nationale
GRA	Gouvernement révolutionnaire annamite
GRCEO	Groupe de contrôle radioélectrique d'Extrême-Orient
GSAP	Groupement de spahis à pied
GTM	Groupement de tabors marocains

I

IPS	Instruction personnelle et secrète

J

JANIS	*Joint Army-Navy Intelligence Service*
JAG	Jeunesses d'avant-garde
JCS	*Joint Chiefs of Staff*
JMO	Journal des marches et opérations

L

LCI	*Landing Craft Infantry*
LCVP	*Landing Craft Vehicle and Personnel*
LCM	*Landing Craft Mechanized*
LST	*Landing Ship Tank*
LVT	*Landing Vehicle Tracked*

M

MAAG	*Military Assistance Advisory Group*
MDAP	*Mutual Defense Assistance Program*
MEP	Missions étrangères de Paris
MIAPED	Mine antipersonnel à effet dirigé
MMAJ	Mission militaire d'achat au Japon
MMF	Mission militaire française
MMF/GVN	Mission militaire française près du gouvernement vietnamien
MRP	Mouvement républicain populaire
MSA	*Mutual Security Agency*
MSP	*Military Support Program*

N

NSA	*National Security Council*

O

OAP	Opération aéroportée
ORA	Organisation de résistance de l'armée
OSS	*Office of Strategic Services*

P

PA	Point d'appui
PAM	Programme d'assistance militaire
PCF	Parti communiste français
PCI	Parti communiste indochinois
PIM	Prisonniers et internés militaires
PK	Point kilométrique
PMS	Plateaux montagnards du Sud
PRL	Parti républicain de la liberté
PSP	*Pierced steel plank* ou plaque semi-perforée

R

RAA	Régiment d'artillerie d'Afrique
RAC	Régiment d'artillerie coloniale
RACM	Régiment d'artillerie coloniale du Maroc
RAPWI	*Recovery of Allied Prisoners of War and Internees*
RBCEO	Régiment blindé colonial d'Extrême-Orient
RC	Route coloniale
RCC	Régiment de chasseurs à cheval
RCCC	Régiment colonial de chasseurs de chars
RCT	*Regimental Combat Team*
RD	Régiment de dragons
RDP	Régiment de dragons portés
RDVN	République démocratique du Vietnam
REC	Régiment étranger de cavalerie
REI	Régiment étranger d'infanterie
RIC	Régiment d'infanterie coloniale
RICM	Régiment d'infanterie coloniale du Maroc
RMTS	Régiment de marche de tirailleurs sénégalais
RN	Route nationale
RP	Route provinciale
RPC	République populaire de Chine
RS	Régiment de spahis
RSM	Régiment de spahis marocains
RTA	Régiment de tirailleurs algériens
RTA	Régiment de tirailleurs annamites
RTC	Régiment de tirailleurs cambodgiens
RTM	Régiment de tirailleurs marocains
RTT	Régiment de tirailleurs tonkinois

S

SAS	*Special Air Service*
SCA	Service cinématographique des armées
SDN	Société des Nations
SDECE	Service de documentation extérieure et de contre-espionnage
SEAC	*South East Asia Command*
S/GB	Sous-groupement blindé
SENO	Sud-Est/Nord-Ouest

SFI	Service français d'information
SFIC	Section française de l'Internationale communiste
SFIO	Section française de l'Internationale ouvrière
SGP	Sections du génie parachutiste
SKZ	*Sung Khong Giât* (canon sans recul)
SPI	Service presse information
SR	Service de renseignements
STEM	*Special Technical Economic Mission*
STR	Service technique des recherches
STUP	Service technique des unités parachutistes

T

TAP	Troupes aéroportées
TAPI	Troupes aéroportées d'Indochine
TC	Troupes coloniales
TD	*Tank Destroyer*
TDKQ	*Tieu Doan Kinh Quan* (bataillon léger)
TED	Tableau des effectifs et des dotations
TOA	Troupes d'occupation en Allemagne

V

VNQDD	*Viêt-Nam Quoc Dan Dang*

Z

ZANO	Zone autonome du Nord-Ouest
ZOXK	Zone opérationnelle de Xieng Khouang
ZOT	Zone opérationnelle du Tonkin
ZOTS	Zone opérationnelle de Tran Ninh-Sam Neua

Bibliographie

Sources primaires

Les archives militaires conservées au Service historique de la Défense (SHD) ont constitué l'essentiel des sources primaires utilisées pour le présent ouvrage. Les inventaires concernant la période coloniale ou la guerre d'Indochine sont en ligne et peuvent être consultés librement : http://www.servicehistorique.sga.defense.gouv.fr/. D'autres fonds archivistiques, notamment ceux des Archives nationales d'outre-mer (ANOM) à Aix-en-Provence ou des fonds privés, tel celui de Jean Sainteny, détenu par le Centre d'histoire de Science Po à Paris, ont enrichi le texte.

Instruments de recherche bibliographique

Michel Bodin, *Dictionnaire de la guerre d'Indochine 1945-1954*, Paris, Economica, 2004, 319 pages.

Jacques Dalloz, *Dictionnaire de la guerre d'Indochine 1945-1954*, Paris, Armand Colin, 2006, 282 pages.

Jean-Claude Devos, Jean Nicot, Philippe Schillinger, *Inventaire des archives de l'Indochine. Sous-série 10 H (1867-1956)*, Château de Vincennes, Service historique de l'armée de Terre, t. II, 1987, 380 pages.

–, *Inventaire des archives de l'Indochine. Sous-série 10 H (1867-1956)*, Château de Vincennes, service historique de l'armée de Terre, t. I, 1990, 462 pages.

Christopher Goscha, *Historical Dictionary of the Indochina War (1945-1954). An International and Interdisciplinary Approach*, Nias Press, 2011, 564 pages.

Alain Ruscio, *La Première Guerre d'Indochine (1945-1954). Bibliographie*, Paris, L'Harmattan, 1987, 286 pages.

Alain Ruscio (dir.), *La Guerre française d'Indochine (1945-1954). Les sources de la connaissance. Bibliographie, filmographie, documents divers*, Paris, Les Indes savantes, 2002, 1174 pages.

L'Indochine pendant la Seconde Guerre mondiale 1940-1945

Richard Aldrich, *Intelligence and the War against Japan : Britain, America and the Politics of Secret Service*, Cambridge University Press, 2008, 528 pages.

Jean Aurillac, *Journal de captivité à Saigon et Loc-Ninh (9 mars-1er octobre 1945). Le coup de force japonais en Indochine*, Paris, Les Indes savantes, 2012, 281 pages.

Bernard Brizay, *La France en Chine : du XVIIe siècle à nos jours*, Paris, 2013, 556 pages.

Georges Catroux (général), *Deux actes du drame indochinois. Hanoï : juin 1940. Diên Biên Phu : mars-mai 1954*, Paris, Plon, 1959, 238 pages.

Jean Decoux (amiral), *À la barre de l'Indochine. Histoire de mon gouvernement général 1940-1945*, Paris, Plon, 1949, 507 pages.

Claude Delmas, *Pearl Harbor. La guerre devient mondiale*, Bruxelles, Complexe, coll. « 1941. La mémoire du siècle », 1990, 253 pages.

Jean Dubourg, *Les crimes japonais : après le 9 mars 1945 : conditions d'internement des Français en Indochine*, Impr. française d'outre-mer, 1948, 49 pages.

Peter Dunn, *The First Vietnam War*, C. Hurst & Company Publishers, 1985, 392 pages

Philippe Franchini (dir.), *Saigon 1925-1945. De la « belle colonie » à l'éclosion révolutionnaire ou la fin des dieux blancs*, Paris, Autrement, Série Mémoires n° 17, 1994, 261 pages.

Philippe Grandjean, *L'Indochine face au Japon 1940-1945. Decoux-de Gaulle, un malentendu fatal*, Paris, L'Harmattan, coll. « Recherches asiatiques », 2004, 298 pages.

Claude Hesse D'alzon, *La Présence militaire française en Indochine (1939-1945)*, Vincennes, Service historique de l'armée de terre, 1984, 393 pages.

Michel Huguier, *De Gaulle, Roosevelt et l'Indochine. De 1940 à 1945*, Paris, L'Harmattan, 2010, 322 pages.

Akira Iriye, *Pearl Harbor and the Coming of the Pacific War : A Brief History with Documents and Essays*, Palgrave Macmillan, coll. « The Bedford Series in History and Culture », 1999, 272 pages.

–, *The Origins of the Second World War in Asia and the Pacific*, Routledge coll. « Origins of Modern Wars », 1987, 216 pages.

Eric Jennings, *Vichy sous les tropiques. La révolution nationale à Madagascar, en Guadeloupe, en Indochine. 1940-1944*, Paris, Grasset, 201, 386 pages.

David Lu, *Agony of Choice : Matsuoka Yokuse and the Rise and Fall of the Japanese Empire, 1880-1946*, Lexington Books, coll. « Studies of Modern Japan », 2003, 328 pages.

Michael Lucken, *Les Japonais et la guerre 1937-1952*, Paris, Fayard, 2013, 397 pages.

Jean Marchand, *L'Indochine en guerre*, Paris, Presses de la Cité, 1954, 324 pages.

Fabienne Mercier, *Vichy face à Chiang Kai-Shek Histoire diplomatique*, Paris, L'Harmattan, coll. « Recherches asiatiques », 1995, 335 pages.

Franck Michelin, « La rencontre de deux destins. L'expansion vers le sud du Japon et l'Indochine française en juin 1940 », *Ebisu études japonaises*, n° 30, 2003, p. 5-31.

Chizuru Namba, *Français et Japonais en Indochine (1940-1945). Colonisation, propagande et rivalité culturelle*, Karthala, 2012, 288 pages.

Kiyoko Kurusu Nitz, « Japanese Military Policy Towards French Indochina during the Second World War : the Road to the "Meigo Sakusen" (9 mars 1945) », *Journal of Southeast Asian Studies*, vol. 14, n° 2, septembre 1983, p. 328-353.

Gabriel Sabattier, *Le Destin de l'Indochine. Souvenirs et documents 1941-1951*, Paris, Plon, 1952, 466 pages.

Jean-José Ségéric, *Le Japon militaire*, Paris, L'Harmattan, 2013, 562 pages.

Ralph Smith, « The Japanese Period in Indochina and the Coup of 9 March 1945 », *Journal of Southeast Asian Studies*, vol. 9, n° 2 « Japan and the Western Powers in Southeast Asia », septembre 1978, p. 268-301.

Takashi Shiraishi, Motoo Furuta (dir.), *Indochina, in the 1940s and 1950s*, Cornell University, coll. « Southeat Aisa Program », 1992, 196 pages.

Mangkra Souvannaphouma, *Laos : Autopsie d'une monarchie assassinée*, Paris, L'Harmattan, 2010, 333 pages.

Judith Stowe, *Siam Becomes Thailand : A Story of Intrigue*, University of Hawaï, 1991, 394 pages.

Nicholas Tarling, *A Sudden Rampage : The Japanese Occupation of Southeast Asia, 1941-1945*, University of Hawaï, 2001, 286 pages.

My-Van Tran, *A Vietnamese Royal Exile in Japan : Prince Cuong De (1882-1951)*, Routledge, coll. « Studies in the Modern History of Asia », 2005, 288 pages.

–, « Prince Cuong De (1882-1951) and his Quest for Vietnamese Independence », *New Zealand Journal of Asian Studies*, vol. 11, n° 1, juin 2009, p. 75-86.

Ministère des Affaires étrangères, *Documents diplomatiques Français, 1940,* t. II *(11 juillet-31 décembre)*, P.I.E.-Peter Lang S.A., 2009, 1058 pages.

Sébastien Verney, *L'Indochine sous Vichy : entre Révolution nationale, collaboration et identités nationales 1940-1945*, Paris, Riveneuves éditions, 2012, 520 pages.

Jacques Weber, François de Sesmaisons, *La France en Chine 1843-1943*, Paris, L'Harmattan, 2013, 272 pages.

Kazuo Yagami, *Konoe Fumimaro and the Failure of Peace in Japan, 1937-1941 : A Critical Appraisal Of The Three-time Prime Minister*, McFarland & Company, 2006, 198 pages.

Le retour de la France en Indochine 1945-1947

Gilbert Bodinier, *La Guerre d'Indochine 1945-1946. Le retour de la France en Indochine* (Textes et documents recueillis à partir des archives de l'armée de terre), Vincennes, Service historique de l'armée de terre, vol. 1, 1987, 399 pages.

–, *Indochine 1947. Règlement politique ou solution militaire* (Textes et documents recueillis à partir des archives de l'armée de terre), Vincennes, Service historique de l'armée de terre, vol. 2, 1989, 493 pages.

Lin Hua, *Chang Kai-Shek, de Gaulle contre Hô Chi Minh. Viêt-Nam 1945-1946*, Paris, L'Harmattan, coll. « Recherches asiatiques », 1994, 333 pages.

David Marr, *Vietnam. State, War, and Revolution (1945-1946)*, University of California Press, 2013, 721 pages.

Peter Neville, *Britain in Vietnam : Prelude to Disaster, 1945-46*, Routledge, 2008, 250 pages.

Guy Pedroncini, Philippe Duplay (dir.), *Leclerc et l'Indochine 1945-1947. Quand se noua le destin d'un empire*, Paris, Albin Michel, 1992, 433 pages.

John Springhall, « Kicking out the Vietminh : How Britain Allowed France to reoccupy South Indochina, 1945-46 », *Journal of Contemporary History*, vol. 40, n° 1, janvier 2005, p. 115-130.

Georges Thierry d'Argenlieu, *Chronique d'Indochine 1945-1947*, Paris, Albin Michel, 1985, 467 pages.

Stein Tønnesson, *1946 : Déclenchement de la guerre d'Indochine. Les vêpres tonkinoises du 19 décembre*, Paris, L'Harmattan, coll. « Recherches asiatiques », 1987, 275 pages.

–, *Vietnam 1946. How the War began*, University of California Press, 2010, 361 pages.

Jean Sainteny, *Histoire d'une paix manquée. Indochine 1945-1947*, Paris, Fayard, coll. « Les grandes études contemporaines », 289 pages.

Frédéric Turpin, *De Gaulle, les gaullistes et l'Indochine*, Paris, Les Indes savantes, 2005, 666 pages.

Aspects coloniaux de l'Indochine française 1858-1954

Jean-François Bayart, *Les Études postcoloniales. Un carnaval académique*, Karthala, 2010, 126 pages.

Christophe Bertrand, Caroline Herbelin, Jean-François Klein (dir.), *Indochine des territoires et des hommes. 1856-1956*, Paris, Gallimard/Musée de l'armée, 2013, 319 pages.

Romain Bertrand, *Mémoires d'empire. La controverse autour du fait colonial*, Éditions du croquant, 2006, 219 pages.

Pierre Brocheux, Daniel Hémery, *Indochine la colonisation ambiguë 1858-1954*, Paris, La Découverte, coll. « Textes à l'appui », Série Histoire contemporaine, 1995, 427 pages.

Charles Fourniau, *Domination coloniale et résistance nationale. 1858-1914*, Paris, Les Indes savantes, 2002, 845 pages.

Hô Chi Minh, *Le Procès de la colonisation française*, Paris, Le Temps des cerises, 2012, 212 pages.

Gilles Manceron, *Marianne et les colonies. Une introduction à l'histoire coloniale de la France*, Paris, La Découverte/Poche, 2003, 317 pages.

Ngo Van, *Au pays de la cloche fêlée. Tribulations d'un cochinchinois à l'époque coloniale*, Paris, L'Insomniaque, 2013, 221 pages.

La guerre d'Indochine et son contexte politique et diplomatique

Raymond Aron, *Les Articles du* Figaro. *La guerre froide. 1947-1955*, Paris, De Fallois, 1990, t. 1, 1418 pages.

Association nationale des anciens d'Indochine, *Indochine, alerte à l'histoire. Ni opprobre, ni oubli* (en collaboration avec l'Académie des sciences d'outre-mer et l'Institut de l'Asie du Sud-Est), 1985, 418 pages.

Vincent Auriol, *Journal du septennat 1947-1954. Année 1950* (version intégrale établie, introduite et annotée par Anne-Marie Bellec avec la collaboration de Violaine Chatelain. Cette publication s'accompagne de l'édition au format électronique sur cédérom de l'ensemble du *Journal du septennat*), Paris, Tallandier, 2003, 796 pages.

Serge Berstein et Pierre Milza (dir.), *L'année 1947*, Paris, Presses de Sciences Po, 2000, 531 pages.

Lucien Bodard, *La Guerre d'Indochine*, Paris, Bernard Grasset, 1997, 1168 pages.

Pierre Boyer de Latour, *De l'Indochine à l'Algérie. Le martyr de l'armée française*, Paris, Les Presses du Mail, 380 pages.

Laurent Césari, *Le Problème diplomatique de l'Indochine, 1945-1957*, Paris, Les Indes savantes, 2013, 415 pages.

Georges Chaffard, *Les Deux Guerres du Vietnam. De Valluy à Westmoreland*, Paris, La Table ronde, 1969, 463 pages.

Jacques Dalloz, *La Guerre d'Indochine 1945-1954*, Paris, Seuil, coll. « Inédit histoire », 1987, 314 pages.

Éric Deroo, Pierre Vallaud, *Indochine française, 1856-1956. Guerres, mythes et passions*, Paris, Perrin, 2003, 224 pages.

Jacques Despuech, *Le Trafic des piastres*, Paris, éditions des Deux-Rives, 1953, 168 pages.

Jean Doise et Maurice Vaïsse, *Politique étrangère de la France. Diplomatie et outil militaire 1871-1991*, Paris, Seuil, coll. « Point Histoire », 1992, 752 pages.

Jean-Baptiste Duroselle, *Histoire diplomatique de 1919 à nos jours*, Paris, Dalloz, 1966, 810 pages.

Philippe Devillers, « D'un modus vivendi à la guerre : de la prise de Haiphong au coup du 19 décembre 1946 », *Guerres mondiales et conflits contemporains*, n° 148, octobre 1987, p. 5-22.

–, *Paris Saigon Hanoï. Les archives de la guerre 1944-1947*, Paris, Gallimard/Julliard, coll. « Archives », 1988, 396 pages.

–, *Histoire du Viêt-Nam de 1940 à 1952*, Paris, Seuil, 1952, 471 pages.

Jean Deuve, *Le Royaume du Laos, 1949-1965. Histoire événementielle de l'indépendance à la guerre américaine*, Paris, École française d'Extrême-Orient, Centre d'histoire et civilisation de la péninsule indochinoise, Paris, A. Maisonneuve, 1984, 387 pages.

Georgette Elgey, *Histoire de la IVe République. La République des illusions (1945-1951)*, Paris, Fayard, t. I, 1993, 704 pages.

–, *Histoire de la IVe République. La République des contradictions (1951-1954)*, Paris, Fayard, t. II, 1993, 760 pages

Patrick Facon, *La IVe République 1944-1958. De la Libération au 13 mai*, Paris, Pygmalion/Gérard Watelet, 1997, 446 pages.

Bernard Fall, *Les Deux Viêt-Nam*, Paris, ayot, 1967, 478 pages.

–, « Corée et Indochine. Deux programmes d'aide américaine », *Politique étrangère*, 1956, vol. 21, n° 2, p. 175-190.

–, *Indochine 1946-1962. Chronique d'une guerre révolutionnaire*, Paris, Robert Laffont, 1962, 377 pages.

–, *Street without Joy. The French Debacle in Indochina*, Mechanicsburg, Stackpole Books, 2005, 408 pages.

Claude Faure, *Aux Services de la République du BCRA à la DGSE*, Paris, Fayard, 2004, 782 pages.

Gilles Férier, *Les Trois Guerres d'Indochine*, Lyon, Presses universitaires de Lyon, coll. « Conflits contemporains », 1993, 168 pages.

Jacques de Folin, *Indochine 1940-1955. La fin d'un rêve*, Paris, Perrin, coll. « Vérités et Légendes », 1993, 361 pages.

René Girault, Robert Frank, Jacques Thobie, *La Loi des géants 1941-1964*, dans *Histoire des relations internationales contemporaines*, Paris, Payot, t. 3, 2004, 541 pages.

Yves Gras, *Histoire de la guerre d'Indochine*, Paris, Denoël, coll. « L'aventure coloniale de la France, 1992, 609 pages.

Philippe Héduy, *Histoire de l'Indochine. Le destin : 1885-1954*, Paris, Société de presses littéraire, V. 2, 1983, 353 pages.

Stanley Karnow, *Vietnam*, Paris, Presses de la Cité, coll. « Document », 1984, 434 pages.

Arthur Laurent, *La Banque de l'Indochine et la piastre*, Paris, éditions des Deux-Rives, 1954, 250 pages.

Jean de Lattre de Tassigny, *Ne pas subir, écrits 1914-1952* (textes rassemblés et présentés par Élisabeth du Réau et André Kaspi), Paris, Plon, 1984, 562 pages.

–, *La Ferveur et le sacrifice. Indochine 1951*, Paris, Plon, 1988, 473 pages.

M.-C. Mazare, « Indochine 1945 : le coup de force japonais et l'armée de l'air », *Revue historique des armées*, n° 1, 1978, p. 123-144.

Paul Marcus, *La République trahie. De l'affaire des généraux à l'affaire des fuites*, Paris, Le Cherche-Midi, 2009, 353 pages.

Paul Mus, *Le Destin de l'Union française. De l'Indochine à l'Afrique*, Paris, Seuil, 1954, 357 pages.

–, *Viêt-Nam, sociologie d'une guerre*, Paris, Seuil, 1952, 375 pages.

–, « L'Indochine en 1945 », *Politique étrangère*, hors-série n° 4, août 1986, p. 349-374.

Henri Navarre, *Agonie de l'Indochine (1953-1954)*, Paris, Plon, 1956, 335 pages.

–, *Le Temps des vérités*, Paris, Plon, 1979, 461 pages.

Philippe Papin, *Histoire de Hanoï*, Paris, Fayard, 2001, 404 pages.

Jean Planchais, *Une histoire politique de l'armée. 1940-1967. De De Gaulle à de Gaulle*, Paris, Seuil, t. II, 1967, 382 pages.

–, *L'Empire embrasé 1945-1962*, Paris, Denoël, coll. « L'aventure coloniale de la France », 1990, 443 pages.

Maurice Rives, Éric Deroo, *Les Linh Tap. Histoire des militaires indochinois au service de la France 1859-1960*, Paris, Lavauzelle, 1999, 140 pages.

Alain Ruscio, *1945-1954. La Guerre française d'Indochine*, Bruxelles, Complexe, coll. « La mémoire du siècle », 1992, 278 pages.

Georges-Henri Soutou, *La Guerre de cinquante ans. Les relations Est-Ouest 1943-1990*, Paris, Fayard, 2001, 767 pages.

Georges-Henri Soutou, Jacques Frémeaux, Olivier Forcade (dir.), *L'Exploitation du renseignement*, Paris, Economica et Institut de stratégie comparée, 2001, 332 pages.

Jean-Claude Surleau, « Les bombardements américains en Indochine pendant la Seconde Guerre mondiale », *Revue historique des armées*, n° 1, 1983, p. 19-25.

Hugues Tertrais, *La Piastre et le fusil. Le coût de la guerre d'Indochine, 1945-1954*, Paris, CHEFF, 2002, 634 pages.

André Teulières, *L'Indochine, guerres et paix*, Paris, Lavauzelle, coll. « L'histoire, le moment », 1985, 302 pages.

Raymond Toinet, *Une guerre de trente-cinq ans : Indochine-Vietnam, 1940-1975*, Paris, Lavauzelle, 2004, 543 pages.

Jacques Vallette, *La Guerre d'Indochine 1945-1954*, Paris, Armand Colin, 1994, 415 pages

–, « Le gouvernement des États-Unis et l'Indochine, 1940-1945 », *Revue d'histoire de la Deuxième Guerre mondiale et des conflits contemporains*, n° 138, avril 1985, p. 43-62.

–, *1945. Le général Salan dans le piège indochinois*, Paris, L'Esprit du Livre éditions, coll. « Histoire et Mémoires combattantes », 2009, 134 pages.

–, *Salan contre le Viêt-minh. Pays thaï et Laos, 1952-1953*, Paris, L'esprit du Livre éditions, coll. « Histoire et Mémoires combattantes », 2011, 161 pages.

Ouvrages généraux et périodiques sur l'histoire militaire de la guerre d'Indochine

Michèle Battesti, « La marine et la guerre d'Indochine », *Revue historique des armées*, n° 177, 4/1989, p. 82-88.

René Bauchar, *Rafales sur l'Indochine*, Paris, Louis Fournier & Cie, coll. « de l'Ancre » 1946, 220 pages.

Erwan Bergot, *Indochine 1951 : une année de victoires*, Paris, Presses de la Cité, 1987, 191 pages.

Jean-Marc Binot, *Le Repos des guerriers, Les bordels militaires de campagne pendant la guerre d'Indochine*, Paris, Fayard, 2014, 307 pages.

Michel Bodin, « Inadapté ou inadaptation ? Le corps expéditionnaire en Extrême-Orient : 1945-1954 », *Revue historique des armées*, n° 3, 1979, p. 231-252.

–, « Le combattant français du corps expéditionnaire en Indochine », *Guerres mondiales et conflits contemporains*, n° 168, 1992, p. 175-193.

–, « La question des effectifs des FTEO », *Guerres mondiales et conflits contemporains*, n° 176, 1994, p. 91-104.

–, *La France et ses soldats, Indochine, 1945-1954*, Paris, L'Harmattan, coll. « Recherches asiatiques », 1996, 285 pages.

–, *Soldats d'Indochine 1945-1954*, Paris, L'Harmattan, coll. « Recherches asiatiques », 1997, 238 pages.

–, *Les Combattants français face à la guerre d'Indochine 1945-1954*, Paris, L'Harmattan, coll. « Recherches asiatiques », 1998, 270 pages.

–, « Les troupes nord-africaines en Indochine », *Revue historique des armées*, n° 3, 2 000, p. 35-44.

–, *Les Français au Tonkin 1870-1902. Une conquête difficile*, Éditions Soteca, coll. « Outre-mer », 2012, 296 pages.

Jean Boucher De Crèvecœur, *La Libération du Laos 1945-1946*, Château de Vincennes, Service historique de l'armée de terre, 1985, 234 pages.

Henri de Brancion, *Retour en Indochine du Sud : artilleurs des rizières, 1946-1951*, Paris, Presses de la Cité, 1999, 359 pages.

Michel Cabanes, Jean-Jacques Darse, *Indochine. Cavaliers rouges et cavaliers verts. Servitudes et combats de blindés du S/GB 1. 8e Spahis et 1er Chasseurs. Tonkin 1951-1954*, Le Burnous, janvier 2003, 249 pages.

Ivan Cadeau, *Le Génie au combat. Indochine 1945-1956*, Service historique de la Défense, 2013, 510 pages.

Pierre Cesca, *Journal d'un sous-officier de bataillon thaï : Indochine 1953-1955*, Paris, Bernard Giovanangeli, 2012, 221 pages.

Abdon Robert Casso, « Na San. Aérodrome retranché », *Revue du génie militaire*, Paris, Berger-Levrault, 55e année, mai-juin 1953, p. 187-200.

Louis Constant, *Le Fuyard de Lang Son. Autopsie d'une « légende noire ». Tonkin 1949-1950*, Paris, Indo éditions, coll. « Contre-enquête », 2005, 293 pages.

Georges Couget (général), « Le train dans la bataille de la RC 4. Zone frontière du Tonkin : 1947-1950 », *Revue historique des armées*, n° 3, 1978, p. 159-171.

Alain Crosnier, Jean-Michel Guhl, *L'Armée de l'air en Indochine 1945-1954*, Paris, Sup Air Publications, 1981, 58 pages.

Jean-Pierre Dannaud, *Guerre morte*, Paris, Imprimerie Georges Lang, Supplément à la revue *Indochine Sud-Est asiatique*, décembre 1954, 181 pages.

Michel David, Louis-Marie Regnier, *Les Bataillons thaïs en Indochine*, Le pays de Dinan, 2010, 190 pages.

Henri Dutailly (lieutenant-colonel), « L'arrivée du général de Lattre en Indochine. 17 décembre 1950-18 janvier 1951 », *Revue historique des armées*, n° 1, 1980, p. 217-236.

Bernard Estival, « Le concept de *Dinassaut* de la guerre d'Indochine à la guerre du Viêt-Nam », *Revue historique des armées*, n° 192, septembre 1993, p. 110-125.

–, *La Marine française dans la guerre d'Indochine*, Paris, Marines Éditions, 1998, 320 pages.

Jacques Favreau, Nicolas Dufour, *Na San. La victoire oubliée (1952-1953). Base aéroterrestre au Tonkin*, Paris, Economica, 1999, 208 pages.

Jean Ferrandi, *Les Officiers français face au Viêt-minh 1945-1954*, Paris, Fayard, 1966, 317 pages.

Pierre Ferrari, Jacques Vernet, *Une guerre sans fin. Indochine 1945-1954*, Paris, Lavauzelle, 1984, 195 pages.

Forces armées d'Extrême-Orient, *Manuel à l'usage des combattants d'Indochine*, 1950, 482 pages.

Forces terrestres d'Extrême-Orient, État-major, *Guérilla*, octobre 1948, 63 pages.

Forces terrestres du Sud-Vietnam, État-major, 3e Bureau, *Le poste*, juillet 1953, 306 pages.

Forces terrestres d'Extrême-Orient, *Mines et pièges d'Extrême-Orient*, 1949, 102 pages.

« La bataille des digues », *Tropiques. Revue des troupes coloniales*, n° 298, avril 1948, p. 7-16.

Philippe Fouquet-Lapar, *Hoa Binh (1951-1952), de Lattre attaque en Indochine*, Paris, Economica, 2006, 119 pages.

Philippe Gras, *L'Armée de l'air en Indochine (1945-1954). L'impossible mission*, Paris, L'Harmattan, 2001, 612 pages.

Yves Gras, « Le coup de force du 19 décembre 1946 et le dégagement des garnisons françaises en Indochine du Nord », *Revue historique des armées*, n° 151, 2/1983, p. 61-75.

Michel Grintchenko (colonel), *L'Opération Atlante. Les dernières illusions de la France en Indochine*, Paris, Economica, coll. « Bibliothèque stratégique », 2008, 700 pages.

Philippe Héduy, *La Guerre d'Indochine 1945-1954*, Paris, Société de production littéraire, 1981, 359 pages.

Paul Huard, *Le Corps léger d'intervention et l'Indochine, 1943-1946*, Crest, édité à compte d'auteur, 1988, 488 pages.

Icare (Revue de l'aviation), « L'aviation française en Indochine (1945-1954) », n° 210, septembre 2009, 160 pages.

Robert Kilian, *Les Fusiliers marins en Indochine. La Brigade marine du corps expéditionnaire d'Extrême-Orient. Septembre 1945-mars 1947*, Paris, Berger-Levrault, 1948, 256 pages.

« La Légion au béton », *Képi Blanc*, n° 50, 31 mai 1951, p. 5-6.

Michel Lance, « Le dégagement de la route Haiphong-Hanoï. 20 décembre 1946-7 janvier 1947 », *Revue militaire générale*, n° 6, juin 1971, p. 43-65.

Jean-Marc Le Page, *Les Services secrets en Indochine*, Paris, Nouveau Monde éditions, 2012, 522 pages.

Marcel Le Page (colonel), *Cao Bang, La tragique épopée de la colonne Le Page*, Paris, Nouvelles Éditions latines, 1981, 388 pages.

Georges Longeret, Jacques Laurent, Cyril Bondroit, *Les Combats de la RC 4. Face au Vietminh et à la Chine. Cao Bang-Lang Son 1947-1950*, Paris, Indo Éditions, 2004, 517 pages.

Jacques Mordal, *Marine Indochine*, Paris, Amiot-Dumont, 1953, 231 pages.

Raymond Muelle, *1er Bataillon de choc en Indochine 1947-1948*, Paris, Presses de la Cité, 1985, 312 pages.

Alexis Néviaski (chef de bataillon), « L'audace du rail : les trains blindés du Sud-Annam », *Revue historique des armées*, n° 234, 2004, p. 25-36.

Jean-Michel Pedrazzani, *La France en Indochine de Catroux à Sainteny*, Paris, Arthaud, 1972, 221 pages.

Jean-Pierre Pissardy, *Paras d'Indochine 1944-1954*, Société de production littéraire, t. I, 1982, 245 pages.

–, *Paras d'Indochine 1944-1954*, Société de production littéraire, t. II, 1982, 225 pages.

Pierre Thoumelin, *L'Ennemi utile. 1946-1954. Des vétérans de la Wehrmacht et de la Waffen SS dans les rangs de la Légion étrangère en Indochine*, Schneider Text, 2013, 167 pages.

Bernard Usureau, « Le général de Lattre au Tonkin », *Revue des Deux Mondes*, n° 16, août 1955, p. 643-654.

Maurice Vaïsse (dir.), *L'Armée française dans la guerre d'Indochine (1946-1954) : adaptation ou inadaptation ?*, Bruxelles, Complexe, Centre d'études d'histoire de la défense, 2000, 363 pages.

Diên Biên Phu

René Bail, *Diên Biên Phu. Un combat pour l'impossible*, Ivry, Établissement de communication et de production audiovisuelle de la Défense, coll. « La médiathèque de la Défense », 2004, 259 pages.

Erwan Bergot, *Les 170 jours de Diên Biên Phu*, Paris, Presses de la Cité, coll. « Troupes de choc », 1989, 184 pages.

Jean-Pierre Bernier, *Il y a cinquante ans Diên Biên Phu*, Paris, Michel Lafon, 2003, 156 pages.

Gilbert Bodinier, « Rapport Catroux sur Diên Biên Phu », *Revue historique des armées*, n° 220, septembre 2000, p. 70-76.
Lucien Bornert, *Diên Biên Phu. Citadelle de la gloire*, Paris, Nouvelles Presses mondiales, 1954, 175 pages.
Henri de Brancion, *Diên Biên Phu. Artilleurs dans la fournaise*, Paris, Presses de la Cité, coll. « Documents », 1993, 295 pages.
Roger Bruge, *Les Hommes de Diên Biên Phu*, Paris, Perrin, 1999, 611 pages.
Ivan Cadeau, *Diên Biên Phu*, Tallandier, 2013, 208 pages.
Jacques Dalloz, *Diên Biên Phu*, Paris, La Documentation française, 1991, 96 pages.
Éric Deroo, Pierre Vallaud, René Bail, *Diên Biên Phu, 13 mars-7 mai 1954*, Paris, Tallandier, 2003, 160 pages.
Bernard Fall, *The Siege of Dien Bien Phu. Hell in a Very Small Place*, New York, Da Capo Press Edition, 1985, 515 pages.
Bernard Féral, « De Na San à Diên Biên Phu », *Revue historique des armées*, n° 194, mars 1994, p. 66-69.
Robert Guillain, *Diên Biên Phu. La fin des illusions, février-juillet 1954*, Paris, Arléa, 2004, 192 pages.
Pierre Journoud, Hugues Tertrais, *Paroles de Diên Biên Phu. Les survivants témoignent*, Paris, Tallandier, 2004, 413 pages.
Pierre Langlais, *Diên Biên Phu*, Paris, France-Empire, 1963, 264 pages.
Guy Léonetti (dir.), *Lettres de Diên Biên Phu*, Paris, Fayard, 2004, 505 pages.
Charles Maisonneuve, *Diên Biên Phu. Les chevaliers condamnés de l'armée coloniale*, Paris, Éditions Larivière, coll. « Docavia », 2005, 175 pages.
Raymond Muelle, *Combats en pays thaï de Laï Chau à Diên Biên Phu, 1953-1954*, Paris, Presses de la Cité, 1999, 214 pages.
Jean Pouget, *Nous étions à Diên Biên Phu*, Paris, Presses de la Cité, 1964, 446 pages.
Jean-Pierre Rioux (préf.), *Diên Biên Phu vu d'en face. Paroles de bo doï*, Paris, Nouveau Monde éditions, 2010, 271 pages.
Pierre Rocolle, *Pourquoi Diên Biên Phu ?*, Paris, Flammarion, coll. « L'Histoire », 1968, 604 pages.
Jules Roy, *La Bataille de Diên Biên Phu*, Paris, René Julliard, 1963, 612 pages.
Alain Ruscio, Serge Tignères, *Diên Biên Phu. Mythes et réalités 1954-2004. Cinquante ans de passions françaises*, Paris, Les Indes savantes, 2005, 413 pages.

Martin Windrow, *The Last Valley : Dien Bien Phu And the French Defeat in Vietnam*, Da Capo Press, 2005, 734 pages.

L'après-Genève

Ivan Cadeau, « 1954-1956. Le départ du corps expéditionnaire », *Revue historique des armées*, n° 258, 1er trimestre 2010, p. 67-81.
Christopher Goscha, Karine Laplante (dir.), *L'Échec de la paix en Indochine. The Failure of Peace in Indochina. 1954-1962*, Paris, Les Indes savantes, 2010, 406 pages.
Pierre Journoud, *De Gaulle et le Vietnam (1945-1969)*, Paris, Tallandier, 2011, 542 pages.
Jean Lacouture, Philippe Devillers, *La Fin d'une guerre. Indochine 1954*, Paris, Seuil, 1960, 381 pages.
Anita Lauve Nutt, *Regroupment, Withdrawals, and Transfers – Vietnam : 1954-1955*, The Rand Corporation, 1969, Part I, 157 pages.
Dominique Rolland, *Petits Viêt-Nams. Histoire des camps de rapatriés français d'Indochine*, Paris, Elytis, 2010, 142 pages.
Jean Sainteny, *Face à Hô Chi Minh*, Paris, Seghers, coll. « Événements », 1970, 210 pages.

Guerre révolutionnaire et pacification

André Beaufre (général), *La Guerre révolutionnaire. Les formes nouvelles de la guerre*, Paris, Fayard, 1972, 305 pages.
Raoul Castex (amiral), « Quelques aspects stratégiques de la guerre d'Indochine », *Revue de la défense nationale*, n° 12, 1955, p. 523-538.
Gérard Chaliand, *Stratégies de la guérilla*, Paris, Payot, coll. « Grande Bibliothèque Payot », 1994, 938 pages.
Michel David, *Guerre secrète en Indochine. Les maquis autochtones face au Viêt-minh 1950-1955*, Paris, Lavauzelle, coll. « Renseignement et Guerre secrète », 2002, 426 pages.
David Galula, *Contre-insurrection. Théorie et pratique*, Paris, Economica, 2008, 213 pages.
Joseph-Simon Gallieni (général), *Trois colonnes au Tonkin (1894-1895)*, Paris, Librairie militaire R. Chapelot et Cie, 1899, 164 pages.

Giap Vo Nguyen, *Guerre du peuple, armée du peule*, Paris, Maspero, 1966, 190 pages.

Les 36 stratagèmes. Manuel secret de l'art de la guerre (présenté et commenté par Jean Lévi), Paris, Payot et Rivages, coll. « Rivages poches/Petite Bibliothèque », 2007, 281 pages.

Hubert Lyautey, *Lettres du Tonkin et de Madagascar. 1894-1899*, 3e édition, Paris, Armand Colin, 1933, 659 pages.

Mao Zedong, *La Guerre révolutionnaire*, Paris, Éditions Sociales, coll. « Le monde en 10/18 », 1955, 185 pages.

Jean Némo (général), « La guerre dans le milieu social », *Revue de Défense nationale*, mai 1956, p. 605-623.

–, « La guerre dans la foule », *Revue de Défense nationale*, juin 1956, p. 721-734.

Sun Tzu, *L'Art de la guerre*, Paris, Hachette Littératures, coll. « Pluriel Inédit », 2000, 328 pages.

Marie-Catherine Villatoux, « Hogard et Némo. Deux théoriciens de la guerre révolutionnaire », *Revue historique des armées,* n° 232, 2003 p. 20-28.

Le Viêt-minh et autres mouvements nationalistes

Georges Boudarel, Nguyen Van Ky, *Hanoï 1936-1996. Du drapeau rouge au billet vert*, Paris, Autrement, coll. « Mémoires », 1997, 203 pages.

Dang Van Viet, *Souvenirs d'un colonel Vietminh. 1945-2005*, Paris, Indo éditions, coll. « Portrait », 2006, 285 pages.

Éric Deroo, Christophe Dutrône, *Le Viêt-minh*, Paris, Les Indes savantes, 2009, 236 pages.

Christopher Goscha, « L'aide militaire chinoise au Viêt-minh (1949-1954) », *Revue historique des armées*, n° 220, septembre 2000, p. 15-24.

–, *Vietnam. Un État né d'une guerre.1945-1954*, Paris, Armand Colin, 2011, 558 pages.

François Guillemot, *Dai Viêt. Indépendance et révolution au Viêt-Nam. L'échec de la troisième voie (1938-1955)*, Paris, Les Indes savantes, 2012, 738 pages.

Pierre Labrousse, *La Méthode Vietminh. Indochine 1945-1954*, Paris, Lavauzelle, 1996, 391 pages.

Céline Marangé, *Le Communisme vietnamien*, Paris, Les Presses de Sciences Po, 2010, 611 pages.
Jacques Massu, Fonde Jean-Julien, *L'Aventure viêt-minh*, Paris, Plon, 1980, 377 pages.
Ngo Van, *Le Joueur de flûte et l'Oncle Hô. Viêtnam 1945-2005*, Paris-Méditerranée, 2005, 294 pages.
Ngo Van Chieu, *Journal d'un combattant Viêt-minh*, Paris, Seuil, 1955, 230 pages.
Vo Nguyen Giap, *Mémoires 1946-1954. La résistance encerclée*, Fontenay-sous-Bois, Anako éd., coll. « Grands témoins », t. I, 2004, 313 pages.
–, *Mémoires 1946-1954. Le Chemin menant à Diên Biên Phu*, Fontenay-sous-Bois, Anako éd., coll. « Grands témoins », t. II, 2004, 303 pages.
–, *Mémoires 1946-1954. Diên Biên Phu, le rendez-vous de l'histoire*, Fontenay-sous-Bois, Anako éd., coll. « Grands témoins », t. III, 2004, 345 pages.
Qiang Zhaï, « Les conseillers militaires chinois et la guerre d'Indochine en 1950 », *Revue historique des armées*, n° 220, septembre 2000, p. 3-14.

Biographies

Jean-Luc Barré, *De Lattre. Documents inédits*, Paris, Perrin, 1990, 141 pages.
Pierre Brocheux, *Hô Chi Minh. Du révolutionnaire à l'icône 1954*, Paris, Payot, coll. « Biographie Payot », 2003, 337 pages.
Bernard Destremau, *De Lattre*, Paris, Flammarion, 1999, 609 pages.
Aline Fonvielle-Vojtovic, *Paul Ramadier (1888-1961). Élu local et homme d'État*, Paris, Publications de la Sorbonne, 1993, 543 pages.
Daniel Grandclément, *Bao Dai ou les derniers jours de l'empire d'Annam*, Paris, JC Lattès, 1997, 382 pages.
Jean Lacouture, *Hô Chi Minh*, Paris, Seuil, 1967, 256 pages.
–, *Pierre Mendès France*, Paris, Seuil, 1981, 547 pages.
Simonne de Lattre, *Jean de Lattre mon mari. 1945-1952*, Paris, Presses de la Cité, t. II, 1972, 416 pages.
Pierre Pélissier, *De Lattre*, Paris, Perrin, 1998, 603 pages.
–, *Salan. Quarante années de commandement*, Paris, Perrin, 2014, 600 pages.

Bernard Pujo, *Juin, maréchal de France*, Paris, Albin Michel, 1988, 407 pages.

Maria Romo-Navarrete, *Pierre Mendès France. Héritage colonial et indépendances*, Paris, Presses de l'université Paris-Sorbonne, 2009, 459 pages.

Éric Roussel, *Pierre Mendès France*, Paris, Gallimard, coll. « Biographies », 2007, 608 pages.

Bernard Simiot, *De Lattre*, Paris, Flammarion, 1994, 349 pages.

Témoignages, souvenirs, essais

Alexis Arette, *On m'appelait bleu de noir. Chroniques d'Indochine*, J&D Éditions, 1997, 320 pages.

Jean Arrighi, *Les Combats oubliés*, Paris, L'Harmattan, 1992, 351 pages.

Erwan Bergot, *Convoi 42*, Paris, Presses de la Cité, coll. « Frères d'armes », 1986, 339 pages.

André Blanchet, *Au pays des Ballila jaunes. Relation d'un correspondant de guerre en Indochine*, Paris, éditions Dorian, 1947, 252 pages.

Roger Delpey, *Soldats de la boue. SOS Tonkin*, Givors, A. Martel, vol. 4, 1954, 287 pages.

–, *Soldats de la boue. Parias de la gloire*, Givors, A. Martel, vol. 3, 1953, 103 pages.

–, *Soldats de la boue. Nam Ky*, Givors, A. Martel, vol. 2, 1951, 255 pages.

–, *Soldats de la boue*, Paris, La Maison des écrivains, vol. 1, 1949, 255 pages.

Philippe Devillers, *Vingt ans et plus avec le Viet-Nam. 1945-1969*, Paris, Les Indes savantes, 2010, 477 pages.

André Dulac, *Nos guerres perdues. Levant 1941. Indochine 51/53. Algérie 1958/60*, Paris, Fayard, 1960, 209, pages.

Hélie Denoix de Saint Marc, *Mémoires. Les champs de braise*s, Paris, Perrin, coll. « Tempus », 2002, 332 pages.

Paul Ely, *Mémoires. L'Indochine dans la tourmente*, Paris, Plon, t. I, 1964, 360 pages.

Georges Fleury, *La Guerre en Indochine*, Paris, Perrin, coll. « Tempus », 2003, 689 pages

Guillaume de Fontanges, *Les ailes te portent. Souvenirs d'un pilote de l'armée de l'air*, Éditions maritimes et d'Outre-mer, coll. « Embruns de l'histoire », 1981, 296 pages.

Henri Froment-Meurice, *Vu du Quai. Mémoires 1945-1983*, Paris, Fayard, 1998, 689 pages.

Charles de Gaulle, *Mémoires de guerre*, Paris, Plon, 1989, 886 pages.

Jean de la Guérivière, *Indochine. L'envoûtement*, Paris, Seuil, coll. « L'Histoire immédiate », 2006, 409, pages.

Paul Grauwin, *J'étais médecin à Diên Biên Phu*, Paris, France-Empire, 1954, 382 pages.

Robert Guillain, *Orient Extrême. Une vie en Asie*, Paris, Arléa/ Seuil, coll. « Points actuels », 1986, 473 pages.

Norbert Hery, *Tù-Binh. 1446 jours au camp n° 1. Sept. 1950-Sept. 1954*, Paris, Lavauzelle, 1994, 255 pages.

Jacques Jauffret, *Crabes et alligators dans les rizières (Indochine 1953-1954). Avec les amphis de la Légion*, Paris, Lavauzelle, 1999, 239 pages.

François Jourdier, *Indochine 1952-1954. Les Luc Binh. Souvenirs d'un marin du fleuve*, Sceaux, L'Esprit du livre éd., coll. « Images d'histoires », 2009, 117 pages.

Dominique de La Motte, *De l'autre côté de l'eau. Indochine 1950-1952*, Paris, Tallandier, 2012, 165 pages.

René Moreau, *Huit ans otages chez les Viêts. 1946-1954*, Paris, Pygmalion, 1982, 313 pages.

Jean Pouget, *Le Manifeste du camp n° 1*, Paris, Fayard, 1969, 444 pages.

Jules Roy, *La Bataille dans la rizière*, Paris, Gallimard, 1953, 368 pages.

Albert Merglen, *La Naissance des mercenaires*, Paris, Arthaud, 1970, 275 pages.

Sabretache (La), *Indochine 1945-1954. Témoignages inédits*, Paris, Bernard Giovanangeli éditeur, 2011, 254 pages.

Raoul Salan (général), *Mémoires. Fin d'un d'empire. Le Viêt-minh mon adversaire octobre 1946-octobre 1954*, Paris, Presses de la Cité, t. II, 1971, 479 pages.

–, *Mémoires. Fin d'un empire. Le sens d'un engagement 1899-1946* Paris, Presses de la Cité, Paris, t. I, 1970, 441 pages.

Guy Salisbury-Jones (Major-General), *So Full a Glory. A Biography of Marshal de Lattre de Tassigny*, Weidenfeld and Nicolson, 1954, 288 pages.

Jean Sassi, *Opérations spéciales. Vingt ans de guerres secrètes (Résistance, Indochine, Algérie)*, Paris, Nimrod, 2009, 335 pages.

Neil Sheehan, *L'Innocence perdue*, Paris, Seuil, 1990, 659 pages.

Hubert Tourret, *Rizière et rivière. Un lieutenant de légion en Indochine (1953-1954)*, à compte d'auteur, 1992, 285 pages.

Pierre-Jean Yvon, *Un marin au cœur de l'exode indochinois. 1954-1955*, Paris, Pascal Galodé éditions, 2010, 269 pages.

Remerciements

Nous tenons à adresser nos plus sincères remerciements à Maryvonne Cattoni pour le soutien apporté dans la préparation des archives militaires qui ont servi à la rédaction de cet ouvrage.

Merci également à Michel Bodin qui a bien voulu nous aider par sa connaissance du conflit et du corps expéditionnaire. Merci également au général (2s) Jean-Marc Marill pour les échanges que nous avons eus et qui nous ont permis de mieux appréhender les impératifs et contraintes propres au *commandement* et au *chef*.

Nous exprimons toute notre gratitude à Marie-Danielle Demélas pour le temps qu'elle a bien voulu consacrer à la relecture du manuscrit, mais aussi pour ses encouragements et les conseils prodigués. Merci également à Nguyen Quoc Thanh.

Nous remercions, enfin, Maëva Duclos pour son amicale collaboration et sa disponibilité.

Index des noms de personnes

A

B

C

D

E

F

G

M

N

Dépôt légal : avril 2015
ISBN : 979-10-210-1019-2
Numéro d'édition : 3781
Imprimé en Italie